金景芳全集

第二册

上海古籍出版社

周易全解

（修訂本）

金景芳　呂紹綱　著
呂紹綱　修訂

（本書《繫辭》以下據吉林大學出版社 1989 年初版本，其餘據上海古籍出版社 2005 年修訂版）

目　録

修訂版序

先師金景芳先生 2001 年 5 月辭世，易簀時把手叮嚀我抓緊修訂《周易全解》，説“這書該修訂了”。其實，我也早有同感，自 1989 年《全解》問世以來，十五年間易學飛速發展，新成果迭出，青年、簡帛、易辭這三大塊的成就尤其驚人。《全解》如果不及時修訂，就是有違“與時俱進”，而“與時俱進”正是《周易》的真精神。

當年金先生同我合作撰寫此書時，兩人合力，十個月一氣呵成；如今修訂這書，由於健康的原因，居然花兩年功夫，才勉强交卷。

再版《周易全解》終於奉獻在讀者面前。這書究竟有些什麽變動呢？這裏我扼要地講講四個方面的問題，以方便批評。

一、金師的遺著成爲再版《全解》的骨幹。先師金景芳先生最後三年在兩位博士生的幫助下獨力完成易學新著《周易繫辭傳新編詳解》。這書是先生一輩子研《易》心得的總結。《繫辭傳》和《説卦傳》是公認的《周易》難治的硬骨頭。他揭開了《周易》的秘密，指出《周易》是用辯證法理論寫成的書。這實際上等於説中國在殷周之際已經創造了辯證法。金先生還讀出了《説卦傳》的秘密，看出《説卦傳》是孔子爲《易經》作傳時，有意識保存下來的《連山》、《歸藏》二易的遺説。《連山》、《歸藏》二易遺説就在《説卦傳》中。就是説，《説卦傳》除講《周易》外，還有《連山》、《歸藏》的内容。二易與《周易》有根本的不同，以《周易》讀《説卦傳》，是讀不明白的。金先生這書觀點新穎，分析精采，文字精煉得很。我把先生的書拿過來徑直加入《全解》中，換掉先前的《繫辭傳》和《説卦傳》説解舊文①。我想這樣做是負責任的，讀者一定贊成。

二、接受廖名春的成果。廖名春是當今著名的青年易學家。當年他在吉林大學師從金景芳先生念博士時，曾聽過我的課，沾這點關係他一直稱我老師。我當然不敢當，論道德文章，他都不比我差。如今十多年過去，我益發感到後來居上的古語確有道理，現在在易學諸多尖端領域我應該聽他講課。修訂《周易全解》接受他的成果，我心悦誠服。他對易辭的許多訓釋高明過人，例如乾九三爻辭，他破解一個"惕"字，講通一句"夕惕若厲"，駁倒一大片古人。漢唐以來注疏糊裏糊塗没講對的，如今廖名春講對了。他的易著《周易經傳與易學史新論》的成果我百分之九十接受了。

三、讀者意見采用不少。《全解》問世十五年來，讀者來信紛至沓來，提出很多中肯、具體、可操作的意見。深圳青年企業家陳義武是個熱心的易迷，曾兩次專程北上與我面對面研討《周易》。修訂《全解》，他尖鋭地提出兩點意見，都切中肯綮。第一點，《全解》講訟、損、豐、兑、既濟五卦時，説《序卦傳》説理牽强。陳先生直白地告知我，不是《序卦傳》説理牽强，倒是《全解》的批評牽强。第二點，《全解》講《繫辭傳》筮法，講分二、挂一、揲四、歸奇以得 7、8、9、6 四個數的方法衹是平鋪地介紹，内含之意義則未涉及。其實得 7、8、9、6 的概率存在均等不均等的問題。得 7、8、9、6 的概率各不相等，而得陰(6、8)得陽(7、9)的概率則各爲百分之五十，總體相等。筮法初創者如此設計是有意義的。《全解》本該加以説明，可是金先生和我當初都未想到這一點。陳先生的意見很對，現在書出再版，我當然要按陳先生的意見改過來。

這裏，我特别要提到長春的王春青、劉霞夫婦。他們一位是高

---

① 按，《周易繫辭傳新編詳解》仍作爲專書收入《全集》，此版《繫辭》以下各篇注，仍然采用 1989 年吉林大學出版社初版原注。

級軍官,一位是大學教師,都年輕,都勤奮,都喜歡《周易》。多年來同我一起研究《周易》,有相當的易學水準。修訂《全解》,我的許多新想法,是受他們的啓發而形成的。他們對修訂《全解》工作的實際支持,也極關鍵。假如没有他們的幫助,《全解》再版,幾乎不可能。

敢於直面《全解》的缺點提出修正建議的,還有北京的吴斌、周哲夫婦,長春的盧泰先生、郭志成先生,四川鄰水的王先勝先生,江蘇射陽的袁壽寬先生,河南伊川的常安鎵先生,郏縣的高向陽先生等。他們的建議很有價值,已融入我的思路中,就是説,再版的《全解》融合着他們的見解。

四、兩位大師助我一臂之力。我修訂《全解》得清人胡煦和今人程石泉兩位大師的助力不小。胡煦是三百年前的古人,他的書我三百年後讀起來仍覺特别新鮮。尤其卦變問題,當初撰寫《全解》時,金先生和我都心存疑問,想説又説不明白,想否又否不了,幾乎成了死結解不開。漢人荀爽、虞翻創卦變説,影響極大。宋人朱熹著《周易本義》,舉凡十九卦講卦變,以爲《彖傳》往來内外上下終始八個字是講卦變的。朱熹是大學問家,《彖傳》文字不會不懂,可是他按卦變的成見講《彖傳》,越講越糊塗。至少金先生和我不明白。直至20世紀90年代我從“四庫”中看到胡煦的大著《周易函書》,才知道卦變説本非《周易》固有,全是漢宋人向壁虚構的。胡煦從理論上徹底推倒了卦變説。胡氏説,《周易》的確講變化,但是《周易》講的變化是指八卦六十四卦生成過程中的變化。卦既生成,便没有這一卦變爲另一卦的可能。猶如人不可能剜卻身上的肉補到别人身上。卦變説認爲這一卦由另一卦變來,是荒謬的,胡氏創立“體卦主爻”説取代卦變的“剛柔相易”説。按照胡氏的説法,《彖傳》常用的往來内外上下終始八字是六十四卦生成之後孔子教人觀象審擇主爻的方法。“體卦主爻”説所説乃卦生成過程中事,“剛柔相易”應該也是這樣,但是卦變説硬是把“剛柔相易”説成卦既生成後之事。卦變説的謬論至胡煦本該壽終正寢,但是没有,荒謬的卦變説仍然一直是易學界的主流觀點。20 世紀的易學著作幾乎没有不持卦變觀點的。這是極可悲的。現在借再版的機會,將胡煦的"體卦主爻"説納入書中,以取代陳腐的卦變説。令我糊塗多少年的問題,一朝霧散見青天。胡煦生當三百年前,他"指導"我改書,猶如面對面,感到十分親切。

另一位助我改書的大師是程石泉先生。程先生是我的私淑易學老師。程先生 1909 年生,早年在南京中央大學師從方東美先生讀哲學,於《周易》用功特深。後赴英美留學,獲華盛頓大學哲學博士。晚年落葉歸根回臺灣,任教於多所大學,後在東海大學退休,有"易學三書"先後在兩岸出版。我讀"易學三書"並三次聆聽先生當面教誨,得益良多。

胡煦推重義理,蔑視占卜,卻又不忘象數,對象數有深入研究。程先生也如此。程先生斷定《周易》乃三代以來唯一匯集民族智慧的哲學著作,又就《易》之形上之道列舉十玄之門,都以通透象數爲根基。

兩位大師時代不同,有一點卻驚人地相似。他們治《易》都是義理、象數並重,義理領先,象數打底。這一點我受啓發最大。先師金先生最後幾年也多次囑咐:"就《易》而言,義理、象數不可或缺,空講義理,就像没底的罎子,盛不住酒。孔子也不忽略象數。象數於我們是弱項,一定要補上,不過,不搞占卜的底綫萬萬不可破。"受三位前輩的鼓舞,這次修訂《全解》的工作我暗自定下了這樣的方向:義理繼續領先,象數適當加强,占卜照舊絶棄。我的確朝這個方向努力了,結果究竟如何,尚待讀者批評。

上海古籍出版社張曉敏、秦志華二位的熱情鼓勵和支持也是《全解》修訂再版工作得以完成的重要因素,我要特别地感謝。

吕紹綱

2004 年教師節於長春

原　序

這本《周易全解》包括對《易經》和《易大傳》的全部解釋。我原想自己寫，想通過它來反映我幾十年研究《周易》的成果，無奈我老了，行年已八十有七，深恐長期伏案工作，體力有所不勝。因商同我的助手吕紹綱同志合作，書稿由他撰寫，我僅負責删潤並最後定稿。

我幾十年研究《周易》有哪些心得體會？反映在本書裏有哪些特點？有必要在這裏作幾點簡單的介紹。

一、首先需要説的，本書的説解是恪遵孔子作《易大傳》所開闢的道路，這就是我們並不否認《周易》是卜筮之書，而着眼點卻不在卜筮，而在於它内部所蘊藏着的思想。説得明白些，就是我們不應宣傳迷信，衹應宣傳真理，宣傳馬克思主義。

二、前人對孔子《易大傳》的理解，我看很不够，對《繫辭傳》的理解，我看更是錯誤百出。例如，在《周易》裏，蓍與卦二者，同等重要。或者可以説蓍更重要些，因爲蓍是卦之所從出嘛！而前人説《易》，多看到卦，看不到蓍。其實，這個問題，並不難懂，在《繫辭傳》裏就有兩處談到：其一，談筮法時，説“是故四營而成易，十有八變而成卦”。其二，談“夫《易》何爲者也”時，説“是故蓍之德圓而神，卦之德方以知……神以知來，知以藏往”。在《説卦傳》裏，又説“昔者聖人之作《易》也，幽贊于神明而生蓍，參天兩地而倚數，觀變于陰陽而立卦，發揮于剛柔而生爻”。應該説這個問題在《易大傳》裏已經講得很清楚了，衹是人們熟視無睹罷了。我在 1939 年寫《易通》時，曾着重談了這個問題，現在我仍舊認爲我的看法是正確的。

三、傳本《繫辭傳》在講筮法那部分有錯簡和脱字。關於錯簡，宋人程頤、朱熹和項安世已覺察到並作了更正。關於脱字則長期以來，不見有人論及。因此，自京房、馬融、荀爽、鄭玄、姚信、董遇（見孔穎達《周易正義》）以至朱熹（見《周易本義》），都把"大衍之數五十"作了非常錯誤的解釋。其實"大衍之數五十"，應爲"大衍之數五十有五"，下脱"有五"二字。非常明顯，上文自"天一地二，天三地四，天五地六，天九地十，天數五，地數五"至"凡天地之數五十有五，此所以成變化而行鬼神也"一大段文字，正是爲這個"大衍之數"所作的説明，否則此"五十"爲無據，而前面一大段文字爲剩語，此必無之事。這一問題，1939 年我寫《易通》時，就曾提出。1955 年我寫《易論》時，又對"其用四十有九"作了補充説明。略謂"五十有五"不全用，是因爲全用則"分二""挂一""揲四"、"歸奇"等等以後，得不出七八九六，不能定爻成卦，達不到預期的目的。其所以説"其用"，正由於有不用者在。這完全是出於人爲的安排，而朱熹卻迷信所謂"河圖"，竟説是什麼"皆出於理勢之自然，而非人之知力所能損益也"（見《周易本義》），肯定是錯誤的。

四、我認爲《周易》一書的精華所在在於思想，而思想則主要寓於六十四卦的結構之中。這一點，孔子作《繫辭傳》曾反復地不厭其煩地作了説明。此外，在《序卦傳》和《雜卦傳》裏以及在乾坤兩卦的《彖傳》裏也都曾論及。總的看來，這一思想已形成一個完整的體系。然而自孔子著《易大傳》以來，兩千餘年，誦習者率皆瞶瞶，無能通其意者。我於 1930 年代後期，讀了列寧《談談辯證法問題》，受到啓發，始對《周易》中這一思想有了初步的理解。不久，我寫《易通》，遂把這一理解寫入《易通》中。解放後，我參加革命工作，由於長期學習馬克思主義理論，對於《周易》中這一思想的理解，又不斷加深。爲了把這個問題談清楚，下面準備多占用一些篇幅，徵引有關原文，並詳細地加以闡釋。

首先從《序卦傳》談起。《序卦傳》於篇首說："有天地，然後萬物生焉。"這個"天地"是指什麽說的？很明顯，是指六十四卦中爲首的乾坤兩卦。乾純陽，象天；坤純陰，象地。《易緯·乾鑿度》說："乾坤相並俱生。"所以，乾坤兩卦實際上是一個矛盾的統一體。《周易》作者事實上是利用六十四卦結構來反映他的世界觀，而用爲首的乾坤兩卦代表天地。那末，依據《周易》的這個觀點來說，乾坤之前是什麽呢？我認爲乾坤之前是太極。《繫辭傳上》說："易有太極，是生兩儀。"這個"兩儀"就是一對矛盾，說它是陰陽可以，說它是天地、乾坤都可以。而太極亦名太一，它是絶對的一，整體的一，渾沌未分的一。許慎《說文·一部》於"一"下說："惟初太極，道立於一，造分天地，化成萬物。"許慎這種說法，正是復述《周易》的觀點，譯成今日的語言，許慎所說的"造分天地"就是一分爲二。同樣，許慎所說的"化成萬物"，就是《序卦傳》所說的"有天地然後萬物生焉"。自六十四卦的結構來看，乾坤是天地，其餘諸卦則是天地所産生的萬物。

《繫辭傳上》講筮法時說："乾之策二百一十有六，坤之策百四十有四，凡三百有六十，當期之日。二篇之策萬有一千五百二十，當萬物之數也。"這裏實際上也是說"有天地然後萬物生焉"的問題。不過，這裏有一個問題需要加以說明，這就是《繫辭傳上》所說的"二篇之策萬有一千五百二十，當萬物之數也"。這個"萬物之數"當然包括乾坤在内。這樣，怎麽說天地生萬物呢？據我理解，這是說乾坤兩卦既然是生萬物的天地，同時又是在天地生萬物當中一個獨立的環節。這一點，從"凡三百有六十當期之日"就可以看得出來。因爲期是一歲，一歲分四時。四時之中，自天來說，有寒有暑；自地來說，有生有成。總起來說是天地生萬物，分開來說則是天資始而地資生。所以，在天地生萬物的構想當中，乾坤又是一個獨立的環節。這說明什麽呢？它說明所謂天地生萬物並不是一次完成的，而是天地在不停頓地運行，萬物在不斷地出生。《老子》説“天地之間其猶橐籥乎！虚而不屈，動而愈出”，看來是對的。

《繫辭傳上》説：“乾坤其《易》之緼邪！乾坤成列而《易》立乎其中矣。乾坤毁則无以見《易》，《易》不可見，則乾坤或幾乎息矣。”這段話是孔子對《周易》六十四卦結構的思想所作的最全面、最精確的闡釋。“乾坤其《易》之緼”，就是説《周易》六十四卦結構的全部意義都蘊藏在乾坤兩卦之中。所謂全部意義包括乾坤是天地，六十四卦是乾坤作爲天地所産生的萬物，以及六十四卦作爲天地生萬物在發展過程中所形成的若干環節和各個環節之間的遞嬗規律，與最後兩卦既濟、未濟在六十四卦中的特殊意義。

“乾坤成列，而《易》立乎其中矣”，是説當乾坤兩卦排列在六十四卦之首時，《易》即六十四卦的變化發展已經存在裏邊了。具體説，乾純陽，坤純陰，乾坤是一個矛盾統一體。由這個矛盾統一體的變化發展而産生六十四卦。六十四卦的排列，每兩卦不反則對。例如乾與坤是對，屯與蒙是反。從《序卦傳》看，自屯以下，卦與卦之間的遞嬗，都是用“……必……”或“……不可以……”等字樣，表明六十四卦的形成是由乾坤兩卦的變化發展而成，而這個變化發展是有規律的。

“乾坤毁則无以見《易》，《易》不可見，則乾坤或幾乎息矣”。這段話實際上是對六十四卦最後兩卦既濟、未濟的特殊意義所作的説明。亦即“乾坤毁則无以見《易》”，説的是既濟；“《易》不可見，則乾坤或幾乎息矣”，説的是未濟。六十四卦作爲一個發展過程來看，可以看到，開始時，乾純陽，坤純陰，最不平衡。當發展到既濟，則六爻“剛柔正而位當”即已達到平衡，乾坤之變化發展，本來由於陰陽不平衡，一旦達到平衡，這就等於乾坤毁了。“乾坤毁則無以見《易》”，意思是説矛盾既已解決，就再也看不到變化發展了，《雜卦傳》説“既濟定也”，所談的也是這個問題。“《易》不可見，則乾坤或幾乎息矣”，這個“幾乎息”三字大可玩味。“幾乎息”實際上是説没有息，衹是像息罷了。幾乎息是指既濟，没有息是指未濟。《序卦傳》説："物不可窮也，故受之以未濟終焉。"正是説明未濟是没有息。在六十四卦結構中，既濟與未濟處於一個環節，而既濟説幾乎息，未濟説没有息，這是什麽意思呢？這就是説卦從乾坤到既濟未濟，衹是完成一個大的發展階段。變化發展並没有終止，而且也不可能終止，因爲時間是無限的，空間是無限的，物質運動也是永遠不會停止的。有人説："《繫辭》説變化的發生，不是由於陰與陽的鬥争，而是由於陰與陽的和諧，不是向前發展，而是終而復始的循環、重複。"我認爲，這種説法，不是有意歪曲，就是没有讀通《周易》，肯定是不對的。

《繫辭傳下》説："子曰，乾坤其《易》之門邪！乾陽物也，坤陰物也，陰陽合德而剛柔有體，以體天地之撰，以通神明之德。"這是孔子又一次闡述《周易》六十四卦的結構問題。那末，説"《易》之門"與説"《易》之緼"有什麽不同呢？我認爲，不同在於"《易》之緼"是全面地談，而"《易》之門"是着重地就乾坤這一矛盾來談的。"乾陽物也，坤陰物也"，正是説乾坤是一對矛盾。"陰陽合德而剛柔有體"，則是説六十四卦之剛柔，不是别的，是由於乾坤二卦内部的矛盾和鬥争所産生的結果。在這裏需要補充説明的一個問題，就是這個"門"字在《繫辭傳》另一個地方，有確切的訓釋。它説："闔户謂之坤，闢户謂之乾，一闔一闢謂之變，往來不窮謂之通。"所以，這個"門"字實生動地説明了乾坤所具有的各自特點。"變化見矣"講的是作爲天地的乾坤。這對矛盾在其變化發展當中的情況。"以體天地之撰，以通神明之德"則是指整個六十四卦來説的。所謂"體"，就是"剛柔有體"的體，所謂"德"，就是"陰陽合德"的德。整個意思是説六十四卦的剛柔是以乾坤的剛柔爲體，六十四卦的德是與乾坤之德相通的。

《繫辭傳上》説："在天成象，在地成形，變化見矣。是故剛柔相摩，八卦相蕩，鼓之以雷霆，潤之以風雨，日月運行，一寒一暑，乾道成男，坤道成女。"這裏所談的實際上也是"有天地然後萬物生焉"

的問題。具體説,“在天成象,在地成形”講的是作爲天地的乾坤這對矛盾所發生的變化。下面自“剛柔相摩”至“一寒一暑”則是對“變化見矣”又作了具體的生動的説明。“乾道成男,坤道成女”,不是别的,它就是在天地變化中所産生的萬物。這裏的男女與《繫辭傳下》所説的“天地絪緼,萬物化醇,男女構精,萬物化生”,《序卦傳》所説的“有天地然後有萬物,有萬物然後有男女”一樣,所説的男女,衹是指萬物中有陰性的、陽性的罷了,不能理解爲人類中的男女。

五、王弼《周易略例》有《明象》一篇,他主張“得意忘象,得象忘言”,説:“故立象以盡意,而象可忘也,重畫以盡情,而畫可忘也。是故觸類可爲其象,合義可爲其徵。義苟在健,何必馬乎？類苟在順,何必牛乎？爻苟合順,何必坤乃爲牛;義苟應健,何必乾乃爲馬。而或者定馬於乾,案文責卦,有馬無乾,則僞説滋漫,難可紀矣。互體不足,遂及卦變,變又不足,推致五行,一失其原,巧愈彌甚,縱復或值,而義無所取,蓋存象忘意之由也。忘象以求其意,義斯見矣。”王説提出以後,在學者間毁譽參半。我認爲王弼批判易象數派之定馬於乾,案文責卦,誠爲的當。然而以爲應用“得意忘象,得象忘言”的辦法,就能解決這個問題,我殊以爲不然。我認爲《説卦傳》自身已經把這個問題解決了,衹是人們多滑口讀過,不能心知其意罷了。1985 年我寫《説易》時曾談到這個問題,我的意見,《説卦傳》説“乾,健也。坤,順也。震,動也。巽,入也。坎,陷也。離,麗也。艮,止也。兑,説也”,與説“乾爲馬,坤爲牛,震爲龍,巽爲鷄,坎爲豕,離爲雉,艮爲狗,兑爲羊。乾爲首,坤爲腹,震爲足,巽爲股,坎爲耳,離爲目,艮爲手,兑爲口”不同。前者是説八卦的性質,後者是説八卦的取象。“乾,健也”是説乾就是健,“乾爲馬”是説乾可以爲馬。“也”的意思同是,表明是不變的。“爲”的意思同化,表明是可變的。胡渭《禹貢錐指》於“播爲九河”下引林氏説:“凡言爲者,皆從此而爲彼也。”林氏解釋“爲”字是對的。正因爲這様,所以,乾既可以爲馬,也可以爲首,爲天,爲園,爲君,爲父等等。“定馬於乾,案文責卦”,當然不對了。

六、《繫辭傳下》有“古者包犧氏之王天下也,仰則觀象于天,俯則觀法于地,觀鳥獸之文與地之宜,近取諸身,遠取諸物,于是始作八卦,以通神明之德,以類萬物之情,作結繩而爲網罟,以佃以漁,蓋取諸離”至“上古結繩而治,後世聖人易之以書契,百官以治,萬民以察,蓋取諸夬”一大段文字。這段文字對後世影響很大。1939年我寫《易通》時就相信這種説法。解放後,經過深入研究,始知這種説法不足據。理由如下:1. 這種説法與上文“《易》有太極,是生兩儀,兩儀生四象,四象生八卦”的説法不一致。2. 下文有“以體天地之撰,以通神明之德”乃是在八卦重爲六十四卦,已有了《易》,并且是六十四卦的序列以乾坤兩卦居首的時候。“始作八卦”怎麽就能“以通神明之德,以類萬物之情”呢? 3. 司馬遷説:“百家言黄帝,其文不雅馴,薦紳先生難言之。”所謂“包羲氏”祇見於《莊子》、《管子》、《淮南子》,不見於孔氏之書,以此可知《繫辭傳》包犧氏始作八卦之説不足據。4.《易》卦有井,有鼎,皆於實物取象,今日“作結繩而爲罔罟,以佃以漁,蓋取諸離”,顛倒本末,於事理説不通。5.《易大傳》提到作《易》者時,祇泛稱“聖人”,從不確指何人。而此處明言包犧氏始作八卦,可見不可信。基於上述五點,我敢斷言這一大段文字,是後世好事者所竄入,不是《繫辭傳》原文。

七、《繫辭傳上》有“天垂象,見吉凶,聖人象之,河出圖,洛出書,聖人則之”二語在“是故天生神物,聖人則之,天地變化,聖人效之”之下,我疑二語也不是《繫辭傳》原文,而是後人竄入的。爲什麽呢? 因爲上文“是故天生神物,聖人則之,天地變化,聖人效之”是承“莫大乎蓍龜”來説的。而“莫大乎蓍龜”又是承“八卦定吉凶,吉凶生大業,是故法象莫大乎天地,變通莫大乎四時”一段話來説的。這裏的“天生神物”分明是指“蓍龜”,“天地變化”分明是指“法象莫大乎天地,變通莫大乎四時”。總之祇是説“八卦定吉凶”,怎能又説“天垂象見吉凶”呢？還有，上文已經説“天生神物聖人則之”，怎麽又説“河出圖，洛出書，聖人則之”呢？不但語意重複，自相矛盾，而且“河圖”、“洛書”是什麽東西，在《周易》經傳中連個影子也看不到，則所謂“聖人則之”是則什麽呢？因此，我認爲“天垂象，見吉凶”二語，也不是《繫辭傳》原文，而是後人竄入的。

八、《説卦傳》説：“昔者聖人之作《易》也，幽贊于神明而生蓍，參天兩地而倚數。”前人對“幽贊于神明而生蓍”和“參天兩地而倚數”多不得其解。朱熹《周易本義》釋“參天兩地”説：“天圓地方，圓者一而圍三，三各一奇，故參天而爲三；方者一而圍四，四合二偶，故兩地而爲二。”尤誤。其實這兩句話都是説蓍，上句是説蓍的産生，下句是説蓍的應用。上句的意思是説蓍本是一種草，它並不知吉凶。它之所以知吉凶，被稱爲“神物”、“神明”，是由於聖人的“幽贊”，即聖人在暗地裹進行贊助。怎樣在暗地裹進行贊助呢？這就是下句所説的“參天兩地而倚數”。參兩是古語，例如《周禮·天官疾醫》説：“兩之以九竅之變，參之以九藏之動。”《逸周書·常訓》説：“疑意以兩，平兩以參。”參兩有交錯的意思。天地是指一三五七九，五天數，二四六八十，五地數。“參天兩地而倚數”就是筮法所説的“天數五，地數五，五位相得而各有合，天數二十有五，地數三十，凡天地之數五十五，此所以成變化而鬼神也”。

九、《繫辭傳上》説：“是以明于天之道而察于民之故，是興神物，以前民用。”這裹的“神物”，顯然是指蓍，由下文“天生神物”的“神物”可爲證明。那麽，于“是興神物”之前，先説“是以明于天之道而察于民之故”是什麽意思呢？1985年我寫《説易》時，曾着重地談過這個問題。我的意見，認爲這是説蓍的創造是以“明于天之道而察于民之故”爲前提條件。所謂“明于天之道”，譯成今語，就是瞭解自然，“察于民之故”譯成今語，就是瞭解社會。舉例説，筮法有“象兩”、“象四時”，就是瞭解“天之道”的證明；有“象三”，就是瞭解“民之故”的證明。不但此也，《繫辭傳下》説：“《易》之爲書也，廣大悉備,有天道焉,有人道焉,有地道焉。"《説卦傳》説:"昔者聖人之作《易》也,將以順性命之理,是以立天之道曰陰與陽,立地之道曰柔與剛,立人之道曰仁與義。"以及豫卦《彖傳》説:"天地以順動,故日月不過而四時不忒,聖人以順動,則刑罰清而民服。"賁卦《彖傳》説:"觀乎天文以察時變,觀乎人文以化成天下。"剥卦《彖傳》説:"君子尚消息盈虚,天行也。"頤卦《彖傳》説:"天地養萬物,聖人養賢以及萬民。"咸卦《彖傳》説:"天地感而萬物化生,聖人感人心而天下和平。"恒卦《彖傳》説:"日月得天而能久照,四時變化而能久成,聖人久於其道而天下化成。"睽卦《彖傳》説:"天地睽而其事同也,男女睽而其志通也,萬物睽而其事類也。"革卦《彖傳》説:"天地革而四時成,湯武革命,順乎天而應乎人。"豐卦《彖傳》説:"日中則昃,月盈則食,天地盈虚,與時消息,而況于人乎?況于鬼神乎?"等等,證明"明于天之道,而察于民之故"確實是創造蓍的前提條件。由於蓍的創造是以"明于天之道而察于民之故"爲前提條件,所以這一思想很自然地反映在卦之中以至反映在全《易》之中。由此可見,"是以明于天之道而察于民之故,是興神物,以前民用"這段話,對於瞭解《周易》一書來説,十分重要,切不宜等閑視之。

十、《周易》、《歸藏》二書,從"其經卦皆八,其别皆六十有四"來看,是相同的。然而别卦的卦序,《歸藏》首坤次乾,《周易》首乾次坤,二者卻恰恰相反。這是偶然的嗎?我嘗試考其故,而知這個不同,實反映殷周二代表現在政治思想上有重大的差别。例如《史記·梁孝王世家》褚孝孫補有"太后謂帝曰:'吾聞殷道親親,周道尊尊,其義一也。安車大駕,用梁孝王爲寄……'袁盎等曰:'殷道親親者,立弟;周道尊尊者,立子……周道,太子死,立嫡孫;殷道,太子死,立其弟。'"結合《禮記·表記》所説"母親而不尊,父尊而不親"來考查,我們認爲"殷道親親"是重母統,"周道尊尊"是重父統。唯其重母統,故殷易首坤;唯其重父統,故《周易》首乾。《周易》首乾次坤是周人君尊臣卑、父尊子卑、夫尊妻卑思想的集中反映。這一點,我認爲,學《易》者是應該知道的。

以上各點,説是我學《易》的心得也可,説是本書的特點也可,總之,與前人的見解有很大的不同,特於此表而出之。

吕紹綱同志爲人謹厚,長於寫作,在1950年代曾從我問業,1979年初,始來我校做我助手。倏歷10年,幫助我做了不少工作。我問世的《中國奴隸社會史》和《周易講座》二書,得到他的助力尤多。今兹與我合作撰寫《周易全解》書稿,不僅發揮了他的寫作專長,顯微闡幽,能言人之所不能言,而且有發展,有補充,有更正,證明他不衹是一位述者,已經是一位作者了。特别是在乾坤既濟未濟等有重大關係的諸卦以及《繫辭傳》中若干較難章節的訓釋上,尤見功力。人每病《周易》一書詞義深奥難讀,縱令盡通其義,而寫出來亦不是一個普通讀者所能理解。今吕紹綱同志所作的解釋,剴切周詳,深入淺出,通體明白如話,恰能彌補這一缺憾,實屬難得。

吕紹綱同志於1987年末,開始接受這一任務,僅僅以一年多一點的時間,就寫完了四十多萬字的書稿,其驚人的精力,敏捷的文思,不能不令人嘆服。

書稿甫寫畢,即承吉林大學出版社允爲出版,將使此書以極快的速度與讀者見面。我以垂暮之年,目睹此盛事,喜可知已。興奮之餘,謹在這裏向出版社同志們致以誠摯的謝意。

八七叟金景芳於長春吉林大學

周易上經

乾

䷀ 乾下乾上

這是六十四卦的第一卦，卦名曰乾，它由六個陽爻組成。陽爻用"—"這個符號表示，因爲"—"是奇，奇是陽數。與陽爻相對應的陰爻用"--"這個符號表示，因爲"--"是偶，偶是陰數。"乾下乾上"是注文不是經文，是後人用以説明這一卦卦體構成的。這個"乾"指的是三畫卦即八經卦的乾。下乾指内卦，上乾指外卦。所有六十四卦都由三畫卦重合而成。古有三種易書，據《周禮・大卜》説："掌三易之法，一曰《連山》，二曰《歸藏》，三曰《周易》。其經卦皆八，其别皆六十有四。"《周易》之前的兩種易書，《連山》是夏代的，《歸藏》是殷代的。它們和《周易》一樣，也有八卦和六十四卦。就是説，八卦和六十四卦的出現不會晚於夏代。先有八個三畫卦，用以代表萬事萬物的八種性質。三畫卦乾代表萬事萬物中乾的這種性質。乾其實就是健。八個三畫卦的性質各有一個，無論何時何地都不能變，而取象卻各有許多，因時因地而變化無定。三畫卦乾可以象天，也可以象馬象首象父象君，等等。三畫卦衹有八個，不足以反映千變萬化的事物的動態過程。於是八卦重合爲六十四卦。六十四個六畫卦所代表的事物的性質比八個三畫卦更加具體，所取的象也更加穩定。三畫卦乾的性質是健，六畫卦乾的性質是至健。三畫卦乾的取象是天，六畫卦乾的取象也是天。天是最大的陽物，最大的健。六畫卦乾具有同天一樣的性質：純陽至健。《周易》六十四卦以乾卦居首，這一點不簡單，反映殷周之際人們觀念上的一大變化。殷人重母統，所以殷易《歸藏》首坤次乾；周人重父統，所以《周易》首乾次坤。周代的幾乎所有的制度都反映着首乾次坤的觀念。《周易》把乾坤兩卦放在六十四卦之首，與周人的自然哲學緊密相關。《周易》的作者認爲天地是萬物的本原，天地之間唯有萬物而已。而“易與天地準，故能彌綸天地之道”，又“與天地相似”，“範圍天地之化而不過，曲成萬物而不遺”，《易》之爲書廣大悉備，“有天道焉，有地道焉，有人道焉”，《易》是天地及天地生成萬物的摹寫，天地及天地生成萬物是《易》的原本。天地之道全在《易》的範圍之中。乾坤象天地。天地在萬物之先，故乾坤居六十四卦之首。六十四卦象萬物，故屯蒙諸卦列乾坤之後。《易緯·乾鑿度》説乾坤是“陰陽之根本，萬物之祖宗”，是説得極正確的，與《繫辭傳》所説“乾坤其《易》之門”，“乾坤其《易》之緼”，意義完全一致。我們研究《周易》應特别重視乾卦及坤卦，既要知道它們是六十四卦之中的兩卦，有它們自身的意義，又不可忘記它們是六十四卦的祖宗，六十四卦的根本。

乾，元亨利貞。

上面的䷀是乾卦的符號，用文字表達就是乾。卦的符號非常重要，如果衹有文字没有符號，那末《易》也就不成其爲《易》了。一卦的思想意義全由一卦由六個卦畫組成的符號表現出來。但是光有符號没有文字名稱也不行，所以在有了卦的符號之後，又有了卦的名稱，同時也有了卦辭。八個三畫的符號和六十四個六畫的符號是誰畫的誰重的，古人有許多互相矛盾的説法,都不能令人信服。我們今天衹能説它們産生於遥遠的古代,産生於原始社會。卦的文字名稱和卦辭出於誰之手,古人説産生於殷周之際,是文王作的。這符合實際情況。

"元亨利貞"四個字繫於卦之下,謂之卦辭。卦辭也叫做彖辭,所以孔子解釋卦辭的文字叫《彖傳》。彖是斷的意思,斷即判斷、概括。彖辭用盡可能簡煉的語言概括一卦的卦義。很多卦的彖辭用象表達,乾卦不是取象天的形體,是取象天的性質;天的性質用一個字概括,就是健。乾就是健。健是什麽?健是天體有規律地運轉,永不停息,什麽力量都不能阻止它,改變它。卦辭"元亨利貞"就是健。合言之是健,分言之是元亨利貞。古人釋"元亨利貞"爲春夏秋冬,是有道理的。春夏秋冬是天體運轉的明顯標誌,古人從春夏秋冬的交迭變更中看到天的運動變化,看到天行之健。《論語》記孔子説的"天何言哉?四時行焉,百物生焉,天何言哉!"恰是此義。是春夏秋冬不曰"春夏秋冬"而曰"元亨利貞",因爲若曰"春夏秋冬"就把健的特點説死了,而"元亨利貞"既可以指自然界的春夏秋冬,也可指人事上的問題,比如人的仁義禮智四德,以及其他具有乾健意義的事物。總之"元亨利貞"四字是靈活的,它可以因時制宜地適應一切具有乾健意義的人、事、物。如果説"元亨利貞"指春夏秋冬言,那末元就是春,一歲的開始,萬物生發;亨就是夏,萬物成長;利就是秋,萬物成熟;貞就是冬,萬物收藏。若以人的修德而論,元相當於仁,亨相當於禮,利相當於義,貞相當於智。"元亨利貞"四字是四個獨立的意義,但緊密相聯繫而不可或缺。四個字合起來才有健的意義。别的卦的卦辭有的言"元亨利貞",但有增字,有的言"元亨利"而無貞,有的言"亨利貞"而不言元,有的衹有"元亨",不言利貞,有的衹有"利貞"不言元亨。多一字或少一字,都不渾全,不渾全就没有乾健的意義。衹有乾卦純乾純剛至健，方可以“元亨利貞”四字當之。

初九，潛龍勿用。

“初九”是爻題。“潛龍勿用”是乾卦第一爻的爻辭。爻辭解釋一爻的爻義。六十四卦的卦爻辭古人或説文王一人作，或説卦辭文王作，爻辭周公作。卦辭文王作，是可以肯定的，爻辭是否周公作，則尚待研究。不過如果説爻辭與卦辭非出一人之手，但産生的時間相距不遠，都在殷周之際，可能近於事實。“初九”二字包含二義，初是位，九是爻。初九，陽爻居初位。畫卦時六爻自下嚮上畫，故卦之六爻自下而上依次稱作初、二、三、四、五、上。第一爻稱初，第六爻應當稱終；第六爻稱上，第一爻應當稱下。當稱終而言上，當稱下而言初，這是爲了表達第一爻與第六爻的關係既有終始之義又有上下之義而采取的互文見義的辦法。第一爻言初，則第六爻有終義，兩爻是終始的關係。第六爻言上，則第一爻有下義，兩爻是上下的關係。若第一爻言初，第六爻言終或第六爻言上，第一爻言下，則衹能表達兩爻的終始或上下一種關係。陽爻爲什麽用九表示，這是根據筮法來的。人們爲了求得一卦，需要行筮。筮的時候用四十九根蓍草，經過分二、挂一、揲四、歸奇四個步驟，最後得出或七或八或九或六四個數中的一個。七、九是奇數即陽數，若得七或得九，就畫一個陽爻。六、八是偶數即陰數，若得六或八，就畫一個陰爻。一百九十二個陽爻皆書九而不書七，一百九十二個陰爻皆書六而不書八，這是因爲九、六變，七、八不變，而《周易》占變爻的緣故。據説比《周易》更古老的《連山》、《歸藏》二易占不變爻，可能它們的陽爻陰爻用七、八表示而不用九、六。乾卦取天象，而乾之六爻取龍象，與《説卦傳》以乾爲天，以震爲龍的説法不合，這樣的情況在六十四卦中還有很多，委實令人困惑不解，於是漢人創互體、納甲、爻辰、五行、飛伏諸法，傅會穿鑿，妄加解釋，其説雖詳，不通還是不通。這個問題被魏人王弼講明白了。王弼説：“義苟在健，何必馬乎；爻苟合順，何必牛乎。”祇要能把乾健、坤順的意義表達出來，取什麽象是靈活的，不必拘泥。卦代表時代，乾卦這個時代具有健即元亨利貞的特點，所以取象天。爻代表一個時代中的一個階段。爻是變化的，動態的。乾卦六爻從不斷變化亦即動態中反映乾健的特點，它需要有升有降，有上有下，有大有小，有潛有見，有躍有飛，需要靈活多變。什麽東西能够如此呢？馬不能，天更不能。能够如此的祇有龍。龍實際上見不到，是高貴無比的動物，用它作乾六爻的象，再合適不過。

“初九，潛龍勿用”，潛，藏。勿用，無所施行，無所作爲。乾之初九，陽而處卦之下，正是陽道將萌而未萌的時候，猶如龍在潛伏之中，不能動也不宜動。人處在乾初九的時候，需晦養以待時，勿有所施行，勿有所作爲。

九二，見龍在田，利見大人。

見，現。田，地上。卦有天地人三才，五、上爲天道，三、四爲人道，初、二爲地道。二在地道之上，地道之上就是田，故九二稱“見龍在田”。“見龍在田”，龍已出潛離隱，出現在地上，到了該發揮作用，有所施行的時候了。就自然界説，這就是陽氣萌發已升至地上，萬物即將復蘇。就人事説，九二剛健得中，有大人之象。《易》中大人皆指德位兼具的人。九二雖非君位而有君德，而且乾卦不像别的卦那樣，往往一爻取一象，一爻代表一人；乾卦諸爻共一象，從潛龍到亢龍，都是那一條龍。它們代表的人也是一個，從“勿用”到“有悔”，都是一個人在不同時間裏的不同境遇和表現。這龍是高貴的動物，這人不是凡人，現在又居中，所以稱大人。這位有大德的大人既已出世，其恩惠必將澤及天下，天下人都高興見到它，故曰“利見大人”。

九三，君子終日乾乾，夕愓若，厲，无咎。

以陽居三，故稱九三。九三居不得中，故不稱大人。但是陽爻居陽位得正，故稱君子。爻有陰陽，位也有陰陽。三、五是奇數，奇數屬陽，陽位。二、四是偶數，偶數屬陰，是陰位。陽爻居陽位，陰爻居陰位，爲正。陽爻居陰位，陰爻居陽位，爲不正。得正好，不得正不好。六爻中初與上屬於無位之地，不論正不正的問題。二與五都居中，居中比得正重要，居中又得正最好，縱然不得正，因爲居中也可視作得正。一卦之中得正不得正關係最爲重大的是三、四兩爻。乾九三以陽居陽得正，這一點很重要，使它能够“終日乾乾，夕愓若，厲，无咎”。“終日乾乾”，終日戒慎恐懼，自强不息。“夕愓若”，即使到了晚上，還是心懷憂愓，不敢有一點的鬆懈。這是傳統的解釋，是王弼《周易注》、孔穎達《周易正義》提出，歷代大多數人接受的説法。直至1990年代，著名青年易學家、清華大學教授廖名春根據帛書《易傳》的新材料並與《文言傳》相比照，參以《淮南子・人間訓》材料的旁證，修正了《周易》注疏的解釋。“夕愓若”的愓字，帛書《易傳》作泝，泝本作析。泝、析、愓，其義一也。本義爲解除，引申有安閑休息義。廖氏認爲愓字訓安閑休息是對的。因此他認定乾九三爻辭强調的是一個時字，要求君子要因時行止。他正確地指出，《淮南子・人間訓》的説法:“終日乾乾，以陽動也。夕愓若厲，以陰息也。因日而動，因夜以息，唯有道者能行之。”是對的，根本不是講憂患意識(見《周易研究》1999年第1期，廖名春《周易乾坤卦爻辭五考》)。

九四，或躍在淵，无咎。

陽爻居四，四迫近君位五，是多懼之地。九是陽爻，陽爻而居陰位，尤須小心謹慎，不可輕舉妄動。時可進則進，時不可進則退，進退依時而定，故有龍或躍或在淵之象。“或”是不定之辭。躍是跳躍。跳躍不同於飛，飛是離淵而去，躍是飛的準備動作，欲飛而未飛的狀態。淵是深水，是龍安居之所。或者跳躍而離淵，或者在淵裹不動，究竟是躍還是在淵，要視情況決定。九四能够做到這一點。它陽爻居陰位不正，是不利的一面，但是也有有利的一面，陽主進，陰主退，陽居陰位，能够隨時進退。又，九四居上體之下，正在由下體進入上體的變革之際，也有進退未定之義。既能待時而出，見可而動，哪裹還會有咎？

九五，飛龍在天，利見大人。

陽爻居五，故曰九五。九五剛健居中得正又在君位，在所有的卦裹都是最好的一爻。在乾卦與在别的卦還有不同。乾卦是純陽至健之卦，乾卦九五不僅剛健，且剛健而純；不僅中正，且中正而粹。剛健中正，純粹而精，有君德又有君位。表明陽氣自下而上，至此已經盛至於天；龍自下而上，由潛而見而惕而躍，至此已經飛上天；若就人説，九五德高位亦高，剛健中正純粹，已進入聖人的境界。聖人是君子大人中最高明最偉大的，他的修養、智慧、能力和地位足以對任何困難應付自如，猶如龍飛在天上，聖潔高貴，騰越自由，以至於雲雷風雨交集而下，普天之下感受其利。這樣的大人是天下人所利見的。

上九，亢龍有悔。

陽爻居上，故曰上九。上是一卦之中最後一爻。其位處於極，其事已終結，其時已過中，所以比較起來不如初爻好。初爻多得免咎，上爻則每每不可救。卦發展到上爻，無論好事壞事都已達到積微而盛，窮極將變的程度。有的不可變，有的不能不變。壞事壞到極處將要變好，爻辭指示其如何促成變好的辦法;好事好到極處將要變壞,爻辭告之以如何保之不使變壞的途徑。無論哪種情況,其結果如何,是吉是凶、是悔是吝,爻辭都給以簡明易知的答案。必成功的,爻辭直云吉;必失敗的,爻辭直云凶;吉凶未定,成敗得失須看主觀努力如何,其知過而能改者,爻辭曰有悔;知過而不能改者,爻辭則曰吝。悔是吉之先,"有悔",有過知改,有問題知解決,有可能變好。吝是凶之本,"吝",有過不肯改,有問題不能解決,必將變壞。總之,上爻比較易知,不似其他諸爻那樣往往一爻多義,不易知曉。不過也應明白,凡上爻屬於悔與吝兩種情況者,多不明言悔吝,其義常常在爻辭所取之象中包含着,須讀《易》者自行體會。乾卦上九"亢龍有悔",意思明顯,比較容易理解。亢是過的意思。九五飛龍在天,龍已經到了極高處,陽氣已經到盛極之時,剛健中正,好得不能再好。至於上九,龍已亢,陽已過,到了止進而退的時候,繼續前進而不退,便要走向反面,故有悔。有悔,有了問題,但是能够注意解決;有了過失,但是能改。亢是上九的客觀境遇,悔是上九的主觀修養。上九的關鍵在悔字上,唯其有悔,方能識時通變,使乾道不至於以亢終。

用九,見群龍无首,吉。

乾坤二卦與别的卦不同,六爻之後多出一個"用九"和"用六"。乾"用九"是説六爻全用九,不用七。坤"用六"是説六爻全用六,不用八。七、八、九、六是怎麽回事? 卦由筮得來。根據筮法,行筮時使用四十九根蓍草,經過四營三變得出一個數。這個數祇有四種可能性,不是七就是八,不是八就是九,不是九就是六。九、七是奇數即陽數,得九或得七就畫個陽爻。六、八是偶數即陰數,得六或得八就畫個陰爻。如此進行六次,便可畫出六爻而成一卦。九和七都是陽爻,但九是變爻,七是不變爻。六和八都是陰爻,但六是變爻,八是不變爻。在成卦的問題上,變爻九、六和不變爻七、八是一樣的,但是在占的問題上，二者就大不相同了。成卦之後，《周易》占變爻，不占不變爻。比如乾卦六個陽爻，其中有幾個九幾個七不一定。《周易》用九占，不用七占。變爻的意義是，雖然是個陽爻，但它將變成陰爻；雖然是個陰爻，但它將變成陽爻。爲什麽説九、六是變爻而七、八是不變爻？此與古人的數學觀念有關。數的變化過程是質與量的互變過程。陽進而陰退，所以九爲老陽，六爲老陰；八爲少陰，七爲少陽。在七、八、九、六四個數中，九爲陽數之老，六爲陰數之老。老了的東西必發生質變。陽以進爲進，九已老，無處可進乃退，退而變爲八，於是陽轉爲陰。陰以退爲進，六已老，無處可退乃進，進而變爲七，於是陰轉爲陽。老陽老陰之變是質變，故稱變爻。七未老，有處可進乃進爲九，陽進仍爲陽。八未老，有處可退乃退爲六，陰退仍爲陰。少陽少陰之變是量變，故稱不變爻。知道七、八、九、六是怎麽回事，又知道九、六是變爻，七、八是不變爻，和《周易》占變爻不占不變爻，乾"用九"的意義就明白了。乾卦筮得的六個陽爻有可能全是九，没有七。九是變爻，必變而爲六，等於乾卦變成了坤卦。但是，它是坤卦卻不同於坤卦，是乾卦卻又要變爲坤卦。這反映作《周易》的人既有乾坤陰陽對立的思想又有乾坤陰陽相互轉化的思想。爲了表達乾中有坤，坤中有乾，乾坤轉化的思想，作《易》者在乾卦六爻之後巧妙地加上個"用九"，繫之以"見群龍无首吉"一句辭。這句辭有乾的特點又有坤的特點。朱熹説"六爻皆變，剛而能柔"，是説得對的。"見群龍"是乾之剛健，"見群龍无首"是坤之柔順。以剛健爲體，柔順爲用，剛健而能柔順，獲吉是必然的。程頤釋"无首"爲無自爲首，意謂資質剛健的英雄人物勿自爲天下人之首，而讓天下人擁我爲首，也是有道理的。總之此"群龍无首"與今語之"群龍无首"含義迥異。六十四卦全有六爻皆變的問題，而獨乾坤二卦"用九"、"用六"，這是因爲乾坤是

《易》之門，乾坤問題的解決是根本。也還因爲乾坤是純陽純陰，六爻全變，是全變陽或全變陰，故可云全“用九”或全“用六”。其他六十二卦不是純陽純陰，即使六爻全變，是變陽變陰駁雜不純，故不可云“用九”或“用六”。廖名春先生據帛書《周易》考證，乾坤用九用六之用字，本字當爲通。通義爲全爲都。用九、用六，意思正是六爻都是九，都是六。廖説是對的。

《彖》曰：大哉乾元，萬物資始，乃統天。雲行雨施，品物流形，大明終始，六位時成，時乘六龍以御天。乾道變化，各正性命，保合太和，乃利貞。首出庶物，萬國咸寧。

“《彖》曰”照古本當作“《彖傳》曰”，後世的刻本删去“傳”字，變爲“《彖》曰”。卦下之辭即卦辭爲“彖”。孔子解釋卦辭的文字叫《彖傳》。孔子爲《易經》共作傳十篇七種。《彖傳》是其中的一種。這十篇傳也叫“十翼”。“十翼”依次排列是：一、《上彖》；二、《下彖》；三、《上象》；四、《下象》；五、《上繫》；六、《下繫》；七、《文言》；八、《説卦》；九、《序卦》；十、《雜卦》。《漢書·藝文志》著録“《易經》十二篇”。十二篇包括上經下經和“十翼”。可見在漢代，官方的本子，十篇傳附在兩篇經之後，經與傳不混。唯獨傳古文《易》的費直將《彖傳》、《象傳》放在每一卦的後面，開始打破經傳不混的格局。至東漢末鄭玄和魏人王弼先後給《周易》作注，使用的是費直的古文《易》本子，一方面是繼承費氏的作法，一方面也是爲了讀者學《易》方便易懂，乃進一步將《彖傳》、《象傳》附在經文卦爻辭之後，使經與傳合到一起。費直授《易》，還衹是將《彖傳》、《象傳》放在卦辭和六爻爻辭全部講完之後，鄭玄和王弼注《易》則進一步將《彖傳》放在卦辭之後，《象傳》放在《彖傳》之後和每爻爻辭之後。衹有乾卦保持費直的原辦法，《彖傳》、《象傳》和《文言》放在全卦經文之後。《彖傳》是解釋卦辭的。一般説，先解釋卦名，然後解釋卦辭。解釋卦名卦辭的目的是解釋一卦之義。

解釋卦名主要根據卦象、卦德和卦體。有的三者兼取，有的但取其一、二。《彖傳》中解釋卦名之文字以第一句爲最重要。《彖傳》解釋卦辭的文字，體例也不一律，有的根據卦名的意義展開説卦辭，有的雜取卦象、卦德、卦體説卦辭，釋卦辭與釋卦名牽混到一起，不易分開。這也不奇怪，因爲卦辭與卦名本來就相連相通，意義一致。六十四卦中乾、坤、坎、離、震、艮、巽、兑八個純卦除坎卦外，《彖傳》都衹釋卦辭，不釋卦名。乾卦《彖傳》不解卦名，開始就直接釋"乾元亨利貞"之辭。

"大哉乾元，萬物資始，乃統天。"卦辭講乾而未及乾之取象是天，至孔子作《彖傳》以天道發明乾義，才指明乾卦取象天。乾之取象是天，但不就是天。天是指天的形體而言，乾是就天的性質而言。天的性質是健，健而無息是乾，乾就是健。乾與健是一回事，天有健的性質，所以乾可以是天。但是具有健的性質的不止於天，還有别的，所以乾也可以爲陽爲父爲君爲馬，等等。那末爲什麼乾卦取象天而不取象别的？因爲天是具有健的性質之諸事物中最大的一個，舉天便什麼都概括了。更重要的是，天是萬物之所以始，别的具有健之性質的事物則不是。所以孔子作《彖傳》用"萬物資始，乃統天"來贊譽"乾元"之偉大。"乾元"是什麼？"乾元"是一個意思，不是兩個意思，是乾之元，不是乾和元。乾之元就是"元亨利貞"的元。説乾之元，不單説元，是爲强調是乾之元，不是任何其他事物的元。衹有乾之元才有"萬物資始，乃統天"的作用。元訓始訓大，是萬物始生的狀態，萬物資之於它而發生而開始。"乃統天"，雖然衹講了一個元字，但是元字把天地生萬物的規律全包括了。天地創生萬物，有了春天的發生才有夏天的亨，秋天的利和冬天的貞。這段《彖傳》與《序卦傳》講的"有天地然後萬物生焉"，意義相通，既是説天地是萬物之始，也是説乾坤是《易》之門，是六十四卦的祖宗。有了乾卦(還有坤)才可能産生其他諸卦。

“雲行雨施，品物流形。”此釋卦辭亨字。卦辭“元亨利貞”四字，《彖傳》元利貞三字皆見，獨亨字不見。“雲行雨施，品物流形”兩句，就其文義看，爲釋亨字當屬無疑。這個亨不是一般隨便什麼事物的亨，而是乾之亨。説的是在乾元創生萬物之後，萬物進入長成養育之時；這時候天道運行，無所不亨通，表現爲“雲行雨施，品物流形”。“雲行雨施”是氣之亨，氣是萬物之質。“品物流形”是形之亨，形是萬物之形。萬物經由天資生之後，形質皆具，物各分類，可爲區别。流即水流之流。流形，自動態看萬物之形，萬物之形永遠處在生生不息的變化中，它們的形既是肯定的，又是否定的。品物即萬物。不曰萬物曰品物，意在强調物各分類，物各有形。

“大明終始，六位時成，時乘六龍以御天。”以上幾句是講天之道，這三句由天之道引申到人之道。《彖傳》有這樣一個特點，它總是先講易象和天道，而後講到人事問題。參照天道講人事，通過人事看天道。天道與人事是一致的，講過易象與天道之後，必應用到人事上。這三句告訴人們如何將乾之元亨加以應用的問題。“大明終始”，研究乾卦，明白乾道有終始，有元而有貞，無貞亦無以爲元；明白乾卦之六爻全是因時而成，隨時而順，時當潛則潛，時當見則見，時當惕則惕，時當躍則躍，時當飛則飛，時至亢則亢。六龍即乾六爻的變化全決定在一個時字上。人們明白了乾之道的這些特點，就要以之“御天”。“御天”，人要駕御乾之道，推行於人事。上文言“統天”，是説乾有“元亨利貞”四德，而一個元字把“元亨利貞”亦即乾之道都統攝都該貫包括了，總之是講乾之體的問題。此言“御天”，是説乾之用的問題，人應該掌握乾之道以應用到人事上。

“乾道變化，各正性命，保合太和，乃利貞。”這幾句話看上去似衹講“利貞”,實際上雖是講“利貞”,“元亨”也包括了。因爲它講“乾道變化”如何如何“乃利貞”,“乾道變化”豈不有“元亨”在内。乾道與乾元是一回事,都是講變化的。就變化之本始説,叫乾元;由元開始,而亨而利而貞,然後開始新的元。乾道所言也是元亨利貞的變化,叫乾道而不稱乾元,因爲這裏强調的不是變化的本始而是整個過程。“變化”一詞與今語不同。今語“變化”衹是一個詞,古代“變化”則有二義。變是事物的漸變,化是由漸變而達於質變。“乾道變化”經過“大哉乾元,萬物資始,乃統天”和“雲行雨施,品物流形”的元亨階段,至今已“各正性命,保合太和”,乃實現“利貞”,整個“乾道變化”的過程宣告完成。乾道變化到了利的階段,萬物即將走向成熟,這時每一物在變化中都獲得自己特有的性命、存在的價值和應有的位置。萬物各有各的性命,各有各的存在價值,各有各的位置,即各得其正。這是利的階段。性命,是由兩個字組成的詞,其實是一個東西,它就是決定物之所以爲物,人之所以爲人的根本性質。世上飛潛動植之所以品類各殊,都因爲各自性命不同。《大戴禮記》説:“分於道謂之命,形於一謂之性。”《中庸》説:“天命之謂性。”可見性命是一事而二義。一個東西自兩面看,自有不同的意義。道即氣化流行,生生不已的乾之道,也就是自然規律。一,一個,一類。從是自然所賦予的角度説,它就叫命;從是決定此一個物、一類物與彼一個物、一類物的差别的角度説,它就叫性。性,是命之性,是自然賦予,不是人爲。命,是性之命,是各有差别,非千篇一律。“各正性命”,承認世界的統一性和萬物的差異性,相信萬事萬物的存在是合理的,萬事萬物間的關係是和諧的。“各正性命”,表明千差萬别的品物生長了,定形了,但是尚未充滿,尚未成熟,還必須有一個“貞”的階段。猶如一棵稻,經過夏日的光照雨潤,結實了,卻未籽粒飽滿,需要進一步培養,使凝蓄成熟，達到可以收穫的程度，才算完成了全部的生長過程。這就是“貞”。《彖傳》釋貞爲“保合太和”。“保合”是謂詞，“太和”是賓詞。“太和”是氣，氣是一種抽象，一種存在。因爲它是抽象的，所以人看不見。實際上它就是物質。古人把它想象爲一種氣，取名“太和”。太和之氣也就是天地絪縕之氣，陰陽會合之氣，亦即冲和之氣。所謂“乾道變化，各正性命”，其實質不是别的，正是太和之氣的變化，太和之氣的“各正性命”。到了“貞”的階段，需要“保合太和”。保謂常存，合謂常和。“保合太和”，使太和之氣常運不息，永遠融洽無偏；萬物得此氣以生以成，至此又保而合之，存而久之，已完滿成足，無少欠缺。由《彖傳》的這一段話，我們看得出，《周易》作者的發展觀，很重視事物的差異性，强調物質世界的和諧性。

“首出庶物，萬國咸寧。”上文“乾道變化”以下諸句講天道，講自然的規律，這兩句講如何法天道並應用到人事上，即用《易》的問題。“乾道變化”至“乃利貞”是講乾道之利貞，此二句是講乾道之利貞應用到人事上，人的利貞問題。既云“首出庶物，萬國咸寧”，便知所指是統治階級，是聖人，是大人物，不是庶民百姓。君臨天下國家的天子諸侯須傚法乾道之利貞，以使“首出庶物”，以求“萬國咸寧”。庶物即萬物。在大自然中，萬物各正其性命，各有其歸宿，乃乾道變化自然而致，不須有也没有什麽力量來主宰它們。反映到人事上，聖人傚法“各正性命”而“首出庶物”，做天下人的領袖而已，並不主宰天下。制作也是有的，不過順其自然，不給人們强加什麽。此與乾用九爻辭“見群龍无首吉”之義吻合。“見群龍无首”，無自爲天下人之首。《彖傳》云“首出”，其實還是无首。龍之在潛在見在惕在躍在飛在亢，均依時而定。“首出”不專在飛，潛龍也有“首出”，六爻都有“首出”。此“首出”是因任自然，依時轉移的，絶非强出頭。所以説，“首出庶物”與“群龍无首”意思一樣，也是不自爲天下人之首。“保合太和”是“乾道變化，各正性命”的結果，是乾道四德之貞，萬物發展到此時，達到完全成熟的狀態。太和之氣經過長久發展，今已完滿成足。社會的情況也是如此，聖人首出庶物而不自爲天下人之首，任憑天下萬國各得其所，各安其事，則萬國自然和諧相安，無侵無爭。這裏表現了《周易》的一個值得注意的政治觀點，即追求社會的和諧與理性的統一。

《象》曰：天行健，君子以自强不息。

這是《象傳》。《象傳》有《大象》與《小象》之分。《大象》針對全卦而言，列在《彖傳》之後，《小象》解釋爻辭，分别列於六爻爻辭之後。《大象》與《彖傳》都針對全卦而發，但二者有很大的不同。《彖傳》釋卦名或舉卦象或舉卦德或舉卦體不定，《大象》則專取卦之上下兩象立義，不問卦德與卦體。《彖傳》總是由天道而及人事，《大象》則衹講人事。《彖傳》所講的人事是傚動趨時，各有所指，《大象》所講的人事大多爲先王、大人、后、君子設計，有的與《彖傳》相發明，有的則自立一義，而與《彖傳》根本没有關係，完全是孔子對易理的發揮和應用。《大象》的用語十分規範，六十四卦幾乎是一樣的格式，前部分指出上下兩象及卦名，後部分指示應當做什麽和怎樣做。這前一部分内容，八個純卦與其餘諸卦不同。上經四個純卦與下經四個純卦又不同。上經四個純卦乾曰“天行”，坤曰“地勢”，坎曰“水洊至”，離曰“明兩作”，是體在前用在後。下經四個純卦震曰“洊雷”，艮曰“兼山”，巽曰“隨風”，兑曰“麗澤”，是用在前體在後。乾坤二卦與其他六卦還不同。它卦言重，指明兩個三畫卦重疊成一卦，乾坤二卦不言重，不説重天重地。因爲天衹有一個，不可重；一個就可以説明問題，不必重，故稱天行。地也衹有一個，不可重，一個就可以説明問題，不必重，故稱地勢。乾與坤又有不同，坤卦言“地勢坤”，稱卦名。乾卦言"天行健",不稱卦名乾而稱健。行,道。天行,天道。天道的本質特點是健。健是乾之德,乾就是健,故"大象"以卦德替卦名,而稱"天行健"。健是運行不息的意思。天之運行,四時交替,晝夜更迭,歲歲年年無有止息,無有差忒,故云"天行健"。君子傚法天道之健,以自强不息。君子與天共一乾德,故能自强,無須外力而自我前行。息是止,不息,即不停止。君子,有德又有位的人,含蓋整個統治階級。《大象》講君子,天子諸侯大夫士都包括在內。《大象》稱先王,指前時開國創典的天子。稱后,指諸侯國君。

潛龍勿用,陽在下也。

自此以下六節文字是《小象》,《小象》是解釋爻辭的。《小象》對爻辭的解釋不够充分,不像《文言傳》對易理挖掘得那樣深刻。這六條《小象》應有"《象》曰"二字,以區别於下面的《文言》。"陽"釋"龍","下"謂"潛"。爻辭取象於龍,很是奇特,《小象》恐人不解,釋之云"陽在下",表明爻辭所謂的龍,指的是陽氣,陽氣尚未升出地面,還潛在地下。《易》卦辭與爻辭無陰陽二字。《小象》在乾初九言"陽在下",在坤初六言"陰始凝",第一次提到陰陽二字。陰陽之名既立,動静、健順、剛柔、奇偶、大小、尊卑、進退、往來等等就顯示出來了。

見龍在田,德施普也。

見,現。田,土地。施,猶今語之影響。陽氣已由地下升到地上,出現在地面上,雖然還没有達到躍或飛的程度,但是陽氣已見田,聖人已出世,天下人必然普遍受到它的影響。

終日乾乾,反復道也。

"終日乾乾"是爻辭"九三終日乾乾,夕惕若厲无咎"的省語。爻辭意謂因日而動,因夜而息。動静作息依時而定,時當動則動,時當静則静。小象"反復道也"一語,是解釋爻辭的,説爻辭“終日乾乾,夕惕若厲”,日出作,日入息,反來復去都是對的,因爲反來復去都合於時,即合於道。

或躍在淵,進无咎也。

九四處上下之交,居進退之位。“或躍在淵”,躍而出淵也可,不躍而在淵也可。但是九四應當有爲而進,所以“小象”説“進无咎”。爻辭唯恐它不顧時當時不當而冒進,才用“或”字而疑之。

飛龍在天,大人造也。

“大人”釋“龍”字,“造”釋“飛”字,“大人造”即“飛龍在天”之義。造即作。九五之大人不同於九二,九二之大人有君德而無君位,九五之大人有君德又有君位。九五之“大人造”,是體乾行健不爲小道,而有造於天下,作聖人之所當作。

亢龍有悔,盈不可久也。

從初九潛龍勿用到九五飛龍在天,一爻勝似一爻,到上九以至於亢,亢即過即盈。不但客觀形勢亢,主觀意識也亢。好過了度,就要變壞了。這就是“有悔”。“有悔”含兩層意思,即是客觀上要變壞,也是主觀上知改悔。

用九,天德不可爲首也。

在行筮的時候,乾卦六爻如果所得没有七,全是九,由於九是變爻,要變爲六,那末整個乾卦將變爲坤。是乾卻要變坤,變坤卻仍是乾,這就叫“用九”。用九,六爻都是九,所以稱天德。天德是至純至粹,毫無瑕疵的德,不像仁義之類的德那樣倚於一偏。因此它不可能爲首。猶如動静無端、陰陽無始,總是互相轉化,分不清誰先誰後。“用九”作爲天德,它既是至乾,又將變坤,處在乾坤轉變之中,無可爲首。

《文言》曰:元者善之長也,亨者嘉之會也,利者義之和也,貞者事之幹也。君子體仁足以長人，嘉會足以合禮，利物足以和義，貞固足以幹事。君子行此四德者，故曰乾元亨利貞。

自此以至於末，是《文言》。《文言》是“十翼”之一。《文言》衹乾坤兩卦有，别的卦没有。這可能因爲乾坤兩卦是《易》之緼，《易》之門，《易》之根本，其餘諸卦皆自乾坤兩卦出，乾坤兩卦太重要，需要反復加以説明，給學習以下諸卦做出示範，使人們知道《易》應當怎樣學。“文言”這兩個字是什麽意思，劉瓛説：“依文而言其理，故曰文言。”未知是否。總之，《文言》是專門解釋乾卦和坤卦的。《文言》裏多有“何謂也”、“子曰”等字樣，很可能是孔子答弟子問，弟子作的記録，同《論語》的情況近似。雖不是孔子親筆寫，但其思想肯定是屬於孔子的，説《文言》是孔子作，也未爲不可。

這一段話是《左傳》襄公九年穆姜講的。穆姜講此話時，孔子尚未出生。孔子在給弟子講“乾元亨利貞”時引用了這段話，由弟子記録下來。穆姜講的話很可能是當時社會上普遍流行的成説，不是她自己的理解。可見從思想理論的角度解釋《易經》，早在孔子以前就有了。説明孔子作的《易傳》所闡述的思想是《易經》自身固有的，不是孔子的杜撰。不過，孔子《易傳》的思想既屬於《易經》本身，也屬於孔子。

“元亨利貞”這四個字原來可能是一看就懂，後來隨着周初至春秋二百多年歷史的發展，到了春秋時代就需要解釋了。所以才有穆姜講的這段話，後來穆姜這樣的話人們也不懂了，於是又有注疏。元是始、大的意思。一切善的事物的開始，都可以叫做元，所以説元是善之長，善之首。春天是最典型、最易見的“善之長”。萬物出生，都在春天開始。亨即通，嘉是美好。嘉之會，嘉美的薈萃。萬物在春天開始發生，到了夏天達到旺盛暢茂，一切善的，美的，都薈萃於此時，是爲亨。利是收縮、成熟，當秋天時，萬物收縮、成熟，應該肅殺了。肅殺是合於義的。"義之和",是説雖然有肅殺景象,萬物卻是和諧不亂,各有各的歸宿。引申於人事,利是社會穩定之時,人們各安其分,各守其職,各盡其責。貞有正而固的意思。冬天,生機完固,收藏於内,一切善的、美的東西至此宣告完成。就人事説,貞是人們做事取得成功的骨幹。具體點説,貞彷彿是一個人有正確的方向,堅定的意志。"君子體仁足以長人",這以下四句,是把"元亨利貞"進一步應用到君子的修養上,對照地説。天有天的元亨利貞,人有人的元亨利貞。表現自然界的元亨利貞,最明顯的是春夏秋冬;表現人的元亨利貞,最大的是仁義禮智。元,表現在君子的修養上就是仁。君子以仁爲體,以仁爲立身行事的根本。仁是君子修養之首,君子唯其以仁爲體,修養以仁爲首,才能長人,做人們的首長,統治人們,故云"君子體仁足以長人"。亨,於自然界爲夏,於人則合禮。禮號稱三百三千,最爲繁富,正與萬物嘉美會聚相似,故云"嘉會足以合禮"。利,於自然界爲秋,於人則爲義,故云"利物足以和義"。貞,於自然界爲冬,於人則爲智。智是人們行事之骨幹,唯智者能够堅持正確的方向和堅定的意志,固守不去,故云"貞固足以幹事"。"君子行此四德者,故曰乾元亨利貞"這句話是孔子引用過前人成説後,自己做出的結論。意謂君子是行此仁義禮智四德的人,乾道雖然精深莫測,祇要行此四德,便叫元亨利貞。從孔子的這個結論我們可以看出,《易經》講天之道也講人之故,但歸根結底則是講人之故。

關於"君子"這個詞有必要加以説明。"君子"是歷史的概念,有個變化的過程。"君子"最早是個階級的概念。就像諸侯之子稱公子,天子之子稱王子一樣,君子就是君之子。君之子當然是貴族,是統治階級。與之相對應的則是小人,勞力者。孔穎達説:"言君子者,謂君臨上位,子愛下民,通天子諸侯兼公卿大夫有地者。"也是説君子是統治階級。但是這祇説對了一半。經過歷史的發展，君子除有階級的含義以外，又有了區分道德品質的意義。君子是道德高尚的人，小人是道德低劣的人。《論語》“君子固窮，小人窮斯濫矣”一語就是證明。如果君子衹是統治階級，那末“君子固窮”一句便不可理解，統治階級怎麽會窮呢？

初九曰潛龍勿用，何謂也？子曰，龍德而隱者也。不易乎世，不成乎名，遯世无悶，不見是而无悶，樂則行之，憂則違之，確乎其不可拔，潛龍也。

自此以下全面、充分、反復地講解君子觀乾卦，如何應用到自己的道德修養上，亦即具體地講解怎樣學《易》的問題。乾卦和坤卦《文言》這樣做，實際上是給學習以後六十二卦做出一個榜樣，告訴學《易》者知道《易》卦爻辭看起來文字簡約，裏邊包含的内容卻十分豐富。對它們衹從字面作簡單瞭解是學不好《易》的。從《乾文言》反復講解君子修養問題看，《周易》天之道人之故都講，然而它的最終的思考目標還是人之故。自此以下的文字多采取弟子問孔子答的方式進行講解，眉目清楚，大體上説，並不十分難理解。“初九潛龍勿用，何謂也”這一段文字解釋“勿用”的意義，全説人事而不及天道。“勿用”是什麽意思？“勿用”是隱。隱不是簡單的事情，一般人做不到，唯有有龍德的人能隱。在孔子的心目中有龍德的人是君子大人乃至聖人一類，卻也不排除普通的人可能具有龍德的修養。隱這個詞的内涵極易令人發生誤解，以爲是不爲時所用，所以孔子加以深入的説明，用三個“不”字，兩個“无”字，兩個“則”字，指出隱不是爲時所棄不得爲，而是知時不濟不可爲而不爲。此處“遯”字極關鍵，隱就體現在遯上。“不易乎世”，是遯的第一層，僅是初步。不過這一步也很重要，衹有能够做到自己的意志、主張不爲世俗所移易，邦無道，至死不變已志，不與之同流合污，方能實現“不成乎名”。“不成乎名”才是真遯。做到“不成乎名”這一步,就像《莊子・逍遥游》説宋榮子那樣,“舉世譽之而不加勸,舉世非之而不加沮”,非譽不在物而在我,達到了真正隱遯的境界。隱遯本身也可以成名,然而“不成乎名”,是因爲這個隱遯並非爲了潔身自好,故作清高。遯世已經不易,“遯世无悶”當然更難。遯世必然孤立於世而不爲人知,這在常人本是極苦惱的事,然而有龍德之人卻能自信不悔,行之若素。“不見是而无悶”,是又進乎一層,遯世如龍之蟄伏,猶可知其爲龍,現在“不見是”,連它是不是龍也成爲問題,可能是魚是蛇亦未可知。在此情況下依然“无悶”,已經達到了忘我的程度,似乎與道家自然無爲,抱樸返真的思想合流了。但是從下面“樂則行之,憂則違之”兩句可知,絶對不是道家的東西。樂,我心以爲樂;憂,我心以爲憂。行謂爲之,違謂不爲。樂行憂違,是説天下有道我就見而有所爲,天下無道我就隱而無所爲,絶不枉道以徇人。這堅定的意志“確乎其不可拔”,任憑什麽力量也不能動摇。這是入世的思想,與道家的出世主義截然不同。

九二曰見龍在田,利見大人,何謂也?子曰,龍德而正中者也。庸言之信,庸行之謹。閑邪存其誠,善世而不伐,德博而化。《易》曰見龍在田,利見大人,君德也。

九二與初九雖都是龍德,但是由於時不同,二者在道德修養與道德實踐上也不同。總的説來,九二已離隱但未至於躍,是乍見於田的時候。六爻全是龍德,九二特殊之處是它處正中。説“正中”,主要還是中。二是陰位,九是陽爻,陽爻居陰位,本不爲正,因爲它是中,中在《周易》最爲重要,既處中,不正也可謂正,故曰“正中”。九五也處中,九五是君位,故有君德又有君位。九二處中,有君德而無君位。庸,常。“庸言之信,庸行之謹”,講話經常信實,行爲經常謹慎。閑是馬圈的栅欄,使馬不得跑掉,也使野獸不得進入。“閑邪存其誠”,防範邪惡不使侵於心,保持内心之誠。《周易》極重視這個誠字,認爲它是一切修養的根本和出發點。因爲能够防閑邪惡而存其誠,所以才能言信行謹。《周易》陽爲實,陰爲虚。實則誠,故乾九二言誠。虚則生敬,故坤九二言敬。誠敬二字字雖不同,義卻相去無遠。誠則敬,敬必誠。言誠,重在誠但也含敬義;言敬,重在敬而誠義亦在其中。伐,矜夸。爲天下國家做出好事,做出大貢獻,卻不夸其德,不有其功。德博,德施普,其德影響廣大。化,教化,改變。"德博而化"是説化物。化物與上文的"善世"同義,"善世"即"兼善天下"之意。化物得之於自化,善其身方能善天下。能言信行謹,閑邪存誠,善世不伐,才能"德博而化"。"君德也"一句有兩層意思,一是説以上自化化物,善身善世之德,是大人的事情,一般人做不到;二是説九二自身就是有君德的大人。大人非另有所指;九二雖無君位但有君德。

九三曰君子終日乾乾,夕惕若厲无咎,何謂也? 子曰,君子進德修業。忠信所以進德也。修辭立其誠所以居業也。知至至之,可與幾也;知終終之,可與存義也。是故居上位而不驕,在下位而不憂,故乾乾因其時而惕,雖危无咎矣。

九三這一爻處在下體之上,君德早已表現出來了。現在在三這個危地,應當幹什麽呢? 應當終日乾乾因時而惕,孔子説,就是進德修業。進德與修業是同一件事情的兩個方面,不是兩件事情。進德是德,修業也是德。進德是指内心的修養,修業是内心的修養如何表現於外的問題。"忠信所以進德也",進德的問題根本一點是忠信,做到忠信方能進德。進德,自我内心的進取精神,一種理想的追求。做到天天進步。天天進步需要以忠信爲前提。忠信就是實,就是真。就像種谷,谷籽入土後必然萌發,但是前提是一定要有個谷籽;若谷籽衹是個虚假的空殼,萌發便無從談起。這是講自我内心的進德問題。表現在外面又當怎樣呢？應當“居業”。居，存而不失，永遠保持。業，也是德，是表現在外面可見的德。合起來說，“居業”，常常如此，不稍間斷，也就是今日如此，明日亦如此之意。“居業”的途徑是“修辭立其誠”。修辭即言語。人的外部表現是多方面的，爲什麽單舉“修辭”作代表？因爲言語最能直接表達思想卻往往不爲人們重視，人們最容易輕視言語，以爲言語是隨意之事，而不計較。“修辭立其誠”，誠亦即前面講的忠信。講話必須一字是一字，一句是一句，容不得半點虛假，嘴上講的全是心中有的，心口如一，這就是“立其誠”。前云“修業”，後云“居業”，有何不同？二者是一回事。業指德的外在表現。言“修業”，重在强調德之進；言“居業”，重在强調德之守。“進德”，修養要日新又日新，天天有所進步；進步不是盲目的，須有一定的奮斗目標，然後奔着目標去做；這就叫“知至至之”。“知至”，心中知道自己的奮斗目標是什麽。“至之”，爲達到目標而努力。“知至至之”一句的重點是“知”，“知”即自覺精神。人在未做之前先有一個自覺精神，就距達到目標差不遠了，所以說，“可與幾也”。“居業”，亦即守業。内心有忠信的人方能“修辭立其誠”；“修辭立其誠”的問題是如何堅持不變，今日如此，明日也如此，這就叫“知終終之”。“知終”，知道終身當如此；“終之”，既知終身當如此，便實際上做到終身如此。“知終終之”一句的重點是行，行即力行、行動。人能够堅持終身“修辭立其誠”，便“可與存義”了。“存義”是守義不變，“知終終之”的道理經常存在心裏。以上這一段是對“君子終日乾乾夕惕若”的解釋。“是故”以下是解釋“无咎”的。九三居下卦之上，故曰“居上位”；它又在上卦之下，故曰“在下位”。居上位也不驕，在下位也不憂。“乾乾因其時而惕”，白天工作不停，到了晚上該休息的時候就休息。

九四曰或躍在淵无咎，何謂也？子曰，上下无常，非爲邪也；進退无恒，非離群也。君子進德修業，欲及時也，故无咎。

“上”與“進”，釋“躍”字。“下”與“退”，釋“在淵”。“无常”，“无恒”，釋“或”字。“非爲邪”，“非離群”，“欲及時”，釋“无咎”。“或躍在淵”，主要是時的問題。做事不早不晚，正是時候，叫“及時”，一切隨時而不可必。君子處在乾九四之時該當如此。但是歸根結底還是要上要進。因爲九四“進德修業欲及時”，所以可上應及時上，可進應及時進，故无咎。

九五曰飛龍在天，利見大人，何謂也？子曰，同聲相應，同氣相求。水流濕，火就燥，雲從龍，風從虎，聖人作而萬物睹。本乎天者親上，本乎地者親下，則各從其類也。

同聲相應以下七句，以“聖人作而萬物睹”一句爲主。“聖人作”釋“飛龍在天”，“萬物睹”釋“利見大人”。上面的“同聲相應，同氣相求”六句，全是同類相感的意思，説明爲什麽“聖人作而萬物睹”，爲什麽“利見大人”。九五既有君德又有君位，是六爻裏最好的一爻。“聖人作而萬物睹”，作，興起。物，人。聖人興起，萬人都仰望他，親近他，接受他的引導、教化。“本乎天者親上，本乎地者親下”兩句進一步擴大説天地間同類感應的道理，也是爲了説明爲什麽“聖人作而萬物睹”，爲什麽“利見大人”。“本乎天者”指動物，“本乎地者”指植物。因爲動物無不頭嚮上而足在下，植物無不本在下而末在上。動物中禽獸的頭多是横生的，衹有人才是真正頭在上的，所以此處實際上還是指人類而言。聖人與萬人是同類，聖人出乎其類而興起，則萬人必親而從之。其道理如同“本乎天者親上”一樣，是“各從其類”。

上九曰亢龍有悔，何謂也？子曰，貴而无位，高而无民，賢人在下位而无輔，是以動而有悔也。

“六位時成”，亢也是六龍之一位，而云“貴而无位”，這是因爲上九在一卦之最高處,可以稱"貴",然而它不是君不是臣,没有政治上的地位,所以説貴而无位。上九居於高處,居高應當有民,然而它无民。无民指下無陰言。賢人指九五以下各爻。賢人是有的,而且就在下面,但是賢人不來輔佐它。高高在上卻无位无民無賢人輔佐,處境極爲不利,是故"動而有悔"。上九是亢龍,不宜動,然而人不能總不動;一動則有悔,有悔即有過錯。有悔是知道有過錯,又知道改悔。知道改悔則事情必將好轉。

潛龍勿用,下也。

孔子作《文言》反復玩索乾六爻的爻辭,正是《繫辭傳》所謂"君子居則觀其象而玩其辭"的意思。也是給讀《易》者做出一個榜樣,告訴人們六十四卦全應如此讀。《易經》與《書經》、《詩經》等不同,《書經》、《詩經》之類的書一字一句有比較確定的意義,通過訓詁的方法查明字句的含義即可,而《易經》的卦爻辭,語義是不確定的,多方位的,甚至是模糊的,訓詁的方法解決不了它的問題,它需要多方面的玩索、揣摩。"潛龍勿用,下也",謂乾之初爻不宜用,因爲它在乾之下,不可用。

見龍在田,時舍也。

舍,舒展放鬆。時舍,處境舒展、放鬆,不似初九潛龍勿用那樣緊迫。從時上來看,九二比初九稍好些。

終日乾乾,行事也。

時至九三,到了做事情的時候,比九二又進了一步。做事就要依時而定,該作則作,該息則息。

或躍在淵,自試也。

九四時比九三又進一步。或者躍進嚮上,或者居淵不動,全由自己試着決定。

飛龍在天,上治也。

上通尚,上治,最好的統治。九五有君德又有君位,天子諸侯之類,是有國有天下的。他們的統治是最好的統治。

亢龍有悔,窮之災也。

上九居卦之終,龍已至過亢的時候,量變發展到窮的地步。"窮則變,變則通,通則久"。量變至於窮,即將發生質變。所以這時要"有悔",要改變窮而不知變,是窮之災。

乾元用九,天下治也。

非一身一家一國之治,而是天下之治。此"治"字是治亂的治,與上文"上治"的"治"用法有異。九五衹是一爻,故云"上治"。用九而稱乾元,很顯然包括乾六爻在内,故云"天下治",天下大治。

潛龍勿用,陽氣潛藏。

以上七條自人事的角度釋爻辭,着重在時上講。自此以下七條進一步從時的角度釋爻辭。潛龍勿用,是陽氣潛藏的時候。

見龍在田,天下文明。

"見龍在田",是天下文明的時候。藏起來是氣,顯現出來就是光。陰晦陽明,九二陽光顯現,有天下文明之象。

終日乾乾,與時偕行。

"終日乾乾",是"終日乾乾,夕惕若厲"的省語。"與時偕行",是解釋這兩句爻辭,意謂白天努力工作,無有止息,到了晚上該休息就休息。到了該幹什麽的時候就幹什麽,這叫"與時偕行"。

或躍在淵,乾道乃革。

革,變。九四處在下乾已終,上乾開始的時候。九三爲下乾,至九四變而爲上乾。由下乾而入於上乾,是乾道改革之時,故云“乾道乃革”。此就卦畫解釋九四取象“或躍在淵”之意。

飛龍在天,乃位乎天德。

乾九五既居君位又有君德,可謂位乎天德。倘衹有君位而無君德,則衹可謂位乎天位而已。

亢龍有悔,與時偕極。

九三“與時偕行”則“厲无咎”,上六時已至極,與之偕極則窮,故有悔。乾卦上下六爻分别相應。初與四爲始,初潛藏,四乃革潛爲躍。二與五爲中,二文明,五乃天德。三與上爲終,三與時偕行,上則偕極。

乾元用九,乃見天則。

則,規律。天則,自然的規律。乾元用九,乾之六爻皆變而爲坤,表明天道有變而無常。天道變换無過無不及,是有限節的,春夏秋冬總是各有其限地交替,而且冬去春來,終始相因,無所謂首。乾元亨利貞,貞極而復歸於元,與天道一致,故云“乾元用九,乃見天則”。

乾元者,始而亨者也。利貞者,性情也。乾始能以美利利天下,不言所利,大矣哉。

這裏把卦辭元亨利貞又解釋一番。《文言傳》開始時重在論人事,把元亨利貞作爲四德分開來講。至此從人事轉爲論天道,所以又將元亨利貞合起來説。“乾元”,以元統攝元亨利貞四德。“始亨”與“乾始”兩個“始”字與元同義。卦辭所謂“乾元”,是什麼意思呢?孔子説“始而亨者也”。乾元不是另外有個東西,它就是氣之始而亨。亨即亨通發展。卦辭所謂“利貞”是什麼意思呢?“利貞”就是乾元的性情,不是另外有個“利貞”存在。何以知之?從乾元之所能可知。乾元好像春天，春天是生物之始，元也是生物之始。元爲生物之始，能以美利利天下，凡天下之物無所不受其利。“不言所利”，乾卦卦辭衹言利，不言利什麼，因爲乾元之所利太廣大，天地之間無所不包，若言所利是什麼，那就限定了，把無所不利的範圍大大縮小了。“利貞者，性情也”，性情是什麼？既然是乾元的性情，那末性情就是一個健字。健是乾之本性，表現出來就是情。《易經》將性情二字並言始於此。性與情其實是一回事。性是從静態看，情是從動態看。物生於春，始於元，然後是一個動的過程，動極而至於收斂而歸藏，又回到静的狀態。貞之後又是元。由貞而元，由静而動，終而復始，生生之道無有窮盡之時。假若但言性而不言情，則意味着止於貞，止於静，貞後無元，静中無動，那也就不是生生不息的健了。

大哉乾乎，剛健中正，純粹精也。

孔子極贊乾元亨利貞的偉大。偉大就偉大在“剛健中正，純粹精”上。乾卦六爻皆剛，故云剛健。“中正”是全《易經》的要領，孔子在乾卦首先提起。中指二與五而言，二居下體之中，五居上體之中，二與五都是中。都是中卻不必都正。陽爻居陽位，陰爻居陰位爲正。乾卦九二是陽爻居陰位，不正。九五陽爻居陽位，正。乾卦獨九五中正，九二中而不正。每卦都有一爻是一卦之主，乾卦卦主即是九五，“剛健中正”就是指九五言。《易》中三百八十四爻，中爻一百二十八；一百二十八中爻裏中而正者六十四，中而不正者亦六十四。六十四個中而正的爻中，唯有乾卦九五剛健中正。乾卦九五是純乾的中正。别的卦雖可中正但不是純乾。又，乾德之妙，“剛健中正”也不能盡，孔子因此在“剛健中正”之外更加“純粹精”三字。兩卦不雜曰純，八個純卦是。陰陽不雜曰粹，乾坤兩卦是。乾坤兩卦既純又粹。其餘六純卦則純而不粹。精，純粹之至。“純粹精”是最爲純粹，純粹得不能再純粹。

六爻發揮,旁通情也。

《文言》此兩句之解釋,歷來諸家説各不同。陸績注:"乾六爻發揮變動旁通於坤,坤來入乾,以成六十四卦,故曰旁通情也。"清人王引之《經義述聞》卷二説"陸説非也"。王氏認爲六爻發揮"謂剛健中正之卦發動而成六爻,非謂已成六爻又發動而成他卦也"。王氏又説:"六爻發揮猶言六位時成耳。旁者溥也。六爻發揮於剛以溥通萬物之情,非謂變而通坤,以成六十四卦也。下文'時乘六龍以御天也',亦承'六爻發揮'言之。六爻純陽,故謂之六龍。若變而通坤,坤來入乾,則必雜以陰爻,不得謂之六龍矣。自六爻發揮誤解爲變動而成諸卦,於是旁通之義,亦誤以爲旁通於坤,而虞仲翔乃於諸卦之爻皆以旁通取義。遂合本卦之爻不取象於本卦而取於所通之卦,而陰陽相反之卦爻皆雜糅而無辨矣。"我們現在尚未發現比王引之説更可信的説法。

時乘六龍,以御天也。雲行雨施,天下平也。

九五是乾卦之主,乾卦"剛健中正,純粹精"之德,九五全具備。九五統攝着六爻之德。六爻之德如潛、見、惕、躍、飛、亢等都是對九五之德即乾之德的發揮。九五處於高位,兼統六爻,其象爲飛龍在天,代表着整個乾卦。它"時乘六龍以御天",以時爲準駕御六爻,時當潛則潛,時當見則見,時當惕則惕,時當躍則躍,時當飛則飛,以此反映着天道即自然規律。飛龍在天,必雲行雨施,陰陽和暢,膏澤普及,而使天下康平。這也就是乾元之以美利利天下。

君子以成德爲行,日可見之行也。潛之爲言也,隱而未見,行而未成,是以君子弗用也。

自此以下,再次發揮六爻未盡之意。這一段講初九潛龍勿用。成德,已成之德;行,行動,表現。君子須將自己的德修養得完滿無缺，然後方可有所行動，有所作爲。德與行是一致的，藏在内心未露，就是德，表現爲行動，就是行。初九已經成德，既已成德，就可以每天都見諸行動了。然而初九爻辭卻曰潛龍勿用，不要有所爲，不要有所行。這是因爲初九處在潛的時候。潛的意思是隱而未見，隱而未見即行而未成，行而未成亦即德之未成。一句話，初九處於潛時，當隱不當見。

君子學以聚之，問以辨之，寬以居之，仁以行之。易曰，見龍在田，利見大人，君德也。

　　這段話講九二。九二龍已露出地面之上，是無君位而有君德的大人。所謂君德，應具備學、問、寬、仁這四個條件。“學以聚之”，學要廣泛涉獵，多所聞見，把應當學的知識都學到手，不令遺漏。“問以辨之”，學聚之後要多請教知識更淵博的人，以分辨是非精粗。“寬以居之”，寬，度量弘大，優遊不迫。學既聚，問既辨，尤須有弘大廣闊的度量，以容納衆流。“仁以行之”，學聚問辨又寬以居之，剩下來的問題是如何行動。君子行當以仁爲根本。仁是四德之首，也是四德之全，人而能仁，其餘的修養都不難做到。九二雖具君德，亦由學問而成，實非天生造就，而功夫全在體仁行仁上。

九三，重剛而不中，上不在天，下不在田，故乾乾因其時而惕，雖危无咎矣。

　　九三以剛居剛，故曰“重剛”。一卦之中二與五是中，三不中，故曰“重剛而不中”。九三居三不居五，故曰“上不在天”。又居三不居二，故曰“下不在田”。“上不在天，下不在田”兩句實際上還是説九三不中。總而言之，九三處於危懼之地。處境不好，但是九三能因時而行，該乾乾時便乾乾奮鬥不息，該夕惕時則及時休息，故雖危而不至於有咎。

九四，重剛而不中，上不在天，下不在田，中不在人，故或之。或之者，疑之也，故无咎。

九四以陽居陰，不是重剛，故重字可能是衍文。九四"上不在天，下不在田"與九三同，唯多"中不在人"一句。卦爻以五、上爲天道，初、二爲地道，天地之間的三、四是人道。三、四雖都屬人道，但比較起來，九三近二遠五，正是人道，九四近五遠二，上近於天而下遠於地，不是人所當處之地，故云"中不在人"。全文意思是説，九四雖然"剛而不中"，與九三近似，但是九三位卑近下，嚮上爲難，其危大，其憂深；九四則陽德漸盛，去五亦近，易於上進，問題僅在於或進或退，猶豫不定，其憂較淺。"或躍在淵"的"或"字，是疑的意思。能疑故无咎。疑不是狐疑的疑，此疑乃或進或退不遽加決斷，而詳加審度之謂。

夫大人者，與天地合其德，與日月合其明，與四時合其序，與鬼神合其吉凶。先天而天弗違，後天而奉天時。天且弗違，而況于人乎！況于鬼神乎！

這一段話講的是九五。九五是乾卦之主，乾之德集中地表現在九五上。九五是既有君德又有君位的大人，大人具有天德，他的修養可謂到家了。他的思想、意識和行爲可與天地、日月、四時、鬼神合拍。看來幾近不可思議，其實不然。他所以能够如此，是因爲他是知天命的人，也是從心所欲不逾矩的人。天命即自然規律。他充分地認識了自然規律，并且能够順應自然規律，甚至可以説在一定程度上獲得了自由。大人之德之明之序之吉凶能與天地、日月、四時、鬼神合拍，並不奇怪，祇是由於他剛健中正純粹精，與自然規律相通。這裏的鬼神也不是宗教迷信的鬼神，所指乃造化之迹，亦即自然規律的功用。吉凶不過是成敗得失而已。先天後天以下諸句闡釋大人必然得到天地鬼神的配合和人的擁護。"先天而天弗違"，做没有先例的事情，幹開創性的事業，天道不違背它。其實是説大人有天德，本來就與自然規律相通相合。"後天而奉天時”，做時勢決定非做不可的事情，也能合乎自然規律。大人做事，天且不違，人還能違嗎？此人不是個體的人，是群體的人，是人類社會，是人類社會的規律。就是説乾九五這樣的大人做事既符合自然規律也符合社會規律。

亢之爲言也，知進而不知退，知存而不知亡，知得而不知喪。其唯聖人乎，知進退存亡而不失其正者，其唯聖人乎。

此釋上九“亢龍有悔”的亢字。亢龍之亢字是過度的意思。事物總有兩方面。進好，進過了度就要走向反面而轉爲退，有進必有退。存好，存過了度就要走向反面而轉爲亡，有存必有亡。得好，得過了度就要走向反面而轉爲喪，有得必有喪。乾於上九，龍而至於亢，是時勢之必然，客觀之規律，主觀上無法避免，但是人在主觀上卻可能認識這個規律，從而順應這個規律，使不至於致害。然而做到這一點極難，人處在亢的時候，總是得意忘返。進而知退，存而知亡，得而知喪，能够掌握進退存亡的分寸的，唯有聖人而已，一般人是做不到的。

〔總論〕

《周易》是周代之《易》。它與殷代之叫做《歸藏》或《坤乾》的《易》的根本區別是《坤乾》首坤次乾，《周易》顛倒過來，變爲首乾次坤。首坤次乾變爲首乾次坤，反映社會意識形態的重大變化。殷易《坤乾》以坤爲首，反映“殷道親親”。《周易》首乾次坤，反映“周道尊尊”。“殷道親親”强調血緣關係，在君位繼承上重母統，傳弟，説明殷代氏族制的影響還重。“周道尊尊”强調政治關係，在君位繼承上重父統，傳子，説明周代階級社會已經完全確立。由“親親”變爲“尊尊”，這重大的歷史變革反映在《周易》之中，而《周易》書中最能表達這一變革的是乾卦居首。

乾卦在六十四卦中，唯一六個卦畫都是陽爻的卦，所謂“陽之純而健之至也”。乾卦（還有坤卦）在六十四卦中占有特殊的地位。

它們是“陰陽之根本,萬物之祖宗”。所以《繫辭傳》説“乾坤其《易》之門”,“乾坤其《易》之緼”。《周易》作者認爲易法天,易之理是天之道的模擬。他們之所以强調乾坤二卦是其餘六十二卦的祖宗,是《易》之門,《易》之緼,是由他們的宇宙觀決定的。他們以乾坤爲宇宙,而宇宙乃創化歷程中所顯現之時間功能及空間功能也。時間空間原不可分割,但爲語言方便起見,世人謂“古往今來謂之宇”,“上下四方謂之宙”。有乾而無坤,是爲“亢龍有悔”。有坤而無乾,則“龍戰于野”。有乾無坤或有坤無乾,都是伴侣喪亡之象。故必須“乾坤相與”、“天地交泰”、“陰陽合德”、“剛柔有體”。故他們認爲天地是萬物之本原,“有天地然後萬物生焉,盈天地之間者唯萬物”。天地由何而來,他們不再追問。

乾卦和其餘六十三卦一樣,由經傳兩部分組成。經的部分包括卦名、卦畫、卦辭、爻辭,傳的部分包括《彖傳》、《象傳》、《文言傳》。《象傳》分“大象”與“小象”兩類。《文言傳》獨乾坤二卦有,其餘各卦没有。乾卦由六個陽爻構成,是純陽至健,故卦名曰乾。從乾之《彖傳》和“大象”看,乾卦取象天。取象天,卦名卻曰乾而不曰天,這是因爲卦名反映卦之性、卦之義,不反映卦之象。卦名爲什麽不反映卦之象?因爲在一卦之中取象是手段而不是目的,目的在卦之性質,卦的含義。乾卦之乾就是健。健是乾卦的性質和意義所在。整個乾卦要講的是健。天最能反映健的特點,所以乾卦取天爲象。天衹是健之象而不是健本身,故乾卦名乾不名天。乾卦的卦辭是“元亨利貞”四字。乾卦卦名的這個乾字意義就是健,健是運動變化不息的意思。合起來説是乾是健,分開來説是元亨利貞。“元亨利貞”四字是説天的運動變化的。古人講的天其實是指太陽而言,可以説天就是太陽。《禮記·郊特牲》説:“大報天而主日。”《漢書·魏相傳》説:“天地變化必由陰陽,陰陽之分以日爲紀。”太陽的運動(實際上是地球運動,太陽相對地不動)造成寒暑變化,四時交替。因此古人用春夏秋冬四時解元亨利貞。元是春天，亨是夏天，利是秋天，貞是冬天。貞過去又是元，冬過去又是春，這樣永不停息地運動變化，把健的特點充分地表達出來了。乾卦卦辭取天爲象，而六個爻辭取龍爲象。卦辭與爻辭取象不同，是六十四卦的通例，絶大多數卦都如此。這是由卦與爻特點不同決定的。王弼説“卦者時也，爻者適時之變者也”。卦代表一個時代，衹要未出這個時代，都具有這個時代的特點。乾卦的性質是健，衹要還屬於乾卦，它就具有健的性質，從這個意義上説，卦是相對地不變的，是静態的。六爻自下而上構成一卦，一爻代表一個時代中的不同發展階段，所以爻是相對地變化的，是動態的。一個是静態的，一個是動態的，取象自然不宜相同。卦是静態的，故取一個象即可；爻是動態的，故往往須取多個象，即便六爻取同一象，這一象也必須能反映動態。乾卦取象天，天能反映出健的特點來。如果六爻還取象天，那就等於説六爻衹有健的共性，没有各自的個性。爻而没有個性，便失去了爻存在的意義。所以乾卦取象天而六爻以龍爲象。乾卦六爻是講天地之氣和君子之道的。天地之氣有升降，君子之道有行藏，龍是人們想象中能潛能飛的動物，故乾六爻取龍爲象。龍是陽物，而且是變化多端，神靈不測的陽物，用龍之動來表現乾六爻之動，再恰當不過。天能表現健，龍不但能表現健，還能表現變化中的健。乾之卦爻取象不同，進一步説明卦的性質是固定不變的，乾是健，乾在任何情況下都是健，而乾的取象則靈活多變。乾可以象天，也可以象龍，等等。我們讀《易》，不可把“象”看死，不可以爲什麽一定象什麽。

乾卦的傳的部分，首先是《彖傳》。《彖傳》是解釋卦辭的，一般有兩部分内容，一部分解釋卦名，一部分解釋卦辭。唯乾坤坎離震艮巽兑八個純卦不釋卦名，直接解釋卦辭。解釋卦辭一般都以卦德、卦象、卦位爲依據，有的三者兼取，有的但取一、二。乾《彖傳》開始言天，即依據乾之卦象作解。接着講“六位時成，時乘六龍”，説明乾卦六位以九五爲最尊，九五處於天位，具備六爻之德，這是根據卦位釋卦辭。就其所闡述的内容看,《彖傳》總是以卦象與天道雜言,以人事問題作結。這説明卦之取象都是天道方面的問題,而講天道的目的是爲了落實到人事上。乾卦《彖傳》正是如此。乾《彖傳》含有極豐富的哲學思想,其中"乾道變化,各正性命,保合太和,乃利貞"一段話尤其值得注意。它講萬物怎樣由元亨發展到利貞,講利貞是怎樣一種狀態。它提出萬物經過乾道變化而各正性命,保合太和的觀點。關於"性命"這個詞語,古人有多種多樣的解釋,往往煩瑣。其實"性命"不過是某物之所以爲某物的本質規定性。"各正性命",是既承認萬物的共性又肯定萬物各有個性。天地間之每一物無不有它自己生成、存在的理由、價值和意義,它們"各正性命",自己生,自己長,自己滅,没有一個超自然物主宰它們。可見《周易》的思想與宗教格格不入。萬物不但"各正性命",還能各自"保合太和"。"保合"是動詞,保合什麽?要保合的是"太和"。"太和"是什麽?"太和"是陰陽會合冲和之氣。一個收斂成熟之物,是陰陽二氣會合冲和的結果。作《易》者强調物成於陰陽二氣之會合冲和,説明他們重視萬物各自内部的和諧與統一。《周易》講萬物"各正性命",各得其宜,不相妨害;講萬物"保合太和",内裹是陰陽冲和之氣,所描述的是一個充滿無限生機和一片和氣的和諧、統一的世界。這大概是儒家及整個中國傳統文化貴和思想的源頭。

乾卦除《彖傳》、《象傳》之外,還有《文言傳》。《文言傳》發揮《彖傳》與《象傳》未盡之意,多角度多層次地解釋乾卦卦辭和六爻爻辭。後面的坤卦同此。卦辭與爻辭,《彖傳》與《象傳》本來已經講清楚,孔子還要另作《文言傳》,反反復復地再作解釋,其用意很可能是讓學《易》者懂得《易》之卦辭與爻辭含義十分靈活,從不同的角度,不同的層面,可以有不同的理解,應仔細玩索,耐心尋繹。如果把卦爻辭看死,以爲祇有一種意義别無其他,那就永遠懂不了《易》。孔子作《文言傳》詳析乾卦和坤卦是給學《易》者做出一個示範，讓人們對其餘六十二卦都要像《文言傳》這樣加以理解。

坤

䷁　坤下坤上

這是六十四卦的第二卦，卦名曰坤，它由六個陰爻組成。“坤上坤下”是注文，指明六畫卦坤，其内卦是三畫卦坤，外卦也是三畫卦坤。六畫卦坤與六畫卦乾是相對應的兩卦。分開來看，它們有各自的性質和特點，合起來又是無法分離的整體。三畫卦乾的性質是健，六畫卦乾的性質則是至健；三畫卦坤的性質是順，六畫卦坤的性質則是至順。有健才有所謂順，有順才有所謂健。健與順是互爲前提，對立統一的。猶如天地、陰陽、男女之兩兩不可分割一樣。所以古人説乾坤是“陰陽之根本，萬物之祖宗”，是“《易》之門”，“《易》之緼”，而不單言乾單言坤。《序卦傳》説“有天地然後有萬物”，正是把天地生萬物與乾坤成諸卦看成是一回事。乾與坤共成諸卦，不可有乾無坤；天與地合生萬物，不可有天無地。天與地是同步的，乾與坤也是同步的。天地是萬物之首，乾坤是六十四卦之首。從萬物與六十四卦生成的意義上説，萬物之首是天地而不僅是天，六十四卦之首是乾坤而不僅是乾。《周易》六十四卦把坤卦次於乾卦之後，是必然的，與周人的宇宙觀是符合的。《周易》以乾坤爲六十四卦之首，其深刻的哲學意義，須分兩層看。古代之易，《連山》易以艮卦爲首，其用意我們雖不甚清楚，但是它既不重視乾與坤，那末它不具有六十四卦自乾坤生成的思想，則是肯定的；説明夏代不曉得“有天地然後有萬物”的道理，而周人即明確提出了萬物生於天地的觀念。這是第一層意義。第二層，《歸藏》易以坤乾爲首，反映殷人已經把坤卦與乾卦提到了重要地位,使之居六十四卦之首;然而它不瞭解“大哉乾元,萬物資始,乃統天”,“至哉坤元,萬物資生,乃順承天”的意義,依然没有天地生萬物的意識,没有確立六十四卦生諸乾坤的觀念。《周易》首乾次坤,才真正把“有天地然後有萬物”和六十四卦生諸乾坤,乾坤是“《易》之門”、“《易》之緼”的思想完整、深刻地表達出來。

坤,元亨利牝馬之貞。君子有攸往,先迷後得主,利西南得朋,東北喪朋,安貞吉。

乾卦卦辭“元亨利貞”四字,是用天道變化的四個層次表達乾卦純剛至健的性質。孔子把這四個字理解爲四德。四德具備的人、事、物,具有乾健的性質。用四德表達的這種乾健的性質,帶有極大的抽象性和普遍性。坤卦卦辭也講“元亨利貞”,但在“貞”字前加上“牝馬”這樣一個定語,對“貞”字加以限制,意謂坤卦之“貞”與乾卦之“貞”不同,是“牝馬之貞”,而不是一般的“貞”,於是“貞”的含義由全而偏了,於是“元亨利貞”不是均衡的四德了,而變成了有所偏重的“元亨”與“利牝馬之貞”的三層含義,而且重點顯然在“利牝馬之貞”,不在“元亨”。“君子有攸往”及其以下諸語則是“利牝馬之貞”的進一步發揮。所以弄明白“利牝馬之貞”一句的含義是理解坤卦卦辭的關鍵。《黑韃事略》一書關於北方少數民族畜牧生活的記述對我們理解“利牝馬之貞”一語極有啓發。它説:“其牡馬留十分壯好者,做伊剌馬種,外餘者多騸了,所以無不强壯也。伊剌者公馬也,不曾騸,專管騍馬群,不入騸馬隊。騸馬、騍馬各自爲群隊也。又其騍馬群每伊剌馬一匹管騍馬五六十匹。騍馬出群,伊剌馬必咬踢之使歸。它群伊剌馬逾越而來,此群伊剌馬必咬踢之。”由此可見,牝馬要受牡馬的約束,順從牡馬的管轄。牡馬應剛健自强,牝馬應柔弱順從。牡馬有牡馬的貞正,牝馬有牝馬的貞正。坤卦的性質是順。順什麽?順乾。

坤須順乾，所以乾卦講元亨，坤卦也講元亨。坤要突出一個"順"字，所以乾卦講"利貞"而坤卦講"利牝馬之貞"。"利牝馬之貞"，是説坤以守順乾之正爲利。

"君子有攸往，先迷後得主。""君子有攸往"句是總起下文的。君子在有所作爲，有所行動的時候，不論做什麽都要遵循"先迷後得主"的原則。但這是指處在坤順地位的人、事、物而言的。處在坤順地位的人、事、物，要順從處在乾健地位的人、事、物，坤居乾健之後，絶對不可與乾健争先。坤順要以乾健爲主，而不可自爲主。"迷"與"得主"是相對應的兩個詞語，迷是失主的意思。怎樣做才能得主而不至於失主呢？要爲後不爲先。《老子》之"三寶"有"不敢爲天下先"一寶，《周易》"先迷後得主"很可能是受了《老子》的影響。但是《老子》一書在更大的程度上是在殷易《歸藏》即《坤乾》的影響下寫成的，它貴柔，重母性，所以它講"不敢爲天下先"，是絶對地提倡爲後不爲先。這與《周易》"先迷後得主"的思想不同。"先迷後得主"的尚後不尚先是有條件的，是講坤順不可超越乾健而爲先，坤順要以乾健爲先而己居後，要以乾健爲主而己爲配。僅僅是説坤順在對待自己與乾健的關係上應該如此。《周易》没有講一切性質的人、事、物在一切的情況下都不爲先。

"利西南得朋，東北喪朋，安貞吉。""西南"與"東北"兩個方位詞應怎樣理解呢？有的人把它們同邵雍的先天八卦後天八卦聯繫起來解釋，解釋不通。程頤和朱熹説"西南陰方，東北陽方"是可從的。西南代表陰方，東北代表陽方，似乎是一種古老的觀念。《禮記・鄉飲酒義》説："四面之坐象四時也。天地嚴凝之氣始於西南而盛於西北，此天地之尊嚴氣也，此天地之義氣也。天地温厚之氣始於東北而盛於東南，此天地之盛德氣也，此天地之仁氣也。主人者尊賓，故坐賓於西北，而坐介於西南以輔賓。賓者接人以義者也，故坐於西北。主人者接人以德厚者也,故坐於東南,而坐僎於東北,以輔主人也。”《鄉飲酒義》的這個説法很可能與《周易》坤卦西南、東北同出於一種古老的認識,即把西方視作陰方,把東方視作陽方。那末,坤卦曰“利西南得朋,東北喪朋”是什麽意思呢?“西南得朋”與“東北喪朋”同樣有利。朋是朋類。得朋喪朋是與上文“得主”相照應的。作爲坤來説,其根本的問題是如何得到乾健作己之主。得到乾健作己之主就吉,失掉乾健之主則凶。坤順怎樣方可得主呢?“東北喪朋”。東北是陽方,代表乾,就坤對乾的態度説,應當忠誠不貳;欲忠誠不貳,根本的問題是“喪朋”,即引類相先而不爲阿黨。“西南得朋”,西南是陰方,代表坤,就坤對乾效勞的方式説,應當竭盡全力;欲竭盡全力,根本的問題是“得朋”。喪朋得朋是一個問題的兩個方面。坤對乾既然要順,要得到乾爲己之主,就要一方面不結私黨而效忠於乾,一方面聯合衆力而效勞於乾。“安貞吉”,坤能够安然穩定、忠貞不貳地順於乾,故吉。

另據廖名春先生考證,坤卦卦辭是建立在八卦卦氣説基礎上的,帛書《易傳》之《衷》篇引坤卦辭作“東北喪朋,西南得朋”,順序是正確的。坤卦卦辭“君子有攸往,先迷,後得主,利。東北喪朋,西南得朋。安貞吉”之間有着内在的邏輯聯繫。“先迷”者,“東北喪朋”也。“後得主”者,“西南得朋”也。它們都是“君子有攸往”的具體展開。“東北喪朋”,指陰氣自十二月立春逐漸喪失。“西南得朋”,指陰氣自六月立秋起逐漸增長。廖氏此説根據是《説卦傳》、帛書《易傳》及卦氣説的理論。有一定道理,可備一説。説見廖著《周易經傳及易學史新論》一書。

乾之爻取龍象,坤之卦取馬象,而《説卦傳》説“乾爲馬,坤爲牛,震爲龍”,等等,或以爲卦爻之取象與《説卦傳》不合。其實不是不合,而是很合。《説卦傳》講的乾坤震巽各象什麽,不過是舉例，並非説乾一定象馬，坤一定象牛，震一定象龍。某卦某爻象什麼是極靈活的，不可拘泥。龍能够表達出乾健的性質，故乾六爻取龍象不取馬象。馬能够表達坤順的性質，故坤卦取馬象不取牛象。牛雖温順，卻不能表達坤順於乾健的特定關係，因爲坤衹順於乾健而不順於其他别的任何事物，牛則對一切事物都順。衹有牝馬，對别的什麼都不順，僅僅順於牡馬。在騍馬群中，牝馬順於伊刺馬的這種現象，十分準確、恰當地表達了在乾坤兩卦這一對矛盾中，坤順於乾的這種特定的關係。作《易》者取象如此之精巧，構思如此之聰明，實在令人折服。

《彖》曰：至哉坤元，萬物資生，乃順承天。坤厚載物，德合无疆，含弘光大，品物咸亨。牝馬地類，行地无疆，柔順利貞，君子攸行。先迷失道，後順得常。西南得朋，乃與類行；東北喪朋，乃終有慶。安貞之吉，應地无疆。

"至哉坤元，萬物資生，乃順承天。"此三句釋"坤元"。此言"至哉坤元"而乾卦《彖傳》言"大哉乾元"。乾元爲大，坤元爲至，大與至是有區别的。乾象天，天之體大而无疆，無所不包；坤象地，地之體廣而有限，無所不盡。坤之體不如乾之體大，但是坤是效法乾的，坤效法乾至乾之大而後已，故乾元曰大，坤元曰至。乾《彖傳》"萬物資始"，而坤曰"萬物資生"。天地合德，共生萬物，在生成萬物的問題上，天地不可或缺，没有哪一個都不行，那末何以於乾曰"資始"而於坤曰"資生"？始與生有何區别？這很像人之生於父母。從父親那裏得到氣質，父親給他奠定了生命的基礎，然而形體是從母親那裏獲得的。説"萬物資始"，是説萬物自乾那裏開始得到生命之氣質；説"萬物資生"，是説萬物從坤那裏獲得生命的形體。乾元，萬物資之以始，這是没有任何條件的，就是説，是無待的，是以能大，是以无疆。坤元，萬物資之以生，這是有條件的，就是説，是有待的,是以能至,是以有限。坤待乾而行,乃能至於大。萬物有了乾的氣質,方可有坤的形體。接着的"乃順承天"一句是點睛之筆,很能説明問題。它點出坤的性質是順乾承乾,以乾爲主而己爲配。它使我們知道,坤須順承乾,乾亦須坤來順承,萬物恰是在乾坤合德的作用中生成;乾坤合德但並不是等夷,在生成萬物的造化過程中,乾爲主,坤爲配,坤衹是在順承乾之行而行的時候,自己的行爲才是有意義的。

"坤厚載物,德合无疆,含弘光大,品物咸亨。"這幾句是釋亨的。主要的意思還是强調乾主坤配的關係。無疆是天之大德。"天行健",是從動的角度或從時間説,天是運行不已的;"无疆",是從静的角度或從空間説,天是無所不覆的。"坤厚",坤積順而成厚。"載物",凡地所生之物,即其所載之物。地之所載,無一非天之所覆,故曰"德合无疆"。"德合无疆"是坤之持載配天之無疆,亦即坤配乾,地配天。"含弘光大,品物咸亨",是講過坤之德與乾之德的關係之後又極贊坤德之偉大。"含弘光大"四字古人一字一義作解,含是無所不包,弘是無所不有,光是無所不著,大是無所不被。其實不必如此煩瑣。"含弘"是一義,"光大"是一義。"含弘"説地德深厚,無所不包容,無所不持載,没有什麽東西不在它的懷抱之中。正因爲如此,它才有資格做乾德之配。"光大"就是廣大。《易》中光字有二義,一爲光明照耀,一爲廣。光字在這裏訓作廣,最爲恰當。廣大,是"含弘"的加重義,意在進一步加深人們對坤德偉大深厚的印象。萬物在坤這個偉大深厚的環境中生存、馳騁,當然是順暢亨通的了。

"牝馬地類,行地无疆,柔順利貞,君子攸行。"這一節文字釋"利牝馬之貞,君子有攸往"二句。"地類"即陰類,陰類即指坤言。"牝馬地類",是説卦辭所謂牝馬是代表坤順的。换句話説,坤順取牝馬爲象。牝馬行地,是必須順從或者説效法乾健之无疆的。何以見得呢？下一句不是説“柔順利貞”嗎！如果把全部四句話連着講下來，這樣理解似乎是有道理的：坤卦好比牝馬，它要受牡馬的管束，它的所作所爲必須以柔順爲正，順承乾健。君子之所行，概當如此。更概括一些地説，牝馬行地，講的是坤之象；柔順利貞，講的是坤之德。合言之，坤順以從乾健，是坤之正道，君子應當傚此以行。

“先迷失道，後順得常。西南得朋，乃與類行。東北喪朋，乃終有慶。”這一段話釋卦辭“先迷後得主，利西南得朋，東北喪朋”三句。上文説過，坤順從乾而動，是坤當守的正道。如果坤不順從乾而動，自己先於乾而動，那便會迷失方向，走入歧途，其實質是喪失了坤之所以爲坤的正道。“後順得常”，是以“後順”解“得常”。坤本當居乾之後，唯乾是從。倘居先則爲逆，居後則爲順，居後爲順乃是坤之常道。“類”是同類，“乃與類行”，與同類在一起。“西南得朋，乃與類行”，“西南”即陰方亦即坤，在順承乾，服事乾的過程中，能够團結它的同類共同行動，這是正確的，有利的。從另一角度説，它又要做到“東北喪朋”才算最後取得成功，即所謂“乃終有慶”。東北是陽方，陽方即是乾。“東北喪朋”，坤在服事、順從乾的時候，還要與自己的同類在思想上劃清界限，不與之結黨營私。這樣做才是完滿的。總之，既要善於團結自己的人，又不結爲私黨，是坤順而從乾健的本分。兩方面都做到，方可謂最後“有慶”，完滿成功。

“安貞之吉，應地无疆。”此最後兩句釋“安貞吉”。“安貞吉”，主要就人事言。有坤德的君子，有如坤之厚德載物一般，器量深厚，有才而不露，可以與坤地之無疆相應。如此能够像大地一般安静不躁又能守正的人，必獲吉。坤《彖傳》有三個“无疆”，所指是不同的。“德合无疆”，是坤之德配乾之德，此“无疆”指乾德言。“行地无疆”是坤法乾之行而行，此“无疆”

亦指乾德言。“應地无疆”,是講人法坤之德,此“无疆”指坤德言。無論哪一個“无疆”,都含有空間的無限性和時間的永恒性二義。

《象》曰:地勢坤,君子以厚德載物。

乾卦《大象》曰“天行健”,坤卦則曰“地勢坤”,兩句話是相對應的。天與地對應,行與勢對應,健與坤對應。天與地對應,容易理解,没有問題。行與勢的對應就需要説明。行即道,是名詞。“天行”就是天道。天道是動態的,動的特點是什麽?天動的特點是健。坤不曰“地行”而曰“地勢”,因爲地道是静態的(這是古人的看法,實際上地也是動的),故曰勢。曰“天行”,是説天道的特點。曰“地勢”,其實也是説地道的特點。乾直接稱健,而坤卻稱卦名坤而不直接稱順。這是什麽緣故?古人有不同的解釋。朱熹説這祇是當時用字時偶得,並没有什麽深意,學者不必穿鑿求説。看來朱熹説的對。坤就是順,“地勢坤”即地勢順。從地之形勢看,實在看不出順來。古人有的説地之形勢高下相因,頓伏相仍,所以説“地勢順”,這完全是附會,不足憑信。王弼説:“地形不順,其勢順。”是對的。但是他没有説其勢如何順。孔穎達説:“地勢方直,是不順也,其勢承天,是其順也。”是説得極中肯的。地之所以順,是因爲天尊地卑,地勢承天。换言之,坤之所以順,是因爲乾剛健而坤柔順,坤順於乾。“君子以厚德載物”,古人有的説,因爲地是厚的,所以才順;若地很薄,則高下相因就傾陷了,談不到順。也是牽强之言。地本來就是厚的,故稱“厚德”。至於説順,上文説過,地之順是順承天,因爲天高地下,才説地勢順。地勢順與地之厚扯不上關係。不過,從坤之德説,順與厚卻不能説毫不相干,猶如人,柔順的人往往寬厚,寬厚的人往往柔順。《大象》講“君子以厚德載物”,意在告誡學《易》的人要效法坤地之厚德,容載萬物。君子要以坤地一般寬厚的胸懷包容天下之人與物，使天下之人無不以爲安，甚乃鳥獸蟲魚草木也無不以我爲命。相反，刻薄寡恩，險詐狹隘，是絶對要不得的。

初六，履霜堅冰至。

初六，陰爻居初。六是陰爻之名，八也是陰爻之名。但是六是老陰，老陰將變爲陽，是變爻。八是少陰，少陰不能變爲陽，是不變爻，而《周易》占變爻，不占不變爻，故《周易》一百九十二個陰爻全名六不名八。坤卦初六爻辭曰“履霜堅冰至”，意義比較容易理解。這是一個象，象也就是用一個形象作比喻，借用這個比喻以説明一個道理。用象説明道理，是《周易》的重要特點。爲什麽不直接講出道理而用象來作比喻呢？這是因爲如果直説，必然説死説偏，衹有用象來表達，才能把卦爻的意義講圓活，講完。六十四卦與三百八十四爻各取什麽象，看來似乎有規律，其實是很靈活的。如乾卦卦辭曰“元亨利貞”，實際上是以天爲象，但又不明説，根據《彖傳》我們才知道它是取象天的。乾之六爻不取天象取龍象。坤與乾相對應，乾卦卦辭取天爲象，則坤卦當取地爲象，然而坤卻取象牝馬，而坤之六爻則取象多樣而絶不言馬。“履霜堅冰至”是這樣的象：脚下既已踏霜，堅冰必將到來。引伸一步，告誡人們要見微以知著，防微而杜漸。陰能消陽，柔能敗剛，小人能剥君子，全有一個由始甚微而漸盛的過程。意思是説，對於它們要毖之於小，慎之於微，善於在它們勢力還很微小的時候，就識破它們，及早防範、消弭。

《象》曰：履霜堅冰，陰始凝也。馴致其道，至堅冰也。

“履霜堅冰”的“堅冰”二字可能是衍文，因爲履霜與堅冰不是同時事，説履霜是陰始凝可，説堅冰是陰始凝則不可。又據《三國志・魏文帝紀》注文記太史許芝引此象辭，“履霜”之上有“初六”二字,“履霜”之下無“堅冰”。古本很可能作“初六履霜”,後世轉抄訛誤,遂變爲“履霜堅冰”。馴,狎順。“馴致其道,至堅冰也”,意思是説,既已履霜,陰氣已開始凝聚,發展下去,必然導致堅冰。言及人事,“其道”乃小人之道,小人之道開始時雖微小,然而積漸馴習,因循而長,必至於盛。爻辭曰“堅冰至”,是强調事情發展的結果,《小象》曰“至堅冰”,是强調事情的起始。乾初九《小象》曰“陽在下”,坤初六《小象》曰“陰始凝”,提出陰陽二字,意在説明九就是陽,六就是陰,一部《周易》正是三百八十四個陰爻和陽爻對立統一,交錯變化的過程。有人據《周易》經文不見陰陽二字,斷言《周易》不講陰陽,這是一種極端錯誤的觀點。九六是陰陽,乾坤也是陰陽。孔子不僅於乾坤二卦之初爻明確點出九六就是陰陽,在《易傳》的其他部分又多次講到過陰陽,如《繫辭傳》講“乾,陽物也;坤,陰物也,陰陽合德而剛柔有體”,“陰陽不測之謂神”,“一陰一陽之謂道”等等。若説《周易》不講陰陽,《周易》也就不復存在了。其實陰陽没什麽神秘,陰陽不過是事物對立統一着、不斷變化着的兩個方面罷了。《周易》比較特殊之處,是它一方面承認“陰陽合德”不可相無,另一方面又强調陽淑陰慝,陽好陰不好,把崇高的、善良的、正確的,都歸諸陽,把卑微的、醜惡的、錯誤的,都歸諸陰,采取扶陽抑陰的態度。

六二,直方,大,不習,无不利。

六十四卦每一卦都有卦主,卦主是代表這一卦的,一卦的特點由卦主比較完備地表現出來。乾卦的卦主是九五,因爲乾之道在此顯現出來。坤卦的卦主不是六五而是六二。因爲坤卦唯六二最純粹。坤六二爻辭古人的注釋皆似是而非。今人廖名春先生所做新解,頗爲可從。依廖氏説,此爻辭乃一條件複句,“直方”斷,是一條件分句。“大”、“不習”、“无不利”是一個由三小句構成的結果分句。“大”是個普通的形容詞。

"習"當係摺字的假借。摺與折同義,都可訓敗。這條爻辭全句的意思是:做到正直而方正,就能宏大,就能不敗,就能没有不利。大,不習,无不利,都是强調坤卦(六二是卦主,代表坤卦)的德性直方的重要性。乾之卦主是九五,坤之卦主是六二。坤六二柔順中正四者具備。爻辭"直方"準確地表達了坤卦的本質特點。《繫辭上》説乾"其動也直"。直是乾的特點。《繫辭上》又説"效法之謂坤"。坤之德僅僅在與乾發生聯繫的時候才有實在的意義。因此,乾有直的特點,坤傚法乾也就有直的特點。但是坤與乾是相對應的,乾有圓而動的特點,坤也就有方而静的特點。從而直與方連起來就成爲坤的本質特點。

《象》曰:六二之動,直以方也。不習无不利,地道光也。

"直以方"的"以"字作"而"字解,"而"在此是連詞。直而方,是又直又方的意思。爻辭講"直方",直本是乾之德,爲什麽坤六二爻辭講方之外又講直呢?孔子怕學《易》者不明白,乃答之曰"六二之動"。乾剛坤柔,這是肯定的。乾動坤静,這也是肯定的。但是,是不是坤衹有柔而不可有剛呢?不是的。是不是坤衹是静而不能動呢?也不是的。我們知道,坤的性質是順,順什麽,順乾。坤總是效乾而動,效乾而行。坤雖然至静,然而一旦乾的影響施加到它的身上,它就要順之而動,而動機一發即不可遏止屈撓,於是坤便也有了直的特點。坤自身本來所具有的方的特點,其實也要通過六二之動表現出來。坤是静的,待乾之動機施之於坤,坤便能陶冶萬物,使各有定形,不可移易。陶冶萬物,使各有定形,就是六二之動,同時也是坤之方。因此可以説,坤柔中有剛,静中有動。唯其如此,它才能"直以方"。"光"字其實就是"廣"的意思。"地道光",應釋作地道廣大。六二爲什麽能够"不習无不利",孔子回答説:"地道光也。"六二是坤之主爻,完全能够代表坤卦之德。"不習无不利"不僅是六二一個爻的特點,也指整個坤卦而言,故曰"地道光"。"地道光",地道廣大,亦即坤之德"直方"。"直方"的實質不是别的,是法乾之德,效乾之行,自己則因任自然而動,莫之爲而爲。

六三,含章可貞,或從王事,无成有終。

六三這一爻不中不正,比不了六二,卻又與六四不同。六四以陰居陰,全是陰柔,没有一絲陽氣,六三以陰居陽位,陰之中包有陽在内,有半動半静的特點,所以有"含章可貞"之象。章,文而成章,本是外露之物,而六三畢竟是陰爻主静,有坤之含弘光大之德,且居下卦之上,爲得位之爻,它能够含晦章美,常久貞守,不使外露。六三以陰居陽,又有動的一面,它"含章可貞"並非永遠無所作爲,它要"或從王事",對於"王事"則動而從之,爲之效勞。此"從"字甚關緊要。"從",表明它順從人家做事,不爲事始,有唱乃應;更不爲事主,待命而發。"王事"之"王"指乾。坤卦與它卦以五爲君者不同。坤卦六爻皆爲臣道。此"或"字尤堪注意。乾九四講"或躍在淵",坤六三講"或從王事"。兩爻都處在進退未定之際,唯退曰"在淵"曰"含章",而"躍"與"從王事"之進則皆曰"或",這是因爲作《易》者想告誡人們要慎於進,不急於進。在《周易》中陽是主進的,陰是主退的。乾九四陽居陰,坤六三陰居陽,有陰有陽,可進可退,故强調進宜慎不宜急。對比之下,乾九三與坤六四就不同了。乾九三陽居陽,陽主進,故曰"乾乾";坤六四陰居陰,陰主退,故曰"括囊"。"无成有終",進一步講坤六三應當怎樣"從王事"。上文説過,坤卦六爻皆是臣位,實際上它們都以乾爲君。六三即要"從王事"。即從乾,那末它就有一個怎樣從的問題。第一,它必當也能够"无成"。"无成"不是無所作爲,無所成就;"无成"是功成而不居,有美歸之於君。第二,雖"无成"但必須"有終","有終"是雖然有功不居,但是卻要盡職盡分,一絲不苟地做成做好自己當做的事情。若把“无成有終”理解爲所做之事當做十分,衹做五六分,不須做盡,那就根本錯了。

《象》曰:含章可貞,以時發也。或從王事,知光大也。

“含章可貞,以時發也”,“含章”不是永遠含晦不發。“含章”衹是説平時不發,到了該發的時候則一定要發。按經文之意,“以時發”的“時”係指“從王事”言。“含”與“發”相對應,平素不“含”,則無所謂“發”;“發”而不以“時”,隨時皆“發”,則無所謂“含”。喜露圭角的人不能“含章”。不能“含章”的人不能“以時發”。可以説,“含章”與“以時發”是一件事的兩個方面。“或從王事,知光大也”,實際是説“或從王事,无成有終,知光大也”。“知光大”,知之廣大。坤六三爲什麽能做到“或從王事,无成有終”呢?根本的原因在於它“知光大”,即眼光深遠,胸中寬廣。眼光深遠,胸中寬廣的人,自然含晦。平常的人何嘗不欲含晦,然而怎奈胸中淺狹,衹能做些鋤治驕矜,深匿名迹的表面功夫,不曾有根本上的認識,稍有一功一善,就按捺不住,非表現出來不可,豈能含晦!猶如罏小水多,任你怎樣遏抑固閉,水終將溢出來。假若是個大罏子,則水自不泛溢,全不須另費力氣。

六四,括囊,无咎无譽。

六四不同於六三,六三以陰居陽位,有静也有動,可退亦可進,當“含章”亦當“從王事”。六四則以陰居陰,又在危懼之地,上下不交,無承無應,恰是賢人不得不隱藏的時候。六四也恰是知幾的君子,完全能够以柔德自處,做到“括囊,无咎无譽”。“括囊”,扎上囊口,裏面的東西,全不使出來。含晦緘默,惡不爲,善也不爲,善惡一概括而不形。惡不爲則无咎,善不爲則无譽。平常人徒知咎可以致罪,不知譽可以爲害。其實，有譽即可致咎。譽與咎無寧説是一回事。《莊子·養生主》之“爲善無近名，爲惡無近刑，緣督以爲經”，與此爻義近。

《象》曰：括囊无咎，慎不害也。

此《小象》曰“括囊无咎”，不曰“无譽”，是省語，其實“无譽”是在内的。“括囊”的實質是謹慎，“无咎无譽”的實質是“不害”。由於“括囊”，所以“无咎无譽”；由於謹慎，所以無害。孔子用“慎不害”一語將爻辭的實質揭示出來。

六五，黄裳，元吉。

黄，黄色。黄色代表什麽，古人有兩種説法，一説東西南北中各用青、白、赤、黑、黄五種顔色表示，黄色代表中；一説天玄地黄，在天與地相對應的時候，玄色代表天，黄色代表地。這裏的黄色是代表中還是代表地，古人亦有二説。有人説這個黄代表中，是中之色，有人説代表地，是地之色。仔細尋繹，還是後説强一些。第一，緊接着上六爻辭即曰：“龍戰于野，其血玄黄。”“其血玄黄”，以黄與玄連舉，顯然玄指乾指天指陽，黄指坤指地指陰。《儀禮·士冠禮》經文“玄端玄裳黄裳雜裳可也”下，鄭注説：“上士玄裳，中士黄裳，下士雜裳。雜裳者，前玄後黄，《易》曰夫玄黄者天地之雜也，天玄而地黄。”鄭注引的《易》正是坤卦《文言傳》裏解釋坤上六爻辭“其血玄黄”的話。鄭玄認爲玄裳的“玄”是天之色，黄裳的“黄”是地之色，是正確的。六五言“黄裳”，上六言“其血玄黄”，兩爻相比鄰，同一個“黄”字不應有兩解。第二，從事理上説，五就是中，已經明白無疑，何須更用黄色來表示，祇有將“黄”字理解爲地之色，代表坤的時候，“黄”字在此才有意義。古人的衣服，穿在上身的叫衣，穿在下體的叫裳。裳很像圍裙，繫在腰上。衣與裳相對，衣在上象乾，裳在下象坤。黄與裳合而言之，講的就是坤之柔順之道。坤以在下爲正，乾以在上爲正，所以二與五皆中而乾之天德在九五，曰“飛龍在天，利見大人”，坤之地道在六二，曰“直方，大，不習无不利”。反之，二不是乾之正位，故乾九二有陽德而在下，五不是坤之正位，故坤六五在上而有陰德。“元吉”即大吉。“黄裳元吉”，不過是説，一個人處在坤的時代，雖然地位高了，但也要保持柔順之德，如此方可得大吉。

《象》曰：黄裳元吉，文在中也。

“文在中”可與六三的“以時發”對照看。六三“含章”，是説坤之柔順的美德含晦未發，然而不能總不發，時候適宜便要發。六五“黄裳”，是説坤之柔順的美德已然表露，然而這美德不是虚假的，是有它的内在依據的，故曰“文在中”。六三所居之位不中，章須含而不露，待時而發；六五則柔順居中，正是“黄裳”外見，“含章”已發之時，然而文非由外襲，文德實具於其中。

上六，龍戰于野，其血玄黄。

一卦可以看作一個時代，一爻則是一個時代中的一個發展階段。乾卦自初至上，是一個完整的發展過程，即乾健如何由潛而見而惕而躍而飛以至於亢而有悔的過程。乾健的發展過程是自我表現、自我變化發展的過程。坤卦自初至上也是一個發展過程，但坤的本質特點是順，坤順乾，陰順陽，因此坤卦六爻實際上是一個坤順乾，陰順陽的發展過程。坤卦的每一步變化都反映着它順乾、順陽的發展程度。初六“履霜”，陰氣開始凝聚。六二“直方”，已具備了陰柔中正的全部坤德。六三“含章”，含晦不露，卻又隨時準備爲乾效勞而不居功。六四“括囊”，陰順發展到相當的程度，以至於晦藏緘默。六五“黄裳”，坤順之道日臻完美，居高位卻能固守柔順之德。至上六則發展到極盛的地步，順轉爲逆，坤順乾變爲坤敵乾乃至與乾戰。爻辭不言陰與陽戰而曰“龍戰于野”,是故意不承認陰敵陽的這個現實,把陰與陽戰或坤與乾戰的現實用“龍戰于野”的另一種説法表達出來。“戰于野”,仿佛不是陰逼陽,坤敵乾造成的戰事,倒是陽主動出擊到外面來與陰戰,與《春秋》“天王狩於河陽”幾乎同一書法。因爲要點出是陽主動出擊到外面來與陰戰,不是陰主動逼至陽之腹地與陽戰,所以稱“龍戰于野”。古代國家的統治中心地帶曰國,國外曰郊,郊外曰野。言“龍”,意在强調是陽與陰戰,不是陰與陽戰,因爲陰敵陽不可言。言“野”,意在指明戰於國之外,非戰於國之中,進一步掩飾陰逼於陽的事實。“其血玄黄”,有人説“血”是血戰,甚乃血流漂杵的意思。其實不然,“其血玄黄”一語重點在“玄黄”而不在“血”。天爲玄,地爲黄。“玄黄”合言乃天地混雜,乾坤莫辨之意。天地混雜,乾坤莫辨,這在古人的思想觀念中是最糟不過的事情。所以爻辭儘管不言悔吝,而“其血玄黄”的後果比悔吝更要嚴重。

《象》曰:龍戰于野,其道窮也。

上爻是當變之爻。乾卦《文言傳》説“亢龍有悔,窮之災也”,坤卦“小象”言“龍戰于野,其道窮也”,意義一致。乾之道發展到上爻,就到了窮極的地步,窮則變,變方能通。“亢龍有悔”是乾道至於窮極而造成的。“龍戰于野,其血玄黄”,天地不分,陰陽莫辨,也是坤道盛極而窮所造成的結果。

用六,利永貞。

“用六”的意義與乾卦“用九”一樣。“用九”是乾卦六個陽爻都用九不用七,“用六”是坤卦六個陰爻都用六不用八。筮得坤卦時,六爻雖皆陰,但有的可能是六,有的可能是八。六是老陰,是變爻;八是少陰,是不變爻。《周易》占變爻不占不變爻。假設坤卦六爻皆六,都是變爻,六個六皆變爲七,即變爲陽爻,全卦也就由坤之乾了。坤雖變爲乾,坤性依然在,坤性雖還在,卻已有乾的影響。故作《易》者特爲此設辭曰“利永貞”,意謂陰柔不能固守而變爲陽,變爲陽卻又不是陽,則利在永貞。乾坤二卦都講元亨利貞,然而乾重元以元爲統,坤重貞以貞爲主,故坤之貞爲“牝馬之貞”。坤之本質特點是順乾,一方面與乾合德,共生萬物,故乾元亨,坤也元亨;一方面以乾爲君,順承乾。此處言“利永貞”而不及元亨,其用意很明顯,是在突出强調坤用六變卦之順承乾的一面。

《象》曰:用六永貞,以大終也。

《易經》以陽爲大,以陰爲小,坤用六諸爻皆陰變陽,始小而終大,故曰以大終。

《文言》曰:坤至柔而動也剛,至静而德方。後得主而有常,含萬物而化光。坤道其順乎,承天而時行。

孔子於六十四卦特别重視乾坤兩卦,認爲這兩卦意義極其深遠,與其他諸卦不同,所以在乾坤兩卦特爲作《文言傳》,對卦爻辭反復地加以分析説明。坤卦《文言傳》共七段文字,依次解釋卦辭及六爻爻辭。這一段解釋卦辭。卦辭《彖傳》已全面解釋過了,《文言傳》再作解釋,意在加深理解,進一步抓住要領。乾卦情形同此。不過也有所不同。乾《文言傳》對卦辭“元亨利貞”四字,字字作解,因爲四個字各自有獨立的意義,不字字作解不足以説明。坤《文言傳》對卦辭衹取“後得主”一語,其餘多作贊辭,而分析的重點則在“順承天”三字上。這大概由於坤卦卦爻辭取象比較複雜,卦義不易把握的緣故。“坤至柔而動也剛,至静而德方,後得主而有常”。乾至剛,坤至柔,這是乾與坤的固有本性,但是坤之柔須在隨乾而動的過程中表現出來;乾健不息,坤則隨着乾健的影響而生長萬物,承載萬物;生長萬物,承載萬物就是動;動則必然表現出剛的性質。乾動,坤也隨着動;乾剛,坤也隨着有剛。坤是至静的,静本身無形無迹,無法看得見;坤之至静要從它的德之方處看。换言之,坤之至静表現在它的"方"上。方即六二爻辭"直方"的"方"。"方"即是坤在乾的影響之下,陶鑄萬物,飛潛動植,使各有定形穩固性與普遍性。從坤隨乾動的這個情況看,坤雖至柔,然而"其動也剛",坤雖至静,然而其德亦方;以乾爲先,自己處後,即"後得主",才是坤之不可移易的特點,柔也罷,静也罷,都是以乾先坤後爲前提的。順便指出,《老子》貴柔貴後,以爲天下之至柔可以勝天下之至剛,主張不爲天下先,與《周易》坤卦的思想看似一致,然其實不同。《老子》崇柔抑剛,扶陰抑陽,將坤放在爲首的地位。它説的不爲天下先,是一切居後,居一切後的意思,《周易》坤卦則强調乾先坤後,坤居乾後,不是一切事物在一切情況下都居後。這個差别是極其重要的,因爲《老子》思想淵源於殷易《歸藏》,《歸藏》是首坤次乾的。《周易》雖也與《歸藏》不無關係,但是《周易》已將《歸藏》的原則加以改造,首坤次乾,變爲首乾次坤。這是根本性的變化。以下"含萬物而化光"句與《彖傳》之"含弘萬物,品物咸亨",義同,不再贅述。"坤道其順乎,承天而時行",此二句帶有總結的意義,將坤之"至柔"、"至静"、"後得主"諸特點最後歸結到"順"字上。"順"才是坤的根本性質,如同"健"是乾的根本性質一樣。"坤道其順乎",坤道就是一個"順"字,講得斬釘截鐵,勿庸置疑。順誰?任是誰都順嗎?不是。坤袛順天順乾。順是胡亂順嗎?也不是。天動地隨,天以時行,坤亦以時行。天不超前不落後,坤亦不超前不落後。"承天而時行"一句説出,把坤順的性質講得周到深刻,全無罅隙。現在我們回過頭去體味一下"利牝馬之貞"的卦辭肯定會覺得豁然洞曉,了無窒礙。

積善之家,必有餘慶;積不善之家,必有餘殃。臣弑其君,子弑其父，非一朝一夕之故，其所由來者漸矣，由辨之不早辨也。《易》曰“履霜堅冰至”，蓋言順也。

這是孔子對坤初六“履霜堅冰至”的體會，也是解釋。餘慶，福及子孫。餘殃，禍及後世。長期養成的善或不善，影響極深遠。先時種下的禍根，要很久以後才結出惡果，例如弑君弑父之事，絶非一朝一夕偶然發生，它是由來已久，積漸而成。問題乍出現時，往往微不足道，人們不知不辨，結果導致大禍。這些都是説“履霜堅冰至”的道理。孔子説，“履霜堅冰至”是講順的。這就有了問題。順是坤之本性，坤之至德，與乾健一樣，其意義是正面的，而初六“履霜堅冰至”講的是陰道由微而漸盛的道理。陰道乃小人之道。小人之道與坤卦卦辭以及《彖傳》、坤《文言傳》第一節所講的坤之道是不一致的。這該如何理解？這是因爲《易》中卦辭與爻辭的意向在乾卦完全相同，都是正面的，卦辭講乾健，爻辭也都從正面講乾健，不同的不過是爻辭從動態的角度講罷了。坤卦則不然，坤卦卦辭講坤順，講坤之德，是正面意義的，所以《大象》講“地勢坤，君子以厚德載物”，而爻辭有的講陰道是代表小人的，其意向與卦辭相反。初六爻辭“履霜堅冰至”即爲典型一例。“履霜堅冰至”，是陰道即小人之道逐漸盛長以至於最終構成大害之謂，所云也是一個“順”字，然而不是卦辭坤順承乾之義。這種順，是君子應該逆而制之的。爻辭之義與卦辭之義不同甚乃違背的現象，在以下諸卦中我們還將不時見到。

直其正也，方其義也，君子敬以直内，義以方外，敬義立而德不孤。直方，大，不習无不利，則不疑其所行也。

坤《文言傳》的這段文字解釋六二爻辭“直方，大，不習无不利”。六二是坤卦卦主，它柔順而中正，具有坤卦的全部美德，卦辭所講的坤的性質它全包括了。這一爻，其意向與卦辭相同，都是君子之道。坤之道“直方，大，不習无不利”，那末君子法坤之道應該如何付諸實行呢?孔子在此一一加以指點。“直其正也”,“直”裏面包含着“正”在内。直上直下,率意徑行,算不上“直”;“直”還要“正”,胸中洞然,没有纖毫的委曲。“君子敬以直内”的“敬”,是心中專一,並無雜念,每遇事衹管專一去做,不爲苟且。“方其義也”,“方”裏面包含着“義”在内。衹是方方正正,四平八穩,算不上“方”;“方”還要有“義”,處理事情是非曲直分明,行所當行,止所當止。“敬以直内”指人的内部修養,“義以方外”言人的外部表現。一個人自内外兩方面把住了關,無事,胸中洞然專一,不染些許雜念;有事,是非截然明白,對的去做,錯的不做,方方正正,各得其宜,於是做人的問題便全解決了。“敬義立而德不孤”,敬與義兩項做到,德也就不孤了。所謂“德不孤”,是説内外交養,表裏相資,其德影響至廣,天地之間,四海之内,凡爲善者無不與之同,與之應。可見“不孤”也就是大。敬做到了,義做到了,德便自然不孤了。“敬義立而德不孤”,實際上也就是“直方大”在一個人身上的實現。實現了“直方大”便可“不習无不利”。自己不必增加造設,一切因任自然,法乾而行,莫之爲而爲。這樣,便“不疑其所行也”,儘管去應事接物,全不必懷疑自己所做所爲的正確性。

陰雖有美含之,以從王事,弗敢成也,地道也,妻道也,臣道也。地道无成而代有終也。

這一段文字釋六三爻辭。從坤與乾的關係上説明問題。坤雖然自身有才美,但是要“含之”,不表現出來,不使有所成名;這樣做是爲了“以從王事”,爲乾的事業服務。坤不是自己没有條件成名,是“弗敢成”,不敢使自己成名。爻辭在“或從王事”之後講“无成有終”,説坤雖然有美不成名,有功不伐功,卻一定把事業妥善地完成。《文言傳》則進一步點出坤的“有終”是“代有終”,代乾有終,完成的是乾的事業,不是它自己的事業。由此看來,坤與乾的關係顯然是這樣的:事業總是由乾開始,而由坤完成。乾不能終物,坤不能始物。而在完成事業的過程中,坤要努力奮鬥,竭盡全力,自覺地把功勞、榮譽歸於乾,不使自己有所成名,這是坤之道,也是地之道。臣之於君,妻之於夫,莫不如此。《繫辭傳》所講"乾知大始,坤作成物",意義略同於此。

天地變化,草木蕃;天地閉,賢人隱。《易》曰"括囊无咎无譽",蓋言謹也。

六四以陰居陰,不中不正,有天地閉塞隔絶之象,是乾坤道絶,賢者隱遯之時。"天地變化"二句言草木而不言賢人,"天地閉"二句言賢人而不言草木,是互文。古人認爲人事與天道一致,常常把社會問題與自然現象連在一起。如《詩·召南·騶虞序》説"朝廷既治","則庶類蕃殖";《尚書·洪範》説"日月歲時既易,百穀用不成","俊民用微"。這裏講天地"變化",是説天地交感,變化萬物,則草木蕃殖茂盛,而賢人亦出。講天地"閉",是説天地隔絶,陰陽不通,則草木不蕃,賢人隱遯。賢人隱遯的表達方式是"括囊"。"括囊"是言不出,智不發,身不見,一方面謹慎自守,一方面内充其德,待時而發,而關鍵的意義還在一個謹字上。括囊謹慎,雖無令譽,亦可无咎。

君子黄中通理,正位居體,美在其中,而暢于四支,發于事業,美之至也。

這一段文字釋六五"黄裳元吉"。"黄中通理"釋"黄裳"的"黄"義,"正位居體"釋"黄裳"的"裳"義。黄是地之色,是代表坤的。"黄中",坤而居中,居中這一點對於坤來説極重要,它表示柔順之德藴藏於内,存之於中,不是表面的,虚假的。下文"美在其中"一語,進一步指明柔順之美德藏諸中心。中心藏着粹然無疵的美德，則理無所不通，故云“通理”。這是説六五“美在其中”，德藏於内的一面。六五與六四不同，六四“括囊”，藏而不發，六五藏於中心之美德要表現出來，要發揮它的作用，所以又説“正位居體”。“正位”六五居尊位。“居體”，它畢竟是“裳”，故以下體自居。合而言之，“正位居體”，身居高位卻能甘處人下，至柔而恭，守静而無倡，處順而無作。内裏藴藏着柔順之美，表現出來又能居高位做大事而無嫌於僭，這樣的人，可以説它的坤順的美德已經“暢于四支”，渾身上下，内外左右，無所不在，無所不有，而且更重要的是，他不僅“暢于四支”，又能“發于事業”，把自己的才德用於治理天下國家上。“美之至也”，坤順之德達到這個程度，可謂到了極致了。古人常用伊尹、周公旦的德行比擬坤六五這一爻，看來不無道理。

陰疑于陽必戰，爲其嫌于无陽也，故稱龍焉。猶未離其類也，故稱血焉。夫玄黄者，天地之雜也。天玄而地黄。

此釋上六“龍戰于野，其血玄黄”。坤至上六，陰發展到極盛，以至於疑於陽。疑，陰陽二者勢均力敵，分辨不出大小高下。陰盛到疑陽的程度，勢必與陽交戰。本是陰與陽戰，不曰陰與陽戰而曰“龍戰”，就是怕人們誤以爲無陽。曰“龍戰”是説陰盛而犯陽，陽來戰它。不允許它與陽均敵。玄是天的顔色，黄是地的顔色。稱“血”，説明陰陽都未離乎其類，陰還是陰，陽還是陽。稱“玄黄”，表示天地、陰陽混雜難分。但是畢竟“天玄而地黄”，天還是天，地還是地；天尊地卑、乾健坤順的大分終究不可移易。

〔總論〕

坤卦是六十四卦的第二卦，它的六個卦畫都是陰爻，與乾卦的六個陽爻正好相對。六十四卦自乾坤開始，每兩卦在卦畫排列上都表現爲一定的關係，即兩卦的卦畫不反則對。對，兩卦六爻自初至上陰陽相對，乾坤兩卦就是如此。反，前一卦自初至上像捲簾那樣反過來就是後一卦，後一卦依同樣的方法反過來也是前一卦。乾坤之後緊接着的屯蒙兩卦即屬於這樣情況。還有些是既是對又是反的關係，最爲典型的既對又反的兩卦是六十四卦結束的既濟與未濟。相鄰的兩卦具有這樣的關係，當然不是偶然的，必有其含義，這個問題以後要逐漸涉及到。現在我們先看乾坤兩卦。乾卦由六個陽爻構成，代表事物純陽至健的性質；坤卦由六個陰爻構成，代表事物純陰至順的性質。兩卦所代表的事物的性質是根本對立的，但同時也是統一的，不可分割的，它們是一個整體。《序卦傳》説“有天地然後萬物生焉”，《易緯·乾鑿度》説“乾坤相并俱生”，“乾坤，陰陽之根本，萬物之祖宗”，説得都是對的。它們都明確指出世間萬物生自於天地，天地並提而不祇言天；《易》中六十四卦生自於乾坤，乾坤共舉而不祇言乾。事實上，六十四卦的其餘六十二卦全由乾坤兩卦相與交錯而來，乾坤没有了，哪一個都産生不了易。猶如天地共同生成萬物，乾坤亦一起創生易卦。

雖天地共生萬物，乾坤並成易卦，但是天與地不平等，天尊而地卑；乾與坤也不平等，乾健而坤順。乾象天，健而不息；坤象地，順而承乾。實際上也可以説乾尊而坤卑，乾尊坤卑，是《周易》貫徹始終的根本思想，所以孔子作《繫辭傳》開宗明義便講：“天尊地卑，乾坤定矣。”乾尊坤卑的思想在坤卦裏表現得極爲清楚。坤卦卦辭與乾卦卦辭真是如同天地之差别，乾卦卦辭唯“元、亨、利、貞”四個字，孔子作《彖傳》説乾“大哉乾元，萬物資始，乃統天”，作“大象”説乾“天行健”，説明乾象天，而坤卦卦辭則説“元亨，利牝馬之貞”，而且加上“先迷後得主，利西南得朋，東北喪朋，安貞吉”的限制之語。孔子在《彖傳》説坤是“至哉坤元，萬物資生，乃順承天”，在“大象”説“地勢坤”，説明坤象地，同時强調是“順承天”的。孔子的認識符合經文之意，既正確又準確。“天行健”，乾像天那樣没有條件，没有限制地獨自運行不已，表現出一種完全獨立的剛健性格。它不受制於也不需要受制於另外别的什麽力量。坤卦則不然，坤要順承乾。坤像地那樣主静，那樣塊然不動；它縱然也要動，也要參與生成萬物，但那全是在乾的影響下進行的。乾給予萬物以始，坤才給予萬物以生。乾之元是偉大的，坤之元才是至大的。有了乾之大，坤才跟着也大。坤不能如同天那樣獨自運行不已，坤的性格是至柔至順的，它的行爲受制於也必須受制於乾，有了乾的"元亨"，才有坤的"元亨"。乾有"元、亨"，又有"利、貞"，"元、亨、利、貞"構成乾健的内容，坤因乾之"元亨"而"元亨"，卻不能因乾之"利貞"而"利貞"。坤必須"利牝馬之貞"，像牝馬服從伊剌馬管束那樣柔順地服從乾的管束。坤的一切行爲都要以乾爲先，自己居後，牝馬跑到伊剌馬前頭去是不行的，那就要迷失方向、道路。祇有永遠跟在乾的後面行動才是正道，才能得到乾的支持、保護。坤一切要效法乾，服從乾。所謂"西南得朋"，爲了服事乾，應該團結同類，合力以赴；所謂"東北喪朋"，爲了忠於乾，絶然舍棄私黨，一心奉公。孔子在《文言傳》中把坤卦卦辭的意義講得更加透徹，説"坤道其順乎！承天而時行"，可謂一語破的。第一，坤道的實質全在一個"順"字；第二，坤並非順承一切，僅僅順承乾；第三，順承乾的過程中更注意時的問題，乾依時而行，坤也依時而行。

"坤道其順"不僅表現在卦上，也表現在爻中。六二"直方，大，不習，无不利"，六三"含章可貞，或從王事，无成有終"，六五"黄裳元吉"，所云全是坤順乾的柔順之道，六二"直方，大，不習，无不利"，全面概括了坤之德與坤之道。"直方"講坤之自身修養與坤之德，"大，不習，无不利"講坤以乾爲先，己居後的坤之道。六三"含章可貞"及其以下的爻辭尤可説明"坤道其順"的特點。孔子《文言傳》已明言這就是地之道，妻之道，臣之道。坤之道的本質恰是乾唱己和，乾所開始的事業由坤完成，而這祇是代乾有終。明明是坤的成就，坤卻弗敢居，一切的美都當歸之於乾。坤卦諸爻爻義與卦義基本上是一致的,但是因爲卦義比較穩定明確,爻義依時而動,比較多變,所以坤卦之爻辭並不與卦義完全一致。六四"括囊无咎无譽"的含義顯然是持守、收斂、畏謹,這雖然與卦之"順"義不無一點聯繫,但是畢竟不宜理解爲"順"。爻義與卦義不盡相同甚至很不相同的情況以後將經常見到。還有一種情況我們也要看到,六十四卦中有些卦的卦辭屬於對君子做正面指導,告訴人們應當如此而行,這方面最典型的例子是乾坤二卦。也有些卦的卦辭如蒙卦、剥卦,屬於反面的告誡,教導人們不要這樣做。這後一種情況不是很多。而在三百八十四爻中屬於後一種情況的則並不少見。尤其各卦的初上兩爻爻義屬於告誡之辭的不在少數。乾卦卦辭在六十四卦中意義可謂最佳,佳到無可比擬,然而由於時有不同,爻辭意義亦有差别:初九處於乾健開始之時,故告誡"潛龍勿用",上九乾健已至於窮,窮將生變,故指示勿亢,"亢龍有悔",方可不至於得咎。坤卦初上兩爻情況又與乾有所不同。乾卦初上言"勿用",言"有悔",告誡的是君子自身該當如此。坤卦初上言"履霜",言"龍戰",告誡君子對於"陰始凝"即小人之道的萌生,要善於防之於微,謹之於始,不使馴致其道,結成堅冰。如果陰之道發展到疑於陽甚乃與陽戰的程度,君子就要保持清醒的認識,分辨乾坤,堅信天地終究不能也不應該混雜。在這裏,我們進一步發現,雖然乾之道與坤之道都是君子之道,但是乾之道在任何情況下都是君子之道,而坤之道在一定的情況下卻可能成爲小人之道。可見《易》中有一個扶陽抑陰的思想貫穿着。

䷂　震下坎上

繼乾、坤二卦之後是屯卦。這一卦爲什麽叫做屯呢?《序卦傳》説:"有天地然後萬物生焉。盈天地之間者唯萬物,故受之以屯。屯者盈也。屯者物之始生也。"從《周易》六十四卦的結構來説,乾、坤二卦象天地,其餘六十二卦象由乾坤二卦相交錯所産生的萬物。屯是乾、坤始交而生的第一卦,正象萬物始生、充塞於天地之間。在古人看來,天地開始産生萬物,萬物是處於一片混沌之中,阻塞鬱結,未有亨通。這個時候,這種狀態,就是屯。繼乾、坤二卦之後的這一卦,正是反映這種狀態的,所以叫做屯卦。從卦畫本身來看,屯卦之下卦爲震,震義爲動;上卦爲坎,坎義爲險。動而遇險,動在險中,所以這一卦有屯難之義。屯卦《彖傳》説"剛柔始交而難生"之"難生",正是整個屯卦的特點。

所謂屯難,不同於别的難。它是事業開始時的難,終將被克服。很像幼芽在泥土中萌動,雖暫時鬱塞不通,處境艱難,卻必將破土而出,茂盛成長。屯卦告訴人們,爲了度過屯難之時,取得事業的成功,應從兩方面努力,第一要居貞,固守基地,不輕舉妄動;第二是"建侯",即建立起領導機構。

屯,元亨利貞,勿用有攸往,利建侯。

屯卦講的"元亨利貞",與乾卦不同。乾卦"元亨利貞"四字四義,所説的乃是"天之道"即自然規律。屯卦"元亨利貞"四字二義,所説的乃是"民之故"即社會人事的規律。元亨,大亨;利貞,宜貞固守正。屯有大亨之道,將來必將達到順利通暢的境界。關鍵的問題是堅守基地,不輕舉妄動。

"勿用有攸往",不要有所往。强調處於屯難之時,不要遽圖發展,而要建侯。建,立;侯,君。一個國家處於草創時期,最要緊的是立君,即建立起有效的統治秩序。"利建侯"是一個比喻,具有普遍的指導意義。它是説,一個國家,一個集團,一個人,當處於屯難之時,應將着眼點放在解決自身的内部的問題上。

《彖》曰：屯，剛柔始交而難生，動乎險中，大亨貞。雷雨之動滿盈，天造草昧，宜建侯而不寧。

“剛柔始交而難生，動乎險中，大亨貞”，剛謂五、初兩個陽爻，柔謂上下四個陰爻，“剛柔始交”即乾坤始交。全《易》六十四卦除乾坤兩卦外，其餘六十二卦皆由乾坤兩個三畫卦交錯而成。屯卦是乾坤兩卦之後的第一卦，故云“剛柔始交”。“剛柔始交”猶如天地始生萬物，尚未得通暢。是説坎陽陷於二陰之中，震陽又陷於坎下，故云“難生”。“動乎險中”，兩個陽爻，初動於坎之下，固然是動，五陷於坎之中也在動，故云“動乎險中”。處乎險而能動，故云“大亨貞”。“大”指兩個陽爻而言，“大亨貞”者言大者亨貞。“大”非指元。亨而貞，則利在其中矣。卦中有主爻若是陰爻，則直曰“元亨”，若是陽爻，則曰“大亨”，“大”皆指陽言。

“雷雨之動滿盈，天造草昧，宜建侯而不寧”。“雷雨之動滿盈”，是大亨之象。屯在乾坤始交之時，處於鬱塞未通的狀態。然而震有雷象，坎有水象，隨着時間的推移，雷雨畢竟要降臨，陰陽畢竟要和洽。雷雨充滿天地之間，萬物欣欣向榮，一派生機。“天造草昧”，“天造”謂時運，“草昧”是混亂不明，没有秩序。“宜建侯而不寧”，國家處在草創之時，當務之急是建侯即立君，建立統治。但不可以爲立了君就無事了，思想上還要憂勤戒慎，不遑寧處。

《象》曰：雲雷屯，君子以經綸。

雲在雷上而未成雨，自是屯難之象。“經綸”，古人多作二詞解，其實應該合起來看，它是一個有關治絲的動詞，其實就是治理。君子學了屯卦，要用屯卦的思想作指導，去治理國家社會。

初九，磐桓，利居貞，利建侯。

磐即石。桓是大柱子。磐與桓連言，指房屋的柱石。引伸之義是磐桓難進。初九是陽爻，陽爻是剛明之才，剛明之才而居下位，在屯時，實未便前往濟屯之難，故磐桓不前。假如不磐桓而遽進，勢必遭逢險阻。所以，此時最好的辦法是居貞，居貞即守正。人處屯難之中，唯其能守正，方可度過屯難。所謂磐桓不進，並非一無所爲。這時唯一可做而且不可不做的事情是“建侯”。

《象》曰：雖磐桓，志行正也。以貴下賤，大得民也。

初九磐桓，不是不想進，而是迫於形勢不能進。雖然不進，但其志則在行其正。

《易》以陽爻爲貴，以陰爻爲賤。初九是陽爻，有剛陽之才，於屯難之時竟能自處於衆陰之下，是“以貴下賤”，所以能受到擁護，大得民心。

六二，屯如邅如，乘馬班如，匪寇婚媾，女子貞不字，十年乃字。

這一爻總的意思是盤旋磐桓，猶豫不前。屯與邅都是磐桓不進的意思。如，語辭。《易》中凡重言如字的，皆取兩端不定之義。乘馬，上馬欲行；班如，下馬不進。“乘馬班如”，意欲行而未遽行。“匪寇婚媾”，意思是説倘非初九侵逼六二，六二便前去與九五婚媾了。亦含有欲行而不得行之意。“女子貞”，六二是陰爻，故稱“女子”。六二陰爻居陰位，居中且得正，所以叫“女子貞”。字，字育，即生育。不字就是不生育。六二居中得正，作爲一個女子，該生育卻不生育，恰是屯難之象。古人把十看作小盈，把萬看作大盈。“十年乃字”，是説六二這個“女子”處於屯難之時，目前不能生育，到了一定的時候才能生育。

《象》曰；六二之難，乘剛也。十年乃字，反常也。

六二所以有難象，由於它居初九陽爻之上，爲剛陽所逼迫。女子生育是正常的,不生育是不正常的。六二居中得正,本應順利,順利才是它的正常狀態。現在不正常,終究要正常,猶如女子暫時不生育,將來畢竟要生育一樣。

六三,即鹿无虞,惟入于林中,君子幾,不如舍,往吝。

即鹿,就鹿,也就是逐鹿。虞,虞官。无虞,狩獵時無虞人引導。幾,幾微。舍,停止。吝,與悔相對應。悔屬陽,屬剛,屬動。吝屬陰,屬柔,屬静。剛過爲悔,柔過爲吝。凡事做過了頭,發生錯誤,便生悔。既悔必吝。吝是失誤之後接着産生的委委瑣瑣的消極狀態。

古人狩獵,必有虞人設驅逆之車將禽獸趕到田野裏,然後有所獲。若逐鹿而无虞人,則鹿必逃入林中,人無法捉到它。君子遇到"即鹿无虞"的情況,預見幾微,認爲不如幹脆立即停下來。假若一定去幹,必陷入吝窮的境地。

屯之六三爲什麽會有"即鹿无虞"的處境呢?從卦位來看,一卦之第三爻,不居中,又在上下之交,内外之際,處境最難。屯卦六三以陰爻居陽位,不中又不正,且處震之極,無上之應,本應守静以待,但它居震之極,本性決定它必然倀倀然欲動而有所貪求。

《象》曰:即鹿无虞,以從禽也。君子舍之,往吝窮也。

從,從欲。"從禽",貪禽,心在乎禽,爲禽所蔽。"即鹿无虞",是因爲心裏衹想得到禽,雖無虞人指引,也要漫往而求之,不知道這是不可行的。猶如人看見利禄就動心,不該求也要求。"君子舍之",君子是不幹這種事情的。在没有虞人的情況下,即使看見鹿,也不去捕,因爲那樣做的結果必然是吝而困窮。

六四,乘馬班如,求婚媾,往吉,无不利。

六四以陰爻居近君之位,得正,且與九五相得,但它是柔順之才,缺乏獨自度過屯難的能力,應有待而行。所以"乘馬班如",表現出欲進不進,進而復止的樣子。六四與初九正應,是己之婚媾。若能求初九往與共輔九五陽剛中正之君,則吉而無所不利。

《象》曰:求而往,明也。

六四自知力量不足以濟屯難,乃往求賢者初九的合作,這是明智的表現。

九五,屯其膏,小貞吉,大貞凶。

膏,膏澤。屯其膏,是屯積膏澤而不下施。九五陽爻,陷在兩個陰爻之中,與外界隔絶,難於有所作爲。這就叫屯其膏。《易》陰稱小陽稱大。"小貞吉",指六二言,"大貞凶",指九五本爻言。六二應九五,是九五的輔助者。貞,正也,是一種静態。陰爻而貞則得其正,故曰小貞吉。但是九五是陽爻,且是卦主,九五而貞則非其宜,故曰"大貞凶"。這條爻辭意謂九五作爲屯卦之主爻,應當積極行動起來,力争突破屯難,萬不可消極静候,坐等六二來輔助自己。

《象》曰:屯其膏,施未光也。

屯其膏,是怎樣一種狀態呢? 是有德澤,未能發揚光大。

上六,乘馬班如,泣血漣如。

"乘馬班如"是進退猶豫的意思。屯卦二、四、上三爻都説"乘馬班如",但意義有區别。六二與六四之"乘馬班如",都是有所等待的。上六則不然,上六居屯卦之終,處坎險之極,正是屯極當通的時候。但上六是陰爻,與六三又非正應,它没有能力擺脱困境,變屯爲通。因此而悲傷至極,哭泣不止,以至泣血漣漣不已。

《象》曰:泣血漣如,何可長也。

“泣血漣如”的局面怎麽能够長久呢？要麽屯極而通，要麽歸於徹底滅亡，二者必居其一，不容更作等待。

〔**總論**〕

屯卦之屯難不通具有普遍意義。上自國家社會之大局，下至平民百姓之細事，都有遭逢屯難的可能。普遍性中又有特殊性。特殊性表現在六爻上。同是處在屯難的狀態，各爻有各爻的情況。初九自爲初九之屯，其德可以有爲，而時機未到。六二自爲六二之屯，其時多艱，最宜等待。九五自爲九五之屯，膏澤未得遠施，宜積極主動，力争出屯。其餘三爻亦莫不如此。六爻同在屯卦，皆具屯卦的基本特點。六爻所處爻位各異，各爻又各有自己的具體特點。

蒙

䷃ 坎下艮上

《序卦傳》説：“屯者，物之始生也。物生必蒙，故受之以蒙。蒙者蒙也，物之穉也。”屯、蒙二卦相鄰是有意義的。物始生之後，必處於穉小的狀態。穉小的特點是童蒙未發。蒙，就是蒙昧，就是不明。不是物的本體不明，而是物由於受到什麽東西的掩蔽而造成的不明。很象鏡子之蒙垢，眼睛之蒙翳，若將垢和翳去掉，其本體是明的。蒙卦所强調的是如何啓蒙，如何教育的問題。古人説，屯卦取建侯之義，“作之君”；蒙卦取求我之義，“作之師”，是有道理的。

從卦體看，蒙之爲卦上艮下坎。艮爲山爲止，坎爲水爲險。上下合而觀之，便有下有險而上不能行之象。這很像人或物之始生，穉小昏蒙。所以叫做蒙。

蒙，亨。匪我求童蒙，童蒙求我。初筮告，再三瀆，瀆則不告，利貞。

蒙，人或其他生物始生，處於童稚狀態，蒙昧不明，仿佛它受到掩蔽。但它是能够亨的，亨也就是通，就是明。它必將得到啓發，由不明變爲明。亨字以下是講發蒙的基本途徑。“我”，在卦中指九二而言，九二是發蒙者。“童蒙”在卦中指六五而言，六五是蒙者。發蒙者與蒙者的關係亦即教育者與受教育者的關係，二者是問題的關鍵。强調“童蒙”求“我”，實質上等於説，教育的成功與否，主要看受教育者的主動性、積極性。這與《論語》“不憤不啓，不悱不發”的思想是一致的。“初筮告，再三瀆，瀆則不告”，是用占筮作比喻，進一步强調受教育者求教於人，要有至誠之心。“初筮告”，初指初六，初六承陽比陽，故告之。“再三瀆”，再三指六三、六四，三、四乘陽不誠敬，又與九二不應，是煩瑣瀆亂蒙昧之人，故不告。九二剛中，是本卦主爻，是發蒙者。告除指初六外，也指六五。六五與九二正應，六五是受啓發受教育的對象——童蒙。“利貞”，是説發蒙者應該守正，不可以邪道發蒙。

《彖》曰：蒙，山下有險，險而止，蒙。蒙，亨。以亨行，時中也。匪我求童蒙，童蒙求我，志應也。初筮告，以剛中也。再三瀆，瀆則不告，瀆蒙也。蒙以養正，聖功也。

“蒙，山下有險，險而止，蒙。”這是用卦象解釋卦名。内卦是坎，坎爲險，險則不可處。外卦是艮，艮爲山爲止，止則不宜前進。這種不宜處亦不宜進，不知所當爲之象，具有昏蒙之義，故取名爲蒙。

“蒙，亨。以亨行，時中也。”自此以下文字是用卦體解釋卦辭。蒙與亨是相對立的概念，但是蒙之中包含有亨的意義。因爲蒙不能終蒙，它歸根結底要被開發，由蒙達到亨。蒙卦爲什麽有遇險而止同時又有以亨而行時中之象呢？是因爲卦中有時中之義。時中之義，從卦位上表現出來。時中係指九二而言。九二得六五之正應，是謂時。九二又居下卦之中，是謂中。

"匪我求童蒙，童蒙求我，志應也。""童蒙"是六五，"我"是九二。不是九二求六五，而是六五求九二，這是因爲"志應"。"志應"該怎樣理解呢？應理解爲二、五兩爻相"應"，不是單方面的"應"。六五應於九二，"童蒙"求於"我"，這當然不成問題。但是也要看到，九二應於六五，"我"應於"童蒙"的因素也是存在的。教者雖不先求於學者，但是他必有樂教的精神和志願，感發學者，學者方能向他求教，志應於他。没有感，何有應，"志應"必是相互的。

"初筮告，以剛中也。"表明九二是卦主。"初筮"指初六。初六貼近卦主九二。有被剛所包被發蒙之象。"初筮告"，比喻學者初次來求，抱着誠敬之心，求決其惑，教者當告而啓發之。"初筮告"，誰來告呢？蒙卦四陰爻都是蒙，二陽爻是治蒙者，但上九剛而不中，衹有九二剛而居中，有能力啓蒙。

"再三瀆，瀆則不告，瀆蒙也。"九二是卦主，卦主與初六、六五發生關係即包初應五，這兩爻都是要告的。另外兩爻六三、六四，與九二無涉，就不告。什麽原因呢？六三、六四是瀆亂不敬之人，故不告。瀆蒙者是誰呢？是六三、六四兩個蒙者。不是發蒙者九二。

"蒙以養正，聖功也。"蒙需要得到養，方能保持它的天真純正的品性。養蒙，這是聖人之功，不是一般人能做到的。養蒙與發蒙，含義是一致的，而養蒙包含略廣一些。對於蒙，最理想即最正當的作法，莫過於時其可發而發之，不可發而置之，養其本質，待其自勝。爲急於發蒙而鑿竅的作法，是要不得的。

《象》曰：山下出泉，蒙。君子以果行育德。

泉出山下，出而遇險受阻，猶如人之初生，處在童稚階段，未知所適。此昏蒙之象，故曰蒙。君子學此卦以致用，主要應該"果行育德"。一陽亨於坎中,爲陰所蒙,亦如泉水,爲山所蒙,不能一瀉千里,故取蒙象。果行從陽之善動而出,象陽之能亨。育德從水之滋養萬物而出,象陽之能亨並能發蒙以亨。泉水始出,微細遲緩,但其行果決,雖險不避。山是静止的,泉水自山下涌出,無有窮盡。君子的行動要象水之必行,果決不疑,君子之修德要象水之有本,根底深厚。

初六,發蒙,利用刑人,用説桎梏,以往,吝。

初六是陰爻,且居於下,所以這裏所謂"發蒙"之"發"即是"初筮告"之"告"。"發蒙"之"蒙",可以理解爲社會下層群衆。發下層群衆之蒙,有利的辦法是"用刑人"。"用刑人",就是制定明確、適當的法規,曉示群衆,使之有所約束,有所戒懼,不敢恣肆妄爲,然後逐漸引導他們接受教化。"用説桎梏",説同脱,桎梏是束縛手脚的刑具,假使不采取"用刑人"的辦法,一開始就去掉對他們的約束,使其無所戒懼,那結果就要吝了。

《象》曰:利用刑人,以正法也。

"利用刑人"的用意是什麽呢? 是"正法"。正法,是説把法規明確下來,使百姓都知道,讓百姓在法的約束中逐漸受教化。

九二,包蒙吉,納婦吉,子克家。

九二是蒙卦動用之主爻,是治蒙之主。包,裹也。凡包或陽包陰或陰包陽皆外包内。陰與陰、陽與陽則不言包。此言包蒙,指九二以剛居中,包容承它的初六。言納婦,據九二與六五正應言。克家,據九二本位言。九二居下位而能任上事,有子代父克治家業之象。九二如此有度量,能包蒙又能納婦,當然可以獲吉。

《象》曰:子克家,剛柔接也。

《小象》或言剛柔接,或言剛柔際,接與際不同。際言時,接言位。九二剛中而上下皆柔,故言接,不專指六五應。言剛柔接,意在强調九二剛中,能够調劑上下尊卑關係,是善治家之人。故言子克家,剛柔接。

六三,勿用取女,見金夫,不有躬,无攸利。

六三是此卦四陰爻之一,在卦中是個蒙者。四爻致蒙的原因各異。初爻因未受教育而蒙,四爻因不學習而蒙,五爻因性質未開而蒙,都有客觀上的緣故,唯三爻因主觀上修身不濟而蒙。所以爻辭告誡治蒙者説:"勿用取女。"六三是不正之女,不要取她。怎見得六三是不正之女呢?六三陰柔,不中又不正。她作爲一個女子,本應等待與她正應的上九來求她,而她卻見近旁九二這個美好的男子而動心,悦而從之,未能保有其身。

《象》曰:勿用取女,行不順也。

爲什麽要"勿用取女"呢?因爲六三這個女子行爲不順,走了邪路。

六四,困蒙,吝。

六四在此卦中處境最不好。它遠於陽爻九二和上九,處於兩陰爻之中,又無正應,没有與它親比的陽爻來開發它,所以叫做困蒙。人處於困蒙之境,若居上位,必失道而寡助;若言學,則必孤陋而寡聞。吝,不足,這樣的人是可鄙的。

《象》曰;困蒙之吝,獨遠實也。

陰爲虚體,得陽而實。六四應比皆無陽,故言遠實。可見,《周易》崇陽抑陰。

六五,童蒙,吉。

六五以柔順居尊位,又下與九二正應,本身有柔順之德,又能任用有剛明之才的人,以此治天下之蒙,没有不成功的,所以吉。此"童蒙"一語之含義與卦辭"童蒙",略有不同,卦辭祇取蒙昧不明之義,此爻辭則取純一未發而資於人之義。如果是個居君位的人,他便會做到以童蒙自處,純一不發,充分信任賢明的臣下,依賴他們治理國家。

《象》曰:童蒙之吉,順以巽也。

六五以童蒙自處,誠心求教於九二,吉。此童蒙之吉,是由於六五對九二的順以巽的態度而得來的。順,善於接受别人的意見;巽,善於把别人的意見吸取進來,變成自己的行動。順與巽二者不可缺,猶如明君聽取賢臣的教導,既要順,也要巽。若順而不巽,那就是從而不改了。

上九,擊蒙,不利爲寇,利禦寇。

蒙卦中的兩個陽爻是治蒙的。它們治蒙有不同的特點。九二剛而居中,它治蒙的範圍包容廣大,治蒙的辦法是寬的,所以叫"包蒙"。上九剛極不中,它所治之蒙,是昏蒙至極者,它治蒙的手段是猛的,所以叫"擊蒙"。擊蒙最爲要緊的是掌握擊的分寸、界限。擊蒙必不可太深太過,目的要正確,方法要得當,理由要充分,這就能起到"禦寇"的作用。若相反,擊之過激過猛,結果很糟,則擊蒙者本身就成爲寇了。"禦寇"好,"爲寇"不好。

《象》曰:利用禦寇,上下順也。

"禦寇"是什麽意思呢?上面没有采取過於暴烈的手段,卻解決了下面昏蒙至極的問題,上下都是順當的,這就是"禦寇"。

〔總論〕

蒙卦是講教育的。蒙卦所講的教育基本思想與基本原則主要反映在卦辭中。蒙卦六爻,兩陽爻是治蒙者,四陰爻是蒙者。初爻與上爻相對待,初爻用刑以發蒙,上爻用兵以擊蒙。二爻與五爻相對待，二爻爲治蒙之主爻，包容廣大而與五爻相接；五爻爲童蒙而求教於二爻。二與五兩爻的關係，是典型的教育者與受教育者的關係。三爻與四爻相對待。三爻由於自身的原因而致蒙，四爻由於處境不利而困於蒙。三爻與四爻代表自暴自棄而不主動接受教育的人。

需

䷄ 乾下坎上

《序卦傳》説："蒙者蒙也，物之稚也。物稚不可不養也，故受之以需。需者飲食之道也。"依《序卦傳》的觀點，蒙卦之後是需卦，實非偶然。蒙卦是説物始生之初，處於童蒙階段，需要養育，所以需卦在蒙卦之後。養育之最大問題是飲食。需卦是講飲食之道的。

需字在古代是等待的意思。《左傳》哀六年："需，事之下也。"哀十四年："需，事之賊也。"兩個需字都當等待講。不過《左傳》以爲等待不好，《易經》以爲在一定的情況下，等待是必須的，好的。柳宗元文講郭槖駝種樹棵棵成活，碩茂早實，没有別的妙法，就是郭槖駝善於等待，種好之後即不再理它。不像有些人那樣，生怕樹長不活長不好，旦視暮撫，甚至"爪其膚，以驗其生枯；搖其本，以觀其疏密"。《史記》記曹參當相國無所事事，終日宴樂，而國家平静，生産發展。郭氏種樹與曹參治國，事雖有大小，其道理則一致，他們不急於求成，善於耐心等待，其實正是需卦的思想。

從卦體看，下乾上坎，乾有剛健之性，必然要前進。前進遇坎險而受阻，衹能等待。

需，有孚，光亨，貞吉，利涉大川。

需卦的基本思想是等待，但等待是有條件的。這條件就是有孚。有孚是誠信而充實於中的意思。欲完成某項事業，急躁冒進而不知等待不行，知等待卻缺乏賴以等待的實力也不行。漢文景實行清静無爲、與民休息的政策，也是一種等待。這種等待之所以得以實行並且取得成功，是因爲漢高祖給他們在經濟、政治諸方面打下了堅實的基礎。從卦來看，中實有孚表現在九五這一爻上。需卦九五乃一卦之主爻。它剛健中正，坎體中實，且居尊位，有有孚得正之象。需，見險而等待，不是不能進，而是能不進。一旦前進，前途必光明而亨通。若能保持貞正，以正待邪，則將雖險無阻，無所不濟。即便像涉大川那樣的難關，也將突破無疑。總之，有孚，光亨，講需的道路；貞吉，講需的實現途徑；利涉大川，講需的效果。

《彖》曰：需，須也，險在前也。剛健而不陷，其義不困窮矣。需，有孚光亨，貞吉，位乎天位，以正中也。利涉大川，往有功也。

需卦的意思是須，須就是等待。需卦之所以有等待的意義，是因爲坎在外，坎爲險，擋住了内卦乾三個陽爻的去路，使之不能遽進，必須暫時等待。乾卦剛健，按其本性來説，它是要動，要前進的。但是它又能遇險而止，不輕動，不躁進，不陷於險。既能有所爲，時行則行，又能有所不爲，時止則止，是不會困也不會窮的。需卦爲什麼會至誠有孚，光明而亨通，守貞正而得吉呢？因爲卦主九五"位乎天位，以正中也"。卦之上五兩爻是天位。九五以一陽爻居天位，又得正中，其位其德都十分有利，所以能鎮静以待時。時機一旦出現，有所作爲，有所前進，則一定取得成功。

《象》曰：雲上于天，需。君子以飲食宴樂。

乾爲天，坎爲雲，雲在天上，尚未成雨，有須待之義。坎本爲水，不説"雨在天上"，而説"雲在天上"，是因爲水在天上，祇能説是雲，不能説是雨。君子學習需卦，把需卦關於等待的思想應用到自己的事業上，就是要善於審時度勢，在不該有所爲的時候，不要有所爲，而要飲食宴樂，積蓄力量。《易經》所説的飲食宴樂，其實是一種比喻，着眼點在强調人於須待之時應積蓄精力，切勿有所作爲，與後世昏庸之輩耽於酒色的邪道根本不是一回事。

初九，需于郊，利用恒，无咎。

在古代，一個國家裏有國與野之分。郊以内爲國，郊以外爲野。郊處於國與野之間。這裏講"需于郊"，是藉以比喻初九這個陽爻在需卦之初，距坎水之險最遠，貿然涉險犯難的可能性最小。然而初九既是陽爻，有陽剛之性，極易一往無前，犯難而行，也就是最易失去需之常道。所以爻辭告誡説，初九處於郊，最爲要緊的是能需，即耐心等待，堅持恒久不變。若能如此，便可无咎。

《象》曰：需于郊，不犯難行也。利用恒，无咎，未失常也。

"需于郊"，需待于曠遠之地，不到該進之時，不冒險以進也。"利用恒，无咎"，關鍵的問題做到恒久不變，即永不犯難而行。這就是所謂"用恒"。"用恒"就是未失需之常道。不失常，其實最難做到。因爲剛健之人，或爲才能所使，或爲意氣所動，或爲事勢所激，極易失去理智之控制，每每犯難而不顧，把事情弄糟。今人常語所云"堅持就是勝利"，與此爻小象之義略同。

九二，需于沙，小有言，終吉。

坎爲水，水旁有沙，九二去坎險漸近，所以叫做"需于沙"。"需于沙"，謂近於險而未至於險。雖未至於患害的程度，但已小有言語之傷了。不過九二不爲衆言所惑，從容以待，終將得吉。

《象》曰:需于沙,衍在中也。雖小有言,以終吉也。

《説文》:“衍,水朝宗於海貌也。”段注:“引伸爲凡有餘之義。”這裏的衍,是寬綽有餘裕的意思。“衍在中”指九二而言。九二以剛居柔,且寬裕得當,雖小有言語之傷,亦可從容而待,不爲所動,故終必得吉。

九三,需于泥,致寇至。

泥,逼近于水。需于泥,雖未進至險難之中,卻已瀕臨險難之邊緣。寇,災害之最大者。致寇至,九三過剛而不居中,而且處乾之上,與坎險切近,有招致寇至的極大可能。

《象》曰:需于泥,災在外也。自我致寇,敬慎不敗也。

外,外卦,即坎卦。九三雖切近坎卦,但畢竟不在坎卦,所以説災在外。對於九三來説,災既在外,則災(即寇)有可能至,也有可能不至。寇至與不至,關鍵在於九三自己,假使寇果然來了,那便是九三自我招致的。九三該怎麽辦呢?九三應敬慎從事,量宜而進,待時而動,萬勿急躁行事。

六四,需于血,出自穴。

血,陰屬,有循分自安的特點。“需于血”,是説六四這一爻,陰爻處陰位,它也要取老老實實需待的態度。從卦體看,應該是需卦之内卦三陽爻需坎,而不是坎需内卦之三陽爻。六四亦稱需,是因爲三陽爻從容不迫,坎雖爲險,事實上並不能奈内卦三陽爻何。又,六四柔順得正,依其本性,它不至於與三陽作難。“出自穴”,六四離開自己所安之處,給三陽讓開前進的道路。

《象》曰:需于血,順以聽也。

六四之“需于血”,意義主要有二,即順與聽。六四承九五乘九三應初九,即承乘應皆陽。陰以順陽聽陽爲義,故曰順以聽。

九五，需于酒食，貞吉。

九五剛健中正而居尊位，最能反映需卦的意義，是需卦之主爻。“需于酒食”，是一種比喻。本義爲主人具酒食以招待客人。引伸到社會政治上來，“需于酒食”便成爲統治者治理天下國家的一種成功的辦法。即所謂休養生息，使百姓樂其所樂，利其所利，自然而然地走上康樂的道路。屯卦講治，蒙卦講教，需卦講養。養的意思在卦裏用酒食表達出來。需卦的這個基本思想包含在九五這一爻中。以酒食養天下、國家，應保持一定的度，既不可不搞，也不可胡來，即所謂貞正。貞(正)在這裏講的是爻德，不是戒辭。

《象》曰：酒食，貞吉，以中正也。

此《小象》解釋九五能够既以飲食宴樂涵養天下國家，又保持貞正而取得成功的依據。九五之所以能够貞正，宴樂不耽於樂，求治不急於治，是因爲它處的地位既中且正，有德有權，雖在坎險之中，卻也不至於沉溺。《彖傳》之“正中”，正指此爻。正中當是中正之顛倒。

上六，入于穴，有不速之客三人來，敬之終吉。

需卦二陰爻皆有穴象。六四“出自穴”，爲下卦三陽之到來讓路。上六已至坎險之極端，無處可退避，衹能處於險境不動，即“入于穴”。這時有三位未召而來的客人(即下三陽)，對上六構成威脅。上六怎樣對待呢？上六是陰爻且處險之終，它衹有采取“敬之”的辦法擺脱險境。“敬之”對三位不速之客，含辱，忍讓，敬而待之，不與之争。上六唯有如此，方可化險爲夷，從困境中走出。

《象》曰：不速之客來，敬之終吉。雖不當位，未大失也。

此不當位，係指上六而言，非謂不召而至的下卦三陽。上六乃陰爻居陰位，實屬當位。《小象》説“雖不當位”，這是什麽緣故呢?《小象》説"雖不當位"是假設語。它的語意是這樣的:對待三位不速之客的主要辦法是"敬之"。衹要做到這一條,無論發生什麼事情,其最終結果一定錯不了。即使上六不當位,也不至於出大問題,更何況它本來是當位的呢。

〔**總論**〕

需卦提出一個極重要的人生與政治的哲理:無論國家或個人,遇險陷在前,要審時度勢,該前進的固然應前進,暫時不該前進的,則要容忍待時,萬萬不可急躁驟進,否則必敗。這個思想主要表現在剛健中正且居尊位的九五這一爻上。卦辭、《彖傳》、《大象》講的全是這個思想。同樣面臨險陷,而因時間、地點、條件不同,對待的具體態度也有差别。下卦三陽爻,共同的要求是切忌躁進,但初九需于郊,九二需于沙,九三需于泥,距離坎險有遠有近,所取之謹慎態度也有重輕之分。六四與上六兩爻處坎險之中,與其他四陽爻所處地位不同,但是此兩爻爻辭所强調的,從根本上説,依然離不開需待的思想。

訟

䷅ 坎下乾上

訟,是與人争辯是非曲直而待人裁決,亦即訴訟的意思。《序卦傳》認爲,"飲食必有訟,故受之以訟"。人人需要飲食,飲食必然引起紛争,所以訟卦次需卦之後。《序卦傳》提出卦的排列次序有内在必然性的思想,至爲可貴。

訟,有孚,窒惕,中吉,終凶。利見大人,不利涉大川。

有孚,中實誠信;窒,窒塞,意不得伸;惕,戒懼謹慎,雖意有不得伸,但不一定强伸;中,和平沉静而不過激。一個人若中實誠信，遇有意不得伸的阻難，能够戒懼謹慎，能不争訟便不争訟，在迫不得已必須争訟的時候，也能保持冷静頭腦，和平沉静而不過激，這樣就可以獲吉。一般人言訟以勝訴爲吉，敗訴爲凶。《易》言訟，隨所處論吉凶。若做不到"有孚窒惕中"，雖勝訴猶凶。卦名叫訟，不是鼓勵人們争訟，而是希望人們息訟。息訟最好，迫不得已而訟，也以"有孚窒惕中"爲吉。

"終凶"，指上九。上九居訟卦之極，有終極其訟之象。依《易經》的觀點，最好是無訟。其次是争訟雖起，但經過調解而中止。最不好的是堅持把争訟進行到底。大人指九五。九五剛健中正，居於尊位是聽訟之主。處於訟的時候，請一位德高望重的權威人物來調停裁決，是唯一可行而有利的辦法。

訟與需兩卦相反對，卦辭都説"有孚"，但需卦説"利涉大川"，訟卦説"不利涉大川"。涉大川是度過大險大難的意思。需卦坎在外，中實而安分、穩當，所以利涉大川，能够度過大險大難。訟卦坎在内，中實而不安分，有血氣方剛，使氣好勝之象，往往不能自我克制，所以不利涉大川，即没有條件戰勝大險大難。

《彖》曰：訟，上剛下險，險而健，訟。訟，有孚窒惕中吉，剛來而得中也。終凶，訟不可成也。利見大人，尚中正也。不利涉大川，入于淵也。

訟卦爲什麼會有訟的含義呢？從訟卦的結構看，上卦是乾，乾健，下卦是坎，坎險。乾健遇坎險，是産生訟的基本原因。如果有健而無險，便不須訟，如果有險而無健，便不能訟。就兩個人説，彼險而此健，必生争訟。就一個人説，内險而外健，亦必生内自訟。兩人争訟或一人内自訟，都有訟的意義。

訟卦"有孚窒惕中吉"，是由於"剛來而得中"的緣故。"剛來而得中"説的是九二這一爻。九二是訟卦之主，它以剛處中，有中實之象。因爲九二有中實之象，所以才有"有孚"之義，才有窒塞惕懼之義，才有和平沉静而不過之義。卦之取義有多種不同的角度，有的取其象，有的取其爻，有的取其變。訟卦卦義主要取自九二這一爻。换句話説，九二“剛來而得中”，决定了訟卦的卦義。那末，爲什麼稱九二爲“剛來”呢？第一，在一卦上下二體之下體之某爻可以稱“來”；第二，居下體之某爻必須是異類方可稱“來”。就是説，下體如果是兩柔爻一剛爻，衹有那一個剛爻可稱“來”；如果是兩剛爻一柔爻，則衹有那一個柔爻可稱“來”。訟之九二居下體而且對於兩個柔爻來説它又是異類，所以稱“剛來”。這是就卦來説的，在爻則又當别論。不過，關於這個問題古人説法不同。朱熹《周易本義》據虞翻、蜀才（即范長生）之説，以爲“剛來而得中”是卦變。他們認爲，《易》中除乾坤兩卦外，其餘都是分别由復、姤、泰、否、大壯、觀、夬、剥諸卦變來的。䷅訟這一卦自䷠遯卦變來。遯的第三爻降居二，第二爻進居三，亦即九三與六二倒换位置，便變成了䷅訟。漢人提出的這種卦變説不是《周易》本來有的東西，是出於他們的杜撰，經不起推敲。所以宋人蘇軾和程頤起而反對，同時提出自己的卦變説。蘇軾的卦變説簡單來説是這樣的：一卦上下二體之一是☳震、☵坎、☶艮這三個陽卦中的一個，另一體是☴巽、☲離、☱兑這三個陰卦中的一個。六十四卦中這樣由一陽卦和一陰卦組成的卦共有十八個。這十八卦每一卦的陽卦原來都是☷坤，由於乾卦給了它一個剛爻，化掉了它的一個柔爻，而變成了或☳震，或☵坎，或☶艮。這十八卦中每一卦中的陰卦原來都是☰乾，由於坤卦給了它一個柔爻，化掉了它的一個剛爻，而變成了或☴巽，或☲離，或☱兑。這十八個由一陽卦和一陰卦組成，有剛柔相易現象的卦，有卦變問題，别的卦没有。根據蘇軾的説法，䷅訟不符合卦變的條件，它没有卦變的問題。蘇軾的卦變説是根據《彖傳》研究出來的，比漢人的卦變説前進了一步，但仍有問題。後來清初胡煦提出體卦主爻説,徹底推翻前人的卦變説。看來胡氏説更有道理。下面在賁卦裏我們要詳談胡氏説。胡氏有《周易函書》,收在《四庫全書》中。

"終凶,訟不可成也。"訟是不得已而爲之的壞事情。訟事既已開始,則應見伸則已,不可終極其事。一定要終極其事,則必凶。"終凶"在卦中指上九而言。

"利見大人,尚中正也。不利涉大川,入于淵也。"争訟之事最要緊的是求得公正的裁決,即尚中正,所以利見大人。大人在卦中指九五而言。九五剛中居正,堪當此任。又,争訟應以理勝而不以力争,以自處平安之地而不涉險難爲宜,否則猶入深淵,不得迴旋,故云"不利涉大川"。

《象》曰:天與水違行,訟。君子以作事謀始。

天上行,水下行,天水方向相反,其行兩相背戾,這是相争訟之象,所以此卦名訟。君子從這一卦中能够得到什麽啓發呢?卦辭衹講中吉、終凶,《大象》補出"謀始"二字,要求人們做事一開始就注意理順各種關係,從根本上杜絶訟端。

初六,不永所事,小有言,終吉。

初六以陰爻居下位,柔弱而難勝。事,訟。這裏稱事不稱訟,因爲事方在初起,尚未成訟。如果能"不永所事",雖已有了一些問題,造成一點小的危害,最終還是吉的。

《象》曰:不永所事,訟不可長也。雖小有言,其辯明也。

初六柔弱,就其條件來説,它不能訟。而今被迫而訟,最有利的辦法,是不把訟事長久地進行下去,否則不但不會勝訴,且患難將至。雖然小有言已不可免,但最終將得吉,這主要因爲畢竟是小有言,彼此容易解釋,略與之辯,辯明即止。

九二,不克訟,歸而逋,其邑人三百户,无眚。

九二爲訟之主爻。九二與九五爲二陽爻,兩剛不相與而相訟。但九五以陽爻居陽位，居君位而中正，九二當然不是九五的敵手，它與九五之訟根本不能進行。最好的辦法是隱退，逃到自己的衹有三百户人家的小邑裏去藏起來。如此，尚可免災無事。九二是訟卦之主爻。主爻之辭一般與卦辭意義一致或相近。

《象》曰：不克訟，歸逋竄也。自下訟上，患至掇也。

九二自知不能與九五争訟，乃逃竄以免禍。因爲地位卑下的人與位尊勢高的人争訟，禍患將如伸手取物那樣立刻降臨。

六三，食舊德，貞厲，終吉，或從王事无成。

舊德，舊日之惡德。食，忍氣吞聲不言語。六三陰柔自卑，故有食人舊德，含忍不報之象。終究不能受害而獲吉。貞，陰柔之德也。無成，亦陰柔之德也。王事，謂忿争之事。六三陰柔有餘而剛果不足，與人争訟，安能有成？初六言“不永”，六三言“食舊德”，都是陰爻，所以終吉。九二剛中，不終其事，則曰“无眚”，能中止訟事，當然没毛病。

《象》曰：食舊德，從上吉也。

六三當争訟之時，處乘承二剛之危境，而能保持舊禄不失，主要的原因在於它能够從上隨人而動，不自主事。

從上，謂從上九。陰以從陽爲事。既從，則雖有舊德，自必含忍矣。

九四，不克訟，復即命，渝安貞，吉。

即，就。命，正理。渝，變。九四以剛健居不中不正之地，按其本性説，是好訟的。但是它没有争訟的敵手。九五君位，不可與之訟。六三陰柔而居下，不至於生訟。初六與九四正應而順從，不能與之訟。左右前後都没有可與之訟的對象，九四雖欲訟而無由訟，所以“不克訟”。在這種情況下，九四若能克服躁動欲訟之心，復就正理，變其不安貞爲安貞，則必然得吉。

《象》曰：復即命，渝安貞，不失也。

九四本爲欲訟好勝之人，而終於采取理智的態度，反就正理，變不安貞爲安貞。這是不失理的表現。不失於理就是吉，失理就是凶。《易》訟不以勝負爲吉凶。

九五，訟元吉。

九五在君位，是治訟的人。治訟治得好，是非枉直，論斷公正，至於百姓遜路而息争。這是盡善盡美，無可挑剔的大吉。

《象》曰：訟元吉，以中正也。

九五爲什麽治天下訟而能得元吉呢？根本的原因是它居中得正，無偏無私。以中正的態度論斷曲直，中而不過，正而不邪，故得元吉。

上九，或錫之鞶帶，終朝三褫之。

訟卦初爻無訟字，此上爻亦無訟字。初爻無訟字，杜訟之始；上爻無訟字，惡訟之終。其中體現了作易者反對争訟的思想。上九以陽居上，處於有利的地位，它是逞剛强，一定要把争訟進行到底的人。這樣的人一般來説没有好下場，總要惹禍喪身的。即使退一步想，它善訟能勝，甚至於受到服命之賞，結果也無法保住，必一朝而三次被褫奪。

《象》曰：以訟受服，亦不足敬也。

人以窮極訟事而受到服命之寵，是不光彩的，令人憎惡的。

〔**總論**〕

有一個思想貫穿全卦，就是争訟是壞事，不争訟最好。九五君位居中得正,無偏無私,終能平息天下之訟。初六陰柔,陰柔者不訟,所以初六不永所事。六三亦陰柔,所以唯食舊德而已。九二、九四都是陽爻,雖有争訟之性,但二與五對,自度不可而不訟。四與初對,考慮於理不順亦不訟。獨有上九,處卦之極,與六三對,六三柔弱,不能抵抗,所以上九有勝訟之可能。縱然勝訴,乃至得到服命的賞賜,終亦不免驟遭褫奪之辱。

師

☷☵ 坎下坤上

師就是衆,衆就是兵。古代國家不設常備兵,寓兵於農,兵農合一。平時耕田,戰時集中起來就是兵衆,兵衆拉出去就可以打仗。師卦的師正是講如何興師動衆、出兵打仗的。若細分的話,師包括兩層含意:一是兵員的集中,組成隊伍;二是采取軍事行動。

這個意思從師卦的卦象上可以得到説明。從内外卦的卦體看,水在下,地在上,地中有水,是衆聚之象。從内外卦的含義看,坎險在内,坤順在外,順行險道,有行軍打仗的意思。從六爻看,一陽爻五陰爻,一陽爻在下面爲衆陰爻之主,有將帥統兵之象。

師卦列訟卦之後,依《序卦傳》的説法,是有其内在原因的。争訟的結果必然造成興師動衆。戰争總是由平常的争訟引起的,所以訟卦之後列師卦。

師,貞,丈人,吉无咎。

貞,正,是説打仗的目的要正確。丈人,才能、謀略、品德和事業都爲大家所敬畏的人,是説打仗要選擇這樣的人做統帥。“吉无咎”,是説解決好這兩個問題,打仗才能既取勝又得人心。師卦講戰争主要是講這兩條。《易》作者認爲,興師打仗,最要緊的是把握戰争的性質和確定統帥人選。這個思想,即使從現代看,也是可取的。

《彖》曰:師,衆也。貞,正也。能以衆正,可以王矣。剛中而應,行險而順。以此毒天下而民從之,吉又何咎矣。

《彖傳》的前一段:"師,衆也。貞,正也。能以衆正,可以王矣。"是解釋卦辭的。以,有左右的意思。意思是説能够左右兵衆,使兵衆心悦誠服地聽從指揮,進行正義的戰争。若做到這一點,就可以王天下了。

《彖傳》的後一段,是以卦象解釋卦辭"吉无咎"一句。"剛中而應"指九二與六五而言。九二乃陽剛居中,象師衆之統帥。六五陰爻居君位,象君。九二與六五正應,象師衆之統帥得到君上的完全信任,其才能必得到充分的施展。"行險而順",上卦是坤,坤即順;下卦是坎,坎即險。坤順象以正義行師得人心,坎險象兵凶戰危,所以是險。合起來説,興師動衆,必然毒害天下,但是師以順動,打仗是爲民解除苦難,所以民是歡迎的。胡炳文説:"毒之一字,見得王者之師不得已而用之,如毒藥之攻病,非有沉痾堅癥不輕用也。"

《象》曰:地中有水,師。君子以容民畜衆。

師卦上坤坤爲地,下坎坎爲水,有地中有水,水聚地中之象。君子學習這一卦應當懂得容民畜衆的道理。古代兵農合一,平時秉耒耜的農夫,戰時就是執干戈的士兵,所以容民畜衆成爲講求軍事的重要内容。

初六,師出以律,否臧凶。

律,紀律。否,不。否臧,不善,是以律的反面,亦即失律。出兵打仗,一開始就要强調紀律,如果做不到這一點,或者做不好這一點,結果必凶。初六陰柔居下,很容易做不到"師出以律”,所以爻辭有“否臧凶”之戒。爲什麼“師出以律”不説“吉”,而“否臧”則言“凶”呢?因爲“師出以律”祇是取勝的前提條件,不是唯一條件,不能據此判斷勝負,所以不言“吉”。可是若師出不以律,則吃敗仗是肯定無疑的,所以“否臧”言“凶”。

《象》曰:師出以律,失律凶也。

“失律”就是“否臧”。“師出以律”乃用兵之常,必須如此。是勝是敗,是吉是凶,尚難斷定。若失律,則必敗,所以言凶。

九二,在師中,吉无咎,三王錫命。

這一爻講的是怎樣當好統軍之將帥。師卦九二居下卦之中,是一卦之主,爲衆陰爻所歸,又與居君位的六五是正應。這極像政治生活中的統軍將帥。統軍將帥受君上的委任派遣,在外作戰,有專制之權。“在師中”這個“中”字應當理解爲統帥與君的關係。統帥在外,不專制,則不能率軍作戰取勝;過度專制,則失爲下之道。在師專制而得中道故吉而无咎。吉无咎,則必成功,所以能得到王之“三錫命”。周禮,一命受爵,二命受服,三命受車門。“三錫命”是最高的獎賞。本卦卦辭“師貞丈人吉无咎”同本爻爻辭“在師中吉无咎”思想是一致的。

《象》曰:在師中吉,承天寵也。王三錫命,懷萬邦也。

《小象》更深一步地把爻辭中包含着的哲學思想和政治思想推闡出來。將帥統兵在外,其所以能够做到“在師中吉”,是因爲他受到了王的寵信、支持。其所以受到王的寵信、支持,是因爲他做到了“在師中吉”。王爲什麼“三錫命”,給取得戰功的將帥以最高的褒獎呢?不是爲了好大喜功,是爲了懷綏萬邦,行仁政於天下。此與卦辭“師貞丈人吉”的思想是吻合的。“師貞”是説出師出於正義,“丈人”是説選擇合格的,即

"在師中吉无咎"的統帥。

六三,師或輿尸,凶。

六三在九二之上,以柔居剛,不中不正。極似一個才弱志剛的人在軍中撓權僨事,躐位侵主將統軍之權,造成任不專一、政出多門的局面。軍隊在外作戰一旦遭此情況,必敗無疑。本爻的"師或輿尸,凶"反映的正是這個問題。輿,衆;尸,主。"師或輿尸",是説像九二那様主將有權有威,固然理想,但是軍中如果發生"輿屍"的情況,即事權不統一,結果一定是極糟的。

《象》曰:師或輿尸,大无功也。

"師或輿尸",必然導致大無功。這是戰争中可能出現的最壞的情況。

六四,師左次无咎。

此爻實際上是强調作戰指揮上的靈活性。古代兵家尚右,以右爲前,以左爲後。據《左傳》,師一宿爲舍,再宿爲信,過信爲次。左次,師後退駐紮。六四以柔居陰,自知一時無力前進取勝,乃因時制宜,知難而退。既可保存自己的實力,又可静觀變化,伺機進擊。這様做,雖然看來暫時無功,但是畢竟無怨咎,而且隨時可以轉退爲進,奪取勝利。

《象》曰:左次无咎,未失常也。

依常情説,出師的目的是擊敗並消滅敵人,欲消滅敵人,必須進擊。但是在一定的情況下,當進擊不利的時候,就要采取退舍的策略。主將善於適時應變,不拘一揆,似乎失常,其實没有失常,因爲指揮打仗本來就應該靈活多變。

六五,田有禽,利執言,无咎。長子帥師,弟子輿屍,貞凶。

六五陰柔居君位,與九二正應,是興師用兵之主。它主要決定兩點。一點是出師有名無名,正義還是不正義。另一點是選擇什麽樣的人做統帥。這是戰争中最重要最基本的兩條。本卦卦辭和九二爻辭講的都是這個問題。現在六五爻辭還是講這個問題。可見《易》作者對軍事問題的認識已達到相當深刻的水平。禽,禽獸。言,虚詞。"田有禽",禽獸進入田中,侵害稼穡。"利執言,无咎",把進入田中的禽獸拿住,是應該的,必要的,没有過錯。比喻敵人來犯我土,我被迫起而應戰,出師有名有義,理所應當。"長子帥師,弟子輿屍,貞凶。"長子指卦中九二,弟子指六三、六四。六五作爲王或諸侯,如果既委德才足以率衆的人帥師出征,又派庸才小人參知軍事,縱然師出正義,也不免覆敗。

《象》曰:長子帥師,以中行也。弟子輿尸,使不當也。

長子指九二,九二陽剛居中,以中行師,善於指揮。六五作爲君上,任使它做統帥,是正確的。既用長子帥師,又任用"弟子"六三去分"長子"的權,責任在六五,六五用人不當。

上六,大君有命,開國承家,小人勿用。

這一爻的爻辭係就全卦而言,與本爻爻象無涉。大君指六五,上六奉命而行黜陟。"開國承家,小人勿用",應是"大君有命"的内容。戰争勝利,論功行賞,功大者封國爲諸侯;功小者承家爲卿大夫。體現了嚴格的等級差别。在論功行賞當中,貫徹一條原則:"小人勿用。"其實師卦從初始到上終,一直强調用君子不用小人。不過到了大功告成,以爵命賞功臣的時候,更要謹慎小心,不可授小人以參與國政的機會。

《象》曰:大君有命,以正功也。小人勿用,必亂邦也。

正功,言賞與功相當。功大的大賞,功小的小賞,無功的不賞。師卦一開始就强調不用小人。但退一步考慮,即使小人立了戰功,要給予一定的獎賞,卻也絶不讓小人開國承家,有掌權的機會。否則必然亡國傾家,後果不堪設想。

〔總論〕

師卦是講戰爭理論的。古代所能認識的關於戰爭的幾個重要問題,它都深刻地論述了。如“師貞”、“田有禽”講戰爭的正義性;“丈人者”、“長子帥師”講選擇軍隊統帥的重要性;“師出以律”講喪失紀律的嚴重性;“弟子輿尸,貞凶”講指揮權不集中的危害性;“師左次,无咎”,“在師中,吉”,講將帥指揮戰争要有靈活性。此外,師卦從始到終都體現了一個原則:用君子勿用小人。

比

䷇ 坤下坎上

比字《説文》釋“密也”,段注謂比字本義爲“相親密也”。《周易》程傳釋“比,親輔比”。用今日語言説,比的意義主要講的是人際關係。不過古人不懂得人與人之間的關係主要的、基本的是經濟關係即人們在生産活動中結成的關係,所以《易》比卦中講人際關係衹講政治關係,在政治關係中又側重講統治與被統治、上與下、尊與卑的關係。

從卦象來看,比卦與師卦正好相反。師卦是上坤下坎,水在地中,有容民畜衆之象。比卦是上坎下坤,水在地上,有親比無間之象。所以此卦名比。比卦爲何次於師卦之後?《序卦傳》云:“衆必有所比,故受之以比。”

比,吉。原筮元永貞,无咎。不寧方來,後夫凶。

《雜卦傳》説:“比樂師憂。”比講人與人之間如何相親比,在古人看來,天下之吉莫吉於比,所以比卦直言吉,以爲比卦不是哪一爻吉,全卦都是吉的。“原筮元永貞,无咎”,原,再。

原筮，言比要再三詳審、考察之意。六十四卦祇有比卦與蒙卦言筮。蒙卦强調初筮，因爲蒙者求師，貴在專誠，再三則不專誠。比卦强調原筮即再筮，因爲求與人比或爲人所比，貴在謹審，初筮而不再三，則爲謹審。無論初筮還是原筮，都是比喻而已，説明求師要專誠，比人要謹審，並非實用蓍龜。比卦所謂謹審包括兩個方面：一方面是上之比下，例如最高統治者天子之求天下人都來親輔自己。另一方面是下之從上，例如諸侯方國以及一切人等之比輔天子。無論哪方面，都要謹審地考慮是否元永貞。元是善，永是久長，貞是正。祇有符合元永貞三者才能比而无咎。

"不寧方來"這個"不寧方"古人理解多誤。《周禮・考工記・梓人》説："毋或若女不寧侯，不屬於王所，故抗而射女。"孫詒讓《周禮正義》説，"不寧侯謂不安順之諸侯。《易・比》卦辭云不寧方來，義與此同"，"不屬於王所猶言不順命於王所也。王所謂王所居之處，通王都及巡守朝會之地言之。屬猶朝會也"。孫氏的解釋，正確可從。"不寧方"就是"不寧侯"，"不寧侯"就是不朝王所、不安順的諸侯。"不寧方來"，不朝王、不安順的諸侯現在也來朝王所，也安順了，説明天子已經做到元永貞了。"後夫凶"，夫謂剛强自立的人，是柔弱者的反面。天下諸侯方國都爭先比輔於王，還有少數的人落在後面，不來朝王所，對於這樣的人來説，結果肯定是不妙的。

《彖》曰：比吉也。比輔也。下順從也。原筮元永貞无咎，以剛中也。不寧方來，上下應也。後夫凶，其道窮也。

朱熹《易本義》疑"比吉也"三字是衍文，可從。"比輔也，下順從也"，"下順從也"是解釋"比輔也"的。比當輔字講。輔是車兩旁之木。輔與車必然相親比，不可分離。從卦位看，就是"下順從"也。"下順從"，指下四陰爻親比在上之九五。九五象車，四陰象輔。《周易》之内卦外卦多取陰陽正應。其兩爻靠近而相得叫做比，但是靠近之兩爻也有不相得的。不相得就不爲比。比卦特殊，比卦諸爻不論内外應與不應，九五以下四陰爻都與九五親比。六十四卦中一陽五陰之卦有六，衹有比卦一陽居君位爲九五，下面四陰都來順從它。

"原筮元永貞，以剛中也。"卦辭言"原筮元永貞，无咎"是泛指全卦説的。但比卦之主爻是九五。無論怎樣説，"原筮元永貞"總要落實到九五頭上。就是説，九五居尊位，它要謹慎審度，做到元永貞，天下人方能來親比於它。諸陰爻代表天下人，是否來親比，要看的也是九五做到没做到"原筮元永貞"。《彖傳》則明確指出"原筮元永貞"就是言九五。九五肯定會做到"原筮元永貞，无咎"，正是因爲九五陽剛而且居中得正，有剛中之德。然而唯比卦之九五如此，它卦之九五則不必同。

"不寧方來，上下應也。"原來不安順，不來朝的方國諸侯，現在也來歸順親比了，這是什麽原因呢？"上下應也"。《易》之應字多謂上卦與下卦剛柔兩爻相應。這裏的應字包括上六在内的五陰爻應於九五，與它卦不同。所以叫"上下應"。所有的陰爻都應於九五一陽，即天下一切人等都來親比於天子，則"不寧方"自然也來了。

"後夫凶，其道窮也。""後夫"於卦中指上六而言。上六代表那些應該來親比，也有意來親比，卻又遲遲不見諸行動的人。這樣的人，不識大體，自然不會有好結果。"其道窮"，意謂其結果必然窮蹙不堪。

《象》曰：地上有水，比。先王以建萬國，親諸侯。

從卦象看，坤下坎上，地上有水，水地和合，不可分離，有親比之象，所以叫比。先王觀比卦之象，以建立萬國，親撫諸侯。比卦"建萬國，親諸侯"與屯卦的"利建侯"不同。"利建侯"所説的是一個部落、方國内部自己選立酋長或國君。比卦"建萬國，親諸侯"所説的乃是天子封建衆諸侯國，並通過封建諸侯以親比天下。此卦大象與《彖傳》所言也有區别。彖傳所言爲卦中五陰主動與一陽親比,大象所言乃卦中一陽主動與五陰親比。

初六,有孚,比之,无咎。有孚,盈缶,終來有它吉。

孚,信在中心。缶,質素無紋飾的容器。初六是比之初始。與人初親比,重要的是中心誠信,取得人家的信賴。能够如此,則比人或爲人所比,便必將順暢無阻。若能够誠信充滿於内,像裝滿東西的缶那樣,内充實而外無紋飾,達到滿腹皆誠的程度,則不但可以无咎,且終究會得到它吉,即得到本非自己應得或非期於必得的好處。這從卦象上可以得到解釋。初六不與九五應,且與九五相距最遠,但因中誠有信而求比於九五,終必有它吉。大過卦之九四,中孚卦之初九,爻辭中都有"有它",是戒其有它向之心,此卦初六之"有它"是贊許其有它至之吉。

《象》曰:比之初六。有它吉也。

《小象》以"比之初六"四字該括全部爻辭,寓意深刻,尤其在"初六"之上安排一個比字,更見意全。它强調了三點:一、比的要害在於初始;二、初始的關鍵在於誠信;三、初始誠信,最終方能獲致它吉,若誠信非起於初始,則無它吉可言。

六二,比之自内,貞吉。

《易》有内卦外卦之分,始見於此。六二以陰居陰,處中又得正,與九五爲正應。二者以中正之道相比,自非一般的比。由卦象看,六二自内卦與外卦之九五比,所以叫做"比之自内"。"貞吉"的意思是説吉與不吉是有條件的。這條件就是貞與不貞。貞則吉,不貞則不吉。貞即正。與人親比,堅守正道,則必得吉。

《象》曰:比之自内,不自失也。

《小象》認爲，當六二自内卦與外卦之九五相比，自己決定比不比，幾時比，怎樣比的時候，重要的問題是自己如何掌握適當的分寸，使不出現自失的狀態。就古代社會的實際情況説，一個士人，應該修身正己以待人之求，不要降志辱身汲汲以求比。歷史上的伊尹、吕尚、諸葛亮的行徑大概合於這個要求。這種思想恰是孔子"用之則行，舍之則藏"二語的另一種表現。

六三，比之匪人。

《易》中"匪人"一詞於此第一次出現。匪人，不是正派的人。這種人物，其類不一，但邪惡是其共同本性，古往今來無時無地不有。問題在於"我"與之比不比。若"我"與之比，則"我"必是"匪人"的同類。爻辭不言凶咎，是因爲與邪惡之人親比，不言凶咎而凶咎自明。九五中正居君位，爲比卦之主，諸爻都該與它親比，才是比得其人。初六居卦之始先，得與九五相比。六二與九五正應，得與九五相比。六四承九五，亦得與九五相比。唯有六三這一爻，自身陰柔不中不正，無由與九五比。三應上，它衹能與上六比，而上六爲比之無首者，所以叫做"比之匪人"。

《象》曰：比之匪人，不亦傷乎。

六三陰柔不中不正，正人不與之比，與之比的是邪惡之人，其結果是可傷可悲的。言可傷可悲，則悔咎自不必説了。

六四，外比之，貞吉。

六四不與初六正應，而就近外比於九五。六二比自内，六四外比之。兩爻皆以柔居柔，所以貞吉。六四貞吉，還有一層意義，即六四陰柔不居中，能比於剛明中正的九五，是爲得正，得正而吉。這是由爻位上看。若從含義上看，六四比九五是比賢從上，比賢從上必以正道方可得吉。

《象》曰：外比于賢，以從上也。

賢與上指皆九五。九五有剛明中正之德，故稱賢。九五居尊位，故曰上。六四外比於九五，是既比賢又從上，所以吉。

九五，顯比，王用三驅失前禽，邑人不誡，吉。

九五居君位處中得正，諸陰爻都來求比於它，極似人君親比全天下。人君親比天下，采取的辦法是顯比。顯是陷的反面。顯比是盡善盡美的比，理想的比。它不私曲隱伏，它不偏不黨，光明正大。“三驅失前禽，邑人不誡”，是一種比喻，用以揭示顯比的具體意義。“王用三驅失前禽”，古代田獵，劃一範圍，一面置旃以爲門，三面刈草以爲長圍。獵者自門驅而入，禽獸面向獵者而從門跑掉的，就任其跑掉，不予射殺。禽獸背着獵者，往裏跑的，當然跑不掉，都加以射殺捕獲。用這“三驅失前禽”作比喻，説明王者親比天下，采取來者不拒，去者不追，不强求，無隱伏，一切聽其自然的態度。“邑人不誡”，邑，居邑，王者之都城，諸侯之國中。邑人是王者近邊的人。“不誡”，不相誡約。王者不因爲邑人近則丁寧告誡而使來親己。意謂王親比天下，一視同仁，没有遠近内外親疏之别。

《象》曰：顯比之吉，位正中也。舍逆取順，失前禽也。邑人不誡，上使中也。

顯比之所以能得吉，是因爲九五處正得中。九五處正得中，不偏不倚，能够廣泛團結絶大多數人，而不是祇團結少數的人。“失前禽”，田獵時容許一部分禽獸從門跑掉。爻辭講這句話是什麽意思呢？舍逆取順，王者親比天下，聽其自然，來者撫之，去者不追。從卦爻看，“失前禽”謂失上六，上六以陰乘陽，逆，不來親比九五，九五聽而舍之，這就是舍逆。四陰爻以陰承陽，順，皆來親比九五，九五取而撫之，這就是取順。“邑人不誡”一語是説明“上使中”的。上謂九五。使，用。中，中平不偏，遠近如一。王者之比天下，不因近者而親，不因遠者而疏；對待一切人，態度都一樣，堅持中道，不偏不黨。

上六，比之无首，凶。

上六陰爻居卦之終，諸爻不來比它，它也不與九五比，故凶。"无首"是説開始不善，有問題。上六居卦之終，應該説"比之无終"，此何以言"比之无首"？這是因爲，古人認爲，比這種事情要在開始，開始搞不好，有問題，必然導致"无終"。"无終"是説結果不善，不是説没有結果。"无終"源於"无首"。與其直言"无終"，不如窮根究源，言其"无首"。

《象》曰：比之无首，无所終也。

爻辭講"比之无首"，《小象》揭示上六講"比之无首"的實質，不是真的講"无首"，是講"无終"。"无首"與否的問題是初爻的事情，本與上六無關，《小象》若不加以揭示，人們可能誤解，以爲上六真的與比之初始直接有關。《小象》在此這麽一點，便將比之事最重初始的思想突現出來了。

〔**總論**〕

比卦講古代統治階級如何親比被統治階級的問題。古人治國平天下，强調恩威兼濟，即既用武力征服的一手，又用政治安撫的一手。師卦講的是武力征服，比卦講的是政治安撫。自卦而言，一陽爻五陰爻，陽爻九五卦之主，它居中得正，五爻均應主動從九五。《易》中六爻貴正應，正應則吉。而比卦特殊，比之諸爻不論正應與否，專以比於九五爲吉。九五陽剛居中得正，象統治者。統治者親比被統治者，上級親比下級，要有一定的原則和方法。《易經》非常强調統治者欲親比天下國家，最要緊的是自我修養要具備元永貞三條。初六告誡比之事要在初始，初始之比貴在中心誠信。六二指出下比上應該堅守正道，切不可降志辱身汲汲以求。六三提出邪惡之人相親比的問題。六四與六二義略同。九五是比卦之主爻,所云與卦辭相當,要求統治者親比天下國家之人要光明正大,寬宏包容,來者不拒,去者不追,要中平不偏,親疏若一,親比儘可能多的人。上六重申比之道要在初始,初始不正,終必有凶。

小　畜

☴ 乾下巽上

《序卦》:"比必有所畜,故受之以小畜。"人與人之間在發生親比關係之後必然發生畜的關係。所以《易》比卦之後接小畜。强調卦與卦之間的必然聯繫,反映《易傳》作者的辯證法思想,他認爲六十四卦的排列,絶非偶然的堆砌。每一卦居某一位置,是有内在的原因的。畜當聚字講,又當止字講。其實在小畜卦裹,聚止兩義同時存在。從卦體看,小畜巽上乾下,乾乃剛陽在上之物而今居巽下,爲巽所畜止,故曰畜。又爲什麽叫小畜呢? 有兩層意思。一是以小畜大,全卦爲一陰五陽,六四以一陰爻居陰位,得正,上下五陽爻皆與六四應。《易》以陽爲大,以陰爲小。此一陰爻畜五陽爻,故曰小畜。又,巽順畜剛健,是用柔順即"小"的辦法,不是用强力即"大"的辦法,也是本卦取名小畜的一個因素。既然小畜以陰畜陽,采取的是陰柔巽順的辦法,則畜止必然是個慢過程,需要有時間創造條件,積蓄力量,不可急就速成。這就是説,小畜與需卦有近似之處。需是須,等待,小畜也有蓄積、等待的意思。二是三陽在下并進、六四以一柔順之陰爻獨當其路,就其力量來説,它所起的作用,所能達到的畜止的程度,肯定有限,故曰小蓄。

小畜,亨。密雲不雨,自我西郊。

"小畜,亨",小有所止而亦必有所亨。小畜能够制止某些小的過失,解決某些小的問題。暫時達不到目的,終究是能够達到目的的。從兩個三畫卦來看,健而能巽,不激不亢,雖暫時未通,而最終必亨。從六爻來看,九二與九五皆以剛健居中,同心同德,其志必行,必行則必通。"密雲不雨,自我西郊",古人解釋紛紜,多不中肯。其實這兩句話不過是打個比方,用這個大家司空見慣的天氣現象比喻小畜這一卦的基本思想。小畜的時代,臣對君的過錯,下級對上級的問題,用適當的方法批評、諫止,最終肯定達到目的,雨總是要降下的。然而目前不行,目前六四一陰尚未得到三陽的感應,下級的意見尚未得到上級的理解、贊同。好像陰雲雖密佈,無奈"自我西郊",雨一時半晌下不來。"密雲"爲何"不雨"? 因爲"自我西郊"。"自我西郊"就是雲被風從西方吹來。諺語云:"雲行東,車馬通;雲行西,披雨衣。"吹西風的天氣,雨難於降下。

《彖》曰:小畜,柔得位而上下應之曰小畜。健而巽,剛中而志行,乃亨。密雲不雨,尚往也。自我西郊,施未行也。

"小畜,柔得位而上下應之曰小畜。"這是解釋整個一卦成卦之意義的。柔得位,指六四得位,六四以陰爻居陰位,又居上卦,所以叫柔得位。本卦衹有六四一個陰爻,上下五個陽爻都來應它,它以一陰畜止五陽,必然力不從心,衹能小有所畜,故曰小畜。

"健而巽,剛中而志行,乃亨。"這還是從卦體看,但是角度變了。上面講柔得位,陰畜陽,是從成卦之意義的角度出發的。這裏講健而巽,强調剛中而志行,則是就卦之才即功用而言。内卦是乾,乾健也。外卦是巽,巽順也。不説乾而巽,不説健而順,而説健而巽,是用互文法。健而能巽,是小畜卦終必能亨的一個根據。小畜能亨的另一個根據是"剛中而志行"。九二與九五,剛健居中,俱爲陽性,依其本性來説,它們一定要前進。又,乾卦居下,必有上行之志。二五剛中必前進,乾卦居下,志在上行,所以畜雖小而能亨。

“密雲不雨,尚往也。”全卦的主旨是陰止陽,即六四一陰爻畜止其他五陽爻。但畜止是個陰陽鬥争的過程,不會一蹴而就。《易經》作者是用“密雲不雨,自我西郊”這一天候現象比喻小畜陰畜陽的這種鬥争態勢的。六四畜止下卦之三陽爻,儘管以巽順柔之,畢竟鬥争是激烈、艱苦的。鬥争結果尚未分曉,鬥争的一方三陽爻還在繼續前行,陰畜陽的任務没有完成,猶如“密雲不雨”。

“自我西郊,施未行也。”施未行,謂鬥争的主要一方六四,作用尚未充分發揮,這才是陽剛未被畜止住的根本原因,正像天空陰雲密佈而雨不降,是由於正吹西風一樣。

《象》曰:風行天上,小畜。君子以懿文德。

乾爲天,健;巽爲風,順。巽以柔順爲能事,可以畜止乾健,但不能持久强固,所以曰小畜。君子觀小畜一卦之含義,應該“懿文德”。懿,美。文德與道德相對待而言,即儀表、氣度、言語、修辭之類。懿文德,有細行必矜,獨善其身的意思。

初九,復自道,何其咎,吉。

復的意思是返於本位,即原本在什麽地方,現在還返回什麽地方。小畜卦的卦義是以陰畜陽,而爻義卻正相反,它不受陰所畜。初九以陽居陽,位居最下,爲陰所畜,今自知不宜急躁冒進,乃潛伏於下,復其本位。初九如此慎重行事,哪裏還會有什麽過錯呢?没有過錯便是吉。

《象》曰:復自道,其義吉也。

初九與六四爲正應,在畜的時代,初九作爲陽剛之才前去接受六四之畜,方爲吉。今初九反身歸位自守自畜,亦吉;此吉不論應否,據理而斷,故曰義吉。

九二,牵復,吉。

牽字古人或訓牽連,或訓勉强,其實二義無甚差别,都有被動的意思。九二的復不是自覺自願的復,而是被動,勉强,受牽連的復。九二所乘之初九,爲陰所畜,已經自復。九二以陽處陰,居下得中,又無上應,所以就受初九之牽連而復居於下,這當然也是吉的。

《象》曰:牽復在中,亦不自失也。

九二處中,不失中道,雖有陽剛之本性而强於進,但畢竟不至於過剛,又與初三二爻屬於同體同德,所以能够受乘承二爻之牽連而復。情況略同,初九吉,九二亦當吉,故云:"亦不自失也。"

九三,輿説輻,夫妻反目。

輿,車。説同脱。輻應爲輹。大畜、大壯皆作輹。《經典釋文》亦作輹。輻是車轑,即今語之車輻條。輹,乃車軸轉。車是不能脱輻的。脱輻便等於輪破轂裂,徹底破壞,不堪使用。而車脱輹則是平常之事。脱輹即是軸不轉,車停下來不動。"夫妻反目",自今日而言,不過夫妻關係破裂而已。古人則認爲其中有尊卑關係的變化。妻受制於夫,是正常的,不謂反目;若尊卑顛倒,妻反過來制其夫,就成了"夫妻反目"。

"輿説輹"與"夫妻反目"是比喻一種不好的結果。這種不好的結果完全是九三自己造成的。九三以陽處陽,重剛而不中,它不能自制其動,雖有六四在前畜止它,也畜止不住,結果造成"輿説輹",不能再前進了。九三還有一個弱點,即它作爲一個陽爻與六四密比,産生陰陽相悦的關係,而自身過剛而不中,不但不能以陽制陰,反爲陰所制,造成"夫妻反目"的後果。總之,九三的處境極壞,簡直是進不能進,退不能退,進退兩難。

《象》曰:夫妻反目,不能正室也。

室是家室。君子應有修身齊家治國平天下的品德、能力和志向,而九三竟弄到不能制其妻反爲妻所制的地步,説明它不能正其身。不能正其身,不能正其室,當然不可能成就齊家治國平天下的大事業。

六四,有孚,血去惕出,无咎。

六四是卦之主爻,爻辭意義與卦辭一致。有孚,中心誠信。血,因戰鬥而流血受傷害。惕,危懼。六四處近君之位,以陰畜陽,以小包大,必有憂惕。它要想免於傷害,免於憂懼,唯一的辦法是"有孚",即以中心誠信去感動對方,取得對方的信任和理解。其中關鍵是取得九五的信任、理解與合作。《易經》作者認爲這是陰畜陽,小畜大,下畜上,臣畜君的一條原則。假使六四以强力畜九五,敵衆剛,必見傷害而事不成功,這是六四有孚的必要性。六四以陰居陰,柔順得位,本性不躁,這是六四有孚的可能性。

《象》曰:有孚惕出,上合志也。

言"惕出",則血去可知,這是舉輕以包重的筆法。惕懼尚且免除,流血受傷之事當然更不會有了。上謂九五。六四畜九五,陰畜陽,臣畜君,衹六四自己有孚還不能收到"血去惕出"的效果,必須九五也有孚,即真正信任六四,做到上下認識一致,目標統一。事實上九五已經做到了這一點,所以六四才能"有孚惕出"。爻辭從六四的角度説話,强調畜人者應有孚。《象傳》着眼在受畜者一方,强調九五與六四"合志"至關重要。

九五,有孚攣如,富以其鄰。

攣如,結合緊密堅固。富,《易》以陽爲實爲富,以陰爲虚,爲不富。以,猶《春秋》以某師之以,能左右能駕馭的意思。"有孚攣如",九五有孚與六四有孚相關聯相呼應,配合緊密。六四有孚,是積誠孚信以畜止九五,九五亦推誠以待六四,接受畜止。上下相孚，而後小畜之道成功。“富以其鄰”，富謂陽爻九五自己，鄰指六四言。五與四近，故曰鄰。九五是陽爻，且有孚，它完全能够左右六四的命運。總之，這一爻是强調在小畜之時，六四畜九五，能否成功，九五的修養、志向、態度如何，具有決定意義。

《象》曰：有孚攣如，不獨富也。

九五做到有孚攣如，與六四合作無間，主要是因爲它不獨富。《易》以陰爲虚爲不富，以陽爲實爲富。“不獨富”有兩層含義，一是九五與六四一誠相結，緊密牢固，二是九五不但自己接受六四之畜止，而且能够協助六四畜止下之陽。

上九，既雨既處，尚德載，婦貞厲，月幾望，君子征凶。

載，積累。月幾望，月亮將滿盈尚未滿盈之時。徵，動。小畜開始時之密雲不雨，現在已經降下；先前陽剛之德積而尚往，現在已到了極點，不再往了。小畜之時的基本矛盾，即陰畜陽的問題，已經最後解決。舊的矛盾解決，新的矛盾又要發生。“尚德載”，是説陰畜陽已成功，而六四陰柔巽順之德繼續積累，發展。婦，陰，指六四。六四以其柔順爲正，持守不懈，結果必然危厲。猶如月亮即將圓滿，要疑於太陽了。陰陽合和，轉化爲陰陽對抗。在這種情況下，陽即君子的任何不慎的行動都可能招致禍患。

《象》曰：既雨既處，德積載也。君子征凶，有所疑也。

此疑不當作疑慮解。應是疑似的意思，陰發展與陽勢均力敵的程度，以致分不出孰陰孰陽。坤卦上六之“陰疑于陽必戰”，與此義同。雨已降下，陽亦不進，以陰畜陽，取得了成功，這是“德積載”的結果，不是一朝一夕的事，是六四堅持陰柔巽順，長期積累造成的。此時矛盾的性質發生轉化，陽開始受制於陰，不可隨意行動，行動必凶。這是因爲什麽呢？因爲“有所疑”。陰已壯大,甚至掌握了主動權,成爲陽的可與之抗衡的對手。

〔**總論**〕

小畜卦講陰畜陽到陰疑陽的發展過程,準確地表達了《周易》作者關於矛盾轉化的卓越思想。小畜之時,充滿着陰與陽的鬥爭。陰畜陽,陽不受畜,不受畜而失利,接着又受畜,發展到最後,陰由弱變强,以至於達到與陽敵對的程度。這時小畜的矛盾結束,新的矛盾開始。看卦義,密雲下雨,陰畜陽,陰與陽的鬥爭是一個漫長的過程。看爻義,初九、九二小心謹慎,堅守本位;九三過剛不中,爲六四所制;六四與九五雙雙有孚,陰陽合和,九五與六四達到了和諧、統一。然而和諧與統一是相對的,暫時的,至上九,既雨既處,陰與陽的關係發生變化,陰疑於陽,陽受制於陰,新的矛盾開始了。

履

☰ 兑下乾上

履這個字的含義是什麼呢?《雜卦傳》説:“履不處也。”不處就是動,就是進。《説文》又説:“禮,履也。所以事神致福也。”履就是禮,就是當時社會人們立身處世的準則。如此説來,履的意義有兩層,從它的外表看,履是實踐,是行動;從它的内含看,履是禮,是人們實踐、行動所必須遵循的準則。履卦所注重的是後面一層含義,就是禮的問題。而禮是十分複雜的,所謂經禮三百,曲禮三千,千頭萬緒,廣説難盡;履卦乃抓住禮之用和爲貴這一關鍵性問題,加以條分縷析,重點發揮。它認爲,人處天地間,衹要能柔順和悦,謙卑自處,則無險不可涉，縱然履虎尾，也無妨。這一思想從卦體上也看得出來。履兑下乾上，兑柔乾剛，乾在前，兑在後。乾在前行，兑躡於其後，有柔履剛之象。以柔弱履剛强，剛强再猛再烈，也必將被馴服。柔和謙卑竟能使柔弱者履虎尾而无咎，天下還有什麽難關不能攻克呢！這樣的卦爲什麽放在小畜之後呢？《序卦傳》説："物畜然後有禮，故受之以履。"履即禮，禮與物之畜聚相聯繫，事物多了，人也多了，勢必產生小大尊卑美惡的差異，所以在小巽之後接着講履。

履虎尾，不咥人，亨。

卦辭開口便説"履虎尾"，取象十分奇特。履，有所躡而跟進的意思。緊躡老虎尾巴走路，可謂人世間最危險的事情，然而老虎卻不咬你，保你亨通無事。卦辭以此强調人立身處世，行之以禮，以和悦謙卑待人接物，即使遇上最凶猛的老虎，也將安然無恙。卦中有"履虎尾"之象。乾剛在前，故稱虎，兑躡其後，故曰履虎尾。八卦之中以兑爲至弱，以乾爲至健。以至弱躡於至健之後，自然有危機之象。卦中也有"不咥人"之象。兑是悦體，以和悦履乾剛，則有不被咥而致亨之可能。

《彖》曰：履，柔履剛也。説而應乎乾，是以履虎尾不咥人，亨。剛中正，履帝位而不疚，光明也。

孔子作《彖傳》，揭示卦辭"履虎尾，不咥人，亨"的意義，十分準確地抓住了兩點，解釋極得要領。他説，履是柔履剛，不是剛履柔。可見這一卦裏的二體不論上下，乃是論前後。柔履剛是世界上最危險的一種履，給這種最危險的履找到解決的辦法，其他各種情況的履便可不論了。這是第一點。第二點，指出"履虎尾"之所以竟能"不咥人，亨"的根據，是"説而應乎乾"。履卦兑下乾上，兑柔乾剛，兑以柔履乾之剛，唯一可行的辦法是對乾要悦要應。悦是和悦，應是恭敬，二者不可或缺,但根本的態度是兑必須謙卑自處。苟能如此,雖剛暴亦不難馴服。悦而應乾,乃兑之妙用。

這是從柔即兑一方面説。剛即乾的一方面應該怎樣,能夠怎樣,卦辭没有講,孔子《彖傳》做了必要的補充、引申。上文言"説而應乎乾",就卦之二體言。此言"剛中正",乃以九五一爻言之。九五於此成爲三畫卦乾的代表。"柔履剛"之剛係指上卦乾而言,現在"剛中正"的剛説的是九五一爻。兩個剛字是相承的。九五剛不徒剛,而且居中得正,剛而中正,必然不過剛;不過剛則必處事不偏,把握尺度,無過與不及。推及人事,剛而中正之人一旦踐帝位,君臨天下,一定"不疚"。"不疚"即無瑕可指,無懈可擊。"中正"則"不疚";"不疚"則光明。居君位而光明,方知和悦不是脅肩諂笑,恭敬不是奴顏婢膝。

這樣,《彖傳》把藴藏在卦辭中的深刻的思想發掘出來了。履的問題與世間一切問題一樣,都有兩個方面,既有説而應乾的一方面,也有九五中正、不疚、光明的一方面。兩個方面是互相制約,彼此關聯的。這個辯證法的思想,既屬於《易經》本身,也屬於做《易傳》的孔子。

《象》曰:上天下澤,履。君子以辨上下,定民志。

《大象》多講《易》在政治上的應用,而且每每論及國家政治生活中的大事情。履卦《大象》談的是等級制度問題。孔子重禮,禮的實質正是等級制度的反映。禮幾乎與夫婦、父子之尊卑上下等級關係同步産生於父權制時代,此後便成了文明社會等級制度的重要支架。孔子在政治上是向後看的,所以他對禮對等級制度特感興趣。

上天下澤,乾爲天,兑爲澤,天當然高高在上,居至尊的地位,澤當然在下,居至卑的地位。舉至尊與至卑,其間一切等級差别全包括了。尊卑上下即等級差别。反映等級差别的就是禮,將禮付諸實行就是履。孔子所以指出,統治者觀履之象，學履之卦，其價值乃在於“辨上下，定民志”。“辨上下”，把尊卑貴賤的界限嚴格劃清楚，不得混淆逾越。“定民志”，使百姓從思想認識上解決問題，尊者處尊，卑者處卑，各守己之位，各安己之分。

初九，素履往，无咎。

《雜卦傳》：“履，不處也。”履是一定要行動的。九是陽剛，是一定要前進的。問題在於如何行動，如何前進。處履之初，等於出門的第一步或者一個人初涉世事，剛剛踏上人生的道路。這時候，應該“素履往”。素，質樸無文飾，事物的本質本色。“素履往”，其實與《中庸》“君子素其位而行”之義正相當。教人安分守己，不貪得非分之利，不覬覦非分之位，貧者安貧，富者樂富。

《象》曰：素履之往，獨行願也。

獨，專，隻。“素履往无咎”，實質上是“獨行願”。“獨行願”是説行動的目的衹是要實現自己的夙願初志，不爲情遷，不爲物累，即《中庸》所謂：“不願乎其外。”孟子所説大丈夫“富貴不能淫，貧賤不能移，威武不能屈”，意義同此。

九二，履道坦坦，幽人貞吉。

“履道坦坦”，九二以剛居中，是履道而得其平坦的。幽人，與下爻“武人”相對。“武人”，剛愎自用，恣行罔顧之人，“幽人”是幽静安恬，與世無争的人。九二以陽居陰位，且得中，處境甚好，前途是坦易的。但九二是陽剛之才，依其本性，很可能躁進。這時候，唯有能够堅守中心安恬，進退綽綽有餘裕的幽人，方可得吉。

《象》曰：幽人貞吉，中不自亂也。

孔子强調反身修己，他認爲人處理好與外界的關係，决定性的因素在自身的修養。爲什麽“幽人貞”會得吉呢？原因不在於神明賜予，不在於命運決定，也不在於處境有利，而在自身的主觀努力。中，中心，内心世界。幽人之所以得吉，是因爲幽人能够堅守内心的安恬清静，不爲紛華盛麗而亂其操守。不自亂，外界誰也亂不了自己。

六三，眇能視，跛能履，履虎尾，咥人，凶，武人爲于大君。

卦辭言“履虎尾，不咥人，吉”，爻辭言“履虎尾，咥人，凶”，卦與爻相反，這是什麽緣故呢？凡卦以某一爻爲主，則爻辭與卦辭意義相同，如屯卦卦辭“利建侯”，初九爻辭亦“利建侯”。凡卦辭以上下體而論，則爻辭與卦辭不同，如本卦卦辭云“履虎尾不咥人吉”，而六三爻辭則曰“咥人凶”。

六三以陰居陽位，不中不正，以此爲履，必出問題。走路應平衡適中，而六三行不中，説明它是個跛子。走路需目正視，而六三視不正，説明它又是個一隻眼。跛者行不中，但能行；眇者視不正，但能視。事情壞就壞在這裏。六三無視自己的致命弱點，眇而自以爲能視，跛而自以爲能履。兩個能字充分表現出一派自專自用，恣行罔顧者的形象。這麽樣去“履虎尾”，老虎絶對不會不咬它。凶是必然的。

“武人爲于大君”，是指出另一種情況。武人是剛暴之人，其才雖弱，其志卻强，它能够不顧强弱，勇猛直前。這樣的人如果在一位足智多謀的大君即天子的領導下，充分發揮它勇猛不怕死的長處，或許是可取的，有益的。

《象》曰：眇能視，不足以有明也。跛能履，不足以與行也。咥人之凶，位不當也。武人爲于大君，志剛也。

六三陰柔而不中不正，卻不知道自己有致命的弱點，執意冒昧前行，無異於履危蹈禍。如同眇者自以爲能視，跛者自以爲能行。然而在智者看來，與盲人夜行差不多。孔子告誡以兩個“不足”，唤醒人們萬勿强不能以爲能。最後指出六三之所以致禍的原因是它以陰爻居陽位，位不當。亦即柔弱其裏，剛强其外。因爲位不當，所以顯出志剛來。從雖才智不足但志向剛强這一點看，六三如果作爲一個“武人”在“大君”的指使下，發揮它志剛的長處，或許可能起到積極作用。

九四，履虎尾，愬愬終吉。

以一卦言，乾爲虎，所以六三有履虎尾之象。以爻言，九五爲虎，所以九四也有履虎尾之象。六三與九四同有履虎尾之象，爲什麽三凶而四吉？因爲六三本眇本跛，裏柔外剛，而自以爲能視能履，得凶，自屬必然之象。九四則不然，九四小心翼翼，愬愬然若履薄冰。九四何以能如此？九四以陽居陰，亦不中不正，但它本身是陽剛，居陰柔之位，處多懼之地，裏剛外柔，剛而能柔。它恐懼自處，愬愬而行，理當獲吉。

《象》曰：愬愬終吉，志行也。

九四内剛外柔，不僅有它愬愬知懼的一面，更有它上進而不處的一面。所謂“終吉”，是説它上進的志願能够實現。

九五，夬履，貞厲。

夬音怪，剛決，決斷的意思。《彖傳》説：“剛中正，履帝位，而不疚”，正是指九五説的。而九五爻辭卻與此相反，爻辭强調九五夬履貞厲，指出九五有危象。這是爲什麽呢？這裏又看出《易》作者具有深刻的辯證法思想。他總是善於從正面的東西中找出反面的東西，從一派吉利的形勢中發現不吉利的徵兆。九五以剛中正履帝位，下面有人悦而應它，它有權有威有勢，對待一切的事情，它完全可以果決獨斷，即所謂“夬履”，不會遇到任何阻礙。但是它以剛居剛，過剛而不能以柔濟之，猶如人君，英明剛決有餘，而包容兼聽不足。若守此道長久不變，則必有危厲。

《象》曰：夬履貞厲，位正當也。

爲什麽説"夬履"必有危厲呢?孔子説,因爲九五的條件太好了。九五剛中正且居至尊之位,居高臨下,自專自決,無所畏懼,然而問題恰恰出在這上面。

上九,視履考祥,其旋元吉。

考,考察,檢驗,總結。祥,不僅謂吉祥,實包括凶咎在内。《説文》段注説:"凡統言則災亦謂之祥,析言則善者謂之祥。"考祥,考察、總結其吉凶。旋,周旋完備。上九居履之終,履已宣告完成。現在可以回過頭來看看其所履行之情况如何了。猶如一個人到他生命完結的時候,人們要據他一生的實際表現,論定他善惡成敗之多少大小。善多吉,惡多凶。若自始至終周旋無疚,盡善盡美,則曰元吉。元吉,大吉,無以復加的吉。

《象》曰:元吉在上,大有慶也。

在上,履已到達終點。"元吉在上",是説履至終極,才有可能獲元吉。履不至上是不可能得到元吉的。這是解釋上九獲元吉的條件、原因。一個人如果最終獲得了元吉,便是大有福慶。這是解釋元吉的含義。吉而曰元,慶而曰大,既有勗勉履善終始一貫的意義,又有强調視履考祥以爲借鑒的作用。

〔**總論**〕

小畜與履都是一陰五陽之卦,其意義都是主於用事的。小畜陰居第四爻,在上卦,以柔畜剛即以柔制剛,是制人的。履卦一陰居第三爻,在下卦,以柔履剛即以柔行剛,是行己的。履卦貴柔,六爻都以履柔爲吉,以履剛爲凶。九二坦坦貞吉。九四愬愬終吉,上九其旋元吉,三爻都是履柔的。六三咥人凶,因爲它以柔履剛。初九與九五也是履剛的,雖所履皆正,但初九僅得无咎,九五不免於危厲。《易經》本來揚剛而抑柔,但它絶不簡單化地看問題。它注意到了陽剛有喜動而好決的弱點，若任剛而行，必多可悔之事。

䷊ 乾下坤上

泰，通。《易經》明於天之道，察於民之故，既講自然界的規律，也講社會人事的道理。它認爲自然界有規律，社會人事也有規律，而且兩種規律有其一致性。泰卦就是明顯地把自然界的規律與社會人事的規律放在一起對待的。在《易經》看來，天地之間與人類社會有時會出現一種不多見的交通和暢的最佳狀態。這種狀態，這種時代，就叫做泰。泰是怎樣來的呢?《易經》認爲，在自然界中，天與地相交，萬物因而發育成長，順遂和暢，這就是泰，就是通。但是天畢竟在上，地畢竟在下，天與地實際上不能相交。於是古人説，不是天地之形交，是天地之氣交。天爲陽，陽氣下降；地爲陰，陰氣上騰。陰陽和暢，則萬物生遂。由此看來，所謂天地交，實質上是陰陽交。陰陽是代表萬事萬物對立鬥爭的兩個方面。它們不但處於對立的狀態，在大多的情況下，也會非常和諧地統一在一起。古人的這個認識，是有道理的。

由天之道而察民之故，情況是相似的。不過人事不論天地而論君臣上下君子小人罷了。君是陽，臣爲陰；君子是陽，小人爲陰。如同陰陽二氣可以交通一樣，君臣之間也可能推誠而志通。君子居上居内，小人居下居外，君子小人各得其位；君子小人各在其所當在的位置，這也可以理解爲一種陰陽交通的形式。

天地相交，二氣相通，從卦上面反映了出來。泰卦乾下坤上。天在下，表明天氣下降；地在上，表明地氣上升。在上的往下降,在下的往上升,二者必然相交。若否卦則不然。否卦坤下乾上。天在上,天氣未曾下降;地在下,地氣未曾上升,二者必然不相交。

《易經》六十四卦,把泰卦安排在履卦之後,是有原因的,不是偶然的,體現了《易》作者的思想。《易》作者按照歷史發展的順序,自乾坤二卦往下安排,大體上有一個發展脈絡可尋。乾坤反映天地即自然界的初始,自然界先於人類産生;屯蒙講天地間萬物與人類之初生。有人有物便出現養的問題,故有需;有需有養便有争。争的結果,産生訟。較大的争執要用戰争解決,所以訟卦之後是師卦。對於該争取又有争取的力量則必加團結親比,故有比。小畜以生聚,履以辨治。接着是泰。泰是《易》作者心目中最理想的時代,是上古社會的極治,大概相當於堯舜時期。泰過而否,否而泰,自此而後社會歷史一治一亂地發展,而真正的、理想的泰似乎不會再來了。

《易》作者的這種歷史觀自今日看來當然是不科學的。但是我們如果歷史主義地看待古人的思想,便不難發現,《易》作者的歷史觀有其可取的、合理的因素。第一,他認爲人類社會歷史是個可以認識,可以理解的過程;第二,這個過程有其内在的動力和規律,没有超自然超人類的神明擺佈它。

泰,小往大來,吉亨。

《易》以陰爲小,陽爲大。往,自内往外去;來,自外往内來。内是下卦,外是上卦。"小往大來",陽氣下降,陰氣上升,陰陽和暢,萬物生遂,這是自然界的泰。由自然界引伸到人類社會,則大是君上,小是臣下。"小往大來",是君以禮使臣,臣以忠事君,君臣志同道合,關係和洽。陽爲大,是君子;陰爲小,是小人。"小往大來",是小人往外去,君子居於内。君子得位,小人處下。總之,泰卦反映的時代特點是通。通,反映在卦上就是"小往大來"。"小往大來",在自然界,表現爲天地相交，二氣相通。在人類社會，表現爲君臣志通，君子小人各得其位。卦不言元吉、元亨而言吉亨，是因爲泰的程度有所不同，言吉亨則把大小不同的泰都包括了。

《彖》曰：泰，小往大來，吉亨。則是天地交而萬物通也，上下交而其志同也。内陽而外陰，内健而外順。内君子而外小人。君子道長，小人道消也。

兩個交字解釋泰字的意義。“天地交”不是天地之形交，是天地之陰陽二氣交。君臣上下之交也不是形交而是志同，志同是志同道合，思想一致。這裏對天地陰陽君臣上下無所抑揚，衹强調交與不交的問題。

陰陽健順君子小人諸句以内外釋大小。一方面説，陽健君子居内，陰順小人居外，在内在外，各得其所；另方面也有重内輕外，於陰陽有所抑揚的意思。

“君子道長，小人道消。”是以六爻的消長爲義。陽爻加多，陰爻便減少。於人事，君子道長，小人便道消。至此，態度明朗化，對陰陽不止抑揚而已，而是好陽而惡陰，以陽長陰消爲福。但是，道長道消，論道不論人。君子道長，説君子之道占上風；小人道消，説小人之道在下風。亦即總的趨勢是正氣壓倒邪氣，君子得信任賞識，小人遭疏遠冷落。但這不是説泰的時代衹有君子無有小人。什麽時代都少不了小人，因爲没有小人便没有君子。

《象》曰：天地交泰，后以財成天地之道，輔相天地之宜，以左右民。

后，南面之君，天子諸侯。它卦《大象》言君子、先王，此卦言后，因爲言君子則包括卿大夫，言先王則不含諸侯。法天地交泰，財成輔相，以左右民，是衹有南面之君才有資格幹的事情，與卿大夫無涉。由此可以看出，《周易》作者心中的中國古代國家制度是君主專制型的。

財成與輔相二句，意義與它卦類似，還是講學了這一卦，要傚法這一卦的思想，用以指導實踐。這一卦有一點特殊性，是專就天子諸侯講的，而且内容比較大，比較宏觀。天子或諸侯，應當體會天地通泰之象，裁（財與裁同）制天地之道，使之成爲對人民生産生活有用的東西。如天地有寒暑，統治者便因之而治曆法，定四時成歲，然後告朔，視朔。還要輔相天地之宜，根據自然界生物生長發育成熟的規律，教民稼穡畜養。左右是扶助的意思。“以左右民”，用財成與輔相的辦法，扶助人民。

初九，拔茅茹，以其彙征，吉。

“拔茅茹”，説的是物。用物比喻初九之爻象。茹，連茹，此茅之根與彼茅之根在地中相牽連。拔了這根茅，必然連帶拔出那根茅。初九便是這根茅，九二九三便是那根茅。初九陽剛居下，正遇天地交泰之盛時，它必然要上進。不但自己上進，還要連帶九二九三一起上進。彙，類；徵，動。君子就如同拔茅一樣，自己上進，還要引導自己的同類即同志，一道上進。這當然是吉的了。

《象》曰：拔茅征吉，志在外也。

初九爲什麽拔茅茹以彙征得吉呢？因爲“志在外”。初九與六四正應，故曰“志在外”。初九以陽感陰，六四應初九，以陰從陽，恰是陰陽二氣相交通之象。

九二，包荒，用馮河，不遐遺，朋亡。得尚于中行。

九二以陽剛得中居柔，上與六五正應；六五以柔順居中得正，下應於九二；六五與九二有君臣相得之象。九二雖居臣位，但深得六五的信任，是成卦之主，内外陰陽全賴它調和浹洽。當泰之時，如何治理天下國家，主要反映在九二這一爻上。九二爻辭講的包荒、用馮河、不遐遺、朋亡四條，包括了治泰之道的主要内容。包荒,極言包容之廣,含量之大。在天地交泰的盛時,統治者最重要的是包荒,大度包容,一切反面的東西都能容得下。然而但是如此,則必無所作爲,不能前進。大度包容之下,還要"用馮河",即剛決果斷,勇於改革。"包荒"與"用馮河"是相反相成,不可或缺的兩個方面。"不遐遺"與"朋亡"也是相反相成的兩個方面。"不遐遺",不棄遐遠;"朋亡",不結朋黨。遠人在所懷,近者無可昵,居中不倚,不偏不黨。"得尚于中行",得是慶幸之辭,尚是佑助之意。九二以剛居柔,居下卦之中,上有六五之應,六五爲泰卦之主,具有中行之道。九二得到六五的佑助,是謂"得尚于中行"。則九二之德,配合中行之義。

《象》曰:包荒,得尚于中行,以光大也。

《小象》以爲包荒是四項中基本的一項。祇有做到包荒即大度包容,才能做到用"馮河"、"不遐遺"、"朋亡"三點,所以祇舉"包荒"一語,其餘三項就包括在内了。能包荒,又得到六五的佑助,此"光大"之光訓廣。以光大也,因此而得廣大。能"包荒",便得合乎中道。

九三,无平不陂,无往不復,艱貞无咎,勿恤其孚,于食有福。

九三居三陽之上,三陰之下,正處泰卦之中又將過中,恰是泰極之時。泰極否來,這是客觀的規律。《易》作者深知此理,乃於九三提出兩個"无不"的告誡。陂,偏頗不平。平坦一定變成偏頗,去了的必然要回來。從卦來看,三陽爻降於下,終究會升上去;三陰爻升於上,遲早要降下來。平者陂,往者復,泰極要變否。怎麽辦呢?"艱貞无咎,勿恤其孚,于食有福"。人不是無能爲力的。人完全可以發揮自己的主觀能動性。人處方泰之時,應居安思危,所作所爲堅守正道,能如此,便可无咎。豈止无咎,若能"勿恤其孚",還要有福。恤,憂;

孚，誠。天道無情而我無憂，我要誠信不移地思我所應思，行我所當行。

《象》曰：无往不復，天地際也。

“无往不復”，是説天地乾坤陰陽之交接，到九三之時，即將發生變化。陽在下，必復於上；陰在上，必復於下。泰必將變爲否。“小象”用一個際字，有告誡人們未雨綢繆之意。

六四，翩翩不富以其鄰，不戒以孚。

翩翩，群飛而嚮下的樣子。《易》以陰虚爲不富，六四是陰爻，所以稱“不富”。凡言“不富”，皆指陰爻。但陰爻不皆稱“不富”。此爻稱“不富”，有謙虚不自滿的意思。鄰，指六五與上六兩爻。六四處上卦之下，當二卦之交，是陰陽交泰之爻。六五與上六二陰爻願意隨從六四下降求陽。六四更無須告誡，便與它的兩個鄰居翩翩相率而來。可謂内外一心，陰陽合德，這正是泰卦應有的表現。

《象》曰：翩翩不富，皆失實也，不戒以孚，中心願也。

《易》凡陽爻爲實爲富，陰爻爲虚爲不富。“失實”是解釋“不富”的。上卦三陰爻以六四爲頭頭，輕鬆自然地翩翩而下，是因爲它們失去陽爻作依靠，而它們是不能長久失實的。願，上下交而志同的意思。六四與二鄰不戒而來，完全是發自内心的願望，没有絲毫勉强的因素。

六五，帝乙歸妹，以祉，元吉。

六五以陰柔居君位，它位極尊而性極柔，它應該也能够與下卦之九二相應，屈己之尊而順從九二之陽。爻辭取“帝乙歸妹”之象説明這個道理。帝乙即商紂之父。歸妹即嫁妹。帝王之妹下嫁給臣下，也要降其尊貴，順從其丈夫。在古人看來，這是合情合理，天經地義的事情。帝王之妹尚且要屈尊從夫，以陰從陽，其他便可不論了。以祉，以之受祉，六五因爲能够屈尊從陽而必然受福。元吉，大吉，六五與九二志同道合，在整個治泰的過程中將取得最大的成功。

《象》曰：以祉元吉，中以行願也。

六五之所以必獲祉福而且元吉，是因爲它以柔居中處君位，有中德，行中道，它任賢從下，絶非出於强迫，乃是它的本性，它的志願决定的。

上六，城復于隍，勿用師，自邑告命，貞吝。

上六在泰的終結處，泰之終結即是否之開端。泰極否來。九三平者陂，往者復，已經有了泰變否的預兆，到了上六，泰變否即將由可能變爲現實，形勢更加嚴峻，所以用“城復于隍”來形容。隍是城墻外之乾涸的壕塹。城墻本來就是由此掘土累積而成的。有如泰的局面，泰的形勢，由長期的辛苦積累而成。現在泰已發展到極點，將要變爲它的反面否。也如城墻將傾圮回復到隍裏。城復于隍，是個嚴酷的事實。《易》作者看到這個事實，并且加以肯定。這不簡單。他具有了關於質量互變的思想。就一個國家來説，泰極否來，城復于隍，形勢極爲嚴重。嚴重到“勿用師”的程度。古代實行兵農合一的制度，國家不設常備兵，平時耕田的農夫，戰時召集起來出征打仗就是軍隊。用師是把人民召來應付戰事。在泰的時候，這樣做當然没有問題。現在天下將亂，人心離散，想要用師，辦不到了，衹能“自邑告命”。邑，所居之邑，指身邊近處而言。泰達到變否的時候，國勢已成土崩瓦解之狀，統治者的權威、命令止在自己的身邊近處勉强有效了。即使能够“自邑告命”，而且做到守正，也爲時太晚，無濟於事了。

《象》曰：城復于隍，其命亂也。

爻辭中兩個命字，意義有别。前一個命字是命令、指示。後一個命字當是古人所云“天命”的命。“天命”不是上帝神靈的旨意,是不以人的意志爲轉移的客觀規律。爻辭這句話揭示出《易》的一個重要思想,即泰極否來,猶如"城復于隍",是歸根結底不可改變的規律。"其命亂也",一語破的,切中要害。這就是説,"城復于隍","天命"變了,該當如此。

〔總論〕

概括地説,泰卦强調的思想有三點。第一,自然界有相反對的兩種東西産生交通的現象。這種現象是普遍存在的,貫穿在萬物之中,是萬物生長發育茂盛的根本原因。因爲這個現象太普遍太根本太重要了,所以《易》作者把它比喻爲天地之交。天地懸隔,不能形交,乃提出天地之間陰陽二氣交,引伸到人事問題上,君上與臣下,統治階級與被統治階級,也有上下交而志同的時候。《易》作者的這個思想是正確的。社會確實有相對穩定,生産發展,政治清明的時候。衹是《易》作者不曾找到産生泰的歷史時代的真正原因,他以爲社會人事上的泰是由於上下"志同"即思想相同造成的。其實,不是人們的思想狀況決定社會歷史的發展,而是社會歷史發展的狀況決定人們的思想。

第二,提出平陂城隍,泰極而否的觀念,認爲一切事物都在無情地變化,由量的變化達到質的變化。這是不以人的意志爲轉移的客觀規律。天道如此,人道也如此。誰也無力抗拒。古人在三千年前能够提出這一深刻的辯證法思想,應該説是偉大的。

第三,《易》作者在泰卦中有一個重要的政治觀點,值得重視。即統治者當處於泰的時候,要特别小心謹慎,做到"包荒,用馮河,不遐遺,朋亡"。既要大度寬容,容忍一切可以容忍的事,也要奮發嚮前,鋭意改革。既要遠近親疏兼顧,團結一切能够團結的人,又要絶去朋比,無私無偏。

否

䷋ 坤下乾上

否是泰的反面。泰是交通，否是閉塞。泰是天地交通而萬物生，否是天地閉塞不通而萬物不生。泰是上下交而志同，否是上下不交而志不同。從卦之二體看，否上卦是乾，下卦是坤；天在上，地在下，天地隔絶，不相交通，完全是否之象。《序卦傳》説："泰者通也。物不可以終通，故受之以否。"《易傳》作者在這裏再次肯定物極必反的客觀真理。他正確地認爲，泰是通，但是通久必變爲不通，泰極而否必來。因此，泰卦之後是否卦。

否之匪人，不利君子貞，大往小來。

"之匪人"三字，朱熹以爲衍文，不無道理。但其餘諸家的解釋也有參考價值。孔穎達説："否之匪人者，言否閉之世，非是人道交通之時，故云匪人。"程頤説："凡生天地之中者，皆人道也。天地不交則不生萬物，是無人道。故曰匪人，謂非人道也。"王宗傳説："匪人，所謂非君子人也……匪人得志，則君子之道否塞而不行矣。"吕大臨説："否之匪人，不利君子貞，言否閉之世，非其人者，惡直醜正，不利乎君子之守正。"查慎行説："卦辭之匪人，即《彖傳》爻辭之小人，與'比之匪人'句法同。"此五人之説，孔、程二人相近，以爲"否之匪人"講的是整個時代不好，否閉不通，無有人道，無有理性。王、吕、查三人則把"否之匪人"理解爲小人得志當道。兩種看法並不矛盾，可以説是一致的。都不外乎説在否之時，人道不通，正氣不伸，小人得志。

"不利君子貞"，當否之時，小人用事，邪氣得逞，是非不分,黑白顛倒,當然不利於"君子貞"。當權的小人和惡劣的形勢,絶不容許正派的人維護正義,堅持真理。但是天地之間正氣總要存在,君子斷不可無,否則否將何以變爲泰!

"大往小來"。乾在上,乾往居外,所以叫"大往";坤在下,坤來居内,所以叫"小來"。"大往小來"即陽往陰來,是君子道消,小人道長之象,所以"不利君子貞"。

《彖》曰:否之匪人,不利君子貞。大往小來,則是天地不交,而萬物不通也。上下不交,而天下无邦也。内陰而外陽,内柔而外剛,内小人而外君子,小人道長,君子道消也。

否卦與泰卦都由乾坤兩個三畫卦組成,衹是上下位置相反,泰是乾下坤上,否是坤下乾上。所以否之《彖傳》衹就泰卦的反面説。泰《彖傳》説"天地交而萬物通",否《彖傳》則説"天地不交而萬物不通"。泰《彖傳》説"内陽而外陰",否《彖傳》則説"内陰而外陽"。泰《彖傳》説"内君子而外小人,君子道長,小人道消",否《彖傳》則説"内小人而外君子,小人道長,君子道消"。有變化的唯兩點,泰《彖傳》説"上下交而其志同,内健而外順",而否《彖傳》卻説"上下不交,而天下无邦也","内柔而外剛"。

説"天下无邦"不説"志不同",是强調否之時上下不交的嚴重性。國家政治生活阻塞、失常。國無人,國將不國;邦無道,有邦同無邦。出現這樣嚴重的情況,當然遠遠不是志同與不志同的問題了。至於否《彖傳》言剛柔不言健順,那是因爲,當否之時,天地不交,上下不交,天地徒具其形而無其用,天起不到健的作用,地也起不到順的作用。

《象》曰:天地不交,否。君子以儉德辟難,不可榮以禄。

儉德,收斂其德。辟與避音義同。當天地不通,上下不交之時,君子該怎麼辦呢?應該有才不露,有德不顯,有善不形,把自己隱藏起來,超然榮禄之外。不以仕禄爲榮,反以仕禄爲災害。使别人發現不了自己,不可能把仕禄加到自己的頭上。這其實是“有道則見,無道則隱”思想的表現,與道家出世主義不同。

初六,拔茅茹,以其彙,貞吉亨。

《易》爲君子謀,不爲小人謀。言吉亨,則肯定是説君子,不會是説小人。卦辭與《彖傳》皆以爲否卦内小人外君子,那末初六陰爻居内卦,當爲小人,爻辭何以視作君子呢?這是因爲《易》有隨時取義的特點,卦爻有時候取義不一致。否卦就是屬於這類情況。否之初六與九四本來是正應,但是由於否之時上下隔絶不通,初六失去了與九四正應的意義。因爲初六與九四無應,所以“以其彙貞吉亨”。彙,類;貞,正。它應該連結它的同類即二、三兩爻,共同守正不動,才能得吉獲亨。不可象泰卦那樣“徵吉”,徵是動,在泰卦,初爻動,方得吉;在否卦,初爻如果還是動,那就必然致凶了。否卦初爻堅持守正不動,則吉亨。吉是平安無事,不出壞事,亨是進一步發揚自己的長處,有所通達。

《象》曰:拔茅貞吉,志在君也。

“拔茅貞吉”,是爻辭全文的省語。君子處於否塞之時,雖欲進而不可苟進,應引退守正,待機而動,亦即所謂“儉德辟難”。君子儉德辟難,實屬無可奈何,而心中不忘君臣之義,志在報君之恩。泰卦初九《小象》曰“志在外”,否卦初六《小象》曰“志在君”,意義無甚不同,都反映“居廟堂之高則憂其民,處江湖之遠則憂其君”的思想。憂民憂君的思想也就是儒家的修身齊家治國平天下的思想。這種思想反映了儒家的價值觀念。儒家的價值觀念與道家根本不同。道家把人看作自然物,追求個人的精神解脱與自由。儒家則特别看重人的價值,認爲人生天地之間的意義在於濟世,在於爲人,在於奉獻。否初六《小象》講"志在君",正是儒家價值觀念的重要内容。

六二,包承,小人吉,大人否亨。

包承,包容承順。六二以柔居中得正,有至順之象,是小人處下,施展其阿諛奉迎之本領,以籠絡君子,求得自己度過否的難關。包承,對於小人來説,是吉的。但是《易》爲君子謀,不爲小人謀,小人之吉正是大人之否。爻辭雖先講小人如何,但最後還是指示大人應該怎樣。講小人是爲了交待大人如何對待小人。大人否亨,方可與小人劃清界限,不受小人之迷惑,也不受小人之浼,甘處否的困境,緩求未來之亨通。

《象》曰:大人否亨,不亂群也。

當否之時,上下不交,世道不正,小人包承,籠絡君子。大人與君子同類,與小人異類。大人"不亂群",不與小人混亂,不受小人之迷惑、籠絡,與小人之"包承"針鋒相對。

六三,包羞。

六二雖陰柔但居中得正,它可以包承,不易爲人識破,故以否亨戒大人。六三既陰柔又不中正,又切近於上,它的面目大家看得清楚,它想迷惑人,籠絡人,不易得逞。但它忍耻固位,無心離去,尸位素餐,無所作爲。這就是包羞。孔子説"邦無道,穀,耻也",當否之時,占着位置白吃飯,厚顔無耻,大概正是指六三這種情況。

《象》曰:包羞,位不當也。

六三本爲小人,它目前之所以能够忍辱含垢,衹因爲它所居之位不中不正,限制它不得施展,一旦由位不當變爲位當,這種人十分可能幹更大的壞事,君子務必注意提防它。

九四,有命无咎,疇離祉。

命謂天命,不是君命。疇、類;離,麗,附麗;祉,福。九四過中將濟,否將要變泰之時;九四以陽剛居近君之位,有濟否之才和濟否之勢。若能既自處於無過、又不肯躁進,則必无咎。因爲否極必然成泰。其中有“天命”亦即客觀的規律在起作用。大往小來變爲小往大來,不唯九四自己受福,與它同疇的諸陽爻,也將附麗於它而一齊受福。

《象》曰:有命无咎,志行也。

九四正處在否過中而將濟的時候,既得其時又有其命,所以无咎。但是九四在否將反泰的過程中,遠非完全處於消極被動的狀態。它是主動積極的,甚至可以説,“有命无咎”的結局,乃是它自行其志的表現。

九五,休否,大人吉,其亡其亡,繫于苞桑。

休,止息。九四否開始向泰轉化,九五已進入息否之時。九五是否卦之主爻,陽剛中正且居尊位,可謂居其位,有其德,得其時。它有條件有力量休否,即撥亂反正,扭轉乾坤。休否固屬勢之必然,但是要將休否的可能性變爲現實,九五即大人的剛決果斷,奮力推動,具有決定意義。可見,《易經》既强調客觀的規律,又重視人的主觀能動作用,並没有絲毫的宿命論思想。當元氣漸復,泰道將還的時候,人皆晏然安樂,唯大人有戒懼危亡之心,他念念不忘“其亡其亡”有如此戒懼危亡之心,必能像“繫于苞桑”那樣堅固不拔。桑這種樹根深柢固。苞,叢生。“苞桑”,叢生的桑樹,其固尤甚。《繫辭傳》説“危者安其位者也。亡者保其存者也,亂者有其治者也。是故君子安而不忘危,存而不忘亡,治而不忘亂,是以身安而國家可保也。”《繫辭傳》概括的觀點,與否卦九五爻辭的思想是一致的。

《象》曰:大人之吉,位正當也。

轉否爲泰,獲大人之吉,關鍵的原因,是九五有德有位。

有德有位之中關鍵是有位。九五處中得正居尊位,握有轉否爲泰的權柄,具有撥亂反正的力量。

上九,傾否,先否後喜。

上九處否之終極,否發展到極點,是該傾的時候了。爻辭講“傾否”不講“否傾”,是有意義的。强調否之所以傾,其中人事的力量起極大作用。並非否發展到極點,不須人力便自然地傾覆。泰之上六以陰柔處泰之終,它無能無德保泰,使泰變爲否。否之上九是陽剛之才,它有能力傾否,使否變爲泰。無論泰至上六復爲否,還是否至上九變爲泰,當社會發展到極點,即將發生質變的時候,人的作用是不可忽視的。《易經》一方面把社會歷史的發展看成是有規律性的,一方面又十分重視人的作用。實際上它已經有了人是歷史的主人的思想,至少它不認爲人類歷史的命運是由上帝主宰的。

先否後喜,否極時憂在先,否傾時喜在後,有先天下而憂,後天下而樂的意思。正與九五“其亡其亡,繫于苞桑”的含義相似。

《象》曰:否終則傾,何可長也。

這是講客觀規律與人的主觀能動性的關係。“則”字是强調人事的重要。否終必傾,人們在否終將傾的時候,就要主動地去“傾否”,不可等待。“何可長”三字是説天下絶無久否之理,否傾是必然的。人們要因勢乘機而動。兩句話把天道之盛衰與人事之進退交織在一起。

〔總論〕

否卦與泰卦,上三爻與下三爻都是相應的。但是泰卦上下諸爻在爻義上有相交之意,否卦則没有。泰卦初征而四孚,二中行而五歸妹,三陂平而上城復,凡相應之爻爻義是相交的。否則不然。

否初拔茅而四有命，二大人否而五大人吉，三包羞而上後喜，相應之爻爻義皆不相交。

否卦是講天地之交，世情閉塞的，然而六爻之爻辭不見一凶咎字，這是什麼原因呢？因爲否六爻陰陽平分，象君子與小人並生於世上，尚未到柔剥剛的時候，小人爲害並未見顯著。到了剥的時候，一陽在上受五陰之剥，方成小人的世界。否之時，就全卦看，君子道消，小人道長，於君子不利，所以卦辭説"不利君子貞"。但是六爻的各自情況卻不盡如此。上卦三爻皆陽，君子在上，否已過中，形勢好轉，"休否"，"傾否"，已成爲勢所必然。這時候衹要大人君子順應規律，心存危懼，積極謹慎行事，便可以无咎得吉。下卦三爻皆陰，小人用事，當然無如上卦好，但此時小人亦正處於全身遠害之時，自顧猶苦不迭，更無暇無力將其爲害君子的願望變成現實。所以爻辭强調小人"包承"、"包羞"而不言凶咎。

同　人

☰☲ 離下乾上

這一卦强調與人同，涉及個人與全社會的關係問題。

同人卦爲什麼安排在否卦之後呢？《序卦傳》説："物不可以終否，故受之以同人。"否是天地不交，同人是上下相同。就是説否發展到一定程度，要被同人否定。

同人于野，亨。利涉大川，利君子貞。

野字過去多理解爲空曠野地，其實這是國野之野。古代在一個國家裏，中心地區叫做國，國之外叫做郊，郊之外便是野。野是最邊遠的地區。"同人于野"，是説同人的面要廣要大要遠，要同天下之人。我同天下之人，天下之人也皆來同我。能做到這種程度，事情没有不亨通的。這反映了儒家四海爲一家,中國爲一人的思想。"利涉大川",是説"同人于野"的效用。即能够胸懷天下,把廣大的人群團結起來,没有什麽險阻艱難不能渡過。

"利君子貞"是説"同人于野,亨,利涉大川"是有條件的。不是説衹要"同人于野"就是亨,就能利涉大川。貞,正。"利君子貞"是説同人之人,自身要正,要守君子之正道。如果行小人之道,閹然自媚於世,縱然博得人們喜悦而與之同,也絶不會牢固持久。怎能涉得大川,經歷艱險呢?

《彖》曰:同人,柔得位得中而應乎乾,曰同人。同人曰。同人于野,利涉大川,乾行也。文明以健,中正而應,君子正也。唯君子爲能通天下之志。

"同人,柔得位得中而應乎乾,曰同人。"從卦體的角度解釋卦名卦義。柔指六二,乾指九五。六二是卦中唯一的陰爻,是成卦之主。就全卦來説,主要靠它實現同人。它以陰爻居陰位,得其正位,而且又得中,具有與人和同的條件。但是,光是柔還不能獨立解決問題,必須"應乎乾",有乾與之相應,即有乾配合它,它才能同乎人。凡以柔爲主的卦都是這樣。例如履卦,"説而應乎乾,是以履虎尾不咥人,亨",又如小畜,"柔得位而上下應之"大有"應乎天而時行",都强調柔得位必與乾相應方能成事。

"同人曰。同人于野,利涉大川,乾行也。""同人曰"三字是衍文,以下是解釋卦辭的。孔子用"乾行"解釋"同人于野,利涉大川"。乾行,天之行,天之道,其特點是剛健無私。同人這一卦所以能够"同人于野",能够"涉大川",是九五的剛健無私在起作用。没有九五,光有柔爻六二自己是不行的。

"文明以健,中正而應,君子正也。唯君子爲能通天下之志。"這是解釋卦辭"利君子貞"的。文明指内卦之德。剛健指九五之德,中正指六二與九五兩爻居中得正而相應。剛健則無私，文明則燭理，中正則無偏。三者俱有，便是“君子正”了。是君子而行正道，心志自然會與天下人相交通，天下人自然會與之相和同。

《象》曰：天與火，同人。君子以類族辨物。

不説天下有火，也不説火在天下，而説天與火，是説天在上，火嚮上，二者在這一點上是相同的。這一卦正是取天與火在上、嚮上之象而稱作同人的。君子學了這一卦，觀了同人之象，用以指導實踐，便要“類族辨物”。世間萬事萬物千殊萬别，絶無全然相同的東西。事物總是同中有異，異中有同，同異緊密相聯繫。道家莊子無視事物有異的一面，强調萬物一齊，物我不分。《周易》則主張既求同又存異。同人卦的同是和同的同，有差異的同。所以孔子認爲君子觀同人之象應該類族辨物。

類族與辨物是對文。類是動詞，比類的意思。族是名詞，品類的意思。類族，比類劃清人事的差别，善歸善，惡歸惡，是歸是，非歸非。辨是區别的意思，是動詞。物是品物的意思，是名詞。辨物與類族意思近似，是説將萬物加以分類而辨别之。

初九，同人于門，无咎。

“同人于門”是同人于門外，不是同人于門内。同人于門外，不分厚薄親疏，所遇皆同。這樣的同，廣博而無所偏私，親者不近，疏者不遠，公而待之。同人之始能够如此，將來是吉是凶是悔是吝，當然要看發展，但在目前无咎是肯定的。

這是同人初九一爻的爻義。爻義要通過爻象表達。九，陽爻，居同人之初而無係應。初與四應，但同人初與四兩爻皆陽，所以不相應。這對於初九説來，是無係應。無係應在同人卦有無偏私之象。

《象》曰:出門同人,又誰咎也。

孔子用"出門同人"解釋"同人于門"。"于門"就是"出門"。走出門外去同人,所同的範圍廣,是無所偏私之同。這樣的同,又誰得而咎之呢!

六二,同人于宗,吝。

同人的範圍廣好,狹不好。宗是宗黨。同人于宗是同人於門内。同的範圍僅限於門内之宗黨,比同人於門於野狹窄,所以可吝。

六二是同人卦之主,從全卦的角度看,它柔得位得中而與九五正應,有相同之義,是好的。但從六二這一爻的爻義來看,情況就不一樣了。六二與九五正應,正應本來是好的,在同人卦卻不好。六二同於自己所係應的九五,它同的範圍有了局限,不如初九無所係應,同的範圍廣,所以初九无咎而六二吝。

《象》曰:同人于宗,吝道也。

"同人于宗",吝是必然的。按易例,六二與九五雖正應,然而於六二多有戒辭。在同人這一卦尤其如此。六二係應於九五,即專與九五同,好像説衹同於有親情的宗黨,而不同於無親情的外人,其道是可吝的。

九三,伏戎于莽,升其高陵,三歲不興。

三與上該是相應的,但三是九,上也是九,兩爻皆陽,所以九三與上九不是正應。在同人之時,不正應就是不同,不同就是異,異則必有乖争。"伏戎于莽,升其高陵,三歲不興",是乖争的表現。但是這個争仍處於戒備階段,長期没能變成現實。

《象》曰:伏戎于莽,敵剛也。三歲不興,安行也。

"伏戎于莽",是"伏戎于莽,升其高陵"的省文。"敵剛"是説九三與上九的關係。敵是應的意思。兩個剛爻相應,實際上不相應，而是相異，所以叫“敵剛”。

殺機四伏，爲什麼“三歲不興”，仗打不起來？“安行也”。安行，是不能行。九三是心欲鬥而力不能支。

九四，乘其墉，弗克攻，吉。

墉，墻。“乘其墉”，要進攻的意思。九四向誰進攻呢？向初九。九三與上九是“敵剛”的關係，九四與初九也是“敵剛”的關係，即兩個陽爻居相應之位而不應。在同人卦裏，不應就是異，是異即有相攻之象。這一點，九四與九三的情況是一樣的。但是也有不同。九三以陽居剛，所以伏戎于莽，三年不興，有執迷不返的意向。九四以陽居柔，所以弗克攻吉。有困而能返之義，結果是吉的。

《象》曰：乘其墉，義弗克也。其吉，則困而反則也。

“乘其墉”是“乘其墉，弗克攻”的省文。爲什麼其志欲攻，其勢可攻，而結果“弗克攻”，終於未攻呢？因爲“義弗克”。“義弗克”，是説由於發現自己於義不正，而終於没有攻。有改過的意思。它能得吉，就是因爲它知困能返，能返到正道上來。

九五，同人先號咷而後笑，大師克相遇。

同人卦的特點是内卦由同而異，外卦由異而同。“同人于門”，同的程度高，“同人于宗”，同的程度差些。到了九三“伏戎于莽”，就由同變爲異了。至外卦九四，“乘其墉，弗克攻”，還是異，没有同。至九五，情況發生變化，開始由異變同了。“先號咷”是説異，“後笑”是説同。同人至九五，反異歸同，同終於占了優勢，所以叫“先號咷而後笑”。

九五與誰同？與六二同。九五與六二同不是輕而易舉的，需要經過鬥爭掃除障礙方可實現，所以叫做“大師克相遇”。

《象》曰：同人之先，以中直也。大師相遇，言相克也。

“同人之先”是“同人之先號咷而後笑”的省文。這是孔子作《小象》常用的方法。“直”就是“正”，“中直”就是“中正”。正寫成直，是因爲直與克爲韻。《小象》的意思是説，同人九五爲什麽先號咷後笑即能由異而歸同呢？是因爲九五位居中正。九五中正，與六二正應，二者相遇相同是必然的，暫時爲九三、九四所阻隔，該同而不能同，故悲而號咷，然而終將得應於六二，故後笑。

“大師相遇，言相克也。”同人内卦由同而異，外卦由異而同。反異歸同。需要有大師先克而後才能相遇。大師是軍隊，克謂戰勝。戰勝九三、九四的阻隔，然後相遇。

上九，同人于郊，无悔。

古代國家以邑爲中心，邑外是郊，郊外是野。卦辭講“同人于野”，有天下至公大同的意思。郊近於野，上九爻辭講“同人于郊”，有無私的意思，但未達到至公大同的程度，所以不能得吉，不過無悔而已。

《象》曰：同人于郊，志未得也。

“于郊”距“于野”尚遠，求天下至公大同之志終於未得實現。

〔總論〕

同人卦總的説來有以下特點：第一，卦義是“同人于野”，欲與天下人同。但是有同必有異，有異方有同；同則生異，異必歸同。所以九三講“伏戎于莽”，九四講“乘其墉”。同人卦六爻竟有兩爻講異，全卦由初至上構成一個自同而異，自異而同的發展過程。初九“同人于門”，六二“同人于宗”，這是同；“于宗”同的程度不如“于門”；至九三“伏戎于莽”，同轉而爲異。九四“乘其墉”，還是異；經過九五"同人先號咷而後笑",至上九"同人于郊"巽轉而爲同。第二,六二是同人之主,卻未能表現出全卦大同之義。同人的廣度,"于宗"不如"于門","于門"又不如"于郊";"于郊"也遠未達到卦辭"於野"的程度。同人卦六爻都未能表達出卦義來。

大　有

☲ 乾下離上

《序卦傳》説:"與人同者,物必歸焉,故受之以大有。"大有與同人這兩卦是相反的。天與火是同人,反過來,火在天上便是大有。同人是我與人同,大有是物歸我有。爲什麽卦名叫大有呢?這卦衹有一個陰爻居上卦之尊位,五個陽爻都來歸於它,爲它所包所有。《周易》以陽爲大,以陰爲小。衆陽爻(大)皆爲六五一陰爻(小)所有,所以叫大有。大有是所有者大的意思,也是無所不有亦即衆多繁庶之義。

大有,元亨。

在六十四卦中,卦辭衹言"元亨"而别無它詞的,衹有大有一卦。大有衹有一個陰爻六五,柔中居尊位,五個陽爻歸於它,爲它所有,所以叫大有。乾卦講元、亨、利、貞,意義包含廣大,指整個宇宙而言,而且四個字有四個獨立的含義。别的卦講元亨利貞,衹説明一時一事的問題,含義與乾卦不同。在乾卦,元的意義是元始,是首出庶物,在别的卦,元的意義主要是大,同時也有善的意思。"元亨"是元之亨,即大亨,不是元與亨。在乾卦,"元亨"是元與亨,不是元之亨。

《彖》曰:大有,柔得尊位大中而上下應之,曰大有。其德剛健而文明,應乎天而時行,是以元亨。

“大有,柔得尊位大中而上下應之,曰大有。”這一句以卦主解釋卦名。大有與同人兩卦都是由一柔爻五剛爻組成。一柔爻是卦主,在下卦之中,曰“得位得中而應乎乾”,我同乎人,是爲同人。一柔爻居上卦之中,有上下五個陽爻來應它,曰“柔得尊位大中而上下應之”,人應乎我,我有其大,是爲大有。同人之卦主是六二。“應乎乾”,我(六二)去應人。大有之卦主是六五。“上下應之”,上下五陽爻都來應我(六五)。凡一柔五剛之卦,柔在上的,曰“上下應之”;柔在下的,曰“應乎乾”。

“其德剛健而文明,應乎天而時行,是以元亨。”這一句以卦德解釋卦辭元亨。從卦德的角度闡發“元亨”的底蘊。内卦剛健,外卦文明。“剛健而文明,應乎天而時行”,兼言上下兩體而贊其德。六五爻居天位而得中,且有上下五陽與之應,故曰“應乎天而時行”。“應乎天而時行”則是健不過剛,明不傷察,天下雖大,無所不通,所以元亨。

《象》曰:火在天上,大有。君子以遏惡揚善,順天休命。

卦之下體是乾,乾爲天;上體是離,離爲火。火在天上,普照萬物,萬物都在它的照耀之下,大有之象,所以叫做大有。孔子認爲,君子觀大有之象,應當“遏惡揚善,順天休命”。善惡是人間事,天命是自然的規律。統治者治理天下國家,重要的一條是要明察善惡,不違天命。善的要揚,惡的要抑,善惡分明。

初九,无交害,匪咎,艱則无咎。

大有初九以陽居大有之初,處在卑下的地位,上面没有係應,必無驕盈之失,所以无交害。无交害謂未涉於害。“匪咎”,大有本无咎,然若以爲“匪咎”而以易心處之,則反有咎。必也思艱兢畏,不生驕侈之心,則无咎。

《象》曰：大有初九，无交害也。

《小象》用“无交害也”解釋“大有初九”。大有初九以九居初，未與人交，所以無害。

九二，大車以載，有攸往，无咎。

大車在古代是載重的車，用牛牽引。九二在大有之時與六五正應，爲六五所信任、倚重。九二是陽爻，有剛健之才；居柔位，有謙順之德；又處下卦之中。九二具備這些條件，足可勝大有之任，有大車以載之象。任重行遠，必然无咎。

《象》曰：大車以載，積中不敗也。

陽中（九二）應陰中（六五），是積中之意。“積中”補足了爻辭没有講明的意思。九二取“大車以載”之象，是因爲它以陽居陰又得中，謙而能容，道積於其内，很像大車重物載於其中，無往不利，無論怎樣震撼擊撞，都不會覆敗。

九三，公用亨于天子，小人弗克。

在大有之時，九三雖不居中但卻得正，且以陽剛居下卦之上，有公居卿大夫之上之象。亨字，朱熹釋作享，是對的。《左傳》亨作享，朝獻的意思。古文無享字，享獻之享，亨通之亨，烹飪之烹，都用一個亨字。據《説文》，亨、享本是一字，故《易》中多互用。是亨是享，要視上下文而定，如這句爻辭的“公用亨于天子”，分明是享獻之意，若釋作亨通之亨便不對了。公指九三，天子指六五。九三，作爲天子之外臣諸侯，處富有盛大之時，能將其所有朝獻於天子，是正當的，可取的，而小人則做不到這一點。

《象》曰：公用亨于天子，小人害也。

《小象》用“小人害”，解釋爻辭“公用亨于天子，小人弗克”。如果是小人當大有之時，處三的地位，就不會“用亨于天子”而要爲害了。

九四，匪其彭，无咎。

彭字的意義，朱熹説不知道，程頤説"彭，盛多之貌"。程説根據《詩·齊風·載驅》"汶水湯湯，行人彭彭"和《詩·大雅·大明》"駟騵彭彭"，可從。"匪其彭"，盛多的反面，謙損的意思。九四已過中，在大有之時有過盛之象。過盛則極易發生問題。但是另一方面，九四以剛爻居柔位，能够謙損戒懼，警惕自己，不處其太盛，則可以无咎。

《象》曰：匪其彭无咎，明辯晢也。

人在方盛之時，能够看到盛極必得咎的前景，因而注意自我損抑，不使過盛得咎，是"明辯晢"的。"明辯"，明智。"晢"，也是明智。"明辯晢"，明智又明智，非常明智。

六五，厥孚交如，威如，吉。

六五是大有卦主，五個陽爻都歸於它。它是陰爻，柔順而居中，處在君位，能够虚己而與九二相應。它以孚信待下，下亦以信誠待它，上下以孚信相交通，可謂親密相得，志同道合。故曰"交如"。這是大有之時，君臣上下關係的一個方面。六五雖是柔爻卻在陽位，所以它有柔順的一面，也有威嚴的一面。這就是"威如"。"威如"其實是指君之威儀而言。君要有君的威儀，讓人看了畏懼。這是君臣上下關係的另一方面。大有之時，六五以柔居中處尊位，若能做到"交如"、"威如"，必吉。

《象》曰：厥孚交如，信以發志也。威如之吉，易而无備也。

君臣上下孚信交如，你以孚信待我，我以孚信待你，但關鍵在君即六五這一方面。六五以自己的孚信啓發帶動了九二諸爻的孚信之志。九二諸爻響應六五，與之"孚信交如"，乃發於心志，並非出於勉强。

"威如之吉，易而无備也"，這一句各家解釋不同。程頤和朱熹解釋説，如果君上太柔，没有威嚴，那末臣下便不畏怕，不戒備了。孔穎達的看法與程朱相反，他以爲是六五即君上“易而无備”，不是九二諸爻“易而无備”。六五之所以能够“威如”而得吉，不是因爲它防範戒備臣下，恰恰相反，是因爲它對臣下坦誠無私，推行簡易，無所防備。看來孔氏之説順當可從。

上九，自天祐之，吉无不利。

《繫辭傳》説：“祐者助也。天之所助者順也，人之所助者信也。履信思乎順，又以尚賢也，是以自天祐之，吉无不利。”程頤和朱熹説“履信思乎順，又以尚賢也”是上九的事。其實不然。“履信思順，又尚賢也”，説的是六五，不是上九。六五“厥孚交如”是履信；以柔居尊位，是思順；以一柔而有五剛，上九獨在它的上面，它能尚之，是尚賢。因爲履信思順又尚賢，所以能獲得天之祐助，吉无不利。這是六五之德應該得到的結果，至上九表現出來。六五是大有成卦之主，它的結果實際上也就是大有全卦的結果。這種情況在《周易》中並不少見，已經成了通例。如小畜上九“婦貞厲，月幾望，君子徵凶”，離上九“王用出征”，解上六“公用射隼”，師上六“大君有命”等，均非指上爻而言。

《象》曰：大有上吉，自天祐也。

説“大有上吉”，是就全卦説的，説大有全卦最終吉無不利，不衹説上九一爻。爲什麼説“自天祐”呢？古人把尚賢看得極重，以爲大有之義莫大於尚賢，尚賢是最重要的。大有至六五還能尚上九之賢。大有發展到上九，已到極盛之時，盛極則衰，本來凶該降臨了，但是因爲六五尚上九之賢，所以竟得到了“吉无不利”的結果。這是天祐的緣故，似乎非人力所能爲。不過這個天不是上帝神明，是事物發展的客觀必然性。

〔總論〕

大有由下乾上離二體組成。一個陰爻居於五，爲五個陽爻所宗，五個陽爻之所有都爲六五所有，所以卦名“大有”，而卦辭曰“大有元亨”。元亨就是大亨。大亨當然是再好不過了。至於六爻的爻義也都很好。初九言“艱則无咎”；九二有大車之材，任重而行遠，有攸往而无咎；九三講奉獻，故曰“公用亨于天子”；九四能够損抑自謙，所以得“无咎”；六五以柔居君位，既能“厥孚交如”又能“威如”，故“吉”；上九，盛大已發展到極點，本該衰敗，但是由於六五“履信思順又尚賢”，而得“自天祐之吉无不利”的結果。

大有這一卦經傳都藴含着辯證法思想。初九“匪咎，艱則无咎”，凡咎皆由自取。人在盛大富有之時極易得咎，若能居富思艱，則可无咎。九四“匪其彭，无咎”，人處在得勢太盛的順境，如能謙損自抑，亦可无咎。有咎可轉化爲无咎，无咎可轉化爲有咎。轉化是有條件的。人的主觀努力在轉化中起重要作用。六五“厥孚交如，威如，吉”，既要講信，又要有威，信與威兼備，在大有之時方可得吉。已經注意到了事物的兩個方面。整個大有這一卦從初至終都有知艱則无咎的意向，尤其强調慮始慎終的問題。《小象》初曰“大有初九”，上曰“大有上吉”，其他各爻則不言“大有”。這是有意義的，説明大有全卦含有克艱於初然後有天祐之終，慎終如始而一以艱處的思想。

謙

䷎ 艮下坤上

大有之後爲什麽是謙卦？作《易》者如此安排並非偶然，是有思想内容的。《序卦傳》説：“有大者不可以盈，故受之以謙。”這是説事物發展有個限度，到了一定限度就要滿盈；滿盈就要發生變化，開始走向反面。在自然界，“日中則昃，月盈則食”，在社會人事方面也是如此，治極則亂，盛極必衰。唯一避免衰亂的辦法就是經常保持謙虚。作《易》者於大有之後繼之以謙卦，正反映他具有深刻的辯證法觀點。他告誡人們，越是富有越是要謙。

什麽是謙？程頤説“有其德而不居謂之謙”，朱熹説“謙者，有而不居之義”，都是對的。謙之爲卦，上體是坤，坤爲地；下體是艮，艮爲山。山是高大的，地是卑下的。高大的東西卻居於卑下的東西的下面，這不是“有其德而不居”嗎？

古人極重視謙，謙最有益而無害。觀六十四卦中别的卦都有悔吝凶咎，惟獨謙卦下三爻皆吉，上三爻皆利，而且就全卦看，謙則亨，不必更有别的條件，就可以瞭解其大概了。

謙，亨，君子有終。

無論什麽人，能做到謙巽以自處，都將亨通。謙則必亨，這是没有條件的。但是，一個人做到一時謙比較容易，能做到一生謙就難了。可是重要的恰恰是能一生謙。衹有品德高尚的君子才能够安履於謙，終身不易。小人則不然，充其量衹能勉謙於一時，而不能有終。君子爲什麽能够終生保持謙而不易呢？程頤説，君子“達理，故樂天而不競；内充，故退讓而不矜”，這種説法是對的。即越是精神貧乏的人越驕矜，越是内心充實的人越謙巽。

這樣解釋謙卦卦辭，是有道理的。《易》的這一思想在《詩》中也可找到佐證。《詩・蕩》有“靡不有初，鮮克有終”句。靡，没有。鮮，少。克，能。終，結尾，最後。這兩句詩的含義與謙卦卦辭基本上一致。《詩》的意思是説，任事情都有個開頭，能有個好結果，堅持到最後的，卻極少。《易》的意思是説，做事有始無終，凡人都能辦到，若有始又有終，卻衹有君子能行。

一陽爻五陰爻的卦有六，即剥、復、師、比、謙、豫。剥卦一陽在上，復卦一陽在下，象陽氣之消長。師卦一陽在下體之中，比卦一陽在上體之中，象衆之所歸。謙卦豫卦之一陽在上下二體之際。一陽自上退處於下，居下體之上而在上體之下，便是謙。一陽奮出而上，居上體之下而在下體之上，便是豫。

《彖》曰：謙亨。天道下濟而光明，地道卑而上行。天道虧盈而益謙，地道變盈而流謙，鬼神害盈而福謙，人道惡盈而好謙。謙尊而光，卑而不可逾，君子之終也。

"謙亨，天道下濟而光明，地道卑而上行"，這是用卦體解釋卦辭"謙亨"的含義。天道是指下卦艮的陽爻而言。艮的陽爻居二陰爻之上，所以艮有光明之象。在謙卦中，艮居下體，本應在上的天道竟屈居於下，這便有謙義。艮雖居下，卻不妨礙它有光明之象。光明便有亨義。謙之上體是坤，坤是地道。地道卑，卻陞至上體，所以叫做"上行"。"上行"也有亨的意思。

"天道虧盈而益謙"以下，詳盡論證謙的好處，講天地人鬼都尚謙而惡盈。無論從哪個角度看，盈必招損，謙則受益。自天道看，日中則昃，月滿則虧，總是損有餘以補不足。自地道看，高岸爲谷，深谷爲陵，"變盈而流謙"將高處傾陷，而將多餘的部分流注到低處。"鬼神害盈而福謙"，鬼神指造化而言，造化就是自然與人事的客觀規律。盈滿者得禍，謙損者得福。以上講客觀世界本如此，不以人的意志爲轉移。"人道惡盈而好謙"，自人類自身的情感而言，也是討厭盈滿而喜歡謙巽的。可見謙是至德，謙巽不自滿的人有可能使自己立於不敗之地。"謙尊而光，卑而不可逾"，尊讀撙節退讓之撙。《説文》無撙字，古多借尊爲撙。撙，卑退之意。也是損、小的意思。光字在《易》中有兩訓，一是光明，一是廣大。此謙卦《彖傳》之光宜訓廣大。"謙尊而光"者,小而大。"卑而不可逾"者,卑而高也。不能把此處的尊卑理解爲對文。"君子之終也",是説"謙尊而光,卑而不可逾"兩句是解釋卦辭"君子之終"的。

《象》曰:地中有山,謙。君子以裒多益寡,稱物平施。

這是《大象》。《大象》不解釋卦辭。它是孔子觀這一卦的象,玩這一卦的辭之後,得出的心得體會,告誡人們學習這一卦應當如何推及於人事。《大象》的思想是孔子自己的東西,與《周易》本身無直接的關係。

"地中有山,謙"。地是卑下的,山是高大的。卑下的地蘊含着高大的山,外卑而内高,有謙之象。孔子認爲,君子(天子、諸侯、卿大夫有地者)統治國家人民應該依據此謙之象做到"裒多益寡,稱物平施"。强調的不是君子自身如何謙,而是如何用謙的精神治理國家和社會。

裒,掊,取的意思。"裒多益寡",裒取多者,增益寡者。"稱物平施",《漢書·律曆志》:"權者,銖、兩、斤、鈞、石也,所以稱物平施,知輕重也。"可見"稱物平施"是以秤秤物。物有輕重,這是客觀的存在。但是在以秤秤物的時候,能否做到平施即輕重持平,卻全在人的掌握了。

統治者學了謙卦,要發揚謙卦的思想,治理國家應裒多益寡,稱物平施,就是一方面損有餘以補不足,一方面又使遠近親疏小大長短各當其分。這反映了孔子思想中的平均觀念和等級觀念。

初六,謙謙君子,用涉大川,吉。

初六以柔居謙之最下,有謙而又謙之象,所以稱"謙謙"。真正能够做到謙謙的是君子,小人不能。君子而又謙謙,"用涉大川"亦吉。"用涉大川"與"利涉大川"不同。"利涉"是强調有涉過險難的實力,此處言"用涉",是强調君子有謙謙之德,居後而不與人争先,什麽樣的險難都可渡過。

《象》曰:謙謙君子,卑以自牧也。

牧,養。自牧,自養。君子何以能够謙謙其德?因爲君子能够以謙卑之道自我修養,并且堅持不懈。

六二,鳴謙,貞吉。

鳴謙,謙見於聲音顔色,表現在外面。

謙之德本不應形於外,然而六二以柔居柔,居中得正,謙德充積於内,自然表現於外,故曰"鳴謙"。貞吉,正吉,正且吉,又正又吉。

《象》曰:鳴謙君子,中心得也。

"鳴謙君子"是"鳴謙君子,貞吉"的略語。謙而發於聲音,本來是不好的,但六二是發自"中心",是"中心得也",非勉强而爲,便可得吉。

九三,勞謙,君子有終,吉。

謙卦衹有九三這一陽爻,其他五個陰爻都來尊它,它是成卦之主。所以九三爻辭與卦辭基本一致。卦辭説"謙亨,君子有終",爻辭將亨字换成吉字,謙字前加一勞字。人既有大功勞,又能謙卑自處是謂勞謙。謙已屬不易,勞謙尤爲難能。勞謙一時,勉而爲之,或不爲難;若持久不變,勞謙終生,則非有大德之君子不行。是君子,方能終生勞謙則吉。《易·繫辭》説:"勞謙,君子有終吉。子曰:勞而不伐,有功而不德,厚之至也。語以其功,下人者也。"講的正是謙卦九三這一爻的含義。

九三是成卦之主,一陽處五陰之中,爲五陰所尊,本爲有大功勞者,應該居上位,現在卻止於下體,有勞而能謙之象。

《象》曰:勞謙君子,萬民服也

"萬民服也",解釋爻辭"勞謙,君子有終,吉"。萬,盈數,含有大的意思。萬民,即廣大老百姓。有大功勞而又不矜不伐,甘居下位的人,堅持終生如此,必受到廣大老百姓的擁護。所謂“君子有終,吉”就是這個意思。

六四,无不利,撝謙。

撝即揮。“撝謙”,發揮謙德,亦即動息進退都表現出謙德來。“无不利,撝謙”,撝謙是无不利的。六四爲什麼舉動施爲必須充分表現謙德才无不利呢?因爲四是多懼之地,它本該謹慎戒懼,更何況謙之六五是謙柔自處之君,九三是勞謙之臣,六四處於其間,對上必須恭敬事奉,對下亦當卑巽以讓,充分發揮其謙德,不僅是應該的,也是有利的。

《象》曰:无不利撝謙,不違則也。

“撝謙”,充分發揮謙德,這在六四來説,是不過分的,合宜的,不違背法則的。

六五,不富以其鄰,利用侵伐,无不利。

富,富有,在《周易》裏陽被認爲是富的,陰被認爲是貧的。以,用,能左右的意思。鄰,親近之人,引伸爲臣下、群衆。“以其鄰”,能够左右臣下、得到臣下、百姓的擁護和信賴。《周易》以“富以其鄰”爲常,即陽爻居中處尊,能够左右其相鄰之陰爻,如小畜之九五即是。謙之六五是陰爻居尊位而能“以其鄰”,得到臣下、百姓的信賴、擁護,所以叫做“不富以其鄰”。六五不富而能以其鄰,屬於非常情況。它以柔居君位,具有謙順之德,能够接觸臣下,臣下也樂歸於它。但是六五畢竟是陰爻,屬坤道;坤道不足而不富,很可能有不服它的。有不服,可以征伐,征伐无不利;若無不服,自然不必征伐。謙之九三就與六五不同。六五陰爻不足不富,有不服的,可以征伐,征伐无不利。九三陽爻,有餘而有終,萬民皆服,根本無須征伐。

《象》曰:利用侵伐,征不服也。

爲什麽“利用侵伐,无不利”呢?“征不服”也。六五雖以柔居君位,有謙順之德,但仍有不服的,謙德所不能服的,便用武力來解決。孔子説“利用侵伐,征不服也”,意思是説,人君應以文德治國,仍有不服,則可以訴諸武力。以武力征不服者,是正當的。“利用侵伐”並不妨礙統治者行謙之道。可見,孔子主德治,倡“導之以德,齊之以禮”,實不排斥必要時采取暴力手段。

上六,鳴謙,利用行師,征邑國。

六二與上六都叫“鳴謙”,但由於各自處境不同,結果也就不同。六二謙德發於外,有謙德積於中做基礎,所以貞吉。上六謙德發於外,而自身的處境不佳。以柔居柔,是順之極。居謙之上,是謙之極。以至柔處極謙,以極謙而反居高,未得遂其謙之志,以致發出聲音,故曰鳴謙。它鳴謙,是想求應於九三,但九三是成卦之主,應於衆陰,不想單獨應於上六。無奈,上六祇好通過“利用行師,征邑國”的辦法把謙之道表達出來。“利用行師”,利在使用剛武,“征邑國”,征自己管轄的地域。意在自己解決自己的問題。這正是謙的表現。

《象》曰:鳴謙,志未得也。可用行師,征邑國也。

六二鳴謙是因爲“中心得”,居中得正,内裏充實。上六鳴謙是因爲“志未得”。“志未得”,是説上六居謙之極,自己感到謙之不足。謙之不足,便要補足,補足的辦法是“可用行師”,即使用剛武。使用剛武,也不可對外,僅僅能够“征邑國”,自己解決自己的問題。

〔**總論**〕

謙卦下三爻皆吉,上三爻亦皆稱利,全無凶咎悔吝。這是謙卦的突出特點。謙卦以謙爲主,謙無論在什麽情況下,都不會招致禍患。初六以柔居下,謙而又謙,百無一失,君子居此,雖涉大險,亦無患害。六二以柔居中得正,謙德充實於内而鳴於外,正而且吉。九三是成卦之主,有大功勞卻又能謙卑居上體之下,君子處於此,必終身得吉。六四上有謙巽之君,下有勞謙之臣,處此多懼之地,動作施爲,無所不利於撝謙。謙德發揮得越充分越好。六五與上六居上體之高處,這在謙卦來説,是不好的。六五或有不服,故不言謙而言利用侵伐,上六無奈而鳴謙亦言利用行師。雖言侵伐,卻也都爲了行謙,所以皆利而無害。

孔子給《周易》謙卦作的《彖傳》值得注意。孔子講到天地鬼神和人都貴謙而反對謙之反面——盈。人道惡盈而好謙,天道、地道及鬼神與人道一樣,也是背盈而向謙。謙好,盈不好。這反映出孔子的一個重要思想,即:人道與天道(地道、鬼神可以包含在天道之内,都是自然)是一致的,人道在天道裏必有反映。這就是天人合一的觀念。用今日語言説,就是人類社會的規律與自然的規律有其共同性,由兩者抽象出來的認識,不就是哲學嗎!不過應當指出,孔子的天人合一觀念與後世漢人講的不同。漢人講天人感應,以爲天降災異於人間,告誡人類去惡向善,視天爲有意志的神明,具有鮮明的迷信色彩,而孔子則把人道、天道都看作客觀的規律。

豫

☳☷ 坤下震上

豫卦卦名的這個豫字,含義比較複雜。據古人的解釋,它至少有三個不同但卻相近的義項。逸豫,安逸休閑;和豫,和悦順暢;備豫,事有豫備,見微而知著。逸豫與和豫,意義相近相通,都有樂(與憂相對)的意思。備豫,看來與樂似乎不相關涉,其實也是有聯繫的,因爲備豫可以這樣理解:凡事有豫備,極易獲得好的結果;好的結果到手,自然可以安逸和樂了。由備豫而導致安逸和樂還可以有另外的解釋。彼一代人創造條件,打下基礎,此一代人衹管承受就是了,不必勞苦,也會得到安逸和樂。即所謂前人種樹,後人乘涼。

豫卦爲什麽次諸謙卦之後呢?《序卦傳》説:"有大而能謙必豫,故受之以豫。"生活富有,内心充實而能謙巽自處的人,必有安逸和樂的結果。

豫卦所以名豫,可從以下諸方面得到解釋。從卦之德來看,外卦震,"震,動也";内卦坤,"坤,順也"。坤下震上,有順而動之象。順而動,所以名曰豫。此其一。第二,從卦之主爻來看,卦主九四以一陽統五陰,五陰都應於它,下面又有坤來順承,動而上下順應,所以名曰豫。還有,從卦之二象來看,"震爲雷","坤爲地",雷先潛閉於地中,待它動而奮出之時,自然發出聲音,其中有通暢和樂之義,故名之曰豫。

豫,利建侯行師。

豫卦爲什麽有"利建侯行師"的意義呢?豫之外卦是震,内卦是坤。震乃長子,有侯象。坤爲衆,有師象。所以卦辭言"利建侯行師"。屯卦有震無坤,所以言建侯而不言行師。師卦有坤而無震,所以言行師而不言建侯。又,從内外卦之卦德看,外卦震,震動也;内卦坤,坤順也。震動於坤之上,順而動,象天子在上封建諸侯,萬民在下"順從悦服",有如周克商而大封同姓。坤順於震之下,順而動,象天子興師征戰,諸侯從征,民衆順合,有如湯征東西南北而天下不以爲怨。

《彖》曰:豫,剛應而志行,順以動,豫。豫,順以動,故天地如之,而況建侯行師乎!天地以順動,故日月不過而四時不忒。聖人以順動,則刑罰清而民服。豫之時義大矣哉。

"豫,剛應而志行,順以動,豫。"這是用主爻與卦德解釋卦名。豫卦之所以爲豫,是因爲此卦祇有九四一剛爻,它是一卦之主,上下衆陰都來應它,順它,它的志向得以實行,並無阻礙。“順以動,豫”。豫卦是内卦坤,外卦震,所以《彖傳》説“順以動”。連詞用“而”的,上下兩詞並重,意義輕重相等,分不出主次。連詞用“以”的,則上下兩詞的意義便有輕重之分了。此卦之“順以動”,是以“順”字爲重,强調的是“順”而不是“動”。這一卦所以名曰豫,“順”是重要的,或者説關鍵在於“順”。倘若上動而下不順,或者動而不以順,也就談不到豫了。

“豫,順以動,故天地如之,而況建侯行師乎。”這是以卦德解釋卦辭。“順以動”,動必以順爲前提,凡人間事,尤其治國平天下之事,必須順應天理,應乎人心,亦即合乎規律,不得不動才動;若逆乎天理、人心、規律,輕舉而妄動,事情没有不敗壞的。自然界的天運地轉也是因爲“順以動”才得以豫的。自然界尚且如此,何況人世間建侯行師這種關乎民衆死活的事,豈可有違此理,不順而動!

“天地以順動,故日月不過,而四時不忒。聖人以順動,則刑罰清而民服。”在《易》的作者看來,天地人三才的行動,都必須遵循一定的規律。所謂天地以順動,其實就是遵循自然規律而動。日月不過與四時不忒不是兩回事,是一回事。惟其日月之度不過差,才有四時之行的不愆忒。天地以順動,統治者倣法天地治國平天下,也要以順動。法律所禁止的,應該正是人民所不想幹的;法律所允許的,應該正是人民所想幹的。這樣順着民心做事的結果,則刑罰清簡而民服從。

“豫之時義大矣哉。”這是一句感嘆的話,意在提醒人們對此卦之意義反復思考,加深認識。《易》六十四卦都有時有義有用。孔子作《彖傳》,祇在十二卦中言及時、義、用的問題,實際上是舉例,不是説另外五十二卦便無時無義無用。《彖傳》

講“時大矣哉”的有頤、解、大過、革四卦,講“時義大矣哉”的有豫、隨、遯、姤、旅五卦,講“時用大矣哉”的有坎、睽、蹇三卦。其中講“時大矣哉”的,重在時字。例如頤、大過、解、革四卦,都是大事大變,關鍵在時字,務必火候把握好。講“時義大矣哉”的,重在義字,如豫、隨、頤、姤、旅五卦,都好像是細微淺事,但是含有深意。豫卦講利建侯,屯卦也講利建侯,二卦强調的重點卻不同。屯卦重在時,豫卦重在義。講“時用大矣哉”的,重在用字,如坎、睽、蹇三卦本來全不是美事,若能掌握得當,因時而用之,則完全可能産生好的效用。

《象》曰:雷出地奮,豫。先王以作樂崇德,殷薦之上帝,以配祖考。

古人認爲雷從地中出。地中陽氣潛閉既久,一旦奮迅而出,陰陽相薄而成雷。雷有鼓動和氣,發揚生機,通暢和樂的效用,所以坤下震上這一卦名之曰豫。“先王以作樂崇德,殷薦之上帝,以配祖考”,前一個“以”字作用字講,後一個“以”字作而字講。“殷”是盛的意思。“配”是妃、對的意思。先王用“雷出地奮豫”的現象做爲樣式,象其和之聲,取其和之義,制作聲樂,發揚光大自己的功德。在祭祀時將這聲樂盛大地奏給上帝聽,而又將自己的德與祖考相匹對。對上帝用“薦”字,對祖考用“配”字,其實是互文見義。薦之上帝,也包括薦之祖考。祭祀上帝奏樂,祭祀祖考也奏樂,規模都是盛大的。以德配祖考,也包括以德配上帝。總起來説,是講豫卦的意義很深遠,既薦之上帝,又配祖考,這樣重要的“作樂崇德”就是受“雷出地奮豫”的啓示而作出來的。

初六,鳴豫,凶。

初六以陰柔居初而與主爻九四相應,象不中不正的小人處在逸豫之時,受到上峰的支持、寵愛,志滿意得,忘乎所以,不勝其豫,乃至於發出聲音,表現出一副十足的輕淺相。結果必凶無疑。

鳴是心中有感而發於聲音，是感情的自然表達。然而感情的性質有所不同。謙卦上六的“鳴謙”是鳴，豫卦初六的“鳴豫”也是鳴，但是兩個鳴的情狀、意義是不一樣的。謙之上六因感於九三而“鳴謙”，有不樂居上之意，是鳴而求謙，所以吉。豫之初六因感於九四而“鳴豫”，有耽於逸豫之意，是豫而自鳴，所以凶。

《象》曰：初六鳴豫，志窮凶也。

逸豫是好事，處理不好便是壞事。荒於逸豫是壞事，開始便荒於逸豫而又不知戒懼，尤其是壞事。“初六鳴豫”，在豫之初即鳴，可知器量已盡，志氣已窮，怎能不凶。

六二，介于石，不終日，貞吉。

豫卦有一個特點，凡與卦主九四有所係應即應、比的，不是凶就是悔，不是悔就是疾，都不好。如初六與九四應，凶；六三與九四比，有悔；六五與九四比，貞疾。唯六二特立於衆陰之中，無係於九四，處豫樂之中而無遲遲耽戀之意。静則確然自守而堅介如石，處優越、順利的環境不能動摇它的意志。動則善於見幾而作，及早發現問題，把問題解決在萌芽狀態。識斷果決，去之迅速，早上該做的事情，絶不等到晚上。

貞吉，在《易》中有兩種理解。一、貞吉是並列關係，貞且吉，即又貞又吉。二、貞吉是條件關係，貞則吉，即貞是吉的前提條件，貞才能吉。此貞吉是前者貞且吉的意思，即又貞又吉。貞訓正。有人訓占，是不對的。

《象》曰：不終日貞吉，以中正也。

六二之所以能够介然不動以静守，斷然不疑以行動，全部問題的關鍵在於它以陰居陰，居中得正。

六三，盱豫悔，遲有悔。

六三的情況與六二大不相同。六二以陰居陰,居中得正,無係於九四,故介於石,不終日。六三則不然,六三陰柔居陽位,不中不正,且近比九四,故不是"介於石"而是"盱豫",不是"不終日"而是"遲"。"盱"是張目企望嚮上看。"盱豫",包含兩層含義,一是一味取悦於上,不能堅持獨立;二是下溺於豫,遲疑有待,優遊無斷。然而六三雖是陰柔卻畢竟居於陽位,所以猶有能悔之意。悔的結果如何,要看它的主觀上的態度了。若悔的堅決迅速,尚可將壞的處境變好;若悔的遲,則必又有悔了。古有、又字通。"遲有悔"即"遲又悔"。

《象》曰;盱豫有悔,位不當也。

六三"盱豫有悔",來自於"位不當",即它所處之位不中不正。

九四,由豫,大有得,勿疑,朋盍簪。

由豫,馬融"由"作"猶",云"猶豫,疑也"。證以帛本《易經》和楚簡本"由"作"猷",馬融説是正確的。"由豫"本字當爲"猶豫"。"猶豫",意爲遲疑不決,所以下文稱"勿疑",否定遲疑不決的態度。"明盍簪",朋,親戚朋友。盍,嗑之借字;嗑,多言也。簪,鄭玄訓爲"速",王弼訓爲"疾",孔穎達以"疾來"申之。後之學者多本乎此。今人廖名春考證,疾字當有嫉妒、非難之義。朋盍簪是主謂結構的短語。朋是主詞,盍簪兩字是聯合謂詞。總之,九四爻的意思有兩層,首先是説,對成功,對大有所得,不要猶豫狐疑,不要怕人家説三道四。然後是勸誡他不要多心多慮,不要怕朋友説閑話譏諷自己。九四是豫卦的主爻,五個陰爻都順附於它這個陽爻,它的志願得以暢通而無窒礙。

《象》曰:由豫大有得,志大行也。

此與《彖傳》"剛應而志行"意同。解釋九四所以能够"大有得”，其根本之點是九四以陽剛爲五陰所應，其志得以大行。全卦唯九四一爻從宏觀上考慮問題，其義與全卦之義大體一致。其餘五爻則各述己義，比較具體，與卦義不盡同。

六五，貞疾，恒不死。

貞而有疾，常疾而不死。六五以陰居尊位，是柔弱之君。柔弱之君處在逸豫之時，必驕侈恣欲，本宜死於安樂而有餘。有如孟子所説“入則無法家拂士，出則無敵國外患者，國恒亡”，然而九五没有亡，僅僅有疾而已，而且能够維持較長時間不亡，是由於有九四作爲法家拂士來輔弼它，救正它。貞，正。這裏的貞，不是自正於己，而是見正於人。“貞疾”，不是説受到人家的救正反而得疾，是説因受到人家的救正而得以恒不死，僅僅得疾而已。

《象》曰：六五貞疾，乘剛也。恒不死，中未亡也。

六五這個柔弱之君，處逸豫之時，本宜驕侈恣欲而亡，爲什麼竟僅僅有疾而未亡？因爲它乘剛，有九四這個剛陽之臣在下邊輔弼它，是正它，使它不敢溺於豫。疾則鄰於死，然而“恒不死”，“中未亡也”。從爻象看，六五柔弱不堪，但居中之位還在。若以人體爲喻，中氣尚存，命脈還在，故不死。

上六，冥豫，成有渝，无咎。

冥，昏昧。冥豫，耽肆於豫，昏迷而不知返，上六以陰居上，不中不正，又在豫終之時，沉冥汨没，凶象已成，似無可改矣。然而竟“成有渝，无咎”，宜凶而未致凶，其中蘊含着極深刻的事物轉化的思想。冥豫，看來似乎壞到了極點，不可救藥，而其實正因爲在豫之極，物極則反，才包含着變化的契機，反而有向好的方面轉化而得无咎的可能。無論什麼人處在冥豫的境地，衹要改惡趨善，勇於補過，都可能變“冥”之凶爲“渝”之无咎。

《象》曰：冥豫在上，何可長也。

《小象》講“何可長也”，似乎有兩層含義。悦豫過甚以至於冥頑不知止，必致凶無疑。這是强調問題的嚴重性。豫已至於極點，達到非變不可的程度。這是説變化的必然性。

〔總論〕

總的説來，豫卦反映出兩方面的思想。卦辭與《彖傳》的“利建侯行師”，“順以動，豫”，從正面闡發致豫之道及致豫之盛。豫六爻之中祇有作爲卦之主的唯一陽爻九四表達了與卦辭及《彖傳》一致的思想，其餘五陰爻之爻辭及“小象”則根據它們在卦中的勢位即與九四的關係，從反面説明享豫之凶，指示人們在豫之時趨吉避凶的途徑。《雜卦傳》所云“豫怠也”，正是此義。

豫是好事也是壞事。處理好了便是好事，處理不好便是壞事。社會不可無豫，人心不可有豫。所以卦中五陰爻越是與豫之主疏遠就越好，六二與九四無比無應，最好。它能知幾見微，迅速擺脱豫怠的境況。初六與九四正應，最不好。它沉溺於豫之始而不能自拔，結果必凶。另三爻處於中間狀態。六三與六五皆與九四比，都不太好。六三應當速悔，若遲疑猶豫則必又悔。六五由於有人救正它，當豫之時而不得豫。上六居豫之極，豫怠已達冥頑不化的程度。但物極必反，如果此時能够順勢而變，可无咎。

隨

䷐ 震下兑上

朱熹和清人查慎行都説隨是從的意思。把隨釋作從，是正確的。引伸一步説，從就是通達時變，不拘守故常。但是，是己從物還是物從己，各家説法不一。程頤以爲隨的含義包括物從己和己從物兩個方面。《周易折中》則認爲隨卦卦義主要在以己隨物,物來隨己不過是以己隨物的反饋。這後一種意見是對的。事情很明白,由於你隨人家,人家才來隨你。物隨己與否是由己是否隨物決定的。

震下兑上這一卦爲什麽會有隨的意義?從卦之二體看,下卦是震,震爲陽爲動;上卦是兑,兑爲陰爲説。陽下於陰,此動而彼説,有隨的意義。從卦畫來看,剛爻都在柔爻之下,也有隨的意義。陽卦在陰卦之下,剛爻在柔爻之下,六十四卦中這兩種情況具備的,衹有這一卦。這是這一卦取名爲隨的意義所在。陽下於陰,剛下於柔,聯繫到社會人事來看,象貴者下賤者,學問多的人問於學問不多的人,這正是隨的意思。

《序卦傳》説:“豫必有隨,故受之以隨。”悦豫是好事,物必來隨,所以豫卦之後次以隨卦。這樣講,道理自然不是充分的,但它説明作《易》者已認識到六十四卦的排列並非出於偶然,他力圖找出它們的規律來。

隨,元亨,利貞,无咎。

隨,以己隨物,可以獲致大亨的結果。但是,隨是有條件,有原則的。該隨的隨,不該隨的不能隨。隨,必須以貞正爲前提,然後才能大亨而无咎。如果隨不以正,便是詭隨了。詭隨,結果不會大亨,且要有咎。《左傳》襄公九年記載穆姜曾占過隨卦,有人勸他趕緊逃走,以免一死,因爲隨卦卦辭是“元亨利貞无咎”。然而穆姜卻認爲自己即使占了隨卦也不可能免罪,原因是他不具有元亨利貞四德。没有四德而隨,必有咎。穆姜把隨卦的元亨利貞理解爲四德,是不對的。衹有乾卦的元亨利貞是四德的意思,即四個字有四個含義;别的卦的元亨利貞則不可作如此解。但是穆姜强調隨而无咎必須具有一定的條件,卻深得隨卦卦辭之意。

《彖》曰：隨，剛來而下柔，動而説，隨。大亨貞无咎，而天下隨時。隨時之義大矣哉。

“隨，剛來而下柔”，這句話講主爻初九。初九“剛來而下柔”，剛指初九，來是説它在下體。“剛來而下柔”句歷來有兩種解釋。一種解釋是卦體説。剛指下卦震，震是陽卦，所以稱剛。柔指上卦兑，兑是陰卦，所以稱柔。“剛來而下柔”是説震作爲陽卦本應居陰卦之上，現在卻屈居陰卦之下，正有以大下小，以貴下賤的意思，這就是隨。另一種解釋是卦變説。卦變説創於虞翻和荀爽。虞翻用卦變説解釋“剛來而下柔”這句話説：“否，乾上來之坤初，故剛來而下柔，動震説兑也。”蜀才也説：“此本否卦，剛自上來居初，柔自初而上升，則内動而外説，是動而説，隨也。”（均見李鼎祚《周易集解》）朱熹的《周易本義》説同。他們認爲隨卦是由否卦變來的。這種卦變説有違《周易》的原義，不可從。

“剛來而下柔”這句話是講隨卦主爻的。這一點十分重要。《彖傳》都是這樣。它都要講主爻如何如何。不真正懂得這一點，便不可能真正懂得《彖傳》。

“動而説，隨”，這一句是用卦德解釋卦名。兑之德是説，震之德是動。由於下卦的動而引起上卦的説。此有所動，而彼無不説。動是隨，説也是隨。動之隨促成説之隨，包含説之隨。動而説，也有隨的意義。

“大亨貞无咎，而天下隨時，隨時之義大矣哉”，是解釋卦辭的。《周易》很講究這個時字。孔子對時字有更深的瞭解。孟子説“孔子，聖之時者也”，用時字概括孔子思想的特點，是十分恰當的。孔子作《易傳》特别强調時字。隨卦的關鍵問題是正，隨而得其正，然後方可大亨而无咎。失其正則有咎，更談不到大亨了。《左傳》襄公九年記穆姜占得隨卦而終死東宫的故事，即是顯例。不過什麽是正什麽是不正？這没有固定的標準,須因時而定。所以説,“天下隨時”。“隨時之義大矣哉”這句贊語,强調“隨時”的重要性。意思是説隨並不難,隨而能各當其時則不易做到。

《象》曰:澤中有雷,隨。君子以嚮晦入宴息。

澤中有雷,雷震於澤中,澤隨雷而動,有隨之象。君子觀看此象,要“嚮晦入宴息”。意思是説,時間在不停地變化,白晝與黑夜交替出現。白天,要自强不息地工作;黑夜則應入内宴息,到什麽時候做什麽事情,這叫做隨時。“嚮晦入宴息”這樣的日常生活的事情,要講隨時,其他重大的事情更不待言了。嚮,向;晦,暗。嚮晦,天色要入黑夜了。宴,安。宴息,安息,休息。

初九,官有渝,貞吉,出門交有功。

隨卦六爻不論應否,祇論近比,而且多取以下隨上之義。初與二比,則初隨二;二與三比,則二隨三;三與四比,則三隨四;五與上比,則五隨上。

初九是陽爻,是成卦之主。陽爲隨主,主謂之官。初九作爲爲主之陽爻,陰爻應該來隨它,才是正常的。但是現在初九處在隨之時,不可以主自居,而應知變從權,當隨而隨。這就是“官有渝”。“貞吉”,“官有渝”必須變而不失其正,故可以得吉。“出門交有功”,走出家門之外,與家族以外的人交,而不要與家族内的親人交。“出門”是一種比喻,用以表明交的對象不是私暱,能够做到交必得正,交正則無失,無失則有功。交就是隨。這裏言交而不言隨,是因爲初九是成卦之主,它又是陽爻,陽爲陰主。主不可以隨人,所以稱交不稱隨。

《象》曰:官有渝,從正吉也。出門交有功,不失也。

主變而隨人,所從得正方能得吉。所從不正,必有悔吝。“出門”而交,非牽手私暱,其交必正。“不失”,不失其正的意思。

六二,係小子,失丈夫。

初九以剛隨人,叫做隨。六二以柔隨人,叫做係。其實講的都是隨。小子與丈夫各指誰?小子指六三,丈夫指初九。《易》以陽爲大,以陰爲小。六三是陰,故稱小子。初九是陽,故稱丈夫。六二以陰柔而居中,有係人而不能自立之象。依它的本意,既要係小子又要不失丈夫,然而實際上辦不到。從隨卦的特點看,六爻不論應而論比,而且取以下隨上之義,六二衹能隨六三。既隨六三,便要失卻初九,二者不可得兼。從事理上看,一個人處隨之時,既隨君子又隨小人是不可能的。即便一時那樣做,歸根結蒂還是將隨小人而失卻君子。凡隨之事,正邪善惡是非不能兩從。從邪則失正,從惡則失善,從非則失是。六二既係小子六三,便不得兼隨丈夫初九。

《象》曰:係小子,弗兼與也。

"係小子"應是"係小子,失丈夫"的省語。係小子六三則必失卻丈夫初九,因爲兼係小子與丈夫是辦不到的。縱然主觀上想要小子與丈夫兩係,而結果也衹能係小子而失丈夫。

六三,係丈夫,失小子。隨有求得,利居貞。

隨卦的特點是論比不論應,取上不取下,所以六三之"係丈夫"顯然指九四,"失小子"顯然指六二。六三既然已係九四,則必與六二疏遠。有所得,必有所舍。

卦義以陰隨陽爲得。六三與九四近比,以陰隨陽,極易投契,有求必得。可是六三與九四皆居不當位,非常可能借隨的機會求所不當求,得所不當得。這時候在六三來説,重要的是"利居貞",即守正爲好。最好是守正而弗求。

《象》曰:係丈夫,志舍下也。

這是説,六三係了上邊的九四,舍了下邊的六二。情況與六二係了六三,失了初九相同。不同的是六二是“弗兼與”,六三是“志舍下”。“弗兼與”,六二本意想既係小子又係丈夫,達到君子小人兩從的目的。結果是係了小子,失了丈夫。二者不可兼與。“志舍下”,六三本意就是係丈夫而舍小子,根本不想兼繫丈夫和小子。

九四,隨有獲,貞凶。有孚在道,以明,何咎。

九四居九五之下,是近君之位。這樣的地位本來就是十分危險的。現在九四又“隨有獲”,“隨有獲”謂得天下之心隨於己。有可能使它的威望超過人君九五。這樣的處境實在太危險。“貞凶”,即謂若守此不變,則雖正亦凶。然而補救的辦法是有的,那就是“有孚在道”,即所作所爲所思所想能够既盡其誠,又合於道。而且明哲處之,能做到這樣的程度,自然无咎了。

《象》曰:隨有獲,其義凶也。有孚在道,明功也。

“隨有獲貞凶”這句話是説,其義是凶的,“其義凶”,從道理上説有致凶的可能性。如果主觀上做出適當的努力,凶是可以避免的。關鍵在於能否“有孚在道”。“有孚在道”的意義是用實際的表現讓人家理解自己的功勞。“明功”不是自我表功,相反,倒是使人瞭解我心光明洞達,正其義不計其功。

九五,孚于嘉,吉。

嘉,善。孚,誠、信。孚字在此亦有隨、從的意思。九五居尊得正而且中實,對六二、九四不嫌不疑,唯善是從。以一片至誠感天下人,天下人亦以一片至誠來隨己。“孚于嘉”,就是隨於善。隨不徑言隨而言孚,是因爲隨之時以得中爲好,不宜隨之太過,太過就不是“孚于嘉”。隨之九五,以誠信中實隨天下之善而不過,故稱“孚于嘉”。

《象》曰:孚于嘉吉,位正中也。

九五能够“孚于嘉吉”，就是因爲它既得正又居中。得正，使所隨皆善。居中，使隨善而不過。

上六，拘係之，乃從維之。王用亨于西山。

一般説來，《易》中凡外卦是説兑的，如大過、咸、兑諸卦，其九五與上六二爻，因爲都是相説而動，所以都相比而不正。唯隨卦不然。隨卦以剛下柔爲義，其九五與上六有相隨之義，而没有不正的問題。

“拘係之，乃從維之”，意思是既拘係之，又從而維係之，説明隨的固結如此。上六不説係小子也不説係丈夫，祇説拘係之，這是因爲上六所係者是九五，而九五是君是王。“王用亨于西山”，是九五作爲王，也隨上六，甚至把上六視作賢人，完全信任它，乃至於使之主祭，祭享山川上帝。亨古通享。西山，周之岐山。

《象》曰：拘係之，上窮也。

隨至上六，已發展到窮盡的地步。窮就要變。就要由隨變爲不隨。就人事説來，好像一個人表現出高亢絶世，往而不返的意向。然而隨之上六與九五有相隨之義，儘管艱難，它還是要克服絶世不隨的傾向。所以别的陰爻祇講係，上六則講拘係，講乃從維之。看得出上六的隨分外不容易。

〔總論〕

隨卦上體是兑柔，下體是震剛，剛處於柔之下，六爻都是陰爻在上，陽爻在下，即也是剛在柔下，本來應當是柔在剛下，而今則是剛處柔下。剛而能下柔，則無所不能隨，所以此卦名曰隨。

隨卦六爻，一半是陰爻，一半是陽爻。無論陰爻陽爻，都取相比相隨而不取相應。同是隨，而初九稱交，九四稱隨，九五稱孚，含義有一定的差别。初九出門交有功，强調隨之始要無偏係私暱。

九四隨有獲,告誡在隨獲成功的時候,應"有孚在道"防止使隨由好事變成壞事。九五孚于嘉,説明隨道已應中實,所隨當善。

六二、六三、上六三個陰爻,皆稱係而不稱隨。係實質也是隨。衹是由於它們都是陰柔之才,在隨的時候都不免有所係戀,與三個陽爻相比,屬於下一等次。

蠱

☶ 巽下艮上

《序卦傳》説:"以喜隨人者必有事,故受之以蠱,蠱者事也。"以喜隨人是好事,好事長久下去必生出壞事,所以隨卦之後次以蠱卦。《序卦傳》説蠱是事,其實蠱字不能訓爲事。蠱字是由無事而生出事的意思,而且生出的是壞事,很像木質的器物由於木氣長期不得宣暢而生蠹,元氣萎敝,積久而壞。一個人發生疾病,一個社會發生動亂,都屬於這種情況,都是壞極而有事。蠱卦巽下艮上,山下有風,風在山下。風能够發舒萬物,現在風受阻於山下,萬物得不到風的發舒,必久而蠱壞,所以卦名曰蠱。又,從卦之二體看,艮陽卦在上,巽陰卦在下。從卦之六位看,艮與巽都是陽爻在上陰爻在下。陽卦與陽爻都在上,陰卦與陰爻都在下,六十四卦中獨此一卦。剛柔不交,上下不接,有久絶不通而生事之象,所以卦名曰蠱。

蠱,元亨,利涉大川。先甲三日,後甲三日。

蠱本來是積漸不通,久而生事的意思,爲什麽説"元亨"呢?這是因爲物極必反。積漸不通達於極點,必然會導致大亨大通。就國家社會來説,亂是治的根源,蠱是飭的前提。既然已經亂了,治的局面總要出現的。

但是亂不會自動變爲治,大亨大通不會自動出現,必須經過人的主觀努力。客觀的可能性和主觀的能動性都是必要的。不植不立,不振不起。社會發生動亂,要經過修理整飭,渡過艱難險阻,方得大治。所以説“利涉大川”。

治蠱不是易事,必須足智多慮,認真對待,做到“先甲三日,後甲三日”方可。甲是事之始,事之端。“先甲”,在治蠱之先要分析研究致蠱的緣由,總結經驗教訓,制定正確的治蠱方針方法。“後甲”,在治蠱之後要分析研究事情發展的趨勢,制定鞏固治蠱成果的方針方法。三是多的意思。“三日”,是看得遠,想得深。

《彖》曰:蠱,剛上而柔下,巽而止,蠱。蠱元亨而天下治也。利涉大川,往有事也。先甲三日,後甲三日,終則有始,天行也。

“剛上而柔下”,是講主爻的。蠱卦有内外兩主爻。外卦主爻是艮剛上即上九,内卦主爻是巽柔下即初六。“巽而止”是兩個主爻往來動用的。剛爻窮極而上止,柔爻卑巽而下人。上止則傲然不屑,必至於情,下巽則媚悦取容必流於諂,故曰“巽而止,蠱”。

“蠱元亨而天下治也。”此句以下解釋卦辭。元亨,是治蠱的方法。天下由蠱而至於亂,亂之終便是治之始。“元亨”與屯卦之“元亨”相似。此卦一個元字,表示一切重新振作,除大之外,也含有始的意思。意謂蠱亂之終,必然開始亨通。大亨大通導致天下大治。

“利涉大川,往有事也。”天下處在蠱壞之時,有如大川滔滔不易逾濟。這時應當勇於涉險,斷然而往。當然往則必有無窮的艱險麻煩之事需要去做。社會處在蠱壞之時,要不怕麻煩和挑戰,有所行動,方可濟洶涌大川,使亂世轉爲治世。

“先甲三日,後甲三日,終則有始,天行也。”孔子把人之道與天之道合起來看。人世間的事情與自然界的事情是一致的。社會達到蠱壞的程度,必然告一結束,轉入全新狀態;舊的告終，便是新的開始。這種終則有始的規律，猶如斗轉星移，四時交替，黑夜過去是白晝，冬日結束，春天接着就來臨。“先甲三日”是辛，“後甲三日”是丁。辛、丁是古人行事的吉日。甲，十日之始，癸，十日之終。“先甲三日”，由甲上據而至辛，下推而至丁。辛與甲間包括癸，癸後又是甲，故云“終則有始”。是知“先甲後甲”，“終則有始”同義。“天行也”，謂二者都是天行即天道。

《象》曰：山下有風，蠱。君子以振民育德。

風吹至山下，爲山所阻撓，不能暢達而迴薄，摧敗山木，有蠱之象。另一方面，風能振起萬物，山能涵養萬物。山下有風，又有振起、養育之象。君子處蠱之世，觀此卦象，要振起民之心，培育民之德。

初六，幹父之蠱，有子，考无咎，厲終吉。

東西久不用而生了蟲子，叫做蠱；人長期沉湎於宴樂之中而生了疾病，叫做蠱；社會久安無爲而生了弊端，叫做蠱。總之，蠱之産生，不是一朝一夕的事，往往需要一個世代的時間才能表現出來，所以蠱卦諸爻都以父子比喻。

爻辭有從時位的角度説的，有從才質的角度説的。此爻兩方面意義都有。蠱之初六，是陰爻又處下，且無正應；論才能、實力，它不足以治蠱。若從時位的角度看，初六還有有利的一面。它當蠱之初，蠱的程度尚不深，問題比較容易解決。所以説兒子幹父之蠱，把父親造成的蠱亂給治好。有了能治蠱的兒子，“考无咎”，已故去的父親可以无咎了。但是要知道，畢竟處在蠱的時候，危險還是存在，萬不可以爲蠱尚未深而疏忽大意。所以説“厲終吉”，心存危厲，最終得吉。

《象》曰：幹父之蠱，意承考也。

兒子糾父之愆，如禹之於鯀，從表面上看，好像違背了父親的意志,其實不然。兒子消除父親的過錯,使事功得以完成,實質上正是順承父志的。考,先父。

九二,幹母之蠱,不可貞。

九二乃陽剛,上與陰柔之六五相應,有母子之象。“幹母之蠱”,不同於“幹父之蠱”。九二剛而不正,六五柔而居尊,剛陽的兒子幹母之蠱,如果操之過急,約之過直,很可能把事情搞糟,所以爻辭有“不可貞”之戒。《易》没有不要求貞的,唯獨此爻説“不可貞”。“不可貞”,意思是説不要固執己見,徑情直行,而要以至誠之心,委曲周旋,做所能做到的,不做不可能做到的。

《象》曰:幹母之蠱,得中道也。

“幹母之蠱,不可貞”,是因爲九二巽體而處中,以剛係柔,是得剛柔之中。

九三,幹父之蠱,小有悔,无大咎。

九三剛爻居陽位,過剛而且不中,以此“幹父之蠱”,不免“小有悔”。然而九三巽體,又得正,基本上能够完滿地幹父之蠱,即使是有小小之悔,終不至於有大災害。

《象》曰:幹父之蠱,終无咎也。

九三巽體得正,有剛斷之才,在“幹父之蠱”的過程中雖不免出些小問題,歸根結蒂無災害。

六四,裕父之蠱,往見吝。

“裕父之蠱”與“幹父之蠱”,義正相反。幹,抓緊去幹,奮力去幹,有如拯溺救焚,時不我待地去把問題解決。裕,寬裕,放鬆。即問題雖已嚴重,但它猶優遊度日,不肯抓緊去解決問題。六四陰爻居陰位,爻與位俱柔,又居艮止之體。柔者儒,止者怠。儒而又怠,祇能增益其蠱,而不可能治其蠱。持此以往，蠱將日深，故曰“往見吝”。

《象》曰：裕父之蠱，往未得也。

“往未得”就是“往見吝”，也就是説，裕父之蠱；不能解決問題，衹能使問題日益嚴重。

六五，幹父之蠱，用譽。

此爻對子幹父之蠱或繼世之君幹先君之蠱，提出了更高的要求。六五居尊得中，具有幹蠱之才；同時它又是陰柔之質，具有承順之德。所以它既能幹父之蠱，又能使父不失令名，是所謂“幹父之蠱，用譽”。

《象》曰：幹父用譽，承以德也。

六五幹父之蠱，而歸譽於父，既解決了蠱的問題，又維護了父親的聲譽。它這樣做，表明它是以德承父，不是以才承父。

上九，不事王侯，高尚其事。

蠱卦上九爻辭比較特别，講“不事王侯”，不講治蠱，好像離了題，其實不然，它講的還是治蠱的問題，不過着眼的角度與其他五爻不同而已。

上九在蠱卦之終，下無係應，處於蠱之外。猶如一個不當事的人，處在天下無事之時，似乎不能有所作爲。爻辭曰：“不事王侯，高尚其事。”這個“不事王侯，高尚其事”的意思是説“不事王侯”的本身就是事。不過這個事不是一般的事，而是以“高尚”爲事。昔人説“桐江一絲，係漢九鼎”，其“高尚其事”之謂歟！

《象》曰：不事王侯，志可則也。

上九不事王侯，表面看來它很像是超脱現實的人，世事蠱壞的問題它不聞不問了。實際上它也在治蠱，它治的是人心之蠱,不是世事之蠱。它與道家的遯世主義根本不同。所以孔子作《小象》説“不事王侯,志可則也”,説明它的志是可以傚法的。

〔總論〕

事情經過長久積弊而至於壞,就是蠱。凡物、人、社會都有蠱的問題。蠱卦之所以曰蠱,其道理就是《彖傳》説的“剛上而柔下,巽而止,蠱”。“剛上而柔下”一句講的是主爻問題。蠱卦卦義不在致蠱之由而在治蠱之道。蠱已成爲事實,問題是如何治蠱。治蠱就要有所作爲,所以《序卦傳》説:“蠱者事也。”卦辭“蠱元亨,利涉大川,先甲三日,後甲三日”,講的全是治蠱的問題。根據《彖傳》的解釋,卦辭的意思是説,社會既亂,則必將變爲治,像天行即自然規律那樣不可避免,但人事的努力也是重要的,所以要涉大川,要先甲三日,後甲三日。卦辭言“先甲三日,後甲三日”,《彖傳》釋以“終則有始”。先甲三日是辛日,後甲三日是丁日。辛、丁都是吉日。辛與甲之間包括癸。癸之後便是甲。意謂甲是事情的開始。事情壞到蠱的程度,舊的已經告終,新的即將開始,故云“終則有始”。

卦辭言“先甲”“後甲”,《彖傳》釋之以“終則有始”,很像歷史上的改朝换代。

臨

䷒ 兑下坤上

《序卦傳》説:“蠱者事也,有事而後可大,故受之以臨,臨者大也。”程傳説:“二陽方長而盛大,故爲臨也。”臨卦由地澤二體構成,地下有澤便是臨。地是至卑的,它本不能臨物,然而還有卑於地的東西,那便是澤。澤上之地是岸,岸與水交際，澤爲地所臨。臨，實際上是指事物的一種發展態勢而言。臨卦之六爻下二陽上四陰。在復卦衹是初九一個陽爻，到了臨卦則發展到初九、九二兩個陽爻，正是陽剛盛大之時。陽剛盛大才談得上臨。

臨，元亨利貞，至于八月有凶。

元亨即大亨，利貞即利於正。元亨利貞，説明元亨是有條件的，條件就是利貞。臨卦以大臨小，亦即以剛臨柔，與復卦不同。復卦乃陰柔至極而陽剛初來，臨卦則已來了兩個陽爻進迫於陰，所以復卦卦辭衹言亨，臨卦卦辭則言元亨。但是復卦言亨不言利貞，臨卦言元亨則言利貞。言亨不言利貞，因爲復卦乃陽剛初來，亨是必然的，不存在什麽問題。言元亨又言利貞，因爲臨卦是二陽浸盛，此時極容易放肆無忌，必守正方能保證元亨。

"至于八月有凶"，漢人京房據此句推出所謂十二辟卦之説。十二辟卦説即將復、臨、泰、大壯、夬、乾、姤、遯、否、觀、剥、坤等十二卦，依陰陽消長的規律與一年中的十二個月相搭配。復卦是陰至極而初生一陽，配以建子之月即十一月。然後二陽生是爲臨卦，配以建丑之月即十二月。然後三陽生是爲泰卦，配以建寅之月即一月。至六爻全成爲陽爻時，便是乾卦，乾卦配以建巳之月即四月。至此，陽長陰消變爲陰長陽消，陽至極而初生一陰，是爲姤卦。姤卦配以建午之月即五月。然後二陰生，是爲遯卦，配以建未之月即六月。然後三陰生，是爲否卦，配以建申之月即七月。如此陰長陽消直至六爻全成陰爻，便是坤卦，配以建亥之月即十月。這十二辟卦之説當是根據臨卦卦辭"至于八月有凶"這句話推出來的。結合復卦《大象》説的"先王以至日閉關，商旅不行，後不省方"來看，則這種説法不能説没有根據。

是説自二陽生的臨卦亦即建丑之月十二月算起，至四陰生的觀卦亦即建酉之月八月止。也就是説,八月是自十二月算起的八個月。

"八月",是説自二陽生的臨卦亦即建丑之月的十二月起,至四陰生的觀卦亦即建酉之月八月,陽經歷了由盛到衰的過程。

"至于八月有凶",作《易》者預爲告戒人們,當陽浸盛之時要想到陽必有衰敗之時。由於陰陽消長的天之道,二陽生必然轉變爲二陽消,即"二陽長于下"變爲"二陽剥于上"。

自建丑之月的臨卦起,至建未之月的遯卦止,其間泰、大壯、夬諸卦都有個至于八月有凶的問題,爲什麼"至于八月有凶"這句話僅僅見於臨卦卦辭? 這是因爲臨卦處於陽長陰消的盛大之時,這時候最需要知道事情將向反面發展的趨勢,樹立履薄臨深的意識。復卦一陽初生,尚未達到盛大的程度,"至于八月有凶"的問題没有提上日程的必要。臨之後的泰、大壯、夬諸卦陽長已過中,處境逐漸變壞,它們容易意識到發展趨勢不好。況且這時候陽德滿極而衰的徵兆已經出現,到此時才提"至于八月有凶",就太晚了。

《彖》曰:臨,剛浸而長,説而順,剛中而應,大亨以正,天之道也。至于八月有凶,消不久也。

"剛浸而長,説而順,剛中而應"三句是解釋卦名的。"剛浸而長",從一卦的角度説明臨之所以爲臨。浸是漸的意思。"浸而長",不是暴長,是在不知不覺中漸漸地長。凡漸長的東西都充滿着極强的生命力。復卦一陽生,臨卦已積漸至二陽生,陽德嚮前發展壯大,駸駸然有莫之能禦之勢,所以叫做臨。從卦之二體來看,兑説坤順,説而順。從兑説,是陽嚮前進,從容緩和而不迫;從順説,是陰向後退,應合順遂而不違。"剛中而應",剛中是九二應指六五。九二以剛居中,陽德盛大,并且不過分盛大。九二又與六五正應,則上下相交,陰陽合德,有足够的力量臨其所臨。

“大亨以正，天之道也”，這句話是解釋卦辭“元亨利貞”的。孔子認爲，“剛浸而長，説而順”，“大亨也”，剛中應柔中，“以正也”。這乃是天之道，亦即自然的規律。這天之道的實質就是陰陽消長。

陰陽消長既是自然規律，人便衹能認識它，順應它，不能違背它，更不能改變它。陽長則陰必消，陰長則陽必消，陽長陰消必轉爲陰長陽消，這是不能改變的規律。卦由復的一陽生發展到臨的二陽漸長，這時陽德日盛，陰德漸消，人們最容易因現時的好形勢而忽略陽長會變成陽消，陰消會變成陰長，好形勢會變成壞形勢。“至于八月有凶，消不久也”，孔子指出卦辭“至于八月有凶”的實質是“消不久”。“消不久”，陰消不會太久。現在是二陽漸長，四陰漸消。消到八月，至觀之時，便不是陽長陰消，而是陰長陽消了。陰消消不久，至于八月必有凶。告誡人們處得意之時，勿忘遠憂。孔子認爲人之道猶如天之道，雖不可違抗，卻可以預爲之防，盡可能避免災害。

《象》曰：澤上有地，臨。君子以教思无窮，容保民无疆。

澤上有地，地下有澤，地與澤的關係是臨的關係。臨的關係用卦象表示，就是在上之地俯臨在下之澤。以上臨下則是它的簡化説法。臨的特點是地臨澤，上臨下，而不是相反；相反便不是臨了。地之所以能够臨澤，上之所以能够臨下，全在於勢位。這是自然界的現象，即“天之道”。應用於世間人事上，即“人之故”方面，最大最典型的臨是天子諸侯君臨天下國家，即統治者統治人民。統治者統治人民實質上是勢得位的問題。因爲不論統治者如何宣佈，階級社會的國家實質是暴力統治。

但是孔子作爲儒家學派的創始人，他另有一套主張。他主張德治，主張采取道德教化的辦法感化人民，反對用行政命令和刑罰等强制手段治理國家。簡言之,孔子主張以德服民,反對以力制民。他把自己的以德服民即教民保民的思想同《周易》臨卦卦象聯繫起來,從中找到思維上的根據。

孔子爲此對臨卦澤上有地之象有更爲深刻的理解。地是土,澤是水;土像統治者,水像人民。土與水總是相浸漬而親密無間,統治者與人民亦該如此,就是説,統治者應該親民,親民也就是教民保民。具體地説,要"教思无窮,容保民无疆"。這從土與水的關係上可以進一步找到根據。水是天下至柔之物,土制水似乎不成問題,可是如果以險隘阻滯它,它必決潰四出而後已。事實上土地是寬厚的,它總是以自己寬厚的胸懷,給予水以廣大之居處,使水成爲受包容受滋潤的澤。統治者對待人民就像土地包容、滋潤水而使之成爲澤一樣。統治者受到土地與澤水滋潤浸漬,親密無間的啓示,對人民"教思无窮"。"教思无窮",在教民問題上,出自誠心,想得深遠,無有窮盡。統治者受到土地以自己廣大的身軀擁護着廣大的澤水之啓示,做到"容保民无疆"。"容保民无疆",在保民的問題上,要像坤土那樣大度包容,對於人民無所不容,無所不保,無有界限,無有止境。

初九,咸臨,貞吉。

咸與感通。别的卦初爻與上爻不講得位失位,而以初終之義爲重,臨卦則以初得位居正爲重。臨之初九處在陽長之時,又得位居正,與得位居正的六四相應,所以"貞吉"。初九不僅由於自己的勢位面臨六四;它臨六四,更由於它與六四是陰陽相感的關係。它以德感六四,不以勢逼六四,六四願意爲它所臨。這樣的臨叫做感臨。感臨得貞吉是必然的。"貞吉"二字在此是並列關係,意思是既貞且吉。初九陽爻居陽位,其位得正,又與六四正應,是以又正又吉。

《象》曰：咸臨貞吉，志行正也。

初九咸臨貞吉，是因爲志行正道。初九所以志行正道，是因爲它以陽居陽，又與六四正應。

九二，咸臨，吉无不利。

九二正當陽德盛大的時候，與居君位的六五相應，所以也叫“咸臨”。九二咸臨與初九咸臨有所不同。初九以剛居剛得正而吉，九二則以剛中而應得吉。既然是剛居中，那末貞是不待言的。至於吉，與初九一樣，咸臨就意味着吉，吉是已然的。九二是剛中而應，處境優於初九，它不但已然得吉，而且如果有所施爲的話，將無所不利。“无不利”是必然的。由此可見，《易》重正，更重中，尤其重剛中。

《象》曰：咸臨吉无不利，未順命也。

“未順命”不好理解。朱熹《周易本義》説“未詳”，别人更有種種不同的講法，都不得要領。今存疑。

六三，甘臨，无攸利。既憂之，无咎。

卦辭和《彖傳》講臨，重點在以剛臨柔即以大臨小。爻辭除初二兩陽爻講以大臨小外，其餘四陰爻皆以勢位言臨，即以上臨下。六三以陰居陽，不中不正，又處下卦之上，居説體之極，有臨人的位，無臨人之德，衹有以口舌之甘取悦於下，是爲甘臨。甘臨，是無德之臨；無德之臨，自然無所利。不過，九三並非一點出路没有。它如果認識到初與二兩陽在己之下，正漸長而上進的形勢，持謙守正，知危而憂，則有咎可轉爲无咎。

《象》曰：甘臨，位不當也。既憂之，咎不長也。

六三之所以“甘臨”，關鍵的問題是“位不當”。

六三甘臨必有咎，知有咎而能憂之改之，咎不至於長久，最終有咎會轉變爲无咎。

六四,至臨,无咎。

六四以陰居陰,下應初九,得正又有應。又它在坤體之下,下與兑體最親近,所以稱“至臨”。“至臨”所以无咎。

《象》曰:至臨无咎,位當也。

六三、六四雖然都无咎,但六三須憂而六四無須憂。原因就在六三位不當,六四位當。所謂位當,一指六四以陰居陰得正,一指六四處在上下之際,是臨之最佳位置。

六五,知臨,大君之宜,吉。

知讀去聲,是明知之知。五以柔居中,下應九二剛中之賢,任之以臨下,如此善取天下之能,善任天下之聰明,正是人君所宜有之知。以此知臨天下國家,豈有不吉之理。

《象》曰:大君之宜,行中之謂也。

《易》是貴中的。大君以衆知爲己知,善取臣下之知慧以臨天下國家,重要之點是它能“行中”。“行中”謂行事得中,不剛不柔,既不寬縱廢事,亦不以苛察爲明。

上六,敦臨,吉无咎。

敦臨,謂以敦厚臨下。這是上六的特點。上六與六三不同。六三在下體兑卦之上,兑終而悦,有小人之象,所以叫做甘臨。上六居上體坤卦之極,坤終爲厚,有君子敦厚之象,所以叫做敦臨。又從剛柔關係的角度看,上六與初、二兩爻雖没有應的關係,但是一般來説,陰柔必然求於陽剛。初與二兩陽剛不必應於它,它卻主動以尊而應卑,居高而從下,表現非常篤誠敦厚。本來陰柔在上不宜臨;若臨,亦必有咎。然而上六有敦厚的特點,它主動地以柔順剛,所以得吉。得吉當然可以无咎了。

《象》曰:敦臨之吉,志在内也。

“志在内”是指上六應初、二兩陽爻而言。上六本無正應，而初、二兩陽爻與它也無應的關係。由於它是陰爻，它卻要主動與陽剛應。這叫“志在内”。陰柔主動順應陽剛，敦厚誠篤，所以吉。

〔總論〕

臨卦二陽在下四陰在上，是十二月建丑之卦，正是陽道向盛的時候。臨有以剛臨柔和以上臨下二義。卦辭取以剛臨柔的意義，它强調以剛臨柔固然會元亨利貞，但是要特别注意到事物必向相反方面轉化，即陽長陰消將轉變爲陰長陽消。

初九與九二兩陽爻都是以剛臨柔，與卦義是一致的。初九與六四正應，九二與六五正應。它們是陽剛浸長的時候，感動於陰。這個應比它卦的應更重一些，當然要得吉。不僅如此，得吉的原因還在於初九以陽剛居陽位得正，九二以陽剛居中。

其餘四陰爻都取以上臨下之義，但是四爻的情況又有不同。六三甘臨，乃小人之臨，知憂方可无咎。六四至臨，由於所處位置優越，故无咎。六五知臨，柔而居中處尊，善采衆知爲己知，所以吉。上六敦臨，敦厚誠篤志在從乎初、二兩陽，所以吉且无咎。

觀

䷓ 坤下巽上

《序卦傳》説：“臨者大也。物大然後可觀，故受之以觀。”觀卦的這個觀字有兩層含義，兩個讀音。一是自上示下，上邊做出個樣子給下邊看，有如宫闕樓觀，是讓人們仰望的。卦辭取的就是這個意義。這個觀字讀去聲。二是自下觀上，下邊觀看上邊做出的樣子，或者上邊觀看下邊的問題。六爻取的就是這個意義。這個觀字讀平聲。

觀卦坤下巽上，風行地上，普遍吹拂萬物，有周觀之象。又，觀卦二陽在上，四陰在下。二陽居於尊位，爲四陰所瞻仰，也是觀的意思。這是卦名叫觀的根據。

觀，盥而不薦，有孚顒若。

卦辭的這個觀字是自上示下的意思，讀去聲。觀卦二陽在上，四陰在下；在下之四陰仰視在上之二陽，好像天子諸侯居於尊位，做出莊嚴恭敬的樣子，以爲臣民儀表，讓臣民來觀仰他，從中受到感化。那末怎樣才能使臣民心悦誠服地受到感化呢？最重要的是要誠敬。卦辭用“盥而不薦”做比喻，是很恰當的。盥與薦是廟中祭祀的兩個步驟。祭祀開始時，承祭人先盥手，心中精誠專一，嚴肅之至。薦是供獻祭品。祭祀到了薦的時候，人心已經散漫，不似盥手時那樣“祭如在，祭神如神在”了。“不”字在此應作“未”字解。“盥而不薦”是説君上爲了給臣民做出莊敬嚴肅的樣子，讓他們觀仰而受教育，自己必須保持類似祭祀中盥手而未薦時的那種誠敬專一的心境。

“有孚顒若”，是説臣民這一方面的事情。顒若，頭頸端直，尊敬的樣子。在上之君像盥而未薦時那樣莊嚴誠敬，則在下之臣民没有不盡其孚誠，顒然觀仰的。

《彖》曰：大觀在上，順而巽，中正以觀天下。觀，盥而不薦，有孚顒若，下觀而化也。觀天之神道，而四時不忒，聖人以神道設教，而天下服矣。

“大觀在上，順而巽，中正以觀天下。”孔子用卦體、卦德解釋卦名。兩個觀字都讀去聲，都是爲天下儀表而讓天下觀仰的意思。《易》陽大陰小，陰下陽上，故曰“大觀在上”。順，於理無乖；巽，於情無拂。九五居大觀之位，有順巽之德，所居既中且正。它以所居之中正，觀示天下之不中不正，然後下觀而化。

“觀，盥而不薦，有孚顒若，下觀而化也。”是解釋卦辭的。爲君的人在上面盡誠盡敬，無聲無響；爲臣爲民的人在下面至誠地觀仰，從中受到感化、教育。有一種不動而敬，不言而信的妙用在裏邊。“下觀而化”的觀字讀平聲。今語“身教勝於言教”和“榜樣的力量是無窮的”，所言正是觀卦的意思。

“觀天之神道，而四時不忒，聖人以神道設教，而天下服矣。”進一步講觀之道。這個觀字應讀去聲。天也有觀之道，人間的觀之道是根據天的觀之道而來的，或者説，天的觀之道與人間的觀之道一致，並無兩樣。天的觀之道爲什麽不衹叫天之道而叫“天之神道”呢？神表現在天不言語而四時運行無有差忒上，不是宗教觀念上的神。聖人是君主，是統治者。君主體會了天之神道，理解了天不言不語而四時運行，萬物生長，無有差忒的奥妙，乃施行自己的德教，自己的觀之道。這就是“聖人以神道設教”。聖人以此教天下之民，天下之民没有不誠服的。總而言之，統治者實行的觀之道，是以神道設教的，即模仿天之神道，不言而信，不動而敬，使百姓不知不覺中受到潛移默化的影響。這裏面反映了孔子的“道之以德，齊之以禮”的政治思想。

《象》曰：風行地上，觀。先王以省方，觀民設教。

風行地上，有無所不周之象。先王受此啓發，乃巡省天下之四方，考察民情民俗，設教以爲民之觀。省方是爲了觀民的（此觀字讀平聲），設教是爲了做民之觀的（此觀字讀去聲）。

初六，童觀，小人无咎，君子吝。

觀卦之名觀有兩層含義。卦以觀示爲義，就是自己做出個一定的樣子給人家觀看。爻以觀瞻爲義，就是不是讓人家觀看而是觀看人家。九五是卦之主，其餘諸爻都來觀它。因爲是觀嘛,自然是越近越好。近容易看清楚,遠則不易看清楚。初六本身是陰柔之質,又處在離九五最遠的地方,它看九五是看不清楚的。猶如兒童,蒙昧無知,視力稚弱,看不清事物一樣,所以叫"童觀"。小人童觀還可以,因爲小人(庶民)所見淺薄,不識天子諸侯的爲觀之道,是正常的事情。如果君子(統治階級人物)而童觀,和普通百姓一樣,看不清楚天子諸侯之爲觀之道,那就可鄙吝了。

《象》曰:初六童觀,小人道也。

童觀是小人之道,不是君子之道。小人卑下而無遠見,小人而童觀,是可以原諒的。君子應居高矚遠,君子而童觀,是可鄙吝的。

六二,闚觀,利女貞。

《説文》:"闚,閃也。"是從門内向外偷看的樣子。六二與九五正應,六二應當觀於九五。但是六二陰暗柔弱,見識不廣,九五的剛陽中正之道,它是看不甚明的。有如從門之縫隙向外看,雖可以看見一點,卻不可能全看明白。不過六二陰爻居中得正,有順從中正的特點,如果按女子的標準要求,闚觀,則不失中正而爲利了。

《象》曰:闚觀女貞,亦可醜也。

在《周易》之中,君子小人吉凶不同,男人女人吉凶也不同。恒卦六五"婦人吉,夫子凶"就是證明。這裏的意思也是如此。意思是説,女人闚觀還可以,若是丈夫,對剛陽中正之九五衹能闚觀,見其仿佛,同女子之貞,那就可醜了。

六三,觀我生,進退。

三不居中,二居中,所以一般説來,二好三不好。觀卦的情況有所不同。觀卦好不好主要看離九五遠近,六三在下體的最上頭,又在上體的下面。若論遠近,它遠不過"童觀",近不如

"觀國"。它處在上下之間,可進可退之地,它不必觀五,它可以自觀,觀察自己的處境;時可進則進,時不可進則退。"觀我生"是觀陽爻九五,同時也有自觀的意思。觀什麽?觀時,時可進則進,時可退則退,進退未有一定。進退未有一定,説明六三不像童觀那樣近,也不像闚觀那樣在門,而是進退在道。

《象》曰:觀我生進退,未失道也。

初六"童觀"、六二"闚觀",都是論位,論位則進退有定。六三則進退不定。進則爲比九五之四,退則爲應九五之二。故進之退之皆可,無有一定。全説在行上。行的是道,道可進可退,故云未失道也。

六四,觀國之光,利用賓于王。

觀卦之五爻都以與九五的關係取義。初六陰居陽位而離九五最遠,所觀不明,所以稱"童觀"。六二以陰居陰而離九五亦遠,所觀亦不甚明,所以稱"闚觀"。唯有六四最切近九五而且得正,所觀最明,所以稱作"觀國之光"。觀國實質是觀九五。九五是陽剛中正之君,爲什麽説"觀國"呢?這反映了《周易》作者認爲君可代表國家,國與君一體的思想。

"利用賓于王",是説六四切近於君上,對君上的盛德光輝看得深切,它最適宜於"賓于王"。"賓于王",即仕進於王朝,在王朝作官,爲王朝效力。古代有賢能的人,則人君賓禮之,所以士之仕進於王朝謂之賓。

《象》曰:觀國之光,尚賓也。

尚,志尚。尚賓,志願仕進於王朝,以施展自己的抱負。六四是窮則獨善其身,達則兼善天下之人,時無明君則已,如今遇上九五之明君,觀見國家之盛德光華,必然要出來做官,以爲國家和民衆效力。這是六四的志尚。故曰"尚賓"。

九五,觀我生,君子无咎。

卦之其他四爻都觀九五。唯六三與九五自觀,故云“觀我生”。九五陽剛中正居君之位,是觀卦之主。天下人民百姓教化如何全是它影響的結果;民風之美惡,臣民之從違,是檢驗它自己所施德教好壞的尺度。九五作爲剛陽中正之君,它欲觀己,必先觀民,觀民方可觀己。如果民俗淳正,有君子之風,那就反映九五作爲陽剛中正之君施行的確是君子之道。施行君子之道,以德化天下,當然无咎。

《象》曰:觀我生,觀民也。

我生,由我所出,由我所生。民之風俗德行均由我所出我所生。觀影可以知表,觀流可以知源。欲觀“我”之德行如何,觀民之德行如何就知道了。“觀我生”其實是“觀民”。

上九,觀其生,君子无咎。

上九這一爻説“觀其生”,是承九五那一爻的話題接着講下來的。九五居君位,是一卦之主,故云“觀我生”。上九不居君位,卻還要講君道的問題,便不得云“觀我生”,祇可説“觀其生”。上九繼續講九五的問題,所以二爻爻辭一致,祇差一個“其”字。説“我生”,表示講的是主爻九五,立場親近。説“其生”,表示所言非主爻,立場疏遠。其實,“其生”即“我生”。

《象》曰:觀其生,志未平也。

“志未平”猶志未安。“觀其生”,有憂國憂民的意思。上九雖不居君位,但與九五同德同心,以九五之憂爲己憂。九五觀民以省身察己。民之風俗德行究竟怎樣還很難説。九五自己“觀我生”,上九要幫助九五“觀其生”。這是因爲國家治亂未定,盛衰難卜,上九中心憂慮,志意未平。

〔總論〕

觀卦四陰在下二陽在上,本是陰盛陽退之時。這一卦有陽盛的一面,也有九五陽剛居中得正的一面。卦從陽剛之君居中而當正位的一面取義,而不取陰盛之義。所以觀卦卦義講在上之人君如何中正莊敬而爲天下之觀的問題。

卦講自上示下,爻講自下觀上。自下觀上,以遠近爲義。離九五越近越好。越近,所見越大越清楚越親切,所以越好。

觀卦裏面蘊含着諸如神道設教、用舍行藏、以德化民、輕視婦女等等思想。這些思想是《易經》固有的,是孔子把這些思想發掘了出來。如果不是孔子加以發掘,我們今日便不可能看得懂。而且我們發現,孔子所發掘的《易經》的思想與孔子在《論語》書中表現出來的思想完全一致。我們可以説,《易傳》的思想反映了孔子的思想。

這一卦裏蘊含的思想極其豐富,其中最重要的是“神道設教”的思想。這個思想是《周易》的,也是孔子的。在《周易》和孔子看來,神不是有意識的人格化的上帝。神是什麽?“蓍之德圓而神”,“陰陽不測之謂神”,“天之神道,而四時不忒”。神就是無言無語的自然界的運動變化。這些變化是人的意志不能左右,有時甚至是不能逆料的。天地陰陽,變化多端,奥妙無窮,好像有一種什麽意志在主宰,其實没有。這就是神。天有神道而四時不差忒。人君仿傚天之神道,無聲無形,盡誠盡信,以觀感化物,以德教服民,施行神道於社會,這是以神道設教。統治階級提倡祭祀,愚弄百姓迷信鬼神,以便使百姓馴順接受統治,而統治階級自己並不相信真的有鬼有神。這也是以神道設教。“神道設教”是政治上的統治手段,施行“神道設教”的統治階級自己事實上是不相信鬼神。他們心中的神不過是自然以及自然界不言不語卻又變化無窮的奥妙。“神道設教”的這個奥秘,孔子心中明明白白,祇是由於時代的原因,他没能斬釘截鐵般地揭破。到了荀子的筆下才分明寫道:“君子以爲文,而百姓以爲神。以爲文則吉,以爲神則凶。”(《天論》)

噬 嗑

☲☳ 震下離上

《序卦傳》説:“可觀而後有所合,故受之以噬嗑。嗑者合也。”

噬,齧,咬。嗑,合。噬嗑,口中有個東西間隔着,梗塞着,咬之後才能合上,有噬而後嗑的意思。☲☳震下離上,這一卦所以取名噬嗑,是因爲它確實有噬而後嗑之象。首先,它上面一個陽爻,下面一個陽爻,中間有三個陰爻。陽爲實,陰爲虛,初上兩爻是實,中間是虛,極像一個人張着嘴的樣子。其次,衹是張着嘴,嘴中没有東西,那就是山雷☶☳頤了。而噬嗑這一卦,四是個陽爻,很像嘴中梗塞着個東西,使嘴合不上。若要合上嘴,必須咬才行,所以叫做噬嗑。

作《周易》的人把口中有物,必噬而後合的道理推廣應用到社會人事上來。天下之事爲什麽往往不得和合呢?就是因爲有間在其中。人世間的大事小事都有這個問題,作《周易》的人在這裏取大事加以發揮。他根據噬嗑這一卦的卦象,重點講天下國家用刑獄除姦慝的問題。由此看出,《周易》作爲儒家經典著作之一,它很重視刑罰問題。

噬嗑卦震下離上,有口中有物之象,與頤卦初上二陽,中間四陰不同。而與賁卦☶☲離下艮上的情況極其相似,都是上下兩個陽爻,中間有一個陽爻似乎賁卦也有口中有物之象。然而賁卦不曰噬嗑。這是因爲凡噬者必下動,而賁卦無震,故不得爲噬嗑。

噬嗑,亨,利用獄。

噬嗑包含兩層意思,一是噬,二是嗑。口中有物梗塞,口不得嗑;不得嗑即是不亨不通。若要由不亨不通變爲又亨又通,必噬之以除卻口中之物。今既言噬嗑,就是説已經噬了已經嗑了。所以噬嗑這一卦本身就含有亨的意義。噬嗑而亨,由於消除口中窒礙梗塞之物亦即去間。就社會説來,去間的辦法是“用獄”。“用獄”與用刑不同。“用獄”之中包括有究治情僞,判斷是非的内容。卦不言用刑,爻卻言用刑。六爻之象可分作用刑與受刑兩部分。初與上是受刑的,中間四爻是用刑。六五柔而居尊位,是“用獄”之主。

《彖》曰:頤中有物曰噬嗑。噬嗑而亨,剛柔分,動而明,雷電合而章,柔得中而上行,雖不當位,利用獄也。

頤中有物曰“噬嗑”,用卦體解釋卦名,頤就是口。這一卦是☲震下離上,象口中有個東西梗塞着,口合不上。若要將口合上,則必須噬而去之,所以卦名噬嗑。如果口中無物,那便是山雷☶頤了。

“噬嗑而亨”以下數句解釋卦辭。卦辭説“噬嗑亨”,孔子於此添一個“而”字,説“嗑噬而亨”,使卦辭的含義更加明確。口中有物則噬,噬則嗑,嗑則亨。

“剛柔分,動而明,雷電合而章”,説明這一卦三陰三陽,陰陽各半,剛柔相間而不相雜,故稱“剛柔分”。陰陽各半而相間的卦不止噬嗑一個,爲什麼僅在噬嗑這一卦强調“剛柔分”呢?因爲“剛柔分”有明辨之象,噬嗑是講“用獄”的,而明辨乃是察獄之根本。又“剛柔分”與“雷電合”連繫起來正構成“噬嗑而亨”的全過程。“剛柔分”是静態的,有上下未動,將噬未噬之象。“雷電合”是動態的,是下動上明,已噬已嗑之時。“剛柔分”,“動而明”,“雷電合而章”,完整地表達了由未噬而噬,由噬而嗑,由嗑而亨的全過程,爲“噬嗑而亨”這一句卦辭指出了根據。

“柔得中而上行”,指的是六五。六五以柔爻居剛位,是爲位不當。但是六五以柔得中而居尊位，這一點十分重要。用獄之事，過柔則失之寬，過剛則失之暴。六五不重柔不重剛，而是以柔居剛且得中，用獄最爲適宜。《周易》柔下剛上是常例。若柔居上體，則言“上行”；若剛居下體，則言“來”。如訟、无妄、渙等，剛爻居下體，故《彖傳》稱“剛來”。如晉、睽、鼎以及本卦噬嗑，柔爻本應在下，今居五位，故《彖傳》稱“上行”。

《象》曰：雷電噬嗑，先王以明罰敕法。

按照《周易》常例，雷電應爲電雷。蔡邕熹平石經就是作電雷的。程頤、朱熹也以爲雷電當作電雷。電也就是火，電雷噬嗑就是火雷噬嗑。電有明，明可以照物；雷有威，威可以震物。統治階級觀察電雷噬嗑之象，應該倣法其明與威，以明罰敕法。

言“先王”以明罰敕法，不言“君子”以明罰敕法，表明明罰敕法是屬於立法方面的事情。“明罰”，則事先將犯什麽科，應定什麽罪的罰例規定下來，並明確告知民衆，令民衆有所規避，不致於犯法受刑。“敕法”，是公佈於民衆的法令制度，要嚴行告誡，使民衆有所畏懼，盡可能不犯法受刑。明罰與敕法都是强調統治者在刑罰的問題上要把注意力放在事先的防範上，而不是放在事後的懲治上。這反映了孔子的思想。孔子主張德治，强調“道之以德，齊之以禮”，但並不一般地反對使用刑罰。孔子對待刑罰問題，有兩點值得注意。第一，孔子認爲治國首先是靠德教，殺人絶不是好辦法。所以季康子問他爲政是否可以“殺無道以就有道”時，他説：“子爲政，焉用殺。”第二，即使是不得已非用刑罰不可，孔子也力主先教後殺，他説：“不教而殺謂之虐。”孔子的這種思想可以代表整個儒家學派。儒家學派在刑罰問題上的觀點與法家根本不同。不能因爲荀子禮法並重就説荀子是法家。

初九，屨校滅趾，无咎。

初九在卦之初，處無位之地，象社會底層的“小人”，亦即“禮不下庶人”的“庶人”。孔子在《繫辭傳》裏對此文有解釋。孔子説“屨校滅趾无咎”這一爻是針對小人而言。小人重視利害，不在乎仁義不仁義。小人有了過錯，不給他一點厲害，他是不會改的。對小人的最好辦法是“小懲而大誡”，在他犯有輕微過失的時候，及時給予適當的懲罰，使之改惡遷善，不會使過失發展到嚴重的程度。這樣做，看來是懲治了他，其實是挽救了他，是小人之福。

校是木制的刑具。屨，鞋，這裏作動詞用。屨校，把校這種木刑具像穿鞋那樣穿在罪人的脚上。滅，没，是遮没的意思，不能釋作創傷。滅趾，刑很輕，刑具僅僅遮没了脚趾而已。有了小過，給予適當的輕微懲罰，使之不至於犯大罪，這對於受刑的人説來，是无咎的。

《象》曰：屨校滅趾，不行也。

“屨校滅趾”，使罪人不得行走。這是表面意義。實質上是通過“屨校滅趾”這輕微的懲罰，警戒罪人勿在罪惡的路上走下去。

六二，噬膚滅鼻，无咎。

六二與六五有應的關係，六五是用獄之主，六二是用刑之人。六二以柔順中正之德用刑，刑必當罪，不至於輕重失當，易於使受刑的人服罪。“噬膚滅鼻”，是用刑深嚴之象。膚是禽獸身上與骨頭不相連繫的肉，如猪的下膪，這樣的肉柔脆易咬，甚至嘴巴能咬進肉裏，連鼻子也能没進去。“噬膚”，是説用刑很容易就達到了使受刑人服罪的目的。“滅鼻”，是説用刑深嚴。因爲六二有柔順中正之德，刑必當罪，所以即使用刑深嚴，也是適宜的，不會有咎。

《象》曰:噬膚滅鼻,乘剛也。

六二以陰柔居於初九陽剛之上,故曰“乘剛”。爻辭説“噬膚滅鼻,无咎”,指出六二因柔順中正,具有用刑深嚴且容易使受刑之人服罪的可能性。《小象》説“噬膚滅鼻,乘剛也”,指出六二的用刑深,是由於乘剛的緣故。

六三,噬腊肉,遇毒,小吝,无咎。

腊讀如息。古人將肉晾乾,叫做腊。腊肉,一般指小獸整體全乾,它的特點是堅韌難咬和味厚積久而往往有毒。“噬腊肉,遇毒”,咬堅韌不易咬並厚味有毒的肉,結果不但肉咬不動,還要多少中一點毒。六三的情況就是如此。六三是用刑之人,它以六居三,不中不正,刑人而人不服。不僅不服,反遭到受刑人的怨傷。不過問題不大,處在噬嗑的時代,總要噬而嗑之,總要用刑;用刑是必要的,縱然可吝,亦屬小問題,歸根結底是无咎的。

《象》曰:遇毒,位不當也。

同樣是用刑,六三的情況不如六二;六二无咎,六三則小吝无咎。六三爲什麽小吝呢?關鍵的問題是它處位不當,不中不正。因爲自己不中不正,所以不但不能順利制服罪人,還要受到一點罪人的毒害。

九四,噬乾胏,得金矢,利艱貞,吉。

就全卦而言,九四是口中梗塞之物,是社會中阻礙安定、和諧的消極因素,是噬的對象,應該除掉的東西。但是就爻位而言,它又是除間的人,是用刑者。《周易》卦之取象與爻之取象往往不同,可能是由於卦辭爻辭非一時一人所作的緣故。

九四是卦之中間四爻中唯一一個陽爻,以剛居近君之位,是最有能力治獄,最善於解決難案的人。它能够“噬乾胏”,乾胏是裹邊含着骨頭,比腊肉更難咬的一種乾肉。九四卻咬得動它,所以它爻都説无咎,獨此爻曰吉。九四所以能够咬得動"乾胏",辦最難辦的案,制服最難制服的罪人,主要是因爲它有一個優越的條件:"得金矢。""金矢"是剛直的意思。"得金矢",具有剛直不阿的品德。光有剛直不阿的品德還不行,還要在具體的辦案用刑過程中做到"利艱貞",即不怕艱難困苦,敢於守正,堅持原則。

《象》曰:利艱貞,吉未光也。

九四具有"得金矢"之品德,剛直不阿,它有治獄用刑的能力和條件,它"噬乾胏"可得吉。然而可能性不等於現實性。要在具體的辦案過程中真正取得成功,得吉,也就是使"吉未光"變成"吉光",還必須做到艱貞。

六五,噬乾肉,得黄金,貞厲,无咎。

六二"噬膚",六三"噬腊肉",九四"噬乾胏",一節比一節難噬,至六五"噬乾肉"反而變易了。爲什麽變易了呢? 因爲六五"得黄金"。"得黄金"是説六五具有某些優越的條件。黄,中色,表示六五居中得中道,且在君位。金,剛物,表示六五以柔居剛,且有九四陽剛之輔佐。六五雖然"得黄金",具有處剛得中的好條件,但是它本身畢竟是柔體,要獲致无咎的結果,尚須做到"貞厲",即既要守正,又要心懷危懼,謹慎從事。

《象》曰:貞厲无咎,得當也。

這裏的"得當"與六三小象的"位不當"所指不是一回事。"位不當",是説爻位不當,此處的"得當"是説事情辦得得當。六五本身是柔體,以柔治獄用刑,而能守正慮危,終得无咎,這是主觀努力,辦事得當的結果。

上九,何校滅耳,凶。

何字讀去聲,與荷字同,是動詞,不是疑問代詞。校是木制刑具,可能是戴在肩上的枷。上九與初九一樣,是受刑的人。它的肩上荷着一個枷,枷着脖項。枷很大,竟將耳朵給没進去了。“滅耳”形容枷大没耳,不是割掉耳朵。割耳的刵刑在古代是輕刑,而這裏的“何校滅耳”是重刑之象。

上九是受刑之人,它爲什麼受到“何校滅耳”的嚴重懲罰而得凶呢?是由於它“以小惡爲無傷而弗去也,故惡積而不可掩,罪大而不可解”,完全是怙惡不悛,罪由自取。

《易》卦之初上兩爻是始與終的關係,兩爻之爻辭一般來説是互相照應的。此卦初九曰“屨校滅趾,无咎”,有小懲大誡之義,即有小過給以輕的懲罰,使它聞過而知改,把過失改正在初始狀態。至上九,居卦之終極,罪發展到極點,噬亦發展到極點,罪大已不可解,惡積已不可掩,非處以重刑不可。

《象》曰:何校滅耳,聰不明也。

上九得到“何校滅耳”的重罰,責在它自己,在它自己“聰不明”。應當説“耳不聰”,何以説“聰不明”呢?“聰不明”其實是説它聽之不聰,聽不見人家的勸告,長着耳朵卻未發揮耳朵的作用。聰字單用,包含明之義在内,這裏説“聰不明”,聰與明並用,則聰字便相當於耳了,明是耳的功能。

〔總論〕

研究這一卦,應該注意卦中反映出的《周易》和孔子的法律思想。孔子在《大象》中提出“明罰敕法”的主張,可知孔子並不否認刑罰在治國中的作用。他雖然鼓吹“道之以德,齊之以禮”,力主以德治國,以爲“道之以政,齊之以刑”不是好辦法,甚至反對爲政以殺,但是他並不一概排斥治國用刑的必要性。孔子的法律思想與法家迥異。法家唯法唯刑是用,孔子則强調“明罰敕法”,要求統治者將法與罰公諸民衆,使之知,使之畏,使之盡可能不犯法不受刑。“明罰敕法”一語的要害在明不在罰,在敕不在法,在於防民教民,不在於制民刑民。應當説,明罰敕法,包含在孔子德治思想之内,是德治思想的一部分。

卦辭"噬嗑亨，利用獄"一語表明它的作者已經有了關於暴力統治的觀念。口中有物，必噬之方得嗑，必嗑之方得亨。這個道理具有普遍性，在人類社會中可以説無所不在。父母、夫妻、兄弟、朋友諸關係中都有噬嗑的問題，然而《周易》作者卻一下子抓住了國家生活中必用刑獄這個最大的噬嗑。這絶非出於偶然，説明已經有了明確的關於暴力統治的觀念。

噬嗑這一卦反映《周易》法律思想中起主導作用的是德治，不是刑治。例如它懲罰罪人，着眼點在人不在罪。初九是初犯，罰輕；上九不聽勸誡，至於罪大惡極，刑重。從用刑的人看，問題就更加清楚。九四"得金矢，利艱貞"，六五"貞厲无咎"，所講的全是用刑者個人品德修養問題。噬嗑卦的德治意向還表現在卦的構成上。噬嗑卦的上體是離，離的特點是明，明是治獄的基本要求。執事人員明與不明決定案件辦得好與不好。明與不明也是道德問題。在法律實踐中執事者單純重視個人品德修養如何，必然是人治主義，還談不到法治。

☶ 離下艮上

賁，音畢。《序卦傳》説："嗑者合也，物不可以苟合而已，故受之以賁。賁者飾也。"賁的含義是飾，飾也就是文。文與質相對待。質是指事物的本質，文是指事物的文飾。孔子説的"繪事後素"，很能説明質和文的關係，畫畫兒有了素白的底子，然後才能涂以彩色。社會人事也是如此。噬而合，合而亨；人群合聚了，必有等級名分，倫序行列。把等級名分，倫序行列表現出來的禮儀制度等等就是文。文對於社會來説是不可缺少的。社會處在合和狀態的時候,必須有文以飾其本。所以噬嗑之後次之以賁。

離下艮上這一卦,就其二體看,下爲離,離爲火爲明;上爲艮,艮爲山爲止。山下有火,文明以止,有文之象。就卦變看,柔來文剛,剛上文柔,剛柔上下相錯,亦有文之象,所以這一卦叫做賁。

儒家講究賁之道,重視質與文的關係問題。儒家認爲人類社會不可没有文飾;若質勝文,没有文飾或文飾不足,社會便不可能發展;若文勝質,即文飾過了頭,本質被削弱了,社會也要出問題。荀子批評墨子"蔽於用而不知文",就是以這個道理爲依據的。道家主張法自然,見素抱樸,少私寡欲,一切人爲的禮儀制度和道德觀念都在堅決擯棄之列。顯然這是違背歷史發展的需求的。它在後世的政治實踐中不如儒家文質的觀念受到重視,是不足怪的。

賁亨,小利有攸往。

賁是講文飾的。質與文是一個對立面,而質是主要的、基本的。質而有文飾,方可亨通。故曰"賁亨"。亨,應當"利有攸往",而這裹加了個小字,"小"的意思是説文不可太盛,文不可勝質。否則的話,屑屑於文飾而忽略了根本的東西,便會走向反面,亨要變爲不亨了。

《彖》曰:賁亨,柔來而文剛,故亨。分剛上而文柔,故小利有攸往,天文也。文明以止,人文也。觀乎天文以察時變,觀乎人文以化成天下。

賁亨的亨字應是衍文。"柔來而文剛,故亨"一句是解釋卦名的,故賁下不應有亨字。依王弼注"天文也"之前當有"剛柔交錯"四字。

"柔來而文剛","分剛上而文柔",這兩句話古人多用卦變説解釋,解釋不明白。至清乾隆年間胡煦作《周易函書》,創“體卦主爻”説解釋《彖傳》之“往來上下内外終始”八字,從而徹底推倒了漢儒宋儒等倡言的各種卦變説。依胡氏説,《彖傳》所言,是六十四卦生成過程中事。六十四卦既生成,便不可能再變化。《彖傳》所言上下往來云云乃是對一卦構成所作的解釋,不是講一卦生成之後又有變化。按照胡氏“體卦主爻”説,《彖傳》所言不過兩方面内容。一方面講卦之體。卦之體原本就是乾坤。坎離巽兑艮震六子也是由乾坤所生。賁卦卦之體上爲坤,下爲乾。乾坤二體是静態的。上下往來之剛柔二用是動用的。二用是一卦之主爻。一卦之成,皆由乾坤二用一交而始,非乾九之用於坤,則坤六之用於乾,然後有三男三女之分。故六子之體皆具乾坤之體,而或多或少或上或中或下則各不相同,因其多寡而别其動静,明其體用。如三爻之中兩陰一陽,則以兩陰爲静體,而以一陽爲動用之爻。就是説,坤本三陰,今復有此一陽自外來而交之,因得變成此體,則自外來交之一爻,是動而善遷的有用之爻,因遂得爲此一卦之主爻。故《彖傳》每有上下往來内外終始之説,皆是説初成卦之時乾坤摩蕩之妙,要讀《易》者知觀象之法而用以審擇主爻者也。爲卦變説者都不知乾坤二用六子之體全是乾坤之交流,紛紛創爲卦變説。自從有了卦變説,《彖傳》便成爲難以理解的了。

按照胡氏“體卦主爻”説解釋《彖傳》,則文通字順。

賁卦上體本爲坤,下體本爲乾。兩個動爻或柔或剛,上下交錯,上體坤成爲艮,下體乾成爲離。《彖傳》講“柔來而文剛”,謂下體離的柔爻六二。六二自外來,自太極來,不是説自上體來。“文剛”之剛是初九與九三。“分剛上而文柔”,“分”謂分乾體爲二。“剛上”之剛謂上九。“文柔”之柔謂六四、六五。“分剛上而文柔”,謂艮之上九一陽,自乾用分出,文飾坤迷之體,使之光明也。

“柔來而文剛”謂離六二之柔,是下卦之主。“分剛上而文柔”謂艮之上九,是上卦之主。下體離明燭物,動無不善,故亨。上體是艮止,則内有知慧,而外不能行,故小利有攸往。此下王弼注添“剛柔交錯”四字。既言“剛柔交錯”,便有了“天文”的意義。因爲“剛柔交錯”其實説的是日月交替運轉,天行不息。

“文明以止,人文也”。離謂文明,艮謂止。表現在人與人之間能够保持彬彬有禮的關係和尊卑截然的名分,所以叫“人文也”。“觀乎天文以察時變”。時變謂春夏秋冬四時之變化。

“觀乎人文以化成天下”。化是説發生質的變化,舊事變成了新事。成是説人世間的事情,時間既久,便成習俗。離爲火,故有化象;艮爲止,故有成象。觀察卦中人文的意思,可用以化成天下,使全天下都常變常新,日久成俗。

《象》曰:山下有火,賁。君子以明庶政,无敢折獄。

《周易・大象》共有噬嗑、豐、旅、賁四卦論及用刑問題。前兩卦以火雷雷火交互爲體,講用刑强調威與明兩個方面。後兩卦以火山山火交互爲體,講用刑强調明與慎兩個方面。旅卦火在山上,是止而明的意思。慎而明,則辦案及時,判決及時,不留獄。賁卦火在山下,明在内,止在外,明而止,則辦案、判決都要謹慎,不得草率從事,亦即無敢折獄。折獄以得情實爲要,而賁卦講文飾,恰好與折獄的要求相反,所以孔子學了賁卦告誡人們説“无敢折獄”,治獄務必去文飾而求情實。一切舞文弄法,深文刻核,文致鍛煉的作法,都應在反對之列。

初九,賁其趾,舍車而徒。

賁卦是講文飾的,但卦中六爻情況有所不同。内卦三爻“柔來而文剛”,剛已經够了,主要是如何加柔的問題。外卦三爻“剛上而文柔”，柔足剛不足，所以重在剛。初九賁其趾，六二賁其須，九三賁如濡如，都重在柔，而初九由於處在賁之始初之時，賁的程度最輕。趾在人體的最下部，功能是走路。“賁其趾”，文飾表現在趾上，説明剛剛開始賁。“舍車而徒”，不乘車而徒步走，這在趾之行路這一點説來，賁的程度太輕了，幾乎達到素而無文的程度。初九與六四正應而互賁，初九講“舍車”，六四講“白馬”，意義相近。初九居一卦之下，其下無所乘，故云“舍車”。六四處上體之初，其下有所乘，故云“白馬”。

《象》曰：舍車而徒，義弗乘也。

舍車不乘而徒步走，不是故作清高的一類，是發自内心的一種理性表現。人家以乘車爲賁，我獨以徒步爲賁。

六二，賁其須。

須，其實就是鬍子。鬍子對於人説來，主要的用處是文飾臉面，使臉面美觀。它不能自立，必須附麗於頤上。倘無頤存在，須亦無從立足，正所謂“皮之不存，毛將安傅”。

六二無應爻而與九三相比，九三亦無應爻而與六二相比，相比則相賁。六二純陰，是賁卦之主爻，賁卦的基本含義從這一爻能够看出來：文當從質，文飾其質，文不能變其質；文之動止全由其所附之質決定。須與頤的關係恰像文與質的關係。六二與九三相賁，六二是純柔，柔爲文；九三是純剛，剛爲質。六二與九三的關係是文與質的關係，六二隨九三之動而動，隨九三之止而止。所以爻辭曰“賁其須”。六二“賁其須”，其賁的程度亦即文飾的程度大於初九“賁其趾”。初九幾乎以素爲賁，六二則以賁爲賁了。鬍子儘管要依附於頤，但是它長在頤上，畢竟是真正的文飾之物了。

《象》曰：賁其須，與上興也。

上是九三。興是興起,動作。六二依附於它的上爻九三,恰似鬚依附於頤一樣,頤動鬚動,頤止鬚止。所謂"賁其鬚",實際上是説文是受質制約的,事物的善惡美醜決定於它的質,不決定於它的文,它的外在形式。

九三,賁如濡如,永貞吉。

九三處在六二與六四兩個陰爻之間,下比六二,上比六四,它作爲一個剛爻,受到兩個柔爻的賁飾,可謂上下交賁。賁至此已達到很盛的地步,所以叫做"賁如"。事物發展到一定程度容易起變化,稍不留意,極其可能走向反面。賁飾太盛,未免有文滅質之患,所以又叫"濡如"。濡,謂賁飾之文采華麗鮮豔,潤澤充盈。《周易》中凡説"某如某如"的,都是猶疑不決,兩端難定之辭。"賁如濡如",賁飾得挺充盈卻又顧慮賁飾過分,致於文滅質。因此又説"永貞吉"。貞,正也。九三以陽居陽,不是不正,問題在於能否永久堅持守正。能永久守正,不爲陰柔所溺,不至於以文滅質,那才是吉。

《象》曰:永貞之吉,終莫之陵也。

陵,侮,也有勝過的意思。"永貞之吉",是質不爲文所滅,剛不爲柔所溺。這種吉要求長久堅持,到底不變。"終莫之陵",終不可使文勝質。終字與永字相呼應。

六四,賁如皤如,白馬翰如,匪寇婚媾。

皤,頭髮白色。翰,馬白色。皤、白都有素、質的意思。六四處在上體艮止的開始,正是賁極該當返素的時候,所以爻辭説"賁如皤如"。"賁如",六四在賁的時候,它當然要崇尚文飾了。"皤如",但是六四處在離明之外,艮止開始的時候,又與初九剛爻正應,有崇質返素之心。既賁如又皤如,是一種兩端未決的矛盾心態,而最終的意思是皤如,是無所文飾。下文"白馬翰如"證明了這一點。"白馬翰如"指初九,初九"舍車而徒”，與六四皤如之心相互照應，是六四的志同道合者，它“白馬翰如”般地來了，它不是六四的寇仇，它是六四的婚媾。六四歸根結底是以剛文柔，以質濟文；是崇質返素，以樸素爲賁。

《象》曰：六四，當位疑也。匪寇婚媾，終无尤也。

疑，兩端不定。從大處看，六四是賁之六四，處在賁的時代，它理應“賁如”，重視文飾。從細處看，六四處在離明之外，艮止之始，正是由文返質的時候，它的處境決定它素以爲絢。兩種意向猶疑不定，最終它走向了“皤如”。走向“皤如”，没有問題，也無怨尤。何以知之？“匪寇婚媾”，初九與我志同道合，我“皤如”，它“舍車”，它來與我婚媾，哪裏有什麽怨尤。

六五，賁于丘園，束帛戔戔，吝，終吉。

丘園指上九。丘園是聯合結構的詞語。丘，古代城邑近處的丘坂。園，城邑外面距城邑很近的園圃。六五是柔爻，與上九剛爻相比。《彖傳》説“剛上而文柔”，那末，上九應當文六五，六五要受上九的賁飾。上九是丘園，是安謐素樸之地，不是朝市，不像朝市那般熱烈多文。“賁於丘園”，就是賁於上九，也就是六五受上九之賁。整個兒的意思是敦本，是崇素返質。束帛，禮物；戔戔，極少。“束帛戔戔”，上九給六五以極少的禮物，少到可以認爲是吝嗇的程度。吝嗇是儉，禮與其奢寧儉，儉比奢好。吝嗇，表面上看似乎不好，然而最終還是吉的。總之，賁卦外三爻講的是賁極反樸，以質濟文的問題。六五在這個問題上比六四更前進一步。

《象》曰：六五之吉，有喜也。

一個吉字包括了爻辭的全部意義。六五能够在文勝賁極的時候崇樸返質，是極難得之事，不是出自中心喜悦是辦不到的。“有喜”，心中對於崇樸返質有所喜悦。所謂“知之不如好之，好之不如樂之”，與此正同。

上九,白賁,无咎。

上九已至艮止之終,《彖傳》説的"文明以止"至此已達到最後階級。崇本返質的程度遠遠超過六四與六五兩爻。六四"賁如皤如",賁與白畢竟不是一回事;六五"賁于丘園,束帛戔戔",亦在反本的過程中。上九"白賁",則白即賁,白與賁變爲一回事了。賁至於極點,有飾變爲無飾了。説無飾,其實不是無飾,是以無色爲飾,以質素爲賁。《雜卦傳》説的"賁無色",對賁卦的特點一語概括無遺。賁是五彩豔麗的文飾,白無色是素樸無文,二者截然對立,竟合而曰"白賁",曰"賁無色"。相反而相成,兩個對立之物連在一起,表明《周易》作者具有對立面統一的觀念。

《象》曰:白賁无咎,上得志也。

白賁是無有賁飾或者説以質爲文,上九處在賁的時代,卻以質爲文,無有賁飾,是不是行與時違而宜得咎呢?不是的,上九白賁,理應无咎。因爲它處於賁卦之上,合該白賁;白賁符合質與文辯證統一的規律,符合上九崇質尚實的心志的。

〔總論〕

賁卦講文飾,文飾不可無質,所以賁卦實際上講的是文與質的關係。上體與下體有所不同。下體"柔來而文剛",以文爲文,主下體之文,是"柔來"之"柔"亦即六二。六二"賁其鬚",鬚最是虛文之物,自己不能獨存,必隨九三之興而興,隨九三之止而止,説明質要有文加以賁飾,然而文離不開質,文質不能分離。上體"剛上而文柔",以質爲文,主上體之質的是"剛上而文柔"的"剛",亦即上九。上九"白賁",以無文爲文,以無色爲賁。説明質與文不可或缺,不過質比文更根本更重要。從六爻看,有三爻不事文華。初九"舍車而徒",不事文華;六五"賁于丘園,束帛戔戔",亦不事文華,上九"白賁",不僅不事文華,甚乃以質素爲文。另外三爻,六四"皤如"

而賁於初九,六二"賁其鬚",必依附於九三,唯有九三之"賁如濡如",是賁飾之盛,然而也有"永貞吉"之誡。看得出來,賁卦對於文飾的態度是十分謹慎的。在它講究文飾的時候,强調的不是文飾而是本質。《周易》的這種思想方法值得注意。

但是,是不是《周易》在質文關係問題上要質不要文或者重質不重文呢? 完全不是。道家才是重質不重文,要質不要文的。《周易》以及《易大傳》的作者孔子都重質也重文,追求文質彬彬。在儒家看來,質文相反相成,是對立的統一,二者不可或缺。道家老子、莊子都熟諳辯證法對立統一的規律,他們的書中關於這方面的精彩命題比比皆是,唯獨在文質關係上他們絶對鼓吹見素抱樸,回歸自然,要"牛馬四足",不要"穿牛鼻絡馬首",一切人爲的文飾的東西一概擯棄,從而陷入形而上學的可悲境地。從社會歷史發展的角度考察,道家要質不要文的主張有它無容置疑的反動的一面,實不足取,而《周易》及其傳授者儒家學派的文質觀則植根於現實之中,順着歷史發展的方向提出問題,思考問題,至少它的思想方法是光輝的。

剥

䷖ 坤下艮上

《序卦傳》説:"賁者飾也。致飾然後亨則盡矣,故受之以剥。"賁卦是講文飾的。事物發展到講文飾,可以説是亨;發展到亨,就要向反面轉化,所以賁卦之後是剥卦。剥是剥落的意思。事物衰落了,殘謝了,都可以叫剥。不過剥卦所講的,乃是陰剥陽的剥。陰自下生,逐漸成長,至今已達到盛極的程度,五陰消剥一陽,陽處在被陰剥落的時候,所以這一卦叫做剥。

剥,不利有攸往。

剥是陰剥陽的時代,陽代表君子,陰代表群小;群小得勢,君子“不利有攸往”,亦即不宜有所前進。因爲這時陰盛陽衰,小人壯而君子弱,天時與人事均於君子不利,君子宜藏器待時,勿有所往。

《彖》曰:剥,剥也,柔變剛也。不利有攸往,小人長也。順而止之,觀象也,君子尚消息盈虚,天行也。

剥卦是講什麽的?剥卦是講剥的。剥就是陽被陰剥,陰漸長而陽剥落。從卦象來看,剥是“柔變剛”。“柔變剛”是剛爲柔所變,爲柔所取代,柔一步步把剛剥掉。原來是六個剛爻的純乾之卦,一變而爲天風姤,一柔在下,五剛在上;二變而爲天山遯,二柔在下,四剛在上;三變而爲天地否,三柔在下,三剛在上;四變而爲風地觀,四柔在下,二剛在上;五變而爲山地剥,五柔在下,一剛在上,剛幾乎被柔變盡,陰柔變剛陽,柔長而剛剥,所以這一卦叫做剥。夬卦五剛在下,一柔在上,《彖傳》稱之爲“剛決柔”。剥卦與夬卦相錯,《彖傳》不説“柔決剛”而説“柔變剛”,其故在於《易》爲君子謀不爲小人謀。君子去掉小人,越痛快越好,所以稱決不稱變;小人剥落君子,是一個萋菲浸潤的過程,所以稱變不稱決。

“不利有攸往,小人長也。”是説君子處剥的時代,應當巽言屈身避害,待時而動,原因是此時小人道長,小人得勢,君子别無更好的選擇。剥卦與復卦是一個對子,復卦《彖傳》言“利有攸往”,説“剛長”,剥卦《彖傳》言“不利有攸往”,不説“柔長”而直接説“小人長”,是爲了警告君子處在小人剥君子之時要保持清醒的頭腦,切勿妄動。

“順而止之,觀象也。”剥卦坤下艮上,有順止之象,君子觀察順止之象,處在小人剥君子的時代,務須堅貞自守,順時而止。

"君子尚消息盈虚,天行也。""尚"是尊奉的意思。"消息盈虚,天行也",是説"消息盈虚"是自然界變化的規律。世間人事的變化也和自然界的變化一様,是有規律的。君子應尊尚消息盈虚這個規律,不要反消息盈虚這個規律。

《象》曰:山附于地,剥。上以厚下安宅。

山本來是高於地的,現在由於下不厚而頽下來附着於地,這是圮剥之象。圮剥必始自下,下剥則上危。統治者觀剥之象,施諸政治,應該"厚下",恩加百性,以求得"安宅"。這與《書經》"民惟邦本,本固邦寧"的思想一致。

初六,剥牀以足,蔑貞凶。

牀字歷來都釋作人睡覺用的卧具。有時難以講通。今人廖名春疑爻辭之牀字,都當讀爲壯,壯即陽。他認爲文獻裏往往牀、壯通用。廖氏將剥卦爻辭之牀字讀爲壯,是可取的。以,及。足,爲萌下者,這裏指初爻。蔑通滅。貞,正。這裏代表陽剛。蔑貞凶,意思是説滅了陽剛,凶。

《象》曰:剥牀以足,以滅下也。

"剥牀以足",僅僅是小人剥君子的開始,接着將漸及於上,所以叫做"滅下"。言外之意是説小人剥了君子之下以後還要繼續嚮上剥。

六二,剥牀以辨,蔑貞凶。

這句爻辭的關鍵,在於辨字怎麽解釋。歷來注疏家衆説紛紜,均不得要領。廖名春釋牀爲壯,壯即陽剛;釋辨爲半,爻辭的意義就比較明白了。"剥牀以辨"陰剥陽剛剥到了半,半指下卦的中位,亦即下卦之中爻。蔑貞凶,滅掉了陽剛,凶。

《象》曰:剥牀以辨,未有與也。

"未有與",没有應爻,亦即没有援助,惟其没有應爻,所以六二雜在群陰之中而爲剥。六二陰柔居中得正,條件本來不錯,完全可以脱離小人的行列,不剥君子,然而它"剥牀以辨",剥君子,剥到了下卦的中爻,原因就在於没有陽剛來應它。六三雖不中不正,但有應與,情况與六二就大不一樣了。

六三,剥,无咎。

六三在剥卦初至四四個陰爻中,它是无咎的。它爲什麽得以无咎?因爲它與上九陽剛正應。儘管它仍然屬於剥君子的小人行列,但與上九正應,並無剥害君子之意。實際上等於脱離小人一面而倒向君子一面了。

《象》曰:剥之无咎,失上下也。

六三恰在卦中五陰爻之中,上有二陰,下有二陰,而它獨與陽剛正應,脱離了上下之同類,處剥之時而不爲剥之事,故无咎。爲什麽不言吉而言无咎?六三雖已反正從陽,但是力量是孤弱的,能够无咎就算不錯了,哪裏可能得吉!

六四,剥牀以膚,凶。

初剥陽剛之足,二剥陽剛之中位,小人一步步嚮上剥君子,剥至六四,達到極其嚴重的程度。"剥牀以膚",膚,表皮。這裏指外卦。"剥牀以膚",剥陽剛已達到外卦了。對於受剥的君子來説,問題是嚴重的。爻辭不言貞凶而直言凶,説明凶是無條件的,絶對的。

《象》曰:剥牀以膚,切近災也。

《象傳》指出問題的嚴重性。就卦爻説,上九是陽爻,六五是君位,陰剥陽剥到四這一爻,算是剥到了極點。就君子來説,剥床之足,剥牀之辨,畢竟還未近身,現在剥到皮肉了,整個兒的身軀面臨危險,已經構成災禍了。

六五,貫魚,以宫人寵,无不利。

六五與以下諸陰不同。六五以下諸陰講的是如何剥陽,至六五則不但不剥陽,反倒講如何承陽了。發生這一變化的原因在於:上九一陽在上屹然不動,六五想剥也剥不了。六五作爲一個陰爻有陰柔之性,陰柔的特點是勢盛則作威,計窮則順承。現在它又切近於上九,與上九陽剛相比,既剥不了上九,便衹好順承上九了。

魚,陰物,象徵六五以下諸陰。宫人,宫中之人,亦即后妃之類,象徵六五與上九的關係。六五居尊位,是衆陰之長,它像貫穿魚串那樣將衆陰統率起來,好像宫人侍奉人君那樣以順承上九,獲得上九的寵信、庇護,在此陰剥陽的時代,它不剥陽反而順承於陽,當然是"无不利"了。

《象》曰,以宫人寵,終无尤也。

尤,過失。"以宫人寵",是小人受寵,不是君子受寵。小人受寵本非好事,但是在陰剥陽的時候,六五能够率衆陰以順承陽剛,畢竟没有過失。

上九,碩果不食,君子得輿,小人剥廬。

當剥之時,諸陽已被剥盡,剩下上九一陽,像一隻碩大的果實一樣未被食掉。言"不食"而不言"未食",説明剩下一陽還在,實非諸陰不想食或者偶然未食,是按照"消息盈虚,天行也"的規律,陽不能盡剥。就像樹,雖然被剥了,果實還在,種子還在,春天一旦到來,它還要復生。"君子得輿,小人剥廬"是一個問題的兩面觀。剥卦發展到上九這個階段,對於君子來説,是"得輿"。輿,車。此時衆陰在下而宗陽,極似天下亂極,人心思治,衆心願載君子。對於小人來説,是"剥廬"。廬,屋。小人剥君子,若剥極於上,將君子全剥盡,那末它將自失所覆,不得安身之地。

《象》曰:君子得輿,民所載也。小人剥廬,終不可用也。

“君子得輿”,説明天下剥極之時,君子受到百姓的擁護和支持。“小人剥廬”,説明天下剥極之時,小人自食其惡果,它剥君子,實際上等於剥了它自己安身的廬。“終不可用也”,用與以聲近而義同,“終不可用也”即“終不可以也”。以,在此是語詞。故“終不可用也”,實等於“終不可也”。

〔**總論**〕

卦辭説“剥,不利有攸往”,是説在陰剥陽的時代,陽的處境總的説來是不好的。而爻則不同,諸爻誰剥陽誰見凶,剥陽者是不好的。所以,六五以順承上九,得“无不利”。六三與上九正應,得“无咎”,而初六、六二,六四以剥陽的緣故,均得凶。

剥卦裏有君子與小人、上與民等概念,説明作卦爻辭的時期已經有了明顯的階級關係,社會早已進入文明時代。又從《彖傳》可以看得出來,《周易》作者没有上帝鬼神的觀念,他認爲世間人事的變化與自然界的變化,都受内在的、不以人的意志爲轉移的規律支配着。還有《象傳》講“上以厚下安宅”,“君子得輿,民所載也”,反映《易傳》作者深知鞏固統治的關鍵在厚下安民。他不信上帝鬼神而重民,這是雖素樸但很完備的民本觀念。

復

䷗ 震下坤上

《序卦傳》説:“物不可以終盡,剥窮上反下,故受之以復。”陰陽消長是自然的規律,陰可以剥陽,但是不可能剥盡,剥至極處,陽便要復生了。陽被剥極於上,就要復生於下,其間不會有一忽的間斷,所以剥卦之後次以復卦。

復是反本的意思。從卦來看,一個陽爻在五個陰爻之下,是陰極而陽反。從自然來看,夏正十月陰盛至極,至十一月冬至的時候,陽氣反生於地中。從人事來看,陽代表君子之道。君子之道消至極點,就要復反,就要長了。

復,亨。出入无疾,朋來无咎。反復其道,七日來復,利用攸往。

"復,亨。"復則必亨。陽剥極而復反於下,雖衹有一陽,看來勢孤,但是它是初生的,嚮上的,前進的,猶如冬至時節陽氣復生,萬物即將萌發,其生生之勢不可阻擋;在上的五陰雖衆必然披靡消散,構不成在下一陽的障礙。

"出入无疾,朋來无咎。"出入謂生長,入謂復生於内,出謂長進於外。陽從内卦開始出生,然後向外卦長進。這與自然界的情況很相似,陽氣自冬至起,自地内發生,逐漸向外長進。无疾,無害。復卦衹有一個陽爻自下生出,力量是微弱的,但是衆陰類侵害不了它。這是有"朋來"使它"无咎"的緣故。"朋"是諸陽,是初九的同類。咎,在自然界則爲差忒,在人事則爲抑塞。總之是遇到了阻礙。在復的時候,一陽自下而生,必有諸陽來同它協力戰勝衆陰,克服阻礙而得无咎。

"反復其道,七日來復,利有攸往。""道",陰陽往來消長之道。"反復",謂陰長則陽消,陽長則陰消。"反復其道",是説陰陽往來消長,合乎規律地變化。"七日來復",剥和復是反對卦。剥卦卦畫像捲簾一樣翻捲過來便是復卦。剥卦陰漸長,陽漸消,經過七次變化,變爲復卦,故稱"七日來復"。所謂七日,是指七爻言。自剥卦翻捲過來而成復卦,共經歷七爻的變化。在復的時候,陽進陰退,君子道長,小人道消,所以"利有攸往"。在剥的時候,陰進陽退,小人道長,君子道消,所以"不利有攸往"。

《彖》曰:復亨,剛反,動而以順行,是以出入无疾,朋來无咎。反復其道,七日來復,天行也。利有攸往,剛長也。復其見天地之心乎!

“剛反，動而以順行”，既釋“復亨”又釋“出入无疾，朋來无咎”。剥卦講“順而止”，復卦講“順而行”，君子處剥處復，或止或行，有所不同，但“以順”是一樣的。順什麽？順乎自然，順乎規律。最重要的是“剛反”二字，“剛反”指出了卦辭言“復亨”的根據和實質。天道運行至復的時候爲什麽能够亨通而了無障蔽？其根本的原因是陽剛消到極點則必來反，來反則漸長，則亨通。

“天行也”解釋“反復其道，七日來復”。“天行”實際上是指天地陰陽運動的規律而言。陰剥陽盡，陰極陽反，一陽生而成復，乃是天地陰陽有規律地運動的結果。

“剛長也”與“剛反”講的都是復卦一陽爻的運動，二者的區别在於各自所强調的重點不同，意義也不同。“剛反”强調剥之一陽窮而反於下，成爲復，説的是復開始形成時的情況，由於剛自上反於下，剥終於變爲復，其結果是亨。“剛長”强調剛既反之後一陽漸長，自下而上，説的是復形成以後的情況，“剛長”的結果是“利有攸往”。剥卦《彖傳》言“不利有攸往，小人長也”，這裏説“利有攸往，剛長也”，可見《易》爲君子謀不爲小人謀。

“復其見天地之心乎！”什麽是天地之心？“心之官則思”，心是主思慮，主預謀，主宰形體的。天地無思慮無預謀，何以言“天地之心”？孔子講“天地之心”不過是個比喻，天地本無心，但是天地間萬物生生不已，陰息陽消，陰極陽長，消息盈虚，無有間斷，像似天地有一顆心主宰着自己的意向和行爲。孔子説“天地之心”並非真的以爲天地有心，孔子衹是説天地像似有一顆心。所謂“天地之心”，其實就是孔子在别的卦講的“消息盈虚”，就是不以人的意志爲轉移的自然規律。

自然規律無時無處不在，爲什麽單在復卦見“天地之心”？因爲“天地之心”在復卦見得最顯明最親切。陰剥陽，但陽無剥盡之理，一旦剥窮上，便要反下而成復。復的時候，一陽在下初生微動，處在潛伏之中卻又生意油然，其生生之勢縱然五陰積累壓抑在上，也不能阻擋。陽看來被剥盡了，但不能剥盡；陽看來孑然一身，微弱得很，而其實卻是强大無比，没有什麽力量可以使它停止嚮上成長。在復的時候最能看清楚自然規律的客觀性。别的卦則不然，例如泰卦，三陽之時，萬物更新，這時衹見物之蕃衍盛大，“天地之心”卻不易見。

邵雍有詩云：“冬至子之半，天心無改移。一陽初動處，萬物未生時。玄酒味方淡，大音聲正希。此言如不信，更請問包犧。”這詩作得好，它把“復其見天地之心乎”一語解釋得極明白。天地之心年年歲歲月月日日無有一時間斷改移，卻唯有在建子之月，冬至之時看得最真切。因爲此時一陽初動，意味着要大動；萬物未生，意味着要大生。正如酒方在玄酒味淡時，音方在大音聲希時。

《象》曰：雷在地中，復。先王以至日閉關，商旅不行，后不省方。

“雷在地中”，是陽始復之時。先王、后都是指統治者。統治者觀復卦之象，應該順應自然的規律，在冬至這一天采取安静持養的措施，閉上關卡，使商旅停止活動，自己也不省視四方。爲什麽選在冬至這一天這樣做呢？這是因爲按照《易經》十二辟卦即十二消息卦的思想，復卦是建子之月即十一月卦。十一月冬至這一天是一年之陽氣初生之時，陽氣還微弱，需要以静養動，不使初陽受到侵害。

初九，不遠復，无祇悔，元吉。

原來本有的東西後來失掉了，失掉之後又得到了，叫做復。原來本没有的東西，後來有了，不能叫做復。復卦是講陽被剥掉之後，現在又來復於初的問題。復有遠近早晚，復得近復得早，當然比復得遠復得晚要好。初九處在復卦之初，最近最早的復,所以“无祗悔”而得“元吉”。祗,音支,義病,病猶災也。“无祗悔”,無病無災,也不至於有悔的意思。就一個人來説,有了過錯就能認識到,認識了就能改,甚至過錯還未表現出來就改掉了,不至於達到悔的程度,這就是“不遠復”。

《象》曰:不遠之復,以修身也。

“不遠而復”,是君子用以修身之道。修身的問題主要是知過而速改,知其不善而速從善的問題。其中既强調改,又强調早改,快改。

六二,休復,吉。

休,美。休復,休美的復。復得休美,復得好,所以吉。六二爲什麼能够休復吉呢?因爲六二處中得正而且切比於初九,有從陽之志。

《象》曰:休復之吉,以下仁也。

這裏的仁應是人的同音假借字,與“井有仁焉”的仁字相同。下仁就是下人。“下人”與修身的意義連接一貫,“修身”是反躬修己。“下人”是指六二對初九能親而下之。

六三,頻復,厲无咎。

六三以陰處震之極,有躁動之象。一個人犯了錯誤能够及早改正,改了不再犯,是最好的。而六三不然,六三頻復,犯了改,改了又犯,屢失屢復,不如“不遠復”與“休復”,所以“厲”,“厲”是危的意思。但是“頻復”也有可取之處。屢失屢復,畢竟强於不復不改。就它屢失這一點來説,當然是厲的;就它屢復這一點來説,則是无咎的。

《象》曰:頻復之厲,義无咎也。

屢復屢失,雖爲危厲,能復善改過總是好的。

六四,中行獨復。

六四處於上卦之下，上下各有兩個陰爻，而自己居在衆陰之中，所以叫做“中行”。六四以陰爻居陰位得正，且正應於初九，所以叫做“獨復”。六四處在諸陰之中而獨能復，説明它的主觀願望是好的。不過，若從客觀條件來説，它畢竟是以陰居陰，所應的初九正在陽氣甚微之時，不足給它以有力的援助，它實際上不能有所作爲，所以爻辭不言吉，不言无咎。

《象》曰：中行獨復，以從道也。

從道，從初九陽剛之善道、正道。强調六四“中行獨復”是從道，表明它不是爲謀利。

六五，敦復，无悔。

敦，厚。初九爲復卦之主，六五與初九無繫應關係，本當有悔，但由於它所處居中而且能復，所以无悔。六五的“无悔”與初九的“无祇悔”有所不同。初九“不遠復”，是棄惡復善剛剛開始，故云“无祇悔”；六五“敦復”，是棄惡復善的行動已經積累很多，故云“无悔”。别卦爻辭講敦的，都在上爻，如臨卦上六言“敦臨”，艮卦上九言“敦艮”，皆取積厚至極之義，而復卦於六五即言“敦復”，這是因爲復卦至六五已經達到極點。

《象》曰：敦復无悔，中以自考也。

自考，自成的意思。“中以自考”，是説六五以陰居中，能以其中德自成。自成什麽？自成復。六二比於初九而復，六四應於初九而復，六五則與初九不發生繫應關係而自成復。

上六，迷復，凶。有災眚，用行師，終有大敗，以其國君凶，至于十年不克征。

迷當讀爲彌，古字通用。彌可訓安訓止。可見“迷復”就是“彌復”，也就是止復。停止回復到正道上來，其結果當然必凶無疑。具體而言，表現在行師作戰上，必以敗績告終。表現在國君治國上也不會有好結果。總之，迷復，“十年不克征”，永遠不可能取得成功。

《象》曰:迷復之凶,反君道也。

復,合於道;迷復,與道相反。與道相反,凶是必然的。爲什麽説是反君道呢?因爲爻辭講"以其國君凶"所以《小象》釋以"反君道也"。人君在上統治百姓,治理國家,本當復天下之善,現在卻迷復即止復,豈不是反君道!反君道是天下最大的迷復,《小象》講"反君道",其實包括了一切迷復。一般人的迷復,都由於反君道而致凶。

〔總論〕

復卦《彖傳》説"復其見天地之心乎",這個"天地之心"較難理解。什麽是"天地之心"呢?古人説法不一。有的説静是"天地之心",有的説動是"天地之心",有的則强調"天地之心"是天地生物之心亦即天地生生不已之心。説的都有一定的道理,卻都未説到中肯處。所謂"天地之心"就是天地之間萬事萬物中剛柔相摩,陰陽消長的規律,它無處不在。雖無處不在,卻唯有在復的時候看見的最清楚。因爲在復的時候,陽似乎已被剥盡乃又復生於下,表面静默不動,實際則藴含一片勃勃生機,這比任何别的時候都更能説明陰剥陽消,剥極而復的客觀規律。

復卦主爻是初九。初九不遠而復,恰與上六相反,上六是遠而不復。六五敦復,敦復是復的穩固,與六三相反;六三頻復,頻復是屢次反復,復的不穩固。六四獨復,與六二休復相似,六四應於初九,六二比於初九。

无　妄

䷘ 震下乾上

《序卦傳》説："復則不妄矣，故受之以无妄。"无妄，没有虚妄。没有虚妄就是實的意思。在《易》裏，陰是虚，陽是實。復卦是陰消之後陽又復長的時候，復以後便是實，所以復卦之後接着是无妄。无妄的構成是震下乾上。震，動也。遵循天之正道而動，可以无妄。若以非正道動，則不是无妄而是妄了。

无妄，元亨利貞，其匪正有眚，不利有攸往。

此卦辭應作一正一反兩層意思看。"无妄，元亨利貞"，是從正面説。卦的上體是乾，乾本是天道，具備元亨利貞四德。卦的下體是震，震本是動。怎樣動？應因天而動，不因人而動，亦即因順自然而動，不因任人爲而動。因順自然而動，無往而不利，所以能够元亨利貞。"其匪正有眚，不利有攸往"，是從反面説。如果因人而動，不因天而動，亦即不因順自然而動，而因任人的私意而動，那就不正了。不正則有眚，有眚則不利有所往，有眚是无妄的反面。據《説文》，眚是眼睛上長的翳。眼睛上長了翳，便失去光明，无妄便成爲有妄了。

《彖》曰：无妄，剛自外來而爲主于内，動而健，剛中而應，大亨以正，天之命也。其匪正有眚，不利有攸往，无妄之往，何之矣。天命不祐，行矣哉。

"剛自外來而爲主于内"，説的是内卦震。根據《説卦傳》"震一索而得男，故謂之長男"的説法，我們知道，震自坤體來，坤之初爻由陰變爲陽，由柔變爲剛，於是坤生成震。震之初九這一剛爻是來自卦之外。正由於震初九是自卦外來，所以叫做"剛自外來"。主卦變説者以爲剛自外卦乾來,是不對的。又因爲初九這一剛爻處於内卦,且爲成卦之主,所以叫做"爲主于内"。實際上是説,初九這一爻是无妄卦之主,是无妄之所以成爲无妄的關鍵。孔子作《彖傳》,在无妄卦明確提出了卦主的問題,並未涉及其他諸卦。王弼作《易略例》加以推衍,認爲每一卦都有卦主。王弼的這一發現是正確的,無怪爲後世學者所普遍接受。清初學者胡煦作《周易函書》,對《彖傳》進行了深入研究,提出"體卦主爻"説,徹底否定了漢儒宋儒反復倡言的卦變説。依胡氏説,《彖傳》所言"上下往來内外終始"八字都是講主爻之行徑。"剛自外來而爲主于内",按胡氏之説,欲思知内外之意必先認取體卦,知道乾坤爲大父母,方可。无妄卦之上體乾下體震。上體乾由三個陽爻構成,下體震由兩陰一陽構成。上體乾爲静體,没有動用之爻,亦即没有主爻。下體震,則以兩陰爲静體,而以一陽爲動用之爻。這是説,坤本三陰,今另有一陽自外來而交之,而成震。自外來之一陰爻,是動用之爻,即卦之主爻。須知内外之説有二:以下體爲内卦,上體爲外卦,此爲通例,一説也。以體卦爲内,來交於體者爲外,此二説。此卦,内指下體兩陰爻而言,"爲主于内"指初九這個陽爻而言。是坤卦先立於此,故謂爲内,動用之爻自外來交,稱爲外。體卦而主静,來交者自外而主動。凡一陽自外來交於坤,則此一陽爲主,而體卦反不得爲主。如震艮坎皆以坤陰爲體而卻主外來交之一陽爻,稱爲三艮男以從乾父。這就是胡氏之體卦主爻説。所以无妄卦有"剛自外來而爲主于内"之説。《彖傳》此語意在教人觀象以審擇主爻。如果以爲外指外卦,无妄之外卦三陽爻一個也没動,則初九一個陽爻自外來,是自何處來呢?

"動而健"講内外二體,"剛中而應"講二、五兩爻。内卦是震,震是動。外卦是乾,乾是健。内動而外健,亦即動而健。

九五以剛居中得正,所以叫“剛中”。六二以柔居中得正,正應於九五,所以叫“而應”。由於无妄有“動而健,剛中而應”的本性,所以能够“大亨以正”。“大亨以正”,所説的實際上就是元亨利貞。“天之命”即天之道。天之道,用今日通行的語言來説就是自然規律。

《彖傳》講“剛中而應”的有師、臨、萃、升和无妄五卦,講“大亨以正”的有萃、臨、无妄三卦,講“天之命也”的則僅有无妄一卦。无妄講“天之命”,强調“大亨以正”,乃天道自然所致,絶非人力所能爲。

“无妄之往,何之矣。天命不祐,行矣哉。”是解釋“其匪正有眚,不利有攸往”的。就人來説,處在无妄的時候,重要的問題是守正,不要希望以非分的辦法僥幸獲福,也不要希望以非分的辦法僥幸免災。正確的辦法是守正道而聽自然,亦即不要有所往。處在无妄的情况下若有所往,則“何之矣”,即向何處去呢！無處可去。因爲“天命不祐”。“天命不祐,行矣哉”,是説你做事不符合規律,怎麽能行得通呢！

《象》曰:天下雷行,物與无妄。先王以茂對時育萬物。

“天下雷行”,雷是客觀運行的自然現象,春發冬收,並無差妄。“物與无妄”,萬物隨着雷的發生而發生,無論洪纖高下,飛潛動植,都依着自然賦予它們的所謂“性命”,生長、發展、運動,也並無差妄。統治者應該體會无妄這一卦的精義,把它用到治理天下上,“以茂對時育萬物”。茂,勉勵。對,針對,順應。“時育萬物”的“時”字十分重要。自然界萬物發育生長,都是按照四時的規律進行,統治者統治人民百姓乃至對待草木昆蟲之類,也要按照四時的規律進行,使各得其宜。古人極重視“時”,中國歷史很早就實行朔政制度就是證明。朔政亦即月令,按季節安排活動,尤其農事活動,什麽季節來了,做什麽相應的工作。一切活動都不可違背天時。

初九，无妄，往吉。

初九是无妄之主，所謂“剛自外來而爲主于内”。初九陽剛初動，動與天合，以此而往，必無不吉。初九爻辭所講的與卦辭及《彖傳》所講的有所不同。卦辭講了无妄正反兩個方面，强調守正則大亨，不守正則“不利有攸往”，《彖傳》也説“无妄之往，何之矣”。就是説，就无妄全卦看，往的吉與不吉，利與不利，是有條件的，關鍵是看能否守正，亦即看它是動以天呢，還是動以人。動以天而往則利，動以人而往則不利。初九爻辭則不然，卻説“无妄往吉”，意謂初九盡須往，往則吉，“往吉”是絶對的。

初九爻辭與卦辭及《彖傳》講的所以不同，在於卦辭及《彖傳》講的是整個无妄這個時代的問題。而初九所講的僅是无妄這個時代的第一個階段。因爲它是无妄之主，以陽剛居初，它的本性就決定它動必以天，行必守正，因而無往而不得吉。

《象》曰：无妄之吉，得志也。

初九以陽剛居初，因順自然，適應規律，不以私慾妄行，所以不論何所往，都將順利無所窒礙，能够得志。

六二，不耕獲，不菑畬，則利有攸往。

六二以陰居陰，有安分而無所期望之象。由於安分做事無所期望，所以是不耕獲，不菑畬。菑，zī，一歲之田，田未熟也。畬，yú，三歲之田，田已熟也。不耕獲，不耕耘當然不得收穫。不菑畬，没有一年之田，當然不會有三年之田。這是常理。即但做眼前能够做的事，不期望未來的成功。六二猶如古代的農夫，不求富有，也不努力去幹，即不求獲也不耕，不求畬也不菑。這樣倒没有繫累，没有壓力，能幹的事情幹一點就行，故云“則利有攸往”。

《象》曰：不耕獲，未富也。

不耕耘，也不期望收穫，這是因爲没有求富貴的願望。

六三，无妄之災，或繫之牛，行人之得，邑人之災。

无妄卦六爻都是无妄，六三以陰柔居三，不中不正，所以有災，是爲无妄之災。“无妄之災”，是無故而有災，自己没有過失，災自外而來。比如邑裏有人把一頭牛拴在那裏，行路的人牽牛以去，而住在邑裏的人卻倒了霉，受到詰問拘捕。這對於邑人來説便是无妄之災。

《象》曰：行人得牛，邑人災也。

行人把牛牽走，邑人無故受誣，這是邑人之災。邑人之災是无妄之災。无妄之災，自己没有辦法躲過。

九四，可貞，无咎。

九四與初九相對應，二爻雖皆无妄，但各自處境不同，因而爻義也不同。初九以陽剛處動之初，行乎其所當行，故曰“往吉”。九四以陽剛居乾體，止乎其所當止，故曰“可貞无咎”。初九是往，往而得吉。九四與初九相反，不是往而是可貞。可貞是固守不動，不往不行。固守不動，不往不行，方得无咎。

《象》曰：可貞无咎，固有之也。

九四可貞无咎，乃由它自身固有的内在原因所決定，非自外鑠而來。順之以可貞，則无咎。逆之以不可貞，則有咎。人處九四的境地而有識於此，則當不往不行，於福不求幸得，於災亦不求苟免，終必无咎。

九五，无妄之疾，勿藥有喜。

“无妄之疾”與六三“无妄之災”意義相似又有不同。九五爻辭説“勿藥有喜”，是因爲九五所處的地位好於六三。九五以陽剛居中得正處於尊位，可謂无妄已至無以復加的程度，是真實无妄,它本無致疾之由,然而卻有了疾。此疾乃來自外而非生於内,是无妄之疾。无妄之疾對於九五來説不必怕,應以“勿藥”爲藥,以不治爲治,結果必“有喜”。“有喜”是疾病不治自除的意思。《周易》言“疾”又言“有喜”者有三處,此爻之外有損卦六四和兑卦九四,都在外卦,意義亦略同。

《象》曰:无妄之藥,不可試也。

得无妄之疾,最好的辦法是守正安常,泰然處之,疾將自然袪除。如果試之以藥,則等於否定了自己守正安常的正確做法,從而破壞了自己正常的生命機制,不僅不能去疾,反而會招致更多的疾病。“无妄之藥,不可試也”的道理應用到社會人事上也是如此。治國之人如果實踐證明自己的某一政策是正確的,就該貫徹執行到底,縱然有人反對甚乃攻擊誹謗,也不可動摇改圖。否則,無異於以國試藥,後果必然可悲。

上九,无妄,行有眚,无攸利。

上九這一爻不好,關鍵在一個行字。眚自行來。上九處在全卦之終,失位而居乾體之極,時已過去,宜静不宜動,宜止不宜行。在這種情況下還要有所前行,肯定會出差錯,一點好處也没有。

卦辭言“有眚”,爻辭言“有災”兼言“有眚”。災與眚,後果相同,其緣由有别。災是外來之禍,眚是自致之過。六三失牛,禍自外來,是災,不是眚。上九輕舉妄行,禍是自己造成的,最須警惕戒慎。

《象》曰:无妄之行,窮之災也。

无妄之行猶《彖傳》所説的无妄之往。无妄之行本應是好的,但行不守正,或行不以時,則不好。上九的問題主要是正當乾之窮,處時不利,與乾上九“亢龍有悔”之義同,所以二“小象”都説“窮之災也”。此爻爻辭言眚,是就主觀意圖説的,時窮不當行卻偏要行,禍出於己,所以叫"有眚"。此爻《小象》言災,是就客觀時運説的,由於處時之窮而得禍,禍生於外,所以叫"災"。

〔總論〕

无妄的含義在兩方面:一是好事不存奢望,即不妄想妄求;二是壞事出乎意想不到,不可預料。兩方面的應對辦法卻是一個,即遵循規律,因順自然。人在无妄之時,應該不妄求,不苟得,當得則行,當止則止,行止動静,一切依時而定。時的問題在无妄卦表現十分突出。无妄卦六爻皆无妄,然而各爻所處之時不同,其結果也就不同。初九得位,且是一卦之主,當无妄之初,所以無往而不吉。上九失位,居无妄之極,時已過去,其行儘管不存奢望,亦不免"有眚,无攸利"。其餘諸爻莫不如此。六二與初九類似,言"利有攸往",處在當動的時候不妄想,不苟求,所以動則吉,動則有利。九四言"可貞",九五言"勿藥"與上九言"行有眚"類似,處在當静的時候,所以動則"有眚",不動則"无咎","有喜"。《周易》極重時的問題,在无妄卦表現尤爲明顯。

時的問題其實就是人如何處理主觀與客觀的關係問題。時變了,人的認識與行爲也要變。人要審時度勢,因順自然,根據客觀實際選擇最佳的對策。在初九和六二的時候,動則得吉,有利,所以動。在九四的時候,不動則"无咎",所以不動。在六三與六五的時候,不幸而遭遇无妄之災、无妄之疾,非人力所能逆料避免,此時衹能静觀時變,别無他途。總之,人處在无妄的時代,最爲要緊的是主觀符合客觀,客觀變了,主觀必須相應而變。

无妄卦還有一點值得注意。《周易》於内外爻的關係例以剛柔相應爲好,而无妄則不然。初九與九四兩剛敵應,敵應本不好,然而在此卻好,初九往吉,九四无咎。六二與九五正應,六三與上九正應,正應本應該好,然而在此卻不好,六三有災,九五有疾,上九有眚。

大　畜

☶☰ 乾下艮上

《序卦傳》説:“有无妄然後可畜,故受之以大畜。”无妄是有實而無虛妄。有實而無虛妄,故可以畜聚。因此大畜次无妄之後。就卦象説,此卦乾下艮上,天藏於山中,有所畜至大之象。畜有止與聚兩層含義。取天在山中之象,則畜爲畜聚;取乾爲艮所止之象,則畜爲畜止。物止便可有所積聚,所以止也是畜的意義。

大畜,利貞,不家食吉,利涉大川。

此卦之所以名大畜,是因爲卦之下體是乾,上體是艮。至大無比的天被包容在山之中,又乾健爲艮所止,都有畜聚之象,而且不是一般的畜聚,是世界上最大的畜聚。就人自身來説,人的最大的畜聚是學問、道德的畜聚。學問、道德的畜聚除淺深多少之外還有一個正與不正的問題。學問、道德既充實又端正才有利於國家社會,所以卦辭曰“利貞”。學問、道德既充實又端正的人應效力於天下國家,此不僅是一己之吉,也是天下國家之吉。假若窮處而自食於家,結果將是吉的反面。學問、道德所畜極大的人,如能報效天下國家,且又顯達遇時,肯定會濟天下國家之大艱大險。所以卦辭曰“不家食吉,利涉大川”。

《彖》曰:大畜,剛健篤實輝光,日新其德。剛上而尚賢,能止健,大正也。不家食吉,養賢也。利涉大川,應乎天也。

“大畜,剛健篤實輝光,日新其德。”這是從卦之才德方面進一步解釋卦名的意義。剛健是乾之德,篤實是艮之德。剛健,故無私慾;篤實,故不虛浮。上下兩體交互影響、滲透,使剛健者愈剛健,篤實者愈篤實,輝光照映,日新又日新。爲人能如此,則才德必能畜之不已,日益充實。這是大畜之所以名之曰大畜的根據。

"剛上而尚賢,能止健,大正也。"上九以陽剛居上,叫剛上。陽剛居上乘六五之尊之柔,有尚賢之義。尚賢亦即畜賢。艮在乾之上,能止健。説"止健",與説"健而止"不同,"止健"的止有畜的意義,"止健"的健應指賢者的德才而言。所以,"能止健"當與"尚賢"同義。爲國家畜養賢能之人才,乃是"大正",是意義最大的正事。孔子在此發掘出《周易》的人才思想。

"不家食吉,養賢也。"不要窮處而自食於家,要效力國家,食天子諸侯之禄。從國家的角度説,這是"養賢"即畜養人才的措施。孔子繼續用人才觀點解釋卦辭。

"利涉大川,應乎天也。"國家畜養人才,必將使用人才,發揮人才的作用。從人才自身的立場看,他應該能够"涉大川",濟天下之艱險,爲國家解決大問題。而這是"應乎天"的。"應乎天",應之者是六五,六五是君。天是下體乾。六五應下體乾之中爻九二。這就是"應乎天"。應乎天而行,没有什麽艱險不能渡過,没有什麽問題不能解決。

《象》曰:天在山中,大畜,君子以多識前言往行,以畜其德。

天至大無比,然而卻在小得多的山的藴含中,没有比這更大的大畜了。君子觀此卦象受到啓發,乃不斷充實畜聚自己的學問、道德。學問、道德雖爲二事,卻密不可分,均由學而至,由學而大。怎樣學?"多識前言往行",多多學習前賢往哲的言行,藉以修養畜成其德。大畜言畜德,小畜言懿文德,二者都講畜德,但小畜之文德是小德。

初九,有厲,利已。

厲,危厲,危險。已,止。初九以剛居剛,又屬於健體而處下,依它的本性來説,它是必然要上進的。但有六四在那裏阻止它上進,如果它不顧六四的阻止,一定要上進,則必有危險,而且最終還是上進不了。最好的辦法是自已,自止不進。

《象》曰:有厲利已,不犯災也。

初九是剛健之才,其上進之心爲六四所止,必急躁不能堪,非常有可能不顧一切地於不可進而强進。如果真的於不可進而强進,其犯災是必然的。所以爻辭告誡“有厲利已”。意思是説,不止便要犯災。

九二,輿説輹。

説同脱。輹是車下横木,車軸有它才能轉動。車停止不行時,輹就脱下來。“輿説輹”,是説車停下不走了。不是被迫不走,是自行不走。九二有“輿説輹”之象,與初九有相同之處也有不同之處。都是陽剛之才,都爲外卦之陰柔所畜止,這是相同之處。不同之處在於初九剛正而不中,九二剛中而不正。《易》貴中。初九不中而受畜止,是有所畏而不得不止。九二居中而受畜止,是無所畏而見其不可過剛而自止。

《象》曰:輿説輹,中无尤也。

“輿説輹”,自止而不進。“尤”是過錯。九二以剛得中,有中德,所以能够自止不前,没有冒進之過尤。

九三,良馬逐,利艱貞,曰閑輿衛,利有攸往。

在大畜卦裏,二爻相應則相止。初九爲六四所止,九二爲六五所止。九三與上九都是陽剛,不相應,所以不相止。而且九三與上九既然都是陽剛,便都是力求上進之物,二者有同志之象。九三欲上進,上九不但不加以畜止,反而與其合志而進。於是九三可以如良馬驅逐一般上進了。然而事情都應從兩方面考慮。越是在看來没有問題的時候越要艱貞其事,小心戒慎。九三處乾體,剛健居正,且有上九與之應,所以爻辭告誡其“利艱貞”。若能“曰閑輿衛”,方可“利有攸往”。“曰閑輿衛”,王弼注:“閑,閡也。衛,護也。進得其時,雖涉艱難而無患也,輿雖遇閑而故衛也。與上合志,故利有攸往也。”閡,間隔也。孔穎達疏云:“雖曰有人欲閑閡車輿,乃是防衛見護也。”王、孔的解釋在古代不是主流意見,那麽他們的説法對不對呢?據帛書《昭力》篇對比看,王、孔的説法是對的。今本的“曰閑輿衛”,帛書《昭力》皆引作“闌輿之衛”。曰當爲語氣詞,而“閑輿”之義,《昭力》的“先生”認爲是“城郭弗修,五兵弗實,而天下皆服焉。”就是説,輿即城郭、五兵。闌即弗修、弗實。闌輿之義即偃武修文,反對以力服人,主張以德服人。闌就是閑,就是止,也就是閑置。闌輿就是把兵車閑置起來。楚簡闌字作班。班與閑、闌音近義通。可見王注孔疏對“曰閑輿衛”的解釋是對的。

這樣一來,九三爻辭有兩層意思。一是良馬逐,以力服人;一是“閑輿衛”,“偃武修文”,以德服人。前者是“利艱貞”,後者是“利有攸往”。兩種選擇,兩種結果。艱字帛書作根,根有限止不動之義。貞字訓正,亦訓定。這裏貞字宜訓定。“利艱貞”意謂限止不動才有利。義與“利有攸往”相反對。

《象》曰:利有攸往,上合志也。

九三之所以會“利有攸往”,關鍵的問題是上九不畜止它,而與它合志。别的卦剛柔相應爲得,大畜卦剛柔相應則爲畜止。别的卦剛柔相敵爲不相與,大畜卦剛柔相敵則爲合志。

六四,童牛之牿,元吉。

此條爻辭,古人有多種解釋,都不得要領。今人廖名春經過反復考證,把童牛這個童字搞明白了,整句爻辭的意思全明白了。童牛不是小牛犢。童字在此是個動詞。古人説山無草木曰童,童有光、秃之義,引申之,可有去盡、脱光之義。童牛之牿,與六五豶豕之牙一樣,是動賓結構的短語,童是動詞,(牛之)牿是賓詞,意思是脱去牛的籠口。這對牛來説,是一種解放,故稱"元吉"。

《象》曰:六四元吉,有喜也。

去掉籠口得解放,當然是最完美、最大的吉,這不是有喜嘛!

六五,豶豕之牙,吉。

"豶豕之牙",與六四"童牛之牿"一樣,是個動賓短語。童是動詞,豶也是動詞。童牛之牿,是把牛的籠口去掉。豶豕之牙,是給猪去勢。豕,shǐ,猪。豶,fén,給猪去勢。猪(野生)是剛暴之物,用鋭牙傷人。猪牙拔掉很難,解決問題的辦法是抓住關鍵,給猪去了勢,它自然變老實,有鋭牙也不傷人了。六五居中又柔順,它能够做到這一點。

《象》曰:六五之吉,有慶也。

從六四與六五兩爻所處的位來看,六四不如六五好。六五居君位,爲君者做事影響廣大,所以稱有慶。六四的影響限於己身,所以稱有喜。

上九,何天之衢,亨。

何字音賀,義與荷同。衢,四達之路。天衢,比喻通達無礙。上九應與九三合看。别的卦多以剛柔相應爲得,大畜卦初九與六四相應,九二與六五相應,相應卻不相得而有止象。唯獨上九不同,上九與九三雖爲兩剛相遇,卻德同志合。九三要前進,上九也要前進。上九居大畜之終,畜止已至極點,該轉爲通了。上九又是大畜之主,它負荷尚賢之大任,遇應天行道之時,有如天衢蕩蕩,任其馳騁。集中地體現了卦辭"不家食吉，利涉大川”和《彖傳》“剛上而尚賢”的養賢用賢的思想。在國家，是培養和使用人才的問題；在個人，則是爲國家社會做貢獻的問題。

《象》曰：何天之衢，道大行也。

上九可爲賢人，亦可爲養賢用賢之人。無論何人，其德已經蘊畜充分飽滿，至此要發揮它的作用了。蘊畜在己身的叫做德，應用到國家社會，把己身蘊畜的德落實到實踐上，就是道。上九身荷重任，遇大畜之時，當大畜之極，其作用將得以充分施展，有如“荷天之衢”，四通八達，毫無阻礙，可謂“道大行也”。

〔總論〕

根據孔子在《彖傳》和《象傳》裏的解釋，大畜卦的主旨是畜聚及畜止。卦辭、《彖傳》及“大象”主要講畜聚，爻辭及“小象”主要講聚止。孔子又將大畜卦的卦義由抽象上陞到具體，徑直理解爲養賢用賢的問題。

六爻主要講畜止，但也關聯着畜聚的意義，歸根結底在説明養賢用賢的問題。初九有厲，知難而止。九二得中，能脱輹而自止，知時之應止而止。九三與上九因敵應而志合道同，知時之宜止而止，止則如“曰閑輿衛”，偃武修文，以德服人。六四童牛之牿，去掉束縛，還我自由。六五更善於從根本上解決問題，有如豶豕之牙，通過去勢的辦法，克制猪的野性。上九畜極而大通，畜道之行，無所阻礙，通達如天之衢。從尚賢的角度考察，有厲、脱輹，相當於“家食”，賢者爲大川所阻，未得進用。童牿、豶豕，障礙得到及時的解脱和根本的救治。至九三，賢路漸開，曰閑輿衛，則賢者可進矣。到何天之衢的時候，大川已涉，險阻已去，賢路廣開，了無窒礙。

頤

䷚ 震下艮上

《序卦傳》説:“物畜然後可養,故受之以頤。”物已經畜聚了,接着的問題是如何來養它,使它得以生息。因此大畜之後次以頤卦。頤卦震下艮上,中間四個陰爻,上與下各一陽爻。與噬嗑卦比,噬嗑卦中間多九四一個陽爻,像口中有物;將口中之物去掉,就像人的口。口的形象是中間虚,上下實,而且上止下動,極似人在吃飯。人口飲食,用以養人之身。養亦即頤,故卦名曰頤。但頤具有普遍性的意義。依孔子的理解,天地養育萬物,君主養賢養萬民以及人之養身養德,都在頤義的含蓋之内。

頤,貞吉,觀頤,自求口實。

頤之義儘管含蓋廣泛,然而歸納起來不過養人與自養兩方面。觀頤,觀其所養。觀其所養,不是觀其所養的對象,而是觀其所養之道即怎樣養。自求口實,觀其自養。觀其自養,是觀其養身養德之道即怎樣自養。養人與自養,最重要的問題是看他養的正與不正,正則吉,不正則不吉。

《彖》曰:頤,貞吉,養正則吉也。觀頤,觀其所養也。自求口實,觀其自養也。天地養萬物,聖人養賢以及萬民。頤之時大矣哉。

“頤,貞吉,養正則吉也。”“養正則吉也”是解釋卦辭“頤,貞吉”的。養的問題關鍵是正與不正。什麽是正什麽是不正?觀其所以養人之道,正不正指上下二陽爻。觀其自求口實以自養之道正不正,指中間四陰爻。

“觀頤,觀其所養也。自求口實,觀其自養也。”觀其所養與觀其自養,是從兩個方面説,歸結起來還是一個養字。無論養人或自養,所要看的端在養之道正與不正。正與不正並没有一個一成不變的標準。養以道義或養以衣食,所謂正,以孰爲先,全視所處時宜而定。從爻來看,觀養人之道正不正,全看兩陽爻。看自求口實以自養之道正不正,全看中間四個陰爻。

"天地養萬物,聖人養賢以及萬民。頤之時大矣哉。"天地養萬物聖人養賢以及萬民云云,是把卦爻之頤養之義推廣開來,故曰"頤之時大矣哉"。天地聖人所養公而不私。這就是天地聖人所養之正。天地聖人之自養問題《彖傳》没説。那是因爲不必説。天地聖人之自養當然是公而無私的。把自然與社會兩個方面全納入養的問題中來。天地養萬物當然是有一定規律的。雨露陽光的施與,四時陰陽的交迭,没有差忒就是正。聖人養賢以及萬民,應與天地養萬物一樣,也是有規律的。聖人是統治者,統治者養人主要是養賢的問題。通過養賢,以養百姓。

《象》曰:山下有雷,頤。君子以慎言語,節飲食。

山下有雷。上止下動,有口頰之象。與口頰相關的事,一是言語,一是飲食。君子觀頤之象,要慎言語,節飲食。禍從口出,病從口入;言語一出而不可復入,飲食一入而不可復出。所以,言語與飲食二事最應慎重對待。就個人説,言語就是言語,飲食就是飲食;就國家説,言語包括政策法令,飲食包括税收賦入。國家的"言語"尤須慎,國家的"飲食"尤須節,絶不可悖出悖入。

初九,舍爾靈龜,觀我朵頤。

頤卦唯初與四、三與上有應的關係,但是它們體性各不同。初、三在震體是動的。四與上在艮體是止的。就全卦看,初、上兩陽爻,是養人者,中間四個陰爻是被養者。因此各爻彼此互觀。初本應四,可是共體不同,四在止體,初在動體。故四雖有逐逐之欲,但有眈眈之視而已。爻辭“舍爾靈龜,觀我朵頤”,我指初九,爾指六四。初九告訴六四説,你爲什麽不舍棄你靈龜靠呼吸静養的特性,而觀看二、三爻受養於我的朵頤呢? 靈龜以呼吸爲養,常守静不動。初九動而好矜,没有涵養。它在下位卑,宜静而不静。六四虎視在上,故凶。初九與六四本相應,在它卦是好的,而頤卦不貴應。今初教四舍同體而從應,妄動而自矜,是不好的。

《象》曰:觀我朵頤,亦不足貴也。

初九教六四舍止而學動,六四不聽,固不足貴;初九但以朵頤之養而自矜,亦不足貴。

六二,顛頤,拂經于丘頤,征凶。

顛,倒也。顛頤,謂宜求養於在下的初九。經,常也。拂經,謂不可拘於應與之常也。于丘頤,謂應於五(五居艮體,艮有丘象)。往應五則凶也。

《象》曰:六二征凶,行失類也。

行,動也,震象。類謂同體之陽初九。行失類,謂求應而不求同體也。

六三,拂頤,貞凶,十年勿用,无攸利。

拂頤者,違拂同體相養之道。貞,正也,即經字。貞凶謂六三與同體之陽爻初九不應,而與上體艮之上九爲正應。但是上雖與六三是正應,卻不是同體,不能相養,故凶也。十年,坤之成數。勿用,不得用其養也。

《象》曰:十年勿用,道大悖也。

“十年勿用”,問題十分嚴重。六三的過錯不是一般的問題，而是“道大悖”。悖，逆。“道大悖”就是拂頤。拂頤就是違背同體相養之道。與同體之初九不應，而與異體之上九正應。《易》爻辭言“貞凶”的共八條，屯、師、隨、巽、節、中孚，都在外卦，唯頤之六三與恒之初六在内卦。

六四，顛頤吉，虎視眈眈，其欲逐逐，无咎。

顛字有倒義，亦有不安義。顛頤，六四與上九同體而與初九相應，即不求養於同體，而求養於在下之初九。六二在初上，此爻在震上，故皆云顛。凡養貴静，頤卦下體是震，是動的，故凶，上體是艮，是静，故吉。

“虎視眈眈，其欲逐逐”，都是顛頤之象。虎行必垂首下視地，地即初九。眈眈，是看的很近，目標很遠。逐逐，欲定繼繼不斷。眈眈即包含着逐逐的意義。无咎，就是吉。

“虎視眈眈”，虎嚮下盯視一物而不他顧的樣子。“其欲逐逐”，繼繼以求，不達目的不罷休。六四求養於初九，像老虎攫食那樣，盯住一物則專一而不貳，繼繼而不歇，非達到目的不可，這是六四居上而求德又求養於下的正道。六四能如此，所以无咎。自養於内，不食而長壽，龜是最好的代表，所以初九取龜爲象。求養於外，不專不恒則事不濟，最好的代表是虎，所以六四取虎爲象。

《象》曰：顛頤之吉，上施光也。

視物者，必目光所注。今自上視下，故曰“上施光”。艮在上，艮有光輝象。

六五，拂經居貞吉，不可涉大川。

拂經，反常也。五與二本該相應，是正常的。今不相應，故五言拂經，二亦言拂經。結果五取與上比，二取與初比。居，就是静守，貞是居中，而求養於同體之上九。不可涉大川，其實就是居貞。但五之貞與三有别。三之貞，往以求應，在動處説，五之貞，近而比上，在静處説，故加一個居字。

《象》曰：居貞之吉，順以從上也。

六五"拂經居貞"之所以能够得吉，是因爲它能以柔順之德以從上九，藉助上九的力量以養天下。其實這就是《彖傳》所講的"聖人養賢以及萬民"之事。

上九，由頤，厲吉，利涉大川。

頤卦中間的四陰都求養於上下二陽，而二陽又以上九爲主。上九是艮止的最上一爻，四陰爻都賴之以養，所以叫做"由頤"，由頤當得吉。然而它畢竟是人臣，以人臣當養天下之重任，必須常懷危厲，戒慎恐懼，方可得吉，所以叫做"厲吉"。"利涉大川"與"厲吉"相聯繫。"利涉大川"裏面包含着厲與吉兩層意義。因爲是要解決大艱大險的問題，所以危厲；因爲能够解決大艱大險的問題，所以吉。

《象》曰：由頤厲吉，大有慶也。

"大有慶"，非一人之慶，乃天下之慶。上九之厲吉，不是它自己的功勞，是由於有六五對它的信任、依賴和順從而獲得的。這與六五《小象》的説法恰相對應。六五居貞之吉，不是它貞固自守得到的，是由於它"順以從上"，藉助上九的力量獲得的。

〔總論〕

頤卦所講的是養的問題。養的問題很複雜，從人與人的關係來説，包括養人與自養兩個方面，從養的内容來説，包括養德與養體兩個方面。養人養己都有個公而不私與否的問題。養己又有養德與養體之分，養德爲大，養體爲小。這是就一般的情況而言，什麽是好，什麽是不好亦不可一概而論，要依具體的情況而定。頤卦的特點是上體下體有别，上體艮是止體，主静；下體震是動體，主動。動静相比，静是好的，動不好。第二個特點，頤卦上下兩個陽爻，是養人的，中間四個陰爻是被養的。第三個特點，同體相養，好；不求同體相養，而是追求相應，是不好的。還有第四個特點，上三爻皆吉，下三爻皆凶。又，依胡煦體卦主爻的理論，頤卦的主爻有兩個：初九、上九。又因下五爻皆爲上九所統，故兩陽爻可選出上九爲一卦之主爻。另外，拂經、拂頤、顛頤、朵頤等幾個概念，宜仔細反復體味。

大　過

䷛ 巽下兑上

《序卦傳》説："頤者，養也。不養則不可動，故受之以大過。"世間萬事萬物都養而後成，成了則能動，動了就産生過的問題。所以頤卦之後次以大過。大過爲卦巽下兑上，澤在木上。澤當潤養於木，而今竟至把木滅掉，有大過之象。大過是陽之過。陽爲大，故陽過稱大過。推廣開來，凡事超過一般的水平，達到非常的程度，比一般常見者大，都可謂之大過。大過的過不是"過猶不及"的過。"過猶不及"是説做事要求中，不使不及或過頭。不及或過頭都是不中，應當糾正，而大過强調的是大小强弱的大，不存在糾正的問題。

大過，棟橈，利有攸往，亨。

棟，屋脊檁木，用以承擔緣木和瓦。橈，彎曲。大過是四陽之卦，《易》中四陽之卦共有十五個，獨有此卦名大過，不是因爲陽多於陰，是因爲四陽集居於卦之中，二陰分居於卦之本末。初六爲本，上六爲末。兩頭太弱，中央過强。四陽是棟，兩頭寄託在本末之上。本末皆陰柔無力，不能擔當重任，所以有棟橈之象。可是，陽雖過，而二五得中，且内巽外悦，有可行之道,故利往而得亨。橈,是卦象。利往而亨者是卦德。

《彖》曰:大過,大者過也。棟橈,本末弱也。剛過而中,巽而説行,利有攸往,乃亨。大過之時大矣哉。

“大過,大者過也。”大者過就是陽過。卦中四陽集聚連接居於中央,其間二五兩陽居中用事,二陰被擯斥於外,這是陽過,陽過即大過。

“棟橈,本末弱也。”陽過與本末弱是一個問題的兩個方面。棟之所以橈,既由於剛過也由於本末弱。

“剛過而中,巽而説行,利有攸往,乃亨。”從六爻之象看,中四爻强,本末弱,有棟橈之象。從六爻之才看,問題是能够得到解決的。中四爻雖然剛過,但二、五兩爻都得中用事,三、四兩爻是卦體之中,初、上兩爻又以巽順和悦而行,能得人心,具備這樣兩個條件,有所往,即有所作爲肯定會亨的。

“大過之時大矣哉。”大過之時之所以大,由於大過之時必有大過之事。大過之事,如立君、興國、改俗等等,不得其時不成,得其時而無其人亦不可成。大過之時,正是有大過人之人材發揮作用的時候。

《象》曰:澤滅木,大過。君子以獨立不懼,遯世无悶。

澤本潤養於木,而今竟把木給滅没,事情發展太過了,是謂大過。君子觀大過之象,以立其大過人之行。所謂大過人之行,無如“獨立不懼,遯世无悶”,即在處理國家事務時,能做到進則敢作敢爲,天下非之而不顧;退則無怨無尤,舉世不見知而不悔。

初六,藉用白茅,无咎。

《繫辭傳》説:“苟錯諸地而可矣。藉之用茅,何咎之有!慎之至也。夫茅之爲物薄而用可重也。慎斯術也以往,其无所失矣。”依據孔子這段話的解釋,此爻的主旨是强調做事須小心謹慎。如做大事衹有一般的小心謹慎還不行，非謹慎之至不能成功。初六處大過之始，陰居巽下，無犯於剛，做事至慎至謹，有如東西放在地上，已經可以了，卻又於下面墊上白茅，使它百無一失。

《象》曰：藉用白茅，柔在下也。

"藉用白茅"是柔在下之象。初六以陰柔處於大過之下而與四正應，故云"柔在下"。柔在下對剛在上而言。高以下爲基，剛以柔爲本，初六雖弱，而謹慎善處，卻可以支撑九四之棟不至於傾。

九二，枯楊生稊，老夫得其女妻，无不利。

稊字迄無確解，程頤訓作根，近是。今從程説。九二這一爻處在陽過的時候。陽過了，不好。所以把它比喻爲枯楊、老夫。但是九二處在剛過之始，得中而居柔，無應於五，而切比於初六，是剛過之人而能以中道與陰柔相濟，恰似楊雖枯卻能生稊，出現生機，夫雖老竟得女妻（女妻即少妻），能成生育之功。由於九二剛過而未至於極，又與初六相比，有老夫得女妻之象。它卦以剛居剛得位爲善，大過則剛已過，須有柔來相濟，所以大過剛爻皆以居柔不得位爲吉。

《象》曰：老夫女妻，過以相與也。

九二陽過而與初六近比，有老夫得女妻之象，老夫乃陽之過，今得到女妻相濟，遂有重新獲得生育的功能。

九三，棟橈凶。

卦辭講棟，指中間四個陽爻。至於爻辭則把棟落實到九三與九四兩爻，而棟橈之象獨歸於九三，這是因爲九三以剛居剛，過剛而不中的原故。處大過之世，做出大事業來，必須有人支持、輔佐。九三過剛，有違中和，遇事不能與人和，没有人來支持、輔佐它。它勝任不了大過之重任，結果必如棟之橈，房傾屋敗,凶。

《象》曰:棟橈之凶,不可以有輔也。

九三有棟橈之凶,關鍵的問題是它無輔,而且不可以有輔。自爻象看,應爻得助,斯爲有輔。今在下雖有所承,卻不相應。輔者在上,然而弱,故不可爲有輔。自事理看,棟當房屋之中,亦不可以加助;棟橈之凶,是不可避免了。

九四,棟隆吉,有它吝。

棟隆,棟隆起嚮上,義與棟橈相反。九四以剛居柔,下有初六與之相應,能與柔相濟,可擔當大過之任,下藉有力,方爲有輔,有如棟非但不橈,反而隆起嚮上,所以得吉。九四以剛居柔,剛柔相宜,已經够了。而它又與初六正應,牽繫於陰柔,是謂有它;有它則使九四有累,雖不至於出大問題,也是可吝的。

九四與九三都在卦之中間,都有棟象,然而九三"棟橈凶",九四"棟隆吉"。其原因有三:一、九三以剛居剛,九四以剛居柔。二、九三居下卦之上,下卦上實而下虚,下虚則上易傾。九四居上卦之下,上卦下實而上虚,下實則可賴以支撑。三、九三居九四之下,九四在九三之上。在下故有棟橈於下之象,在上故有棟隆於上之象。

《象》曰:棟隆之吉,不橈乎下也。

不橈即隆也。初六在下爲應,亦即有輔,故曰"不橈乎下"。

九五,枯楊生華,老婦得其士夫,无咎无譽。

士夫,年輕之男子作丈夫。在大過卦裏,剛雖過,若與柔切比便好。九二與九五都與柔切比,所以都有生意。雖然都有生意,但生的勢頭卻大不一樣。九二當大過之始,得中而居柔,且所與者爲初六,初六是本,生機方長,有枯楊生稊,老夫得女妻之象，往無不利。九五則不然，九五當剛過之極，且以剛居剛，所比又是上六；上六是過極之陰，是末，表明生機已至淺且竭的程度，故有枯楊生華，老婦得其士夫之象。枝頭生出華來，解決不了樹幹已枯的問題；小伙子縱然年輕力壯，娶的是老婦人，生育依舊無望。它不像九三棟橈那樣有凶，也不像九四棟隆那樣得吉，它介於二者之間，无咎亦无譽。

《象》曰：枯楊生華，何可久也。老婦士夫，亦可咎也。

枯楊生出華來，説明枯楊尚有一綫生機。然而華生於末，非但不能解決根本的問題，反而會使它僅存的些許陽氣將迅速耗盡。它怎麽可能長久呢！老婦指上六，士夫指九五。上六乃陰過之極，合稱老婦，九五是陽過之極，何以稱士夫？九五雖非少，與老婦比則爲壯，故得稱士夫。老婦不能生育，得其士夫依然不能生育。這對於九五來説，同枯楊生華一樣，看上去挺好，其實不是什麽美事。

上六，過涉滅頂，凶，无咎。

上六居大過之極，處無位之地，澤滅木之象由它這裏表現出來，因此有過涉滅頂之凶。它是陰柔才弱之輩，又當陽過至極的時候，無它可做的事情。事情若由它主持，必遭滅頂之凶。這是一方面。從另一方面看，上六有上六的長處。它既是陰柔又是悦之主，有從容隨順之德，在任何情況下都不會由於剛激而把已經不利的形勢弄得更加不利。它的委蛇斡旋，在大過之極的時候，是無害的，人們不會怨咎它。

《象》曰：過涉之凶，不可咎也。

不是説過涉之凶不可咎，是説上六處在有過涉滅頂之凶的時候，以其有柔順和説之德，善於斡旋委蛇，不至於把事情弄得更壞，不應受到怨咎。

〔總論〕

大過這一卦將古代社會政治生活中常見的剛過現象加以抽象,使之具有普遍的理論意義。卦辭的概括最爲簡煉明晰。棟橈可以理解爲一種極危險的社會勢態,君過强而臣弱,上過强而民弱,政治過强而經濟過弱,都可以含蓋於棟橈一詞之中。衝破這外觀還算平静實則充滿危機、令人窒息的形勢,將歷史推嚮前進,出路衹有一條,即卦辭指出的“利有攸往”,有所作爲,有所行動。孔子在《彖傳》裏説:“大過之時大矣哉。”孔子已經認識到了大過講的是關乎國家命運的大問題。他在《象傳》裏給政治家們指出了處大過之世的行動準則。即用則獨立不懼,毅然前行;舍則遯世無悶,不見知而不悔,自守以待時。《周易》的這一深刻思想,甚至在現代我們還可以感覺到它的偉大活力。

大過卦還有一點值得注意。《易》卦諸爻有相應之例,如二與五應,初與四應,三與上應。大過則不然,大過六爻排列成上下對稱的形式,即中間四陽爻,上與初二陰爻,它不以相應爲象,而以中分反對爲象。如三與四對,皆取棟象,四隆而三橈;二與五對,皆取枯楊之象,五生華而二生稊;初與上對,初取藉用白茅爲象而强調慎,上以過涉滅頂爲象而戒以凶。適用這一易例的,大過卦最爲明顯,另外還有頤、中孚、小過三卦。又它卦以陽爻居陽位和陰爻居陰位爲得正;得正好,不得正不好。大過卦由於陽已經過了,若再以陽居陽,則更加過了,所以大過諸爻以陽居陰者皆吉,以陽居陽者皆凶。大壯卦諸爻取義與此略同。

坎

䷜ 坎下坎上

《序卦傳》説:“物不可以終過,故受之以坎。”這句話反映作《序卦傳》的孔子已具有關於事物發展到極限必向反面轉化的明確觀念。坎與大過不同。大過是陽之過,坎是陽之陷。一陽居二陰之中,有陷之象,所以坎也是陷。陽的發展也不可過,陽發展至一定程度便要變爲坎陷。坎陷的意思也就是險難。卦名習坎,習字根據《彖傳》"習坎,重險也"的說法,是重的意思。坎上加坎,險上加險,故稱習坎。《易》純卦八,七卦卦名都用一個字,唯獨坎卦加一個習字,其原因古人解釋頗多歧異。有的說其餘七卦如乾、坤、震、艮,其德是健、順、動、止,都是好事,是正面意義的概念,獨坎卦之德是險,險不是好事,是反面意義的概念,所以卦名加個習字,强調險之重,險之難,提醒人們特别注意,這樣理解,也不無道理。

習坎,有孚,維心亨,行有尚。

坎爲中實,孚象。維,繫也,亦即陷義。陽陷在陰中,陽爲陰裹而不可動,陰附於陽而不可離也。心,中也,指坎中間那個陽爻。依古人的説法,人之虚靈叫心。善動之陽,陷入陰中,至虚至靈,也可叫心。指虚靈則稱亨。坎中實,中實則有生生不息之機,故言"有孚"。"行有尚",互震,故言行,善動之陽在中也。尚與上同義。人知水性就下,而不注意水亦能上。故"行有尚"指水可上言之。説水有上,則水必有不上。不上是水之常性,上者是剛中之性也。坎卦全言水性。陽性趨上,不能久爲陰蓄,故有能上之理。《彖》曰"剛中"是也。孟子説"搏而躍之,可使過顙,激而行之,可使在山",皆是能上之義。水之能行能流能注能穿地而爲泉,能蒸爲雲而凝爲雨,都是此剛中之陽起作用。就人而言,心陽腎陰,陰不得陽,則無以發揮水的作用,故曰:"有孚,維心亨也。"

《彖》曰:習坎,重險也。水流而不盈,行險而不失其信。維心亨,乃以剛中也。行有尚,往有功也。天險不可升也,地險山川丘陵也。

王公設險以守其國,險之時用大矣哉。

"習坎,重險也。"此句釋卦名義。卦義是險。卦名所以叫習坎,是因爲坎卦是兩個坎重叠在一起。坎是險,習坎就是重險。

"水流而不盈,行險而不失其信。"此解釋卦辭"有孚"。"有孚"表現在"水流而不盈"上。流與盈相反。流是説水就下而嚮前行,盈是説水滿盈而不流。所以此處説水流而不盈,其實是水流而不止的意思。水按其本性説,它是永遠流的。它縱然是在險難中也是不舍晝夜地流,"而不失其信"。

"維心亨,乃以剛中也。"是説"維心亨"是由於卦中九二與九五二爻都是剛而居中。在卦中,"剛中"是好的。坎卦"剛中",所以"維心亨",所以"有孚"。"行有尚,往有功也",尚,右也,助也。"行有尚",是説二往應五,五往應二,以陽適陽,同類相助。是往而有助,故曰"行有尚"也。往而有助才能成功,故曰:"行有尚,往有功也。"

"天險不可升也,地險山川丘陵也。王公設險以守其國,險之時用大矣哉。"這幾句話是孔子作《彖傳》時附帶講出的自己的體會,不是解釋卦辭的。孔子作《易傳》時很注意如何將《易經》的思想應用到現實政治生活中去。坎卦是講險的,而且是重險,一般説對於人是不利的。但是孔子卻看到險在一定的情況下也有有利的一面。即他考慮到險可用以守衛國家,防止外敵侵襲。從"王公設險以守其國"來看,這一思想肯定不是《周易》固有的,因爲《周易》成書於殷周之際,那時候還没有"王公設險以守其國"的事情。例如武王伐紂,隊伍從今日西安出發,很順利就到了河南,一路上並没有設險阻礙它。到了春秋時代,秦穆公派兵向東擴展,襲鄭回軍在崤山遭遇晉軍截擊,結果全軍覆没,匹馬隻輪不返。這主要是桃林之塞幫了晉軍的忙。春秋以前不聞有設險守國的事情。孔子當時還是作爲一個新問題提出來。至戰國，設險已被普遍用於國家的防禦上，各國不但修城，而且修長城。證明險在一般情況下是有害，而在特定的時候，它不但有用，而且有大用。所以孔子在此感嘆説："險之時用大矣哉。"

《象》曰：水洊至，習坎。君子以常德行，習教事。

洊，再，仍。坎爲水，内坎至外坎又至，前水至後水又至，故習坎。君子觀"水洊至"之象，要"常德行，習教事"。"常德行，習教事"，即學不厭誨不倦的意思。政府發令行教，必三令五申，反復宣傳，使民熟於聞聽，猶如水之洊習。

初六，習坎，入于坎窞，凶。

習坎就是重險，初六以陰柔居習坎之下，而且没有應援，已入於坎險之中，無力出險，故曰凶。窞，坎中之陷處。"入于坎窞"，進入險中之險。這當然是凶的。

《象》曰：習坎入坎，失道凶也。

陽剛心亨，才有出險之道。初六陰柔居重險之下，没有出險之道。道是就用而言。行尚才有功，水一般都就下，今又復居下。無功故失道。失道故凶。

九二，坎有險，求小得。

九二陷在二陰之中，進入了險地，肯定是有險的。但是九二與初六不同，九二畢竟是剛中之才，雖不能出險，但求得一點小濟，解決一點問題還是可能的。九二不要因爲小而不求。大是由小積累而來的。

《象》曰：求小得，未出中也。

九二"求小得"，是由於它未出乎中。君子處險而不爲險所困，因爲他能心安於險之中，不求大得，亦即從實際出發，求其小得，做當下所能做到的事。

六三，來之坎坎，險且枕，入于坎窞，勿用。

來，自上往下來；之，自下往上去。六三處在下坎之上，正是下坎之險已終，上坎之險將至的時候。“來之坎坎”，來也是坎，之也是坎，來之皆坎，進退皆險。“險且枕”，枕或作沉。沉者深也。險而且深，等於落入險中之險了。在這種情況之下，“勿用”，不要有所作爲。

《象》曰：來之坎坎，終无功也。

在“來之坎坎”的時候，不宜急躁求速出險，但六三以陰處陽，不中不正，必急於求速出險，結果肯定達不到目的。

六四，樽酒，簋貳，用缶，納約自牖，終无咎。

樽酒，一樽酒。簋，盛黍稷亦即盛飯的器具，圓的叫簋，方的叫簠。缶，質樸無文的瓦器。貳，副。“樽酒，簋貳，用缶”，放上一樽酒，附以一簋飯，而且以缶爲樽，以缶爲簋。這説的是古代燕享之禮，古代燕享之禮最講究儀節和排場，而今卻“樽酒，簋貳，用缶”，簡單之至，質樸之至。納約，謂進結於君。牖，窗子。古人的居室一般是户在東，牖在西。牖是室内唯一的采光的地方，亦即唯一的明處。人的認識也有像牖一樣的明處。若想使人弄明白一個不易明白的問題，也要從他的“明”處開導，從他的蔽處説是説不通的。戰國時趙太后不同意讓愛子長安君使齊做人質，誰勸也不聽，觸龍一説就通了。觸龍没有别的妙法，衹是趙太后關心的是兒子長安君的長久富貴，觸龍就以如何使長安君長久富貴，必須令他出做人質進説。觸龍進言抓住了趙太后思想上的明處，因而取得效果。“納約自牖”就是説與人交結，使人信賴自己，要從他思想的明處，做他的思想工作。

六四這一爻取“樽酒，簋貳，用缶，納約自牖”之象，是君臣關係問題。六四近君，居大臣之位，處多懼之地，又當坎險之時,它應該像宴會時衹用“樽酒,簋貳,用缶”,那樣質實無華,並以“納約自牖”的辦法,取得君上的理解和信任。這樣做,“終必无咎”。

《象》曰:樽酒簋貳,剛柔際也。

剛謂陽,柔謂陰。剛者水,柔者土也。水剛土柔,漸引漸闊,故蟻穴可潰堤也。好像人不用厚禮而情可通也。柔即易潰之陰土,剛則心亨之水性,際謂相通,乃自然而然之通,非勉强非穿鑿也。

九五,坎不盈,祇既平,无咎。

九五是坎卦之主爻,主爻之爻義大體上反映一卦之義。坎不盈,坎中實,水流未盈,亦即仍在險中。祇,從衣氏,音支,病也。祇既平,病已經平復,即病愈了。坎不盈,祇既平,是兩回事,宜分別講。雖尚未走出險難,但是有點小病卻平復了,所以无咎。

《象》曰:坎不盈,中未大也。

九五與九二都有剛中之德,而處境有所不同。九二坎有險,九五坎不盈。坎有險,意在强調險的存在。坎不盈,意在强調出險的途徑。出險的途徑是不盈,不盈亦即未大。九五陽剛居中得正,可謂大矣,但不敢自大。不自大方可保持水流而不盈的狀態。

上六,繫用徽纆,置于叢棘三歲不得,凶。

繫,拘繫。徽、纆,用以拘繫犯人的繩索。三股曰徽,兩股曰纆。叢棘,囚禁犯人的地方,其實就是牢獄。在周圍土墻上插上帶刺的東西,不使犯人跑掉,所以叫叢棘。“繫用徽纆,置於叢棘”,用繩索拴上,投入牢獄。“三歲不得”,據《周禮·司圜》“收教罷民,能改者,上罪三年而舍,其不能改而出圜土者殺”的記載,是犯人被囚禁三年後仍不得免,得後被處死。這當然是凶了。三年,很多年,不必實指三年。上六爲什麽會有如此嚴重的凶象呢?因爲上六自身是陰柔之輩,又處在坎險之極,已經陷入深險,没有出險的可能了。

《象》曰:上六失道,凶三歲也。

道者四通八達,即用以濟險之途徑,有孚心亨而剛中是也。故二曰得中道,而初與上皆失道。凶三歲,謂不可救藥。

〔總論〕

習坎這一卦爲我們提出了險概念的普遍性意義和處險行險的一般性原則及其具體指示。險概念的最初的易象根據是陽陷,陽陷入二陰的包圍、挾持之中。陽陷入困境,所以險。推衍開來,天有天之險,地有地之險,人世有人世之險。險必爲害於人,有時也可能爲人所用而有利於人。於是險概念又由抽象上陞到具體,成爲可以言狀,可以分析的了。

《周易》取"水流而不盈"爲象,指出人處險行險的可行性原則。人處險境時,應像水那樣不顧一切地嚮前流去,即卦辭説的"有孚"和"維心亨"。人處險境,身困於險,心不可困於險。"哀莫大於心死",心不死就有出險的希望。水在坎險之中總是就下而行。人困於險則應守正道,做應該做也能做的事,不存在一絲僥幸念頭。

六爻爻辭不見一吉字,可見處險之險,出險之難。初、上二爻處在二、五兩陽爻之外,所以最凶,没有出險的希望。二小得,五不盈,弄得好,或可能出險。三、四情況介於初、上與二、五之間。三要善於等待,四要質實謹慎。如此方可无咎。上六如人入牢獄之災,終不可救藥。

離

䷝ 離下離上

《序卦傳》説:“坎者陷也。陷必有所麗,故受之以離。”據《説卦傳》,“離,麗也。”離的性質是麗。麗是附麗的麗。陷於險難之中,必有所附麗,所以坎卦之後次以離卦。離卦六爻,陰附麗於上下之陽,所以是麗。離卦二、五兩爻是陰,陰爲虚,有虚之象,離所以爲明。離又爲火,火的外部特徵是虚,不能自成自生,必附麗於他物而明。

離,利貞,亨,畜牝牛,吉。

離即麗,附麗的意思。在現代漢語裏離是附麗的反義詞,爲什麽古人説離是麗呢?這與古人的語言習慣有關。古人往往一字兩用,用它的正義又用它的反義。比如亂字,有時便當作它的反義詞治字用。古人使用離字也是如此。

離,麗也。附麗是普遍現象。自然界和人類社會,萬事萬物都存在着此一物與彼一物,此一事與彼一事的附麗關係。就人來説,無論什麽樣的人,他生活在人世間,總要有所附麗。人事上要有所依靠,事業上要有所專攻,思想上要有所信仰,理想上要有所追求。這些都是人之所麗。人之所麗的問題,解決得好不好,能否亨通,首要的問題在於所麗的對象正與不正。其次則是自己如何做了。卦辭指示的做法是“畜牝牛”,牝牛即中陰,即中正之義。畜則上下兩陽也。坤爲牝牛,二五坤陰,各畜於上下陽,故曰畜牝牛。凡陽包陰,皆稱畜,大畜小畜、頤皆爲此義。利貞謂二五陰正也。畜牝牛吉猶云守中正不失,這就是吉,吉也就是利貞之意。取牝牛爲象是有意義的。牛是温順之物,牝牛即母牛,則是温順又温順之物。就是説人在確定了正確的附麗的對象之後,要修養成如同母牛那樣温順的品格,絶非短時間所可成就,要有長期的磨煉才行。所以用一個"畜"字。畜即養,養則非一朝一夕事。這是吉的,利貞即利於正。

《彖》曰:離,麗也。日月麗乎天,百谷草木麗乎土,重明以麗乎正,乃化成天下。柔麗乎中正,故亨,是以畜牝牛吉也。

"離,麗也。日月麗乎天,百谷草木麗乎土,重明以麗乎正,乃化成天下。"這一段話是解釋卦名的。離的含義是附麗,附麗的現象普遍存在於天地萬物之中,日月附麗於天而動而明,百谷草木附麗於大地而生而長。這是人們極易看到的麗。卦名之離,所反映的就是這個意義。"重明以麗乎正",進一步以卦之二體解釋卦名。離爲明,離卦上下二體都是離,所以叫重明。"麗乎正",麗於正,正是卦之二五兩爻,主要的則是六二,因爲六二以陰居中得正,是成卦之主。自事理上説,"麗乎正",是説主所麗的對象是什麽可以不問,但必須是正,人應是正人,事應是正事,物應是正物,道應是正道。

"柔麗乎中正,故亨,是以畜牝牛吉也。"這段話是解釋卦辭的。卦辭講"亨",講"畜牝牛吉"的根據是卦有"柔麗乎正"之象。柔指六二與六五兩個陰爻,中正指二與五兩個爻位。六五以柔居五,是柔麗乎中,六二以柔居中得正,是柔麗乎中正。《彖傳》言"柔麗乎中正",把六二與六五都包括了。正因爲是麗乎"中正",所以亨;正因爲是"柔"麗乎中正,所以"畜牝牛吉"。"柔麗乎中正"一語回答了兩個問題,一是所麗的對象是中正,所以亨;二是麗者自身是柔,像牝牛一樣温順,所以吉。

《象》曰:明兩作,離。大人以繼明照于四方。

作,興,起。"明兩作",同一個明出兩次,是作而又作,有時間上的連續性。大人觀離之“明兩作”之象，受到啓示，應用到政治上，乃“以繼明照于四方”。大人一詞就道德學問説是聖人賢者，就政治地位説是天子諸侯。繼，相繼不絶。統治者要把前人的明德，世世代代繼承下來，發揚光大，並把它普照於天下四方。

初九，履錯然，敬之无咎。

離卦下體三爻，初爻象早晨日出，二爻象日當中午，三爻象日過午後。履，行也，也有下義。錯，交錯，紛錯、雜亂無緒。然者，火之始也。凡火初然，必措諸材於下。火性然上，曰履錯然者，象在下而見紛擾也。唯敬慎斯可无咎。萬物不過五行，唯火之一行能與四行相入，火可熯水，可焚木，可熔金，可合土。始不能慎，則星星之火可以燎原，可以焚山。若能慎，則烹飪熔鑄陶埴之功皆因火成。故曰“敬之无咎”。又，初九居離卦下體，有如日初出；又是以剛居剛，極易鋭意躁進，故有“履錯”之象。但初九以剛處明體，也有明智聰察的一面，可能謹慎以處之，果能如此，可无咎。

《象》曰：履錯之敬，以辟咎也。

所行紛錯，則易於得咎。敬以避之，何咎之有！

六二，黄離，元吉。

黄，東西南北中五種色中的中色。在古人的審美觀念中黄是最美好的顔色。六二以陰居陰得正，且居離下體之中，是離卦的主爻。《彖傳》説“柔麗乎”中正，“是以畜牝牛吉”，指的就是它。它在離卦六爻中自德言是至美至善的，德、時、位俱佳，没有一點問題，所以爻辭許以“元吉”，用最好的顔色比喻它，説它是“黄離”。“黄離元吉”與坤卦六五“黄裳元吉”類似。

《象》曰：黄離元吉，得中道也。

黄是中色，爻辭用黄字概括六二的特點，主要是抓住了六二居中這一點。六二居中又得正，但中最重要。言中，正也就包含在内了。

九三，日昃之離，不鼓缶而歌，則大耋之嗟，凶。

離卦初爲日出，二爲日當中午，三爲日昃。日昃，日已偏斜，是天將嚮晚的時候。就人生説，日昃好像進入老年階段，最好的年華已經過去，生命將至垂暮。九三正是這樣，它處下體之終，光明幾近終點。就是説，它的處境很不好。更不好的是它以剛居剛，過而不中，就是説，它没有中德，不能正確地對待老和死的問題。它的心志慌亂了，以至於哀樂失常，"不鼓缶而歌，則大耋之嗟"。缶，瓦器。古人擊缶而歌以樂。耋，垂老之人。嗟，哀嘆。人到老年，正確的態度是以遲暮爲憂，亦不以達生爲樂。而六三卻不然，它不是擊缶而歌，不當樂而樂，便是興垂老之嘆，不當哀而哀。是以凶。

《象》曰：日昃之離，何可久也。

日傾了，人老了，這是自然規律使然。日傾了就要下落，人老了就要死去，怎麽會長久！明者知於此，乃不樂生，不憂死，不歌不嗟，聽其自然而已。

九四，突如其來如，焚如，死如，棄如。

九四陽居離卦上體之初，不中不正，過明過剛，其剛盛之勢有如火之驟起，突如其來。其燥暴之氣焰有如火在燃燒，所以有死如、棄如之象。禍已至於死棄的地步，凶自不待言。

《象》曰：突如其來如，无所容也。

九四"突如其來如"，剛烈昏暴，造成焚、死、棄的結果，爲天下人所不容。從根本上説，不是天下人不容它，是它自煎自焚，咎由自取。

六五，出涕沱若，戚嗟若，吉。

坎離兩卦皆貴中。離卦六二與六五都居中,所以都得吉。但是六二辭安得元吉,六五辭危得吉。關鍵在得位不得位。六二以陰居陰處中又當位得正,六五以陰居陽處中但不當位不得正。六五由於不當位不得正,所以有危象。然而六五畢竟以柔居中,足以和濟離卦之陽燥,所以能够居危而知危,憂盛而危明。其畏懼之深,至於出涕,其憂慮之深,至於戚嗟。所以得吉。

《象》曰:六五之吉,離王公也。

六五之所以得吉,還與它麗得王公之正位有關。它居於王公在上之位,又能明察事理,知憂知懼,所以得吉。

上九,王用出征,有嘉折首,獲匪其醜,无咎。

上九以陽居上,承四五之後,在離卦之終,剛明已達到極點。唯其剛明至極,所以能够擔當察邪惡行威刑的使命。王將派它征伐不義。它對它所征伐的對象一定會恰當處理,“有嘉折首,獲匪其醜”。首,頭頭,首惡人物。醜,脅從,一般群衆。衹懲治首惡分子,對脅從的一般群衆則不問罪,不傷害。這樣做,必无咎。

《象》曰:王用出征,以正邦也。

王者之師出征,是爲了正邦;正邦對於王者來説,也就是正己。所以,王者之師一般是征而不戰,迫不得已才戰;雖戰,不過折其首惡而已,絶不傷殘民衆。

〔總論〕

離,麗也。離卦是講人的一生輝煌的歷程以及社會中人與人之間的一種關係和如何對待這種關係的問題。它借卦象爻象表達出來的關於附麗問題的思想極爲豐富、深刻。離卦與坎卦共同的特點是貴中,不同的是,坎是陰險之卦,亟須剛來濟之,而且坎爲水,水性就下,以剛中則不陷,故坎之《彖傳》說"維心亨,乃以剛中也"。是坎卦既貴中又貴剛。離卦是陽燥之卦,亟須以柔來和之,且離爲火,火性炎上,中順則不突。故離之《彖傳》說"柔麗乎中正","是以畜牝牛吉也"。離卦貴中又貴柔貴正。不過離卦的貴柔是以柔濟剛,剛柔相濟,與老聃貴柔,以柔勝剛的主張,不可同日而語。

離卦更强調中。六二與六五兩爻因爲各居上下體之中,所以均得吉。離卦尤以柔、中、正三者兼具爲最佳,是故六五以柔居中而不當位,衹得吉,而六二以柔居中又當位得正,得元吉。六二是成卦之主,在離之時,一切美好的品德,都從它身上集中地表達出來。它"柔麗乎中正",獲得"黄離"的至美至善的稱譽。卦辭"利貞亨,畜牝牛吉"的思想,可以說就藴藏在六二這裏。九四在離卦裏則是最不好的一爻,它從反面强調了柔、中、正三者在處離之時的重要意義。九四剛躁而不中不正,其性似火之驟烈,不容天下人,亦不爲天下人所容,落得個"焚如,死如,棄如"的後果,是必然的。《周易》經傳作者於離九四所闡述的思想,具有極深刻的哲學意義,值得特殊注意。餘如初九之警始觀念,九三不樂生不憂死的意識,以及上九"有嘉折首,獲匪其醜"的古老的軍事思想,都構成離卦多方面、多層次的豐富的思想網絡中的重要部分,亦不應忽視。

周易下經

咸

䷞ 艮下兑上

《序卦傳》説:“有天地然後有萬物,有萬物然後有男女,有男女然後有夫婦,有夫婦然後有父子,有父子然後有君臣,有君臣然後有上下,有上下然後禮義有所錯。”依據《序卦傳》的看法,上經三十卦至離卦結束,從咸卦開始共三十四卦爲下經。下經第一卦咸卦不是接着離卦而來的,它是一個新的開始。這樣一來,《周易》全部六十四卦似乎有兩個開始,第一個開始是乾坤二卦;乾坤二卦被看作《易》之緼、《易》之門。全部六十四卦都是由乾坤二卦産生的。咸、恒二卦是又一個開始,這個開始比起第一個開始來,是低層次的,它應該包括在由第一個開始展開的全部過程之中。《序卦傳》用“有天地然後有萬物”比喻第一個開始。天地比喻乾坤,萬物比喻六十四卦。用“有萬物然後有男女,有男女然後有夫婦”、“然後禮義有所錯”比喻第二個開始。用男女、夫婦比喻咸卦與恒卦,用男女、夫婦之後産生的父子、君臣、上下、禮義等比喻咸、恒之後諸卦。孔子這樣比喻的本始目的無疑是要説明乾坤居全《易》之首,咸恒居下經之首,是有根據的,天經地義的。但是他卻無意中明確地表述了他的樸素而實質上正確的宇宙觀和社會歷史觀。

咸音義同感。古代的感當寫作咸,心字是後世加上去的。咸卦的感字取交相感應的意義。交相感應的問題,最直觀、最常見、最容易被人理解和接受的表現是男女、夫婦之間的關係,而且夫婦關係是人倫之始,是文明社會一切現象之所以産生的最初契機,所以把咸卦咸字的感應意義用夫婦關係加以説明是再合適不過了。

從卦體看,咸卦兑上艮下。兑爲少女,艮爲少男。男女相感深,少男少女相感尤深。從卦德看,艮是止,艮篤實,止誠慤;兑是説。男子以誠實的態度與女子交往,女子説而應之,男女交親,於是結成夫婦。

六十四卦以乾坤爲首,乾坤象天地,乾象天,坤象地,天地被看作二物。下經以咸恒爲首,咸恒象夫婦。但是,咸象一夫婦,恒也象一夫婦,夫婦被看作一事,不是咸象夫,恒象婦。咸恒在這一點上與乾坤情況不同。

咸,亨利貞,取女吉。

咸是感,不祇是男女相感,世間萬物,社會人群,都有相感與不相感的問題。例如君臣相感,上下相感,父子相感,親友相感,等等,祇要是相感了,那麽,相感雙方的關係必然和順而亨通,什麽問題都好解決。然而相感有個條件,必須"利貞",即利在於正。相感而不以正,便不能亨了。"取女吉",是説取女如是方能得吉。

《彖》曰:咸,感也。柔上而剛下。二氣感應以相與。止而説,男下女,是以亨利貞,取女吉也。天地感而萬物化生,聖人感人心而天下和平。觀其所感,而天地萬物之情可見矣。

"咸,感也。"這句話解説得十分明白,孔子的意思是説,咸就是感。在《周易》成書的時代祇有咸字尚無感字,至孔子時則已從咸字中分化出了感字。

“柔上而剛下。”“柔上”指上六，柔爻在上體。“剛下”指九三，剛爻在下體。柔上剛下有陰陽交感的意義。咸卦之所以名咸，就是因爲它有“柔上而剛下”的特點。咸卦上體是☱兑，兩剛爻一柔爻，爲什麽不顧兩個剛爻而單説一個柔爻？下體是☶艮，兩柔爻一剛爻，爲什麽不顧兩個柔爻而單説一個剛爻？依據清初胡煦《周易函書》關於體卦主爻的理論，上體☱兑本來是☰乾，由於外來一個柔爻，取代了它的居上位的那個剛爻，於是而成☱兑。下體☶艮本來是☷坤，由於外來一個剛爻，取代了它的居上位的那個柔爻，於是而成☶艮。就是説，此卦之所以爲澤山咸，關鍵在於上體那個柔爻和下體的那個剛爻。上下體都由一個陰卦和一個陽卦組成。

“二氣感應以相與。”咸卦艮下兑上，艮爲山，兑爲澤，山澤通氣。又咸卦内外六爻無不相應。二氣山澤也，山澤通氣，内外相應總起來説叫做二氣感應。唯其感而應，故能“相與”。謂山澤通氣也。

“止而説，男下女。”止是艮止，説是兑説。“止而説”是指咸的上下二體有篤誠相感之義，其情專也。“男下女”，指艮少男在下，兑少女在上，其禮恭也。故得亨而利而貞，而取女吉也。總之是從上下二體的角度進一步講二氣相感應的問題。

“天地感而萬物化生，聖人感人心而天下和平。觀其所感，而天地萬物之情可見矣。”《彖傳》的這一段話和坎卦的情況一樣，是孔子在解釋卦辭之後附帶談了自己的體會。孔子把感的意義推廣到自然界和人類社會上來講，而着眼點，則是在人類社會。《周易》是政治性很强的書，它講天之道，講民之故，最後總是落到民之故上。天地以交感而化生，則天地之情可見。聖人以感人心而致和平，則天下之情可見。天下者，聖人之萬物也。天在地中，陽在陰中，乃感人心之象也。坎言心,此亦言心,大象坎也。這裏講的聖人顯然不是一般的人,是指統治階級的王侯而言。因爲聖人感天下人之心,所以天下人之心才和平安寧,老老實實接受統治。這是孔子當時的政治觀點,這個觀點是由當時的歷史條件決定的。古代統治階級能否感被統治階級的心,這個問題要分析地看。至少孔子認爲統治階級應該如此,能够如此。天地萬物之情是什麽本來是不知道,孔子認爲通過觀其所感,就知道了。

復卦《彖傳》講"天地之心",此卦以及恒卦、萃卦《彖傳》講"天地萬物之情"。心唯言天地,而情則言天地萬物。心衹見於復一卦,情則所見之卦多。看來,所謂"天地之心",講的是陰陽消長,生生不已的自然規律。所謂"天地萬物之情",講的是陰陽消長這個自然規律的幾種外部表現。

《象》曰:山上有澤,咸。君子以虛受人。

兑爲澤,兑是陰卦。澤在山上,艮爲山,艮是陽卦。山上有澤,是説陰卦在外,陽卦在内,虛之能受可知。又論形,則惟能受者爲虛耳。坤位六虛,正是此義。故曰君子以虛受人。

初六,咸其拇。

拇,足之大指。"咸其拇",是説初六在下卦之下,有其所感未深之象。有感必有應,人人皆有拇,咸其拇,拇也感人。

《象》曰:咸其拇,志在外也。

初六與九四正應,初六"咸其拇",感於九四,九四在外卦,所以叫"志在外"。

六二,咸其腓,凶,居吉。

腓之位上繫股下從足。由"咸其拇"到"咸其腓",咸已漸進於止。腓若從股,則静,若從足則動。若妄動則必致凶。若居,則不妄動。故或吉或凶在兩可之間。此卦互巽,巽爲進退。上體兑悦,易致妄動。而六二是陰爻而居中,居則爲艮止。妄動凶，艮止則吉。

《象》曰：雖凶居吉，順不害也。

六二是陰爻，此卦又互巽，故言順。雖凶居吉，並不影響它的感。它處於咸的時候，容易先動以求九五。先動以求應則凶。若居則吉。居，不是絶對不動，衹是不先動，不妄動。不先動不妄動也就是順，就是順理而動。順理而動吉，不順理而動凶。

九三，咸其股，執其隨，往吝。

股，在身之下，在足之上，不能自由，乃隨下而動。足動它也動，足止它也止。九三處下體之上，處境與股相類。九三以陽剛之才處在止體之極，本來宜静不宜動，但是九三"執其隨"，看初、二兩爻躁動，它也要隨之而動。執，固執不變，一定要跟着初、二動。往必致吝。

《象》曰：咸其股，亦不處也。志在隨人，所執下也。

不處，動。初、二兩陰爻皆有感而躁動。九三自身雖是陽爻，看人家動，自已"亦不處"，即也隨着動。陽剛之才，行爲不能自主，反而志在隨人，這種作法是很卑下的。

九四，貞吉悔亡，憧憧往來。朋從爾思。

《周易》爻辭言"貞吉悔亡"者計四卦，皆占在先而象在後。巽卦在九五，大壯、未濟和本卦都在九四。九以陽剛居四，本來是不正的，不正則當有悔。"貞吉悔亡"，是説如果能正的話，則得吉而無悔。正與不正，悔與無悔，全就感上説。感而不以正則有悔；感而以正，則吉而無悔。四是人的心，四又處在上下之間，有往來之象。"憧憧往來"，"往來"應如孔子説是自然界"日往月來，寒往暑來"的往來。是自然界裏此感彼應，彼感此應的現象。人對外界的人與物的往來感應亦如此，即順應自然之理去感去應，不摻雜自己的私心。"往來"之前加上"憧憧"二字,就變成有私心的不好的往來,不是順應自然規律的往來了。憧憧,爲一己之私心私利而忙迫不安地去感應,去往來。今天給甲一點好處,以求感恩,明天又給乙一點恩惠,以求回報,把往來放在心上,切切不肯放下。"朋從爾思",以私心去感,衹感了少數人。這少數人成了你的朋友。這種朋友,其實就是朋黨。

《繫辭傳》對咸九四這條爻辭曾作了説明,它説:"《易》曰:'憧憧往來,朋從爾思。'子曰:'天下何思何慮,天下同歸而殊塗,一致而百慮。天下何思何慮,日往則月來,月往則日來。日月相推而明生焉。寒往則暑來,暑往則寒來。寒暑相推而歲成焉。往者屈也,來者信也。屈信相感而利生焉。尺蠖之曲,以求伸也。龍蛇之蟄,以存身也。精義入神,以致用也。利用安身,以崇德也。過此以往,未之或知也。窮神知化,德之盛也。'"孔子這段話是從正面批評了"憧憧往來,朋從爾思"的人。認爲自然界的感應是無私的,有規律的。人的感應也應同自然界的感應一樣,順應規律,無有私慮,當感自然感,當應自然應。

《象》曰:貞吉悔亡,未感害也。憧憧往來,未光大也。

"貞吉悔亡,未感害也",是説感而出自私心則有害,感而未有私心則未爲害。無繫私心於感,也就是守正,正則吉,則無悔。"憧憧往來,朋從爾思"是以私心相感。以私心相感其所感的面必窄,衹有少數私朋而已,故云"未光大"。光,廣。"未光大",影響未能擴大,未能普及於天下人。

九五,咸其脢,无悔。

脢,後背上的裏脊肉,正當心的背面,與心相背而不見。九五居尊位,應當以至誠感天下人之心,但是它下應於六二,又比於上,如果繫二悦上,那就把所感的面縮得太小了,不是天子諸侯應當做的。“咸其脢”,九五應當像背上裏脊肉那樣,與其私心相背,感它見不到的更多的人。這才是人君感天下之正道。這樣做了,可得无悔。

《象》曰:咸其脢,志末也。

末,指上六言。爻辭講“咸其脢”,告誡九五要背其私心,以至誠感天下人之心,所以這樣告誡,是因爲九五確實有問題。它“志末”,與上六近比,便總想感於上六而已。

上六,咸其輔頰舌。

輔,牙車,在口中。頰,腮。舌動則牙車也動。腮也隨着動。三者配合着動,人就説出話來。本來用一個口字即可,卻用了輔頰舌三個字,有厭惡的意思在内,猶如今日謂善巧辯的人講話爲摇脣鼓舌一樣。上六陰柔居兑之上,爲兑之主,而且處在咸之極,故不能以誠感人。光是用口舌感人,言而無其實,其結果是感而無應,其爲凶咎不言而知。

《象》曰:咸其輔頰舌,滕口説也。

滕、騰通用。騰口説,發揮、騰揚口舌言説的作用。咸道已到了末端,别的辦法没有了,衹剩下口舌言語了。

〔總論〕

孔子《序卦傳》在這一卦講的話較多,全面表述了他的宇宙觀和社會歷史觀。他説“有天地然後有萬物”。“天地”就是自然界,自然界是怎樣産生的,自然界之前還有什麽,孔子没有講。就是説,孔子不認爲自然界是由無變爲有的,不認爲自然界是被創造出來的。

孔子講“有萬物然後有男女,有男女然後有夫婦”,道出了人類早期歷史中的一個基本事實,即人類曾經有個群婚階段。一夫一妻制是在群婚制衰落之後産生的。孔子還發現了一夫一妻的個體婚制在原始社會向文明社會轉變中具有關鍵性意義。他説:“有夫婦然後有父子,有父子然後有君臣,有君臣然後有上下,有上下然後禮義有所錯。”把國家的產生一直追溯到“有夫婦”,顯然已經看到了個體婚制的確立最終導致文明時代的來臨。甚至揭開了禮的秘密:禮與階級社會同步產生,禮在它的華麗外衣裏面包含着嚴酷的等級制度。孔子在《中庸》裏講“仁者人也,親親爲大。義者宜也,尊賢爲大。親親之殺,尊賢之等,禮所生也”,更進一步認定禮從階級關係和血緣關係兩個方面反映等級制度。孔子當然不知什麼歷史唯物主義,但是他的關於古代歷史的認識所達到的理論高度在他那個時代是無與倫比的,即便用今日馬克思主義的眼光看,孔子的理論仍有相當大的意義。

《周易》中卦辭與爻辭講的内容往往不一致,咸卦尤其明顯。卦辭講“取女吉”,以男女婚姻取象,從天地萬物與人類社會宏觀的角度講感應的問題。六爻爻辭則根本不講“取女吉”,更不講男女婚姻之事。各爻都從人體取象,從微觀的角度講感應問題。初“咸其拇”,二“咸其腓”,三“咸其股”,五“咸其脢”,上“咸其輔頰舌”,感的都是人身的一個部位。用一個部位去感外界事物。四比較特殊,四居上下體之間,在咸卦裏它是代表心的。它不講咸其心。“心之官則思”,古人認爲心是主思慮的,所以代表心的九四,主要講人在處理與外界感應的過程中如何端正思想的問題。

咸卦以人身取象,情況與艮卦極相似。所不同者,咸卦講咸,艮卦講止。感者動,止者静。咸卦諸爻不如艮卦吉多凶少。尤其上爻二卦大不同。咸卦上六咸其輔頰舌,不好。艮卦上九敦艮吉,很好。

卦辭與爻辭所説的往往不同,甚乃多少有一點矛盾,這是個值得注意的問題。它告訴我們,卦辭和爻辭很可能不出於一人之手。

恒

䷟ 巽下震上

《序卦傳》説:“夫婦之道不可以不久也,故受之以恒。恒者,久也。”咸卦講的是夫婦之道,夫婦之道貴在長久,終身不變,所以咸卦之後次以恒卦。恒的含義是久常。恒卦何以有久常的含義?咸卦艮下兑上,少男在少女之下,以男處女之下,有男女交感的意義。恒卦則不然。恒卦巽下震上,長女在長男之下,男居尊,女處卑。又,恒卦震在外,巽在内,是男動於外,女順於内。依照古人的觀念,這是一夫一妻制家庭關係的常理,恒没有交感的意義而有久常的意義。

恒,亨,无咎,利貞,利有攸往。

恒,恒久不息。兩利字皆亨義。貞,常也。攸往,久義。皆恒之妙也。在人事則利貞,謂利静。攸往謂利動。陰女在内,陽男在外,皆爲正。女静於内,男動於外,就是恒。今女静於内,故利正,男動於外,故利往。這是從男女陰陽循環不息的常道的角度而言,故名恒。從另一角度而言,恒有二義,一是无咎的恒,一是有咎的恒。无咎的恒亦即不易之恒。這種恒因爲是正的,所以无咎。无咎的恒亦即不已之恒。這種恒因爲不正,所以有咎。前一種恒,“利貞”,宜守正而不移易;後一種恒,“利用攸往”,宜有所行動,有所改變。這兩種意義的恒合起來看,才是全面的,正確的。任何衹强調其中的一種意義而忽視另一種意義的理解,都是不對的。

《彖》曰:恒,久也。剛上而柔下。雷風相與,巽而動,剛柔皆應,恒。恒亨无咎,利貞,久于其道也。天地之道,恒久而不已也。利有攸往，終則有始也。日月得天而能久照，四時變化而能久成，聖人久于其道而天下化成。觀其所恒，而天地萬物之情可見矣。

"恒，久也。剛上而柔下，雷風相與，巽而動，剛柔皆應，恒。"這是解釋卦名的。恒是什麽？恒就是久。"剛上而柔下"，"剛上"指九四，"柔下"指初六。剛在上體，柔在下體，剛上柔下，這從名分上説，是正常的，正常就有恒久的意義。"剛上而柔下"，須用胡煦《周易函書》提出的體卦主爻説加以解釋，是正確的。上體震本爲坤體，外來一剛爻施給坤，化掉坤的一柔爻，成爲震。下體巽本爲乾體，外來一柔爻施給乾，化掉乾的一剛爻，成爲巽。"雷風相與"，這是從卦象説明問題。有雷則有風，雷風相須，交助成勢，這是一種常道。"巽而動"，下體巽，巽是順；上體震，震是動。順而動，事物合乎規律地運動，是常久之道。"剛柔皆應"，恒卦六爻剛柔皆應，剛柔皆應，是正常的道理。由於這四方面都有常久的意義，所以卦名曰恒。

"恒亨无咎，利貞，久于其道也。天地之道，恒久而不已也。利用攸往。終則有始也。"亨而无咎的恒，必是正的。正的恒，才是久于其道的恒，天地之道就是恒久而不已也。"利有攸往，終則有始也"，是説恒不是一定不動不變的。天地間没有一定不動不變的恒，不動不變便不能恒了。事物窮則變，變則通，通則久，故隨時變易，方是恒久之道，所以卦辭言"利有攸往"。"利有攸往"就是"終則有始"；"終則有始"就是變化。總之，恒中包含着"不恒"，"不恒"中有恒。

"日月得天而能久照，四時變化而能久成。聖人久於其道而天下化成。"這裏從自然界到人類社會，亦即所謂"明于天之道而察于民之故"。講"天之道"，是講自然規律，講"民之故"是講社會歷史，而歸根結底重在"民之故"，重在社會歷史。日月與四時都因變化而能久能成。社會也是如此，"聖人"能够

"久于其道",即恒而能變,變中有恒,堅持正確的恒久之道,有秩序的社會生活才化育而成。

"觀其所恒,而天地萬物之情可見矣。"觀"日月"、"四時"、"聖人"所行的恒久之道,"天地萬物之情"便可以看得出來了。關於"天地萬物之情"的理解問題,已詳前卦。

《象》曰:雷風恒,君子以立不易方。

雷與風作爲自然現象,表面看來,雷迅風驟,變化無常,然而看其實質,則有不變者存。一年之中,雷總是要起,風總是要發。雷起風發,雷迅風驟,雷風總是相須相與。君子學習恒卦,知道雷風雖變,必有不變的道理,自己做事便要立不易方。世間的事物雖然酬酢萬變,妙用無方,而君子做人做事則要有所樹立,有卓然不可移易之方。

初六,浚恒,貞凶,无攸利。

浚,深。貞,固。无攸利,利有攸往之反義。恒,久也。恒之道貴久。天下事都有個日就月將積漸的過程。處在恒的時候,尤其應該注意及此。初六居恒之始,更當作常久打算。但是初六以柔居剛,體巽而性入,於事求望太深,有刻入深求之象。想要一鍬掘個井,故曰"浚恒"。固守這一條道走到底,必凶,必无所利。

《象》曰:浚恒之凶,始求深也。

始,初也。深者初之位,陰之性,巽之入也。求者,有應之辭。

九二,悔亡。

《周易》爻辭中有大壯九二言"貞吉"、解初六言"无咎"及本爻言"悔亡",三條都衹言結果如何而不論及其所以然,大概是因爲爻象可以自明的緣故。悔亡,是本應有悔,由於某種原因,悔由有可以變爲無。在恒卦,居得正位才是正常的。九二以陽居陰位，不得正，是不正常的，不正常應該有悔。但是《周易》最重視中，恒卦尤其貴中。九二以剛居中又與六五正應，是處得中，動也得中。能恒久於中，正也就包含在內了。九二中德之勝，足以亡其悔。

《象》曰：九二悔亡，能久中也。

九二以陽處中，能恒久於中，所以悔亡。六五雖也處中，但是以陰居中，所以有"夫子凶"之戒。

九三，不恒其德，或承之羞，貞吝。

恒卦互乾。九三居互乾之中，故稱德。三又處在内外卦相接之處，故稱不恒，事將變革的意思。與恒極稱振恒的意思相似。吝字衹是窒塞不通之義，故羞還是做羞辱爲是。承羞二字亦由爻出，九三本是剛爻。在下承九三之九二與在上乘九三之九四都是剛。上六義以動極(振恒)與九三應之於外，就是説，前後左右都與九三關係不相宜，故稱或。總之，九三處内外之極，當變革之地，又健性善動，不能如九二之久中，則不恒而致羞，雖居位得正，也不免吝矣。

《象》曰：不恒其德，无所容也。

九三上承陽，下又乘陽，又具巽入之性，健而善動不能如九二之久中，故上下均致其羞，无所容也。

九四，田无禽。

田，田獵。禽，統稱飛禽走獸。"田无禽"喻如長期田獵在無禽之地，勞而無功。九四以陽居陰位，既不得正又不居中。不中不正，縱然恒久，也不會有成就的。

《象》曰：久非其位，安得禽也。

九四與九三不同。九三處頻復之位，以陽居陽，是得其位不得其時者，故曰不恒。九四當變革之交，則歷久可知，可是應巽而動，以陽處陰，是得其時不得其位者，故曰久非其位。處於無禽之地，非其位矣，雖久何益！

六五，恒其德貞，婦人吉，夫子凶。

九二以陽居陰，六五以陰居陽，都位不當卻又都得中。九二剛中，故悔亡。六五柔中，“恒其德貞”，是以柔順爲德，以柔順之德爲常。恒其柔順之德，在婦人則爲正，故吉。在丈夫則不爲正，故凶。

《象》曰：婦人貞吉，從一而終也。夫子制義，從婦凶也。

六五“恒其德貞”，是婦人之貞，吉是婦人之吉。爲什麼在婦人則貞則吉呢？這是因爲婦人從一而終，從一個丈夫一直到死。六五恒其柔順之德，以順從爲恒，恰似婦人從一而終。所以六五有婦人貞吉之義。恒卦的含義主要是常，常中也包含着變。九三偏於變，是不恒其德，六五偏於常，是恒其德。但是六五柔中。柔順以爲德，是婦人之德，不是夫子之德。夫子有制義之權，衹宜婦人從他，若他從婦人，必凶。

上六，振恒，凶。

振，奮也，舉也。謂振動其恒，既久紛更之象也。恒本常道，豈宜振動？凶，是説不但不能成事，反而壞事。原因是陰柔不能固守，恒極則反常，震終則過動，故凶。

《象》曰：振恒在上，大无功也。

在上是説恒極必變。既爲振恒，必敗事無疑。不但無功，而且必大无功。

〔**總論**〕

《周易》貴中，恒卦尤其貴中。中就能恒，不中就不能恒。恒卦六爻没有上下相應的意義，其爻主要從居上體還是居下體，得中還是不得中表現出來。初六在下體之下，九四在上體之下，都未及於恒,泥於恒而不知變,所以初六"浚恒",九四"田无禽"。九三在下體之上,上六在上體之上,都已過於恒,所以好變而不守恒,所以九三不恒,上六"振恒"。祇有九二與六五比較好,因爲它們居上下體之中,最能把握恒的意義。六五以陰柔居陽位,以柔中爲恒,所以祇能是婦人吉,而夫子則凶。九二以陽剛居陰位,以剛中爲恒,最得恒卦之義,但由於它不得正,亦不能做到盡善盡美,祇得悔亡而已。悔亡在恒卦裹已是最好的爻辭,可見恒卦無完爻。咸卦六爻也是不凶則吝,最好的也不過悔亡而已。但是咸、恒二卦的卦辭在六十四卦中則是最吉的。卦辭與爻辭不一致的問題,古人已經注意到了。蘇軾《易傳》以爲艮兑合而後爲咸,巽震合而後爲恒。二體合起來看,所以卦辭吉。六爻分開來看,見此而不見彼,咸、恒之義被肢解了,所以咸恒無完爻,最好的不過悔亡而已。這個問題尚可進一步研究。

遯

䷠ 艮下乾上

《序卦傳》説:"恒者久也。物不可以久居其所,故受之以遯。"遯者退也。恒是久的意思。什麽事情久了,總要走向反面,久必變爲退,所以恒卦之後繼之以遯。遯的含義是退,是避而去之。卦由乾艮二體組成。乾爲天,艮爲山。天在上,是陽物,有上進的性質。山是高起之物,又是止之體,有上陵而止不進之象。一個要上進,一個上陵而止不進,乾艮相違遯,故卦名遯。又卦中二陰自下而生,是陰將長而陽漸消的時候,小人漸盛,君子當退而避之,也是卦名遯的根據,遯卦在十二辟卦中爲六月之卦。

遯,亨,小利貞。

遯是陰長陽消的時候，小人漸得勢，君子此時應當退避。身退道不能退。道不僅不能退，道還要進一步伸張。故云遯亨。小人道長，君子知幾而退藏其用，不露圭角，也是遯。“小利貞”，小是大小的小。遯之時，陰柔雖長卻尚未達到甚盛的程度，君子此時不可大利貞，但可小利貞，可遲遲致力，遜避善處，務在勤小事細行，舉動不失正道，使小人無隙可乘。

《彖》曰：遯亨，遯而亨也。剛當位而應，與時行也。小利貞，浸而長也。遯之時義大矣哉。

“遯亨，遯而亨也。”卦辭言“遯亨”，《彖傳》加個“而”字，變成“遯而亨”，説明“遯亨”是遯而後亨。君子遯藏起來了，還怎麽能談到亨呢？不是君子亨，也不是君子藏亨，而是君子遯藏之後，君子之道亨。

“剛當位而應，與時行也。”這句話不是解釋卦辭“遯亨”的。“遯而亨”是説能遯而至於亨。這一句是進一步説明怎樣遯而亨。九五以陽剛居陽位，居中得正，又下與六二以中正相應。以這樣好的卦才，即便在遯藏的時候，還可以因時而有行。此卦有艮象，艮彖言時行時止。凡艮有止象，當亦必有時行之象。既曰時行，便有小心謹慎之意，亦便包涵小利貞在內。

“小利貞，浸而長也。”臨卦二陽在下，《彖傳》説：“剛浸而長。”遯卦二陰在下，《彖傳》説：“浸而長。”不説“柔浸而長”，實際上是柔浸而長，二陰慢慢地長。君子在遯的時候，不宜大有作爲，衹可小利貞，原因在於群陰浸長，小人漸盛。

“遯之時義大矣哉。”《易》中“大矣哉”有二義：一贊美其所關係之大者，例如革卦、豫卦；二讚嘆其所處之難者，例如遯卦、大過卦。將來必至於否，故猶可遯，而繫以小利貞。孔子加上這讚嘆之語，意在告誡人們不要因爲是“小利貞”，是細行小事，而不屑思，不屑爲。“小利貞”往往會成爲利貞的基礎。

將來的利貞,正是在此"小利貞"中包含着,準備着,所以說遯之時義大矣哉!

《象》曰:天下有山,遯。君子以遠小人,不惡而嚴。

天下有山,山在下高起而又止,天在上,上進而相違,正是遯避之象。君子觀遯之象,受到啓發,知道了應該如何遠小人的問題。在遯的時候,遠小人的最好辦法是"不惡而嚴"。惡讀憎惡的惡。對待小人,不可使他知道你憎惡他,否則他必加害於你,你想遠小人也遠不了。但是與小人的界限要嚴格劃清,在原則問題上絕不對小人讓步,讓小人知道你是不可侵犯的。"不惡而嚴",亦即外順内正,待彼以禮,自守以堅之意。

初六,遯尾厲,勿用有攸往。

自整個一卦看,初與二兩個陰爻是代表小人的。就卦中六爻看,則六爻都代表君子,代表君子在遯的六種不同情況下的處境。在别的卦都以初爲下爲始。遯是講往遯的,跑在前面的爲先進,初在後面,當然就是尾了。在逃遯的時候,落在後面,做了尾巴,處境極危險。怎麽辦?與其繼續嚮前跑,遇上災難,不如停下來不動更有把握免災。所以要"勿用有攸往"。初六以陰柔居下,位卑名微,不往也就等於遯了;若往的話,危厲就將更加嚴重。

《象》曰:遯尾之厲,不往何災也。

發現問題的徵兆而先行遯去,固然好。遯已落在後邊,還要跟着往前跑,就危險了。往有危厲,不往而晦藏,還有什麽災呢!

六二,執之用黄牛之革,莫之勝説。

説讀如脱,義同。莫之勝説,言不能解脱也。黄,中色。牛,温順之物。坤爻居中,有黄牛之象。革,堅韌之物。六爻中五爻皆言遯,唯六二不言遯。六二以陰居陰,得位處中,以中正順應於九五。九五以陽居陽,得位處中,也以中正親合於六二,六二與九五之間的合和親密的關係,其牢固的程度有如它們之間用黄牛之皮執縶着,誰也休想把它們拉開。

《象》曰:執用黄牛,固志也。

"執用黄牛",是"執之用黄牛之革"的省語。固志,六二與九五以中順之道相固結,其必遯之志甚堅定,没有什麽力量能够把它們之間拘縶着的黄牛之革脱掉。

九三,繫遯,有疾厲,畜臣妾吉。

在遯的時候,君子最好遠去速去。但是九三"繫遯",有所牽繫,不能遠去速去,因而處境不好。疾,謂爲陰所累。厲,危也。就像得了疾病而有危險一樣。九三"繫遯",繫誰呢?它與上九非正應而與六二切比,是被六二牽繫而不得遠遯速遯。九三與六二的關係是暱比不是正應,是君子與小人的關係,不是君子與君子的關係。九三對待小人怎麽辦好呢?可行的辦法是:畜臣妾。畜臣妾,謂下復蓋二陰。疾與畜,都是繫字中之義。臣妾是小人與女子。依古人的觀念,惟女子與小人爲難養,近之則不遜,遠之則怨。九三在欲遯不能遯的情況下,應以畜臣妾的辦法對待小人,不遠亦不近,不惡而嚴。這樣方可得吉。

《象》曰:繫遯之厲,有疾憊也。畜臣妾吉,不可大事也。

在遯的時候,因有繫累不能遯,其危厲是由困憊造成的,其困憊是由疾病造成的。九三處此困境唯一可行的辦法是以剛自守,對小人畜之以臣妾之道。因爲此時是不可以也不可能做大事的。

九四,好遯,君子吉,小人否。

好字當讀上聲,不讀去聲。九四與初六正應,與初六的關係很好,很親密,但九四是剛健之君子,在遯的時候,雖有所好愛,亦能不爲所繫戀,毫不猶疑地毅然遯去。在遯的時候,也能够從容無怨,心情舒展,不作忿戾之行。如此則必得吉。小人否,否是不的意思,不是泰否的否。君子能好遯,小人則不能好遯,縱然迫不得已而遯,也是悻悻然忿戾而行,不會是好遯。因此,小人不能得吉。

《象》曰:君子好遯,小人否也。

君子好遯,小人則做不到好遯。君子當遯便毅然遯去,不爲所好愛者牽繫。遯也從容無怨,絶不悻悻然形於色。小人則辦不到。

九五,嘉遯,貞吉。

嘉,嘉美。嘉遯,嘉美的遯,比好遯更好的遯。九五陽剛居中得正,雖與六二有所繫應,但六二也居中得正,在遯的時候,不會妨礙九五,九五以中正自處,時止時行,從認識到行動,它都能够對遯的問題做出最恰當最得體的處理。所以獲貞吉。

《象》曰:嘉遯貞吉,以正志也。

思想正,行動才能正。九五之所以嘉遯貞吉,是因爲它居中得正而與六二之中正相應,亦即因爲它志正。人之行止,遯與不遯,處理得好不好,關鍵在於能否正其志。

上九,肥遯无不利。

肥,充大寬闊,綽綽然有餘裕,疾憊的反義。上九以陽剛之才居外卦之極,在遯的時候,處這個位置好,它可以飄然遠逝,無所疑滯。上九還有另一個優越之處,就是它無應於内,無牽無累,無所疑慮。居外處遠和内無繫應這兩點,使上九在遯這個窮困的時候能够無挂無礙,無所疑慮,剛決而退,心志寬闊無比,綽綽然有餘裕。如此之遯,無有不利。

《象》曰：肥遯无不利，无所疑也。

上九能够“肥遯无不利”，最重要的原因是它无所疑。在四個陽爻中，上九情況最好。九三切比於六二，九四應於初六，九五應於六二，都有所繫；有所繫則不能不自疑，至上九則毫無挂礙，一切疑慮全部消失。

〔總論〕

遯卦六爻四陽二陰，四陽漸退，二陰漸長，是小人浸盛，君子遯藏的時代。君子處在這種時代，遯而亨，雖不可爲大事，但可小利貞。至於六爻，下三爻與上三爻的情況明顯不同。下三爻屬於艮，艮是止，所以初六不往，六二執革，九三繫遯。上三爻屬於乾，乾主於行，所以九四好遯，九五嘉遯，上九肥遯。上三爻越是無繫應越好，越是遠於二陰越好。九四好遯，但不如九五嘉遯。九四與九五雖好遯，嘉遯，但它們都有所繫應，都有所疑於遯，也都與二陰不算最遠，所以都不如上九肥遯。上九在卦外之極又無繫無應，心無疑慮，超然而遯；雖當困窮之時，卻能果斷遯退，可謂心地寬闊，綽綽有餘裕，是最善處遯的人。

遯卦表達的主要是政治思想。它明確地使用了君子和小人兩個政治性概念。君子和小人不反映政治地位尊卑高下的差别，它們反映的是政治家們個人道德觀念、道德行爲和政治主張上的對立。在小人逐漸取得優勢的政治環境中，君子應當采取靈活的對策，遯藏的對策，即在堅持原則的前提下，或者對小人不惡而嚴，或者暫時遯去，以待時變。遯卦講的遯，衹是政治鬥争中的一種靈活的策略思想，與道家追求出世、忘卻塵俗的人生哲學根本不同。

大 壯

䷡ 乾下震上

《序卦傳》説:“遯者退也。物不可以終遯,故受之以大壯。”遯是陰長陽遯,遯的意義是違去。大壯是陽的壯,壯的意義是强盛。事物衰則必盛,消則必長,既遯則必壯,所以遯之後次之以大壯。大壯卦下體是乾,上體是震,以剛而動,有大壯的意義。《周易》裏陽剛爲大,陰柔爲小。此卦陽剛已達到四,過中了,有大者壯的意義。又卦有雷威震在天上之象,也是大壯的意義。

大壯,利貞。

大壯即是陽之壯,吉亨自不待言。但是大壯利於貞正,大壯而不貞正,君子做事而不循正理,便是一般的壯,不是合於君子之道的大壯了。大壯之時最怕的是自恃其壯,自恃其壯就不正了。卦中以陽爻居陰位爲吉而以陽爻居陽位爲凶爲厲,正反映出卦辭“大壯利貞”的用意是大壯不可自恃其壯而過於壯。

六十四卦卦名有“大”字者凡四。除大有是五個陽爻外,其餘大畜、大過、大壯三卦都是四個陽爻。四個陽爻而稱大壯,這是因爲卦中陰陽之勢至三而平分,至四就算極盛了。大壯之陽爻已自初長至四,九四一爻是成卦之主,爲卦又是乾陽在内,震動於外,所以叫做大壯。大壯在十二辟卦中是二月之卦。

《彖》曰:大壯,大者壯也。剛以動,故壯。大壯利貞,大者正也。正大而天地之情可見矣。

“大壯，大者壯也。剛以動，故壯。”解釋以大壯名卦的意義。《易》中剛陽爲大，陰柔爲小。天地之間唯剛陽能壯，大者能壯，陰柔不能壯，小者不能壯。但是並非剛陽或大者在一切情況下都能壯，必須在“剛以動”的情況下才可謂壯。“剛以動”，爲卦乾下震上，是剛體而且在動，所以稱大壯。

“大壯利貞，大者正也。正大而天地之情可見矣。”此解釋“利貞”的意義。大壯是大者壯，大壯利貞則是大者正。可見卦辭“大壯利貞”四字具有三個層次的含義。首先指出壯的主體是大，其次説主體之勢是壯，最後强調大的静態特徵是正。前兩個層次的含義告訴我們，唯大者即剛陽能壯，小者即陰柔不能壯。大者衹是在動的狀態即剛以動的時候，方能壯。壯是從動態的角度看。最後一個層次的含義是説大者衹是壯還不够，還不足説明問題，還要正。正是從静態的角度看。總起來説，“大壯利貞”一語的意義是體大，勢盛而無邪僻。天地間萬物萬事大不必壯，大而不壯，並無凶咎。若大壯而不正，則凶必不免。暴君與强梁可謂大且壯矣，然而不正，貽人以禍患無窮。

正大亦即大正。天地乃大中之大，可謂至大。天地乃正中之正，可謂至正。大而且壯，大而且正，是天地之顯著特點，是顯而易見，有目共睹的。看見天地之正大，便看見天地之情了。“天地之情”是從静態從顯處看天地之特點，而《彖傳》説的“天地之心”，則是從動態從隱處看天地之規律。又咸、恒、萃三卦之《彖傳》皆言見“天地萬物之情”，本卦衹言天地，不涉萬物，這是因爲咸之所感，恒之所恒，萃之所聚，萬物皆可與天地同，唯其正與大未可與天地同日語。

《象》曰：雷在天上，大壯。君子以非禮弗履。

雷奮迅於天上，乃大而壯之象。大壯，包含了“大者正也”的意義。也就是説，大壯，實際上含蓋了大，大者壯，大者正三層意義。大、壯、正三者合爲一體，便構成天地間一種偉大的力的體現。君子觀大壯之象應當怎樣落實到現實人生中來呢？孔子是主張反身修己的。他要求君子把最大的力量用在戰勝自己上，戰勝自己的最好辦法莫過於"非禮弗履"。

初九，壯于趾，征凶有孚。

趾，在身之下而主於行的東西。壯于趾，用壯於初，急於前進，結果必將得凶。有孚，有信，在别的卦裹"有孚"的含義是正面的，在此則取反面意義。"征凶有孚"，有所前進，則致凶是肯定無疑的。初九以陽剛居陽位，處在大壯之時，本應无咎，何以"征凶有孚"呢？從全卦來看，大壯是陽剛之壯，以剛壯爲義。而從爻來看卻恰好相反。大壯各爻以用柔爲好，用剛不好。初九自身是陽剛，所在乾體，也是陽剛，所居陽位，又是陽剛。大壯本是"剛以動"的，剛不可太過，而初九以剛居剛用剛，是過於剛而壯於行，故"征凶有孚"。

《象》曰：壯于趾，孚其窮也。

初九在下而居剛用剛，過乎剛而壯於行，其窮困而致凶，是必信無疑的。

九二，貞吉。

九二與初九同爲陽剛，同處大壯之時，初九征凶而九二貞吉，兩爻有根本上的差别，其原因在於九二剛柔得中，不過於壯。二，柔位；九，剛質。以剛之質居柔之位，剛柔相須，不過於壯。更重要的是九二壯而處中，其動必正，猶如一人雖氣質剛決猛厲，但因爲能處中，遇事深淺有度，善於自裁其過而濟其不及，没有不得正的。得正則吉。

《象》曰：九二貞吉以中也。

九二之所以貞吉，最根本的一點是它居中。九二的吉，全從中上來。

九三，小人用壯，君子用罔，貞厲，羝羊觸藩，羸其角。

罔，無也。用罔，言不用也。羝，公羊。羸，病也。貞厲，雖正亦危厲。

九三以剛居剛而處壯，又在下體乾之終，過剛不中，是强有力的人。如果是小人當此，他將恃剛用壯，陵犯於人。就像剛狠强壯的公羊一樣，總要用它的角（亦即它的壯）去抵觸它面臨的任何藩籬，結果必以羸其角而告終。"貞厲"謂若君子這樣幹下去，則雖正亦危厲。"君子用罔"，如果是君子當此，便不會像小人那樣恃剛用壯陵人。

《象》曰：小人用壯，君子罔也。

小人用壯，君子不用。爻辭"君子用罔"語意與遯九四"君子好遯，小人否也"同，都是君子小人並言而義相反之辭。孔子"小象"去一用字，徑言"君子罔也"，使爻義更爲明白了當無疑。

九四，貞吉悔亡，藩決不羸。壯于大輿之輹。

九四與九二一樣，都是以陽居陰，剛有柔來濟，因而不至過於壯。但九四居四陽之終，也有容易過於壯的一面，所以爻辭說"貞吉"，即安定不動可得吉。既"貞吉"了，則能從容以進，無有失誤，所以爻辭又說"悔亡"。"藩決不羸"，是承前面九三爻辭"羝羊觸藩，羸其角"而言。九三爲前面的九四所阻，如遇藩籬，藩未破，角卻羸了。九四的前面是二陰，二陰構不成九四前進的障礙，藩無須觸已經決開，角羸之虞自然不會有。九四前進的道路既通，便有"壯于大輿之輹"之象。輹不同於輻，輹在軸，輻在輪。在軸之輹强壯，利於車行。"壯于大輿之輹"，謂車强無病，壯於進，利於行。

《象》曰：藩決不羸，尚往也。

尚，上也。尚往，把前進、行動放在首位。爻辭在"貞吉悔亡”四字之後又説“藩決不羸，壯于大輿之輹”，容易使人誤以爲九四居柔爲不進，“小象”乃提示以“尚往”，告知人們九四“藩決不羸”是進，不是不進。

六五，喪羊于易，无悔。

六五用和易的辦法把羊的剛狠給喪失掉了。羊性剛，羊在這裏象諸陽方長而並進。六五以柔居中，對於嚮上並進而來的諸陽，善於用和易的辦法制服之，使諸陽無所用其剛，無所用其壯，這就是“喪羊于易”。六五如此則可以无悔。

《象》曰：喪羊于易，位不當也。

六五喪羊于易无悔，是由於位不當。位不當，在《易》中指爻位不當。以剛居剛位或以柔居柔位，是位當。以剛居柔位或以柔居剛位，是位不當。位當好，位不當不好，這是《易》之常。有的時候，即在有些卦裏，位不當好，位當不好，這是《易》之變。大壯卦的情況屬於後一種。大壯卦六爻凡位當的如初九、九三二爻都不好，一爲“征凶”，一爲“貞厲”。凡位不當的如九二、九四、六五三爻都好，不是“貞吉”便是“无悔”。六五位是剛而質爲柔，以柔居剛，是位不當。位不當本來不好。然而在此，不好變成了好，因爲正是由於以柔居剛，剛柔調濟，使六五具有柔順和易之德，才能帖然制服强壯並進之諸陽，“喪羊于易”而无悔。

上六，羝羊觸藩，不能退，不能遂，无攸利，艱則吉。

上六所處是壯之終，動之極，一卦之窮，正是進無可進，退不可退的時候，很像羝羊之角挂在藩上，不能退也不能遂。處於這種困境的人，“无攸利”，什麽也不能幹，幹什麽也不行。但是“艱則吉”。艱，帛書《周易》字作根，疑讀爲限，指限制盲動，免受戕害。艱則吉，意謂若能限制盲動，免受戕害，則會得吉。

《象》曰:不能退,不能遂,不詳也。艱則吉,咎不長也。

不能退,不能遂,是做事不周詳。艱則吉,是限制盲動,做事小心謹慎,則會得吉,即使有點小過失,也不會長久。

〔總論〕

《雜卦傳》説:“大壯則止。”大壯是大者壯,大者壯即陽剛盛長。陽剛盛長正是陽剛當止則止的時候。陽剛正在盛長而要求止,並非易事。要把握好止的度,最爲重要的是解决好正的問題。因此大壯卦辭衹講了“大壯利貞”一句話。爻辭的意向與卦辭一致。四個陽爻除初九有壯之累外,其餘三爻都言貞。《彖傳》對此認識得更深刻,它明確指出:“大壯利貞,大者正也。”大正莫如天地,天地之正莫如剛柔相濟。表現在大壯六爻之中,以剛處柔或以柔處剛皆利,而以剛處剛或以柔處柔都不好。爻位則不正好,爻位正反而不好。陽剛盛長之時所需要的正,恰是爻位之不正。唯其爻位不正,剛方可得柔之濟,剛柔相濟才是大壯所需之正。這一點於爻中表現最爲明顯的則是九二和六五。九二貞吉,但爻不當位,《小象》釋之以“以中也”;六五无悔,《小象》釋之以“位不當也”。以柔居剛,爻位不當。也正因爲爻位不當,才得剛柔相濟之正。

晉

䷢ 坤下離上

《序卦傳》説:“物不可以終壯,故受之以晉。晉者進也。”凡物既壯便有晉的趨勢。晉必自壯來。物必壯方有嚮晉發展的可能。所以大壯之後次之以晉卦。晉與進同音同義。都是前進的意思。卦之所以名晉不名進,是因爲晉字除進義以外,還包括明盛的意思。爲卦下體是坤,上體是離,離在坤上,有明出地上之象,仿佛太陽冉冉自地平綫上升起,越升越光明盛大。這一壯觀景象恰好可用一個晉字表達出來。

晉,康侯用錫馬蕃庶,晝日三接。

侯,諸侯,對天子稱臣,對卿大夫又爲君,具有君與臣兩重身份。康侯,懷才抱勢足以康民治國安天下之諸侯,用字在此無實在意義,衹是個虚字。錫,義同賜。馬及車是古代的重賜。蕃,息。庶,多。蕃庶,言所賜之馬種類多,數量也多。晉是什麽?晉就是能康民治國乃至平天下之諸侯,作爲天子之臣,受到天子的恩寵,以至於天子賜之衆多馬匹,一日之中多次親見他。賜之厚,寵之親,達到了最高的程度。這是講古代世間最大的晉,莫過於人臣有德有功受恩寵之晉。人臣受寵之晉,莫過於康侯之晉。康侯之晉將人世間的一切晉義全包括了。《易》中六十四卦卦辭以晉爲特殊。它專以康侯爲義而不及其他,然而言康侯之晉如此,其亨其利貞不言可知。

《彖》曰:晉,進也。明出地上,順而麗乎大明,柔進而上行。是以康侯用錫馬蕃庶,晝日三接也。

"晉,進也。"解釋卦名晉的意義。晉,就是前進的進。晉除有進義之外還有明盛之義。合二義而言之,晉是進而盛的意思。

"明出地上"一句指上體而言,即上體是離,離爲明;下體是坤,坤爲地。故曰"明出地上",有明盛之象又有進象,所以卦名曰晉。順麗句自下體而言。柔進句自主爻而言。此卦獨主上體之一柔。柔本位下,剛本位上。此卦柔居天位之正中,故曰"柔進而上行"。"柔進而上行",在六十四卦中,衹有上體是離的卦,其《彖傳》才有説"上行"的。在上體是離的八個卦中,也衹有睽、鼎和晉三卦之《彖傳》講"柔進而上行"。"柔進而上行"指卦中六五以柔順明麗之德居君位而言。

《象》曰：明出地上，晉。君子以自昭明德。

日從地面上升起來。越升越明盛，但是日的光明是未出之前就有的，日出之後的光明與日出之前一樣，並無增損。君子觀此卦象，應該自己將自己固有之德即明德昭示出來。其實這與《大學》“明明德”的思想是一致的。六十四卦“大象”以君子自我口氣講話的衹有乾與晉兩卦。乾卦“大象”説：“自强不息”，意謂我用我之强。晉卦“大象”説：“自昭明德”，意謂我用我之明。

初六，晉如摧如，貞吉，罔孚，裕无咎。

晉如，陞進。摧如，抑退。初六以陰柔居卦之初，晉之始，不以進退爲慮，進亦可，不進亦可。可進則動而進，故晉如，不可進則抑而退，故摧如。無論晉如摧如，自己都堅守正道。能够如此，没有不獲吉。然而初六畢竟處於晉之初，不易得到上下的理解和信任，當此之際，宜處之以寬裕，既不汲汲於進，也不悻悻於不進。雍容寬裕如此，自然无咎。

《象》曰：晉如摧如，獨行正也。裕无咎，未受命也。

可進則進，宜退則退。得進不喜，見摧不餒，我行我正。“未受命”，初六尚未受命做官，無官守亦無言責，進退主動自如，綽綽然有餘裕。

六二，晉如愁如，貞吉，受兹介福，于其王母。

晉卦初三四上四爻都剛柔相應，唯六二與六五無應。六二自身又是以柔居中得正，有中正柔順之德，不是强於進之輩，所以不以進爲喜，而以進爲憂，有晉如愁如之象。六二能如此穩定不動便是貞，貞則得吉。從長遠的角度看，六二會“受兹介福，于其王母”的。介福，大福。王母，祖母。六二雖無應援，自進有困難，但它具有中正之德，時間久了，人們瞭解它了，必有與之同德的人主動來請它出去，讓它晉陞，給它厚禄,使它享受大福。誰能對六二如此垂青,當然是六五了。六五即是"王母"。二與五如果是正應,便有君臣之象,如果不是正應,是以陰應陰,便有妣婦之象。妣婦之象,不説母而説王母,是根據古代昭穆制度而來的。孫婦祔於祖姑,不祔於姑。孫婦與祖姑相配。《易》以相配比喻相應,所以稱六五爲王母。

《象》曰:受兹介福,以中正也。

推原六二受福之由,坤德又居二,故曰"中正"。

六三,衆允,悔亡。

六三以陰居陽位,不中不正,本當有悔,但六三處於下體坤之上,最爲柔順,且與上九正應,有上行之志。初六與六二二陰也都想上進,因而贊成六三順乎上,並且同六三一起行動。對於六三來説,行動得到同志的擁護,既獲衆允,悔必亡矣。

《象》曰:衆允之志,上行也。

六三與上九正應,其志在上行,獲得初六與六二二陰的信賴和支持,還能有什麽悔呢。初六罔孚,未獲衆允;六二受福,猶爲有待;六三則志獲衆允,進而上行已變爲現實了。

九四,晉如鼫鼠,貞厲。

鼫與碩同,鼫鼠猶《詩經》所云碩鼠,碩鼠之性,貪而畏人。九四以一陽居近君之位,從卦辭的角度看,它相當於康侯,然而爻辭卻完全相反,不但不説它是康侯,反而説它有鼫鼠之象。這是因爲卦義所主在柔,而九四以剛居柔,居位不當,時義亦相違。貪據高位,又失柔順之道,對於下面勢必上進的三陰存畏忌之心。處在晉的時候,九四如有持禄保位,固守鼫鼠一樣的這些問題,而不知變通,則有危厲。

《象》曰:鼫鼠貞厲,位不當也。

九四的根本問題是位不當。首先是以剛居柔,爻位不當。其次,以貪而畏忌之才居近君之位,是才不勝位,從事理上説,亦可謂位不當。

六五,悔亡,失得勿恤,往吉无不利。

居中行正,故悔亡。悔亡爲此卦主爻之象。失得就是悔亡。悔亡故勿憂。凡人有失則悔,失而復得故悔亡而無憂。失得之義悉出於坤,即得朋喪朋之故。坤之動,必見震艮兩象。震得也,艮失也。《易》與天運同,大體言陰陽往來。既有往來,必有得失。往吉無不利,恰是表達"順而麗乎大明"之意。

《象》曰:失得勿恤,往有慶也。

陰變陽,乾爲慶,有慶就是吉無不利。

上九,晉其角,維用伐邑。厲吉无咎,貞吝。

角,獸類之角。邑,自己轄下的私邑。上九以剛居晉之極,情況很不好。因爲晉卦如《彖傳》所説,"順而麗乎大明,柔進而上行",主柔而惡剛,柔好剛不好,而且上九已至晉之窮,没有再進的餘地了。所以象之以"晉其角"。"晉其角"是要進而無可進,無可進而又急躁要進,這樣必有危厲。"維用伐邑",是説唯獨把急躁求進的氣力和勁頭用到伐邑上,則可以使危厲的處境變爲吉,變爲无咎。伐邑,是反身克己的意思,把注意力放到解决自己的内部問題上來,也就是知進也知退,變進爲退。不過這樣做,雖可以吉无咎,但是到底有失中正,無中和之德,嚴格地説,還是吝的。

《象》曰:維用伐邑,道未光也。

維用伐邑,既已得吉而无咎,又説貞吝,這是因爲其道未光大。嚴格的要求,上九不中不正,於道未爲盡善,縱然有以過剛退而自治之功,終不免於可吝。

〔總論〕

《周易》晉、升、漸三卦都講進，而意義有所不同。晉卦之進如日出地上，明盛而進，其義最優。升卦之進如木之方生，其義不如晉。漸卦之進如木之既生而以漸高大，其義又不如升。晉卦之進是“柔進而上行”的，用柔而不用剛，柔進好而剛進不好。卦中六爻四陰二陽，陰多吉而陽多厲。下三爻皆柔順而屬坤體，初六、六二吉，六三悔亡。上三爻中九四、上九厲且吝，最爲不好，因爲它們是陽剛又不當位。唯六五以陰柔居尊位，正合《彖傳》所說“順而麗乎大明，柔進而上行”之義，是晉卦之主，是六爻中最好的一爻，往吉无不利。

明　夷

䷣　離下坤上

《序卦傳》説：“晉者進也。進必有所傷，故受之以明夷。夷者傷也。”夷是傷的意思，晉進不已，進到一定程度時，没有不受傷的。所以晉卦之後次之以明夷。明夷離下坤上，明入地中，與晉卦恰成反對。晉卦是明盛之卦，明君在上，群賢並進。明夷是昏暗之卦，昏君在上，明者受傷。明夷之時，日不是出於地上，而是入於地中，一則是明者傷，一則是昏而暗。

明夷，利艱貞。

夷，傷。《雜卦傳》説：“明夷，誅也。”其實誅也是傷的意思。明夷，明入地中，就社會來説，是政治黑暗的時代，君子處在這樣的時代，唯一正確的道路是“利艱貞”。“利艱貞”三字關鍵如何理解艱字。嚮來解卦者，都把艱字釋作艱苦，其實這是不對的。艱應讀爲限，是限止的意思。與貞字義近。艱爲限止，貞爲定而不動。利艱貞，就是利於限止不動。《周易》爻辭言“利艱貞”的有噬嗑九四、大畜九三，而以“利艱貞”一語作卦辭的，則祇有明夷一卦。可見明夷對於君子來説是個憂患的時代。

《彖》曰：明入地中，明夷。内文明而外柔順，以蒙大難，文王以之。利艱貞，晦其明也。内難而能正其志，箕子以之。

“明入地中，明夷。”用卦象解釋卦名。本卦與晉卦都是《彖傳》與《大象》同辭。

“内文明而外柔順，以蒙大難，文王以之。”内卦是離，離有文明之象。外卦是坤，坤有柔順之象。表明一個人内有文明之德而外能柔順。昔日文王就是這樣，文王在紂王暴虐的時代，由於内文明而外柔順，故能蒙受大難而免於禍患。

“利艱貞，晦其明也。内難而能正其志，箕子以之。”君子處在明夷這個黑暗艱險的時代，唯一可行的出路是“利艱貞”。“利艱貞”，即利於限止不動，進一步則有兩層意思：一是要晦藏其明，二是要不失其正。箕子的行爲可以説是“利艱貞”的典型表現。箕子處在殷紂之時，能够佯狂披髮以“晦其明”，又能爲囚奴而不改其正，箕子是紂王近親，紂王之難對於箕子來説是家難，家難關係同姓一家之内，故曰“内難”。紂王之難對於文王來説關係天下人的命運，故曰“大難”。

《象》曰：明入地中，明夷。君子以莅衆用晦而明。

君子觀明入地中之象，認識到臨民治衆應用晦而明。用晦而明，是明藏在晦之中，表面上是晦，實際上是明。這是一條很重要的政治經驗。後世政治家們常説的“水至清則無魚，人至察則無徒”，與此義正同。

初九，明夷于飛，垂其翼。君子于行，三日不食。有攸往，主人有言。

初九以陽處明夷之初,距離明夷之受傷害還遠着呢,但君子有見幾之明,不待難作而及早遯避。遯避又盡量行動迅速,所以稱“于飛”;既迅速了又盡量隱蔽不被人察覺,所以稱“垂其翼”,即斂翼而下行,“君子于行”一旦決定丢棄禄位而離去,便急速走開,寧可“三日不食”也不能停步,即使主人有非議,也在所不顧。

《象》曰:君子于行,義不食也。

君子見難將作,乃及早迅速離去。于飛、于行、攸往、不食,都是義所當然。

六二,明夷,夷于左股,用拯馬壯,吉。

六二以陰居陰,居中得正,柔順之至且爲明之主,是善於順時自處的君子,但是在明夷的時候也不免受到小人的傷害。“夷于左股”,傷害並不嚴重。“用拯馬壯吉”,六二能够采取强有力的辦法迅速、及時地加以拯救,可以避免傷害而得吉。吉衹是避免傷害而已,不是説此時可以有所作爲了。

《象》曰:六二之吉,順以則也。

六二作爲明之主,在明夷的時候能够避免傷害而得吉,主要因爲它順以則,即雖柔順但不失其中正之則。

九三,明夷于南狩,得其大首,不可疾貞。

南,前方,也是明方。狩,狩獵以除害。南狩,前進狩獵以除害。大首,暗方的魁首。九三處明體之上,是至明在下而爲下之上,而上六處坤之上,暗之極,是至暗在上而爲暗之首。九三與上六正相敵應,爲至明克至暗之象,“不可疾貞”,謂克獲暗方的大首是首要的,至於整個社會和一般老百姓的問題,要有漸進的過程,不能遽革。

《象》曰:南狩之志,乃大得也。

南狩之志，謂除害安民，大得謂大得志。

六四，入于左腹，獲明夷之心，于出門庭。

初九、六二、九三居明體，在暗外，均爲明而見夷者。六四進入坤體。坤在全卦來説是暗，君子進入暗處，應當設法離去，以不受暗之傷害。六四有條件做到這一點。六四居坤之下，陷入暗地尚淺，而且柔而得正，不過“入于左腹”而已。這一爻講的是商周之際微子去商適周的事。“于出門庭”，謂微子以紂王暴虐，覆亡在即，乃毅然行遯，離開自己的家庭——商王朝而投奔周人。“獲明夷之心”，謂微子所以這樣做是由於獲得了明夷之心。明夷之心，謂明夷之理，亦即君子處在明夷之時應當怎樣辦。

《象》曰：入于左腹，獲心意也。

“入于左腹”是爻辭全文的略語。“獲心意”即是“獲明夷之心”。微子行遯，等於對自己家庭的背叛，他要克服這種心理上的壓力，就要有一種更爲强大的信念做爲他去商適周即棄暗投明的思想基礎。

六五，箕子之明夷，利貞。

《易》一般以五爲君位，但《易》重變動隨時，有時五雖居君位但不是君。明夷就是以上六爲君，六五爲臣。上六以陰居陰，居於陰暗傷明之極，是明夷的主，很像商紂王。六五切近陰暗傷明之主，有直接被傷害的危險，很像箕子。箕子的處境極艱難，猶如明夷六五之於上六，正之則勢不敵，救之則力不足，去之則義不可。箕子處理得很妥當，他既不正之，不救之，也不去之，他采取晦其明的辦法，佯狂爲奴以免於害，而内心卻堅守正道不變。這就是“箕子之明夷”。爻辭説“箕子之明夷”，意謂箕子的處境及其解決辦法如此。

《象》曰：箕子之貞，明不可息也。

“箕子之貞”的意義在於明是不可息的。箕子佯狂爲奴，身體受辱，而明没有息滅，明指箕子在萬難中未嘗間斷的希冀君心悔悟的耿耿一念。倘若箕子也像微子那樣行遯，或者像比干那樣死去，或者自己之明不晦，身不可保，那末，明也就息了。所以古人認爲殷之三仁皆爲之不易，而爲箕子尤難。

上六，不明晦，初登于天，後入于地。

古人以爲此爻所説的是商紂王亡國之象，從六五爻辭明言“箕子之明夷”來看，是可信的。上六居全卦之終，又爲明夷之主，下五爻之明皆爲其所夷，紂王之所爲與此正合。下五爻爻辭皆曰“明夷”，唯上六曰“不明晦”。不明，指傷人；晦，指自傷。下五爻都是受傷者，故皆言夷。此爻則是暗所自出，不但傷人，而且自傷，故但言不明晦而不言夷。登天，在位之象。初登于天，開始時即位爲天子。入地，失位之象。後入于地，以亡國失位而告終。

《象》曰：初登于天，照四國也。後入于地，失則也。

紂王初爲天子時居高而明，照及四方，還是不錯的。後來變得昏暗無道，終致入于地，這是由於他“失則”了。“失則”亦即失爲君之道。上六之“失則”與六二之“順則”相對應。順則所以爲文王，失則所以爲紂王。

〔**總論**〕

《雜卦傳》説：“明夷，誅也。”誅也是傷的意思。明夷的夷字在此亦作傷解。明夷二字的意思就是明受到暗的傷害。這從卦象和爻象上是看得清楚的。明夷爲卦離下坤上，離有明象，坤有暗象，日入地中，明受到暗的傷害。從爻象看，下三爻屬於明體，都是明，這不成問題。六四與六五雖屬於坤體，居於暗地，但從爻的角度看，這兩爻本身也是明。明夷六爻，下五爻皆明，唯有上六一爻是不明而晦。上六是昏之主，六二是明之主。此與豐卦略相似。所不同者，豐卦是明中之昏，雖昏猶明；明夷是昏極而不復明。明夷之君不在五而在上，此與它卦也是不同的。明夷卦中主要顯示明與暗的關係問題，亦即下邊五爻各自怎樣對待明夷，怎樣對待上六這個昏君暗主的威脅。下五爻皆曰“明夷”如何，唯上六不曰明夷而曰不明晦。説明上六不明而晦，其餘五爻都爲它所夷。但是並未采取對抗的態度，它們的態度是明而晦。而各爻的具體表現又因時而異。六二力能救，則“用拯”以救之；九三力能正，則“南狩”以正之；六五晦其明，守其正，是謂箕子之明夷；初九與六四屬於無責於斯世的那一類，處明夷之時，全身守正而已，故初九行不及食，六四於出門庭。上六則不明晦，以昏暗至極而終。

這一卦講的顯然是殷周之際文王與紂王的事。爻辭已經明確言及箕子，孔子的《彖傳》更用文王事紂的特點説明卦内文明而外柔順。卦中所表現出的政治思想主要有以下幾點：對待昏君暗主，應采取外晦内明亦即如文王“三分天下有其二，以服事殷”及箕子佯狂爲奴而内守其正的對策。君主統治國家，應自治用明，治民用晦。用晦而明，不盡用其明，寬厚大度以容物和衆。紂王是反面的典型，他自治用晦，治民用明，發展下去則終於成爲不明而晦的暴君，以至於身殞國亡。紂王理所當然地成爲《周易》唾棄的對象。

家　人

䷤ 離下巽上

《序卦傳》説：“夷者傷也。傷于外者必反其家，故受之以家人。”家人即一家之人，亦即一般所謂家庭。在家庭諸多關係中，夫婦關係是根本。在社會諸多結構中，家庭結構是根本。爲卦離内巽外，風自火出，風自内而出，有自家而及於外之象。古人所謂齊家治國平天下,似亦含有此義。自六爻觀之,六二與九五,是女居中得正於内,男居中得正於外,有男女各得其正之象。因此,卦曰家人。

家人,利女貞。

貞,正。利女貞,是説家人之道,關鍵的問題是看家中主婦正不正,正則一家正,不正則一家不正。在這裏衹説"利女貞"而不及男人,並不是重視女人,恰恰相反,是表現出對女人的卑視。因爲"利女貞"一語,是以男人爲主體,女子不過是男人的附屬物,意思是説男子齊家的基本問題是"女貞"。古人所説"修身齊家治國平天下",亦全指男子言,女子(還有小人)是不包括在内的。"利女貞"是説男子要齊家,必靠女子貞。所謂女子之貞僅僅在男人統治的家中才有意義。

《彖》曰:家人,女正位乎内,男正位乎外。男女正,天地之大義也。家人有嚴君焉,父母之謂也。父父子子兄兄弟弟夫夫婦婦,而家道正。正家而天下定矣。

"家人,女正位乎内,男正位乎外。男女正,天地之大義也。"女指六二,六二以陰居陰,又居中得正,屬於内卦,所以叫做"女正乎内"。男指九五,九五以陽居陽,又居中得正,屬於外卦,所以叫做"男正乎外"。家人之道,其實就是家庭中男女夫婦關係的問題。女在内正,男在外正,家庭的問題就解決了。卦辭祇説"利女貞",没講男子如何。《彖傳》則男女都講。因爲《周易》所説的家庭是一夫一妻制的家庭,家庭必由男女雙方組成,言及家庭,涉及男女兩面是必然的。卦辭言女而不言男,乃男尊女卑思想的反映。實際上卦辭中包含着男子,祇是未顯現出來。卦辭的全部意思應是男子齊家,利女貞。"男女正,天地之大義也",此言有兩層意義:古人講天人關係,認爲天人一致,認爲人間的事情在自然界全可以找到根據。《周易》也是如此，講到男女夫婦，就聯繫到天地。這是一。第二，《周易》認爲男女關係就是天地關係。天地關係即天尊地卑。男女正，正就正在男尊女卑上。卦中代表男子的九五在上在外，代表女子的六二在下在内，恰是男尊女卑之象。

"家人有嚴君焉，父母之謂也"及其以下諸句，是孔子作《彖傳》時解釋完卦辭之後另作的發揮。男女正是家人之道的根本。男女正，其餘諸關係皆正。家正則天下定。定亦是正。治國平天下由家正開始，這種思想與"個體家庭是文明社會的細胞形態"的現代觀念是可以接通的。

《象》曰：風自火出，家人。君子以言有物而行有恒。

君子觀家人風自火出之象，知風化之本自家出，家之本自身出。修身是根本，修身主要表現在言與行兩個方面，言必有物，行必有恒。物，事。恒，常。言有物，説話有事實根據，不講空話假話。行有恒，做事要有一定的規矩，要有始有終，不能想幹什麽就幹什麽，也不可半途而廢。

初九，閑有家，悔亡。

初九以陽剛居於家人之始。就初説，有閑的必要性，就九説，有閑的可能性。處在家人的時候，初九當閑也能閑。閑，防閑，如畜養牛羊以栅欄，不使跑掉。防閑應在開始時就做，亡羊補牢，畢竟爲時已晚。治家，開始時就立下規矩加以教育、約束，可以免悔。如果一開始就放任自流，倫序搞亂了，子弟變壞了，將不堪收拾。

《象》曰：閑有家，志未變也。

在問題尚未出現時就加以防閑，使之根本就不能變壞。一旦志變了，再去防閑，所傷已多，後果不好。

六二，无攸遂，在中饋，貞吉。

六二以陰居陰，處中得正，在夫婦關係中它代表婦亦即家庭主婦。遂,自專。《公羊傳》"大夫無遂事"的遂字即自專的意思,與此遂字義同。大夫出國參與聘問會盟諸事,須依國君之命而行,不得自作主張,擅行其事。家庭裏的婦人也是如此。婦人的職責是主中饋,主持一家人的飲食和籌辦祭祀。"无攸遂",是説什麽都要聽丈夫的,不能自作主張。婦人"无攸遂,在中饋",才貞才吉。

《象》曰:六二之吉,順以巽也。

六二以陰居陰,居中得正,所行之貞是婦人之貞,所得之吉,是婦人之吉。婦人之吉,由它順從而卑巽得來。

九三,家人嗃嗃,悔厲吉。婦子嘻嘻,終吝。

九三以陽處剛,得正但不居中,又居下體之極,有一家之長治家過嚴之象。過嚴過寬都不好,應以適中爲宜。然而在不可得中的情況下,與其過寬不如過嚴。過嚴雖使家人嗃嗃叫,有悔有厲,但最終還是吉的。若過寬,雖可令妻子兒女一時嘻嘻高興,而終究是吝。悔者自凶而吉,吝者自吉而凶。吝的結果是凶。

《象》曰:家人嗃嗃,未失也。婦子嘻嘻,失家節也。

治家與其過寬,使婦子嘻嘻高興而失家節,不如過嚴而未爲甚失。過於嚴必有所失,但未爲甚失。過於寬則失家節,知和而和之,不知以禮節之,後果是不會好的。

六四,富家大吉。

《易》中爻辭言富的多爲陽,如小畜九五;言不富的多爲陰爻,如泰卦六四,无妄六二。家人六四爲什麽陰爻取富象?這是由於四在它卦爲臣道,在家人卦爲妻道的緣故。在一家之中,父是主教的,負責一家的禮儀表率;母是主食的,負責一家的收藏撙節。富家的職責當然落到六四身上。富家不免聚斂,從而招致怨尤,六四卻能富家而得大吉。主要因爲它以柔居柔得正又在巽體。家人卦中六爻，六二與六四兩個陰爻是代表家庭主婦的，它的事情一是主中饋，一是富家，到此已經全備了。

《象》曰：富家大吉，順在位也。

六四在巽體，故曰順；以柔居柔，故曰在位。順，可協調内外之情。在位，能安排家中諸項生計。因爲順而在位，故能富家，故得大吉。

九五，王假有家，勿恤，吉。

假與格古字通用，用感格之義。九五以陽剛中正居尊位，爲家人之主，《彖傳》所説的“男正位乎外”，即指九五而言。因九五居尊位，故以王言假。王假有家，家長以自身的模範行爲感格他的家中人，使家中父父子子兄兄弟弟夫夫婦婦各安其分，以相敦睦，無須憂勞費力就可得吉。

《象》曰：王假有家，交相愛也。

王假有家，從感情上把一家之父子兄弟夫婦長幼和諧起來，使他們莫不相愛。

上九，有孚威如，終吉。

上九以陽居上，處卦之終，治家之道到了完成的時候，揭示治家之根本在於反身修己。治家最要緊的是有孚有威，威自孚來，孚從反身來。治家者以身教，方可聚一家人之心，取一家人之信；方可爲一家人所敬畏。故云“有孚威如”。有孚威如，得終吉。言終吉，知其始未必吉，然而歸根結底必吉。

《象》曰：威如之吉，反身之謂也。

《小象》强調上九之威不是自己作威，是人家敬畏。敬畏不是靠聲色嚴厲求得的，敬畏得之於反身修己。治家須威嚴，威嚴當先行於己。不先行於己，則人不服。可見，治家之道在於反身修己而已。

〔總論〕

家人卦主要是講治家之道的。卦中六爻有男女之異而無君子小人之分。代表男子的四爻,初九曰閑,九三曰厲,上九曰威,九五王假有家,都以剛嚴爲正。代表女子的兩爻,六二在中饋,六四富家,皆以柔順爲正。

卦中明顯地反映出男尊女卑思想。男人是主體,女人衹是作爲男人的附屬物而存在。女人的價值僅僅表現在它對男人和家庭所作的貢獻上。她們在家庭中的職責是主中饋,協調家庭成員間的關係,並盡量使家庭生活變得寬裕富有。然而論及權利,則絲毫没有它們的份。她們"无攸遂",她們貞正可以導致家庭的順利和興旺。"女正位乎内,男正位乎外,男女正",依照孔子的思想來看,這是"天地之大義也"。

在家庭之中,丈夫是一家之長,擁有極大的權力,但是他必須用反身修己的辦法溝通與家庭成員間感情上的聯繫,他不能把威嚴强加到家庭成員的頭上,這使我們知道,《周易》經傳作者所反映的家庭觀點,儘管有男人對女人的壓迫,卻不見有奴隸身份的人在其中。

《周易》有一個極其不凡的思想一再使我們驚嘆不已,這就是關於一夫一妻制的家庭與文明時代幾乎同時產生的觀念。咸卦經傳已經有明確的表述,至家人卦又有進一步的説明。《彖傳》"正家而天下定"和"男女正,天地之大義"的説法實際上等於發現了個體婚制的家庭是社會的細胞形態的真理。

睽

䷥ 兑下離上

《序卦傳》説:“家道窮必乖,故受之以睽。睽者乖也。”睽的意義是睽乖離散。家道必有窮日,家道窮則必睽乖離散,所以家人之後次之以睽卦。睽之爲卦上離下兑,離爲火,火炎嚮上;兑爲澤,澤潤嚮下。一個在上且嚮上,一個在下且嚮下,有二體相違之象。又離爲中女,兑爲少女,二女雖同居,但畢竟要嫁到不同的人家,也有相違之象。因此這一卦名曰睽。

睽,小事吉。

六五柔爻爲卦主,故稱小。主柔而應剛,故不可大事,而小事猶有吉也。小事吉是説處在睽的時候,事情已經睽了,不合了,不應以忿疾之心强爲之合睽,應當采取温和柔順的辦法,周旋委曲,慢慢解決問題。

《彖》曰:睽,火動而上,澤動而下,二女同居,其志不同行。説而麗乎明,柔進而上行,得中而應乎剛,是以小事吉。天地睽而其事同也。男女睽而其志通也。萬物睽而其事類也。睽之時用大矣哉。

“睽,火動而上,澤動而下,二女同居,其志不同行。”解釋卦名曰睽的意義。睽卦上體離,下體兑,火嚮上而澤嚮下,雖在同一卦中而所爲卻不同。離爲中女,兑爲少女,二女雖住在同一室中,各思其歸,所想卻不同。二事有同的一面,同時又有不同的一面,不同的一面還很明顯很深刻,這就是睽。睽乖的兩個事物必須有同爲前提,根本不相幹的兩個事物無所謂睽。

“説而麗乎明,柔進而上行,得中而應乎剛,是以小事吉。”

此以卦才解釋卦辭。從卦體看,“火動而上,澤動而下,二女同居,其志不同行”,講的是事物動而相睽的一面。從卦才亦即卦德看,講的是事物有睽而必合的一面。兑説而附麗離明,有利於睽而合,“柔進而上行”,有利於睽而合,“得中而應乎剛”,也有利於睽而合。睽而不合,天地萬物便要停止發展,便要息滅。睽而必合,主要是柔在起作用。因爲是柔的作用而得吉,所以叫小事吉。

“天地睽而其事同也,男女睽而其志通也,萬物睽而其事類也。睽之時用大矣哉。”在從卦體和卦才兩方面講完事物動而相睽和睽而必合的關係之後,孔子接着進一步闡發睽的普遍意義和應用價值。睽,看來不是好事,而實際萬事萬物没有睽是不行的。睽的用處大着呢。天地是最大的睽,天在最上,地在最下,正是因爲有天地之睽,才有四時變化,才有萬物萌生。男女是最顯著的睽,正是因爲有男女之睽,才有陰陽交感,才有人的生育蕃衍。世間萬物千差萬别,是最普遍的睽,正是因爲有萬物之睽,萬物才能有類,有類才能有合。假若没有睽,則將是天地渾沌,男女不分,萬物無殊,合也就無從談起。

《象》曰:上火下澤,睽。君子以同而異。

君子觀睽之象,應用到實際生活中,要以同而異。睽卦揭示的道理是事物睽而合,有睽必有合。也就是説,事物的同是以異爲前提的。没有睽的合,没有異的同,是不足取的。所以告誡説:以同而異。君子處於世上,要同中求異,保持自己的個性和特色。“以同而異”與《論語》“和而不同”的説法一致。没有異的同要不得,猶如無五音之分的音樂一樣,聽不得。

初九,悔亡,喪馬勿逐自復,見惡人无咎。

初九以陽剛居卦之初,是以剛動於下之象,所以有悔,然而初九又與九四敵應，敵應在睽的時候屬於同德相與而相遇，所以可以亡其悔，使有悔變成无悔。初九處睽之初，是睽而未深的時候，這時求合睽的最好辦法是安静以俟，不急於求同。好像馬跑了，越追馬越跑；索性不追它，它反倒容易自己跑回來。還要寬裕從容，不輕率立異。好像與我交惡的人欲來見我，我忿激不見，往往隔閡益深，甚至永遠不得合睽；一見則睽情可立釋而得无咎。

《象》曰：見惡人，以闢咎也。

初九處睽之始，睽違剛剛開始，還不深刻，這時惡人主動來與我合，我應遜而見之，以不使睽違加深而得咎。

九二，遇主于巷，无咎。

按照《春秋》書法，禮儀齊全的會見叫會，禮儀簡約的會見叫遇。巷是貼近宫墻的小路。君臣賓主相見，陞堂由庭不由巷。九二與六五正應，《彖傳》所謂"得中而應乎剛"即指此二爻的關係。九二要與六五相見相合的願望十分迫切，以至於"遇主于巷"。與主相見，禮儀簡約不備而且陞堂由巷不由庭，循墻而走。態度是謙遜又謙遜，謹密又謹密，有卦辭所謂小事吉的意思，无咎是必然的。

《象》曰：遇主于巷，未失道也。

九二遇主于巷，雖謙遜謹密，極盡委曲，但並不是違背正道的詭遇。

六三，見輿曳，其牛掣，其人天且劓，无初有終。

六三與上九正應，有與上九相合之志，但是受到嚴重的阻礙，前有九四牛掣之阻，後有九二輿曳之牽。六三雖是陰柔，但處剛位，處剛而志行，它要强力前進，結果"天且劓"，首受髡，鼻被截，受了重傷。儘管九三如此不順利，它到底與上九是正應，睽到了極點，必然會合，所以无初有終。開始受九四、九二的阻隔,是无初;最後終於與上九合,是有終。

《象》曰:見輿曳,位不當也。无初有終,遇剛也。

"見輿曳",六三欲與上九合而受阻,是因爲六三所處之位不當。一則它以陰爻居陽位,二則它處九二之上,是乘剛。无初有終,六三雖初受阻,爲上九所疑,可是最終必得到上九的理解,與上九相遇而合。這是因爲六三所遇到的是剛明之才。

九四,睽孤,遇元夫,交孚,厲无咎。

孤,無應援。元夫指初九。陽爻居初,故稱元夫。交孚,雙方以誠相見,信任無疑。九四處在睽離之時,居二陰之間,下無應援,處境危厲有咎。九四也有有利的一面,它與初九不是正應,但都是陽爻,都在一卦之下,地位相應,在睽離的時代,它們同德相親,以至誠相見相合,没有什麼危厲不能度過,縱然有危厲,也可无咎。

《象》曰:交孚无咎,志行也。

九四與初九至誠交孚而得无咎,交孚无咎則睽可以合,孤可以有朋,這是由於九四與初九求合之志得行的結果。

六五,悔亡,厥宗噬膚,往何咎。

六五是陰爻,當睽的時代,居尊位,應當有悔。但它以柔居中,有九二與之正應,其悔可以亡。厥宗,指九二。六五把九二看作自己的宗而與之親近。六五與九二以中道相應,説明它們之間的睽離微淺而易合,有如肌膚柔脆易咬,一咬便深入。厥宗來噬膚,九二積極來與六五合睽,六五也前往與之合,於是睽將不睽了。悔亡了,還有什麼咎?

《象》曰:厥宗噬膚,往有慶也。

六五與九二陰陽正應,九二既來如噬膚,六五亦往與之合,豈止无咎,還必有慶。

上九，睽孤，見豕負塗，載鬼一車，先張之弧，後説之弧。匪寇婚媾，往遇雨則吉。

上九本來有六三與它正應，實在不孤。爻辭説睽孤，是上九自睽孤。它居睽卦之終，是睽之極；陽剛居上，是剛之極；在離之上，又是用明之極。睽極則乖戾，剛極則暴躁，明極則多疑。乖戾、暴躁、多疑的特性促使它對自己的親黨六三妄生疑端。它看六三彷佛是一頭骯臟的猪，又揹負着泥巴，非常可惡。進而又懷疑六三"載鬼一車"，是個罪惡很大的人。鬼本無有，而見載之一車，説明上九已經虚妄、猜疑到了極點，以至於張弧欲射。然而物極必反，疑極則釋，仔細一看，原來不是負塗之猪，不是載鬼一車，不是寇仇，而是婚媾，乃脱弧，放下已經張開的弧。"往遇雨則吉"，比喻懷疑解除了，睽極而合了，自今以往，陰陽和暢，一向的疑心完全消失，所以得吉。

《象》曰：遇雨之吉，群疑亡也。

爻辭説的見豕、見鬼、張弧，全是猜疑。疑則睽，睽則孤。現在猜疑都解除了，如同陰陽合和暢通，雨終於下了一樣，不睽也不孤了。

〔總論〕

睽卦六爻都是先睽後合。内卦三爻都是睽而有所待，外卦三爻都是反而有所應。就是説，在内卦，三爻還都是睽，至外卦三爻就發展爲合了。初九喪馬勿逐，有所睽離，至九四則遇元夫，合了。九二委曲求遇，還處在睽離狀態，至六五則厥宗噬膚，合了。六三輿曳牛掣，欲合不得合，至上六遇雨吉，合了。綜觀睽卦六爻的變化，從中可以看出一個重要的道理，就是世間事物睽久必合。久睽固然可以，但不能終睽。這是客觀的規律。就主觀上的態度説，睽離雙方應當遵循卦辭小事吉的思想，推誠守正，委曲寬宏，去私去疑。如此則睽必合。

蹇

䷦ 艮下坎上

《序卦傳》説:“睽者乖也,乖必有難,故受之以蹇。蹇者難也。”處在睽乖的時候,必有蹇難,所以睽卦之後次之以蹇卦。蹇的意思是險阻,是難。蹇卦坎在上而艮在下,坎險在前,艮止在後,不能前進,所以這一卦叫蹇。

蹇,利西南,不利東北,利見大人,貞吉。

處在蹇的時候,去西南有利,去東北不利。西南、東北衹是比喻,不是説人處蹇時要一直往西南走而不可去東北。根據《説卦傳》所説,坤是西南之卦,艮是東北之卦。坤爲地,艮爲山。坤是順易之地,體順而易,走起來容易。艮是艱險之地,體止而險,不容易從險境中走出來。“利西南,不利東北”,實際上是説,處在蹇的時候,要順處平易之地,切勿止於艱險之中。“利見大人,貞吉”,國家處在蹇難之時,最需要有聖賢亦即偉大人物出來濟難。而濟難最重要的一點是堅守正道,萬不可入於邪濫。守正道則吉,入於邪濫,即使苟免於難,亦不足取。

《彖》曰:蹇,難也,險在前也。見險而能止,知矣哉。蹇利西南,往得中也。不利東北,其道窮也。利見大人,往有功也。當位貞吉,以正邦也。蹇之時用大矣哉。

“蹇,難也,險在前也。見險而能止,知矣哉。”此解釋卦名蹇的含義。蹇訓難,屯亦訓難,雖都訓難,但意義並不相同。屯卦的難是屯難,即事物剛剛開始而未得通暢的難。險在前面,後面是動,動乎險中。蹇卦的難是險阻艱難的難,險也在前，但後面是止，止乎險中。蹇卦與蒙卦也有相似之處，都由坎與艮組成，但艮止在外在内不同。蒙卦險在内而止於外。止於外，是心欲進因受阻而不得進，故曰蒙。蹇卦險在前而止於内。止於内，是見險而能止，有所見而不妄進，故《彖傳》稱知。

“蹇利西南，往得中也。不利東北，其道窮也。”自此以下解釋卦辭。在蹇的時候，處平易之地容易濟蹇，有利。西南是坤方，坤爲順易，故曰“利西南”。利西南，其實是説利於順處平易之地。爲什麽“利西南”呢？由於“往得中”。“往得中”指九五而言。九五剛陽居中得正，是往而得處平易之地。問題是九五處在上體坎險之中，怎麽能説是處平易之地？這是因爲蹇卦上體坎本來是坤，經外來一乾爻取代中間一坤爻而成爲中男坎。坤之所以成爲蹇，關鍵在九五這一爻，而九五的特點是“往得中”。卦辭言“利西南”的根據正是九五往得中這一點，至於九五處坎險之中的問題便不予考慮了。卦辭爲什麽説“不利東北”？因爲在蹇之時如果選擇東北方向，便等於走向絶路。東北是艮方，艮體止而險。當蹇難之時更止於危險之地而不知變，豈不等於蹇上加蹇。蹇已至極，不易克濟。

“利見大人，往有功也。當位貞吉，以正邦也。蹇之時用大矣哉。”“利見大人”説的是九五。天下國家處在蹇的時候，最需要聖賢人物出來救濟。從卦上看，這個聖賢人物就是九五，它能够完成濟蹇的偉大功業，并且可以同時將社會治理好，使國家走上正路。實現此任務的唯一途徑是行大正之道。蹇卦具備這個條件，它的六爻除初六外，其餘五爻皆當正位，所以得貞吉。即便初六，雖以陰居陽位，但陰而處下，也算是得正位。蹇是處逆境，不是處順境，但是在蹇的時候，如果有杰出人物出來行濟蹇之道即順時而處，貞正而行，則可以有功，可以正邦。蹇之“時用”不是很大嗎！

《象》曰：山上有水，蹇。君子以反身修德。

山有險阻之象，水有險陷之象，上下都是險，所以叫蹇。君子觀蹇難之象，受到啓發，乃"反身修德"。人在外界受到艱難險阻，一時不易克濟，最好的辦法是反求諸己而加强自我修養，尋找並克服自身存在的問題。自身没有問題，就加勉加勵以待時。後來孟子説的"行有不得者，皆反求諸己"，義與此同。

初六，往蹇來譽。

往，嚮上進。來，止而不進。往蹇，初六居蹇卦之始，以止而不進爲好，若往上進，就將更加深入於蹇了。來譽，若止而不進，則有美譽。那末初六到底往蹇還是來譽呢？初六肯定不會往蹇的，因爲初六處止之初，去險最遠，具有獨見前識，能够見險而知止以待其時。

《象》曰：往蹇來譽，宜待也。

"往蹇來譽"，往不好，止而不往好。不往又怎樣出蹇呢？最好的辦法是待時。現在是往蹇之時，應見幾而止，時未可往則不往，待時可往而後往。

六二，王臣蹇蹇，匪躬之故。

王臣指六二而言。六二柔順中正，與九五正應，是爲中正之君所信任之臣，故謂王臣。"王臣蹇蹇"的兩個蹇字，一個説九五，一個説六二。九五處在坎險之中，正在蹇難之時，是一個蹇字。六二不顧自己雖中正卻是陰柔之才的弱點，犯難濟君王九五的蹇難，是又一個蹇字。"王臣蹇蹇"，六二濟君王蹇難之中的行動，實際上是以蹇濟蹇，不易取得成功，但是它"匪躬之故"，不是爲了自己，是爲了匡救王室，即便達不到目的，而其志意畢竟可嘉。

《象》曰：王臣蹇蹇，終无尤也。

无尤，没有過錯。六二其志在濟君之蹇，雖然不能成功，亦不爲過錯。蹇卦之初六、九三、六四、上六四爻，皆根據其去險遠近，其勢可否，確定或往或來，唯獨六二正應於九五，二者有君臣關係，所以不計去險遠近，不管其勢可否，不講往也不講來，衹説蹇蹇而已，而且不以爲六二不和。六二爲君王九五濟蹇，非爲自己。衹此一點就够了，無論成敗均無過尤，更不必問吉凶得失。

九三，往蹇來反。

往蹇，往則蹇。九三與上六爲正應，然而上六陰柔而且無位，没有力量應援九三，九三若在實際上没有應援的情況下進入與自己相鄰比的坎險之境，必蹇，故曰“往蹇”。若九三不嚮上進而來反，情況便不同了。九三以陽居陽得正位，處於下體之上，下面的初六、六二兩個柔爻必附依於九三。來反，就是下來而不嚮上去，還歸自己的原位置。九三這樣做，既可不上往而蹇，又能得到初六、六二二陰爻的喜歡和親附。

《象》曰：往蹇來反，内喜之也。

内卦艮之三爻，九三一陽處二陰之上，是内亦即在下二陰爻所依賴的力量。在蹇的時候，陰柔不能自立，所以它們喜愛九三，親附九三。

六四，往蹇來連。

往蹇，往則入於坎險更深。來連，來則與在下諸爻相連合，往蹇不好，來連好。來連，能與衆爻連合，是處蹇的最好辦法。下面衆爻爲什麽會與六四連合呢？九三與六四相親相比，初六、六二兩爻與六四同爲陰爻，有同類相與的關係。而且六四得正，在下三爻也得正，初六雖以陰居陰，但陰柔而處下，也可謂得正。可見六四與在下三爻同志，下三爻都從附於它，與它連合。

《象》曰：往蹇來連，當位實也。

當位實，即是當位正。正不曰正而曰實，是因爲這裏講上下之交：上下之交，誠實最爲重要。當位實，表現在兩方面：首先表現在六四上。六四居上位，不嚮上進而來下，與在下諸爻同志，足以得衆，又以陰居陰，是爲當位實。其次表現在在下三爻得正上。九三以陽居陽，六二以陰居陰，是爲當位實。初六雖不得正，但以陰居下，也爲得其實。諸爻共處蹇難，能够相交以實，所以六四來下才能使諸爻連合起來。

九五，大蹇朋來。

諸爻都以往爲蹇，意思是不要有所往。當國家社會處於蹇難之時，大家都不往，便無法度過蹇難。六二與九五在君位臣位，它們應當往，所以六二曰"蹇蹇"，九五曰"大蹇"。爲什麽叫大蹇？九五居君位，君在蹇難之中，是天下之大蹇。九五當蹇之時又處在坎險之中，也是大蹇。有這兩層原因，所以曰大蹇。朋來，指有賢臣來相輔佐。六二在下以中正相應，對於九五來説，正是其朋來助。當天下方蹇之時，九五之君得六二中正之臣輔助，爲什麽不言吉？因爲大蹇必須有剛陽中正之臣來輔方可濟，六二雖居中得正但身爲陰柔，無力濟天下之蹇，贊助而已，不能成大功。《易》中凡六五與九二相應的，多助而有功，如蒙、泰之類。凡九五與六二相應的，則其功多不足，如屯、否之類。

《象》曰：大蹇朋來，以中節也。

九五履中得正，不改其節，進止得宜，有同志之賢臣來輔，故曰"朋來"。

上六，往蹇來碩，吉，利見大人。

上六處在全卦之極，不可能再往了，對於它來説，不來就是往。猶如初六處全卦之最下，不往就是來一樣。上六若處在蹇極之地不來，便要壞事，便要永遠蹇下去，得不到克濟。如果上六來從九五，求九三，得到二剛陽之助，阨塞窮蹙就要變成碩了。碩是碩大寬裕的意思。碩大寬裕祇是蹇的程度得到緩解而已，還不是徹底擺脱蹇境。因爲上六乃陰柔之才，不是剛陽中正，是出不了蹇的。儘管出不了蹇，在蹇極之時能得到一定的緩解，也就算吉了。大人指九五，利見大人指上六見九五。上六從於九五，是因爲它們有相比的關係。九五自身不説有濟蹇之功，甚至需要六二來輔助，到了上六反而顯示出九五的作用來了，這是爲什麽？這是因爲各爻地位、處境不同，取義往往也不同。九五居險之中，無剛陽之助，它濟不了蹇。但是從上六的角度看，九五是有大德之人，若獲到它的幫助，便有濟蹇的可能。一卦之中各爻取義不同的情況比較多，如屯卦初九志行正，而六二則視之爲寇。

《象》曰：往蹇來碩，志在内也。利見大人，以從貴也。

"利見大人，以從貴也"，無疑指九五説的。上六與九五是一陰一陽，一卑一尊，説"以從貴"，是爲了明確指明爻辭所説的大人肯定是九五，不是别爻。"志在内"的内指誰，前人説法不一。或以爲指九五，或以爲指九三，或以爲指九三和九五。看來以指九三和九五兩爻爲可取，因爲九三在内卦又與上六正應，上六不能没有它的應援，九五與上六切比，更是上六求助的對象，講到上六之志，不應抛開九五。"小象"下文再提"利見大人，以從貴也"，又講九五，看來重複，其實不重複。"志在内"指九三和九五兩爻，"以從貴"再講九五，意在使九五的作用突出出來。又，《易》中爻辭言"利見大人"的，除乾卦九二和九五外，祇此一爻。而且諸卦上六遇九五的，凶吝者多而吉者絶少，此爻卻得吉，這一點是值得翫索的。

〔**總論**〕

蹇卦卦辭與爻辭意義比較貼切。卦辭有見險而能止的思想，也有處險亦當進的思想。這兩方面的意思在爻辭中也有反映。六爻除六二與九五外，皆以往爲蹇，就是説，往不好，來好，亦即進不好，止好。初六距離險境最遠，其止最先，有獨識先見之明，《彖傳》稱其知。九三往蹇來反，以往爲蹇，以來爲反，贊許其處蹇而得其所，得其衆。六四"往蹇來連"，往則蹇，不往則得與在下三爻相連合，爲衆所從附。上六雖處蹇卦之極，身爲陰柔之才，但是衹要它來而不往，則蹇可緩，吉可得。處險亦當進的思想表現在六二與九五兩爻上。六二與九五不言往來，講"蹇蹇"、"大蹇"，意思是應當往。九五曰"朋來"，六二曰"匪躬"，二者是君臣的關係，相與濟蹇，是它們義不容辭的責任。猶如國家處在蹇難之時，别人可以不往，君王和大臣怎麼可以不往呢。它們的往有一定的條件，就是居中得正。這個思想與卦辭説的"利西南"、"利見大人，貞吉"是一致的。還有卦辭講"貞吉"，諸爻除初六外都得正，上六得吉，其餘諸爻亦皆不言凶咎。總而言之，蹇卦是處逆境的卦。處於逆境之中最要緊的是見險而能止，但是有止亦必有往，處蹇世之君臣就當擔起濟天下國家之蹇的重任。卦辭講"利見大人"，爻辭也講"利見大人"，正是這個意思。蹇卦看來並不怎麼好，不過如果統治者能够把握好蹇卦之"時用"，把蹇卦的思想恰當地應用到政治上，其用處是不可忽視的。

解

䷧ 坎下震上

《序卦傳》説："蹇者難也。物不可以終難，故受之以解。"

解字讀謝音。事物總要變化,蹇難發展到一定程度,必然要散。解就是散,所以解卦放在蹇卦之後。解爲卦上邊是震,下邊是坎。震是動,坎是險。震在外,坎在内,動於險外,有出乎險而患難解散之象。又震爲雷,坎爲雨,雷雨已作,陰陽已和,問題已經解決,也有解之象。解卦是天下患難解散的時代。

解,利西南,无所往,其來復吉。有攸往。夙吉。

西南乃坤方,坤寬大簡易。在天下剛剛擺脱患難,進入解的時候,國家宜静不宜動,應實行寬大簡易的政策,不要無事找事,無事求功,即所謂"无所往,其來復吉"。如果真的有了問題,那就要及早抓緊解決,不可等到無可挽救甚至出了亂子的時候才處理,即所謂"有攸往,夙吉"。簡而言之,處於解的時候,無事宜静不宜動,有事宜速不宜遲。

《彖》曰:解,險以動,動而免乎險,解。解,利西南,往得衆也。其來復吉,乃得中也。有攸往夙吉,往有功也。天地解而雷雨作,雷雨作而百果草木皆甲坼。解之時大矣哉。

"解,險以動,動而免乎險,解。"這是解釋卦名。坎爲險,震爲動。險在内,動在外,所以叫"險以動"。險以動包括險與動兩個方面。没有險則無所謂難,没有難則無所謂出難。有難而不動則不能出難,有難而不出,便不是解。險以動,動而免乎險,亦即動而出於險外,才是解。解卦從卦畫看,與蹇卦相反,從卦體看,與屯卦相反。三卦比較起來,蹇是止於險下,不如屯動乎險中,屯動乎險中又不如解動乎險外。

"解利西南,往得衆也。其來復吉,乃得中也。有攸往夙吉,往有功也。"這是解釋卦辭。西南是坤方,《説卦傳》説坤爲衆。"往得衆",是説九四往入坤體,使坤變成了震。"得中"與"有功"皆指九二。解是蹇之反,解之九二相當於蹇之九五,解之九四相當於蹇之九三。蹇之九五爲得中,解之九二爲得中。

解之九二居中而不動,用九四之動以免乎險。

"天地解而雷雨作,雷雨作而百果草木皆甲坼,解之時大矣哉。"上邊已將卦辭解釋完畢,這裏進一步推闡解卦蘊含着的深刻意義。孔子用自然現象講解的道理。冬天天地否結,陰陽不通,春天來臨,天地否結之氣交通而解散,於是雷雨作。雷雨作就是自然界中最大最明顯的解的現象。由於雷雨作而接着出現的百果草木甲坼,萌動生長,也是一種解的現象。人類社會和自然界一樣,也有解的現象,而且同樣具有規律性。到了應當解的時候,必須解。

《象》曰:雷雨作,解。君子以赦過宥罪。

這個君子有司法權力,顯然是統治階級。統治階級觀解卦雷雨作之象。從中悟出一個道理來,天地尚有解散而雷雨作以致使百果草木甲坼的季節,對人民的刑罰怎可没有輕緩的時候。君子要赦過宥罪。過,過失;罪,罪惡。赦謂赦免,宥謂寬宥。是過失,可以赦免不罰,是罪惡亦當寬宥輕罰。這反映了古代的一種法律思想。古代司法講究赦宥,如《周禮·司刺》掌赦宥之法,有所謂三赦三宥然後用刑之説。

初六,无咎。

初六居解卦之初,正是患難既解的時候,又以柔居剛,以陰應陽,具有柔而能剛的特點。柔而能剛,又處在患難已解的好時候,安静無事,自處得宜,所以无咎。《易》中恒九二"悔亡",大壯九二"貞吉",解初六"无咎",爻辭衹有二字,言簡意賅,象已在爻中,故不再言象。

《象》曰:剛柔之際,義无咎也。

初六與九四正應,是謂剛柔相際。在患難已解,天下無事的時候,處理問題剛柔得宜,其義无咎。

九二,田獲三狐,得黄矢,貞吉。

這一爻講在解的時候君子如何除去小人的問題。田是田獵，田獵在古代有除害的意義。獲，捉獲。引申開來，捉獲也就是除掉。三狐，三隻狐，指卦中三陰爻而言。三陰爻是代表小人的。黄，中色，矢，箭，其特點是直。黄矢，中而且直，是九二亦即君子的優秀品質。天下國家的患難，從政治上説，莫不由小人造成。要解天下國家之患難，必須有除掉小人的適當辦法。柔不行，剛而過也不行。九二以剛居柔，是剛而不過於剛，剛中有柔，是直而不過於直，是中直。君子有中直的品質，能够除掉狡猾的狐即小人，以此得吉。

《象》曰：九二貞吉，得中道也。

君子除小人，固然要以直去邪，但是直而不中，過於直，則往往壞事。九二之所以能够獲三狐，得吉，關鍵在於它得中道。

六三，負且乘，致寇至，貞吝。

《繫辭傳上》對這一爻有解釋，它説："子曰，作《易》者其知盗乎。《易》曰'負且乘，致寇至'。負也者，小人之事也。乘也者，君子之器也。小人而乘君子之器，盗思奪之矣。上慢下暴，盗思伐之矣。慢藏誨盗，冶容誨淫。《易》曰'負且乘，致寇至'，盗之招也。"意思是這樣的，小人揹負，君子乘車。今小人揹負着東西立在君子乘的車上。盗一見君子之器竟被小人占據了，就要下手搶奪。這從國家或者君上的角度説。把君子之器給了不該給的小人，無異於慢藏誨盗，冶容誨淫，教唆人們覬覦他們不該得到的東西。這樣做的結果是"致寇至"。致寇至包括兩方面含義，一方面是小人而乘君子之器即"負且乘"，必招致盗寇來奪。另一方面是國家或君上慢藏其名器，不辨賢否，使小人得居君子之位，必招致寇戎來伐。六三爲什麽有"負且乘"之象呢？六三是陰柔之小人居君子陽剛之位，極像本應揹負東西步行的小人乘了衹有君子才能乘的車,揹負着東西又乘在車上。

《象》曰:負且乘,亦可醜也。自我致戎,又誰咎也。

"可醜",是就負且乘的小人説,"又誰咎",是就上慢下暴的國家説。小人而竊據君子之位,小人以爲榮,君子以爲耻。國家而慢藏其名器,令小人居高位,招致寇戎來伐,完全是咎由自取,誰也勿怨。

九四,解而拇,朋至斯孚。

解是去小人之卦。九四是陽爻,在卦中是代表君子的。它的責任是解去小人,引進君子。小人不去,則君子不進。"解而拇"即解去小人。解去小人,方可"朋至斯孚"。"朋至斯孚",君子之朋不但來了,而且能够彼此取得信任。"解而拇"的"而",是"你"的意思,指九四自己。拇,脚之拇趾。拇居人體之下,地位卑微,在此卦中指初六而言,象徵小人。

《象》曰:解而拇,未當位也。

九四以陽居陰,不中不正,而且應於初六,比於六三,所處極爲不當,容易被小人所附麗。因此它必須特别注意"解而拇",解去小人,方可"朋至斯孚"。

六五,君子維有解,吉,有孚于小人。

六五居君位,就人事説,六五是人君。不過它不是陽剛之君,而是陰柔之君,所以應特别注意分辨君子小人的問題。在用人方面,要用賢勿貳,去邪勿疑,使"君子維有解",君子所親者必君子,所解去者必小人。讓大家都知道,君子爲所用,小人必爲所解,没有空子可鑽。不僅有孚于君子,更要"有孚于小人"。使小人相信不改邪歸正是没有前途的,從而去掉僥幸之心。

《象》曰：君子有解，小人退也。

君子果真有解，即君子見用，小人解去，則小人也相信小人吃不開，小人没有出路，是或改惡從善，或自行退去。

上六，公用射隼于高墉之上，獲之，无不利。

《繫辭傳上》對此爻有解釋，説："子曰，隼者禽也。弓矢者器也。射之者人也。君子藏器于身，待時而動，何不利之有。動而不括，是以出而有獲，語成器而動者也。"解卦主要講怎樣去小人的問題。處上六這個階段，去小人要采取怎樣的辦法？孔子認爲爻辭裏有兩點意思。一個是藏器，一個是待時。用今語講就是條件成熟，抓準時機。條件成熟，抓準時機，則動而不括，行動起來没有阻礙，"獲之无不利"，一定能够射獲那個隼。隼是鷙害之禽，在此指上六而言。狐和隼都是説小人。狐説小人柔邪的一面，隼説小人凶狠的一面。上六以陰柔居一卦之上，解已達於極點，而尚未被解去，説明上六是個頑强的小人，不易去掉。墉，墻，高墉即高墻。上六陰鷙而居高，解已達極點，是射隼而獲之的最好時機。君子之器已成，又能抓住這個最好時機，捉獲、除掉上六這個小人是没有問題的。公用之"公"非指上六，是指人世間居公位的人，它在解上的時候應以射隼的辦法除掉小人。

《象》曰：公用射隼，以解悖也。

悖，較大的亂子。亂子歸根結底是由小人造成的。解悖，實際上是解去小人。"公用射隼"就是解小人。小人解則悖解，悖解則國家安寧。

〔總論〕

解卦經文又一次提出君子與小人的概念。古人講君子、小人，有時指剥削者與勞動者即統治階級與被統治階級，有時則指道德意義上的不同的兩種人,即道德高尚的善的人和道德卑劣的惡的人。道德意義上不同的兩種人都屬於剥削階級即統治階級,特别是在政治上有權有勢的一類。解卦講的君子與小人的劃分就是道德意義上的。解卦的主旨是講在政治上如何解去小人的問題。六爻除初六外,其餘五爻都有去小人之象。九二"田獲三狐,得黄矢",陽剛君子以直去小人之邪,然而居中不正,是中直又不過乎直,恰是解去小人的最佳辦法。六三"負且乘,致寇至,貞吝",從國家或最高統治者的角度説,最重要的問題是不要慢其名器,不辨賢否,使小人竊據君子之位。九四"解而拇,朋至斯孚",是務必去小人,小人不去,君子不來。六五"有孚于小人",人君應任賢勿貳,去邪勿疑,使小人也知道爲惡没有前途,促使枉者直而不仁者遠。上六"公用射隼",實際上是説對待强有力的小人要藏器於身,待時而動,一旦時機成熟,立即下手去之,絶不遲疑。此爻與卦辭"有攸往夙吉"一語相當,而前四爻與卦辭"其來復吉"大體一致。但是爻辭之義與卦辭也有不同之處。卦辭强調無所往,即强調静,所云是患難既解之後的事情。爻辭反復講如何解去小人,似乎尚有小人未去,患難還未全解。

損

䷨ 兑下艮上

《序卦傳》説:"解者緩也。緩必有所失,故受之以損。"這話是有一定道理的。解可以理解爲懈怠、涣散。所以説解必有所失,因而損卦放在解之後是合乎邏輯的。可見,《易經》作者將六十四卦按照一定的原則加以排列,其中包含着深刻的辯證法思想。因爲他具有事物互相聯繫的思想,才去努力尋求導致卦與卦之間互相聯結的那個必然性。卦與卦之間的必然的亦即内在的聯繫是存在的。孔子作《序卦傳》,發現了六十四卦順序的深刻用意,并且將它揭示出來,他在哲學上的貢獻,與《易經》作者比,有過之而無不及。

此卦之所以名損,主要因爲它是損下益上。按照胡煦的體卦主爻説理解,此卦内卦乃乾體,外卦乃坤體,自外來一個坤爻取代了乾的第三爻。自外來一個乾爻取代了上卦坤體的第三爻。如此乾坤交錯,損下益上的結果,便形成了損卦。損與益相反,損是損下益上,益是損上益下。損上損下都是損陽剛之有餘,補陰柔之不足,何以損下益上曰損而損上益下曰益?從政治上説,下邊老百姓血汗被剥損、搜刮到上邊統治者那裏去,看來是損下益上了,而實際上上邊也受損了。因爲民爲邦本,本固邦寧,百姓受損無異於統治的根基受損。

損,有孚,元吉,无咎,可貞,利有攸往。曷之用,二簋可用享。

卦名曰損是專指損下益上而言,卦辭"有孚元吉无咎可貞利有攸往",是就一般的損而言,不專指損下益上。什麽人的損,什麽樣的損,衹要是應當損的,都在它的範圍之内。卦名得自損下益上的特殊意義,卦辭則轉爲適用於任何方面的一般意義。

卦辭中"有孚"一語最爲關鍵,其次"二簋可用享"也重要。"元吉"等十個字,是由"有孚"决定的。如果你的損合乎時宜,損所當損,爲多數人所相信,符合人心,便可以得元吉,可以无咎,可以爲正,甚乃無往而不可。那末,損而有孚"曷之用"?損而有孚將怎樣表現出來呢?回答是"二簋可用享"。用"二簋可用享"比喻損要損過而就中,把浮末的、有害的部分損掉,留下事物之根本的、必要的部分。用享祀之禮最能説明損的道理。享祀之禮,繁文縟節最嚴重,外表的文飾極容易超過内心之誠敬,文飾一旦超過誠敬,誠敬便成爲虚僞。把過分的文飾損掉,方可保存誠敬。誠敬就是享祀之禮的根本。説"二簋可用”,意謂享祀之禮不在供物多少,祇要心存誠敬,即便最簡約的二簋,也可用以享祀“上帝鬼神”。簋是用來盛稻粱黍稷的器物。享祀之禮,最多的用八簋,一般的用四簋,最少的用二簋。

《彖》曰:損,損下益上,其道上行。損而有孚,元吉无咎可貞利有攸往。曷之用,二簋可用享,二簋應有時,損剛益柔有時,損益盈虛,與時偕行。

“損,損下益上,其道上行。”道,損之道。損之道自下嚮上行。也就是説,下損,上也跟着損。損下益上的結果並非下損而上益,而是下損上亦損,所以卦名曰損。假若下損而上益,卦名就不該曰損了。

“損而有孚”,比卦辭“損有孚”增加一個“而”字,含義更加明白無誤:損必須有孚,得到人們的信任,方可得“元吉无咎可貞利有攸往”。孔子重點解釋“曷之用,二簋可用享”二句,特別强調時的問題,連用三句話,從具體到一般,一步深似一步地指出,在損的時候,能否掌握準時是至關重要的。孔子無論思想還是行動,都十分重視時的問題,所以孟子説“孔子聖之時者也”。《易經》也特别强調時的問題。卦辭文字簡直,但内裹蘊含着時的思想,孔子發掘出來,寫進《彖傳》裹。“二簋應有時”,享祀用二簋,損去繁文浮飾,以求厚本損末,但是損要有界限,必要的文飾不可損。文飾未過而損或者損之過甚都不對。正確的辦法是看準時候,時當損則損,時不當損則不損,時當重損則重損,時當輕損則輕損,萬萬不可拘泥。“損剛益柔有時”。剛爲有餘,可損;柔爲不足,不可損。損是“損剛益柔”,益也是“損剛益柔”。損也罷益也罷,都必須依時而行。不當時不可損,不當時也不可益。講損把益包括進來,使時的普遍性意義加深一步。接着講“損益盈虛,與時偕行”,或損或益,或盈或虛,都依時而定。損益之外又言及盈虛,實際上是把損益應當有時的問題由人事方面擴展到自然界。前云“有時”,此云“與時偕行”,意在指出損益盈虛有時既是主體應遵循的準則,也是客體自身存在的客觀規律。至此,時的問題具有了最一般性的意義。

《象》曰:山下有澤,損。君子以懲忿窒欲。

山在上,澤在下,水氣或嚮上潤或嚮下浸,都有損下之象。君子觀損之象,落實到修身方面,最爲切要的莫過於懲忿窒欲。忿,忿怒,情感衝動失控。人往往因一時之忿而壞大事,造成終身遺憾。所以有忿應當懲,應當止息。蘇軾《留侯論》説:“匹夫見辱,拔劍而起,挺身而鬥。此不足爲勇也。天下有大勇者,卒然臨之而不驚,無故加之而不怒。”所云正是懲忿的意思。欲,各種私慾。一切惡端往往自私慾産生。窒欲,把私慾閉住,不使它發揮作用,導致危害。儒家學派不是禁慾主義者,儒家僅僅主張寡欲,而不一般地反對人欲。此處講窒欲,裏邊也有個“時”的問題。窒欲是以一定的時間條件爲前提的,不合時的欲要窒,合時的欲不可窒。

初九,已事遄往,无咎,酌損之。

已,竟。已事,竟事,做完了事。遄,速。遄往,速往。損必須是損剛益柔又損下益上。初九與六四是正應的關係。六四以陰柔居上位,初九以陽剛在下;初九應當損自己去益六四,六四也依賴初九來益它。這是没有問題的,問題在於初九是否因自己益了六四而居功自美。如果能够“已事遄往”,事情做完就迅速離去,不居其功,則无咎。否則,若自享成功之美,便不是損己益上,也不符合爲下的本分,就要有咎了。六四陰柔,依賴初九來益它,初九應當加以斟酌,適度地損己以益六四,不使過與不及。

《象》曰:已事遄往,尚合志也。

尚與上通。上指六四,六四依賴於初九,初九益於六四,二者志同道合,所以初九已事遄往无咎。

九二,利貞,征凶,弗損益之。

九二以陽剛居中,處在損剛益柔的時候,處境對它不利,它居柔位而在説體,又與六五陰柔之君正應,極容易失掉其剛中之德。九二在這種情況下,最好的辦法是貞,貞即是守其中。如果有所征,有所前行,則離中失正,必凶。“弗損益之”,九二作爲一個處下的陽爻,它本當損下益上,損剛益柔,但是它的情況特殊,它若自損,則反倒不能益上,衹有它不自損,方能益上。就人事方面説,人處在損之九二這種時候,應自守而不妄進,看來好像無益於君上和國家,而從根本上説,它自守不妄進,會造成尊德樂道的風尚,對國家帶來的益處往往更大。東漢的嚴子陵垂釣富春江,不給光武帝作官,似乎未給皇家做出什麽貢獻,然而實際上貢獻極大,正所謂“桐江一絲,繫漢九鼎”,幫了劉秀的大忙。這是“弗損益之”的一個極好例證。

《象》曰:九二利貞,中以爲志也。

九二以陽居陰位,本來不正,爻辭爲什麽説九二利於正呢?“小象”解釋説九二“中以爲志也”。“中以爲志”即以中爲志。九二雖不正,但居中位。《周易》最重時,其次重中,再次重正。都是説,中重於正。九二既志存於中,那末正也就包含在内了。一般説來,正不必中,而中則正。

六三,三人行,則損一人。一人行,則得其友。

下卦本爲乾體,乾三畫都是陽爻,上卦本爲坤體,坤三畫都是陰爻。“三人行則損一人”的意思,簡單説來,“三人行”即下卦三陽爻,“損一人”即三個陽爻損去一個。這正符合卦義損下益上,損剛益柔的要求。“一人行,則得其友”,指全卦六爻兩兩相與的關係。初九與九二,同德相比,六四與六五,也是同德相比;六三與上九雖非同德相比,卻是正應。這些都是兩兩相與的關係。兩兩相與,亦即"一人行則得其友"。涉及六爻的問題,爲什麼在六三爻辭表達出來?因爲六三正是當損之爻。此卦所以爲損,是由它决定的。

"三人行,則損一人。一人行,則得其友。"這兩句爻辭所云是天地間最大也最明顯的損益,具有極大的抽象意義。孔子作《繫辭傳》,對此作過哲學意義上的説明。《繫辭傳》説:"天地絪緼,萬物化醇;男女構精,萬物化生。《易》曰'三人行則損一人,一人行則得其友',言致一也。"這裏强調的是二。天地是最大的二,男女是最明顯的二。天地、男女,泛指陰陽兩儀。天地也好,男女也好,既是一陰一陽,勢必絪緼交密,精氣交構,以致精醇專一,化生萬物。也就是説,天地萬物莫不合二而生一。在萬物生成、發展過程中,追求的是一,經由的是二。没有二便没有一,二必發展爲一。二自何來?是三必損一,是一必得一,結果都是二。二自損益來。損益是自然界和人類社會的普遍性規律。這講的是辯證法的合二而一問題。

《象》曰:一人行,三則疑也。

一人行則得友而成爲二,三人行則必損一人也成爲二。成二方可致一,致一方可生生不息。三不必是三,三可概指二以上的任何數。二以上的任何數都要損去其餘部分而留下二。因爲二則相與,三則相疑。什麼是疑?一對一,相與並無疑問。一對兩個一,就有疑問了。另外兩個一中究竟哪一個一與這個一相與,不能確定。不能確定就是疑。怎麽辦?"三人行,則損一人",將三損去一,變成二。

六四,損其疾,使遄有喜,无咎。

疾,疾病,或者説缺點錯誤。六四陰柔與初九陽剛正應。初九損剛而來益六四。益六四,就是損六四之柔而益之以剛,把六四的毛病、缺點、錯誤全損掉,故曰"損其疾",這是"損其疾"的一方面含義。"損其疾"還有另一方面含義。六四以陰柔處上,與初九陽剛正應,當損的時候,又應於陽剛,它能够自損陰柔以從剛,即自損其不善以從善。"遄"字指初九。"使遄",六四自損其疾的行爲,促使初九迅速前來益它,共同合力損六四之疾。初九損下益上,損剛益柔,行動來得迅速,六四自損其陰柔之疾也來得迅速。兩方面都迅速,所以有喜;有喜,所以无咎。

《象》曰:損其疾,亦可喜也。

《周易》多言"有喜",此處言"亦可喜",似乎有所不同。此"亦可喜也"很可能站在初九的立場説。意謂六四不吝其疾,主動自損之,以受初九之益,與初九配合得很好。這在初九看來,是可喜的。

六五,或益之,十朋之龜弗克違,元吉。

或,不一定之辭,來益者很多,不能確指。"十朋之龜",最值錢的元龜、大龜。古代以貝爲貨幣,兩貝爲一朋。朋是貨幣單位。古代貨幣種類不一,而單位稱朋的,唯貝一種。據《漢書·食貨志》,龜寶有四品,第一品元龜岠冉長尺二寸,直二千一百六十,爲大貝十朋。六五以順居中而且處尊,與九二之陽剛正應,有人君虛中自損以順在下之賢者之象。六五既受天下衆人損己以來益,又能虛中自損,而且決心很大,縱然給它最值錢的"十朋之龜",它也不會動摇,不會拂違衆意。因此得元吉。

《象》曰:六五元吉,自上祐也。

上指上九。祐,福祐。六三與上九正應,六三是要損己益上的。又因爲上九與六五比,所以它將受益於六三的東西歸諸六五。是謂“自上祐也”。

上九,弗損益之,无咎,貞吉,利有攸往,得臣无家。

上九以陽剛居損之終,損至於極點,應當變爲不損了。這時對於上九説來,面臨兩種選擇:一是陽剛居上以損削於下,是一條得咎的道路;二是能損但不行其損,變而以陽剛之道益於下,是一條无咎得正得吉因而利有攸往的道路。上九選擇的是後一條道路。居上卻能“弗損益之”,故能“得臣无家”。“得臣”謂得天下人心歸服。“无家”謂歸服的人很多,不分遠近内外。“得臣无家”與“四海爲家”的意思相似。大意是説,上九能得到衆多天下人的臣服。

上九和九二爻辭都有“弗損益之”句,用辭完全相同,而所指卻不一樣。損卦下體三爻皆取自損以益於人之義,所以九二的“弗損”,謂弗損自己,“益之”謂益於人。九二處下體,本應損己益人,由於它特殊,所以它能够益人卻不必損己。上九的“弗損”謂弗損人,“益之”謂益自己。它能够益己卻不必損人。

《象》曰:弗損益之,大得志也。

上九居上位,居上位而“弗損益之”,正是君子應當做的。君子之志就在於不損人而益之。“弗損益之”,君子之志得以實現。

〔總論〕

損,減損,剥損。損卦之所以名損,是根據此卦有損下益上之象。損下益上,表面上看是損了下邊益了上邊。其實是既損了下又損了上。猶如壘土,取下之土以增上之高,下危上亦危,下損上亦損。從政治上説,損下益上,剥民奉君,統治者盤剥人民以肥己,其結果也是下損上亦損,人民受到損害,歸根結底統治也必然受到損害,不會穩固。這是卦名曰損的意義。卦名的損,含義完全是反面的、不好的。

然而卦辭的損,含義則極靈活,所有的損都包括在内,不專指損下益上。國家、社會、個人,上上下下,方方面面皆可用損。損在卦辭裹主要的是正面含義。損是好事,不是壞事,前提是損所當損。怎樣才算損所當損?首先内心要"有孚",内心孚誠,依理辦事,不以主觀好惡決定損與不損。其次,損要"有時",主觀的原望必須符合客觀的時。時當損則必損,時不當損則必不損。損而有孚、有時,損就是好事,就會元吉无咎可貞利有攸往。

損卦有一個突出的特點:六爻皆應,爻辭也與卦辭應。這在六十四卦中實不多見。六爻之中,初九與六四,九二與六五,六三與上九,兩兩皆正應。每爻之義都可在卦辭中尋到根據。初九"小象"曰"上合志",九二"小象"曰"中以爲志",上九"小象"曰"大得志",與卦辭所説"有孚"意合。九二爻辭曰"利貞",上九爻辭曰"貞吉",與卦辭"可貞"有關。六四爻辭曰"无咎"即卦辭之"无咎"。六五爻辭曰"弗克違,元吉"與卦辭所云"元吉"意義一致。還有,初九爻辭之"遄往",六四爻辭之"使遄"以及上九爻辭之"攸往",皆當源自卦辭之"利有攸往"。六爻爻辭中,上九爻辭與卦辭尤爲貼切,所云"无咎,貞吉,利有攸往",與卦辭同。雖不言"有孚元吉",但云"弗損益之","得臣无家",知其"有孚元吉"之義實盡在不言中。就六十四卦之大多數看,爻辭與卦辭往往不搭攏,説明卦辭、爻辭大約非出自一人之手。那末損卦之卦辭、爻辭何以如此通貫和諧?説作爻辭的人對損卦卦義體會特深,有深刻的實踐經驗,可能是恰當的答案。

損卦包含着極其重要的政治思想,它提出了怎樣處理好君臣上下的利害關係問題。其中卦辭賦予損以抽象的意義,它指示任何階級、階層和個人運用損的手段爲自己開闢道路的最爲一般的途徑,這個途徑是:損而有孚,内心至誠而且爲人所理解所信賴;損而有時,時當損則損,時不當損則不損。損不能一般地説好或不好,損要因時而定。六爻爻辭則進一步把損的意義由抽象上陞到具體,從五個方面展示損之道的具體内容。初九之益六四,九二之益六五,六三之益上九,是自損以益人。六四損其疾,六五或益之,是損己以從人。初九以自損益人而又酌損,是損之損。九二與上九弗損益之,是不損之損。六三損一人而得友,是損之益。

益

䷩ 震下巽上

《序卦傳》説:"損而不已必益,故受之以益。"損的反面是益,損發展到一定程度必轉變爲益,故益卦繼損卦。震下巽上爲什麽名曰益呢? 從象上看,雷與風是相益的關係,風驟則雷迅,雷激則風烈,兩相助益,所以叫做益。從義上看,益卦與損卦相反,損卦是損下益上,故曰損。益卦是損上益下,故曰益。爲什麽損下益上曰損,損上益下曰益? 上與下利害本來相關,下爲上之本,損下則傷本。損下益上,實際上是下損上亦損,上下通一損,故曰損。益下則本固,本固則枝榮。損上益下,實際上是下益上亦益,上下通一益,故曰益。

益,利有攸往,利涉大川。

益,增益。益卦卦辭與損卦卦辭有相似之處。卦名曰損專取損下益上之義,而卦辭所講卻是損的最一般意義,凡是損所當損,不論君臣上下誰對誰的損,都在它的包括之内。益卦也如此,益卦卦名曰益,專取損上益下之義,而卦辭所講卻是益的最一般意義,凡屬有益於天下國家人群之事,不論君臣上下誰對誰的益,都在它的包括之内。"利有攸往,利涉大川",

利於有所往,有所作爲:利於濟大難,圖大事,做大事情。別的卦言利往則不言利涉,益卦兼言之,是由於益卦强調興利的緣故。“利有攸往”裏本已含有“利涉大川”的意思,此處言利往又言利涉,意在告誡人們天下事往往有因主動爭取方可獲益的情況,一旦遇上濟變之機會,便當奮力以求,爭得有益的結果,切不可坐失時機。

《彖》曰:益,損上益下,民説无疆。自上下下,其道大光。利有攸往,中正有慶。利涉大川,木道乃行。益動而巽,日進无疆。天施地生,其益无方。凡益之道,與時偕行。

“益,損上益下,民説无疆。自上下下,其道大光。”這四句是解釋卦名的。益與損相反,損之兑下艮上反過來變爲益的震下巽上。損上益下,上體本爲乾,損而爲巽,是爲損上。下體本爲坤,益而爲震,是爲益下。自政治的角度看,損於上而益下,人民得到益處,人民歡悦無有窮盡。“自上下下”,語意承接“損上益下”來,含義是一致的,衹是程度又加深一步,説明統治者不僅能够實行益之道,而且能够發揚光大。

“利有攸往,中正有慶。利涉大川,木道乃行。”此四句解釋卦辭。益卦六爻皆應,與損卦相同。唯損卦九二與六五居中不得正,益卦適得其反,九二與六五變爲六二與九五,既居中又得正,此益卦不同於損卦之處。又中又正,以之益天下,天下必受其福慶。如此則無往而不利。不僅尋常無事之時天下得益於它,而且越是處在天下有大險大難的境況,越能顯示出它的巨大的濟變的作用。越是危險艱難,越是益道大行之時。因爲益卦上體巽,巽爲木,木可濟川,有“利涉大川”的效用。

“益動而巽,日進无疆。天施地生,其益无方。凡益之道,與時偕行。”解釋卦辭之後,進一步贊譽益道之偉大。“益動而巽”二句就卦德講益在政治上的意義。震動,振作有爲;巽順,深入有漸。所以功業日益發展,無有限量。“天施地生”二句就卦義講益在大自然中的表現。“天施”猶言“大哉乾元,萬物資始”,“地生”猶言“至哉坤元,萬物資生”。“其益无方”,恰如春夏時節,品物咸亨,其益的作用廣大無窮,無所不在。“凡益之道”二句合人事、自然兩方面言損上益下之道唯在一個“時”字,時當益則益,時當損則損。在自然界,春不至不生。夏不至不長;在人事上,歲不歉不與,時無災不賑。總而言之,益之道“與時偕行”講的是規律問題。益有規律,在天道,氣候既至,不會不益;在人道,時候正當,不可不益。

《象》曰:風雷益,君子以見善則遷,有過則改。

風與雷有相益的關係,有迅疾的特點。君子傚法風雷相益的關係,遷善改過,益莫大焉。君子傚法風雷迅疾的特點,見善則即遷,知過則速改,不可猶豫。兩個“則”字用得極恰當,看得出孔子着眼於遷善改過須雷厲風行,及時奮迅,無所疑貳這一點上。

初九,利用爲大作,元吉,无咎。

益卦同於損卦,爻辭之義與卦辭之義有貼切的一面。益卦成卦之義在於損四益初,故初九是成卦之主,它的爻辭的內容與卦辭的內容意義相同。“利用爲大作”,作大益於天下之事,與卦辭“利有攸往,利涉大川”大致同義。問題是初九畢竟位卑處下,它作大事業必須六四予以輔助,不能獨力進行。它必須把事情做得盡善盡美,得元吉,方可无咎。行不至善,不得元吉,則不但自己有咎,還要累及六四亦得咎。《易》中凡言“吉无咎”,意思都是說得吉而後可以无咎,這一條爻辭尤爲著明。

《象》曰:元吉无咎,不厚事也。

厚事,大事,大的事情,大的事業。初九在一卦之最下,本不當幹關乎天下利害的大事業,大事情,由於有六四信任它,支持它,它才能幹大事業。因此它必須完全幹好,得元吉,支持它的六四才算知人,它自己才算勝任。不然的話,則六四得咎,初九自己亦得咎。

六二,或益之,十朋之龜,弗克違,永貞吉,王用享于帝,吉。

益卦是損卦之反。損卦之六五倒過來便成爲益卦的六二,所以兩爻的取象相同。損六五的上體,是受益者,因爲損卦卦義是損下益上。益卦六二在下體,也是受益者,因爲益卦卦義是損上益下,都是受益者。所以爻辭都説:“或益之,十朋之龜,弗克違。”天下很多人都來益損之六五和益之六二,縱然給它們最值錢的“十朋之龜”,它們也不會拂違衆意,不與來益者合作。兩爻不同之處是損六五得元吉,益六二得永貞吉。損六五稱“元吉”,是因爲六五以柔居剛,柔能虚受,剛可固守,是最理想的求益的條件。益之六二稱“永貞吉”,是因爲益之六二儘管居中而體柔,有虚中之象,容易得天下人來益之,又有九五剛陽之應,然而它有一個弱點,它以柔居柔,爻與位皆陰。它若要獲吉,應特别注意永守不變,常久貞固。享于帝,祭祀上帝。“王用享于帝”,是極大極嚴肅的事情。六二虚中柔順而能永貞,是受益之臣,王即便用它享上帝,猶當得吉,更無論其他了。

《象》曰:或益之,自外來也。

六二中正虚中,天下人都願來益之。這對於六二來説,是不召而至,不是它中心之所期望。六二本無求益之意,而益自來。説“自外來”指外卦九五來益六二未爲不可,因爲九五與六二正應,九五來益六二是自然的。但是爻辭既云“或益之”,“或”字意謂來益者衆,定非一人,就説明“自外來”者是包括九五在内的許多人。“自外來”有非中心所望,不期而來之意。

六三，益之，用凶事，无咎。有孚中行，告公用圭。

“益之，用凶事，无咎。”六三陰柔不中不正，不當得益於人。然而六三處於下體之上，相當於統治百姓的郡守縣令之類的官員。六三以陰居陽位，與上九陽剛正應，又處在震動之極，有剛決果敢，居民之上而能爲益於民之象，所以能“用凶事，无咎”。“凶事”，凶荒札瘥之年，官府守令開倉賑濟百姓。“用凶事”，在益的時候，六三采用歲饑而賑恤的辦法實現損上益下。凶歲能够賑濟百姓，當然是无咎的。不過，要“有孚中行”，要“告公用圭”。有孚是有誠信，既有信於上，也有信於下。衹是有誠亦不可，還要中行，中行即行中道。六三在下體之上本不居中，何以曰“中行”？從一卦之上下二體看，二與五各居中，從一卦之全體看，三與四並居中，故益卦三與四兩爻皆曰“中行”。有人把此“中行”一詞同春秋時代晉國的中行氏聯繫起來，以爲這裏的中行就是中行氏，是没有根據的。“告公用圭”，圭是古代用作傳遞信息的證物，大夫們對外或對上打交道，在比較正式的場合，要拿着圭作爲本人身份的憑證。“公”於此卦指六四。六四是近君的大臣。六三居下卦之上，並非無位，但它不可專行，它要賑濟百姓，須向六四請示報告，即所謂“告公用圭”，獲致批准方可開倉濟民。

《象》曰：益用凶事，固有之也。

損上益下“用凶事”，荒歉之年官府開倉賑災以益百姓，所用之粟米本是取之於民的，是民間固有之物，不須另外求益。

六四，中行，告公從，利用爲依遷國。

益卦與損卦相反。益卦六四恰當於損卦六三。損卦六三反映損卦損下以益上的思想，益卦六四爻辭與損卦六三相類，反映益卦損上以益下的思想。益下，從政治角度説，莫大於益民，而在古代，最大最重要的益民舉動莫過於遷國。六四怎樣實現遷國呢？六四在卦中主於益下，但它不在君位，做事不得自專，遷國大事尤須告公，請示君上同意。由於六四與六三在全卦里居中，有中行之德，所以它能够得到公的信從、支持。“利用爲依”，用是用六四，與六二“王用享于帝”的用字義同。爲依的依字可按《左傳》隱公六年“我周之東遷，晉鄭焉依”的意義理解。古代諸侯遷國，或依王室或依大國，必有所依。無所依不利，但有所依必須以益民順下爲前提。遷國而不益民順下，縱然有依，亦不利。六四由於有中行之德，這兩條都具備。

《象》曰：告公從，以益志也。

六四按它的本性説，是以益民爲志的。以益民爲志，所以告公而獲從。

九五，有孚惠心，勿問元吉。有孚惠我德。

《爾雅》：“惠，順也。”“有孚惠心”者，言我信於民，順民之心也。“有孚惠我德”者，言民信於我，順我之德也。從卦體看，上體是巽，巽，順也。互體下坤，坤也是順。九五居上體巽之中，六二居坤之首，二與五相應，有上下交相順之象。故既曰“惠心”，又曰“惠我德也”。這正是《彖傳》所謂“損上益下”君順民心之謂也。所謂“民説无疆”，民順君德之謂也。“勿問元吉”，元吉面勿須問，比單説元吉更高一個層次，把民的問題看得很重。這説明《周易》已經有了重民思想。

《象》曰：有孚惠心，勿問之矣。惠我德，大得志也。

“勿問之矣”，有孚惠心得元吉肯定無疑，勿用置問。孔子特別把“勿問”一語提出來加以强調，表明他認爲人君有無惠民之心是極端重要的。民反過來惠君之德，對於君來説，是大得志，亦即最大的成功。得志，成功，在哪一點上呢？不在於民“惠我德”，而在於君上能够有辦法獲致民“惠我德”。

上九，莫益之，或擊之，立心勿恒，凶。

上九處在益卦的極點，本身又是陽剛，求益過甚而無厭，結果走向反面，不唯不能受益，反而必遭損。没有人來益它，倒是有人來擊它。爲什麽會如此？關鍵的問題是它立心勿恒，必凶。勿同無。立心指立益下之心，勿恒指益下之心無恒。損卦講損下益上，損下是一時權宜之計，不可恒久。益卦講損上益下，益下乃千古不易之規，貴在恒久。益卦上九，處在益下的時候，本該堅持益下，但是它做不到，它以陽剛居益之極，求益過甚，益下變爲損下，益下之心不恒久。此理應用到政治上，統治者對民取而不與，侵奪之，刮削之，民心不僅不益它，還要反抗它。

《象》曰：莫益之，偏辭也。或擊之，自外來也。

偏辭，《經典釋文》説："偏音篇，孟作徧，云周匝也。"偏字可以寫作徧，偏辭就是徧辭。徧辭其實就是邏輯學上説的全稱肯定判斷或全稱否定判斷。"莫益之"是個全稱否定判斷。所有的人都不益它，無一例外。自外來，不期而來。心裏不期望它來，而它偏要來。來是必然的，不可避免的。六二"小象""或益之，自外來也"，上九《小象》"或擊之，自外來也"，二《小象》除益與擊意義正反不同外，其餘是一樣的。

〔總論〕

益卦作爲卦名的益字取損上益下爲義，而在卦辭裏面益的内涵則擴大了。不僅僅損上益下，凡是興利的事情都在它的範圍之内。"利有攸往，利涉大川"適用於君臣上下國家個人等等一切方面，它强調做大事，濟大難，幹大事業；在幹的過程中要抓住時機，主動行動，不坐以待時。

諸爻爻辭與卦辭有有聯繫的一面，如初九爻辭"利用爲大作"即卦辭之"利有攸往，利涉大川"之意。但也有聯繫不大的一面，其餘諸爻講的都是如何益下的問題，與卦辭幾乎無涉。確切一點說，爻辭着重闡發統治者怎樣益民及民怎樣受益的思想。六二或益之，六三益之用凶事，六四爲依遷國，九五有孚惠心，上九莫益之，或擊之，從正面和反面闡述恤民、利民、從民、益民的深刻意義。後來早期儒家的德治仁政主張可能與《周易》此卦的啓示有一定的關係。

益卦三、四兩爻爻辭提出“中行”一詞，值得注意。“中行”很可能是當時常見的一般用語，其義當爲履正奉公，言行合乎中道而不悖。有人以爲中行指春秋晉國的中行氏，没有任何根據，不可信。

夬

䷪ 乾下兑上

《序卦傳》説：“益而不已必決，故受之以夬。夬者決也。”夬訓決。《説文》：“決，行流也。”段注改作“下流”。水流前行，對於任何阻礙有必去之之勢。在夬卦裏，決是決去的意思，講陽如何決去陰，君子如何決去小人。從卦來看，乾下兑上這一卦之所以名曰夬，是因爲五個陽爻在下，一個陰爻在上，諸陽繼續長進，就要把一個陰爻決去了，這正是君子道長，小人道消將盡的時候。爲什麽夬卦次於益卦之後，是因爲益之極必決而後止，所以益之後次夬。

夬，揚于王庭，孚號有厲，告自邑，不利即戎，利有攸往。

夬之爲卦下五剛而上一柔，在十二辟卦中是三月之卦。卦辭在講陽怎樣決陰，君子怎樣決小人的問題上，着重强調警戒危懼，謹慎行事。“揚于王庭”一句是主要的。它説明在夬的時候，五陽去一陰，似乎並不難，但是實際上很不簡單，小人（指上爻）正在君側用事，要把它決去是不容易的。必須認真對待。首先把小人的罪惡“揚于王庭”,使小人無地自容,使君上和衆人認識它的真面目。縱然如此,君子仍不可掉以輕心,還要“孚號有厲”,即以至誠之心號召衆人而又心存危懼。那末是否對小人訴諸武力呢?不,不可訴諸武力,要“告自邑,不利即戎”。告,告誡。自,從。即,從。從自己所居的邑開始,由近及遠,去告誡人們警惕小人,但不可從戎尚武,從戎尚武是不利的。“不利即戎”,卻要“利有攸往”,有所作爲,有所前進,抓住五陽逼一陰的時機,決去小人。君子不采取主動行動,小人是不會自行決去的。

《彖》曰:夬,決也,剛決柔也,健而説,決而和。揚于王庭,柔乘五剛也。孚號有厲,其危乃光也。告自邑,不利即戎,所尚乃窮也。利有攸往,剛長乃終也。

“夬,決也,剛決柔也。健而説,決而和。”解釋卦名的含義。夬的意義是決,夬就是決。卦中五陽在下,一陰在上,陽長陰衰,有剛決柔之象,所以卦名曰夬。“健而説,決而和”,是兩句贊語。《彖傳》在解釋完卦名之後又加上兩句贊語,一般是爲了給下文解釋卦辭做準備的。這贊語往往起承上啓下的作用。“健而説,決而和”,以上下二體講卦才。下體是乾,乾是健,上體是兑,兑是説。健而能説,亦即決而能和。決而能和,是夬的最佳狀態。剛即要決柔,君子既要決小人,又要方法得當,不至於因爲做法有所失誤而把事情搞糟。

“揚于王庭,柔乘五剛也。孚號有厲,其危乃光也。”自此以下解釋卦辭。“揚于王庭”,把小人的罪過宣揚於王朝大庭。小人的罪過是什麽呢?小人的罪過是“柔乘五剛”。小人居君子之上,乘勢欺凌君子。“孚號有厲”,君子心存危厲,唯其心存危厲,君子之道方可光大。

“告自邑,不利即戎,所尚乃窮也。”君子決去小人,應采取“告自邑”的和緩手段,不宜從戎尚武。如果君子專用威猛,以尚武取勝,便是決而不和,便是其道窮矣。

“利有攸往,剛長乃終也。”復卦卦辭說“利有攸往”,《彖傳》釋爲“剛長也”。夬卦卦辭也說“利有攸往”,《彖傳》則釋爲“剛長乃終也”。剛自復卦開始長,至夬卦時,剛長至五,陰祇剩一了。陽再前進一步決去一陰,卦就變爲純陽而爲乾了。變爲純乾,剛長的全部過程乃“終”,才算完成。復卦“有利攸往”,猶如平地始起一簣,孔子喜其進,所以說“剛長”。夬卦“利有攸往”,猶如土壘九仞,尚虧一簣,孔子恐其止,所以說“剛長乃終也”。

《象》曰:澤上于天,夬。君子以施禄及下,居德則忌。

需卦講“雲上于天”,雲上于天爲需,澤尚有待。今夬卦講“澤上于天”,澤上于天,一旦決注便成雨,雨施而滋潤天下。君子觀此象,要以之施禄,不要以之居德。居德與施禄,意義相反。居是吝而不施,積而不散。德在此處有恩澤、恩惠的意思。君子最忌“居德”不施。“施禄及下”,把恩澤、好處散施給下民,是最爲可取的。

初九,壯于前趾,往不勝,爲咎。

凡爻辭言趾的,多在初爻。夬卦與大壯有相似之處,夬五陽一陰,大壯四陽二陰,祇差一畫。大壯初九曰“壯于趾,徵凶”,夬卦初九曰“壯于前趾,往不勝,爲咎”,兩卦取象一致,爻義基本相同。都是説初九以陽剛居乾體,本屬在上之物,而今身居卑下,不免使任壯往之氣,壯于趾或壯于前趾,鋭意前進而上除君側之小人,其實力量相去懸殊,必敗無疑。夬卦初九多一個“前”字,前進的意思更加重一些。“前”字在此作動詞用,“前趾”意謂將脚趾嚮前邁,也就是前進。“壯于前趾”即壯於前進。“壯于趾”和“壯于前趾”,都是躁動的表現。說“往不勝,爲咎”,强調“不勝”,强調“爲”,意在指出初九之敗實非時勢造成完全是咎由自取。

《象》曰：不勝而往，咎也。

“不勝而往”，講的是一種心態。夬卦告誡人們，在決的時候，最重要的是無論在怎樣的情況下都要保持着一種危懼感，即便有勝利的把握，也切切不可掉以輕心，更何況“不勝而往”！咎自何來？咎是自己做成的。夬之時，勝心不可有，知其不可勝而妄想取勝之心尤不可有。

九二，惕號，莫夜有戎，勿恤。

九二在夬卦六爻中是最好的一爻。九二爻辭完全體現了卦辭“孚號有厲”，“不利即戎”那種强調君子決小人應時刻不忘危懼警戒的精神。“惕號”，心懷警惕而外孚號同志，戒備嚴密，處無事若有事，雖有小人陰謀，必無所伺隙。“莫夜有戎，勿恤”。莫，暮。小人乘夜晚舉兵來襲，亦不足憂慮。此處有事若無事。君子欲決小人，必戒備小人，有了戒備方可無患。因爲能惕，所以勿恤，因爲能處無事若有事，所以處有事時若無事。猶如征戰，平素無事卻終日欽欽如臨大敵，及臨陣則志氣安閑，彷彿不欲戰。

《象》曰：有戎勿恤，得中道也。

“有戎勿恤”，不是故意表現遇事不慌，安閑自在，是説明它臨事不憂，居中制勝，胸中自有它的道在。從爻象看，九二以剛居柔，剛而不過，有似老成，與初九以剛居剛，少年喜事好勝者不同。但是九四也是以剛居柔，何以九四不如九二？關鍵在於九二居乾體之中，得中道。《易》貴中，九二雖不正，但因爲得中，位不正，義也正了。夬九二與大壯九二情況略同，故都稱得中。

九三，壯于頄，有凶，君子夬夬，獨行遇雨，若濡有愠，无咎。

此爻大意謂君子決去小人主要看其内心是否堅決，内心若堅決，雖暫時與小人和合共處，受到同志的誤解、責難，也没有關係，祇要最後把小人決去，就无咎。《彖傳》所説“決而和”，亦即此意。

頄，顴骨。“壯于頄”，九三以剛居剛，居乾體之上，剛亢外露，心中欲決去小人的意向，悻悻然表現在臉面上。其結果必凶。“壯于頄，有凶”，是九三的一方面情況，一種可能性。九三還有另一方面情況，另一種可能性。九三作爲一個君子，有堅決決去小人的夬之志，然而表面表現緩和。它獨與上六這個小人正應，有“獨行遇雨，若濡”之象。雨指上六，上六是兑卦的主爻，澤上于天，故稱雨。九三應於上六不是出於本心，故稱遇。濡也是表面現象，不是真濡，故稱若。九三看來好像被上六這個雨濡染了，與之同流合污了，而其實是和而不同，“君子夬”之志堅定不移。衆君子不免誤解它，甚至“有慍”於它，但這是暫時的，最終必无咎。

《象》曰：君子夬夬，終无咎也。

開始時“若濡”，“有慍”，似乎與小人有了私愛的關係，甚乃同志者也慍怒於它，而最終卻是无咎的。因爲它有“君子夬夬”之志，遲早它要把小人決掉。

九四，臀无膚，其行次且。牽羊悔亡，聞言不信。

九四以陽居陰，不中不正，雖有決去小人之志，但其剛壯之性使它急於前進而不知處之以緩。所以有“臀无膚，其行次且”之象。臀部没有肉，坐不下；坐不下，就必須走。走起來又次且(與趑趄同)難行，前進不得。處境是很艱難的。怎麽辦呢？唯一的辦法是“牽羊”，羊指九四自身，牽羊是九四自牽其羊。羊的特性是善觸，不把角觸壞不罷休。九四如果能自牽其羊，把自己的羊一般的狠性制止住，就可以無悔了。不過這祇是一種可能性，能否實現，要看九四能否聞言而信。九四很可能“聞言不信”。因爲人在無所憂慮畏懼的時候,警戒之言不易聽進去。

《象》曰:其行次且,位不當也。聞言不信,聰不明也。

九四的一切問題都由它的位不當即不中不正來。由於以剛居柔,位不當,所以才“臀无膚,其行次且”,不能前進而一定要前進。“牽羊”之言是忠告,它也難以聽進去。孔子作《小象》,惋惜之,激勵之,説:“聰不明也!”“聰不明”《易》中凡兩見,除此爻外還有噬嗑上九。聰不明,聽之不聰之意。聰本來是説耳聰,明本來是説目明。兩字結成“聰不明”句式時,聰字充當主語,相當於耳聽,而明字便具有了聰義。

九五,莧陸夬夬,中行无咎。

莧陸,馬齒莧,一年生草本植物,感陰氣多和柔脆易折是它的特點。“莧陸夬夬”之象,説明九五切比於小人上六,受陰氣的影響較大,作爲決陰之主,意與衆陽要決的小人關係密切,有咎是當然的。另一方面,九五剛陽中正居尊位,有夬夬之志亦有夬夬之力,能够斷絶與上六的關係且把它決掉。夬夬,重夬,夬而又夬。夬的對象是上六。九三應於上六,九五比於上六,爲避免不能夬的嫌疑,所以都連用兩個夬字,以加重九三、九五決去小人的堅定感。九五能够以中行之道即中道解決好與上六的關係,故可无咎。

《象》曰:中行无咎,中未光也。

《易》光字凡有二義:一曰光明,二曰廣大。這裏光字宜訓廣大。九五居中,居中當然好,但是凡中皆不前不後,有静而居處之象,給人以決小人不勇之感。上六是陰爻,故九五必須行,即前進嚮小人決去,方可无咎。所以《小象》説:“中行无咎,中未光也。”意謂要既中又行,无咎。若祇居中,而無行,則中的優勢不算廣大,故曰“中未光”也。

上六，无號，終有凶。

夬卦發展到上六這一爻，陽長至極點，陰消到盡頭，正是衆君子得時，小人失勢之際，小人被消盡的形勢已定，小人無須號咷畏懼，終必得凶。

《象》曰：无號之凶，終不可長也。

號讀平聲，不讀去聲。小人至此已經必然消亡，形勢無可改變，不可能再長久。雖號也無濟於事，但是，不可長久的是小人之道，決去小人之道，不必決去小人之人。

〔總論〕

夬是陽決陰，君子決小人之卦。爲卦五陽在下盛進，一陰在上衰退。君子得時，小人失勢，小人被消盡的形勢已定，不過時間早晚的問題。然而卦辭爻辭卻不因此而稍爲懈怠，相反倒是以警戒危懼爲誡，深切丁寧，無所不至，以爲越是容易成功的事情，做起來越要謹慎小心。卦辭“有厲”，九二“惕號”，九四“牽羊”，莫不强調這一思想。夬卦五陽決一陰，與五陽逐二陰的大壯略相似，都有剛壯過甚之虞，以陽居陽者爲尤甚，初九之“壯无趾”，九三之“壯无頄”之類即是。所以作《易》的人於夬之諸爻諄諄告戒陽決陰，君子決小人要自制其剛壯之性，做到“決而和”，既要決之又要和之。九二與九五兩爻更要決之以中道。不過，居中還不够，還要有行動，有所前進。

姤

䷫ 巽下乾上

《序卦傳》說：“夬者決也。決必有遇，故受之以姤，姤者遇也。”《經典釋文》、馬王堆帛書《易經》以及《雜卦傳》，姤均作遘。姤即遘。遘訓遇。遇是不期而遇的意思。古代諸侯會盟,期而會叫會,不期而會叫遇。姤卦爲什麽次於夬卦之後?夬是決,決是分。姤是遇,遇是合。物合而未分,談不到遇。衹有分開的東西才有相遇的可能,所以夬卦之後次之以姤。姤卦巽下乾上,巽下乾上爲什麽名曰姤?一則巽下乾上有風行天下之象,風行天下,接觸萬物,有遇的含義。二則爲卦一陰生於下而與剛陽不期而會,有遇的意思,所以卦名曰姤。

姤,女壯,勿用取女。

姤卦一陰始生,接着將是二陰生,三陰生,四陰生,發展的趨勢是陰長陽消,陰將盛長壯大,這是“女壯”的表現。按照《周易》作者的觀點,女壯不是好事是壞事。因爲女壯必男弱,女壯而男弱,則男尊女卑、夫剛妻柔的關係將被顛倒。所以在姤的時候,“勿用取女”。人在主觀上要注意努力避免任何有利於加强陰柔或女子的作法。

《彖》曰:姤,遇也,柔遇剛也。勿用取女,不可與長也。天地相遇,品物咸章也。剛遇中正,天下大行也。姤之時義大矣哉。

“姤遇也,柔遇剛也”,解釋卦名。姤的含義是遇。此卦所以名姤,是因爲柔遇剛,而不是剛遇柔。柔遇剛何以稱姤?夬卦五陽在下一陰在上,陽再長一步,一陰決去則爲純乾。乾是四月之卦但不可次夬。夬之後是五月之卦姤,姤一陰生於下,不期而猝然遇於剛。因此孔子揭示出姤的實質是遇,遇的實質是柔遇剛。

“勿用取女,不可與長也”,解釋卦辭。長應讀長久之長。一陰既然已生,其勢必逐漸盛大。陰盛則陽必衰,這漸盛之陰將要把陽勝過,把陽消盡。對於這個陰,不可長久相與,猶如一個氣質、性格盛過男人的女人,男人不可娶她組織家庭,與之長久生活。所以卦辭曰“勿用取女”。“勿用取女”反映《周易》經與傳的作者有着深刻的男尊女卑,崇男抑女的思想。

"天地相遇,品物咸章也。"解釋完卦名、卦辭之後,孔子對姤卦的時義加以推闡。陰遇陽,柔遇剛,不好。然而從整個宇宙的角度看,陰遇陽,柔遇剛,又很好。陰遇陽,就是天地相遇,天地交感。天地相遇相交感的效用是極其偉大的,它生出萬物,萬物彰明暢茂。

"剛遇中正,天下大行也。"剛指九五而言,九五以剛陽居中得正,故曰"剛遇中正"。"剛遇中正",從政治上說,天子有剛陽之德又中正居尊位,於是姤之道大行於天下,是什麼阻力也阻擋不了的。

"姤之時義大矣哉。"姤是壞事也是好事。究竟是壞事還是好事,界限怎樣劃,關鍵在於一個時字,時宜則姤是好事,時不宜則姤是壞事。好事壞事全在判斷、掌握。朱熹說"幾微之際,聖人所謹",正是此意。

《象》曰:天下有風,姤。后以施命誥四方。

天下有風,風行天下,普遍接觸萬物,與萬物相遇,這就是姤。后是什麼?《爾雅·釋詁》:"林、烝、天、帝、皇、王、后、辟、公、侯,君也。"這裏的后就是王。后體察了姤之象,應用到政治統治上,就要"施命誥四方",把自己的命令下達到四方,使天下所有的人,所有的角落都知道,都照辦。姤卦《大象》與觀卦相似,但也不盡相同。姤卦天下有風,風無處不吹,后的命令無處不到,而觀是風行地上,先王親自出巡,所到之處有限。

初六,繫于金柅,貞吉。有攸往,見凶。羸豕孚蹢躅。

初六是姤卦之主,姤卦之所以爲姤卦,就在此一爻。卦辭講"女壯",是就全卦而言,此爻辭講一陰如何微弱,所指衹初六一畫。爻辭之意是强調陰雖處在微弱之時,但它是要漸長的,君子此時最要注意設法制止它,不使它嚮前長進,一旦它壯大起來,就不能制了。全部爻辭分兩截説,“繫于金柅貞吉”是一截,以下又是一截。柅是止車之物,即車上的制動器。柅即可制動,使車停止不前,且柅又是金子做的,其制動的效果可謂百無一失。這還不算,金柅之外又以繩索繫之,牢而又牢,固而又固,車是不可能前進了。初六一陰生於下,力量微弱,最易被人忽略,任其發展下去,將來必成大害。君子察之於先,及早“繫于金柅”,制止之使其不得前進。如此可得“貞吉”,此“貞吉”是静止吉,不是正吉。爻辭的下一截講的是另一面意思,假如君子不“繫于金柅”而“有攸往”,任初六一陰前進,則必“見凶”。最後一句用猪的形象和行爲比喻初六,進一步告誡君子要見微知著,防患未然。“羸豕”,瘦弱的猪,將來必肥壯,故從其發展看,瘦弱的猪亦可畏。“孚蹢躅”,雖瘦弱,但也跳躍蠢動,急於前進。初六就像一隻陰躁的瘦猪,君子要在它還是個瘦猪的時候就制住它,不讓它肥壯。

《象》曰:繫于金柅,柔道牽也。

理解初六《小象》,牽字很關鍵。《易》裏凡是用牽字的,從小畜九二“牽復吉”至此,都是牽制的意思,即往回拉,牽制着使之不得前進,而不是往前拉。這裏的“柔道牽也”,是把柔道往回拉,使它不能前進。陰柔之道必須有所牽制,使它不至於盛長。

九二,包有魚,无咎,不利賓。

魚是陰物。“包有魚”的魚指初六。是九二包初六這條魚。九二陽剛居中,與初六親比,既有“包有魚”的責任,也有“包有魚”的能力。“包有魚”的意思主要是制陰,制止陰柔之道發展。其次還有一個容陰的意義。什麼是容陰?九二居中,能够恰當地處理與小人的關係,對人采取兼容的態度,不使矛盾激化。制陰之義和容陰之義都通過這個包字表達出來。制陰之義是主要的,根本的,容陰也是爲了制陰,兩層含義實不抵觸。“不利賓”,即不利於外。初六陰柔之魚已爲親比之剛中九二所包所止,外人得不到魚了。

《象》曰:包有魚,義不及賓也。

九二“包有魚”,首先把始生於下而其勢漸長的初六一陰制止住,不使前進,以義言之,不可使遇於賓。

九三,臀无膚,其行次且,厲,无大咎。

此爻爻義與夬卦九四大體相同。“臀无膚,其行次且”,臀部無肉,坐不下;坐不下就必須走,走起來又次且難行,行動不得,處境十分艱難。九三爲什麼這樣呢?因爲它過剛不中,處在姤的時候,有求遇初六即制止初六的願望。這制陰的願望促使它雖艱難也要行動,然而它所處的位置又決定它不該求乎初六之遇,制乎初六之陰,僅憑着自己的主觀願望一定要那樣做,是危險的。不過也没有大問題,九三畢竟是剛陽得正,不至於迷惑到底,假若它能認清自己的處境,不妄動,則可以无大咎。

《象》曰:其行次且,行未牽也。

牽,還是牽制的意思。九三“其行次且”,行動艱難,説明它不應該也不可能牽制陰柔之初六,初六《小象》“柔道牽”,是説可以把陰柔之道牽制住。此爻《小象》“行未牽”,意義相反,是説九三牽制陰柔之道的願望實現不了。

九四,包无魚,起凶。

九四與初六乃正應,本應起到制陰的作用,但它實際上制不了初六之陰柔。這固然是由於九二親比初六,已將初六制止住了,九四已無陰柔可制,不過若從九四自身檢查,也存在着嚴重的問題。九四以剛居陰,不中又不正,它不能容陰也不能制陰,與九二“包有魚”之義相反,故云“包无魚”。此與夬卦九三爻義相似。夬九三當決陰之任,卻“壯于頄”,恃剛壯而怒形於色。此爻當制陰之任，卻“包无魚”，疾惡小人而遠離之。兩爻都缺乏包容之度量，更無制服陰柔小人之好辦法，所以一個“有凶”，一個“起凶”。“起凶”即生凶，與“有凶”意義相同。

《象》曰：无魚之凶，遠民也。

“无魚之凶”，主要是由於九四不中不正因而對於小人不能包而容之造成的。不能容之便不能制之，不能容民亦不能制民，民則遠於我。其實不是民遠我，而是我遠民。

九五，以杞包瓜，含章，有隕自天。

九五與初六無比也無應，即無遇陰的機會，不遇陰便難於制陰。然而九五陽剛中正，它是有辦法制陰的。“以杞包瓜”，九五象木高葉大的杞樹，初六象在地之瓜，九五象高大之杞包在地之瓜一樣把初六包住。包住不等於解決。解決尚須時間，尚須等待。“含章”就是這個意思。含蓄不露，不動聲色，靜以待之，總有一日會“有隕自天”，瓜熟而蒂脱，落到地上。初六一陰終被制服。

《象》曰：九五含章，中正也。有隕自天，志不舍命也。

九五之所以能含章，含蓄不露，善於等待，因爲它陽剛中正。非陽剛中正是做不到的。志，人的主觀意志。舍，違背。命，客觀的規律。“志不舍命”，人的主觀意志不違背客觀的規律。姤卦一陰始生於下，陰長陽消，是客觀的規律。客觀的規律不可違背，但九五有制陰的堅强意志，它順應規律，采取“含章”的途徑，使初六一陰像瓜熟蒂落一樣被制服。瓜熟蒂落，自然而然，合乎規律，正是“有隕自天”。“有隕自天”既是規律也是九五的意志所致。因此《小象》説“有隕自天，志不舍命也”。後世荀子所云“制天命而用之”，義與此同。

上九，姤其角，吝，无咎。

上九剛而居最上，像一個角長在頭上。等於姤卦之角，故云“姤其角”。姤卦與夬卦相反,夬卦初九反過來就是姤卦上九。夬卦初九“壯其前趾”,姤卦上九“姤其角”,都距離陰爻最遠。夬卦初九不能決陰,即便它一定要前進,也不能成功,且必爲咎。姤卦上九不能遇陰,故不能制陰,是可吝的。但是有一點與夬卦初九不同。夬卦初九既居初,就要有所前進,而姤卦上九居上,不可能再前進了,制陰已不是它分内的事,故无咎。很像一個隱居世外的人,世上出了亂子,它既不能救,也不參與,没有功也没有過。

《象》曰:姤其角,上窮吝也。

姤其角,君子處姤之極,不遇陰不制陰,雖然没有過咎,也是可羞可慚之事。這是因爲它處於姤卦窮極的緣故。

〔總論〕

姤卦反映出來的思想宜從兩方面看:卦辭是從宏觀方面講的意義,諸爻爻辭是從微觀方面講陽制陰即君子制小人的原則。姤的意義是柔遇剛,陰漸壯,陽漸消,所以姤之事不是美事,姤之名不是美名。但是在有的時候,有的情況下,姤又是美事又是美名,甚至自然界和人類社會不可没有姤,例如天地是陰陽相遇,君臣是陰陽相遇,男女是陰陽相遇,陰陽相遇即是姤,有了姤才有萬物的生長,社會的穩定,人類的繁衍。就是説,陽剛好,然而没有陰柔不行;陰陽相須相得才有世界。問題在於陰與陽的關係永遠處在變動之中,陰長陽消,陽長陰消,盛衰消息,無有盡頭。於是就産生了人類如何掌握、控制、利用陰陽消長規律的問題。人要明察陰陽變化的幾微,審慎行動,盡可能使變化朝有利於自己方面發展。

怎樣明察幾微,審慎行動,使陰陽變化有利於自己,這個問題主要反映了六爻爻辭上。姤卦爻辭把陰陽的關係具體地落到人世間君子與小人的問題上來。在小人漸盛,君子漸衰的形勢下,君子如何制小人,不是簡單的事情。六條爻辭中九五的思想最爲深刻重要。君子對待得勢的小人，要像杞葉包瓜那様先把它包住，然後含而不露，等待“有隕自天”，瓜熟蒂落。其中含有既重規律又不放棄人事，既重人事又不違規律的義藴。其餘如九二“包有魚”强調君子欲制小人必先善於容小人；九四“包无魚”從反面説君子包容小人方能制服小人的道理；九三“臀无膚”講制小人之艱難不易；初六“繫于金柅”，告誡君子勿以爲小人勢力尚微，就不重視它，要趁它還很微弱的時候就加以制之，使不得發展。這些都深刻地表達了一種思想：陰柔小人自有它存在發展的理由和根據，陽剛君子亦當有它制服陰柔小人的適宜辦法。任何簡單化的態度都將引來無窮盡的凶咎。上九“姤其角”這一爻遠離小人，不能及也不能制，不能與亂亦不能救亂，儼然世外君子。看來似乎與姤卦之義無涉，其實生活中恰恰不乏這等人這等事，《易》作者寫進來，尤能表明他思想的細緻、全面、周密。

萃

䷬ 坤下兑上

《序卦傳》説：“姤者遇也。物相遇而後聚，故受之以萃。萃者聚也。”萃的意義是聚。物相會遇必成群，成群即萃聚，所以姤卦之後次之以萃。

萃，亨，王假有廟。利見大人，亨，利貞。用大牲吉。利有攸往。

假音格，作至講。“有廟”就是廟。有字如有虞氏、有夏氏之有，没有意義。“王假有廟”即王至廟。王至廟幹什麽？祭祀。古代國家有大事如出征打仗等，天子諸侯必至廟祭祖考，表示他決定要打仗，是秉承或者符合先人意志的，用此把人們的思想統一起來，聚合起來。萃卦卦辭的主旨就是講如何將天下人聚合起來，而古人認爲萃聚天下人的最大最有效的辦法莫過於入廟祭，所以卦辭説"萃，王假有廟"。欲萃聚天下人，除"王假有廟"外，還須"利見大人"，還須"利貞"。大人指卦中之九五，暗指天子諸侯最高層的統治者。人聚則亂，物聚則争，作《易》者認爲天下萃聚了，不可没有王公大人的統治，否則萃聚就要變爲亂和争。萃聚也還必須正。萃聚不以正，便是苟合悖聚，是不鞏固的。"用大牲，吉"，此接上文"王假有廟"來。萃是萬物盛多，國家富有的時代。這時期祭祀應該用大牲，不用小牲，即對待鬼神要豐厚，不可吝嗇。古代以祭爲國之大事，所以，雖説的是祭亨，實際上一切事情都包括了。當天下國家富有之時，一切事情都應從厚不從薄。天下國家民富物豐，最是有爲之時，所以"利有攸往"。

《彖》曰：萃，聚也。順以説，剛中而應，故聚也。王假有廟，致孝享也。利見大人亨，聚以正也。用大牲吉，利有攸往，順天命也，觀其所聚，而天地萬物之情可見矣。

"萃，聚也。順以説，剛中而應，故聚也。"萃訓聚。以下從卦德卦體角度講所以能聚的原因，而未進一步解釋卦名萃的内涵。爲卦坤下兑上，坤之德順，兑之德説，故曰"順以説"。又九五陽剛處中正之位，而下邊有六二的應助，所以能够萃聚。

"王假有廟，致孝享也。"王於廟中祭享，對待先人要在思想上表現出最大的孝心來，在物質上拿出最大的貢獻來。總之要有至誠之心。王者萃聚天下人之心，自己要像祭祀時對待先人那樣有至誠之心。用在廟中祭祀先人那樣的至誠之心來對待天下人，從而把天下人萃聚起來，是没有問題的。

"利見大人亨，聚以正也。"大人指統治階級，不是一般人。衹有統治階級能够把天下人萃聚起來。如果不是統治階級而萃聚天下人，就要鬧亂子了。由王公大人萃聚天下人，是萃以正道，否則就是萃以邪道了。

"用大牲吉，利有攸往，順天命也。"物豐的時候，其用宜厚，物乏的時候，其用宜薄。萃是物資豐富的時代，在萃的時代，人們的消費享用要相應地充足一些，祭祀也要用大牲。萃既是富有的時代，當然也就是有可爲的時代，在這時候，利有攸往，有所作爲，有所行動。這是"順天命"的。"天命"，宋人理解爲天理，其實就是規律。

"觀其所聚，而天地萬物之情可見矣。"這是孔子解釋卦辭之後自己所做的發揮。《彖傳》言"天地萬物之情"的共有三卦。咸卦説"觀其所感"，强調的是情之通，恒卦説"觀其所恒"，强調的是情之久，萃卦説"觀其所聚"，强調的是情之同。三卦雖各有特點，但是各有自己的規律在起作用卻是共同的。萃卦講天地萬物之聚。物聚的規律是同，王弼説的"方以類聚，物以群分。情同而後乃聚，氣合而後乃群"，正是這個意思。

《象》曰：澤上于地，萃。君子以除戎器，戒不虞。

爲卦坤下兑上，有澤上于地之象。澤既上于地，則水必聚，所以名曰萃。君子觀萃之象，應用到治國上要"除戎器，戒不虞"。除，整治、修繕。"除戎器，戒不虞"，整治兵器，加强武備，以防範國家出亂子。孔子把萃聚與"除戎器，戒不虞"聯繫起來，其作爲中間環節的思想是：物聚人盛，必有争，争必亂，爲防争防亂，必須豫爲之戒備。

初六，有孚不終，乃亂乃萃，若號，一握爲笑，勿恤，往无咎。

初六與九四正應，本該與九四相萃聚，祇是由於上卦有九四和九五兩個陽爻，使初六對九四的信賴發生動摇，以至於疑亂不一，既想萃於九四又要萃於九五，與九四有孚而不終。其結果必"乃亂乃萃"。兩乃字不一樣。前個乃字是虚字，無義。後個乃字訓你。你（初六）有孚不終，就要亂了你的萃聚的步調。不過這也没有大問題，衹要初六以至誠迫切之心，號咷着求萃於九四，九四一定會高高興興地來與之應，即與之萃。如此，則“一握爲笑”。手一握的短暫時間，就可變號咷爲歡笑，得萃其所當萃。所以初六“勿恤”，不要怕。要大膽前往，大膽前往，必无咎。

《象》曰：乃亂乃萃，其志亂也。

初六面對九四、九五兩陽，疑亂不一，不能抉擇，根本的原因是初六的心志亂了，思想亂了。

六二，引吉，无咎。孚乃利用禴。

引，援引。孚，誠。禴，簡薄的祭祀。六二以陰居陰，履中得正，與九五正應。九五是中正之君，六二是中正之臣，六二理應萃於九五，但須有九五來援引它，它自己不宜主動前往。因援引而不是因自薦萃聚於九五，才可以得吉而无咎。“孚乃利用禴”，説六二與九五相萃聚，以誠信爲根本，猶如祭祀，衹要中心誠敬，儀節無論怎樣簡，祭品無論怎樣薄。都可以。

《象》曰：引吉无咎，中未變也。

六二居中得正，自持中道而不變。所以與九五萃聚需要援引，而不自進；即便經援引而與九五之君聚合了，也依然守中道不變。

六三，萃如嗟如，无攸利，往无咎，小吝。

萃的時代利見大人，大人是九五，六三與九五非應非比，欲求萃而不得，不免發出嗟嘆之聲。形勢對於六三無所利。不過出路還是有的，六三與九四親比，若往求萃於九四，九四會接受的。萃聚於九四，亦可无咎。但是六三無正應而親比於九四，畢竟所聚非正，所以有小吝。

《象》曰：往无咎，上巽也。

萃卦下體三陰，初六、六二都與上體之陽相萃聚，唯獨六三不中不正，無所應與。儘管如此，處在萃的時代，總是要萃的。六三在下欲萃於上，上亦欲來萃於下之六三。六三既能往求萃於上，雖小吝但可无咎。謂六三往求萃於上六，上六巽順而受之，故曰“往无咎，上巽也”。

九四，大吉，无咎。

九四祇有得大吉方可无咎。萃卦與比卦相似，比卦五陰都比九五一陽，萃卦四陰都萃聚於九五、九四二陽。九五與九四又有不同，九五得尊位而九四無尊位。無尊位而得衆心，下體群陰都來萃聚於它，其實並非好事，極易得咎。若想无咎，必須大吉，猶如益卦初九，在下位而任大事，也必得無吉而可无咎。大是周遍的意思，做事無所不周，無所不正，達到至善至美的程度，謂之大吉。

《象》曰：大吉无咎，位不當也。

九四得大吉方可无咎。爲什麽對九四要求如此嚴苛呢？因爲九四位不當。《易》裏凡言“位不當”，表面上都是説爻位不當，其實往往是藉爻位當不當發揮時位之當與不當。此爻之位不當，説的是以陽剛而迫近於君。

九五，萃有位，无咎，匪孚。元永貞，悔亡。

九四的問題是無位，九五的問題是有德無德。九五是萃卦之主。處在萃的時代，作爲萃卦之主的九五，重要的是有其位，更重要的是有其德。有其位而無其德，則天下之人必有許許多多不信我，不服我，這就叫做“匪孚”。天下人好像在説，在上之君就其位説，他要萃我們，而就其德説，他並不想萃我們。這對於九五很不利，要有悔的。怎麽辦呢？唯一的辦法是反身修己，做到“元永貞”而後可能悔亡。元，善，長，是爲君的一種德性。元，又加上永恒貞固，這三條是作爲君上的人極爲重要的修養。

《象》曰：萃有位，志未光也。

光，廣，大，全面。九五有其位而無其德，天下人"匪孚"，不信服於它，它的王者之志未能全面實現、光大。

上六，賫咨涕洟，无咎。

賫咨涕洟，嗟嘆哭泣。上六爲什麽嗟嘆哭泣呢？因爲上六處在萃卦之極，當萃極將散的時候，欲萃而不得萃。很像受貶斥在外，不得君父親近的放臣屏子，心中既充滿怨艾，又有一腔求萃之熱情，自然而然地嗟嘆哭泣。求萃的心志堅定不移，最終還是能得萃的，所以无咎。

《象》曰：賫咨涕洟，未安上也。

"未安上也。"不以在上之信爲安。上即外，放臣屏子身在外但心未安於外，賫咨涕洟，嘵嘵號泣，求萃於君父之心，一日未嘗止息。

〔總論〕

萃卦與比卦有相似之處。比卦坤下坎上，一個陽爻五個陰爻。萃卦坤下兑上，兩個陽爻四個陰爻。兩卦都以九五爲主。比卦五個陰爻都與九五比。萃卦情況要複雜些，它有九五和九四兩個陽爻，四個陰爻有的萃於九五，也有的萃於九四。對於四陰來説，主要的問題是如何萃於九五。對於二陽來説，主要的問題是如何萃於衆陰。九四居臣位而得衆心，大吉方可无咎。九五萃有位，剛陽中正居尊，以此萃天下固然无咎，但是關鍵是看它有德無德。由此可見，萃卦有很强的政治性。它講萃聚問題是有前提的，它不提倡人際之間任何情況的萃聚，它要求的是下對上的萃聚，臣民對君上的萃聚，萃聚的核心是王公大人。以王公大人爲核心的萃聚是正，不以王公大人爲核心的萃聚則爲不正。卦辭説"王假有廟，利見大人”,《彖傳》解釋説“利見大人,聚以正也”,正是此意。

萃卦還有一顯著的特點,六爻無論有應無應,當位不當位,皆云无咎。這其實並不奇怪,方以類聚,物以群分,凡人或物,情性相同,自然相聚合。在或聚或散的時候,最能表現天地萬物之真情。這就是萃。當萃之時,曰號,曰笑,曰嗟,曰咨,曰涕洟,歡欣悲慼,都是真情的表露,所以六爻一概无咎。萃卦强調聚合,與老莊鼓吹孤獨截然相反。《周易》思想不同於老莊,於此可見一斑。

升

䷭ 巽下坤上

《序卦傳》説:“萃者聚也。聚而上者謂之升,故受之以升。”物積聚起來,必然增高,增高必嚮上,所以萃卦之後次之以升。升的含義是前進而上。升之爲卦巽下坤上,巽爲木,坤爲地,木在地下,必萌發生長而嚮上增高,有升之象。

升,元亨,用見大人,勿恤,南征吉。

六十四卦卦辭祇説“元亨”而别無他辭的有大有和鼎兩卦,説“元亨”也有他辭但無戒辭的有升一卦。就是説,六十四中唯大有、鼎、升三卦講“元亨”而不加任何條件,不加任何限制,突出地强調元亨,别的卦都不如此。雖比卦與大有相似,井卦與鼎卦相似,但是比與井二卦所云都是普通百姓的事情,而大有與鼎二卦所云則在養賢,尚賢。漸卦與升卦也相似,升是嚮上,漸也是嚮上;升所云是賢者之升,漸所云也是賢者之漸。漸不言“元亨”而升言“元亨”者,是因爲漸是賢者有所需待而進,升是賢者得時,無所阻礙而登。“見大人”、“南征”就是升,“勿恤”、“吉”,就是“元亨”。當升的時候,自己的才智、道德的修養成熟了,還要見大人,得到大人即王公聖賢的提攜。不必憂慮志不得遂,儘管南征就是了。南征是前進的意思。前進得吉。陰陽之理,没有過不及或進退的問題。卦爻之氣又皆自下而上。凡卦下體爲内,上體爲外;内爲北而外爲南。今升卦内爲巽進而外爲坤順,故“南征吉”。巽陰始,坤陰盛,陰位定於北,其征也必南行就陽。陰質本降,今既已南征,故謂爲升。

《彖》曰:柔以時升。巽而順,剛中而應,是以大亨。用見大人勿恤,有慶也。南征吉,志行也。

“柔以時升。”這一句是解釋卦名的。升的含義就是自下升高,那麽是怎樣的一種升呢?是這樣的一種升:其起點是初六,初六居下體巽之下,陰自此始生,然後嚮上發展以極於上。猶如一棵樹,自根部開始滋生,生長嚮上,以至於枝葉繁盛。從卦之二體而言,謂坤上行也,巽既卑而就下,坤乃順時而上。“柔以時升”謂時當升也。柔既上而成升,則下巽而上順,以巽順之道升,可謂時當升矣。

“巽而順,剛中而應,是以大亨。”這幾句是解釋卦辭的。“大亨”應爲“元亨”。“元亨”作爲卦辭,必與卦名有聯繫。就是説,卦名曰升,升之中已經包含了“元亨”的意義。《彖傳》又從卦德卦體兩方面進一步發掘“元亨”的底藴,但也不出乎卦名之中。“巽而順,剛中而應”兩句連解釋卦名升並以解釋卦辭的元亨。這可以與无妄對照看。无妄“動而健,剛中而應”,升卦“巽而順,剛中而應”。一個是“動而健”,下動而上健,九五剛中應於六二,順乎自然,應乎規律,是謂无妄,无妄而元亨;一個是“巽而順”,下巽而上順,九二剛中正應於六五,能巽而順,其升以時,所以元亨。

“用見大人勿恤,有慶也。”有慶猶今語所謂好事。“用見大人勿恤”,得見大人,則升是肯定無疑的,勿庸憂慮了。這對於個人來説,升路已開,了無阻礙,是好事,對於天下人來説也將是好事。凡事不僅於己好,於天下人也好,謂之有慶。

"南征吉,志行也。"南通常是所面對的方向,南征即嚮前方行進。嚮前進即可實現其升的志願,取得成功。

《象》曰:地中生木,升。君子以順德,積小以高大。

升卦巽下坤上,下邊是木,上邊是地,有木生於地中之象。木生於地中,由幼小細嫩之芽長成枝葉繁茂的大樹,是一個日積月累,從容積漸的過程。其間不可躁,不可逆,不可助長,宜順理而進,以時而行。君子觀升之象,應用到修養和政治上,要念念謹慎,事事謹慎,日日謹慎。德行與政績都要積小以成高大,切不可幻想一朝成大事大名,而棄小善不爲。

初六,允升,大吉。

允,信。升之爲卦巽下坤上,巽好像木,初六巽主居下,好像木之根。木之根在地下,有地中養料和水分的滋養,其嚮上生長而成爲大樹,是没有疑問的。升卦之所以爲升卦,關鍵在於下卦巽,有地而無木何以升;巽之所以爲巽,關鍵在於初六,木而無根何以爲木。升卦初六最爲重要。所以卦中六爻唯初六曰大吉。與升相對的无妄,情形類似。初爻的地位極重,故无妄六爻也唯初九曰吉。

《象》曰:允升大吉,上合志也。

上指上體三陰。初六居下,柔進而上,與上體之三陰同志;它要升,三陰也要升;它的升受到衆同志的信賴和配合,所以允升大吉。

九二,孚,乃利用禴,无咎。

孚,誠信。此爻辭與萃六二相似。萃六二因中虚而孚,上與九五相應,此爻因中實而孚,上與六五相應。二爻雖虚實不同,而有孚於上,卻是一樣的。萃六二有孚於上是爲了求萃,此爻有孚於上是爲了求升。前者以柔應剛,後者以剛應柔,剛柔所居不同,其以至誠相感則不殊,因而《彖傳》都說:"剛中而應。""孚乃利用禴"的孚字很重要,表明必孚乃利於用禴,若不孚則不利於用禴。禴是簡質無文的祭祀。"利用禴"比喻陽剛之臣事柔弱之君,以至誠之心相感通而不用文飾,方可无咎。當升之時,本來以柔爲好,九二以陽剛得无咎,主要是因爲它居中。可以說,初六大吉以柔,九二无咎以中。

《象》曰:九二之孚,有喜也。

有慶是好事,有喜也是好事,而含義略有不同。前者意謂已有福慶而又及於别人,及於天下,它涉及的面較廣;後則衹關自己,不關涉别人,所謂有喜,是就事情本身而言,事情是好事,把好事辦成卻又不損失什麼不妨礙什麼,甚至還會帶來另外的好處。九二以至誠求升於上,是處升之時最好的爲臣之道,不唯无咎而已,還可以行剛中之道,把自己的事情辦好。故云有喜。

九三,升虚邑。

九三"升虚邑",無凶咎之辭,亦無吉利之辭,總的説來有好的一面,也有不够好的一面。什麼是"升虚邑"?陽爲實,陰爲虚,當升的時候,九三以陽剛之才進臨於坤,如入無人之邑。説如入無人之邑,不過是比喻,比喻九三勇於前進,無所畏忌。在升的時候,如此上進,是不至於有凶咎的。然而九三以剛居剛,過於剛,畢竟不適合升卦重柔的要求。九二、六五居中,它不居中;初六、六四柔順,它不柔順。所以諸爻言吉言无咎,而九三獨無。

《象》曰:升虚邑,无所疑也。

九三過剛,勇於前進,如入無人之邑,果敢而無所猶疑。吉凶如何不可定,結果將取決於九三自身的主觀努力。

六四,王用亨于岐山,吉,无咎。

亨宜讀享。《周易》言“王用亨”者共三處，隨卦上六“王用亨于西山”，益卦六二“王用享于帝”，本爻“王用亨于岐山”，句式大體相同，都是説王用如此爻之人，以亨於上帝山川，不是説王就是此爻。一般説，王是指五。升卦此爻之王亦當指五。六四上承六五，是近君之臣，處境其實不好。好在六四以陰居陰，是柔順之才，上順君之升，下順民之進，而自己則止於其所，很有點像“三分天下有其二，以服事殷”的周文王。周文王居諸侯之位而繼續求升的心計和辦法，是不一般的，極有典型意義。六四再要上升，便是要取六五之王位而代之了，那就要像周文王那樣做。然而做起來實難，所以衹有做到“王用亨于岐山”方可得吉，得吉方可无咎。那末，“王用亨于岐山”是什麽意思？王指六五，六五用六四祭岐山，説明六四表現十分馴順，十分誠敬，也十分純潔，以至於六五對它信賴無疑，竟用以祭亨山川。

《象》曰：王用亨于岐山，順事也。

誰順事？六四。順事誰？六五。怎樣順事？“王用亨于岐山”，即“三分天下有其二，以服事殷”。

六五，貞吉，升階。

升階就是已經升到階之上而至於堂了，升到高處了。升到高處，居於尊位，下有九二剛中之應，可能得吉，但必須貞。貞字在此當正講。六五乃陰柔之質，它必守貞正，方可得吉。如果不貞正，猶疑多變，對於賢者，今日信之用之，明日不信不用，信而不篤，用而不終，絶不會得吉。

《象》曰：貞吉升階，大得志也。

自初六始升，至六五升到了極處，故初六《小象》説“上合志”，六五《小象》説“大得志”。

上六，冥升，利于不息之貞。

“冥升”與豫卦上六“冥豫”,意思相同。豫樂到了極點,以至於昏冥,故云“冥豫”,升進到了極點,以至於昏冥,故云“冥升”。“冥豫”和“冥升”都不是好的意思。“冥豫”、“冥升”與晉卦上九“晉其角”的意義亦同,都是知進不知退,能進不能退。晉上九是陽爻,故稱“角”,豫、升上六是陰爻,故稱“冥”,這是它們的不同之處。

“利于不息之貞”,是説上六還有好的一面,它能够自省自治,不以盛滿自居,所以雖“冥升”卻無凶咎。

《象》曰:冥升在上,消不富也。

“消不富”,消而使不富的意思。“冥升在上”,勢位滿盛,應自我消損,盡力使之不富,不滿盛。

〔總論〕

《易》中升卦與晉卦、漸卦意義略同,都是進的意思,而進的程度有所不同。晉卦是明出地上,有如太陽升起,明盛嚮上,是最好的進。升如木由始生而終成大樹的過程,依時而長,並無阻礙,義雖不如晉優,但也算挺好。漸是木既生之後漸漸高大,有一個需待的問題,義不如升好,更不如晉好。

升有地中升木之象,所以所謂升實際上是柔之升,不是剛之升。柔之升,特點是以時升。以時升則必從容漸進,順勢而行,故卦辭曰“元吉”。而六爻爻辭亦盡善,並無凶咎悔吝之語。這在六十四卦中是不多見的。六五貞固堅定,初六與之合志,九二有喜,九三無疑,六四順事,上六居卦之終,雖冥升,卻也有消不富的自知之明。整個説來,升卦表現出一種上下和諧的勢態,就政治上説,好像人們同朝共事,同心一德,已上者不抑下,未上者不襲上,絶無爾猜我疑之事。

困

䷮ 坎下兑上

《序卦傳》説:“升而不已必困,故受之以困。”升是自下往上升。自下往上升須用力氣,如果上進不已,必力竭氣乏而困,所以升卦之後次以困卦。困是疲憊困乏的意思。爲什麼坎下兑上這一卦名爲困?因爲,若水在澤上則澤中有水,今水在澤下,是澤中乾涸無水之象。澤中應有水而無水,正是困乏的表現。又,兑陰在坎陽之上,上六陰爻在九四、九五二陽之上,九二陷在初六、六三二陰之中,都是陽剛爲陰柔所揜蔽,在人事則是君子爲小人所揜蔽,君子處於受困之時。

困,亨。貞大人吉,无咎。有言不信。

困,窮厄委頓,道窮力竭,本是亨的反義,而卦辭竟以亨釋困,不是説凡是在困的時候都能亨,困而亨是有條件的。困窮的處境可以激勵人的心志,磨煉人的毅力,促使人出困求通。困能够逼迫人把困轉變爲亨通。不過,“貞大人吉,无咎”,衹有守正道的大人君子才能變困爲亨,才能得吉而无咎,不正之小人是辦不到的。“有言不信”,在困的時候,説話没有人相信。自己申辯,往往結果更壞。所以處困之時,當務求晦默,不可尚口。

《彖》曰:困,剛揜也。險以説,困而不失其所亨,其唯君子乎。貞大人吉,以剛中也。有言不信,尚口乃窮也。

“困,剛揜也。”此解釋卦名爲什麼叫困。答曰:“剛揜也。”從卦畫的角度看,困就是剛揜。剛揜,兑爲陰在上,坎爲陽在下;上六在二陽爻之上,九二陷在二陰爻之中。總之,剛爲柔所揜蔽,陽剛君子爲陰柔小人所揜蔽。

“險以説,困而不失其所亨,其唯君子乎。”自此以下以卦德解釋卦辭。這幾句解釋卦辭中那個亨字。困與亨意義相反,卦辭卻説“困亨”,“困亨”即《彖傳》説的“困而不失其所亨”,既處困境,又能亨通。困卦爲什麽能够如此?因爲它由下坎上兑組成。坎之德險,兑之德説,爲卦“險以説”,由於處險,而能致説,開始困而後得亨。是不是無論什麽人都能够因困而亨,始困終亨呢?不是。君子處困之時,能亨;小人處困之時,不能亨。君子能“險以説”,小人不能“險以説”。孔子所説“君子固窮,小人窮斯濫矣”,正是這個意思。

“貞大人吉,以剛中也。”剛中,指卦中九二與九五而言。九二與九五都是剛爻而且居中,故曰“剛中”。《易》極重視剛中,剛代表君子,中表示君子處困境尤善守正道。因爲卦中有“剛中”,所以卦辭才説“貞大人吉无咎”。“有言不信,尚口乃窮也”,人處在困的時候,任憑你怎樣會説,人家也不會相信你。擺脱困境的最好辦法是靠行動而不是靠口説。你若一定靠口説,即“尚口”,那就要“窮”,猶如走入死衚衕,不能亨通。

《象》曰:澤无水,困。君子以致命遂志。

《彖傳》用“剛揜”解釋卦名困,而《大象》則把困解釋爲“澤无水”。説明《大象》看問題的角度與《彖傳》不同。不僅困卦如此,全《易》六十四卦都是這樣。《大象》的思想與卦辭、《彖傳》從根本上説當然是一樣的,而談問題的焦點卻又有很大的差異。可以認爲全部六十四卦《大象》有自己的獨特的體系。《大象》説困就是澤无水,那末人處在澤无水般困境的時候,應當怎麽辦呢?《大象》回答説:“君子以致命遂志。”豁出性命,實現夙願。當生命與信仰不能兼得的時候,要殺身成仁,舍生取義,不可苟且偷生。三軍可奪帥,匹夫不可奪志,可做“致命遂志”的注脚。

初六,臀困于株木,入于幽谷,三歲不覿。

初六的處境很不利,幾乎没有擺脱困境的希望。人走路用脚趾,坐下來有臀。走則趾在最下,坐則臀在最下。株木是没有枝葉的樹。幽谷,深谷,低窪的河谷。覿,見。初六以陰柔之質處在最卑下的地位,又居坎險之下,自己無力走出困境,需要有九四來援助它,庇護它。可是九四以陽居陰,不中不正,自己還受到陰的揜蔽,哪有可能支援初六以濟困!因此,初六的處境極端艱難,很像坐困於無枝無葉的株木之下,毫無庇護,而且已經進入幽谷,以至於"三歲不覿",長時間看不見"其所亨"。就人説,一個人在卑暗窮陋之中,陷而不能拔,坐而不能遷,一困到底。

《象》曰:入于幽谷,幽不明也。

初六陷於深困而不能拔,是由於它自己昏暗不明造成的。

九二,困于酒食,朱紱方來,利用亨祀,征凶,无咎。

困有身之困有道之困,小人之困是身之困,君子之困是道之困。小人的困是吃飯穿衣亦即維持生存的問題。初六的困就是小人之困。君子的困表現在道不能通,志不能行上。在困卦中三個陽爻代表君子,它們的困是君子之困。九二是陽爻,九二之困是君子之困,亦即道困,與初六小人困于株木不同。

《易》中言酒者皆坎,言食者皆兑。故震互坎,言酒食。未濟與坎皆言酒,需互兑,兼言酒食。"困于酒食",厭飫苦惱之意,爲酒食所苦而受其困者。凡人不遇,憤懣難舒,多縱恣於酒食。蘇東坡謫黄州,稱爲酒食地獄,就是困于酒食之象。朱紱是蔽膝中高貴的一種,是諸侯或天子三公才能使用的。"朱紱方來",九二以剛中之德困於下,上有九五剛中之君道同德合,必來相求,故云"朱紱方來"。不久有做官的希望。"困于酒食,朱紱方來”,意謂一個大官陷入困境。這種困是道困。比如他的政治主張得不到天子諸侯的理解和支持,或者遭到政敵的阻礙和反對等等。處於這種困境的九二該怎麼辦呢?辦法不外乎兩方面,一是“利用享祀”,利於用享祀。祭祀上帝鬼神,求得神明的理解和保佑。古代的統治階級自己並不真信鬼神,他們祭祀上帝鬼神,不過是尋求精神寄託以達到心理平衡罷了。二是征凶,行動就要凶;反過來説,不要行動,即可无咎。

《象》曰:困于酒食,中有慶也。

同樣是困,困于酒食畢竟生活不成問題,比困于株木要好。這是因爲九二居中,有中德。因居中有中德所以有慶。

六三,困于石,據于蒺藜。入于其宫,不見其妻,凶。

石指九四,蒺藜指九二。九四陽爻像個堅硬的石頭阻擋着六三,使之不得前進。九二像帶刺的蒺藜一樣使之坐不下,退不得。由於前有九四後有九二,六三進不得退不得,進退維谷,陷於困境。“入于其宫”的宫是三,“不見其妻”的妻是六。傷於外者必反其家。六三妄行在外而取困,回到家裏呆着總可以吧,也不行,回家又見不到妻子。出困出不去,處困處不得,名辱身危,死期將至,凶。困卦三陰爻中,六三的處境最壞,幾乎無可挽救。

《象》曰:據于蒺藜,乘剛也。入于其宫,不見其妻,不祥也。

“據于蒺藜”,謂六三乘九二之剛。在《易》裏,乘剛是很嚴重的事情。“據于蒺藜”,等於坐在刺上,是不能安穩的。《小象》衹言“據于蒺藜”,不言“困于石”,是舉重包輕,説了重的,輕的就包括了。不祥,不好的徵兆。“入于其宫,不見其妻”,是走上厄運的開始,喪身亡家之不幸將接踵而至。

九四,來徐徐,困于金車,吝,有終。

九四是陽剛之爻，在這一卦裏顯然與九二一樣，是個有官在身的人，它的困是道困不是身困。"來徐徐"，來得遲疑徐緩。《易》中所謂往，是自下嚮上去；所謂來，是自上嚮下來。九四與初六是正應，四剛初柔，四本足以拯初，而四來甚緩，因爲九二這個金車阻礙了它。九四剛陽之爻而不能救困拔滯，徒爲人困，豈不爲吝。但是畢竟邪不壓正，九四與初六正應，終必相從也。九二也不會永遠成爲九四的障礙。因爲九二剛中，是能够濟困的；九二又以陽居陰，居陰者尚柔也，又是剛中之才，必不失剛柔之宜也。故云吝，亦云有終。

《象》曰：來徐徐，志在下也。雖不當位，有與也。

九四位在上，而其心志則與初六相應，它不是孤立無援的。九四以陽居陰，是不當位。不當位不好，但是九四"有與"，"有與"彌補了"不當位"的弱點。"有與"是有朋友，有同道者。"有與"指誰呢？指九五，九五與九四近比，二者處境相同，利害一致。九四因爲有九五之與，故"有終"。

九五，劓刖，困于赤紱，乃徐有説，利用祭祀。

理解這一爻，劓刖兩個字很重要。古人對這兩個字的解釋分歧很大。王弼的本子用的是劓刖這兩個字，宋人程頤、朱熹沿襲王弼，也用這兩個字，解爲截鼻和刖足。這樣解釋劓刖二字，當然是對的，但是放在整個爻辭裏就顯得勉强難通。《周易》原文究竟是不是劓刖這兩個字呢，應該研究。《經典釋文》説荀、王肅本"劓刖"作"臲卼"，云"不安貌"，又引鄭玄説"劓刖當爲倪杌"。清人惠棟作《周易述》，將劓刖改作倪杌，釋作不安貌。這是根據字音確定的。卼、刖可能同音，《莊子·德充符》説："魯有兀者王駘。"稱刖足者爲兀。可見困卦九五劓刖應該是臲卼。臲卼二字寫法又有不同。《尚書·秦誓》説"邦之阢隉"，"阢隉"即"臲卼"。宋人不重視文字學，沿襲王弼的錯誤,把劓刖二字釋作截鼻刖足。清人重漢學,講究文字考據,因此惠棟把這兩個字弄明白了,是可取的。“乃徐有説”的説字,歷來有悦、説、脱幾種讀法。這裏應當讀如脱。赤紱與九二的朱紱是同一種東西,是蔽膝,赤紱比朱紱的等次要低。“利用祭祀”與九二的“利用祭祀”義同。

這樣一來,九五爻辭的含義就比較清楚了,大體與九二相似。九五雖陽剛居君位,但在困卦裏不取它的君象,把它作爲一般的爻對待,取象同於九二,與九二不同之處是它位高而益困。九五作爲居高位着赤紱的大人君子,在政治上陷於困境,到處得不到理解和支持,形勢極爲嚴峻,終日處在阢隉不安的狀態。它别無他途,衹有“乃徐有説”,在沉穩堅定,從容不迫的奮争中尋求解脱。至於精神方面,既受困於人,就當求感於神,“利用祭祀”,在與鬼神的感通中尋求精神支柱。

《象》曰:劓刖,志未得也。乃徐有説,以中直也。利用祭祀,受福也。

開始之時爲小人所揜,上下無與,阢隉不安,正是不得志的時候,以後“乃徐有説”,慢慢地得以濟困。九五之所以能够濟困,因爲它中直,中直即中正,居中得正的意思。中正而云中直,是爲了與下面的福字叶韻。“利用祭祀,受福也”,君子爲人所困,乃尋求神明的感知,從中獲得精神力量,獲得好處。

上六,困于葛藟,于臲卼。曰動悔有悔,征吉。

全卦六爻中九二、九四、九五都不言吉,初六、六三以陰柔而不免於困,唯上六得吉,這是什麽緣故?從客觀的形勢上説,上六困于葛藟的纏束之中,處在阢隉危動的高險之地,已不是初六困于株木,入于幽谷,三歲不覿的那種安然不動的境況了。上六受困已至極點,物極必反,困極就要通了。從上六主觀的努力看,它應該因勢而行,争取出困。“動悔有悔”,前一個悔字指事言，意謂上六當困極之時，動輒有悔，時時處處事事受困。後一個悔字指心言，是説上六能够自覺地認識到自己的艱難處境，動輒有悔，而不動更有悔。越知有悔越能悔，能悔則有所行動而出於困，故爻辭斷之以"徵吉"。

《象》曰：困于葛藟，未當也。動悔有悔，吉行也。

上六困於葛藟纏束之中而不能變，是因爲它暫時還没掌握困極以出困的道理，因此處之未當。但這衹是暫時的，一旦它"動悔有悔"，采取主動行動，必出困而獲吉。爲什麽能出於困而獲吉？關鍵在於行動。若如初六那樣坐困，怎能出困獲吉！

〔總論〕

困的基本含義是剛揜，即陽剛受陰柔之揜。困卦講的困有兩類：尋常百姓的困，表現在生存問題上，是爲身之困；大人君子的困，表現在政治鬥争上，是爲道之困。困已經存在，已經成爲現實，因此困卦的着眼點是怎樣處困出困的問題。困卦站在陽剛亦即大人君子的立場上講話，卦辭明確説："困，亨。貞大人吉，无咎。"困而能亨，但必須是大人君子，在被統治階級小人則不可能得吉而无咎。在九二、九四與九五三個陽爻裏就如何擺脱困境的問題上，有兩點是值得玩味的。"來徐徐"，"乃徐有説"，强調陽剛受困時一定不能急躁，要從容不迫，徐圖出困之計。這是一。二是强調"利用享祀"，"利用祭祀"，表面上看這好像是鼓吹迷信，其實是提出了一個受困者需要精神支柱的重要問題。受困者在人間得不到理解，自然求諸鬼神；求諸鬼神，與其説是對鬼神的信仰，還不如説藉以表達自己坦誠的心迹，尋求精神寄託和自我安慰。另外還有一點值得注意，困卦卦辭講"有言不信"，告誡人們處困出困勿靠口説，要重視行動。行動與否則須因時而定。時不宜動不可躁動，九二"征凶"即是。時當動不可不動，上六"征吉"即是。

困卦初六、六三、上六都不是善於處困境的人，初六最下，坐而困，没有出困的可能，也没有出困的願望。六三處境最壞，進退維谷，處出皆凶，一派困死之象。唯上六可獲吉，亦因困極必變，形勢有利。這是因爲這三爻全是陰柔，陰柔在困卦中代表平民百姓，而平民百姓屬於"窮斯濫矣"的一類，他們做不到《彖傳》所謂"困而不失其所亨"。困卦揚大人君子抑平民百姓的思想傾向，表明《易》作者的階級觀念是鮮明的。

井

䷯ 巽下坎上

《序卦傳》説："困乎上者必反下，故受之以井。"這話是承上卦困"升而不已必困"講下來的。事物不能永遠上升，上升不已就是困，困的結果必然反於下。古人認爲世間之物以井爲最處下，所以井卦次之於困卦之後。《序卦傳》對六十四卦的排列次序的理解，在總體思想上是正確的，雖不是每一卦都講得貼切，但都有一定的道理。井卦巽下坎上。坎爲水，巽爲木且有入義。巽木下入而坎水上升，恰有井之象，故卦名井。

井，改邑不改井，无喪无得，往來井井。汔至亦未繘井，羸其瓶，凶。

"改邑不改井"，人們居住的邑落一般説不易變動，但有時候也不免要遷移，而井一旦打成便絶對不能移動了。邑落變了，人們遷徙了，井還是依舊在那裏。"无喪无得"，井水是恒久穩定的，你汲它，它也不見少；你不汲它，它也不見多。"往來"，來來往往的人們。"井井"，前井字是動詞，後井字是名詞。"往來井井"，來來往往的人們都使用這個井。井是大家共用的。這三句話是講井的特點的。"改邑不改井"、"无喪无得"兩句講井的恒久性，"往來井井"一句講井的效用的周遍性。

“汔至亦未繘井，羸其瓶，凶。”汔，幾。繘，綆，即汲水用的繩子。羸，敗，壞。瓶，汲水用的陶罐。用繩子拴着陶罐汲水，水到幾乎要汲上來但還未汲上來的時候，陶罐壞了，水没有汲上來。事情做到接近成功的時候卻没有成功，這不是凶嗎！

《彖》曰：巽乎水而上水，井。井養而不窮也，改邑不改井，乃以剛中也。汔至亦未繘井，未有功也。羸其瓶，是以凶也。

“巽乎水而上水，井。”巽，入。入乎水而上水，有井之象，故卦名曰井。

“井養而不窮也”，井之出水，義在養人。井水无得无喪，往來皆所取給，其養人是没有窮盡的。

“改邑不改井，乃以剛中也。汔至亦未繘井，未有功也。羸其瓶，是以凶也。”這幾句話是對卦辭的解釋。卦辭“无喪无得，往來井井”兩句意與“改邑不改井”句同，故不復出。《彖傳》衹講“改邑不改井”一句，實際上另兩句也包含在内了。“改邑不改井”以下三句卦辭都是講井有恒久的性質的。井之所以有恒久的性質，是有根據的。根據就在於井卦二、五兩爻皆以剛陽居中，有剛中之德。因爲有剛中之德，所以能够恒久。井的功用是出水。雖汲水將成，但畢竟未成而中途失敗，水終於未汲上來，這與根本没把繩子下到井裏，結果是一樣的，都是無功。井未起井的作用。爲什麽中途失敗，未獲成功，即爲什麽凶呢？因爲汲水用的陶罐壞了。

《象》曰：木上有水，井。君子以勞民勸相。

井卦巽下坎上，木在下而水在上，有如水本在井底，卻能汲上來供人飲用，有井水上行之象。君子觀察井卦之象，根據井水上行養人的道理，實行勞民勸相的政治。勞民，養民。勸相，勸誘百姓相助相養。

初六,井泥不食,舊井无禽。

初六以陰柔居下,上無應援,無上水之象。井是供人汲水飲用的,而今爲什麽無上水了呢?因爲人不來食用它的水了。人爲什麽不來食用它的水了呢?因爲井底有泥穢沉滯,久不渫治,井水污濁不可食。井泥不食,久而久之便成了無水的舊廢之井了。舊廢之井,人既不來汲水,水不復上,則鳥獸也不來光顧了。

《象》曰:井泥不食,下也。舊井无禽,時舍也。

初六有井泥之象,人不來食它,它成了無用之物,原因就在於它最在井底,處井卦之下。人所不食,鳥獸也不光顧,成了舊廢之井。爻辭講"舊井无禽"是什麽意思呢?是説初六一時爲人禽所共棄舍。

九二,井谷射鮒,甕敝漏。

井的功用是水上出而養人,有水上出好,無水上出或有水不能上出不好。井卦因此也是嚮上好,在下不好。九二是陽剛之才,這一點是好的。但是九二居下卦而且上無應爻而比於初六,這一點極不好,使它在下而不能嚮上。爻辭用"井谷射鮒,甕敝漏"兩句話説明它在下而不能嚮上的不利處境。井谷是井底出水的穴竅。井底有出水的穴竅,能出水,説明不是泥井。不過水不多,其用僅僅够射鮒的。射,注。鮒,或以爲鯽魚,或以爲蛤蟆。鯽也罷,蛤蟆也罷,都是井底之陰物。"井谷射鮒",是説自井的角度看,九二像井谷之泉,下注於鮒而已,不能上出。若就人在井上汲水而言,則九二好像"甕敝漏",有人用甕來汲水,似乎水可以上出了,然而無奈甕是壞的,漏水的,水還是汲不上去。就是説,井中之水無論如何也上不去,井發揮不了井的作用。九二是陽剛之才,本可以養人濟物,然而不能養人濟物,關鍵的問題是它上無應援。

《象》曰：井谷射鮒，无與也。

无與，無應援。九二是陽爻，九五也是陽爻，故九二無應援。井以上出爲功，九二是陽剛之才，本可濟用，但由於它居下卦而上無應援，衹能落個“井谷射鮒，瓮敝漏”的境地。假若它有應援即有與的話，那就會汲引而上成井之功了。

九三，井渫不食，爲我心惻，可用汲，王明，並受其福。

渫，治。“井渫不食”，井已經渫治，臟物清除掉了，水清潔可食了，但是還是無人用它食它。“爲我心惻”，人們在心裏憐惻它。以下是憐惻的内容。這井裏的水是清潔可汲可食的。王明，王指九五。如果王若明的話，定會起用九三這個賢才，那將“並受其福”，施者受者都得到好處。九三以陽居陽得正又志應於上六，是有用之才。可是它居井下之上，有才而未得其用，猶如井水清潔可食而無人食。

《象》曰：井渫不食，行惻也。求王明受福也。

《小象》的意思是説，井下乾净而不汲用，多可惜！行惻，行道之人皆以爲惻，非指九三自以爲惻。行道之人都“求王明”，任用九三這個賢才，使我們大家都受福，都得到好處。

六四，井甃无咎。

甃，砌累，修治。井甃，井修治了。六四之爻象有兩個特點，一是以陰居陰，處得其正，二是陰柔才弱。這兩個特點決定它但能修治自守而無濟物之功。就井來看，恰像壞了的井經過修治，不至於廢棄，雖無大功，亦可免咎。

《象》曰：井甃无咎，修井也。

《小象》指出井甃无咎的實質是修井。井經過修治，雖不能起多大的作用，但畢竟可用，不至於廢棄。不至於廢棄，僅能免咎而已。

九五,井洌寒泉食。

洌,甘潔。井泉以寒爲美,甘潔之寒泉,出來的水清凉甜美,可爲人食,人們也喜歡食。井達到這個程度,可謂盡善盡美了。九五以陽剛中正居尊位,其才其德,完備無缺,正當井洌寒泉之象。九五與九三都是潔泉,爲什麼九五言食而九三言不食?因爲九三居井甃之下,乃未汲之泉,所以説“不食”。九五是已汲之泉,所以説“食”。又,“井洌寒泉”既是井之盡善盡美者,何以不言吉?因爲井以上出爲成功,而九五畢竟未至於上,“井洌寒泉”可食而未及於食,故不言吉。

《象》曰:寒泉之食,中正也。

“寒泉之食”乃“井洌寒泉食”的省語。九五有“井洌寒泉食”之象,完全由於它陽剛居中得正,德與位皆善。就井泉而言,中正則泉源常裕而寒,無物可污。就人事言,剛陽中正,必爲有利於衆人。

上六,井收勿幕,有孚元吉。

收是汲水,幕是把井口蓋上。從井中汲水,水汲上來之後,不要把井口封閉蓋死,好讓别的人隨便來汲水。井是公共的,大家都可使用。卦辭所謂“往來井井”就是這個意思。有孚即有信,在此有信亦即謂井水源出不窮,久汲不見少,不汲不見多,正是卦辭説的“无喪无得”。元吉,大善之吉,再好不過了。井以上出爲用,越往上越好。上六居井卦之最上,水已汲上來了,大功告成了,所以言元吉。六十四卦大多數至卦終時爲極爲變,情況不怎麽好,唯獨井卦與鼎卦,至上爻而有功成業就的意義,稱元吉、大吉。

《象》曰:元吉在上,大成也。

别的卦,元吉不在上爻。上爻不得元吉。井卦上爻卻得元吉,元吉竟在上爻,這是因爲井道以上出爲用,至上爻,井道大功告成的緣故。

〔總論〕

井卦六爻三陽三陰,三陽象泉,三陰象井。九二“井谷射鮒”,九三“井渫不食”,九五“井洌寒泉”,講射講渫講洌,恰是泉之象。初六“井泥不食”,六四“井甃无咎”,上六“井收勿幕”,講泥講甃講收,正是井之象。如果依次排列,又各泉有各泉的特點,各井有各井的特點。初六“井泥不食”,似方掘之井;六四“甃无咎”,似已修之井;上六“井收勿幕”,似已汲之井。九二“井谷射鮒”,似始達之泉;九三“井渫不食”,似已潔之泉;九五“井洌寒泉”,似可食之泉。若以兩爻爲一例,則初六、九二都在井之下,爲泥爲谷,全是不見於用的廢井。九三、六四都在井之中,爲渫爲甃,都是將見於用的井,井之道至此已經完備。九五、上六皆在井之上,爲洌爲收,是已見於用的井,井的功用已發揮了出來,井道至此大功告成。

六十四卦裏有些卦爻辭與卦辭並不貼切,而有些卦的爻辭與卦辭則相關甚密。井卦上六爻辭言“井收勿幕”,意義與卦辭“改邑不改井,无喪无得,往來井井”完全吻合,井卦顯然屬於後一種類型。

革

䷰ 離下兑上

《序卦傳》説:“井道不可不革,故受之以革。”井這種東西有個特點,它一經掘成便常久存在,所謂“改邑不改井”是也。唯其常久存在,必然需要清理、修治,亦即需要革。所以井卦之後次之以革卦。這個革字,用現代的眼光看,就是改革、革命。這一卦對我們將有很大啓發。革之爲卦離下兑上,澤中有火,火水是兩個相滅相息之物,現在處在一起,水滅火,火涸水,有相變革之象,故卦名曰革。革卦是水在上而火在下,水之性嚮下,火之性嚮上。在上者性嚮下,在下者性嚮上,二者相就相克相變革。假設性嚮上的火在上而性嚮下的水在下,二者相違行,那末就不是革而是睽了。

革,已日乃孚,元亨,利貞,悔亡。

已字應讀作已(yǐ),不應讀作十二地支辰巳的巳(sì),也不應讀作十天干戊己之己(jǐ)。已日,可革之日也。條件不到位,即先時而革,人疑而不孚。孚,信。革,變革舊的事物。變革舊的事物不是輕而易舉的事情。人們對舊的事物早已習慣了,適應了,你一下子要變革人們早已習慣,早已適應的東西,人們是絶對不會馬上理解、接受的。變革要取得人們的理解和信服,需要一定的時間。"已日乃孚"即是這個意思。

元亨,大亨,大通。事物舊了,壞了,亦即窮了,才要變革。變革的目的是舊變新,窮變通,所以革之而可以元亨。貞,正。利貞,利於正道。變革舊事物是極難的事情,必須遵循正道去做,倘若任意胡來,則一定失敗。能够堅持正道去進行變革,縱使時間久,險阻多,最終也將成功,成功則悔亡。

《彖》曰:革,水火相息,二女同居其志不相得,曰革。已日乃孚,革而信之。文明以説,大亨以正,革而當,其悔乃亡。天地革而四時成。湯武革命,順乎天而應乎人,革之時大矣哉。

"革,水火相息,二女同居其志不相得,曰革。"一般説來,《彖傳》包括釋卦名、釋卦辭和孔子自述體會三部分。這句話照例是解釋卦名的。革卦離下兑上,由澤與火組成。澤爲水,水在火上,火在水下,水火相息相滅而不相容,有革的意思。但是離下坎上也是水在火上,何以不相息,不曰革?這是因爲坎之水是動水,火不能息之;澤之水是止水,止水在上而火炎上，能息之。澤火曰革，還有另一層含義。革卦下體是離，離是中女。上體是兑，兑爲少女。中女與少女在一起，有二女同居其志不相得之象。不相得即相克相息，這也是卦名曰革的一個根據。

“已日乃孚，革而信之。”這句話以下至“其悔乃亡”，是解釋卦辭的。“已日乃孚”的已字應當怎樣讀怎樣講？這個問題古人的看法從來不一樣。有人讀作已經的已（yǐ），有人讀作戊己庚辛的己（jǐ），還有人讀作辰巳午未的巳（sì）。讀已經的已（yǐ）是對的。“已日”就是“浹日”，“浹日”就是十日。古人用天干地支紀日，天干共十個，叫作日；地支共十二個，叫作辰。天干循環一周共十日，叫“浹日”；地支循環一周共十二辰，叫“浹辰”。“浹日”、“浹辰”都是一周的意思。這裏的“已日”也是過了一周即十日的意思。但是這裏用“已日”，祇是個象徵性的説法，不是説僅僅十天，是説一個週期，一個歷史階段。“已日乃孚”，革命或者改革要得到人們的理解和擁護，需要經過一段時間，甚至需要經過整整一段歷史時期，絶對不可以把革命或改革看作一朝一夕即可告成的事情。

“文明以説，大亨以正”，離爲文明，兑爲説。文中兩個以字各有側重。上句重在文明，是説在革的過程中能够做到文明，則事理周盡，以此而順人心。“文明以説”，文明是根本的。下句重在正，革以正行之，則無不亨通。“大亨以正”，正是根本的。《彖傳》凡用以字連接的兩個詞語，無論正倒，皆可互用。例如“順以動”，反過來説動而以順行，意義是一樣的。兩個詞語中必有一個是重點，孰爲重點，當視前後文義而定。

“革而當，其悔乃亡。”這句話是解釋卦辭“悔亡”的。“悔亡”本身無須解釋，要解釋的是革卦爲什麽“悔亡”。卦辭講“元亨利貞悔亡”，利貞而元亨，利貞而悔亡。利貞是元亨的根據，也是悔亡的根據。“利貞”如何是“元亨”的根據，上文“大亨以正”一句已經解釋過了。現在要説明“利貞”是“悔亡”的根據，爲不使用詞重複，乃云“革而當，其悔乃亡”。其實當即正，正即貞。“革而當，其悔乃亡”，與説“利貞，其悔乃亡”意思相同。革是艱難的，極易有悔；革必至當，方可無悔。

“天地革而四時成。湯武革命，順乎天而應乎人。革之時大矣哉。”這幾句話是孔子對革的意義的體會和發揮。孔子用一個在當時看來最典型、最有代表性的事例即“湯武革命”來説明人世間的革，是順乎天而應乎人，亦即適應客觀的規律而進行的，並非任憑人的主觀意志隨便而爲。革有個時間的問題，不到革的時候不能革，到了革的時候不能不革。孔子對革的這一段體會，有兩點是重要的。第一，孔子講到天的時候所指的確是自然界和自然規律而不是上帝和鬼神。即説天地革而形成春夏秋冬四時交替變化，便排除了上帝的任何意義。這證明孔子不是有神論者。第二，孔子第一次提出了革命的概念。指出成湯放桀、武王伐紂是順天應人即合乎規律，合乎時宜的革命行爲。孔子研究革卦能够想到革命的問題，贊美革命的行爲，看到社會歷史發展到一定的時候要發生變革，發生革命，實在是很偉大的。

《象》曰：澤中有火，革。君子以治曆明時。

澤中有火，水火相息，是爲革，革即變。古人首先看到的最大、最顯著、最易理解的變化是春夏秋冬四時的交替。因此孔子認爲君子觀察四時變革，應當從中悟出治曆明時的道理，做好曆法的工作。治曆明時，不是説曆法應當改革。

初九，鞏用黄牛之革。

革是大事，不可輕易爲之。革要得其時，在其位，有其才，審慮慎動，而後可以成功，可以無悔。初九不具備革的條件。論時，初九居初，不是當革的時候；論位，初九在下，不是可革的地位；論才，初九陽剛且處離體，有躁動的特點，没有適應革的才能。總之，初九處革的時代卻不可革。它應該以中順之道鞏固自守，不可輕舉妄動。鞏，包束。黄，中色。牛，順物。革，皮。“鞏用黄牛之革”，初九應當以中順之道，用堅韌的牛皮將自己包束起來，不使妄動。《易》中言“黄牛之革”者，除本爻外還有遯卦六二。遯卦六二居中有應，欲遯而不可遯；革卦初九在下無應，當革而不可革。兩爻旨意不同，而所用“黄牛之革”一語的意義卻是一致的。

《象》曰：鞏用黄牛，不可以有爲也。

“鞏用黄牛”係“鞏用黄牛之革”的省語。爻辭講“鞏用黄牛之革”，以中順之道，用堅韌的牛皮將自己包束起來，鞏固起來，不使輕舉妄動。《小象》説這實質上是説初九當革之初始，不當有所作爲，即不當革。

六二，已日乃革之，征吉，无咎。

六二是革卦的主爻，所以爻辭與卦辭含義一致。已讀作已經的已（yǐ）。此“已日”與卦辭講的“已日”是一樣的，都是指一個過程，一個歷史階段而言。不過卦辭講“已日乃孚”，此爻辭講“已日乃革之”，兩句話中“已日”的具體含義有所不同。卦辭講的“已日”係指革之後的一段時間，“已日乃孚”是説革之後需要有一段時間才能取得人們的理解和信任。此爻辭講的“已日”係指革之前的一段時間，“已日乃革之”是説革之前要有一個過程，使革的形勢達到成熟，不革人們便不能照舊生活下去的程度，這時才能采取革的行動。六二柔順而中正，又爲文明之主，有應於上，革的條件具備了，可以革了。如果它能够做到“已日乃革之”，不失時機地實行變革、革命，那末一定“征吉，无咎”，取得勝利。

《象》曰：已日革之，行有嘉也。

經過“已日”即一段時間的發展,證明舊的東西非革不可,那就應當果斷地采取革的行動。爻辭説“徵吉无咎”,《小象》進一步稱作“行有嘉”,指出“已日革之”必有嘉美之功。

九三,征凶,貞厲。革言三就,有孚。

九三自身的條件與六二不同。六二以陰居陰,居中得正;九三以陽居陽,過剛而且不中,乃躁動之才。如果九三以過剛不中之才躁動以往,結果必凶。那末,九三貞固自守可以嗎?也不可以。九三處在當革的時候,貞固自守不采取行動,也是危厲的。采取行動則凶,貞固自守則厲,那末應當怎麽辦?唯一的辦法是“革言三就,有孚”,亦即革,但必須十分小心審慎,得到人們的理解和信任之後方可行動。“革言”,關於革的言論。三,多。就,成,合。“三就”,對革的言論,須經過多次反復的研究,審慎周密的考慮,證明確實合理可行,没有問題,并且“有孚”,得到人們的信任,這時就可以革了。

《象》曰:革言三就,又何之矣。

革言已經三就,事已做到至審至當,還往哪裏去呢?哪裏也不要去,走革的路就是了。

九四,悔亡,有孚改命,吉。

下三爻處在當革未革,欲革難革之時,必當小心審慎從事,力求革命穩步發動,一舉成功,故三爻辭皆明著革字。明著革字,表明革命能否成功還是問題。至於上體九四,革道已成,不再明著革字,而唯言“悔亡,有孚改命,吉”。這時,革命成功了,“悔亡”了,“有孚”了,人們理解了,滿意了。“改命”實際上就是革命。《左傳》宣公三年王孫滿答楚莊王問鼎説:“周德雖衰,天命未改。”舊朝代還在,就叫天命未改;新朝代已立,就叫天命已改。所以,“改命”其實就是改朝换代。天命不是上帝旨意,天命是孟子説的“莫之爲而爲”,“莫之致而至”的自然規律。天命改與不改，什麽時候改，不因人的主觀願望而轉移，是有像自然規律一樣的客觀規律決定着的。王孫滿答楚莊王説“天命未改”，意思就是正告他，周朝尚未到垮臺的時候，你想奪權奪不了。

在古代，周代殷是人們最熟悉因而最典型的改命。周代殷包含兩部分内容，一是武王伐紂滅殷，建立周政權，取得天下。二是周朝建立之後，周公制定新的典章制度，取代殷朝的典章制度。舊政權换新政權，舊制度换新制度，舊朝换新朝，就是改命。改命即《彖傳》講的“湯武革命”的革命。

從爻象解釋九四爻辭，九四以陽居陰，合當有悔。可是九四陽剛，有革之才；卦已過中，當水火之際，處革之時；剛柔相濟，不偏不過，有革之用。九四既具備這些優越條件，革之必當，有悔也將無悔，故曰“悔亡”。

《象》曰：改命之吉，信志也。

信志即有孚之謂。《小象》曰“信志也”，意謂革的根本問題是有孚，上上下下都心嚮往之，則可以改命而得吉。

九五，大人虎變，未占有孚。

九五陽剛居中得正在尊位，是大人。大人是變革的主體，以大人之道進行變革、革命。虎，大人之象。變，即《堯典》“仲夏希革”、“仲秋毛毨”之謂也。講的是哺乳動物依四季交替的規律，依時改變着皮毛的樣子，總是舊貌换新顔。在人事，言“大人虎變”，則謂大人自新新民，移民易俗，改朔易服，順天應人之時也。“虎變”，即大人之變，有一個明顯的特點，即大人之變，文明可見，事理炳著，没有陰謀可疑之事，未占有孚，天下人看得清清楚楚，知道大人之變順天應人，大公至正，無須占卜就完全信任了。

《象》曰：大人虎變，其文炳也。

大人進行的革命已經成功,這時候發號施令,簡而明瞭,正像虎之斑文,大而疏朗。

上六,君子豹變,小人革面,征凶,居貞吉。

上六不同於九五。九五言“大人虎變”,上六言“君子豹變”;九五是革命創制之時,上六是革命成功之後繼世守成之時。以周朝建國爲例,大人虎變,好比文王武王革命創制而爲天子。君子豹變,好比鼓刀之叟,佐命興周,屠狗販繒,皆開國承家,列土封爵,而爲公侯。虎豹同類,衹是虎大豹小,表示陽大陰小。故九五言虎變,上六言豹變。陰爻亦象小人,小人指庶人百姓。君子既是統治階級人物,那末小人便是被統治的庶人百姓了。庶人百姓處在治於人的地位,不掌握文化,對於革命由於缺乏認識、理解,往往是“革面”不革心。“革面”,表面上贊成革命,而内心則未必有認識,談到心悦誠服還要有一個過程。

“征凶,居貞吉”。至上六之時,革道已成,最宜安静守正,若居而守正則吉。天下之事,未革的時候,主要的問題是革。條件一旦成熟,則“征吉”,采取行動是吉的。革道已成之後,主要的問題不是革而是守了,這時候最重要的事情是“居貞”守成。九三與上六皆曰“征凶”,而九三“貞厲”,固守不動有危厲;上六“居貞吉”,安居不動則吉,這是因爲什麽?因爲二爻所處之時不同。九三是革命之前,上六是革命成功之後。九三處革命之前,“征凶”是戒其條件不備而妄動,“貞厲”是戒其既處當革之時,而固守不動。上六處革命已經成功之後,“征凶”是戒其不可復革;繼續革命,不斷革命,勢必致凶。“居貞吉”是説革命已成功,重要的是如何安静守成,故居貞則吉。

《象》曰:君子豹變,其文蔚也;小人革面,順以從君也。

〔**總論**〕

總的説來,革卦講的就是革命的問題。卦辭"革,已日乃孚,元亨,利貞,悔亡",指出革命的勝利前途及其必備的條件。"元亨","悔亡",革命一定取得成功。革命成功應有三個條件:一是"乃孚",革命之後要努力取得人們的信任;二是"已日",革命後要有一段相當長的時間才能做到"乃孚",急躁是不行的;三是"利貞",革命不可失於正道,革命不失正道,方可"乃孚"、"悔亡"。這些觀點都是很重要的。六爻的爻辭,思想與卦辭一致,不過所講的問題比卦辭更深入。下體三爻講革命之前的問題。初九"鞏用黄牛之革",革命的時機尚不成熟,條件還不具備,不可輕舉妄動。六二"已日乃革",條件已具備,可以革了,但不可遽革。九三"革言三就",革命要審慎小心,考慮周到。上體三爻講革命之後的問題。九四"有孚改命",革道已成。九五"大人虎變",革命創業之時,所爲著明,天下曉然。上六"君子豹變",此繼體守成之時,所爲安静守正,深邃遒密。經過"虎變"又"豹變",結果天下大變,革道大成。

孔子的《彖傳》對革卦的思想作了深刻的理論闡釋。孔子説的"天地革而四時成,湯武革命,順乎天而應乎人,革之時大矣哉"這段話有極深刻的哲學意義,既是對革卦含義的開掘,也是自我思想的發揮。他把天地四時的變化變革看成是没有任何主宰的自然運動,而人類社會的發展與自然界的運動在具有客觀性這一點上,是一致的。這裏,孔子没有給上帝留下一點餘地。指出"湯武革命"這一新鮮概念并且指出革命的合理性,更加證明孔子是一位偉大的智者。

革卦關於大人、君子是發動革命的主體,小人衹能"革面",順從大人、君子革命的觀點,看上去似乎有問題,其實是完全正確的。因爲歷史事實的確如此。古代的革命和改革是在統治階級内部進行的。奴隸們從未形成爲獨立的自覺的階級,不曾用勝利的起義推翻過舊政權、舊制度。他們在統治階級發動的鬥争中總是或者扮演政治上的附庸或者充當軍事上的小卒。

鼎

䷱ 巽下離上

《序卦傳》説:“革物者莫若鼎,故受之以鼎。”這個説法有道理的,鼎的確能够革物,它可以把腥物改變爲熟的,把堅硬之物改變爲柔軟的。它能使水火同處相合爲用而不相害。是鼎能革物也。因此,鼎卦次革卦之後。我們知道,革與鼎兩卦意義相對應:革是去故,改變舊的事物;鼎是取新,建設新的事物。《雜卦傳》講“革,去故也;鼎,取新也”,是正確的。鼎卦之所以名鼎,既取其象也取其義。取其象,從全卦來看,很像一種器。最下一爻是陰爻,象器之足;二、三、四三爻是陽爻,陽爲實,中實而容物,象器之腹;上二爻,一象器之耳,一象器之鉉。器而有足有腹有耳有鉉,正是鼎之象。從上下二體來看,上體中虚,下體有足承之,也是鼎之象。取其義,則巽下離上,木入於火,有燃燒之義,燃燒而假之以器,故有烹飪之義。有烹飪之義,便是鼎。六十四卦以實物名卦者唯井與鼎而已。

鼎,元吉亨。

朱熹《易本義》説吉字是衍文,原文應爲“元亨”。卦辭除元亨外别無它辭,唯有鼎與大有兩卦。元亨即大通的意思。革卦卦辭也講元亨,但多有戒辭,就是説,革卦之元亨,是有條件的;不按條件要求去辦,不得元亨。鼎卦之元亨没有條件,這是因爲鼎取新,是建立一個新社會,所以元亨,大通,而革是革故,是革去一個舊社會,施行起來十分複雜,所以没有“已日乃孚”、“利貞”諸條件不可能得元亨。

《彖》曰：鼎，象也。以木巽火，亨飪也。聖人亨，以享上帝，而大亨以養聖賢。巽而耳目聰明，柔進而上行，得中而應乎剛，是以元亨。

“鼎，象也。以木巽火，亨飪也。”此兩句解釋卦名。鼎卦之鼎字取自實物鼎，是根據實物鼎之象而來的。就是説，鼎卦象鼎，有了鼎才有鼎卦；不是鼎象鼎卦，有了鼎卦才有鼎。鼎依其用途可分爲兩類。一類是重器，用以象徵權力，如夏鑄九鼎的鼎，不是尋常日用之物，不能用以烹飪。另一類是尋常日用的，用以烹飪之鼎。古人吃牲肉，先用鑊將肉煮熟，然後放入鼎裏，加進佐料，鼎下燒火，令五味調和。吃時將肉取出置諸俎上。鼎卦所象之鼎即這後一類鼎。鼎卦巽下離上，巽爲風，離爲火，火風鼎，恰象鼎下升火，用以烹飪肉類。故鼎卦名鼎。

“聖人亨，以享上帝，而大亨以養聖賢。”解釋過卦名之後，接着以享帝養賢兩句指明卦義之所在。鼎卦卦義與井卦有相似之義。井卦主養民，鼎卦主享帝養賢，而歸根結底是養賢。鼎的功用是烹飪，烹飪的意義在於享神和養人。享神養人之中最大也最重要的是享上帝和養賢。而享上帝與養賢是有區别的。享上帝衹用一個享字，而養賢則曰“大亨”。這是因爲“享帝貴誠，用犢而已”（朱熹語）。郊天用特牲，衹殺一個其角才繭栗般大的小牛犢，用鼎亨（即烹飪之），然後奉獻上帝。僅僅亨一個繭栗小牛，故曰亨不曰大亨。養賢之禮貴豐，燕享賓客用太牢不用特牲，即用牛、羊、豕三牲。三牲具有，且牛之角尺，可謂豐厚之極，故曰大亨。

“巽而耳目聰明，柔進而上行，得中而應乎剛，是以元亨。”這是解釋卦辭元亨的。鼎卦爲什麽可致元亨呢？鼎卦下體是巽，巽有順義。上體是離，離有明義，明而中虚且在上，有目明之象。卦中無耳聰之象，言耳聰者，乃因言目明連類而及。六五是柔爻，柔本應居下，而今進而上行至尊位，居尊處中，下與九二剛陽正應。六五是鼎卦的主爻。這樣,鼎卦就下體看,巽順於理,卑巽下賢,就上體看,聰明睿智,柔而應剛,得乎中道,是以可致元亨。

《象》曰:木上有火,鼎。君子以正位凝命。

鼎有端正安重之象,君子觀鼎之象要以之正位凝命。凝命,凝其所受之命。革卦講改命,鼎卦講凝命;改命是革掉舊政權,凝命是鞏固新政權。凝字意義與荀子《議兵》説的"兼并易能也,唯堅凝之難焉"的凝字義同。

初六,鼎顛趾,利出否。得妾以其子,无咎。

爻一般一爻取一象,此爻一爻取兩象。"鼎顛趾,利出否"是主要一象。"得妾以其子",意謂得妾和她的兒子,這是對前兩句的比擬,可謂象中之象。初六處鼎卦之下,象鼎之趾。鼎之趾在下是正常的,而現在初六上應九四,有顛趾之象。鼎而顛趾,是不正常的,不好的。但是,鼎顛趾,鼎趾在上,鼎口在下,可以"利出否"。否,惡物。"利出否",鼎中陳積之污穢之物可以一瀉而出,有利於鼎之去故納新,瀉惡受美。這又是正常的,是好的。"得妾以其子",是比擬"鼎顛趾,利出否"的。二者説法不一樣,但含義相同。妾是賤人,子是貴者。妾有兩方面的特點,她是低賤之人,但在一定的情況下她可以爲君子生下一個奉祭祀承先祖的兒子。君子不應當進御妾,進御妾是不正常的,不好的。但是進御妾能使妾生下貴子以承君子的宗緒,這又是正常的,好的。此爻辭告誡人們,看問題不僅看它壞的一面,還要看到它在壞的一面中包含着的好的一面。"鼎顛趾"與"得妾",不好。不好中卻又有好。"鼎顛趾"可使鼎致潔取新,"得妾"可使妾生貴子。所以,看似有咎,實則无咎。

《象》曰:鼎顛趾,未悖也。利出否,以從貴也。

"鼎顛趾",鼎趾在下支持鼎身,是正常的,不悖的。現在鼎趾顛而在上,是不正常的,有悖的。然而實際上"未悖也",因爲鼎可以因此將陳積的否惡污穢之物傾出,有利於致潔納新,有悖之中包含着未悖。"利出否,以從貴也"句中省了"得妾以其子"。"從貴"是初六應於九四。"以從貴也"是對"利出否"和"得妾以其子"兩句的解釋。"利出否",可以取新;取新便是"從貴"。"得妾以其子",得妾可生子;生子亦即"從貴"。

九二,鼎有實,我仇有疾,不我能即,吉。

九二以陽剛居中,乃鼎中有實之象。仇,配,與"君子好逑"的逑字義同。疾,妒害。初六陰柔而與九二相比,陰陽相比則相從,相從則有陰柔妒害陽剛的可能。自九二的立場説,"我仇有疾",我的對立面初六乃陰柔小人,它近比於我,勢必要妒害我。我應該怎樣對待呢?"不我能即"。我要以剛中自守,不惡而嚴,使之無隙可乘,不能即我。如是則吉。

《象》曰:鼎有實,慎所之也。我仇有疾,終无尤也。

鼎而有實,好像一個人很有才幹。"慎所之也",一個有才幹的人應當慎於所行,萬不可把方向搞錯了。搞錯了方向就要犯錯誤。九二做得很好,它能不暱於初六而上從六五之正應,這正是"慎所之"的表現。尤,過尤,怨尤。九二既能剛中自守,慎其所行,則初六雖有妒害之心,終因九二無隙可乘,無過尤可指,其怨尤之念也就自消自滅了。

九三,鼎耳革,其行塞。雉膏不食。方雨,虧悔,終吉。

鼎三與井三象雖有異而意仿佛。它們都居下體之上而未爲時所用。井卦九三以陽剛居得其正,有濟用之才,然而"井渫不食,爲我心惻",猶如清潔之泉居井之下,未爲人們所用。鼎卦九三,以陽剛居巽之上,剛而能巽,有濟務之才,亟須五來賞識它,重用它。然而三與五根本不存在應的關係,二者是不易相通的,猶如"鼎耳革,其行塞"。鼎耳指六五;革,變革。鼎要用鉉貫耳方可移動,今鼎耳發生變革,不能舉移,五的行動受到阻塞,不能通於九三。就九三自身來説,其處境正像"雉膏不食",鼎中盛着美食佳肴,可爲人食,人卻不一定來食。然而這僅是一方面,問題還有另一方面,即"方雨,虧悔,終吉"。六五是文明之主,九三上承文明之體,且善於剛正自守;六五終究會來求九三。畢竟六五是陰,九三是陽,陰陽正和而成雨。九三開始雖有不遇之悔,最終卻當有相遇之吉。

《象》曰:鼎耳革,失其義也。

《象傳》所云義,一般是道或理的意思。失其義,就是失其道。此云"失其義",不是説鼎九三之行爲失其道,而是説鼎九三之爻象失其道。怎麽失其道了呢?《易》卦中諸爻一般講比應乘承的關係。此爻言"鼎耳革,其行塞",説的是九三與六五的關係,而九三與六五既非比非乘非承,亦非應,故云"失其義","失其義"即失其道。

九四,鼎折足,覆公餗,其形渥,凶。

此爻之意孔子作《繫辭傳》已有極明確的説法。《繫辭傳》説:"德薄而位尊,知小而謀大,力少而任重,鮮不及矣。《易》曰:'鼎折足,覆公餗,其形渥,凶。'言不勝其任也。"鼎九四爲什麽會有折足,覆餗,形渥,即不勝其任之象呢?這是因爲:第一,鼎卦以九二、九三、九四三陽爻爲實,而九四恰是處在鼎實滿盈的地位,有傾覆之象。第二,九四以陽剛之才,居上體之下又反應於初六,即承於君又施於下,是它力所不能及的。況且九四應於初六,初六已顛趾,豈有不折足覆餗之理!第三,就人事説,九四是居大臣之位,任天下之事的人,而它不求賢智之士輔助自己,卻應於初六,任用不可任用的陰柔小人,説明它不勝其任,必將把事情弄糟,也有"鼎折足"之象。鼎之九四有這些不利的情況其實並不奇怪，在易爻中，凡九四應於初六，一般都有損而無助。“覆公餗”的餗怎麼講？古人的意見很分歧。《左傳》昭公七年記孔子先人正考父之廟中鼎銘說：“饘於是，鬻於是，以糊余口。”鬻亦作粥。粥即饘，饘即餗。據《左傳》，知鼎中所盛之餗不是别的，就是或稀或稠的粥飯。九四近君居大臣之位，故曰公餗。渥，霑濡。“形渥”，鼎折足，倒下了，裏邊的粥飯流淌出來，澆得九四渾身汁瀋淋漓，十分難堪。辱至其身，災及其身，故凶。

《象》曰：覆公餗，信如何也。

九四作爲當天下之任的大臣，不稱職，不勝任，弄得個折足覆餗形渥的結果，哪裏還有信可言呢！

六五，鼎黄耳，金鉉，利貞。

鼎的作用欲發揮出來以利天下，關鍵的問題在於能够舉措移動，否則雖有實而無所施用。欲使鼎能够舉措移動，必有虚中之耳與可貫之鉉。這兩個條件六五是具備的。六五本身在鼎卦之上，受鉉以舉鼎，有鼎耳之象。上九在鼎之外，貫耳以舉鼎，有鉉之象。耳不是一般的耳，是黄耳。黄是中色。中色之耳亦即虚中之耳。虚中這一點是重要的，耳不虚中，鉉是貫不進來的。上九是陽爻，故曰金鉉。金鉉也不是一般之鉉，是堅强之鉉。虚中之耳，納以堅强之鉉，舉鼎是不成問題的了。但是這僅是六五已有的客觀條件；六五畢竟以陰居陽，位不得正，它欲使黄耳受金鉉由可能變爲現實，還要努力守正，故爻辭在黄耳金鉉之後更曰利貞。

《象》曰：鼎黄耳，中以爲實也。

《易》以陰爲虚，陽爲實，鼎之六五是陰爻，陰爻無實德。但是《易》更貴中，鼎之六五以中爲實，它爲鼎卦之主，得鼎之道，也由於它居中，得中道。

上九，鼎玉鉉，大吉，无不利。

鼎卦與井卦爻越往上越好。井之用在水，水汲而出井方爲用，故井上六曰元吉。鼎之用在食，食烹而出鼎方爲用，故鼎上九曰大吉无不利。鼎上九，乃一陽横在鼎耳之上，有鉉象。同是上九一鉉，自六五之柔看來，它是陽剛，是金鉉；而自上九自身而言，以陽居陰，剛而能温，它又是玉鉉。玉鉉的特點是剛柔適宜，動静不過。鼎上九處在功成致用的地位，衹要善處就好。恰好玉鉉的特點適應這一要求，所以大吉无不利。

《象》曰：玉鉉在上，剛柔節也。

爲什麽稱上九爲玉鉉？因爲上九"剛柔節"。什麽是"剛柔節"？上九體剛履柔，剛柔適宜而不過，與乾卦上九之亢龍不同，是謂剛柔之節。

〔總論〕

六十四卦中鼎與井二卦直接取器物爲象，井卦總體象井，鼎卦總體象鼎。井和鼎的各個構成部分都可以在各自的卦中找到相應的爻。鼎有足在下，故鼎卦之初爲足。鼎之腹大而居中，故鼎卦之二、三、四爲腹。鼎之上有耳，外有鉉，故鼎卦之五爲耳，上爲鉉。而諸爻爻象則莫不與鼎之相應部位的功用有關。鼎足在下支承鼎身，故鼎卦初六曰顛趾。鼎腹大而居中，有盛物之功用，故九二曰有實，九三曰雉膏，九四曰公餗。鼎耳在上，故六五曰黄耳。鼎外有鉉，故上九曰玉鉉。卦中有足有腹有耳有鉉，合起來正是一個完整的鼎的形象。鼎之各部分是相互作用的，鼎卦之各爻也相互作用。如鼎卦九四是腹不是足卻曰折足，是因爲九四正應於初六，九四所謂折足之足係指初六。鼎卦之六五是耳不是鉉卻曰金鉉，是因爲六五比於上九，六五所謂金鉉之鉉，係指上九。又，六五爲耳，九三亦曰耳，是因爲九三與六五不存在應的關係，而有鼎耳革之象。

就卦義來看，鼎卦與大有有驚人的相似之處。大有卦辭直曰“元亨”，鼎卦卦辭也直曰“元亨”。大有上九曰“吉无不利”，鼎卦上九亦曰“大吉，无不利”。這是因爲這兩卦都以尚賢養賢爲義的緣故。而且卦中尚賢養賢之義全表現在上九與六五兩爻的關係上。上九剛德爲賢，六五尊而尚之，是爲尚賢。兩卦卦辭所謂元亨，其意義全在上九吉无不利或大吉无不利上表現出來。大有與鼎卦還有一個與别的卦不同的共同特點，兩卦之“大象”皆曰天命。大有“大象”説“順天休命”，鼎卦“大象”曰“正位凝命”。一個説順天命，一個説凝天命。兩個天命都是莫之爲而爲，莫之致而至的客觀必然性，即事物變化發展的規律，不是超自然的上帝之旨意。順命凝命都是適應規律而盡人事的意思。

震

䷲ 震下震上

《序卦傳》説：“主器者莫若長子，故受之以震。”震卦繼鼎卦之後，是因爲鼎是器，器要有主器之主。在古代實行宗法制度的情況下，最有資格主器的是長子。據《説卦傳》“乾，天也，故稱乎父。坤，地也，故稱乎母。震一索而得男，故謂之長男”的説法，震爲長男。長男有主器之義，所以鼎卦之後次之以震卦。震卦一陽生於二陰之下，動而上進，有震動之象，故爲震。震亦即動，動而不曰動而曰震，是由於震不僅有動而驚懼之義，且有雷的震奮之象。

震，亨。震來虩虩，笑言啞啞，震驚百里，不喪匕鬯。

震卦卦辭講的是人的一種心態和涵養。是什麽心態和涵養呢？簡言之，是懼和不懼。懼和不懼是對立的兩種心態和涵養，怎能合在一起？懼和不懼其實是一種心態和涵養的兩個方面,不能分開。人遇事能懼,能懼必至於能不懼,不懼由於能懼。能懼又能不懼,故亨。

“震來虩虩”一句講人有事能懼。“震來”在人的心中,不在人的心外。“震來”是人心中的一種恐懼感。“震來”其實就是懼。虩音隙(xì)。虩虩是形容“震來”的。“震來”與“虩虩”是同步産生,同步存在的同一心態。“震來”是懼,“虩虩”是指示這懼的狀態、程度和性質的。整個“震來虩虩”這句話的意思是,恐懼得周環顧慮,不敢自寧。這種恐懼是小心、戒慎、不敢掉以輕心,絶非膽小怕事,畏葸不前之謂。

“笑言啞啞,震驚百里,不喪匕鬯。”這三句講平時遇事知懼即能够“震來虩虩”的人,一旦猝然遇上重大事故,反而能不懼。不懼到什麽程度呢?“笑言啞啞”。大事當前,仍能言笑和適,鎮定若素,有事猶如無事,這是一種常人難爲的非凡氣度。“震驚百里,不喪匕鬯”二句既進一步補足“笑言啞啞”之意,又指出身負重任的人尤當有此涵養。

“震驚百里,不喪匕鬯”,天上打着響徹百里的雷,人們無不爲之震驚,然而正在主祭的人卻身閑氣静,不動聲色,乃至手中拿着的匕和鬯不因爲雷驚而失落,祭祀照常進行。雷震是瞬間事,不容人們經過思考再作反應。人們對雷震的反應幾乎是出自心理本能。因此古人認爲它最能考驗人的修養。匕,祭祀時用的木制器具,用以升鼎中之牲肉至俎上。鬯,用秬黍酒和鬱金香調制而成的一種高級的有香氣的酒。祭祀時所做非止匕牲和薦鬯二事,然而唯此二事由祭主親自做。卦辭用“震驚百里,不喪匕鬯”一語做比喻,説明人無論遇上什麽危厲之事都要從容不迫,尤其主祭的天子、諸侯以及貴族家族中的大宗子、小宗子,更該做到“震驚百里,不喪匕鬯”,縱然天崩地裂也無所畏懼的程度。古人極重視人的這種涵養。《書》云“納於大麓,烈風雷雨弗迷”,《孟子》説大丈夫“威武不能屈”

等等,無不强調對社會對人民負有責任的人在大事難事乃至危事面前必須有的涵養。

《彖》曰:震亨。震來虩虩,恐致福也。笑言啞啞,後有則也。震驚百里,驚遠而懼邇也。出,可以守宗廟社稷,以爲祭主也。

此《彖傳》未對震卦卦名作解釋,但舉卦辭"震亨"二字原文而已。"震亨",説明人有事由懼而得亨,更無他義。

"震來虩虩,恐致福也。"人遇事而有恐懼之心,反躬修己,審慎爲之,則必因恐懼而反致福。"笑言啞啞,後有則也。"人對待事情,無論怎樣輕而易舉,也要有所恐懼。這衹是一方面,另一方面,無論怎樣艱難、危厲,也應無所畏懼,言笑從容,鎮定自若。則,法,常。有則,出處語默皆不失常態。"震驚百里,驚遠而懼邇也。"驚指雷而言,驚遠,雷驚的面很遠很廣。懼指人而言,懼邇,人懼在近處。人遇"震驚百里"之雷,勢必恐懼,但是作爲人君繼承人的長子卻不可因遇"震驚百里"之雷而恐懼,他應該"不喪匕鬯"。"不喪匕鬯,出可以守宗廟社稷,以爲祭主也。"(《彖傳》脱"不喪匕鬯"四字)出是繼世而主祭的意思。作爲人君的長子,有"震驚百里,不喪匕鬯"的修養和氣度,先君去世,他便可以出而繼世而主祭,挑起領導國家的重任了。

《象》曰:洊雷震,君子以恐懼修省。

洊,再。洊雷,上下皆雷,兩個雷。君子觀洊雷威震之象,做到既恐懼又修省。恐懼修省是君子的"洊雷",是君子應具有的素養,它們自在君子的心中,不是平時不知恐懼,遇有雷震而臨時恐懼。君子存恐懼之心,是有一個雷一個震;因有恐懼之心而有修省之行,是又有一個雷一個震。既恐懼又修省,洊雷自在其中。

初九,震來虩虩,後笑言啞啞,吉。

震初九爻辭同於卦辭,衹多“後”與“吉”二字,“小象”又同於《彖傳》,這在全《易》三百八十四爻中是獨一無二的。初九爻辭之所以同於卦辭,是因爲震卦之卦義是講人的一種心態和涵養的,它的主旨是説人遇上難事危事的時候,問題再小,也要心存恐懼,修省自身,審慎而爲之;同時,問題再大,也要從容鎮定,無所畏懼。人的這種涵養,宜初時就有;初時没有,待到出了事情,臨時想要恐懼修省,是辦不到的。所以作爻辭的人把體現震卦卦義的爻辭係諸初九。再者,震卦之用在下,而初九居下體之下,有陽明之德,是震卦之主,它最能體現震卦卦義。

爻辭中“後”與“吉”二字值得注意。有了這兩個字,“震來虩虩”、“笑言啞啞”的兩句話的關係顯得十分清楚。“震來虩虩”,有遇事知懼之心,能恐懼修省,然後方能“笑言啞啞”,即遇事言笑自如,和適安詳而能不懼。能懼而後能不懼,不懼由於能懼。能懼而又能不懼,得吉。“震來虩虩”即能懼與“笑言啞啞”即能不懼相比,前者是首要的,根本的。

《象》曰:震來虩虩,恐致福也。笑言啞啞,後有則也。

此與《彖傳》同。

六二,震來厲,億喪貝,躋于九陵,勿逐,七日得。

六二以陰居陰,既有中德又得正,是善處震的人。“震來厲”,當震之來而危厲。此“震來”意義與卦辭相同,是恐懼的意思,是自我心中的一種恐懼感。六二乘初九陽剛之上,處境不利,其恐懼感格外嚴重,甚至達到危厲的程度。但是實際上没有什麽問題,六二有中德,它能够恰當地處理它所遇到的問題。億,猜度,估量。億喪貝,六二知道自己目前處境不好,非暫時損失掉寶貨即至關重要的東西不可。必須失掉的,就讓它失掉,不吝惜。躋,升。九,多。陵,高岡。“躋于九陵”,陞到高高的九陵之上，意謂飄然遠舉，失掉的東西任它失掉而“勿逐”，不去追它。“七日得”，到了一定的時候，失掉的東西，還會重新得到。“七日得”，除此爻外還見於既濟之六二。爲什麽都以七日爲期呢？王引之《經義述聞》說：“蓋日之數十，五日而得其半。不及半則稱三日，過半則稱七日。欲明失而復得多不至十日，則云七日得。”王說可取。

《象》曰：震來厲，乘剛也。

初九是剛爻，乘剛是乘初九。“小象”言“乘剛”的，除本爻外還有屯六二、豫六五、噬嗑六二、困六三。困六三之“乘剛”是乘坎之中爻，其餘諸爻“乘剛”都是乘震之初。“乘剛”之爻一般都是不好之中有好，或者暫不好而最終轉爲好。

六三，震蘇蘇，震行无眚。

六三以陰柔居陽位，所處不正，有震蘇蘇之象。蘇蘇，精神失落，意氣沮喪。平時尚且如此蘇蘇不振，今六三所處不正，又當震之時，其有眚可知。眚，過失。震行與蘇蘇相對。六三倘能反其沮喪失落之氣，因震懼而奮往前行至九四，去不正而就正，則可變災爲福，變有眚爲無眚。

《象》曰：震蘇蘇，位不當也。

震懼當虩虩，不當蘇蘇。虩虩是好的，蘇蘇是不好的。六三爲什麽震蘇蘇，蘇蘇緩散呢？因爲它以陰柔居陽位，所處之位不中又不正。

九四，震遂泥。

泥，滯溺。遂，無反之意。遂泥，陷入滯溺的困境，不能自反自拔。震遂泥，震亨的反義。自卦爻之象看，震則動，動則通；自人事看，震則既恐懼修省又勇敢振奮，亦通。震遂泥恰是震亨的反面，處震卻不能恐懼修省以自守，欲動又不能勇敢振奮以前行，震之道已喪失殆盡。猶如一個人正當困心衡慮之時,縱有無限抱負,竟不得寸步施展。九四爲什麼會有如此艱難的震遂泥之象呢?因爲九四雖與初九都居震之下,都有決定震之所以爲震的意義,而且都不居中,但是初九以一陽動乎二陰之下,得震之本象,故其辭得與卦辭合,而九四既以剛處柔,失剛健之道,又陷於四陰之間,更不能振奮自反,故其辭適與卦辭悖。

《象》曰:震遂泥,未光也。

光,廣。未光,未得廣大。九四震遂泥,由於其處境不好,既失剛健之道又陷入重陰之中,故其志氣不得施展,不得廣大。

六五,震往來厲,億无喪有事。

六五與六二有相似之處。二與五的震厲是相同的,都是説能够以恐懼之心對待事物;二與五在居中,有中德,因而能够億度事理這一點上也是相同的。不同之處是,六二在下震之上,故稱震來厲,六五在重震之上,故稱"震往來厲"。往亦厲,來亦厲,多一個往字,表示六五在任何情況下都能保持恐懼修省的積極審慎心態。二與五還有一點不同,二者都以居中,有中道取勝,然而表現不一樣。六二"喪貝",六五"无喪有事"。"有事"指祭祀,"无喪有事"指不失祭禮宗廟社稷的權力。六二居下位,有的是寶貨;寶貨可以失,失亦可復得。六五居君位,守的是宗廟社稷;宗廟社稷不可失,失而不可復得。

《象》曰:震往來厲,危行也。其事在中,大无喪也。

"震往來厲",講的是一種恐懼的心態,意思是説,六五時刻心存恐懼,無時不在憂患之中。"危行",心存恐懼,不忘憂患,表現在行動上,能够事事自危。"其事在中",六五的關鍵問題在於居中。《周易》最貴中道。二與五居中,縱然其位不正,往往也是好的。三與四其位雖正,因爲不中,往往也是不好的。中則不違於正,正不必中,這是《周易》的一條重要原則。六五居中,有中道,所以能够无喪有事,能够堅守宗廟社稷爲祭主。“大无喪也”,大作動詞用,意謂以“无喪有事”爲大,大其得中能“无喪有事”。六五關鍵的一環是得中,有中道;六五首要的問題是“無喪有事”。後者是由前者決定的。

上六,震索索,視矍矍,征凶。震不于其躬于其鄰,无咎。婚媾有言。

索索,消索而幾近不存。矍矍,慌亂而幾近不固。震索索,恐懼過甚,以至於志氣殫索。視矍矍,恐懼過甚,以至於視瞻徊徨,心神不固。上六之所以震索索,視矍矍,是由它以陰柔之質,居不中不正,又處震動之極決定的。一個震索索,視矍矍的人,最宜控制自己的行動,使震索索,視矍矍的情況不再發展,否則必凶。躬,上六自身。鄰,近於身者。上六的問題是恐懼過甚,解決的辦法是未雨綢繆,在尚未過甚的時候就采取措施使之不至於過甚。“震不于其躬,于其鄰”,在震恐鄰近其身而未及其身之時,先行控制,使不至於極,這就可以无咎了。婚媾,指與自己親近的同道者。這是些識見凡俗的人。它們目光短淺,衹知相誘以安樂,不知禍患之將至,看到作爲它們首領的上六如今見幾而豫爲之圖,就“有言”紛紛。上六則當爲所當爲,對於婚媾之“有言”,完全不必理睬。

《象》曰:震索索,中未得也。雖凶无咎,畏鄰戒也。

上六恐懼過甚,乃由於過中,未得中道。過中而不得中道,本來是凶的,但是畢竟可以无咎,原因就在於它能見鄰戒而知懼,在未極之前先行改變態度,使不至於因恐懼過甚而索索、矍矍。

〔總論〕

震卦之卦象卦辭與諸爻之爻象爻辭關聯極爲緊密。卦的本象是雷是震，爻的本象也是雷是震。卦辭講人遇事能懼和能不懼的心態、涵養問題，諸爻辭也莫不如此。初九是震卦的主爻，初九爻辭與卦辭同，初九"小象"又與《彖傳》同，這在全《易》三百八十四爻中是獨一無二的。震卦由兩個三畫震卦重合而成，初與四兩個陽爻是成卦之爻，震之所以爲震，全在於它們。但是初與四在卦中的地位大不相同，初九一陽動於二陰之下，最得震之本象，最當震之始，最知震之來，最先知恐懼修省，最能反映卦之義。九四雖也是一陽居二陰之下，無奈它以陽處陰，不中又不正，且陷於四陰之間，滯溺難反，處震不能守，欲動不能奮，恰似一個人志氣未遂，困心衡慮，處在進退難決的矛盾心態之中。因此震卦之亨在初九，不在九四。二與五都是陰爻，二得正，五不得正；二得正固然好，五不得正也無妨，《易》多以中爲美，中比正爲重，既有中德，正也就含於其中了。二、五都有中德，然而二居下，五處尊位，故爻象又有不同。二有中德，所以貝喪而可復得；五有中德，則所守者宗廟社稷根本不能失，不可失。合觀震卦六五爻辭和卦辭以及《彖傳》，知《易》不僅爲君子謀不爲小人謀，更爲人君謀不爲百姓謀。六三以陰居剛，所以不正，故其象不如六二，六二勿逐即可復得，六三必行方能无眚。上六以陰柔處震之極，索索矍矍，一派驚慌失措，志殫氣竭的消極氣象，不如六三之"震行无眚"，尤不如六五之"无喪有事"。還有一點務須明瞭，震卦揭示的是心理不是事理，是心境不是處境，是心態不是事態。一言以蔽之，震主人之心，不主物之理。

艮

䷳ 艮下艮上

《序卦傳》說："震者動也。物不可以終動，止之，故受之以艮。艮者止也。"事物之動止總是相因的，動則必有止，止則必有動。震即是動，艮即是止。所以震卦之後次之以艮卦。艮即是止，而卦名艮不名止，是因爲艮除止義之外還有山之象，有安重堅實之意。這是止義不能包括的。又，艮一陽居二陰之上。陰性静，二陰在下静止不動。陽性動，但是一陽既已至於上，則性動也不能動了。下静上止，故爲艮。艮止，畜亦止。艮止與畜止有所不同，艮止是自我安止，畜止乃外力制止。

艮其背，不獲其身，行其庭，不見其人，无咎。

這四句話中，“艮其背”一句是主要的，根本的。以下三句是由它決定的，也是説明它的。如果把全部卦辭加以簡化，那末説成“艮其背，无咎”也是可以的。艮的意義是止，止可以无咎，但有一定的條件，不是任何情況下的止都可以无咎。“艮其背”方可无咎。“艮其背”是説止應當止在恰當的地方，止其所當止，止得其所。説止的場合要恰當，實際上也包括止的時機問題在内了。爲什麼取“背”爲象説明止其所當止之意呢？因爲“背”是人體中唯一止而不動且又自身不得見的部位，是最理想的止處，其他任何部位都不兼有這兩個條件。卦之所以以背爲象，從卦體和爻位上都可找到根據。自卦體看，二陰在下，一陽在上，陰陽各止其所，屹然不動，止而不交，有相背不見之象。“不獲其身”就是進一步强調這種相背不見之象的。止於其背，連自身的身體都不獲見，説明背得相當嚴重。自爻位看，艮是八純卦之一，上下各爻峙而不應，互不相與，也是相背不見之象。“行其庭，不見其人”就是進一步强調峙而不應，互不相與這種相背不見之象的。諸爻同在一卦，近在咫尺卻各不相與，就像人們同行在一個院庭裏卻誰也看不見誰一樣，更説明背的嚴重。

《彖》曰：艮，止也。時止則止，時行則行，動静不失其時，其道光明。艮其止，止其所也。上下敵應，不相與也。是以不獲其身，行其庭不見其人，无咎也。

“艮，止也。時止則止，時行則行。動静不失其時，其道光明。”這一段話解釋卦名艮的意義。艮就是止。但是止的意義並不簡單，不能以爲停止不動才是止。其實止還包含着行的意義在内。這一點一般人不易領會，所以孔子特别加以説明。止於止是止，止於行也是止。我們堅持不懈地幹一件事情，就是止於行的止。後來我們發現情况變了，這件事情必須停止，不宜再幹了，這就是止於止的止。堅持幹什麽，是止於行；堅持不幹什麽，是止於止。兩種止實行起來都要看場合，要止在恰當的場合，就是要“艮其背”。這個場合不僅是空間上的場合，也是時間上的場合，而且歸根結底是時間上的場合。“時止則止”，時要求止於止，就止於止。“時行則行”，時要求止於行，就止於行。或止於止，或止於行，時是決定性的因素。《易》貴時，孔子也貴時。時的觀念在全部儒家哲學中占有重要地位。“其道光明”，是孔子對止之道的贊語。自卦象看，艮之體明確、顯著、篤實，有光明之義，所以《易》言光明多在艮體。從社會心理看，什麽事情有了一定的準數，人們心中有了底，就感到光明。艮是止，止是定，定則明。心中托底有定，所想所見自然光明。

“艮其止”以上解釋卦辭。卦辭言“艮其背”，此《彖傳》改曰“艮其止”，可見背即止，“艮其背”即“艮其止”。接着用“止其所也”一句解釋“艮其止”，説明背乃止的場合，“艮其止”就是止其所當止的場合。上文已言及，所謂止其所當止的場合，主要是説止要止在恰當的時候上。“上下敵應，不相與也”，卦之上下體地位相當的兩爻有應的關係。一陰一陽謂之相應，相應則相與，相與則有交往。若同爲陽或同爲陰則不相應，不相應謂之敵應，敵應則不相與，不相與則不相交往，不相交往即各止於其所；各止於其所，所以“不獲其身，行其庭，不見其人”，所以“无咎”。

《象》曰：兼山艮，君子以思不出其位。

艮卦上體下體都是山，故爲兼山。兩雷兩風兩水兩火兩澤都有互相交往的可能，唯獨兩山並立不可能有往來，各在各的位置上而不相干涉，有止之象。君子觀察艮卦兼山各止其所，互不干涉之象，“以思不出其位”。這裏，思與位是關鍵性的字眼。思是“心之官則思”的思，亦即思考、思慮、思想的思，與行相對應的思。位當與《彖傳》所謂“止其所”的所字同義，即場合、時候的意思。“思不出其位”，思是主詞，“不出其位”是謂詞。全句回答思應當是怎樣的。如果以爲思是謂詞，“不出其位”是賓詞，全句是回答思什麼的，那就錯了。思應當是怎樣的？思應當不出其位，思所當思。思也要止在恰當的場合，恰當的時候，勿過勿不及。用現代語言説，就是思想要切合實際，過了就是空想，不及則陷於保守。

初六，艮其趾，无咎，利永貞。

“艮其趾”，艮之於脚趾。脚趾居人體最下，人動趾先動，趾動是人動之始。人事之止不外乎兩種情況：止於行，即應當做的事堅持做；止於止，即不應當做的事堅持不做。什麼事當做，開始就要做；什麼事不當做，開始就不做。如此方可无咎。做什麼或不做什麼，止於始尚且往往不能止於終，何況連止於始都做不到呢！初六艮其趾，是能够止於始，因而得无咎的。但是初六陰柔之才，止於始之後是否能止於終還是問題，所以要求它“利永貞”，常久堅持，貞固到底，切勿半途而廢。

《象》曰：艮其趾，未失正也。

看爻象，初六以柔爻居剛位，本不爲正，但是觀爻義，事當止又能止於始，又未爲失正。

六二，艮其腓，不拯其隨，其心不快。

六二居中得正，是懂得並且掌握止之道的；什麽事情應當堅持做，即應當止於行，什麽事情不應當堅持做，即應當止於止，它是明白的。然而它處在下位，上與六五不應，行動要受卦之主爻九三的制約，没有自行其是的便利，故有“艮其腓”之象。腓是腿肚，腿肚自己不能動要隨股之動而動。“艮其腓”，意謂六二對於艮止的問題，孰當止於行，孰當止於止，自己心裏清清楚楚，但是實行起來自己不能做主，要受制於他人。他人指九三，九三雖爲一卦之主，是主乎止的，但它剛而失中，且居下體之上，自己既不曉得止道之宜，又不肯降而下求於六二。六二雖有中正之德，也得不到它的信從。結果六二“不拯其隨”。拯救不了九三的錯誤主張，衹好違心地隨着九三的意見去做，表面上委曲妥帖，無形迹可見，内心自然是不快的。

《象》曰：不拯其隨，未退聽也。

聽，從。退聽，從下。六二不拯九三的錯誤而采取隨和九三的態度，是由於九三不聽它的，不得已而爲之。

九三，艮其限，列其夤，厲薰心。

九三以剛居剛，正而不中，而且處在下體之極，上下之際，它對於止道的實質，對於止道的根本精神，是不理解不掌握的。止道貴時，一件事情是堅持地做還是堅持地不做，須依據時間的變化，靈活掌握，有進有退。彼時當堅持地做，就堅持地做，此時當堅持地不做，就堅持地不做，一切依時間條件爲轉移。九三則不然，它把止的問題看得很死，很確定，很絶對。它止在一件事情，一個問題上，就一止到底，不再變化。有如一個國家由於某種必要的原因與别國中止交往關係，在當時是自然的，合理的，因而也是有益的；然而它不顧時間的變化，永遠與别國不相往來，結果與世睽絶，自己把自己孤立起來，封閉起來，合理就變成不合理，有益就變成有害了。九三的這種態度，如果用人體部位做比喻，就叫做“艮其限”。限，人體上體與下體交際的地方，即腰胯。止於腰胯這個部位，等於把上下體隔斷，使不相從屬，不相通融。“列其夤”是“艮其限”的引申和補充。列，裂絶。夤，膂，是連結上下體的東西，把夤裂絶了，人體將分離爲二。“厲薰心”，説明“艮其限”的後果嚴重。厲，危厲。薰，燒灼。“厲薰心”，危厲燒灼其心。九三過剛不中，處在止的時代，以爲欲止就求絶對的止，欲静就求絶對的静，不知道動静行止應隨時，一味固執地求静，結果反招致危厲燒灼其心，使之坐卧不寧。

《象》曰：艮其限，危薰心也。

九三“艮其限”的要害問題是時不當止而强爲之止，時當變止爲不止而强爲之不變，結果心欲静而反招致危厲燒灼其心，使躁動不得静。這是由於九三無中德的緣故。

六四，艮其身，无咎。

六四雖亦無中德，但以陰居陰，純是静體，在止的時代能够做到心静身安，行止以時，情況要比九三艮其限爲好，故云“艮其身，无咎”。六四稱“艮其身”，是因爲六四在卦之下體之上，上體之下，恰像人體腹上膈下即身的部位。自爻象看如此，自爻義看則“艮其身”可有兩層意義。第一，六四既已進入上體，便不存在九三“艮其限”那樣把上下體分隔開的情況了。“艮其身”有不分部位，能够總止其身，不爲躁動的意義。第二，“艮其身”也有自止其身，反躬修己的意義。人之自身的問題不外乎言行二事，六四艮其身，能够時當言則言，時當行則行，時不當言當行，則不妄言妄行。總而言之，能够止之以時。六四能够總止其身，不爲躁動；自止其身，止之以時，故无咎。

《象》曰：艮其身，止諸躬也。

“止諸躬”就是“艮其身”。將“其”字换成“諸”字，是在於强調“艮其身”是止之於身,是自己解决自己的問題。

六五,艮其輔,言有序,悔亡。

輔即口,是人説話的器官。六五居上位,與口的位置相當,故云“艮其輔”。“艮其輔”,是止之於口。止的意義根本在一個時字,時當止則止,時不當止則不止。時當止則止,是止;時不當止而不止,也是止。所以,止之於口,不是緘默不言,是時當言則言,時不當言則不言。時當言而言,則言而有序,先後緩急中節不亂。六五以陰居陽位,位不正,是以本有悔,但是六五居中而有中德,能“艮其輔,言有序”,所以有悔悔亦亡。

《象》曰:艮其輔,以中正也。

正字乃衍文。《周易》是有韻的。六四《小象》言“止諸躬”,上九《小象》言“以厚終”,此當言“以中也”,況六五以陰居陽,位本不正,不應言“正”。“艮其輔,以中也”,六五因爲居中有中德,所以能“艮其輔”。

上九,敦艮吉。

敦,厚,篤實。上九以陽剛居止之極,有堅篤於止,敦厚於止之象,故曰“敦艮”。一般來説,卦發展到上的時候,事情已至於極點,該往反面轉化了,而艮上九卻不過而爲敦,止不但未變,反而止得更加敦厚篤實了。與初六艮其趾對照看,艮其趾无咎,而敦艮吉,可知艮卦强調善始,更强調善終。猶如一個人止於善重要而難能,一輩子到死都止於善,更其重要而難能。上九敦艮何以得吉?上九與九三是艮卦僅有的兩陽爻,都居於二陰爻之上,有成卦之主的意義,九三位當上下體之交,在時不可止的時候止,故危厲。上九在全卦之終,在時當止的時候止,故吉。又,上九稱吉,與卦體有關。臨上六敦臨吉,復六五敦復無悔,都因爲卦之上體爲坤,坤爲土,土有厚象。艮卦上體爲艮,艮爲山,山乃土地之突起,比土更有厚象,故艮上九曰敦艮吉。又,六十四卦中上爻得吉者無多,而上體爲艮的蒙、蠱、賁、大畜、頤、剥、損、艮八卦之上九皆稱吉,可見艮上九稱吉非出偶然,是有其一定的卦象爲根據的。

《象》曰:敦艮之吉,以厚終也。

從爻象説,上九居艮之極,處兼山之上,有厚終之象。從爻義説,止重於始而難於終止,始固屬不易,而止終尤難;始止而至於終止,才算真能止。能終於止,非一朝一夕事,必須長久積厚而後成"敦艮",得"敦艮之吉"。總之,上九得敦艮之吉,是由於得止之終;得止之終,是由於得積之厚。

〔**總論**〕

艮卦和咸卦一樣,以人身取象,取象的人體部位也與咸卦大體一致,衹是相差一位。這是由於各自取心爲象的爻位不同的緣故。咸以四爲心,故五爲背,上爲口;艮以三爲心,故四爲背,五爲口。艮之初爲趾,咸之初爲拇,其實一樣,都指足而言。咸二艮二皆言腓,艮二和咸三皆言隨。

艮卦所言之止,是主體自止,即止我,不是止物。止的含義,用今語表達就是堅持。堅持幹什麽是止,堅持不幹什麽也是止。止,可止於止,也可止於行,因此,有静態的止,也有動態的止。堅持不幹什麽,是静態的止;堅持幹什麽,是動態的止。止的反義是不止,不是静;止與静有關係,但不能等同。不止的反義是止,不是動;不止與動有關係,但不能等同。止,無論在怎樣的情況下都具有正面意義,所以艮卦不言凶咎悔吝。艮卦所講,實際上是人的自我控制能力的問題。止就是堅持,堅持的最爲重要的問題是有始有終,所以艮之初六艮其趾曰"无咎",而上九敦艮言"吉"。堅持不能不靠他人尤其上級的支持,但是别人或上級分明錯了,不能救而拯之,衹能從而隨之,是令人遺憾的事,所以艮之六二艮其腓,不拯其隨,曰"其心不快"。堅持幹一件什麽事情或者堅持不幹一件什麽事情，關鍵的問題是看準時候；時當堅持則堅持，時不當堅持則不堅持。如果在最不該堅持的時候堅持了，甚乃達到僵化的程度，那就像將人之上下體固定不得屈伸或者分隔開來不得通融一樣，必將招致麻煩和危害。所以艮之九三艮其限，列其夤，曰“厲薰心”。堅持幹什麽或堅持不幹什麽，主要是自我修養，反躬修己的問題。止我不止物，當止而止，靈活進退，才是正確的。所以艮之六四艮其身而言“无咎”。堅持的問題更重要的一方面表現在人用以言語的口上。話當講則必講，話不當講則必不講；講而輕重緩急有序，不亂講。如此則縱然有悔亦將無悔。

最後應指出，以上對艮卦卦爻辭的解釋主要根據《彖傳》以來流行的傳統説法。應當説大體是正確的，可信的。自清代以來産生一種新的解釋，清代有人把咸卦和艮卦卦爻辭解釋爲男女房事動作。現代更有學者用現代性心理學解釋這兩卦卦爻辭。説什麽咸卦的咸訓動，全卦是説男女性動作的順暢過程。艮卦卦爻辭是説男女性動作進行不順利，一步一步被止住。這種解釋固然新鮮有趣，但是不符合古人成卦和繫辭的基本原則，故今不取。

漸

䷴ 艮下巽上

《序卦傳》説：“艮者止也。物不可以終止，故受之以漸。漸者進也。”漸是進，止的結果必有進，這是屈伸消息之理，所以艮卦之後次之以漸卦。漸是進，但不是一般的進，而是漸進。漸進亦即緩進。緩進，也不是一般的緩進，而是有次序的緩進。漸進之所以緩，不是因爲别的，僅僅因爲進而有序。簡言之，漸是不越次序因而緩慢地進。這一卦之所以名曰漸，從卦體上看，是這樣的：爲卦艮下巽上，木在山上，木因山而高。

木之高是有根據的，不是偶然的，恰像進而有序，故名曰漸。

漸，女歸吉，利貞。

《易》六十四卦中有四卦借用夫婦和男女關係講哲學道理。這四卦是咸、恒、漸和歸妹。同是講夫婦、男女關係，又各有不同的側重。咸與恒主要講個體家庭中的夫婦關係，漸與歸妹則側重在女子出嫁的問題上。其中恒與漸更重夫婦之義，咸與歸妹更重男女之情。因此四卦的取象不同，卦義也不同。漸卦取象“女歸”，亦即女子出嫁這個具體事物以揭示做事應循序漸進的卦義。這就與咸卦之“取女”不同。“取女”，是男子娶女，“女歸”是女子嫁男。“取女”與“女歸”本是一個事物的兩個方面，然而咸卦卦辭取象“取女”，是講天地萬物相感通的道理；漸卦卦辭取象“女歸”，則是講事物循序漸進的規律。爲什麽説“女歸”能够説明事物循序漸進的規律呢？因爲古代女子出嫁不是想辦就可以辦的事，它必須有媒介，有納采、問名、納吉、納徵、請期、親迎等六個步驟，缺一不可。依照這個循序漸進的過程出嫁，是正常的、合禮的，因而也是吉的。女子若不按這個過程完婚，便是私奔了。私奔是不會吉的。世間循序漸進的事物很多，爲什麽漸卦偏偏取“女歸”之象呢？這是因爲“女歸”是生活中最常見，最能爲人們所理解的循序漸進的事物。“利貞”一語“貞”字是關鍵。“貞”字在《易》中的基本義是定，引申義是正。由定的堅定不移，固守不變而引申爲堅持原則，堅守正道。“利貞”一語在《易》中大體上有三種含義。一、是戒辭，如損之九二，處陰居説，有不正之嫌，曰“利貞”是告誡它務必注意守正。二、説明事實，有的事是因，貞是果，曰“利貞”實際上是説某事利於貞，如大畜卦辭曰“利貞”，是説大畜這種事情有利於貞。三、有的貞是因，事是果，曰“利貞”實際上是説由於貞而有利於某事的實現。漸卦卦辭曰“利貞”即屬於此種情況。漸卦取象“女歸”，“女歸”這種事情其本身就是貞正的;由於"女歸"有貞正的特點,所以實行起來必吉。

漸卦與下一卦歸妹都是講女子婚嫁的,那末它們有什麽不同呢?簡單地説,它們反映的是古代女子嫁人的兩種情況。漸卦講"女歸",是一種正規的、典型的婚嫁,男方通過媒介及納采、問名、納吉、納徵、請期、親迎六個步驟將她娶過去做嫡妻即正夫人。女子的這種婚嫁,反映的事理是循序漸進。歸妹卦講"歸妹","歸妹"反映古代女子婚嫁中的一種特殊現象即侄娣制度。侄娣制度是怎樣的一種制度呢?《公羊傳》莊公十九年説:"媵者何?諸侯娶一國,則二國往媵之,以侄娣從。侄者何?兄之子也。娣者何?弟也。諸侯一聘九女,諸侯不再娶。"《公羊傳》隱公七年又説:"叔姬歸於紀。"何休注説:"叔姬者,伯姬之媵也。至是乃歸者,待年父母國也。婦人八歲備數,十五從嫡,二十承事君子。"根據《公羊傳》的記載和何休的解釋,我們知道,諸侯一生結婚一次,一次娶九個女人。九女中有一個是嫡妻即夫人。嫡妻的妹妹或侄女也要隨着嫁過來兩位。若當時年紀太小,就等到十五歲時嫁過來,二十歲時與那位諸侯過夫婦生活。這兩個女人就叫侄叫娣,也叫媵。諸侯從一個國裏娶一位夫人和兩位侄娣,另外兩個國還要主動嫁過來兩位女子,這兩位女子也叫媵。每位侄還要有兩位侄娣隨着嫁過來,年紀太小也要待年於父母之國,待到十五歲成人時嫁過去。諸侯一娶九女,九女中有六位侄娣。侄娣隨從姑姊嫁給同一個男人,這就是侄娣制度。侄娣的婚嫁與嫡相比,有兩點不同之處:一是由於年幼,嫁期往往拖後;二是没有納采、問名、納吉、納徵、請期、親迎等等過程,到時候主動給人家送過去就算完事。歸妹卦説的正是侄娣的這種婚嫁。侄娣的婚嫁是原始社會群婚制的遺迹,爲當時社會所認同,因而是合於禮的,與私奔不同。但是它與嫡的典型婚嫁方式也不一樣，它没有一個循序漸進的過程。歸妹這一卦恰是從侄娣婚嫁的這一特點上取義。它既有不循序漸進的不好的一面，又有爲當時社會所認同的合禮并合理的一面。

《彖》曰：漸之進也，女歸吉也。進得位，往有功也。進以正，可以正邦也。其位，剛得中也。止而巽，動不窮也。

"漸之進也，女歸吉也。"漸有進義，但是漸不等於進。漸與進的關係不同於晉與進的關係。晉就是進，而漸不是進，漸衹是進的一種情況。説"漸之進"，説明不是别的進，是漸之進。"漸之進"，要害在漸字上，它强調的是漸不是進。漸之進，能够做到"女歸"那樣穩妥有序則吉。

"進得位，往有功也。進以正，可以正邦也。其位，剛得中也。止而巽，動不窮也。"這幾句話都是解釋"利貞"，爲"利貞"一語找根據的。漸與歸妹是反對卦，歸妹之二、三、四、五爻皆不得位，現在歸妹之下體兑進而成爲漸卦上體巽，於是二、三、四、五均得位，而九五不但得位，而且得中。因爲進得位，所以九五以剛陽居陽位又得中。九五剛得中，就是往有功。"進以正"以下，含義與"進得位，往有功也"相同。含義相同，卻又重申一次，是爲了强調漸卦之所以利貞，是因爲二、三、四、五諸爻得正位，九五更得中，"進以正"，其實就是"進得位"；"可以正邦"，其實就是"有功"、"以正"和"得位"的根據。"有功"和"正邦"是"以正"和"得位"的效果。"其位"指五，居五的是陽爻，故曰"剛得中"。强調"剛得中"，是恐怕人們誤認"得位"是六二柔得中。漸卦艮下巽上，故云"止而巽"。下止則凝静不躁，上巽則欲動不急，恰有漸之進的氣象。漸之進，也是動不窮的意思。因爲得正，因爲剛得中，所以能够把漸之進的意義很好地發揮出來，故云"利貞"。

《象》曰：山上有木，漸。君子以居賢德善俗。

“山上有木”,木因山而高,其高有因,是有漸義。君子觀漸之象,以居賢德善俗。賢字可能是衍文。居,積。德是君子自身的品德修養,俗是社會的風俗風氣,一個是修己,一個是化俗,做好這兩件事都需要有一個漸進的過程,不能設想一朝一夕見成效。既然居德善俗皆須以漸,人們就應該從小事做起,日積月累以成其大。

初六,鴻漸于干。小子厲,有言,无咎。

漸卦卦辭取女子婚嫁之象,而諸爻爻辭皆以鴻取象。鴻即雁,是一種水鳥,其性群行有序,往來以時,以切合漸的意義。雁有别有序,所以古代婚禮用雁。婚禮用雁,雁在人們的觀念中便與女歸發生聯繫,因此漸之諸爻取鴻象。干是水邊,距水最近的地方。“鴻漸于干”,雁群栖於水中,現在到了飛往遠方的時候了,但是鴻雁這種禽鳥飛行有先後次序,它絶不一下子飛出好遠,它的飛有個漸的過程。初六居於最下,又是陰柔軟弱之才,而且上無應援,不具備一下子遠飛的條件。它衹可漸于水之干。漸于水之干是最適宜的。“小子厲,有言,无咎”,小子,年幼無知的人。年幼無知的人目光短淺,能見眼前的事,不能見久遠的事。它看見鴻漸于干,就發怨言,抱怨鴻本可以一下子飛出老遠,卻飛于水邊即止。不過,“有言”也無妨,鴻漸于干是正確的,没有過咎。

《象》曰:小子之厲,義无咎也。

小子厲无咎,是義无咎。小子想的是表面道理,而初六所爲則是根本正確的,符合漸之義。初六在下,所以要進;初六是陰柔之才,所以不躁;初六上無應援,所以能漸。倘依小子之見,初六用剛以急進,就違離漸之義了,不唯不能進,而且必有咎。

六二,鴻漸于磐,飲食衎衎,吉。

六二陰爻居陰位，柔順中正，上有九五之應，條件比起初六來大爲好轉，要以漸于磐了。磐，水邊之大石。漸于磐，比漸于干更進一步，而且穩固安全，没有危厲。六二居中得位，九五亦居中得位，兩爻以中正之道相應，這對於六二説來是再安全不過的了。所以它可以“飲食衎衎”，和樂得志，而必吉。

《象》曰：飲食衎衎，不素飽也。

爻辭言“飲食衎衎”，是比喻六二漸於磐之和樂得志，不是説它素飽。孔子恐人們誤解爻義，乃以“不素飽”加以指明。素，空，白。素飽即《詩經》所説的素餐。不素飽，不是白吃飯不幹事。

九三，鴻漸于陸。夫征不復，婦孕不育，凶。利禦寇。

陸是高平之地，亦即平原。九三在下卦之上，有鴻漸于陸之象。九三以陽居陽，是過剛而失中，又上無應援，此時以安處平陸，守正待時爲最適宜，最符合漸之道，任何有所前進的念頭和行動都是不利的。但是九三有過剛之質，又處在漸進之時，非常有可能不該進而進，從而失漸之道而致凶，故有“夫征不復，婦孕不育”的告戒之辭。夫指九三自身，婦指六四。征，行。復，反。九三與六四乃陰陽相比相親相求，最容易苟合。九三倘若不能守正自持而與六四苟合，便是知行不知反，雖孕而不育，必致凶無疑。九三求婚媾不可，禦寇則有利。一切非理而至的，都是寇。守正待時，防禦寇至，就是禦寇。九三能禦寇則利，不能禦寇則凶。

《象》曰：夫征不復，離群醜也。婦孕不育，失其道也。利用禦寇，順相保也。

九三“夫征不復”，是失漸之正，一失到底，不知反顧，等於叛離了自己的同類。群是類，醜也是類。漸卦諸爻都善，唯獨九三失正而凶，故云“離群醜”。婦人必由正當的夫婦關係方得孕育子嗣,然而九三與六四以私情相合,是違背“女歸”的漸之道的,所以它們不能孕育,故云“婦孕不育,失其道也”。既“離群醜”又“失其道”,怎麼辦呢?利用禦寇,即自守以正,禦止其惡。不但自守以正,御止其惡,還要使小人也不至於陷於不義,故云“順相保也”。

六四,鴻漸于木,或得其桷,无咎。

鴻雁的脚趾是連着的,不能握枝,按其本性説,它不能栖於樹上。可是現在六四已進入巽體,巽爲木,鴻雁漸之於木了,到了它不應當到的地方,處境很不好。六四没有應援,又以陰柔之質據九三陽剛之上,陽剛是要上進的,不會甘處陰柔之下;六四就像鴻雁栖於樹一樣,是立不安穩的。不過六四也有有利的一面,它上承九五,以陰承陽,恰好合乎“女歸”之義,如果能够順以事上,也可轉危爲安。猶如鴻漸于木不好,倘若能得到一個横平的枝柯,也可以立得穩,轉不好爲好,故曰无咎。

《象》曰:或得其桷,順以巽也。

“鴻漸于木”是不安,“或得其桷”是安。六四能够轉不安爲安,原因是它以陰爻居陰位又處巽體,有順巽之德。順,柔順,順從。巽,善於行權,處事靈活。

九五,鴻漸于陵,婦三歲不孕,終莫之勝,吉。

陵,高崗,是鴻雁所能栖息的最高處。九五是君位,故取象“鴻漸于陵”。九五與六二爲正應,而且都居中得正,有中正之德,這是最符合“女歸”之義的,應當説九五的境況最好。但是,處於漸之時,好事壞事都不能來得快,須有一個過程。婦指六二,九五與六二其間隔着六四與九三,阻礙着不能相合,故有“婦三歲不孕”之象。“三歲”意謂時間很長,非必三年。九五有中正之德,遲早它要衝破九三與六四的阻隔而與六二相合的。不正祇能敵中正於一時,而“終莫之勝”,終久不能得逞,戰勝不了九五,九五必吉。

《象》曰:終莫之勝吉,得所願也。

“終莫之勝吉”,是漸之吉。九五與六二以中正敵六四與九三之阻隔,經過長時期的鬥争,最終戰勝邪惡,達到了結合的目的,實現了結合的願望。

上九,鴻漸于陸,其羽可用爲儀,吉。

九三曰“鴻漸于陸”,此又曰“鴻漸于陸”,這就出現了同一卦中爻象重複的問題。宋人以爲陸當作逵,逵是雲路,理由是陸與儀不叶韻而逵與儀叶韻。但這是宋時的韻,在《周易》成書的時代逵與儀實非同韻。看來,陸就是陸,宋人改陸爲逵不可信據。孔穎達説:“上九與三處卦上,故並稱陸。”孔氏的解釋可從。上九處卦之終,漸之極,位之外,是進處高潔,不爲位累,故曰:“鴻漸于陸。”上九猶如賢人之高致,超然於進退之外,看來似乎對國家社會無甚用處,但是“其羽可用爲儀”,它的表現,它的不爲位累的高尚節操,卻足可爲世人之表率、楷模,無用之中包含着有用。

《象》曰:其羽可用爲儀,吉,不可亂也。

上九什麽不可亂?上九志不可亂。上九爲什麽志不可亂?上九處在無位之地,本來是無用的,但是它志意高潔,不爲位累,超然進退之外,其志卓然不可亂。因爲其志不可亂,所以“其羽可用爲儀”,可以作爲世人之表率,所以吉。

〔**總論**〕

漸卦以女歸爲義,必陰陽相應合於卦義者爲好,陰陽不應而與卦義不合者不好。初六無應,所以“小子厲”。六二應於九五,所以得安於磐石,“飲食衎衎”。九三無應,所以有“夫征不反,婦孕不育”之象。六四亦無應,卻有集木得桷无咎之象,是因爲它承九五,以陰承陽,合於女歸之義。上九的情況特殊,居全卦之終,處無位之地,反倒以無應爲好。因爲無應,才得以無累於位,超然於進退之外而得吉。

漸卦諸爻情況比較複雜的是九五。九五與六二是漸卦唯一正應的兩爻。從九五的角度看,自己是夫,六二是婦。九五與六二正應,夫婦結合,本不該成爲問題,祇是由於它們之間有九三與六四阻隔着而不得結合。同樣因受阻隔而不得結合,六二“飲食衎衎吉”,九五卻“婦三歲不孕”,這是因爲六二與九五的身份不同。六二猶爲未嫁之女,是《雜卦傳》所謂“女歸待男行也”的人,等待男子來娶它是它的本分。它以自己柔順中正的品格,從容待時,不急於進,故吉。九五是當娶之男,積極主動地娶女是它的本分,九三與六四的阻礙對它是很不利的,使它一時不能與六二結合,故有“婦三歲不孕”之象。雖然如此,但它有中正之德,什麽邪惡力量也戰勝不了它,且必爲它所戰勝,故必有終吉。

歸　妹

䷵ 兑下震上

《序卦傳》説:“漸者進也。進必有所歸,故受之以歸妹。”漸雖不是進,但有進義;進必有所至,所以漸也有歸義。漸既有歸義,故漸卦之後次之以歸妹。歸妹是漸的反對卦,取象取義都與漸卦不同。漸卦取象女歸,女歸是女之歸,女之歸有循序漸進的漸義,漸卦取義就取在女之歸這個歸字上。女之歸反映的是古代女子出嫁與人做嫡妻即正夫人的那種婚嫁情況。歸妹取象歸妹,歸妹是歸之妹,歸妹卦取義就取在歸之妹這個妹字上。妹是少女,少女自嫁而不待娶,反映的是古代女子出嫁與人做侄娣的那種婚嫁情況。這種婚嫁没有一個循序漸進的過程。歸妹從妹字上取義，故其義恰與循序漸進之漸義相反。

歸妹，征凶，无攸利。

咸、恒、漸、歸妹四卦都是取嫁娶之義的，前三卦卦辭或吉或利，都很好，唯獨歸妹一卦爲凶。就是在全部六十四卦中，卦辭没有一點好處的，也衹有否與歸妹兩卦。歸妹這一卦爲什麽征凶又无攸利？從卦象看來，歸妹兑下震上，"説以動"。"説以動"本没什麽不好，但是動而不當就不好了。歸妹六爻之二、三、四、五這四爻位都不正。初與上雖然位正，但陽在陰下，其位也不爲正。除位不正以外，歸妹卦義也不正。歸妹卦下體是兑，兑爲少女；上體是震，震爲長男。少女在長男之下，乃少女從長男。少女從長男，其情以説而動。這樣的婚嫁，男女之情勝過夫婦之義，按照古人的觀念，是不正的，所以卦辭曰"征凶，无攸利"。不能動，動則凶；無往，往則無所利。

《彖》曰：歸妹，天地之大義也。天地不交而萬物不興。歸妹，人之終始也。説以動，所歸妹也。征凶，位不當也。无攸利，柔乘剛也。

"歸妹，天地之大義也。天地不交而萬物不興。歸妹，人之終始也。"歸妹卦反映的是古代女子婚嫁中的侄娣制度，侄娣制度實際上是更古的時代的群婚制的殘餘。群婚制在《周易》成書的時代，在人們已經有了顯著的男尊女卑觀念情況下，含有女子不經過男子迎娶而主動從男的意義，是不合於禮義的，故卦辭言歸妹征凶无攸利。但是歸妹還有另一方面的意義，歸妹畢竟是講陰從陽，女從男，男女之情的。男女之情雖不必合禮，卻必合理。孔子深刻地看準了歸妹卦的這方面的意義，他作《彖傳》，在言歸妹之凶以前先言歸妹的合理性及其在人類自身繁衍上的偉大作用。孔子認爲男女交感，男女配合,使人類生生相續,代代不窮,如同天地相遇而有萬物生一樣自然,一樣合理。然後再强調一句歸妹乃關乎人之終始的大問題,不可等閑看待。所謂人之終,是説男女婚配;所謂人之始,是説人之生育。合而言之,人之終始問題,其實就是男女關係問題。

"説以動,所歸妹也。"自卦德説,兑説在下,震動在上,是説以動。説以動則徇乎情,與咸卦的止而説根本不同。自卦象看,女在男下,女先於男,主動從男,所欲歸者是女。又,在下的是少女,在上的是長男,少女從長男,是所歸者是少女不是長女,是侄娣不是嫡。所欲歸者是女,所歸者是少女,故云"所歸妹也"。卦德説以動,則主乎情;卦象所歸妹,則失於禮。既主乎情又失於禮,故凶。

"征凶,位不當也。无攸利,柔乘剛也。"歸妹這一卦之所以征凶无攸利,除了所歸妹,説以動以外,還有位不當和柔乘剛兩點。四方面的原因是相關聯的。大率卦之德以説而動,不可能不失正;中爻失正,又必有乘剛之過。中爻不正,則陰陽失常;三五柔乘剛,則剛柔不順。陰陽失常,剛柔不順,凶是不可避免的。家人、睽、漸和歸妹四卦都涉及男女關係,家人以中爻得位而正,睽以中爻失位而乖。漸以中爻得位而吉,歸妹以中爻失位而凶。

《象》曰:澤上有雷,歸妹。君子以永終知敝。

澤上有雷,陽動於上,陰感而從之,有女從男之象,故爲歸妹。歸妹卦是從女子特别是少女的角度看問題的,那末從君子即男子、丈夫的立場看待歸妹這一卦,應當悟出什麽道理呢?孔子説君子應當永終知敝。永終謂男女配合,使生息嗣續,永久其傳。敝是終的反面。知敝謂知有永終則必有敝壞,知有敝壞而預爲之備,使生息嗣續不斷。從具體的夫婦關係來説,永終即白頭偕老之意,知敝謂君子要意識到歸妹這種婚姻極易因生離隙而敝壞。歸妹不同於恒卦之巽而動，漸卦之止而巽；歸妹是説以動，少女因情説而動，這樣的婚姻缺乏道義的基礎，久必敝壞。君子知其有敝壞的可能，則當先爲防備，思永其終。引申開來考慮，不唯夫婦有反目之時，天下之事莫不有終有敝，君子當遠慮其終而防其敝壞。

初九，歸妹以娣，跛能履，征吉。

初九居於卦之最下又無正應，是娣不是嫡。是個怎樣的娣呢？初九剛陽處説體而居於下，是個爲人賢貞而卑順的娣。然而娣非正配，縱然有賢德，也不過自善其身以承事君子而已，不太可能施展更大的作爲。它很像一個跛子，雖能履地行路，然而免於廢而已，不能及遠。古代女子婚嫁須備具六禮，漸次而行，婚齡亦有一定的界限。不備六禮而嫁爲失禮，少長非偶爲失時，而侄娣不受此限。侄娣從嫡而歸，六禮不備不爲失禮。侄娣可以待年，少長非偶不嫌失時。就是説侄娣制度是社會承認的。故卦辭言征凶，而初九爻辭變征凶爲征吉。

《象》曰：歸妹以娣，以恒也。跛能履吉，相承也。

女子不備六禮而自嫁，是不正常的。但如果是侄娣的身份從嫡而嫁，那末，不備六禮，也是正常的。娣“跛能履吉”，是因爲娣雖無内助的資格，卻能安於其分，輔佐嫡夫人承助君子。

九二，眇能視，利幽人之貞。

九二實際上還是講娣。眇能視和跛能履，意義是一樣的。跛子兩足一正一偏而能走路，眇者兩目一昏一明而能視物，都是比喻娣的。娣位居偏側，在夫婦生活中不允它有所作爲，但是它在輔佐嫡夫人方面畢竟能發揮一定的作用。九二與初九也有不同之處，九二剛中，説明它是個意志堅定的賢慧女子，這一點是高於初九的。然而處境不如初九，初九無正應；無正應不好,決定它卑居娣的地位。九二有正應,但是以陽應陰,本身有婦象,又與陰應,是反類現象,應而反類比無應更糟。九二處於這種境況,表明它作爲娣,雖有一個夫君,但不是好夫君,時刻有遭遺棄的可能。所幸九二剛中,"利幽人之貞",能够像被拘囚的、失去自由的幽人那樣自執其志,堅如磐石,至死不渝,可望保持娣的地位,不發生變故。

《象》曰:利幽人之貞,未變常也。

雖夫君不賢,但九二作爲娣,堅守幽人之正,矢志不渝,以己之賢對待夫君之不賢,是它分内應有的正常表現,不爲過分,也不爲不及。

六三,歸妹以須,反歸以娣。

六三以陰居陽,不正又無應,是個不好嫁的女人,故有"歸妹以須"之象。須,姊;娣,妹。姊與妹相對待。姊姊可嫁與人作嫡,妹妹衹能從姊而嫁作娣。六三不正,本是妹妹,竟想充作姊姊嫁作嫡。這當然辦不到,結果必"反歸以娣"。是妹妹,還是要作爲妹妹從姊嫁作娣。

《象》曰:歸妹以須,未當也。

六三位不當,一個不正的女人要用不正的辦法嫁出去,即"歸妹以須",結果行不通,還要"反歸以娣",用其所當用的辦法嫁。六三之所以會幹出這種事情來,關鍵的問題是它位不當即不正。

九四,歸妹愆期,遲歸有時。

九四爻象與六三有相似之處,九四不正無正應,六三也不正無正應。那末,爲什麽辭有不同呢?因爲六三與九四二爻爻象雖大體相似,卻也有所差異。六三以柔居剛又過乎中,九四以剛居柔又未及中。同爲不正,以剛居柔好於以柔居剛。同爲不中,未及中好於過乎中。九四不正無應,是以過時未嫁;但九四以剛居柔且未及中,過時未嫁是由於有所待,或待得佳配,或待年父母國,不是無人願娶而難嫁。九四這樣的遲歸是主動的、有時的,到了該嫁的時候一定嫁,不是無限期的。六三則不然,六三既不正無應,又以柔居剛,又過乎中,是由於難嫁而采取"歸妹以須"的不正當辦法强嫁。

《象》曰:愆期之志,有待而行也。

九四之所以推遲嫁期,是出於自己的志願。爲什麽志願愆期呢?是"有待而行"。行,嫁。"有待而行",有所等待而嫁。總之,愆期决定於九四自己,不决定於他人。

六五,帝乙歸妹,其君之袂,不如其娣之袂良。月幾望,吉。

泰卦六五講帝乙歸妹,此爻又講帝乙歸妹。《周易》一再提及帝乙歸妹,説明歷史上確有商王帝乙嫁妹之事。六五居尊位,是妹中最爲尊貴的,故有"帝乙歸妹"之象。古代諸侯一娶九女,有嫡有媵有侄娣,這是制度,即便是帝王也不能違反。帝乙把自己的妹妹下嫁給臣下做侄娣,而不是做嫡夫人。六五這位女子,其高貴的出身,就像帝乙的妹妹,也依禮義的要求嫁與人做娣。"其君之袂,不如其娣之袂良",它的衣着穿戴比嫡夫人還要好。不過好也要有個限度,娣的衣着穿戴如果超過嫡夫人,就有奪嫡之嫌了,奪嫡必凶。六五雖尊貴但卻得中有應,它必安於本分,不會使自己娣的地位高過嫡。猶如"月幾望",月至十五將盈而未盈。所以吉。

《象》曰:帝乙歸妹,不如其娣之袂良也,其位在中,以貴行也。

帝乙嫁妹與人作娣,娣衣着穿戴好過其嫡。這是由於六五位尊得中,以高貴的身份出嫁的緣故。

上六,女承筐无實,士刲羊无血,无攸利。

歸妹卦是講古代婚嫁中的侄娣制度的,諸爻無不取象侄娣。上六陰虚而無應,故有"女承筐无實,士刲羊无血"之象。

筐實羊血都是祭祀必用之物。古代諸侯承先祖奉祭祀,親自割牲取血,夫人負責籌辦蘋藻之類盛諸筐筺之中以爲祭品。這就是説,在諸侯“一娶九女”的九女之中衹有嫡夫人有資格與諸侯共承宗廟祭祀,侄娣是不能參與的。士大夫的情況也大體如此。一般説來,婦人在祭祀時有承事筐筺以奉蘋藻的資格,但須是嫡。上六以陰居陰且下無正應,無實而虚,名存而實亡;她作爲一個婦人似乎有資格與丈夫一起主持祭祀,然而實際没有資格,因爲她是娣不是嫡。她承筐,但筐中無實,是個空筐,不能祭祀。祭祀先人必須夫婦共同進行,她既承筐无實,她的丈夫也就刲羊无血。没有蘋藻可供,没有牲血可薦,祭祀根本不能進行。她有丈夫,但妻不是她。她作爲一個地位卑賤的娣,處在上六的時候,境遇很不好,她無論幹什麽或不幹什麽都无所利。

《象》曰:上六无實,承虚筐也。

承事一個空筐,像似能奉祭祀,實際上不能。作爲一個女人,她有丈夫,但妻子不是她。她的地位卑,而今又處在上六陰柔而虚的時候,所以境遇如此。

〔總論〕

歸妹與漸是反對卦。艮下巽上構成漸,即風山漸。漸的中爻皆正。漸取象女歸,由女子婚嫁必備六禮,必有一個循序漸進的過程的現象中,抽象出漸的概念。事物的進行要循序漸進,就像女子婚嫁有一個過程合禮那樣合理。歸妹則由兑下震上構成,即雷澤歸妹。歸妹中爻皆不正而且柔乘剛。歸妹取象歸妹,它要説明的道理是極其複雜而難以把握,以至於作《易》者竟未能給它抽象出一個明確的概念來。我們衹能説歸妹所取之義恰與女歸相反。不過作《易》者對兩卦的揚抑態度是清楚的。漸卦卦辭許以“女歸吉利貞”,女子循序漸進,合禮地嫁人,絶對的吉。歸妹卦辭則直書

“征凶无攸利”,絶對的凶。表明他認爲女子作嫡是正的,合禮的,作侄娣是不正的,違禮的。漸與歸妹兩卦反映了殷周之際婚姻事實和婚姻觀念的變化。群婚制早已爲父系的一夫一妻的個體婚制所代替,個體婚制成爲婚姻制度的主流。群婚制的殘餘,作爲個體婚制的必要補充,通過一夫多妻的形式,被長久地保留下來。殷代存在一夫多妻現象,周人把一夫多妻現象肯定下來,作爲一種禮制加以承認。這就是後人所稱的嫡庶制。作《易》者於漸卦取象女歸,於歸妹卦取象歸妹,實際上是對嫡庶制的一種觀念上的承認。嫡庶制將女人的婚嫁普遍地劃分爲兩類。嫁作嫡的一類,合禮又合理,自不待言,故漸卦取其漸進之義而已。嫁作庶的一類(嫁與諸侯的又稱侄娣),周人表現出矛盾的心態,故歸妹卦辭取譴責意向,認爲它先於男又少於男,既失禮又失時,而諸爻爻辭卻多有肯定。孔子作《彖傳》發明了歸妹卦中蘊藏着的深刻意義。孔子指出侄娣制度亦即女子嫁作庶的傳代意義,正確地把這種制度同生育傳代聯繫起來,而生育傳代又像天地交感而化生萬物那樣合情合理。孔子還有未明白説出的意思,即嫡庶制保證男系的生育傳代。没有男系的生育傳代,何以有嫡長子的繼世;没有嫡長子的繼世,何以有貴族宗法制的確立;没有貴族宗法制的確立,何以有西周諸政治制度的建構和西周社會的穩定發展。孔子説歸妹是天地之大義,是建立在他對《周易》和殷周歷史有深刻的理解的基礎上的,絶非故作夸張之辭。

豐

☳☲ 離下震上

《序卦傳》説:“得其所歸者必大,故受之以豐。豐者大也。”得其所歸者必大,這種説法是有道理的。豐字的基本義是大、多、盈、足。但是豐字作爲卦名,另有它的特殊意義。所謂豐,是指陰影豐大而蔽日,實即日蝕。卦名豐不是一般的豐大,而是指日蝕時蔽日之陰影豐大。豐卦講的是日蝕這一天文現象,主旨在説明陰影蔽日即日蝕並不可怕,日蝕終會過去,不必驚慌。豐這一卦離下震上,震是動,離是明。明可以照,動可以亨。能照能亨,然後足致豐大。

豐,亨,王假之。勿憂,宜日中。

"亨",亨通。"王假之",此卦之假字,據王引之《經義述聞》考證,當訓爲寬大、大度。所謂"王假之",指天子對陰影豐大而蔽日之事看得輕淡,表現得很大度。

"勿憂,宜日中",當爲"王假之"的内容。"日中"乃"日中見斗"、"日中見沬"之省語。"宜日中",謂"日中見斗"、"日中見沬"是適宜的,是正常的天體運動。此"宜"字與前邊的"亨"字相應。如果以爲"日中"是單指"日中"之時,則與全卦之旨不合,且與諸爻爻辭失去聯繫。

卦辭的意思是説,出現日蝕,亨通。天子對日蝕的出現表現很大度,説:不要擔心,日中之時出現日蝕是正常的。

這樣理解本卦卦辭,是符合夏代以來人們的知識背景的。據《尚書》、《左傳》等文獻記載,那時已有以日蝕爲正常現象,不以爲災異的認識。

《彖》曰:豐,大也。明以動,故豐。王假之,尚大也。勿憂宜日中,宜照天下也。日中則昃,月盈則食。天地盈虚,與時消息,而況于人乎,況于鬼神乎。

"豐,大也。明以動,故豐。"以卦德解釋卦名。豐是日蝕時蔽日陰影之盛大。"明以動"是從卦德的角度解釋怎樣致豐,"明以動"的"以"字與"而"字不同。"以"與"而"雖都是連接詞,用"而"字表明它所連接的兩個詞一樣重要,用"以"字則表明重在前一個詞。“明以動”强調的是“明”,“動”是次要的。“明以動”,是以明而動,動之以明,所以致豐。就是説,處豐者必明,昏是絶對不可以的。與“剛以動故壯”之强調“剛”,“順以説故聚”之强調“順”,意義是一樣的。又豐與噬嗑不同。二卦皆以明動致亨,噬嗑“動而明”,既須動又須明,先動後求明,得明而後可亨。豐卦是明已然存在,無須求,明而後動,不期而亨。

“王假之,尚大也。勿憂宜日中,宜照天下也。”此處“假”字宜訓爲寬大、大度。“王假之,尚大也”,天子對日蝕的現象看得很寬容、大度,不以爲是什麽壞事。他表示“勿憂”,不要擔心。“宜日中”,“日中”當爲“日中見斗”、“日中見沬”的省語。“宜日中”是説“日中見斗”、“日中見沬”,是適宜的,正常的。“宜照天下也”,主語是日蝕狀態下被陰影遮蔽的太陽,這時的太陽光照天下,是適宜的,正常的。

“日中則昃,月盈則食。天地盈虚,與時消息,而況于人乎,況于鬼神乎。”這段話仍然是解釋卦辭“宜日中”(即日中日蝕)一語的。語意是接着上文發揮。意謂太陽被陰影遮蔽這種事情,和“日中則昃,月盈則食”一樣是普遍存在的自然現象。即所謂“天地盈虚,與時消息”,整個天地,整個自然界,都處在盈虚盛衰的不斷變化中。所有的變化都是有規律的,與時消息,與時進退的。言外之意,日蝕乃一種合乎規律的自然現象,不必驚慌恐懼。

“而況于人乎”,天地尚且“與時消息”,何況人呢,人也必當如此。這就涉及到中國古代哲學中的天人關係問題。古人總是把人類社會同自然界聯繫起來,認爲天與人是合一的。自然界有什麽樣的規律,人類社會也應當有什麽樣的規律,因此人應當順應自然。古人講到自然的時候,使用的是“天”這個概念。古人使用“天”這個概念,含義很複雜,我們不宜一概而論。一般説,統治階級在政治意義上使用"天"概念的時候,"天"是超自然的,神秘的,是有意識的主宰。而在古代講理論的學者那裏,"天"即自然,即獨立於人的意識之外的廣大自然界。道家和儒家講的天,都屬於後一種含義。孔子《彖傳》所説"天地盈虚"的天,連同那個地,所指顯然是自然界。

"況于鬼神乎"的鬼神,也不是宗教觀念中的那個超自然的神秘之物。這個鬼神是什麽,宋人講的很清楚。程頤説是"造化之迹",張載認爲是陰陽"二氣之良能",朱熹説"天地舉全體而言,鬼神指其功用之迹,似有人所爲者"。依他們的看法,天地變化多端,萬物生生不已,神奇難測,卻又有軌有迹,像似有人暗中主宰着,其實又没有。這看不見但可以覺察到的無形無體的東西,《周易》稱之曰鬼神。鬼神其實就是今日我們説的不依人的意志爲轉移的客觀規律。宋人的理解是正確的。他們的認識代表着整個儒家的觀點。儒學不相信有什麽超自然並主宰自然的鬼神存在。

《象》曰:雷電皆至,豐。君子以折獄致刑。

"大象傳"由豐卦卦象聯繫到人事方面的司法實踐上。這裏,不再直接講日蝕這一天文現象,而是由自然界引申到社會人事上來。豐卦離下震上,震爲雷,離爲火,故曰雷火豐。孔子這裏講"雷電皆至",電指什麽呢? 電是離。《周易》的八經卦有各自的性質,如乾的性質是健,坤的性質是順,震的性質是動,離的性質是麗,這性質是不變的。乾的性質無論在什麽情況下都是健,離的性質無論在什麽情況下都是麗。八經卦的取象則是靈活不定的。乾可以象天也可以象馬,離可以象火也可以象日象電。離既象火象電都可以,這裏離取象電更合適些,所以説"雷電皆至"。孔子以爲君子觀"雷電皆至"之象,可以用以"折獄致刑"。折獄,審判案件;致刑,動用刑罰。審判案件最要緊的是明察虚實,瞭解情況。動用刑罰則必須輕重適中而不濫。電是明照，明照正合於折獄。雷是威斷，威斷恰宜於致刑。“雷電皆至豐”與“電雷噬嗑”(“雷電噬嗑”應爲“電雷噬嗑”)有所不同。“電雷噬嗑”，明照在先，威動於後，是先解決立法的問題，故云“明罰敕法”。“雷電皆至豐”，威在上，明在下，是實際應用法律以斷獄，故云“折獄致刑”。

初九，遇其配主，雖旬无咎，往有尚。

初九爻辭是講日中出現日蝕的“初虧”階段，陰影遮蔽太陽的一半，與太陽形成勢均力敵的局面。此爻辭據廖名春先生考證，當有脱文“虚盈”二字，虚盈指日中而陰影蔽日，即日中時發生日蝕。“遇其配主”，遇，見也。“配主”即妃主，妃主即相匹敵之人，實指蔽日的陰影。“雖旬无咎”，“旬”，舊注有兩解，一解爲十日，一作“均”或“鈞”，解爲均等。從“配主”看，後解爲勝。此指太陽已有一半爲陰影所蔽，另一半陰影還未及，目前二者勢均力敵，故曰“旬”。這種太陽和陰影勢均力敵的食象是日月運行的正常天象而非災異，故説“雖旬无咎”。過一段時間日蝕就會過去，陽光又會大放光芒。所以説“往，有尚”。尚即上，指太陽占優勢地位。

《象》曰：雖旬无咎，過旬災也。

陰影遮蔽太陽的一半，无咎，那就是説，若超過一半，就是災了。

六二，豐其蔀，日中見斗，往得疑疾，有孚發若，吉。

“豐其蔀”，蔀，本指豐席，爲遮蓋之物。此蔀字指蔽日之陰影。“豐其蔀”即陰影越來越豐大，是對日蝕現象的描寫。

“日中見斗”，“日中”指日蝕發生的時間，正當中午。因爲“豐其蔀”，陰影越來越大，差不多把整個太陽都遮住了，以至於出現了北斗七星。從食相來看，當屬日全食的“食既”階段。

“往”，一般以“前往”作解，此指食相繼續發展。“得疑疾”,指有些人看見日蝕而發狂。疾爲大病,故不能以一般疑心病作解。

“孚”,舊注訓爲誠。帛書《易經》作“復”。疑“孚”爲藉字,“復”爲本字。“發”,當訓明。“有復,發若”,是針對“得疑疾”之人而言,認爲日蝕很快就會過去,太陽將會恢復光明。如果以信釋孚,則爻辭意思難以貫通。今帛書《易經》出,“孚”作“復”,與復卦之復同,其義與下文“發”相呼應,且與整個卦爻辭密合無間。

六二爻辭是説,陰影越來越豐大,差不多把整個太陽都遮住了,以至於現出了北斗七星。隨着日蝕的延續,有些人害怕得發狂。但是日蝕衹是暫時的,太陽將會恢復光明、吉利。明動不相資,故不能成其豐。不能成其豐,故有“日中見斗”之象。不過六二畢竟是離明之主,有中正之才,它能够以“有孚發若”的精神克服“往得疑疾”的困境而最終得吉。

《象》曰:有孚發若,信以發志也。

“有孚發若”是六二爻辭的省語,意謂“豐其蔀,日中見斗,往得疑疾,有孚發若”,信以發志也。日蝕陰影越來越大,達到正午時分,能看見北斗七星的程度,嚇得有些人瘋狂起來。但是太陽總會恢復光明的。

九三,豐其沛,日中見沬,折其右肱,无咎。

沛即旆,旆爲幡幔,遮蔽之物。沬,極小的無名小星。“豐其沛,日中見沬”,情況比“六二,豐其蔀,日中見斗”更嚴重。從食相看,當屬日全食的“食甚”階段。“六二,豐其蔀”,日未全蝕,僅能看見北斗星,“九三,豐其沛”,日全蝕了,連無名的小星也看得見,光明已完全被昏暗所代替。九三與上六正應,但是上六陰柔處在無位之地,又在震之終,震之終則止,乾脆不能動了。明而不能動,所以有“豐其沛,日中見沬”之象。九三以剛陽至明之才處在至昏的境遇，縱慾有所爲，無奈其明已傷，也不可有所爲了。有所爲必有咎，衹好“折其右肱”，人做事主要靠右肱，右肱折掉，便無可作爲，無可作爲則无咎。

《象》曰：豐其沛，不可大事也。折其右肱，終不可用也。

九三境況不如六二，六二雖“豐其蔀”，但所遇之六五畢竟居中得正，可以“有孚發若”，可共濟大事，而“九三，豐其沛”，所應之上六，以陰柔居震之極，居動不動，昏昧已甚，九三不可與之共大事。九三知道自己處於這樣的境況，好像折了右肱，想施展也絶不可能施展了。

九四，豐其蔀，日中見斗，遇其夷主，吉。

九四這一爻講的是“食甚”過後，日全食結束，陰影逐漸消退，太陽又重新露出光芒。由於太陽復明露出微光，所以無名小星就看不見了，衹能看見大一點的北斗七星。《周易》爻辭的作者以相同的爻辭處於不同的爻位表現日食的不同食相，真乃獨具匠心。

“遇其夷主”，從天象來説，“夷主”當指微光復明之日。主語當爲陰影，此“夷”字當訓爲“滅”，與“明夷”卦之夷同。陰影遇到微光復明之日，日全食開始消失，故曰吉。

總之，九四爻辭是説：陰影雖然還豐大，但已開始消退，衹能看見北斗星了。太陽開始復明，陰影遇到了已經消失了的主人。這是吉的。引申到人事上，從日蝕可以比喻君臣關係。以“日”爲君，以“斗”爲臣，以“日中見斗”爲君將失其光，以“豐其蔀”爲“上能使下，君能令臣”。帛書易傳《繆和》篇就是依據九四爻辭引申出這樣的政治學理論的。

《象》曰：豐其蔀，位不當也。日中見斗，幽不明也。遇其夷主，吉行也。

九四與六二之蔀斗皆指六五言。“九四，豐其蔀”，因爲它位不當,以陽居陰且在高位,不中不正。日中見斗,因爲幽不明,君陰柔而臣不中正,昏暗遮蔽了光明。遇其夷主吉,是由於九四下求於初九,致使陽剛相遇,這本身就是吉的行爲。

六五,來章,有慶譽,吉。

“來章”,從食相來看,當屬“復圓”。所謂“來”,指光明復來。“章”,即彰、顯,指陰影盡退,太陽光芒畢現,恢復圓形。日蝕到此結束,所以説“有慶譽,吉”。各卦第五爻爻辭一般都較爲圓滿、吉祥。豐卦亦如此。

六五爻辭是説,陰影盡退,太陽光芒畢現,恢復圓形,有福慶和佳譽,吉。

《象》曰:六五之吉,有慶也。

六五自己柔暗,卻善用章美光明之才以致豐保豐;六五居君位,它所致之豐乃天下之豐,它所得之吉乃天下之吉。豐以天下,吉以天下,故曰有慶。

上六,豐其屋,蔀其家,闚其户,闃其无人,三歲不覿,凶。

上六一爻最爲不濟,豐六爻唯上六一爻凶。豐,不是一般的豐大,是指日蝕時陰影籠罩。蔀,遮蔽。闚,同窺。闃,寂靜無聲。“豐其屋,蔀其家”,是對日蝕“食甚”階段黑暗的靜態描寫。“闚其户,闃其无人”,是對“食甚”時黑暗的動態描寫。這一靜一動寫盡了日全食時人們的恐怖。“三歲”,非實指,極言年頭很多。覿,見也。“三歲不覿”,多年不見。意謂此次日全食非同尋常,多年未見過,故曰凶。

《周易》各卦上爻處一卦之終,大多有物極必反之義。豐卦此爻也是“來章,有慶譽,吉”之反。上六爻辭是説,黑暗籠罩了一切,房屋也看不見了。窺視别人家裏,四周好像没有人一樣。這是多少年不曾見過的日蝕,真是凶啊。

《象》曰:豐其屋,天際翔也。闚其户,闃其无人,自藏也。

際爲降字之形訛，翔爲祥之藉，而祥爲凶兆也。天際降即天降祥，天降下惡祥。“小象”作此解，是以“其屋”爲日全食之象，爲凶兆也。“闚其户，闃其无人”，這種局面，完全是由它自己造成的，是它自己把自己“藏”了起來。上六自高自大，自蔽自藏，自致其凶，都是因爲豐大太過的緣故。揚雄説“炎炎者滅，隆隆者絶。觀雷觀火，爲盈爲實，天收其聲，地藏其熱，高明之家，鬼瞰其室”，正合豐卦上六之義。

〔**總論**〕

綜觀豐卦卦爻辭，我們能够看到兩點：第一，豐卦卦爻辭完整地記敍了一次日全食的全過程。其中初九寫食相的“初虧”，六二寫食相的“食既”，九三寫食相的“食甚”，九四寫食相的“生光”，六五寫食相的“復圓”。日全食在“食甚”階段，所以上六對“食甚”作了重點描繪。卦辭是對整個日蝕過程的概括。

第二，可以看出人們對日全食兩種截然不同的態度：一般以日全食爲災異的象徵。故以“食甚”爲凶，甚至得疑疾，以太陽復圓爲吉。另一種態度，卦中以王爲代表，認爲日蝕是正常的天象，不值得擔心，所以持“寬假”的態度。這第二種態度主要體現在卦辭裏，因此，可以説，本卦的主旨認爲日蝕是正常的，不是災異。

旅

䷷ 艮下離上

《序卦傳》説：“豐者，大也。窮大者必失其居，故受之以旅。”豐是盛大，旅是羈旅；豐大至於極點，必將失去其所居；失其所居，便成了羈旅之人了。所以豐卦之後次之以旅卦。旅之爲卦艮下離上，山止於下，火炎於上，有去其所止而不居之象,又離在外,有麗乎外之象,故曰旅。

旅,小亨,旅貞吉。

旅雖失其所居,但未至於困,故可以亨。然而祇可以小亨,不可以大亨。從卦才看,旅之所以可小亨,是因爲六五是卦主,它以柔得中而順乎剛。旅之所以不可大亨,是因爲處旅困之時須有陽剛中正助於下,方可致大亨,而旅卦没有。小亨而能守旅之正則吉。大亨固然利於貞正,旅小亨,似乎可以苟且失正,其實不然,小亨也須守正道方可得吉。

《彖》曰:旅小亨,柔得中乎外而順乎剛,止而麗乎明,是以小亨旅貞吉也。旅之時義大矣哉。

"旅小亨,柔得中乎外而順乎剛,止而麗乎明,是以小亨旅貞吉也。"此《彖傳》未釋卦名而專釋卦辭。從卦才看,旅之所以"小亨旅貞吉",關鍵在於六五這一爻。六五是卦之主,它以柔居於外卦又得中,而且順乎二剛之間。柔中,在外,順剛,知處屈以求伸,正合乎旅道的要求。旅卦下體艮止,上體離明,合上下體看,止而麗乎明。止而麗乎明,則能寄寓守正,不之邪暗。旅六五處外,柔中,順剛,上離下艮,止而麗乎明,故可以小亨,可以旅貞吉。

"旅之時義大矣哉。"古人安土重遷,把寄居異國,流落他鄉看作極嚴重的事情,天下事都當隨時各適其宜,而旅的處境最難把握,旅的意義最難盡知。如果把握得好,一個人可以因旅而興;把握得不好,一個人可以因旅而亡。所以旅之亨雖小,而孔子卻説它"時義大矣哉"。

《象》曰:山上有火,旅。君子以明慎用刑,而不留獄。

山上有火,艮下離上,止而明,止而不處,有旅象,所以叫作旅。君子觀旅之象,處理獄訟,既要明慎用刑又要不留獄。艮下離上,止而明,君子用刑要明而慎。止而不處,君子不留獄。用刑實即判決,留獄是久拖不判。判決要明察審慎,不可草率,但也不應長期拖着不判。

初六,旅瑣瑣,斯其所取災。

"瑣瑣",鄙猥瑣細。斯,此。六以陰柔之才居旅之始,是意志柔弱,目光短淺,衹知養其小體不知養其大體的人。這樣的人處在旅困的時候,想的幹的完全是眼前小利,身邊瑣事,不可能有大的作爲,不唯於國於民不利,對於自己其實也是一種災患。初六的這種災患是它自取的。

《象》曰:旅瑣瑣,志窮災也。

爻辭講初六的行爲可賤,象辭揭示初六的志意可鄙。行爲瑣細可賤是由於局促、猥陋、窮迫,一副小人的狹窄心胸造成的。

六二,旅即次,懷其資,得童僕貞。

六二以陰爻居陰位,得正又處中,有柔順中正之德。有柔順之德而處於旅的時候是很好的。柔順中正,所以能够即次,能够懷資,能够得童僕之貞。次,舍。即次,旅中有住處。資,資財。懷資,身上有錢花。貞,正。得童僕貞,得到童僕的誠心幫助、照顧。一個人羈旅在異國他鄉,能够有適當的居處,有足够的錢花,有童僕的真誠幫助、照料,可以説再好不過了。爲什麽不言吉?人在旅的時候,能免於災害就算不錯了,哪裏還談得上吉!童僕指初六,初六比於六二,初六自己瑣瑣無大志,而在六二看來卻是一個真誠可信賴的童僕。

《象》曰:得童僕貞,終无尤也。

"旅即次,懷其資,得童僕貞",這三條中"得童僕貞"是重要的。人在旅困中如果能得到一個忠誠服務的童僕的幫助,"旅即次,懷其資"便容易,可以終无尤悔。

九三,旅焚其次,喪其童僕貞,厲。

厲,危厲,危險。九三以陽居陽,得位,六二以陰居陰,也得位,所以都有次象。九三與六二都得位,都有次象,爻辭卻截然相反。六二"旅即次",旅中得到居住的場所;九三"旅焚其次",旅中雖有居住場所但被焚掉。六二"得童僕貞",得到童僕的忠誠幫助;九三"喪其童僕貞",原有童僕的忠誠幫助,而今卻喪失掉了。爲什麽六二很好,九三很不好呢?這是由於六二柔順得中謙下,九三過剛居上不得中的緣故。九三既過剛過中,焚次喪僕,其危厲便是必然的了。

《象》曰:旅焚其次,亦以傷矣。以旅與下,其義喪也。

下,童僕。九三過剛而不中,既有"旅焚其次"之哀傷,又喪其童僕,失掉童僕的忠誠幫助,處境是危厲的。人在旅時,本來親者寡,衹有童僕朝夕相與,而今九三剛暴過甚,視童僕如旅人,童僕必也視它如旅人,離之而去。責任在九三,不在童僕。九三"以旅與下",把童僕視作旅人,因而喪失掉童僕的幫助,乃"其義喪也"。義,道,理。童僕離之而去,是合乎道理的,必然的。

九四,旅于處,得其資斧,我心不快。

資,齊,利。資斧,錢財。九四居柔且在上體之下,用柔能下,這在旅的時候是適宜的,故有"旅于處,得其資斧"之象。"旅于處",旅於異國他鄉,有安身之地。"得其資斧",得到錢財,生計可以維持。這是九四較好的一面。但"旅于處"不如"旅即次"好。"旅即次",旅居異國,有所次舍,衹是臨時居留,不能久處,意謂旅居異國的生活是暫時的。"旅于處",猶如諸侯之寓公或作爲人質出疆的臣子,雖不必遭遇大災,而旅困他鄉的生活卻長久不能結束。所以,"旅于處"僅僅好於"旅焚其次"而已。況且九四還有不好的一面。九四以陽居陰,居非正位,盡快結束旅困生活的志向不得遂,故"我心不快"。"我"指九四自己。

《象》曰:旅于處,未得位也。得其資斧,心未快也。

六二以陰居陰,得位,故"旅即次"。九四以陽居陰,未得位,故"旅于處"。未得位即窮處不得志。在窮處不得志的時候,雖然尚可"得其資斧",維持生計,但是心志畢竟不快。

六五,射雉一矢亡,終以譽命。

五在别的卦取君義,在旅卦則不然。人君是不可以旅的,旅則喪失君位,故旅六五不取君義。旅卦六爻中六五是最好的,它有光明柔順中正之德,恰適合處旅之道,故有"射雉一矢亡,終以譽命"之象。亡如"秦無亡矢遺鏃"之亡。射雉雖必費去一矢,但所得畢竟甚多。譽,令譽。命,爵命。"終以譽命",終必獲致令聞和爵命。

《象》曰:終以譽命,上逮也。

逮,及。上逮,及於上。六五雖不取君義,卻也是代表士大夫獲致高位的。上逮,言其地位聲望已經很高。

上九,鳥焚其巢,旅人先笑後號咷,喪牛于易,凶。

在旅的時候,以謙下柔和得中爲好,而上九剛而不中,所處最高,比九三尤爲剛亢,在旅卦六爻中是最不好的。它栖高處亢,正當危地,有鳥巢之象。它又在離體,離爲火,有焚象,故曰"鳥焚其巢"。先笑,謂上九初以居他人之上而自喜;後號咷,謂上九終因巢焚而悲。牛,順物。喪牛,上九喪失至順之德,剛亢至於極點,故凶。

《象》曰:以旅在上,其義焚也。喪牛于易,終莫之聞也。

九三"以旅與下",是視童僕如旅人的意思。上九"以旅在上",是既處旅時又以尊高自處,驕肆不羈的意思。九三曰"其義喪”，上九曰“其義焚”，二者用意相同。爻辭説“喪牛于易”是什麽意思呢？《小象》釋之以“終莫之聞也”，是説上九過剛而高亢，徹底失掉柔順之性，所得以它得到的必是無可挽回的可悲結局。

〔總論〕

凡卦爻都是陽剛勝陰柔，陽剛總比陰柔爲好。但是旅卦則不是這樣。旅卦之陰爻勝於陽爻。六二與六五都以柔順得吉，九三與上九皆因陽剛致凶。六二與六五，以六五爲最好，六二次之。九三與上九，上九最凶，九三次之。九四是陽爻，但它以陽居陰，有用柔能下之象，所以“旅于處，得其資斧”，比九三、上九爲好。又，旅卦與他卦一樣，也以得中爲好。六二與六五之所以吉，不唯由於是陰爻，還由於它們得中。初六雖是陰爻，卻“旅瑣瑣，斯其所取災”，原因就在於它是處不得中而卑以自辱的人。九三與上九之所以獲厲致凶，是因爲它們既是陽剛之爻又處高居上，其位不中。二、五柔順而得中，最好。初六雖柔順卻不中，故不好。可見《易》是貴中的，貴中在《易》裏具有普遍意義，貴柔則是有條件的，不是普遍的。

巽

䷸ 巽下巽上

《序卦傳》説：“旅而无所容，故受之以巽。巽者入也。”旅，如同天空之雲，水上之萍，飄浮無定，往往無所容納。然而無所容納的局面不會永遠繼續下去，總有一天會有所容納，故旅卦之後次之以巽卦。巽的意義是入。巽之入不是一般的入，是一陰伏於内，二陽入而散之的入。是陽入而解決陰的問題，不是陰入而解決陽的問題。總之一句話，巽之入是陽入，不是陰入。從入的程度看，巽之入不是皮毛的入，形式的入，而是入於其內，察其細微的入，是深入內裏的入，因此卦名曰巽。

巽，小亨，利有攸往，利見大人。

巽是入的意思。入於事物的内裏以解決存在的問題。在自然界，風吹浮雲，把積陰吹散；在人的思想，洞察幾微，瞭解内心的隱曲；在國家事物，清除姦慝，掃盡弊端，三者都非深入事物的内裏不能解決問題。不過，巽一般是修敝舉廢，不像蠱卦那樣，事物壞極了而加以徹底的更新改造，故曰小亨。於天下之事物，既然已經察知明白，必見諸行動，故曰利有攸往，在行動中須有有剛德之人指導，故曰利見大人。

《彖》曰：重巽以申命，剛巽乎中正而志行，柔皆順乎剛，是以小亨，利有攸往，利見大人。

巽卦《彖傳》全部是總論卦義的，而用"是以"二字作結。巽之爲卦巽下巽上，是爲"重巽"。巽爲風，風吹萬物，無所不入。由自然界看到人事，知人君之發布教令亦如風之鼓吹萬物，無所不入。然而風祇是鼓吹而已，人君則須先行體察民情物理，然後叮嚀告誡之，故曰"申命"。"重巽以申命"，是以小亨。巽卦之上下二巽體，都是陽爻居於二、五之位，一陰爻處在二陽爻之下，這叫做"剛巽乎中正而志行，柔皆順乎剛"。"剛巽乎中正而志行"，是以"利有所往"。"柔皆順乎剛"，九二與九五以陽剛處中正之位，初六與六四二陰出而順從之，是以"利見大人"。

《象》曰：隨風，巽。君子以申命行事。

隨，相繼之義。巽下巽上，兩風相重，叫做隨風巽。隨風巽，如風之入物，無所不至，無所不順。孔子認爲君子研究巽這一卦應將隨風巽的道理應用在"申命行事"上。"申命"，先行告誡叮嚀，使民衆相信上命可行當行；"行事"，申命然後見諸行動。君子要做到的先説到，説到的一定做到，則民衆百姓從之必如風之迅速。

初六，進退，利武人之貞。

巽是申命行事之卦。申命行事，最要緊的是令出必行，或進或退，必有一定，進退不決是絶對不行的。初六陰柔處下承剛而不中，是卑巽太過，志意恐畏，柔懦不決之人，所以，是進是退，不能決斷。“利武人之貞”，其所利在武人之貞。假若初六能勉爲武人貞固堅强之志，那就好了。

《象》曰：進退，志疑也。利武人之貞，志治也。

疑與治二字相對應。疑，兩可不決，主意不定。治，一定不亂，或進或退，無有疑慮。《小象》指出爻辭所云，主要是志疑志治的問題。初六陰柔處下，有或進或退，志疑不定之象，應像武人那樣貞固勇決以消除疑慮。

九二，巽在牀下，用史巫紛若，吉无咎。

巽，入。牀下是陰暗之處，陰邪之物往往隱伏在那裏。入於床下，深入到牀底下去，把隱伏在那裏的見不得光明的陰邪之物察看得清清楚楚，然後着手除掉它們。史巫，據《周禮》記載，史掌卜筮，卜筮占吉凶。巫掌祓禳，祓禳消災害。紛若是繁複的意思。“用史巫紛若”，就字面看，是説藉助史巫的力量消除陰邪災害，實際上是比喻九二既能“巽在牀下”，深入瞭解掌握問題的真相，又能頻繁地申命，周到地行事，亦即采取積極有效的措施加以解決。九二如此認真盡申命行事之道，當然是吉无咎的。

《象》曰：紛若之吉，得中也。

九二得吉无咎，是因爲它以剛居中，有剛中之德，在紛然衆多的申命行事中善於把握中道，不使過或不及。

九三，頻巽，吝。

巽者入也。但巽之入不是一般的入，是人君申命行事以深入人心的入。頻巽，不同於重巽。重巽以申命，雖然三令五申，但申的是一個命，命無更改。頻巽則是今日一命，明日一命，紛更無常，使人無所適從。九三如此頻巽，屢失屢巽，屢巽屢失，命令不行，所以致吝。

《象》曰：頻巽之吝，志窮也。

《小象》將九三頻巽致吝的原因歸咎於志窮。志窮又與志疑不同。志疑是面對不同的選擇，拿不準主意，猶豫不決。志疑是可以救治的，它拿不準主意，想辦法讓它拿準主意就是了。而志窮則是其志雖欲巽，然而毫無實際的辦法。志窮是不好救治的，唯致吝而已。九三之所以如此，根本的原因在於它剛而過乎中。

六四，悔亡，田獲三品。

六四陰柔無援，居四陽之間，承乘皆剛，處境不利，該當有悔。但是，六四也有有利的一面，它上承九五，以陰居陰，依尊履正，自己不是陽剛，卻能順乎陽剛，所以有悔也可以亡。六四與初六同樣處於二陽之下，但六四的情況好於初六。初六居重巽之下，猶有進退之疑，六四則居高當位，不但可以悔亡，且可有"田獲三品"之功。"田獲三品"是比喻九三申命行事之功效的。田，田獵。田獵是武事，有興利除害的意義。所謂三品，古人以爲是爲乾豆、爲賓客、爲充庖的三類禽獸，其實三品不必定指哪三品；"田獲三品"是田獲盛多的意思，解獲三狐，此獲三品，當是所獲者多，不止於狐。

《象》曰：田獲三品，有功也。

有功指田獵有獲。田獵有獲謂六四申命行事有功。

九五，貞吉，悔亡，无不利。无初有終，先庚三日，後庚三日，吉。

九五是巽卦之主,它的根本特點在於一個貞字。它由於貞而吉,而悔亡,而无不利。吉,悔亡,无不利,全由於一個貞字所致。貞是什麼?貞即是《彖傳》所云"剛巽乎中正而志行"的"中正"。九五在巽卦中是發佈命令的,中正對於它是極重要的。因爲它本身中正,是以得吉;因爲它本身中正,則内無疑心,外無疑事,是以悔亡;因爲它本身中正,則所申之命如流水之源,無所不至,故无不利。

"无初有終"與"先庚三日,後庚三日"講的是一個道理,應合起來看。庚字在此含兩層意義,第一,古人用十天干記日,言先庚三日,後庚三日,合起來,恰好七天。七天是説較長一段時間。第二,庚與更諧音,用庚字取變更、更改之意。這兩句話總的含義是,國家若要改革,制定政策、命令,重要的是要有一個結果,這就是"无初有終"。還要有足够的時間做充分準備,"先庚三日,後庚三日"正是這個意思。又,巽卦是講權的,就國家社會説,它講的是改革,是中興,不是改朝换代,更不是社會革命,所以叫做"无初有終"。九五在申命行事時如果能够做到先庚三日後庚三日,便可獲吉。一爻前後二吉字是有區别的。前吉是九五本身固有的,後吉是有條件的,可能實現也可能不實現。

蠱卦卦辭言先甲後甲,巽卦爻辭言先庚後庚,古人説解不一,《周易折中》所引龔焕之説最爲明通。龔説:"蠱卦辭言先甲後甲,巽爻辭言先庚後庚。事壞而至蠱,則當復始。甲者事之始,故《彖傳》以先甲後甲爲終則有始也。事久而有弊,不可以不更,庚者事之變,故巽爻辭以先庚後庚爲无初有終也。夫事之壞而新之,是謂終則有始;事之弊而革之,是謂无初有終。終則有始,如創業之君,新一代之法度也。无初有終,如中興之主,革前朝之弊事也。"龔焕是申明王弼、程頤之説的。王、程之説正確可從。

《象》曰：九五之吉，位正中也。

正中就是中正，《小象》爲叶韻而倒轉。九五之吉，包括爻辭中前後兩個吉字。貞吉之吉和先庚後庚之吉，都是由於九五以剛居剛，居中得正所致。

上九，巽在牀下。喪其資斧，貞凶。

巽，入。牀下，陰邪隱伏之處。巽在牀下，表明察之甚深。察之甚深，本是好事，所以九二巽在牀下獲吉无咎。怎奈上九處巽之窮，以剛居亢位，巽極當變而不知變，欲行九二之道卻無九二之時。同時“巽在牀下”，在九二爲有爲之象，在上九則是過巽之舉。凡事不當爲而爲，必過；過則必有失；所以九二“用史巫紛若吉无咎”，而上九竟“喪其資斧貞凶”。資斧，錢財。“喪其資斧”，實際上是比喻喪失適時應變行權的能力。居巽極之時，失去剛斷，不能行權，固守此道走下去，豈有不凶之理！

《象》曰：巽在牀下，上窮也。喪其資斧，正乎凶也。

“巽在牀下”，是過於巽之象。上九之所以有“巽在牀下”之象，原因就在於它處在全卦之上，巽至於窮極的時候。“喪其資斧，正乎凶也”，上九以剛居亢，處巽之極，失去了應變行權，遇事決斷的能力，固守此道走到底，必凶。

〔總論〕

《説卦傳》和《序卦傳》都説“巽者入也”，而《雜卦傳》説“巽伏也”。入和伏並無牴牾，是一致的。巽之爲卦是巽下巽上，上下二巽都是二陽在上而一陰在下。從陰的角度説，一陰伏於二陽之下，巽就是伏。從陽的角度説，二陽在一陰之上，必入於陰而制之，巽就是入。陰之伏與陽之入相反相成，互以爲用。没有陰之伏，便無陽之入；没有陽之入，也就没有陰之伏。然而巽卦之卦義强調的是入不是伏。《雜卦傳》是在同兑卦對照談巽時才説巽是伏的。兑卦是一陰在二陽之上,陰是見的,而巽卦恰好相反,陰是伏的。然則巽之入是什麽意思呢?巽爲風,巽之入是風吹萬物無所不入的入。比如風吹浮雲,掃散積陰,就是巽入之入。可見巽之入並非單純的入,入之後還有制的問題。引申到國家事務,巽之入就是統治者申命行事,通過發佈深入人心,深入事理的政教命令,以解決除姦、厘弊等問題。巽之義是入,入之義不僅僅是入,還含有制的意義在内,所以《説卦傳》説萬物"齊乎巽","齊也者,言萬物之絜齊也"。巽入,就其效果説,有絜齊萬物的作用,絜齊也就是制。言萬物"齊乎巽",並不妨礙我們説巽卦之義是入。巽的根本含義是入,没有入,亦便無所謂制,無所謂絜齊萬物了。這是説,整個一卦之義,在一卦之中,初六與六四是伏於内之陰,是四個陽爻入而制之之對象。巽之入義,正是取之於陽入制於陰這一點上。但是,具體到每一爻的爻義,情況就不同了。不僅四個陽爻是入而制之的主體,初四與六四兩個陰爻也是入而制之的主體。六爻在整個巽的時代將起到什麽作用,要看它們各自的才質與時位如何了。初六質柔居下,進退不決,"利武人之貞",需要的是剛決果斷。六四雖亦陰柔,然而居高當位又承九五,故不唯無進退之疑,且有田獲三品之功。九三與上九的問題過於中,九三過中又過剛,故"頻巽",屢巽屢失,屢失屢巽,達不到入而制之的目的,必吝。上九過中又以剛居亢,處無位之地,有"巽在牀下,喪其資斧"之象,非但無益,而且有害,其凶必矣。《易》貴中,巽尤貴中,九二與九五,是《彖傳》所謂"剛巽乎中正而志行"者,九二能盡申命之道,故吉无咎,九五居尊中正,先庚後庚,慎始思終,從權適變,最善行巽之道,故吉而又吉。

兑

䷹ 兑下兑上

《序卦傳》說:"巽者入也。入而後説之,故受之以説。兑者説也。""兑者説也",説明兑本來就是説,兑、説本爲一字,猶如咸卦之咸與感同爲一字一樣。咸就是感,兑就是説。有人把咸説成是無心之感,把兑説成是無言之説,是不對的。

兑,亨,利貞。

兑即説,説亦即悦。兑之爲卦兑下兑上,上下二體都是一陰在二陽之上,有喜見於外之象。説是致亨之道,我能説於物,物必説而與於我。我説物與,足以致亨。"利貞"是戒辭。爲説之道,利於貞正。不是隨便怎樣求説都能致亨的。如果不以正道求説,求説是爲滿足一己之私慾,那就是邪諂,不惟不能致亨,還要有悔吝了。

《彖》曰:兑説也。剛中而柔外,説以利貞。是以順乎天而應乎人。説以先民,民忘其勞;説以犯難,民忘其死。説之大,民勸矣哉。

"兑説也",解釋卦名,兑就是説。喜説,和説。此與咸卦《彖傳》説"咸感也",意思是相類的。

"剛中而柔外,説以利貞。"這兩句話直接解釋卦辭。自整個一卦看來,一陰在二陽之上,陽説陰而陰説於陽,故有説義。卦之二、五都是陽爻,是謂剛中,三、上都是陰爻,是謂柔外。剛中而柔外,是兑亨利貞的兩點根據。剛中,陽剛居中,有中心誠實之象,故能利貞。柔外,陰爻在外,有接物和柔之象,故能説亨。剛中與柔外互爲條件,缺一不可。如果衹有柔外而無剛中,便會説而不正;説而不正,便不是説而是諂了。如果衹有剛中而無柔外，便會説而不亨；説而不亨，便不是説而是暴了。唯有既剛中又柔外，方可“説以利貞”。

“是以順乎天而應乎人。”自此句以下，是孔子對兑卦卦辭卦義的體會和發揮。兑卦剛中而柔外，包含着天之道和人之道在内。因爲剛中，所以誠信；誠信則順乎天理。因爲柔外，所以和順；和順則應乎人心。孟子講的“中心悦而誠服也”，就是孔子這裏講的“順乎天而應乎人”的意思。孔子認爲，聖明的統治者，在行説之道的時候，衹考慮如何順乎天而應乎人，不想怎樣使天下人擁護自己。天下人心悦而誠服，不過是他順乎天而應乎人的客觀結果，不是他的初始居心。

“説以先民，民忘其勞；説以犯難，民忘其死。説之大，民勸矣哉。”雖然聖明的統治者絶不爲了取説於民而行説之道，但是，衹要他在行説之道的時候，能够順乎天而應乎人，那末，他必然會“説以先民”，平時就注意使人民飽食，暖衣，養生送死無憾；必然會“説以犯難”，遇到危難例如戰争的時候，依人民説不説，贊成不贊成爲根據，決定仗打與不打。總之，能够使民説在先。能够使民説在先，需要人民出力時，民就忘其勞；需要人民打仗的時候，民就忘其死。統治者弄好了説道，人民可以自勸。所以孔子感嘆説：説之道多麽偉大呀。

《象》曰：麗澤，兑。君子以朋友講習。

麗，附麗。麗澤，二澤相附麗。二澤相附麗，必彼此浸潤滋益。君子觀麗澤之象，乃以朋友講習。朋友是與己志同道合的人。講是講未明的道理，習是習未熟的事物。朋友講習是志同道合的朋友聚會一處，互相講習，彼此切磋。這樣做比獨學無友，孤陋寡聞好得多。朋友講習是人生最大的快樂，而且這種快樂雖過而無害。《論語》以學之不講爲憂，以學而時習爲説，以有朋遠來爲樂，其用意正與兑卦《大象》同。

初九,和兑吉。

說中本有和義,説必和而和則可説。初九是陽爻,居説體而處最下,又無所係應,是能够以和爲説的。因爲是陽剛,所以不邪諂;因爲處下,所以無上求之念;因爲無所係應,所以隨時處順,心無所係無所爲,以和而已。以和爲説,無所偏私,故吉。

《象》曰:和兑之吉,行未疑也。

行未疑,行爲未有可疑。未有可疑,是説未發見它有什麽過失。初九處説在下而又不是中正,所以《小象》指出它行未疑,如果它居中得正,那就用不着説行未疑了。

九二,孚兑吉,悔亡。

九二以剛居中,有誠實之德,在説的時候,它是以孚信爲説的人。説而不失剛中,説以孚信,故吉。不過九二承比六三陰柔小人,是本該有悔的,因爲它有剛中之德,能够自守不失,做到和而不同,悔可以亡。

《象》曰:孚兑之吉,信志也。

初九《小象》曰行未疑,此云信志。初與二比較看,爲初易而爲二難。初九距離六三陰柔小人尚遠,不但志可信,其行亦未可疑。九二與六三陰柔小人近比,其志可以信而其行則未免致疑。故初與二同獲吉,而二多“悔亡”二字。

六三,來兑凶。

六三陰柔不中正又居陽位,動而來求初與二二陽之説,故曰來兑。來兑亦即求説。説自有道,説是不可故意來求的;既然是公然來兑,便是失道求説;失道求説,所以凶。

《象》曰:來兑之凶,位不當也。

六三不中不正且上無應與,全卦六爻之中,它的位最爲不當,所以凶。它不能如九二孚兑之志可信,更不如初九和兑之不特志可信,行亦未疑。

九四,商兑未寧,介疾有喜。

商兑,説之不以正道則不説。未寧,即便説了,也要保持警惕,絶不以爲可説,就安而溺之與之説。九四雖然所處非正,但畢竟是陽剛之質,它能够做到"商兑未寧"。因爲能够做到"商兑未寧",所以雖然介疾而有喜。疾,疾病。喜,病去。"介疾有喜",是説九四近比於六三,介於邪害之間,如果安而溺之,則必受到六三的毒害。然而九四質本陽剛,能够介然守正,雖近於疾病,卻可不爲疾病所侵,疾病終究可去。

《象》曰:九四之喜,有慶也。

九四居近君之大臣位,它的喜不僅是它一身之喜,可能影響到天下國家都得到好處,故曰"有慶也"。

九五,孚于剥,有厲。

陰剥陽,小人剥君子,小人道長,謂之剥,故稱小人爲剥。孚于剥,即孚於小人,亦即孚於上六。九五陽剛居君位,得乎中正,是最能盡説道之善的一爻,它面臨的問題是密比於上六。上六既是小人,就要剥君子,它爲了取説於九五,總要用巧言令色將自己的禍心包藏起來。所以告誡九五,當你誠心相信小人的感人的巧言令色的時候,一定要明白這是危厲的,從而心存危懼,不使自己受小人巧言令色的迷惑。

《象》曰:孚于剥,位正當也。

此《小象》言位正當之義,與履九五同。兑九五爻辭告誡孚于剥有厲,是因爲九五處在尊位,密比於陰柔之上六,正好有一個如何對待小人求説於己的問題,它爻不如九五這樣陽剛中正,位正當,不存在"孚于剥有厲"的問題。

上六，引兑。

上六引兑與六三來兑，都是小人主動説於君子，都是不好的。但是上六之引兑與六三之來兑也有不同之處。六三以柔居剛，它動而求陽之説，故曰來説。來説是公開的，不加掩飾的，容易被人察覺，所以六三自己致凶。上六以柔居柔，它静而誘陽之説，故曰引兑。引兑是隱蔽的，其剥於陽的禍心是巧言令色包藏着的，不易被察覺。所以告誡與它密比的九五要心存危厲，時刻提防它的陰謀得逞。而對於上六自身卻不言凶。

《象》曰：上六引兑，未光也。

光，廣，大。未光，未得廣大。誰未得廣大？上六。上六什麽未得廣大？上六以陰剥陽，以小人剥君子的壞作用未廣大。上六的壞作用爲什麽未得以廣大？因爲引兑雖求説隱蔽，暗藏危厲，但由於受它引兑的九五有所警惕，不上它的當，它的壞作用未得施展廣大。

〔總論〕

兑就是説，兑卦之義實際上是講人與人之間如何建立和説的關係問題。與人建立和説的關係，是一件好事情，各方面都不至於反對，所以説亨，説而可以致亨。但與人和説是有條件的，説必以貞正爲先決條件。説不以正道，則爲邪諂，邪諂是君子所不取的。説之中包含着和的意義。説之義與《論語》説的“君子和而不同”是一致的。從整個一卦看，要達到所以“利貞”的要求即實現合於道的正確的説，需要剛中而柔外，缺一不可。引申到人的身上，必須内裏剛健誠篤而表現柔和巽順。若分别看六爻的情況，便有所不同了。首先，六爻中凡陽剛之爻皆吉，陰柔之爻皆凶。這是因爲剛則有節，柔則無度的緣故。其次，各陽爻雖吉，卻也有差别。初九和兑吉，以和爲説，無所偏私，是最好的一爻。九二有剛中之德，固然很好,但是它承比六三陰柔小人,故孚兑吉之外多“悔亡”二字。九五陽剛中正居尊位,亦有有厲之誡,甚至不如九四“介疾有喜”。這説明作《易》的人認爲在説的時候,近比小人者,縱然自身有剛中之德,也要備加小心。因爲小人伺機求説於君子,而内心包藏着時刻要剥你的禍心。六三來兑與上六引兑,是求兑不以道的表現。説不是故意求的,是自然産生的。君子不求説於人,行道而已。衹要是有意來求説,結果無不凶。上六引兑,求説之心隱蔽,不易被察覺,所以對於它自身説,吉凶悔吝尚不能確定,而對君子的危害比六三更嚴重,九五須牢記“孚于剥有厲”的警戒,時刻防備它。

渙

☴☵ 坎下巽上

《序卦傳》説:“兑者説也。説而後散之,故受之以渙。渙者離也。”渙就是離,就是散。人在憂愁的時候,氣血就結聚;在喜悦的時候,氣血就舒散。可見,説有散義。因爲説有散義,所以兑卦之後次之以渙卦。渙之爲卦坎下巽上,風在水上吹過,水遇風則渙散,故卦名曰渙。

渙,亨。王假有廟,利涉大川,利貞。

渙,渙散。渙卦的卦義是在天下渙散的時代,如何治渙的問題。天下渙散,誰來治呢?當然是王。王用什麼辦法治渙呢?主要是假有廟。廟是宗廟,是奉祀祖考的地方。遇有大事大故,王要至宗廟求助於先人。宗廟祭祀會喚起人們的宗族意識乃至國家意識,進而增强人們的心理凝聚力,以促成天下國家渡過難關。王既假有廟,獲得先人的佑助,便不是解決小問題,是要濟大難,故曰利涉大川。又,渙卦坎下巽上,木行水上,有利涉大川之象。利貞,利於貞正。此貞正當不是戒辭,是説渙卦有貞正的條件和可能性。卦中四與五兩爻得正位,所以利貞。

《彖》曰:渙亨,剛來而不窮,柔得位乎外而上同。王假有廟,王乃在中也。利涉大川,乘木有功也。

"渙亨,剛來而不窮,柔得位乎外而上同。"凡《易》中所謂剛柔往來者,全是本之於乾坤二體的。渙卦坎下巽上,下體坎是坤體,一乾爻來交於中而成坎。上體巽是乾體,一坤爻來交於初而成巽。坎在内卦,故云剛來。巽在外卦,故云柔得位乎外。"剛來",剛在下體。"而不窮",未窮極於下,而處得其中。"柔得位乎外",柔爻居四,以陰居陰,故曰得位乎外。"而上同",雖未得中,但是與九五之中近比,即上同於九五。同於九五就是從中。九二剛來居内而不窮於險。六四柔得位乎外又從於九五之中,内剛外順,有濟渙之象,故云"亨,利涉大川,利貞"。

"王假有廟,王乃在中也。"王是誰呢?王在卦中是九五。九五居上體之中,居中得正,最得"王假有廟"之義。"利涉大川,乘木有功也",此卦坎下巽上,巽爲木,坎爲水,有乘木水上以涉川之象,故云"乘木有功"。

《象》曰:風行水上,渙。先王以享于帝,立廟。

風行水上,有渙散之象。先王觀此象乃享於帝,立廟以收合人心。

初六,用拯馬壯,吉。

初六處渙之初,渙散剛剛開始,是拯渙最好的時候。但是,初六陰柔,自己不能獨力拯渙,誰來幫助它呢?它在卦中没有正應,然而近比九二,九二也没有正應,卻有剛中之才。無應對無應,倒可以親比相求,九二願意也有能力幫助初六拯渙。初六有九二的幫助,就像人借用壯馬之力可以致遠一樣,剛剛開始的渙散,能够及早拯救,故吉。

《象》曰:初六之吉,順也。

初六之所以能够以陰柔拯渙得吉,關鍵在一個順字。它既能順從九二剛中之才,又能順乎時,拯渙於方難之始。

九二,渙奔其機,悔亡。

除初六外,諸爻皆以渙字開頭,意謂在渙散的時候。九二處在下體坎險之中,其有悔可知。若能"奔其機",則悔可亡。奔,急往。機,可以俯憑而安坐的類似小凳的東西。"奔其機",急速離開危境到安穩的地方去。在渙卦裏,初六與九二皆無正應,二者陰陽親比,處在相依相賴的互濟互助關係中。在初六看來,九二是它可以托付的馬;在九二的眼裏,初六是它可以俯憑安坐的機。初六有九二剛中的幫助而且是拯渙於方難之始,所以得吉;九二已處險中,助己者又是陰柔之才,故僅得悔亡而已。

《象》曰:渙奔其機,得願也。

九二居險之中,由於急就於初六,求得一個安穩的去處而亡其悔,其願因此得遂。

六三,渙其躬,无悔。

六三與上九正應,在别的卦裏很少有吉義,唯獨渙卦不同。渙卦六三應於上九,有忘身徇上之象。六三是陰柔之質,且不中不正,本有私於己之心,但是它居於陽位,應於上九,畢竟能够散其爲己之私心,增其濟時之大志,故得无悔。然而終不能救時之渙,止於自身无悔而已。

《象》曰:渙其躬,志在外也。

六三能够以陰柔之質,不中不正之位,做到散其私心,忘身徇上,主要因爲它志在外。志在外指六三應於上九而言。

六四，渙其群，元吉。渙有丘，匪夷所思。

六四是成卦之主，居陰得正，上承九五，下無應與，有渙其群之象，是心無私匿，行無偏黨，能當濟渙大任的人。“渙其群”，處在天下國家渙散的時代，六四作爲一個公而無私的大臣，盡散朋黨，解除割據，把一切有害於統一的小群勢力盡行渙釋。六四能够如此，必得大善之吉。六四不但能渙釋朋黨、割據等小群，更重要的是它還能使整個天下或一個國家混於一，把小的群變成大的群。這就是爻辭後半段所謂“渙有丘”。

“匪夷所思”，是説這不是一般人的思慮所能及的。

《象》曰：渙其群元吉，光大也。

在渙的時代，能够散其小群，聚爲大群，得大善之吉，功德廣大，影響亦廣大。

九五，渙汗其大號，渙王居，无咎。

渙是壞事也是好事。九五“渙汗其大號”就是好事。人體鬱結風寒，汗發散出去，就好了。在這樣的時候，人體需要的是渙汗。渙汗是好事。天下國家猶如人之體，積弊久了，也要產生疾病，出現各種險難，長久下去，必發生大問題。爲了渙險釋難，解決問題，天下國家也要“渙汗”，即像人體那樣發一身大汗，將天下國家長期淤積壅滯的疾病盡行驅除。天子諸侯哀痛迫切，至誠懇惻發出的大號即革舊布新的大命令之類就是大汗。大號之出，天下國家之大難可解。九五以陽剛中正居尊位，處在渙的時代，恰似能够發革舊布新之大號以解天下國家之大難的天子諸侯，故有“渙汗其大號”之象。“渙王居”，王居指人君即天子諸侯之所居，實際上也就是天子諸侯。“渙汗其大號”這樣的大職任，别人是擔當不了的，衹有居尊位的天子諸侯擔當，方可无咎。

《象》曰：王居无咎，正位也。

"小象"以正位釋爻辭之王居。九五居尊位,故曰王居。九五又陽剛中正,故稱正位。九五之所以能够擔當起"涣汗其大號"的重任,端在於它陽剛居中以守至正,如北辰之居其所。

上九,涣其血,去逖出,无咎。

逖,遠。血,人體見血,乃受傷害之標誌。此血字可逕理解爲傷害。"涣其血"與"涣其汗"有區别。"涣其汗"是疾病鬱結在身内,涣汗以除之。"涣其血"是傷害在身外,涣血以違之。在涣卦中,下體坎,有傷害之象。上九距離下坎最遠,所以它能够"去逖出,无咎",遠遠地避開傷害而得无咎。去,表示不再來;出,表示不再入,"去逖出",遠遠地避開傷害,永不再接近它。

《象》曰:涣其血,遠害也。

人體中之汗可以涣發,人體中之血不可涣發;"涣其血",實謂在涣的時代,如何躲避外部惡勢力對己身的傷害問題。孔子恐人們誤以爲是涣發體中之血,而指明"遠害也"。實際上,如果不是孔子指明,我們的確很難理解"涣其血"的含義是什麽。

〔總論〕

涣卦有涣散的意義也有治涣濟涣的意義。因爲能治涣濟涣,所以卦辭曰"涣亨"。涣卦爲什麽有治涣濟涣的意義呢?主要由於涣卦"剛來而不窮,柔得位乎外而上同"。"剛來"指九二。九二剛陽而居中。"柔得位乎外"指六四,六四以柔居柔在外卦,故云"得位乎外"。"上同"謂六四巽順於九五。六四上同於九五,這一點很重要。九五居中,六四上同於九五,就是從中。處涣的時代,四與二同德親比而守中,足以治涣濟涣,故亨。

涣卦六爻爻義與卦之義基本一致。涣卦六爻獨初六曰"用拯馬壯吉”而不言涣。這是因爲初六居卦之初,涣的形勢尚未出現就及早發現及早拯救的緣故。其餘諸爻皆以涣字當頭,意謂涣的問題已經形成,不是拯救而是如何治涣濟涣的問題了。九二“涣奔其機悔亡”,急速離開危境奔向安穩之地。六三“涣其躬无悔”,比九二進一步,不是奔而是解決自身之涣了。至於六四“涣其群元吉”和九五“涣汗其大號,涣王居无咎”,則是君臣合力治天下之涣。上九“涣其血,去逖出,无咎”,出涣遠害而无咎。總之,初、二、上三爻講拯涣出涣,三、四、五三爻講治涣濟涣,都與卦義相合。

節

䷻ 兑下坎上

《序卦傳》説:“涣者離也。物不可以終離,故受之以節。”事物既已離散,就要有所節制,不可能永久離散下去,所以涣卦之後次之以節卦。節之義爲何?《雜卦傳》説“節止也”,也説“艮止也”。那末節之止與艮之止有何區别?孔穎達説:“節者,制度之名,節止之義。”朱熹説:“節,有限而止也。”可見節之止,是一種限制,使事物不至於發展太過,適可而止。艮之止,是静止不動的止,它要求人們該動則動,不該動則止,即根本不動。艮之止回答的是人們的行爲選擇問題,即强調人們知道什麽事當行重要,知道什麽事當止更重要。而節之止回答的是人們的行爲控制問題,即告誡人們明白,縱然是當行的事情,也要有一個限度,不宜過分,即適可而止。節之爲卦澤上有水,澤中已有水,澤上又有水,澤之容有限,水滿則不容,正是有節之象,故名曰節。

節,亨,苦節不可貞。

卦辭分兩層,“節亨”是一層,“苦節不可貞”又是一層。不該做的事,根本不應當去做,所以不存在節的問題。衹有當做的事,即好事,才有節的問題。當做的事,好事,但做的不够,還處在不及的狀態,這也不存在節的問題。做的是當做的好事,而且已經做到相當充分的程度,卻又善於節制,適可而止,不使過分,這就是節。做事能做到這種地步,亨是沒有疑問的。然而問題往往就出在這個節上,古今中外不乏節而失節的教訓。節本身也有個節的問題。節最易過,過度的節也就同根本無節一樣了。節之過是苦節,苦節不可貞。貞在此是長久的意思。苦節不可長久。苦節如果長久,不僅不能亨,還要出大問題。

《彖》曰:節亨,剛柔分而剛得中。苦節不可貞,其道窮也。説以行險,當位以節,中正以通。天地節而四時成,節以制度,不傷財,不害民。

"節亨,剛柔分而剛得中。"節,節制也。節制自有亨通之義,事情有節制,就能够亨通。又全卦剛柔均匀,而且剛得中而不過,也所以能節,所以能亨。從全卦看,剛柔相濟,一張一弛,適當勻稱。從上下二體看,九二、九五得中,則不失之過和不及,是合時宜的。由此以制數度而隆殺皆中,節卦之所以亨也。這是以卦體釋卦辭。

"苦節不可貞,其道窮也。"節貴乎中,節若能够處中,就亨。亨與窮相對應。節若不能處中,即節過了頭,就變成苦節了。苦節是失度的節,過中的節。苦節與無節同樣有害。苦節不可能長久,因爲它的道是窮的,窮必變,變則通。苦節是沒有前途的,它必然要變,或者變苦節爲適中的節,或者走向毀滅。

"説以行險,當位以節,中正以通。""説以行險",是就卦體言。"當位以節,中正以通"則專指九五一爻。節之爲卦兑下坎上,故有"説以行險"之象。所謂險,是講節的,節免不了有阻礙難通的問題。所謂説，是講亨的，節而可以説，説明節的安穩自如，順暢亨通。説以行險，節而能亨，不是苦節。“當位以節，中正以通”，再從九五這一爻的特點進一步闡釋節亨之義。當位，是以九五之位言。九五居尊位，有能節天下國家之勢。中正，是以九五之德言。九五以陽居陽，居中得正，能通天下之志。就全卦看，説以行險，就九五一爻看，居尊位得中正，都説明節卦能够説而不苦，通而不窮，也就是説，能够節亨。

“天地節而四時成，節以制度，不傷財，不害民。”以下是孔子解釋完卦辭之後的體會和發揮。認爲人類社會有節，自然界也有節，有節是天地人都有的普遍規律。社會的節是根據天地節而來的。天地節，即是剛之節柔，柔之節剛。剛柔相節而生成春夏秋冬四時。冬不可無限長，要由春來節制它，使它適可而止，這是剛節柔。夏也不可無限長，要由秋來節制它，使它適可而止，這是柔節剛。如果天地無節，則大冬大夏而已，哪裏還有四時！此曰“天地節而四時成”，革《彖傳》則説“天地革而四時成”，衹差一個字。二卦雖都講四時成，都講天地，但側重點不同。節謂限止，革謂改易。天地節是説後邊的季節限止前邊的季節，故成春夏秋冬。天地革的結果也成春夏秋冬，但革的意思是説後邊的季節革易前邊的季節而加以取代。古人認爲自然界的規律與人世間的規律是一樣的，自然界有什麽規律，人世間就有什麽規律。人世間的規律可以在自然界尋得根據，自然界的規律也可以在人世間找到它的影響。自然界有“天地節而四時成”，人世間就有“節以制度，不傷財，不害民”。這三句話講的是國家財政支出收入的問題。國家要量入爲出，節制花錢。節制的辦法是制定適當的制度，用制度保證花錢合理。國家花錢如果没有制度節約，就要傷財，傷財就要加重人民負擔，也就要害民。傷財和害民總是相聯繫的，所以孔子講“節用而愛人”。

《象》曰：澤上有水，節。君子以制數度，議德行。

澤是瀦水之陂，周圍必有防堤加以控制，使水不至於流溢。澤之容水量有限度，超過限度就要溢出。有限度就是節，故澤上有水爲節。君子觀了澤上有水的節象，乃制數度，議德行。數，一十百千萬。度，分寸尺丈引。制數度，依人的尊卑貴賤等級制定所用宫室、冠服、車旗、器用等的多少大小亦即制定禮數等差。德，藏於内心爲德。行，表現於外爲行。議德行，考察論定人的思想表現是否中節合禮，是否無過不及，然後任用之，使皆得其宜。

初九，不出户庭，无咎。

户庭，户外之庭。不出户庭，呆在家中不動，什麽地方也不去，什麽人也不接觸，什麽事情也不乾，絶對的慎言慎行。這樣做，當然是无咎的。初九爲什麽能够慎言慎行竟至於“不出户庭”呢？因爲初九陽剛在下，居得其正，當節之初，恰是知節能止的人處在節初當止之時，故不出户庭无咎。

《象》曰：不出户庭，知通塞也。

通塞即節制，知通塞即知節。節既不是一味的通，也不是一味的塞。當通之時通，當塞之時塞，可謂知節。初九處於節之始，是當塞的時候。當塞之時而不出户庭，是謂知塞。知塞而云知通塞，這是爲什麽？這是因爲當節之時通塞不可一定。當塞知塞謂知通塞，當通知通亦謂知通塞，猶今語知深淺，知好歹，知凉熱一樣。

九二，不出門庭，凶。

澤中開始蓄水時，水尚少，這時的問題是如何固塞堤防，使水不至於流走，這就是節，初九正屬於這種情況，故云不出户庭。待水漸盛以至於滿盈，則當啓竇以泄，使水有所溢出，這也是節，九二該屬於這種情況。可是九二無視情況的變化，守着初九的老辦法，依然不出門庭，便是失節了。在節的時候，當通不通，豈有不凶之理。

《象》曰：不出門庭凶，失時極也。

就事之理説，澤之水始至，澤當塞不當通，故初九不出户庭无咎。澤之水既至，澤當通不當塞，而九二不出門庭，故凶。就爻之象看，初九剛而處下，是不當有爲的時候，九二剛而處中，是應當有爲的時候，應當有爲而不爲，必凶。九二之所以如此，關鍵的問題是它失時而至於極。

六三，不節若，則嗟若，无咎。

從成卦之初看，六三在下體是以柔節剛的。從生爻之後看，六三過乎中而不正，乘剛臨險，是不知節的。不過六三柔順而和説，雖不知節，卻能嗟傷以自悔。《易》是補過之書，六三既嗟傷自悔，誰還能怨咎它呢！

《象》曰：不節之嗟，又誰咎也。

雖不節，卻知其不節而自悔，又誰得而咎之！

六四，安節，亨。

六四與六三不同，六三以陰居陽，失位而處在兑澤之極，因而溢而不節。六四以陰居陰，當位得正而順承九五中正之君，故爲安節，安節故能致亨。所謂安節，不是勉勉强强以爲節，是循乎成法，制節謹度以爲節。六四居上體坎之下，亦即坎水之下流。水上溢爲無節，水下流爲有節。又，六四柔順居正，有水流平地安瀾之象，故不但有節，且爲安節。

《象》曰：安節之亨，承上道也。

六四能安節，能致亨的原因不是一個，最爲重要的是它上承九五剛中之道以爲節。

九五,甘節,吉。往有尚。

九五剛中居尊位,是節卦之主,《彖傳》所説“當位以節,中正以通”,指的正是九五。九五之節是甘節。甘是味之中,甘可以受和。和就是節鹹苦酸辛等偏味而使之適中。甘節是無過無不及的節,恰到好處的節。甘節不同於安節。安節衹行於己,唯自安而已,而别人未必安。甘節是九五居中履正,人君以節天下國家的節。這種節既施之於己,也施之於人,天下國家上下人等都不以爲苦,故得吉。甘節實行起來影響很大,功效很大,往則有可尊尚。

《象》曰:甘節之吉,居位中也。

節貴乎中。九五得甘節之吉,根本的原因是它居位處中,當位以節,無過無不及。

上六,苦節,貞凶,悔亡。

上六居節之極,節已過中。過中的節,人們不堪忍受,故云苦節。又,上六處險之極,也有苦義。苦節不可貞,不是長久之道。如果固守苦節,堅持地施行下去,必凶。然而上六若知悔,能够損過而從中,終止苦節,則凶可以亡。節上六悔亡一語與别的卦的悔亡辭相同,但意義不一樣。

《象》曰:苦節貞凶,其道窮也。

九五甘節,卦辭的節亨,通過九五表現出來。上六苦節,卦辭的苦節不可貞,通過上六表現出來。苦節貞則凶,是以不可貞。節發展到上六苦節的時候,已至窮途末路。

〔**總論**〕

節的意義是對事物的運動變化發展加以適當的限制。自然界有自然界的節,故有四時的交替。社會有社會的節。社會的節,情況比較複雜,但是道理與自然界是一樣的。人們爲了對自身的行爲加以限制而制定制度,就是社會的節。節卦下體是兑,兑爲澤爲止,故初九與九二皆曰不出,六三是澤止滿盈而溢,故曰不節。上體是坎,坎爲水爲流,故六四曰安節,九五曰甘節,上六水流而竭曰苦節。下體由澤取義,故下體有通塞的問題。上體由水取義,故上體有甘苦的問題。節貴乎中,在節卦裏,得中不得中最爲關鍵。九五得中,爲甘節。由於九五得中爲甘節,所以卦辭才言"節亨"。上六過中,爲苦節。由於上六過中爲苦節,所以卦辭才說"苦節不可貞"。又,《彖傳》説"當位以節",節卦六爻以當位爲好,不當位爲不好。初九與九二相比,初九當位不出户庭无咎,九二不當位不出門庭則凶。六三與六四相比,六四以柔居柔得正爲安節,六三以柔居剛不正則爲不節。

中　孚

䷼ 兑下巽上

《序卦傳》説:"節而信之,故受之以中孚。"節必須有信。制度制定出來,要看執行。執行的問題主要看人們是否信守。一般説,上頭信守,下邊信從,就做到了"節而信之"。所以節卦之後次之以中孚。中孚爲卦澤上有風,風行澤上而感動於水中,故曰中孚。中孚是誠信的意思。中孚兑下巽上,分上下二體看,則上下二五都是陽中實,合上下二體爲一卦看,則四陽在外,二陰在内,爲中虚。中實爲信之質,中虚爲信之本。内外皆中實而全體中虚,有中孚之象。

中孚,豚魚吉,利涉大川,利貞。

"中孚豚魚吉",卦名與卦辭連着爲義,與"同人于野"、"履虎尾"、"艮其背"等同例。信發於中,謂之中孚。誠信在中心,連愚鈍無知的豚魚也能感動而孚信之,則世上没有什麼東西不能感動不能孚信，能如此，必得吉。以如此至誠之心涉險難，没有什麽樣的險難不能克濟，故云“利涉大川”。不過誠信有正與不正之别。要君子之中孚，不要小人之中孚，故戒之以利貞。

《彖》曰：中孚，柔在内而剛得中，説而巽，孚乃化邦也。豚魚吉，信及豚魚也。利涉大川，乘木舟虚也。中孚以利貞，乃應乎天也。

“中孚，柔在内而剛得中，説而巽，孚乃化邦也。”柔在内而剛得中，是中孚之所以爲中孚的兩個不可或缺的條件。中孚，信發於中，中心至誠之信，它需要中虚又需要中實。中孚兑下巽上正好具備這兩點。上下二體都以剛居中，是中實。全卦六爻四陽在外二陰在内，是中虚。就人説，心中不虚則有所牽累，有所牽累就不能信；心中不實也不行，心中不實則無所主，無所主則失其信。“説而巽”，中孚爲卦上巽下説，在上的以至誠順巽於下，在下的以有孚説從其上。這樣，中孚的教化作用能够施及於整個邦國。

“豚魚吉，信及豚魚也。”豚魚吉，即中孚豚魚吉。中孚能够信及於豚魚，説明豚魚難信；豚魚難信，而中孚以中心至誠能信及之，説明中孚無所不能信。以中孚涉險難，猶如乘木渡河那樣方便可行，而且又像坐空船一般安全無覆没之虞。

“中孚以利貞，乃應乎天也。”中孚是信發於中，中心誠信。信發於中，中心誠信，必須貞正，像天之道即自然規律那樣公正而無偏私。如果信發於中，中心誠信，而心卻不貞正，那就越是中孚越壞。

《象》曰：澤上有風，中孚。君子以議獄緩死。

澤是止水，風在止水上行，寂而感，虚而通，風感水受，有至誠無所不入之象，是爲中孚。君子觀中孚之象，應用到政治上，能做到議獄緩死。議獄，判決之前進行充分的討論，以求其入中之出，把所有可疑的或者不能據以定罪的東西都查出來。緩死，判決死刑之後從緩執行，盡量在犯人必死的罪行中找出可以不死的因素。經過議獄而判刑或經過緩死而處決，在君子來説，做到了盡忠盡誠；在犯人來説，可謂無所遺憾。

初九，虞吉，有它不燕。

虞是安的意思，燕也是安的意思。中孚之卦以全卦内外上下共成一孚，六爻皆不取外應，專以能絶斷係應者爲孚。因爲中孚之卦，孚在其中，無待於外，無求於外，所以六爻無應者吉，有應者凶。初九與六四是正應，本應該是凶的，但是初九能够安處於下，自守自虞，不假它求，故得吉。這個吉是由於它自安於下，絶係於外而致，故曰虞吉。"有它不燕"，是説假若初九心有所動，志變而求孚於六四，那就不得其安了。簡言之，虞則燕，不虞則不燕矣。

《象》曰：初九虞吉，志未變也。

處中孚之始，自信自守自安，孚在其中。"未變"是不變無他求之志，故得虞吉。

九二，鳴鶴在陰，其子和之。我有好爵，吾與爾靡之。

九二陽剛居中，是中孚之實，以其至誠，最能與同氣同類相感相通。縱然它現在處六三、六四二陰之下，暗昧幽隱，不易爲人所知，但由於它中實至誠，行不失信，它的同類無論在多麽遥遠的地方，也能聽到它的聲音。猶如"鳴鶴在陰，其子和之。我有好爵，吾與爾靡之"。鳴鶴指九二自身。它在六三、六四二陰之下，故云在陰。其子指初九。《易》中凡言子言童，一般多指初爻。鳴鶴在陰，其子和之，説的是初九和九二。鶴鳴子和，九二言行至誠，雖處幽深，其同類也能感而應之。爵指爵禄。吾指九二自己。爾，你。靡，分散。"我有好爵"，我若有了爵禄這些名利的東西，"吾與爾靡之"，我必與你分散共有，絶不自己一人享受。孔子在《繫辭傳》裏對中孚九二爻辭有所發揮，説："'鳴鶴在陰，其子和之。我有好爵，吾與爾靡之'。子曰：'君子居其室，出其言善，則千里之外應之，況其邇者乎？居其室，出其言不善，則千里之外違之，況其邇者乎？言出乎身加乎民，行發乎邇見乎遠。言行，君子之樞機。樞機之發，榮辱之主也。言行，君子之所以動天地也，可不慎乎？'"孔子强調君子當慎言慎行，善言善行，看來似乎與爻辭之義有别，實際上是一致的。中孚九二爻辭之義是，君子以至誠感人，人無不自然來應。至誠之言行，當然必是善言善行，惡言惡行是不可以謂之至誠的。

《象》曰：其子和之，中心願也。

鶴鳴是由中而發的，無所求的鳴。子和也是由中而應的，無所求的和。鳴與和都是天然相感，出於中心之願。

六三，得敵，或鼓或罷，或泣或歌。

自一卦而論，六三與六四構成中虚，是中孚成卦的重要因素，但自爻看來就不同了。六四以陰居陰得正，位近於君，上從九五，下不係於初，而六三則陰柔不中不正，而且與上九正應；中孚諸爻以無應無係爲好，六三與上九正應，説明它的心動於外，係於物，喪失了自信力，處在中孚的時代，卻没有中孚的特點，故曰"得敵"。敵，匹，配。應當自主自信自立的時候，它卻什麽都依賴匹配："或鼓或罷"，人家鼓他也鼓，人家不鼓他也不鼓；"或泣或歌"，人家泣他也泣，人家歌他也歌。作止無常，哀樂無定，作止哀樂完全係之於物，自己不能坦然自安，遠不如初九之虞吉。

《象》曰：或鼓或罷，位不當也。

六三的根本問題是以陰處陽，居不當位。居不當位，則心無所主，行止全係於外，因此或鼓或罷，或泣或歌，變改無定。

六四,月幾望,馬匹亡,无咎。

月幾望,月亮將盈而猶未盈。馬匹,謂初九爲六四之匹。馬匹亡與六三之得敵意義相反。六四以陰居陰得正,位近於九五之君,有月幾望之象。月幾望實際上是比喻六四的處境。六四近於君,得到九五的信任,其地位是極高的,如同月亮要滿盈但尚未滿盈。這是最好的。假若六四的地位達到極盛的程度,以至於與九五之君相匹敵,那就等於月望了,月望即將虧,災禍也就快來了。馬匹亡,六四上從九五而下絶初九之係應。六四既近比九五又與初九正應,而在中孚之卦,祇允許孚於一方面,不允許兩方面都孚。六四孚於九五與初九哪一方面呢?它孚於九五而絶於初九,這就叫馬匹亡。馬匹亡與得敵,含義正好相反。六三係於上九曰得敵。六四絶係於初九,曰馬匹亡。六四絶係於初九是有根據的。《易》中凡取六四與初九相應之義,都因爲六四上不遇九五。如果六四上遇九五,則取從上之義,而與初九之應就不論了。

《象》曰:馬匹亡,絶類上也。

類即應。絶類上,絶初九之應而上從九五之君。六三心係於上九爲"得敵",而六四志絶於初九之匹,曰"馬匹亡"。得敵不好,匹亡好。爲何六四馬匹亡而六三得敵?因爲六四位正,六三位不正。又,易例六四承九五者本多吉,六三應上九者本多凶。

九五,有孚攣如,无咎。

攣,拘攣。《彖傳》所謂"孚乃化邦",指的就是九五這一爻。九五剛健中正而居君位,又無私應之累,恰是人君之孚。人君之孚與在下諸爻之孚不同。在下諸爻居下位,居下位之孚祇要中有實德,不係於外即可。九五乃人君,它必須也能够以孚天下國家爲實德,以誠信固結天下國家,然後可以无咎。

《象》曰：有孚攣如，位正當也。

九五能够將天下國家之人心感通一致，固結得像拘攣一樣，根本的原因是它位正當。位正當，以陽居陽，居中得正，正當君位。

上九，翰音登于天，貞凶。

上九處外而居上，當中孚之終，實際上已經不是中孚之道了，所以有“翰音登于天”之象。翰，高飛。翰音，音飛得很高，以至於登至天上。“翰音登于天”，聲聞很高，而實不相副之謂。上九缺乏純誠之心，篤實之道，一味追求虚名，而以矯僞爲尚。這種虚聲無實的人，是絶不會有所作爲的，貞固於此，而不知改，其凶可知。此爻與九二“鳴鶴在陰，其子和之”，意義正好相反。九二孚於中，故在陰而子和；上九孚於外，飛而求顯，鳴而求信，故“翰音登于天”，人所耻之，無人和之。

《象》曰：翰音登于天，何可長也。

“翰音登于天”，虚聲無實，聲聞過情，怎麽可能長久？或者改過反誠，以信實爲本，或者貞固守此以致凶。

〔**總論**〕

中孚之卦義是信發於中，中有實德而不遷於外。信發於中，中有實德，可以信及愚鈍的豚魚，更不必説人了。中孚諸爻爻義與卦義是緊密聯繫着的。因爲中孚强調中有實德而不遷於外，所以六爻無應者吉，有應者凶。初九與六四本來正應，但在中孚卦裏不取應義。初九孚在其中，無待於外，有應而不假求於應，故曰虞吉，有它不燕。同樣六四也如此。六四本應於初九，但是它寧上從九五，也不取應初九之義，所以月幾望，馬匹亡。卦中最好的兩爻是九二和九五。九二以剛居柔，所處得中，而且在二陰之下，是静晦而無求於物的人。它越是無求於物，物越是來應和它，故有鶴鳴子和之象。九二無係應,九五也無係應。九二無係應,中有實德,不遷於外,不過爲一己之事,並不涉及他人。九五則有孚攣如,它剛健中正,正當尊位,亦無私應之累,它之中有實德,影響的就不是自己一人而是天下國家了。九五作爲人君,以孚天下國家爲實德,故必以中心之誠信固結天下國家,有如攣如一般不可分解。六三與上九是中孚卦中最爲不好的兩爻。六三不中不正,或鼓或罷,或泣或歌,動息憂樂不由自主而完全係乎其所信之人,故曰"得敵","得敵"指言有應,應於上九。上九的情況更壞於六三,上九處外而居上,屬於無純誠篤實之心,徒務其虛聲外飾,以矯僞爲尚的一類,其最大的特點是聲聞與實績不副,中孚之道在上九這裏其實已不復存在。

小　過

䷽ 艮下震上

《序卦傳》説:"有其信者必行之,故受之以小過。"中孚是講信的。人有所信,必表現於行動,有行動必有所過,因此小過次諸中孚之後。小過是小者過、小事過和過之小。小過卦之所以名之曰小過,因爲小過爲卦山上有雷,雷在山上震響,其聲高過常,故爲小過。又,陰謂小,小過之爲卦四陰在外,二陽在内,是陰多於陽,小者過也,故爲小過。

小過,亨,利貞。可小事,不可大事。飛鳥遺之音,不宜上宜下,大吉。

過是過其常,矯枉過正,過以就於正的意思。小過則是小事過,不是大事過。大事謂關係天下國家之事,小事謂日用常行之事。君子雖行貴得中,但是在有的時候,要想求中,卻非過一點不可,過一點也爲了求中。當過而過,然後可以亨通。

小過亨,是小事過而亨。利貞,利於正。此卦之言"利貞"與它卦不同。它卦言"利貞"之貞,所指具有抽象的性質,凡是正的,不是不正的,都可以列入它的範圍,而小過之"利貞"之貞所指則是極爲具體的。下文之"可小事不可大事","不宜上宜下",即是小過"利貞"之貞。在小過的時代,可過者小事而已,大事是不可過的,可過於小而不可過於大,可以小過而不可以甚過。能如此即爲正,反之則爲不正。"飛鳥遺之音,不宜上宜下",也是小過"利貞"之貞的内容。飛鳥遺之音,謂過之不遠;不宜上宜下,謂過的方嚮宜嚮下不宜嚮上。同樣是小過,嚮上過凶,嚮下過則吉。比如禮,嚮上過奢過慢則凶,嚮下過恭過儉則吉。

《彖》曰:小過,小者過而亨也。過以利貞,與時行也。柔得中,是以小事吉也。剛失位而不中,是以不可大事也。有飛鳥之象焉,飛鳥遺之音,不宜上宜下,大吉,上逆而下順也。

"小過,小者過而亨也。"《易》陽爲大,陰爲小,卦中四陰二陽,是爲小者過。天底下往往有些事物失之於偏頗,爲了矯正而使之反於中,必須比之於常理小有所過。小有所過,偏方可反於中。矯枉過正,過反於中,其用無窮而亨,故曰小者過而亨。

"過以利貞,與時行也。"《易》貴得中,過本來是不好的。過則不中,不中則不可謂正。然而卦辭卻説小過利貞,小過而利於正,根本的原因是"與時行"。在小過之時,隨時之宜,當過而過,則過不是過,過是爲了中。這種過其實就是中。如果時當過而不過,那倒是不正了。

"柔得中,是以小事吉也。剛失位而不中,是以不可大事也。"此以卦之才解釋卦之"可小事不可大事"。柔得中謂陰爻居二與五之中。陰柔得中,能致小事吉,不能濟大事。柔順之人能行小事;柔而得中,故曰小事吉。做大事必須剛陽之才,非剛陽之才絶難濟大事。在小過卦中,恰好剛陽居於三與四,失位而不中;失位則剛陽之才不得發揮作用,不中則才過乎剛,是以在小過之時不可做大事。猶如剛健之人本能行大事,無奈今失位不中,故曰不可大事。

"有飛鳥之象焉。飛鳥遺之音,不宜上宜下,大吉,上逆而下順也。""飛鳥遺之音",比喻過之不遠。"不宜上宜下",是指小過的方向,即嚮上小過還是嚮下小過的問題。卦辭指出小過宜嚮下不宜嚮上,《彖傳》則説明小過之所以宜下不宜上,是因爲"上逆而下順也"。飛鳥遺音,嚮上則逆,嚮下則順。逆則必凶,順則能獲大吉。總而言之,小過可過於順不可過於逆,可過於下不可過於上,可過於柔不可過於剛。

《象》曰:山上有雷,小過。君子以行過乎恭,喪過乎哀,用過乎儉。

雷在山上,止而不動,威而不猛,乃小過之象。人處在小過之時,不能不過,也不可太過,衹應小過。君子法小過之象,應用到實踐上,可以"行過乎恭,喪過乎哀,用過乎儉"。世上事物都有一定的質的標準。不及或過那個標準便不是那個事物。但是有些事物可過,過之而不爲過。如行之過恭,不失其爲行;喪之過哀,不失其爲喪;用之過儉,不失其爲用,就是可以過的事物。過是嚮下過,不是嚮上過,亦即卦辭説的"不宜上宜下"。如果嚮上過,行不是過恭而是過慢,喪不是過哀而是過易,用不是過儉而是過奢,便是"宜上"。小過"不宜上宜下",若硬是反其道而行之,必致凶。

初六,飛鳥以凶。

小過這一卦由三、四兩陽爻和初、二、五、上四陰爻組成。兩陽爻在中,四陰爻在外,初與上兩陰爻則更在外,都是陰過而不得中,所以凶。自卦象看,如果全卦是個鳥的話,那末初與上便是鳥翅之末,它不當飛。又,初六在艮體之下,恰是應當栖宿的時候,而它竟不能自禁而飛,故以飛而致凶。

《象》曰:飛鳥以凶,不可如何也。

飛鳥之過,一往而不及反,非但從旁不能救止,就是初六自己亦有不能自主之勢。初六致凶是肯定的,誰也無可如何。

六二,過其祖,遇其妣,不及其君,遇其臣,无咎。

六二柔順處下,有中正之德,在小過六爻之中是最好的一爻。它或過或不及,都能適時當分而不愆於中,亦即當過而過,當不及而不及,權之以取中,是以雖過而無過,雖不及而無不及。“過其祖,遇其妣”,謂六二遇六五。遇是當的意思。祖,祖父,指九四。妣,祖姑,指六五。六二過九四而遇六五,似乎過分,然而不爲過分。六二與六五都是陰爻,可爲妣婦關係。在古代,孫婦就是要祔於祖姑,與祖姑同列。這是合於禮的,是當過而不爲過。“不及其君,遇其臣”,謂六五遇六二。六二不敢及其君六五,六五反過來卻可與其臣六二遇。這表現六二守柔居下,不失臣節,是當不及而不爲不及。六二有中正之德,能過祖遇妣而不爲過,遇其臣不及於君而不爲不及,表面看是過和不及,實際上都是適時當分亦即適中的,故无咎。

《象》曰:不及其君,臣不可過也。

在小過的時候,凡小者什麽都有過的可能,唯獨臣是不可過其君的。這説明作《易》者的君臣名分觀念是不含糊的。

九三,弗過防之,從或戕之,凶。

小過陰過而陽失位之時,九三獨以陽居陽而得正,不免爲諸陰柔小人所忌恨,處境很不好。在小過之時,九三應當過什麽呢?九三應當過防於小人,以免爲小人傷害。九三自己有個致命的弱點,即它以剛居剛,過於剛。過剛則容易不把小人放在眼裏,而不爲之過防。九三過防小人之先,應首先過防自身過於剛的弱點。然而九三實際上不大可能做到，它將自恃剛强而不過於周防，不屑於謹小慎微，結果遭到戕害，故凶。

《象》曰：從或戕之，凶如何也。

凶如何，言凶之甚。陰過於陽，必害陽；小人盛於君子，必害君子。九三不知過防小人而爲小人戕害。這樣的凶是最厲害的，故云"凶如何"。

九四，无咎。弗過遇之，往厲必戒，勿用永貞。

在陰過的時候，九三與九四如《象傳》所説都"剛失位而不中"，然而九三以剛居剛，是純剛，故凶，九四以剛居柔，剛而不過，故有无咎之義。"弗過遇之"，九四既不過剛，則當能够隨合時宜，靈活對待。但是九四畢竟是陽剛之質，所以它應當時刻心存戒懼，不要往，不要去柔而以剛進，否則將有危厲。"勿用永貞"，正當陰過而陽剛失位的時候，小人絶對不肯從陽，九四應當隨時處順，不可固守其常。

《象》曰：弗過遇之，位不當也。往厲必戒，終不可長也。

九四當過之時，不過剛而反居柔，恰得其宜，故曰遇之。遇之，遇其宜也。以九居四，位不當也。居柔乃遇其宜也。當小過之時，陽退縮自保足矣，豈能終久長而盛耶！故往則有危厲，必當戒惕。戒往，正是宜下不宜上之義。

六五，密雲不雨，自我西郊，公弋取彼在穴。

六五爻義主要是説不可能有所作爲，縱使想有所作爲，也不會成功。"密雲不雨，自我西郊"，陰雲密佈，天將欲雨，然而雨下不來，因爲風自西方吹來，西風是不易下雨的。小過有"不宜上宜下"之義，六五在卦之上體，又居尊位，正是上而未下的狀態。這在小過之時是不宜有所爲的，不有所爲還好，若有所爲那就不會得好結果。"公弋取彼在穴"，"公"當指六五自己，"彼"當指六二。弋，射而兼有取義。六二在艮體又伏於二陽之下,有鳥未飛而栖於穴之象。鳥未飛而栖於穴,正符合小過"不宜上宜下"之義,所以六五想取之以爲己之助。但是六五是不能成功的,六五與六二是敵應,它得不到六二的幫助。密雲以西風不能致雨,鳥在穴豈可弋取!

《象》曰:密雲不雨,已上也。

雲已密佈,但是不能成雨,因爲陰已在上。陽降陰升,陰陽不和,豈能成雨!

上六,弗遇過之,飛鳥離之,凶,是謂災眚。

上六之過是陰柔小人之過,它居震之極,其飛已高,過而不知止,以至於亢,過而至於亢,哪裏還能有所遇!結果"飛鳥離之"。離,讀爲罹。"飛鳥離之",飛鳥遭遇網羅。這當然是凶的。凶即是災眚。災是天災,眚是人禍。

《象》曰:弗遇過之,已亢也。

六五《小象》言"已上",是過未至於極之義。此言"已亢",是謂過之已甚,過之不能更過。

〔總論〕

《易》中陽爲大陰爲小。爲卦二陰函四陽謂之大過,四陰函二陽則謂之小過。大過像棟橈,小過像飛鳥。小過之義主要在於小,在於下。小過之時大事過或者過於大,在上或者志欲上,都不好。就是説,小過可小事不可大事,宜下不宜上,上逆下順。在有的時候,有的事物,欲得中則必須過於中,欲矯枉則必須過於正。但是這衹適用於小事,不適用於大事,小事過也是有限度的小過,不可以無限度地甚過。過,衹能嚮下過,不能嚮上過。小過卦義與六爻之義是緊密相聯繫的。最能從反面表達卦義的是初與上兩爻。初六處在最下,於時未過,於位亦在下,猶如鳥在栖宿之時,這本是好的,然而它志欲上,不能自禁而飛,終於致凶。上六陰柔小人又居小過之極，是屬於過而不能知止的一類，正如鳥飛無所寄託，過而弗遇，必遭羅網，其所致之凶，實非一般，甚乃無異於災眚。六二與六五都是陰柔得中，但是結果有所不同，六二既有中正之德，又處在下體，正合小過宜下不宜上之義，所以它或過或不及都適其時應其分而得其中，是六爻中最好的一爻。六五也是陰柔得中，但是它居於尊位，居尊位在它卦是好的，而在小過就不好了。因爲它在上體，陰至於五，已經過甚，有違於小過不宜上宜下之義，故有密雲不雨之象，想有所作爲，其實不能有所作爲。九三與九四二陽爻都不得中，是衆陰柔所欲加害的對象，它們的問題是如何預爲之防。防也要過防，即過於周防，過於早防，謹小慎微地防。九三則以剛居剛，而自恃其剛，不肯過爲之備，故凶。九四雖也是剛陽，然而它居柔，不是過剛，又處於上體之下，所以有无咎之義，祇要它隨時處順，安静不動，便什麽事情也不會有。總之，小過亨，但有兩個條件，一是可小事不可大事，二是不宜上宜下。六爻中凡符合這兩條的，就无咎。違背這兩條的，就凶。卦辭言"大吉"，而爻辭竟無一條言吉，无咎就是最佳的了。可見小過，從理論上説，是亨是大吉的，而一旦落實在實際上，如何處理好小過的問題就不容易了。

既　濟

䷾ 離下坎上

《序卦傳》説："有過物者必濟，故受之以既濟。"《序卦傳》所講的這兩句話，用以解釋小過之後次之以既濟是有道理的。《序卦傳》在講下一卦未濟時説"物不可窮也，故受之以未濟終焉"，極爲精卓，它把《易經》關於六十四卦排列的整體思想深刻地揭示出來了。依據"物不可窮也，故受之以未濟終焉"的説法，我們可以看出《易經》作者將既濟、未濟兩卦放在六十四卦之最後,是有其深刻的原因的。既濟列在六十四卦倒數第二卦,與小過其實並没有什麽必然聯繫。不管六十四卦倒數第三卦是哪一卦,其倒數第二卦是既濟,當是肯定無疑的。這是因爲《易經》作者對六十四卦的排列有一個總體的認識。他把六十四卦看作世間萬事萬物的一個大的發展過程。乾坤兩卦是這個過程的開始,中間六十卦是這個過程的展開,既濟、未濟是這個過程的結束。乾坤兩卦居首以及首乾次坤的意義,開始時已經講過。其餘六十卦每兩卦可視爲一環,環環相扣,構成了事物變化發展的長過程。既然六十四卦是個事物變化發展的過程,就必然有個結束的時候,所以最後倒數第二卦是既濟。既濟表示矛盾已經止息,乾坤已經毁滅,事物已經窮盡。然而實際上矛盾不能止息,乾坤不能毁滅,事物不能窮盡。所謂止息、毁滅、窮盡,不過是舊的過程結束,新的過程開始罷了。所以既濟之後是未濟,就表示矛盾没有止息,乾坤没有毁滅,事物没有窮盡。舊的過程結束,新的過程即將開始。六十四卦之最終兩卦是既濟、未濟,其意義如同將乾坤兩卦置諸六十四卦開頭一樣深刻,它反映《易經》作者具有清晰的"物不可窮"的辯證觀點。關於既濟卦名的含義,古人意見有歧異。有人説既濟是出險濟難的意思,有人説既濟説的是天下萬事萬物已成已濟。從字面上看,"既"是已然之辭,"濟"字《爾雅》釋作渡,合起來是已經渡過。渡過的當然是大江大河,引申開來,當然就是出險濟難之意。從既濟的卦體結構看,上體是坎,也極容易使人理解爲出險濟難,因爲凡上體是坎的卦如屯、需、蹇、節等,多言險象。不過既濟有所不同,既濟的含義應當比出險濟難深廣得多,抽象得多。《雜卦傳》説"既濟定也",用一個定字概括既濟之義,從表面上看,似乎不甚貼切,仔細揣摩,是再中肯不過了。定是什麽意思?事物發展到一定程度,形成一種形態,暫時或者表面上不再變動,這就是定。

因爲既濟定表示事物已經達到窮盡的地步，所以《序卦傳》於未濟卦説“物不可窮也，故受之以未濟終焉”。物不可窮，正説明既濟所處的地位從表面上看是窮，而實際上並没有窮。在六十四卦中泰、否、咸、恒、損、益、既濟、未濟等八卦六爻皆有應。在這八卦中既濟與未濟又比較特殊。即既濟六爻都當位，陰爻都居陰位，陽爻都居陽位；未濟六爻都不當位，陰爻都居陽位，陽爻都居陰位。六爻皆有應皆當位，表明矛盾全解決了，事物已發展到了窮盡的時候，没有什麽可發展的了，一切都已經定了。這不正是既濟卦在六十四卦中所表現出的本質特點嗎！

既濟，亨小，利貞，初吉終亂。

“小”字當是衍文。六十四卦中無“亨小”之義。如旅小亨，巽小亨，確實是小亨，而既濟則是亨之大者，不應言“小亨”。孔子《彖傳》言“既濟亨，小者亨也”，意謂既濟不祇大事濟，大道濟，大德濟，大人物濟，小事也能濟，小道小德小人物也能濟，在既濟這個時代，舉凡天下事無論大小，無不能濟。假使卦辭有“小”字，孔子《彖傳》不應曰既濟亨，祇有以“既濟亨”爲斷，才可看出《彖傳》“既濟亨”是卦辭，“小者亨”是孔子解釋卦辭之辭。“初吉”，是説在既濟之初，事無不吉。“終亂”，是説既濟不能終吉，既濟至一定程度，就要窮，窮則生變，變成未濟。未濟六爻皆不當位，是既濟的否定，對於既濟來説，它無異是亂。故云“初吉終亂”。不過，既濟雖有“初吉終亂”之象，人在既濟之時未必都是終亂。亂與不亂，還在人自身的掌握。如果人能够慎終如始，一直保持清醒的頭腦，則雖有終亂之道亦復可濟。

《彖》曰：既濟亨，小者亨也。利貞，剛柔正而位當也。初吉，柔得中也。終止則亂，其道窮也。

“既濟亨，小者亨也。”處在既濟的時候，大者亨自不待言，即便是小者也都亨，無所不亨，故曰既濟。既濟是皆濟，已經濟的意思。如果未亨或者小者未亨，便不可謂既濟了。

“利貞，剛柔正而位當也。”既濟陰爻在陰位，陽爻在陽位，六爻都當位得正，故曰“利貞”。

“初吉，柔得中也。”《易》以剛中爲善，而既濟未濟都以柔中爲善。這是因爲既濟以内卦爲主，既濟之所以爲既濟，主要在内卦，至外卦則走向未濟了，故初吉歸諸柔中。柔中指六二，在一卦之中，初與二皆爲始。未濟亦以内卦爲主，至外卦則將轉爲既濟，故以六五柔得中而致亨。

“終止則亂，其道窮也。”卦辭言“初吉終亂”，“終亂”主要是强調天之道。孔子《彖傳》講“終止則亂”，顯然是重“人之故”。“終亂”一語所强調的是終字，意謂事物初吉則終必亂，這是一般的規律。“終止則亂”則突出止字，强調人的因素是重要的。意謂人不知“終亂”的道理而終止，則必亂；若知“終亂”的道理而不止，則可不亂。天下之事，不進則退，人爲的因素至關重要。“終止則亂”，不是終能致亂，人於其終而有止心，才是亂的根源。就一個人説，處平安無事，心滿意足之時，則止心生，止心生則怠惰不勤，怠惰不勤則有患而不知爲之防，有患而不知爲之防則亂必不可免。就天下國家説，太平既久，則人苟安，止於逸樂；此時君臨天下國家者，最當深自省懼，至兢至慎，不使至於止極。止極則衰亂接踵而至。其道已窮，理當必變。

《象》曰：水在火上，既濟。君子以思患而豫防之。

水性潤下而居上，火性炎上而居下，水火相濟，是爲既濟。既濟雖然不是有患之時，但是患必生於既濟之後。君子觀既濟之象應當知道思患而豫防之。處既濟之時，人們極易以爲無患而生止心；以爲無患而生止心，則無患乃生患。在既濟這種時候，君子貴於思患，貴於豫防。思患，思其終必有患。豫防，防於其始而使其終無患。

初九，曳其輪，濡其尾，无咎。

初九以陽居下，上應於六四，又在火體，其上進之志鋭甚。這在既濟之初是極爲不利的。在既濟之初應當止其進，若進而不已，必有悔吝。可是初九按其本性説，欲進之志特甚，不花極大的氣力是難以止其進的，故“曳其輪，濡其尾”乃得无咎。車欲前行，倒曳其輪，使之不得進，可見止進用力之大。狐之濟水，必揭其尾，今不揭其尾而濡其尾，使之不克濟，可見止進決心之堅。

《象》曰：曳其輪，義无咎也。

“曳其輪”乃“曳其輪，濡其尾”的省語。言“曳其輪，義无咎也”，其實是説，“曳其輪，濡其尾，義无咎也”。義，道，理。曳其輪，濡其尾，自常理看應是有咎的，但是在既濟初九這一爻，其道本來是无咎的。

六二，婦喪其茀，勿逐，七日得。

《彖傳》講的“柔得中”即指六二而言。六二以陰居陰，居中得正，與九五中正之君正應，應當順利得行其志，無奈時已既濟，九五不再是有爲之君，無意重用六二這個柔順中正的賢才。六二此時大可不必急於濟世，患得患失，逐逐無已，應當自守中正之道以待時變，時一旦變，今日失掉的必將復得，故曰“婦喪其茀，勿逐，七日得”。六二以柔居柔，故稱婦。茀，車茀。古人乘車，男子立乘，婦人坐乘。婦人坐乘必有車茀，車茀是掩車門之簾。現在車茀喪失了，車不能前行了。怎麽辦？勿逐。喪失就喪失，不必尋找它，七日將復得。震六二與此皆云“勿逐，七日得”，可見《易》言喪而復得皆以七日爲期。蓋日之數以十爲盈，五日得盈數之半，不及半則稱三日，過半則稱七日。"七日得"是説喪而復得的時間不會少於五日,也不會至於十日。也就是説,時間不能太短,也不會太長,終究會得的。不可云"十日得",十日是盈數,説"十日得",就意味着永遠不能得了。總之,七日是就人事上的遲速而言,不是從卦氣的角度上説的。

《象》曰:七日得,以中道也。

六二喪而復得,今不得行,終必得行,根本的原因是它守中正之道,中正之道是不可能終廢的。倘若無中正之道,或有中正之道而不知守,則"七日得"就無從談起。

九三,高宗伐鬼方,三年克之,小人勿用。

既濟這一卦,從六爻的發展看,有一個自未濟到既濟的過程。初九與六二居卦之下位,是欲濟而未濟之時,這時宜曳輪濡尾,喪茀勿逐,止於進,慎於行。至於九三,内卦到了終極,未濟而既濟了。九三當未濟而達於既濟的時候,本身又是以剛居剛,具備文明之德,它有責任也有能力完成既濟的大業,故有高宗伐鬼方之象。高宗是商代著名的明王中興之君武丁,他振衰撥亂,遠伐不服,使國家由未濟達到既濟。高宗的中興事業不唯伐鬼方,舉伐鬼方以爲代表而已。伐鬼方"三年克之",説明國家中興,由未濟而既濟,不是簡單易行的事情,需要長時期的艱難奮斗方可實現。而且説明使國家中興,由未濟而達於既濟,不是隨便什麽人都能勝任的,祇有具備文明之德、剛武之威的殷高宗那樣的人才能擔此重任。"小人勿用",不要任用小人,若任用小人,國家不但不能既濟,反而會更加喪亂。

《象》曰:三年克之,憊也。

憊,疲憊。"憊也",用三年的時間戰勝鬼方,元氣耗傷極大,已經疲憊不堪了。

六四，繻有衣袽，終日戒。

繻當作濡，謂滲漏。衣袽，廢棄不用的破衣爛衫。古人乘船濟水，船上預備衣袽，一旦出現濡漏，則用以塞之。舟船濟水不必每次都出現濡漏現象，但是衣袽卻必須每次都預備。這是古人生活中司空見慣的事情，幾乎不假思索即可知曉個中的道理。而《易經》作者將它用到爻辭裹，它就有了普遍的抽象意義。既濟這一卦有告誡人們思患預防的用意，六四這一爻在下體之上，正是既濟已經實現的時候，而且處多懼之地，近君居險，它最需要無患思患，思患防患。它取“繻有衣袽”爲象，是再恰當不過的了。又加上“終日戒”一語，更增加了六四需要思患防患的畏懼感和緊迫感。“終日”與乾九三“君子終日乾乾”的“終日”意義相同，意謂六四應當無時無刻不處在戒懼狀態，不可有瞬息的懈怠。實際上禍患並未發生，而在六四的認識上卻要以爲禍患馬上就要發生。

《象》曰：終日戒，有所疑也。

六四爲什麼要“終日戒”，爲什麼能够“終日戒”，就是因爲它有所疑，疑患之將至。疑患之將至，方能保持防患的高度警惕性。在一般情況下，疑不是好事；在特殊的情況下，當疑而不疑也不好。

九五，東鄰殺牛，不如西鄰之禴祭，實受其福。

“實受其福”，意義與得吉大體相同。是誰受其福呢？是“實”受其福。《易》以陰爲虛，以陽爲實。九五是陽爻，所處坎體又是陽卦，可見受其福也就是獲吉的是九五自身。“東鄰殺牛，不如西鄰之禴祭”有兩層含義，既是對九五的警戒，也是對九五“實受其福”的有利處境的肯定。“殺牛”，殺牛以祭，是盛祭。禴祭，黍稷沼毛以祭，是薄祭。東鄰西鄰是彼此之詞，不宜確指東鄰西鄰各爲誰，更不可指認東鄰西鄰各是卦中哪一爻。東鄰西鄰不過是用以指代兩種不同的祭禮而已。一種是用大牲的盛祭,盛祭可以致福但不一定能致福;另一種是用黍稷沼毛的薄祭,薄祭也可以致福但不一定能致福。致福與否關鍵不在於祭之盛與薄,而在於主祭人是否心懷誠敬;是否心懷誠敬的標誌是多方面的,而爲首的亦即根本的一條是看祭的時候是不是適宜恰當。祭之時過或不及都是不誠敬的表現。古人所謂"祭,時爲大"正是此義。祭而不當時,縱然用牛,也難致福;祭而當時,雖用沼毛,也必致福。九五爻辭言東鄰西鄰的問題,意在告誡它祭祀勿忘誠敬,勿忘"祭時爲大",勿追求表面之文,要務内在之質。因爲九五陽剛中正居君位,陽剛中正之君,正當天下國家既濟治平,物大豐盛之時,驕奢易萌而誠敬之心必不足。爻辭告誡它:你勿自恃天下國家已進入既濟治平的時代而忘卻了祭祀以時不以盛。引申開來,是說九五最要緊的事情是注意時的問題,别忘記"既濟"已經到來,"未濟"就在後面,這是爻辭的一方面意義。另一方面,告誡歸告誡,實際歸實際。就全卦的實際情況看,下卦離奠定了既濟的基礎,上卦坎則享受既濟之福。九五居上卦坎且爲坎之主,享受既濟之福的,顯然非九五莫屬。九五剛中居尊,也有主祭之象。從九五的角度説,别人祭用大牲,我祭用黍稷沼毛,雖人盛我薄,但我陽剛居中,實而得時,受福的必是我。

《象》曰:東鄰殺牛不如西鄰之時也。實受其福,吉大來也。

殺牛之盛祭不如不殺牛之薄祭。因爲薄祭雖薄卻當時,當時就好;盛祭雖盛卻時不當,時不當便不好。祭之致福與否不在表面的文,而在内在之實。在祭祀的問題上,實也就是時。《易》陽實陰虚,陽大陰小。"吉大來"的"大"字,即爻辭的"實"字。"吉"字即爻辭的"福字"。"吉大來也"謂時候既然已到,大福不求而自來。《漢書·郊祀志》杜鄴所謂"德修薦薄,吉必大來",就是這個意思。

六上，濡其首，厲。

從畫卦時的順序説，初爻爲始爲本，上爻爲終爲末。從成卦的角度看，上爻是卦之首，初爻是卦之尾。“濡其首”指的是上六自身。厲，危厲，危險，但尚未及於凶。危厲還有轉危爲安的可能，至於凶便無可挽救了。上六處在既濟之終，坎險之上，自己又是陰柔之才，其道窮極已達到了衰亂的地步，像狐涉水而濡溺其首，可謂危厲極了。濟水涉險而不慮前，遂至於淹没了腦袋，危厲可想而知。卦辭講的“終亂”，《彖傳》所謂“道窮”，在上六這一爻表現出來了。

《象》曰：濡其首厲，何可久也。

“何可久”，不可以久。“何可久”，有兩層意思。從客觀的規律説，物不可以終窮，窮極必變，既濟終了，未濟即將開始，濡其首的危厲局面不會持續太久。從主觀的願望説，是作《易》者告誡上六及早知危而反，濡首之厲切不可久，否則厲就要轉爲凶了。《易》中言厲，都包含一定的深意，不是决絶之語，與言凶言悔言吝是不同的。《易》中屯上六、否上九、離九三、中孚上九、小過九四以及本爻“小象”言“何可久”、“何可長”、“終不可長”等，都是勸誡幡然改悟而不沉溺的意思。

〔**總論**〕

既濟這一卦在六十四卦的排列系列中占有重要的地位。既濟與未濟聯結在一起，構成整個六十四卦排列系列中絶對不可或缺的關鍵的一環，它的重要意義簡直可以同乾坤二卦相媲美。有了這兩卦，我們才得以看到《周易》關於事物發展思想的完整性和徹底性。《周易》的作者把事物看作有始有終，終而復始，有生有滅，生生不已的過程。過程由天地之分開始，故乾坤兩卦居首；有天地之分，然後萬物以生，故乾坤二卦之後排列着其餘諸卦；事物的運動變化有内在的必然聯繫，過程中包含着一個個階段，如同鏈條般依次連結,故諸卦的排列環環相扣,井然有序;過程必有窮盡之日,矛盾總有解決之時,故它的終結看來是既濟。既濟六爻皆應又皆當位,矛盾消失了,乾坤或幾乎息,物或幾乎窮,然而乾坤不能息,物不可窮。舊過程息,新過程又生。舊過程的終結應是新過程的開始,所以既濟像似終結不是終結,未濟不似終結卻是終結。既濟恰巧處在新舊過程的聯結點上,它不是新過程的開始,卻聯結着新過程的開始;它不是未濟,卻孕育着未濟。把既濟安排在六十四卦之後而又不是最後,《易》作者運用哲學匠心,把他的"物不可窮"的偉大思想表達得如此巧妙、深刻和富有魅力,以致於我們在數千年後的今天來讀它仍要不止一次地驚嘆不已。既濟一卦的思想反映在它的卦辭和《彖傳》裏。"既濟亨",六爻皆應皆正,鬥争止息了,問題解決了,大事小事無不亨。物極必反,既濟而將未濟,所以"初吉終亂"。《易》講天道更爲人謀,即指出發展的必然性,也鼓吹人的能動性,所以雖然"初吉終亂",但是人若知終而不止,則可有終而無亂。唯其如此,無論卦義爻義無不蘊含着無患思患,思患防患的良苦用心。從全卦總體上看,下體離三爻由初至三漸漸進入既濟,故而是好的,不見凶咎。不過人處在既濟的狀態,必須時刻思患而豫爲之防,故也不見吉。初九以剛居下應四,須曳輪不進,濡尾止濟,方可无咎。六二亦須小心謹慎,雖可行但不苟行,唯需待而已。至於九三,以剛居剛,處内卦之終,經過"高宗伐鬼方"的長期艱難鬥争,事方克濟。既濟之最大問題是思患預防,故戒之以"小人勿用"。上體坎,出明而入險,既濟開始向未濟轉化,三爻皆漸漸不好。六四"繻有衣袽終日戒",須終日思患防患,時刻保持如坐敝舟而水將驟至的意識,才可能免患,不好的端倪已經顯露出來。九五强調求實不求文,要誠不要盛,殺牛不若禴祭,用意也是示以警懼,處在既濟治平,物大豐盛之時,要緊的是守以損約,行以誠敬,更加表明既濟至於九五,就時來說,表面上好,其實不好。上六的時不好至極,濡首之厲,等於宣佈未濟的時代已經來臨,猶如飲酒已至酩酊，開花已至離披，時運過於不佳。然而畢竟要到未濟而未到未濟，濡其首祇是厲而已，尚未至於凶，若人之主觀符合客觀，認識清楚，患不是不可避免，故《小象》説濡首之厲，“何可久也”。

未　濟

䷿ 坎下離上

《序卦傳》説：“物不可窮也，故受之以未濟終焉。”六十四卦發展到既濟這一卦，事物似乎已經到了窮盡的地步，乾坤或幾乎息矣，矛盾消失了，鬥争止息了，問題解決了。但是乾坤不能息，鬥争不能止，“物不可窮”，所以既濟之後還有未濟。因爲既濟不是舊過程的結束，舊過程的結束應當包括新過程的開始，所以六十四卦的最後一卦是未濟不是既濟。物不可窮，是説事物的變化無有窮盡，一個過程終止了，接着是下一個過程，過程連着過程，生生不已，没有止境。整個《周易》是一部講變易的書，六十四卦的排列藴含變化的思想，祇是没作文字的説明罷了。孔子作《序卦傳》把《易經》裏面存在但未能講明的“物不可窮”的偉大的辯證法思想講明了。“物不可窮”的思想既屬於《易經》也屬於孔子的《易傳》。“物不可窮”的思想集中地反映在未濟這一卦上，未濟即未窮，未窮即生生不已之義。爲卦坎下離上，火在水上，火嚮上而水嚮下，不相爲用，而且六爻皆不當位，故爲未濟。

未濟，亨，小狐汔濟，濡其尾，无攸利。

既濟亨，未濟亦亨，二亨的含義有所不同。既濟亨，大事亨，小事亦亨，大者亨，小者亦亨，無所不亨。未濟亨，則小者不能亨，亦即小道小德不能亨。又，既濟亨是已然之亨，亨已成爲現實;未濟亨是未然之亨,亨衹是一種可能性,終究能亨不能亨,要看事態的發展和主觀的努力如何。汔,幾。小狐,相對於老狐而言。老狐戒慎知懼,履冰猶聽,唯恐陷入,涉水就更不忘舉尾,故可以濟。小狐則不知畏慎而果於濟,看來幾乎就要濟了,但是它不知舉尾而濡其尾,到底是未能濟。濡其尾而不喪生就算大幸了,更何有所利?總而言之,未濟卦辭之義是,未濟能亨,但是"老狐"能亨,"小狐"不能亨,亦即大者能亨,小者不能亨。

《彖》曰:未濟亨,柔得中也。小狐汔濟,未出中也。濡其尾,无攸利,不續終也。雖不當位,剛柔應也。

"未濟亨,柔得中也。"既濟和未濟都以柔得中爲善。既濟之柔得中在六二,未濟之柔得中在六五。既濟以内卦爲主,至外卦則轉向未濟了;轉向未濟就要"終亂"了,所以既濟之初吉必得之於六二柔得中。未濟也以内卦爲主,至外卦則轉向既濟了,但是衹有在轉向既濟的時候才有亨可言,所以未濟之亨根據不在内卦,而在外卦六五之柔得中。

"小狐汔濟,未出中也。"小狐汔濟,所指是九二,九二處在坎險之中,上有六五之應,處未濟而將濟的時候,它應當出險,似乎也能够出險,但是它未能出險,因爲它是陽剛;陽剛在未濟這一卦裏都失位,發揮不了它應有的作用,猶如《雜卦傳》説:"未濟,男之窮也。"本來無力出險,卻又必須出險,結果才有小狐汔濟濡尾之患。

"濡其尾,无攸利,不續終也。"不續終,有始無終,開始挺果敢,但不能繼續而終之。顧首不顧尾,濟了頭卻濡了尾,頭尾不相接續。因爲不續終,所以無所往而利。既濟"終止則亂",未濟不續終則無所往而利,可見克終之難。值得注意的是,同是"濡其尾"一語,在既濟是謹慎不輕進的意思,在未濟則變成了有始無終,浮躁冒進之謂。

“雖不當位，剛柔應也。”這兩句話已不是解釋卦辭，是孔子講過卦辭之後談自己的體會。未濟雖然六爻皆不當位，看來欲濟似乎很難，但是未濟也有有利的方面，它的六爻剛柔兩兩相應，上下内外都相與，如果能够克服不利，發揚有利，量力度時，慮善而動，則未濟亦可濟。

《象》曰：火在水上，未濟。君子以慎辨物居方。

火性炎上而在上，水性潤下而在下。在上的往上去，在下的往下來，二者不能相交，也不能相互爲用，所以才是未濟。火在水上，算不算各得其所的正常現象呢？朱熹《周易本義》説“水火異物，各居其所”，以爲是正常現象。程頤《易傳》説“火在水上，非其處也”，以爲不是正常現象。從下文“君子以慎辨物居方”的“慎”字看，程説是對的。不然，火在水上已是各止其所了，君子何必還要慎呢！“辨物”與“居方”是互文。物與方同義，都是指世間萬事萬物的品類而言。“辨物”是説分别世間萬事萬物的種類，不使混淆。“居方”是説把世間萬事萬物加以分别之後還要使之各得其所。這是個重要問題，君子務必慎重對待，否則像未濟那樣火在水上，是不行的。“辨物居方”，重點在“居方”，亦即强調如何使物各止其所當止的問題。此與同人《大象》的“君子以類族辨物”既相似又不同。二者都是要求辨物，這一點相同。同人《大象》的“類族辨物”的目的在於在世間不同事物中存異求同，以達到“和而不同”的境界。異就是不同，同就是和。而未濟《大象》的“慎辨物居方”强調的不是求同，恰恰相反，是要把不同的事物分辨開來，使之各止其所。

初六，濡其尾，吝。

初六陰柔居坎險之下，上與九四正應。居於坎險必不安於坎險，應於九四必欲上行，所以它非要濟不可。然而它自己陰柔，力不從心，九四不是中正之才，也不會來援助它，故有濡其尾之象。古語說："狐欲渡河，無如尾何"，今狐濡尾，自不能濟。力不能進卻不自量力而進，欲濟而終不能濟，實可羞吝。此云"濡其尾"，即濟初九亦云"濡其尾"，辭雖同而義不同。此云"濡其尾"，喻不當濟而急於濟；彼云"濡其尾"，喻當濟而慎於濟。急於濟而能不濟，故吝；慎於濟而能不濟，故无咎。

《象》曰：濡其尾，亦不知極也。

極，終。"亦不知極"，猶云不知其終。開始就如此莽撞，終局如何亦必不知，與《彖傳》"不續終"義合。

九二，曳其輪，貞吉。

曳其輪，倒曳其輪使車不進。九二以剛居柔得中且上應六五，其力是足以濟的。但它身在坎險之中，又處未濟之時，未可以大用，曳其輪，正是不敢輕進，待時而動。本可以進卻自止不進，故爲得正而吉。既濟初九曳其輪，未濟九二亦曳其輪，二者義同而位不同，位不同亦即時不同。九二剛中有中德還要與既濟初九一樣曳其輪，説明未濟處境尤艱，比既濟更須遇事小心，不宜輕進。

《象》曰：九二貞吉，中以行正也。

九二以陽居陰，位並不正，何以言"貞吉"？原因是易例正未必中，中無不正。《易》中九二、六五往往言"貞吉"，就是因爲它們得中，《易》貴中，得中即包含着正了。此爻《小象》將此義講明白了。"中以行正"，九二之得正，是由於它居中的緣故。

六三，未濟，征凶，利涉大川。

此爻之義最爲難明。既説"征凶"，不宜有所行動，又説"利涉大川"，宜有所行動。古人爲了彌合矛盾，盡力圓通，然而無不穿鑿附會，難以令人信服。唯朱熹《周易本義》説"疑利字上當有不字”,值得考慮。古代輾轉抄書,脱一個字並不奇怪。如果有一個不字,“利涉大川”原來是“不利涉大川”,爻義便極通順。既濟以内卦爲主,由初九、六二以至於九三,漸致既濟。初與二還在發展中,至九三才算真正達到既濟。未濟也以内卦爲主,至六三已達未濟之終,過此則近於濟,所以六三明言“未濟”。六三在坎險之上,應當出險也可以出險,但是它正當未濟的時候,又是陰柔之才,不中不正,實際上没有能力出險以濟,故曰徵凶。做一點小事情或許可以,欲涉大川,濟大難,幹大事業,是絕對不行的。

《象》曰:未濟征凶,位不當也。

未濟六爻全不當位,而《小象》獨於六三言“位不當”,是因爲未濟由六三而成,而居三的又是個陰柔之才。以陰柔之才居陽位,是六三“征凶”的主要原因。

九四,貞吉悔亡,震用伐鬼方,三年有賞于大國。

此貞吉是戒辭,意謂九四本有悔,如果能够貞吉則悔可以亡。九四不正又不中,何以曰貞?此貞字宜釋作貞固、固守,用今語表述即堅定不渝之意。那麽,九四應當固守什麽?九四的悔又在哪裏?九四的悔在於它雖是陽剛卻居陰柔之位,其位不正。又九四由於以陽居陰,位不正,雖然它已經出了坎險并且未濟已過中,開始向既濟轉化,有了可濟的希望,但真正能濟,也絕非輕易之事,它必須像“震用伐鬼方,三年有賞于大國”那樣,竭盡陽剛之力,堅持不懈地去争取,方可克濟獲吉而悔亡。“伐鬼方”是當時盡人皆知的偉大、正義、艱苦的事業,一提到它,人們立即會想到全力以赴,艱苦卓絶的精神和勝利後天下既濟治平的景象。既濟九三與未濟九四皆有“伐鬼方”之象,這是因爲既濟、未濟二卦是既反又對的關係,既濟的九三反過來就是未濟九四,故其象相同。這種情況在《易》

裏並非絶無僅有。損與益是相反關係,損六五言"十朋之龜",反過來就是益之六二,故又言"十朋之龜"。夬與姤由於同樣的原因,九四與九三都取"臀无膚,其行次且"之象。不過因爲位不同,相同的象在不同的卦裏也有些具體的差别。既濟至九三,既濟之大局已定,故云"三年克之",表示伐鬼方已經勝利。未濟九四則未濟剛剛過去,既濟尚在争取中,故云"震用伐鬼方",表示征伐正在進行。"三年有賞于大國",言三年之間犒賞軍隊經常不斷。與師九二的"王三錫命"同,而與師上六之"大君有命"不同。戰争進行中犒賞,是强調對戰争用力之甚,戰後論功行賞,是突出勝利後施政之謹。又,九三、九四皆非君位,何以言殷明王高宗之事?原來《易》有的論其位其人,有的論其時其事。這兩爻所論的是在上下卦之交的時和伐鬼方的事,而與是否君位和伐鬼方者爲誰無涉。

《象》曰:貞吉悔亡,志行也。

"貞吉悔亡",正是九四的志願要達到的目標。九四所處之時很好,九三在卦中代表未濟,未濟已過,九四正在未濟開始轉爲濟的時候,又能竭盡全力,堅持不懈地像"伐鬼方"那樣求濟,它一定會濟,會獲吉,會悔亡。這是它的志願的實現。

六五,貞吉,无悔,君子之光,有孚,吉。

未濟卦有三"貞吉",意義略有不同。九四"貞吉"的貞字是貞固、固守的意思,"貞吉"是戒辭。九二與六五"貞吉"之貞應釋作正。九二與六五雖位皆不正,但由於得中,得中即可認爲也得正。所以九二與六五的"貞吉"不是戒辭,乃是爻象中固有的。六五爲什麽能够貞吉而無悔?因爲六五居離體之中,是文明之主,以柔居剛而應於九二之剛。既文明又虚心求在下之賢,九二亦樂於輔佐它。《彖傳》所説"未濟亨柔得中也"指的正是它。它由貞正而吉,由吉而无悔,是理所當然的。

无悔好於悔亡。悔亡是有悔而悔亡。无悔則是根本没有悔。《易》中四、五兩爻連言悔亡、无悔的，除未濟外還有咸卦和大壯，情況略同。值得注意的還有一點，此爻爻辭有兩個"吉"。前一個"吉"，是得之於貞正，得之於六五的德，可謂德之吉。後一個吉是由於"君子之光有孚"而得，是因功得吉。六五是文明之主，故稱"君子之光"。六五處在未濟的時代，以自己的才德變未濟爲既濟，使天下國家由亂而達於治，它的功和它的德是相稱的，故曰"有孚吉"。六五逢未濟之世，其光輝倍於常時，猶如雨後之日光，焚餘之山色可見。

《象》曰：君子之光，其暉吉也。

君子之光的吉，是由於它的光不是一般的光而是暉光的緣故。暉即輝，是光之散。祇有極盛的光才能生暉。爻辭中前一個吉是貞吉之吉。貞吉之吉是德之吉，這種吉祇影響到六五自身，是自身之吉。後一個吉是暉吉之吉。暉吉是功之吉，這種吉影響到天下，是天下之吉。

上九，有孚于飲酒，无咎。濡其首，有孚，失是。

既濟卦最終必發展爲未濟，故既濟上六有濡其首之厲。未濟卦最終必發展爲既濟，故未濟上九言"有孚于飲酒无咎"。不過凡事無不有個限度，超過限度，好事也會變成壞事，所以爻辭接着就告誡説："濡其首，有孚，失是"，即飲酒自樂應有度，若沉湎於酒，耽飲而至於濡首，那就會因此而失掉"有孚"。

《象》曰：飲酒濡首，亦不知節也。

這是説飲酒須掌握分寸，不使過中。全《易·小象》言節者凡四，皆與坎或離有關。蹇九五在坎體居中，剛而中正，《小象》曰"中節"。家人九三在離體，剛而不中，《小象》曰"失家節"。鼎上九在離體，上陽居陰，剛而能柔，《小象》曰"剛柔節"。未濟上九在離體，離爲火，火本炎上，離又在卦之上，過中不正,《小象》曰“不知節”。可見《易》所言“節”,歸根結底是“中”的問題。

〔總論〕

未濟這一卦與既濟是反對的關係,把既濟的卦畫自下而上倒過來就是未濟。具有反對關係的卦在六十四卦中不止既濟與未濟,而既反又對的卦則衹有泰否和既濟未濟。至於既反又對,六爻又皆應的卦,六十四卦中唯既濟未濟而已。既濟未濟的關係在六十四卦中極爲特殊,其特殊的程度僅次於乾坤二卦。乾坤二卦是六十四卦之首,既濟未濟是六十四卦之終。乾坤兩卦合觀可視爲《易》之門,既濟未濟合爲一卦可看成既是舊過程的終結又是新過程的開始。所以既濟未濟兩卦幾乎密不可分。極爲明顯的一點是,既濟初上濡尾濡首,未濟亦然。伐鬼方與曳其輪,二卦共象,唯差一位而已。兩卦皆由坎離組成而所重皆在離。既濟離在下,初九至九三三爻講如何謹慎求濟。上卦是坎險,六四至上六三爻漸漸走向未濟,表明“物不可窮”。未濟離在上而坎在下,説明既濟的終就是未濟的始,既濟之時已經包含着未濟。未濟內三爻講未濟之事,初六有濡尾之吝,九二言曳輪之貞,六三戒以征凶位不當。而外三爻進入離體,離爲明,情況逐漸好轉,九四伐鬼方有賞,未濟將變爲濟,但需經過艱苦的鬥争。六五君子之光有孚,吉而又吉,天下既濟治平之日又至矣。至上九有孚于飲酒无咎,天下既已升平,飲酒自樂可无咎,然而不可沉湎於酒而不知節,於是又埋下了危險的契機。從六十四卦的全過程看,既濟是這個長過程的終結,然而“物不可窮”,在舊過程終結的同時,新過程又開始了。把既濟未濟兩卦作爲一個獨立的整體考察,不難發現,它們正反映了易變易的終始之義。這個終始之義絶不能歸結爲循環論。應該承認,它們已經意識到了一個偉大的真理,即:事物總是按着否定之否定的形式嚮前發展。

繫辭傳　上

天尊地卑，乾坤定矣。卑高以陳，貴賤位矣。動静有常，剛柔斷矣。

孔子作《繫辭傳》上下兩篇發掘《周易》的思想實質和哲學價值，可謂透徹淋漓，深入全面。《周易》的許多道理如果没有孔子的《繫辭傳》後人便無法瞭解。《繫辭傳》開首的這幾句話準確地將《周易》的基本思想和基本原理揭示了出來，尤其"天尊地卑，乾坤定矣"兩句話把握住了《周易》的要害和關鍵。"乾坤定矣"一句講卦的排列問題。乾坤兩卦的排列，《周易》與《歸藏》不同。《歸藏》是殷易，它以坤卦居六十四之卦首而乾卦居次，所以也叫《坤乾》。首坤次乾的排列方法反映殷人重母統的思想。《周易》則把殷易《坤乾》的首坤次乾的排列顛倒過來，變成首乾次坤。這在殷周之際是意識形態領域中翻天覆地的變化，這一變化改造了當時人們整個的思維模式，影響了以後數千年中中國人的思想發展趨向，中國傳統思想文化，特别是儒家文化，其源頭可以追溯到這裏。首乾次坤的思想直接決定了周人等級觀念的特點。夫尊妻卑，父尊子卑，君尊臣卑的思想由首乾次坤發展而來，貫穿於《周易》六十四卦的始終，并且成爲後世儒家思想的重要基點。古人將此思想概括爲"尊尊"。"尊尊"思想是周人特有的，它是對殷人固有的"親親"思想的否定。周人固然也講"親親"，但是周人更强調"尊尊"；周人是在强調"尊尊"的前提下講"親親"的；或者可以説，周人講的"親親"是用"尊尊"的思想改造過了的。周人的"親親"是充滿着"尊尊"觀念在内的"親親"，與殷人講的"親親”根本不同。《中庸》記孔子説的“親親之殺，尊賢之等，禮所生也”一語就是極好的證明。“尊賢”即“尊尊”。“親親”與“尊尊”一樣，是有等殺的。“親親”以父母爲首，父與母二者又以父爲尊，而母次之。體現的全是男尊女卑，夫尊妻卑，父尊子卑的意識，而這種意識在《周易》六十四卦卦爻辭中隨處可見。孔子研《易》至於“韋編三絶”，把《周易》的思想特點看得清澈見底，才在《繫辭傳》一開始就點出“乾坤定矣”一語，這句話講得鏗鏘有力，一語破的。直接講的是《周易》六十四卦的排列先乾後坤，言外卻包容着極深刻、廣泛的含義。“乾坤定矣”是講卦的排列，“天尊地卑”是講自然現象。兩句話連結起來，便有更深一層的意義。意謂首乾次坤就象天在上地在下那樣天經地義，不可移易。這確實是《周易》特有的思維方法，它總是用“天之道”證成“民之故”。“天之道”不可移易，因此它提出的一切論點也都是正確的，不可移易的。其實這僅僅是一種思維方法的問題，首乾次坤與天尊地卑並無必然的聯繫，殷人的《歸藏》不就是首坤次乾嗎！夏代的《連山》甚至根本不看重乾坤兩卦，而天尊地卑是亘古如此的。還有一點應當指出，爲孔子揭示出來的《周易》的首乾次坤以及由此引伸産生的夫尊妻卑，父尊子卑，君尊臣卑的思想應該怎樣評估它的價值？對於我們今日民主社會來説，《周易》的這一思想無疑是必須舍棄的糟粕，然而在當時它卻是精華，是那個歷史時代思想的菁英所在，甚至可以説它體現了那個時代的時代精神，殷周之際歷史的偉大進展恰恰從此起步。當然我們有我們的時代精神，我們不應該將《周易》首乾次坤的思想繼承過來。

“卑高以陳，貴賤位矣。”這兩句講一卦六爻從初至上排列的意義。“以陳”是排列的意思。“卑高以陳”，卦從初開始，由卑處向高處排列。這樣就“貴賤位矣”，貴賤不同的等次就定位了，貴就是貴，賤就是賤，不能改變。這個“位”指的是人世間貴賤的位，不是卦中陰位陽位的位。卦中六爻二與四是陰位，三與五是陽位，而初與上兩爻則不論陰位陽位，所以三百八十四爻的初與上的《小象》全不講得位失位的問題。唯有乾上九《文言傳》謂“貴而无位”，需上六《小象》謂“雖不當位”，這恰好證明卦中六爻有陰位陽位的問題，也有貴賤之位的問題。此處的“貴賤位矣”這句話講的是後一種情況。

“動静有常，剛柔斷矣。”這兩句話也是講卦爻的，不是講客觀世界。上文講的“貴賤位矣”係指自初至上的六位而言，這裏講的“剛柔斷矣”，説的是六爻亦即九和六。一卦六爻或九或六，非九即六，九是陽爻，陽爲剛，六是陰爻，陰爲柔。一卦六爻，見九我們知道是陽爻，陽爻是剛，見六我們知道是陰爻，陰爻是柔，似乎由此而輕易地可以判斷出剛柔來了，其實不然，剛柔要通過動静來區分，陽主動，陰主静，動以變爲常，静以不變爲常，六爻之變化本之於陽動陰静，我們觀察陰陽動静的常與變，剛柔便斷然可知。

方以類聚，物以群分，吉凶生矣。在天成象，在地成形，變化見矣。

“方以類聚，物以群分，吉凶生矣”，方是事，物是物。方與物指世間萬事萬物，亦即事物。聚與分是互文，方與物也是互文。天地間的萬事萬物都是同類相聚，同類相聚的事物都具有共同的特點，相聚的同類事物又以其共同具有的特點與它類事物區分開來。也就是説，事物是有群類的，這一類事物因爲有共同之處，所以聚合起來，因爲與另一類事物有相異之處，所以劃分開來。天地間的萬事萬物必然都有同有異，有聚有分，吉凶就在這當中產生。吉凶不是命運注定好或壞，而是人活動的結果。人做事依時而行，處理問題選擇最佳的方案，在客觀條件允許的情況下，盡主觀上最大的努力，就能得吉。吉不是别的，吉就是事業上的成功。反之則凶，凶不是别的，凶就是事業上的失敗。那末，成功與失敗同“方以類聚，物以群分”有什麽關係呢？客觀的事物有同有異，有聚有分，這是規律，不可違背。人做事如果順應天地萬物同異聚散的規律，該同的同，該異的異，該聚的聚，該分的分，自然得吉；如果違背天地萬物同異聚散的規律，該同而不同，該異而不異，該聚而不聚，該分而不分，必然致凶。

“在天成象，在地成形，變化見矣”，“變化見矣”是講易卦之變化，成象成形二句當然也是講易卦之變化。天地之變化有象有形，易卦的變化也是這樣。易卦變化全由乾坤。乾剛坤柔，剛柔即爻之九、六，爲易卦變化之體。易卦之變化實際上即剛柔之變化，剛柔之變化表現在進退上，柔變爲剛曰進，剛變爲柔曰退。柔進而變剛，剛退而變柔，易卦的變化由此顯現出來。

是故剛柔相摩，八卦相蕩，鼓之以雷霆，潤之以風雨，日月運行，一寒一暑，乾道成男，坤道成女。

這一大段話與上文相連續，相發明，進一步講易卦變化與生成和自然界中天地萬物的變化與生成相一致的道理。天地萬物怎樣變化生成，易卦也怎祥變化生成。易卦變化生成是天地萬物變化生成的摹寫。“故”字在《繫辭傳》中起承上的作用，表示由於上面的道理引出下面的情況。“摩”是兩個事物相摩擦撞擊。“啓下”是旋轉激盪，也有“摩”的意思。“摩”也好，“蕩”也好，都是講運動、變化、發展。講運動、變化、發展也就是講矛盾和鬥争。整個這一段話，既是講自然界萬物的生成，也是講易卦的生成。因爲自然界萬物生成的道理與易卦生成的道理一致，所以把二者交織在一起講。“剛柔相摩，八卦相蕩”，是説乾坤兩卦相摩相蕩的結果，生成全易六十四卦。乾坤相摩相蕩生成卦，猶如天地交感，經過日月運行，寒暑變化，經過雷霆之鼓動，風雨之滋潤，而生成萬物一樣。“乾道成男，坤道成女”二句意在强調乾坤二卦的變化發展爲六十四卦,象自然界之生成萬物。自然界的萬物是由天地交感而生成的。萬物分男女,男女在六十四卦中即指陰陽剛柔。“乾道成男,坤道成女”這兩句話與《序卦傳》講的“有天地然後萬物生焉”,《繫辭傳》講的“乾坤其《易》之門”,《乾·彖傳》和《坤·彖傳》講的“大哉乾元,萬物資始”,“至哉坤元,萬物資生”,意義相同,不過是那些話講得概括,這兩句話講得略爲具體罷了。還有一點須特别注意,《周易》觀察自然界,首先重視四時變化。“雷霆”與“風雨”講四時,“日月運行,一寒一暑”也講四時。《周易》在凡言及天地變化之處,莫不强調四時。《繫辭傳》講筮法時説“揲之四以象四時”,乾之策與坤之策“凡三百有六十,當期之日”,都是講四時。它用四時的變化代表天地萬物的變化。孔子説“天何言哉,四時行焉,百物生焉,天何言哉”(《論語·陽貨》),與《周易》的思想如出一轍,證明《易大傳》的思想定出自孔子。

乾知大始,坤作成物,乾以易知,坤以簡能。易則易知,簡則易從。易知則有親,易從則有功。有親則可久,有功則可大。可久則賢人之德,可大則賢人之業。易簡而天下之理得矣,天下之理得,而成位乎其中矣。

自“天尊地卑,乾坤定矣”至此,爲第一章。整個這第一章都是講乾坤兩卦,講乾坤兩卦的地位、生成、作用、個性以及人如何傚法乾坤,用乾之道與坤之道指導自己行動的問題。最後這一段文字就是講乾之德與坤之德,亦即乾與坤兩卦的特點以及人如何傚法乾坤而行的。“乾知大始,坤作成物”的“知”字當訓主訓管。在生成萬物這個問題上,乾由於健而動而主始物,即《乾·彖傳》所説的“萬物資始”,萬物之生成,由乾這裏開始;坤由於順而静而主成物,即《坤·彖傳》所説的“萬物資生”,萬物最後在坤這裏生成。“乾知大始,坤作成物”,在《易》卦説來,是乾坤二卦生成其餘六十二卦;在自然界説來,是天地生成萬物。而着重點不在於乾坤生成六十二卦或天地生成萬物,而在於指明在乾坤生成六十二卦或天地生成萬物的總過程中乾與坤、天與地所起的作用是不同的。“乾知大始,坤作成物”兩句已經指明乾或天的作用是始物,坤或地的作用是成物,但是還不够,所以接着説“乾以易知,坤以簡能”。這兩句話把乾與坤的個性揭示了出來。易與簡是乾與坤的個性。什麽是易?易的反面是難,易就是不難。“乾以易知”,“知”字在此可以理解爲事情的開頭。乾以它有“易”的個性,開始創生萬物(諸卦),顯得極其容易而不難。乾之所以有“易”的個性,根本的原因在於它有健的性質。因爲乾是健,所以它没有主觀意識。因爲它没有主觀意識,所以它在創生萬物(諸卦)的時候便没有目的,完全是自然的。什麽是簡?簡的反面是繁,簡就是不繁。“坤以簡能”,“能”字在此可以理解爲做,理解爲把事情完成。坤以它有“簡”的個性,在實現生成萬物(諸卦)的過程中顯得極其簡單而不繁。坤之所以有“簡”的個性,根本的原因在於它有順乾的性質。因爲坤順乾,乾没有主觀意識,坤也没有主觀意識,乾没有目的,坤也没有目的。乾已開始了的事情,坤來順應着完成就是了,並不須另費功夫,這豈不就是簡!乾之易,坤之簡,合起來看,就是自然的意思,乾與坤創生萬物(諸卦)全不必動腦筋,勞氣力,自然始物,自然成物。韓康伯注説:“天地之道,不爲而善始,不勞而善成,故曰易簡。”韓氏之説極得要領,可謂抓住了事情的本質。講“不爲”、“不勞”,與《老子》的天道無爲而無不爲的觀點一致。但是接下來的思想就與《老子》不同了。《老子》講“人法地,地法天,天法道,道法自然”,把人引進自然狀態而不使回歸現實。《繫辭傳》在此解釋乾坤之易簡,雖然也看見了乾坤有自然無爲的特點并且加以肯定,但是它的出發點和歸宿不是把人引進自然狀態而不知返,它認爲人是天地間的主體,它看重人的主觀能動作用,所以在談完乾坤易簡之後,還是歸結到人和人的事業。人傚法乾坤易簡,則“易知”,“易從”;“易知”,“易從”,則“有親”,“有功”;“有親”,“有功”,則“可久”,“可大”;“可久”則爲“賢人之德”,“可大”則爲“賢人之業”。這裏關鍵的問題是“易則易知,簡則易從”,人類傚法乾坤之易簡,爲的是求得同道者的理解和親近,服從和共事,從而成就德操和事業。人能如此掌握住易簡的實質并且善於應用到事業上,就等於獲得了天下之理,也就可以立足於天地之間而與天地參了。

聖人設卦觀象繫辭焉而明吉凶,剛柔相推而生變化。是故吉凶者失得之象也,悔吝者憂虞之象也,變化者進退之象也,剛柔者晝夜之象也。六爻之動,三極之道也。

自此以下至“是以自天祐之,吉无不利”,爲第二章。第二章有兩大段文字,這兩大段文字是在第一章闡發乾坤兩卦在全易形成過程中所起的重大作用的基礎上進一步具體説明作成易卦的基本原理的。“聖人設卦觀象繫辭焉而明吉凶,剛柔相推而生變化”兩句是全段的題目,亦即提出問題,下面幾句則是解説這個題目的。作易的人是先設卦,即畫出了六十四卦的卦畫,如乾卦畫爲䷀,坤卦畫爲䷁,屯卦畫爲䷂,蒙卦畫爲䷃。其次是觀察卦畫之中的象。最後又繫辭,即在卦與爻的下面繫上文字加以説明,讓人一看卦下和爻下之辭就可以知道吉凶了。“剛柔相推而生變化”,剛柔即是卦中之陰爻和陽爻,陰陽與剛柔本是一回事。從氣的角度看,叫陰陽,從質的角度看,叫剛柔。卦中之爻是可見的,故應當從質的角度看,曰剛柔而不曰陰陽。卦辭與爻辭全稱爻曰剛柔而絶不言陰陽者以此。有人以爲六十四卦中無陰陽概念,是由於不瞭解剛柔即陰陽的緣故。“剛柔相推”,陽爻進至九而退,退而至於八,變爲陰;陰爻退至六而進,進而至於七,變爲陽。陰爻陽爻如此一進一退,就是"剛柔相推"。"剛柔相推"而生"變化"。易中"變化"二字與今日常語之"變化"一詞既相同又不相同。今語之"變化"泛指甲事物變化爲乙事物,甲事態變爲乙事態。易中"變化"二字雖亦有今語"變化"之義,但是它另有確定的含義,它指剛爻變爲柔爻,柔爻變爲剛爻的那個變化過程本身而言,亦即指的是剛柔未定的那種狀況。"聖人設卦觀象繫辭焉而明吉凶,剛柔相推而生變化"這兩句活,實際上提出了卦爻的四種象;換言之,六十四卦三百八十四爻的象儘管多種多樣,然而概括起來不外這四種,即吉凶、悔吝、剛柔、變化。第一句言"而明吉凶","悔吝"實亦包含在內。吉凶與悔吝是講人事的,剛柔與變化是講卦畫的。

"是故吉凶者失得之象也,悔吝者憂虞之象也;變化者進退之象也,剛柔者晝夜之象也"。這四句進一步解釋四種象的意義。吉凶不是禍福。《周易》言吉凶不言禍福,言禍福是宿命論的思想表現,《周易》講人的主觀努力,不講宿命論。吉是事業的成功即所謂得,凶是事業的失敗即所謂失。吉凶得失非由前定,全是主觀努力與否的結果。《周易》以象表達思想,而象最爲難明,所以事有失得則卦以吉凶爲象來表達。見卦之吉象便知有得,見卦之凶象便知有失。憂是憂慮,虞是虞度,"憂虞"是躊躇而不決,正是吉凶未定,得失未判的時候。這種狀態,用卦之象表達出來,就是悔吝。悔與吝介於吉與凶二者之間,吉凶是兩頭,悔吝在當中。悔自凶來而趨於吉,吝自吉來而趨於凶。人處憂苦患難之中必悔,悔便有獲吉的可能性。人在安樂肆志之時必吝,吝便有致凶的可能性。總之,悔是吉之漸,吝是凶之漸。以上吉凶悔吝講人事,以下剛柔變化講卦畫。"變化者進退之象也","變化"是什麼?"變化"是剛變柔和柔變剛的過程。"進退"是什麼?進退是剛柔的進退。變化就是卦中剛與柔的進退。柔的本性是退,六已老,不能再退，便進而爲七成爲剛，這就是退，亦即變。剛的本性是進，九已老，不能再進，便退而爲八成爲柔，這就是進，亦即化。變化就是剛柔之進退，剛柔之進退，是剛柔未定時的狀態。“剛柔者晝夜之象也”，“晝夜”是一種比喻，與“進退”相對應。“進退”是説剛柔正在變化不定中，晝夜則是説剛變柔，柔變剛，已經成爲確定的事實，猶如晝夜一般分明。講變化，表明剛柔正在進退未定；講剛柔，表明變化已經確定，柔已變爲剛，剛已化爲柔。剛柔與變化的關係用一日十二個時辰中子午與卯酉四個時辰做比喻最爲貼切。子是半夜，毫無疑問是夜，是陰是柔，這是確定的。午是日中，毫無疑問是晝，是陽是剛，這也是確定的。所謂“剛柔者晝夜之象”是也。卯是日出時分，夜、陰、柔，正在向晝、陽、剛變的過程中，是不是晝、陽、剛，還未確定。酉是日落時分，晝、陽、剛正在向夜、陰、柔化的過程中，是不是夜、陰、柔，也未確定。所謂“變化者進退之象”是也。如此説來，剛柔與變化的關係一似吉凶與悔吝的關係。吉凶是確定的兩頭，悔吝在中間，是趨向吉或凶的途徑。剛柔也是確定的兩頭，變化在中間，是柔變爲剛或剛化爲柔的過程。

“六爻之動，三極之道也”。這一句是上文的總結。言六爻剛柔相推，由柔變而爲剛，或由剛化而爲柔，都是動；六爻無論怎樣動，都離不開三極之道。“三極”即卦中天、地、人三才。初與二爲地，三與四爲人，五與上爲天。由此我們知道，《周易》已經將人自身從天地自然中分離出來，把人置於天與地之間，與天地並稱爲三才。這一思想實有深刻意義。

是故君子所居而安者《易》之序也，所樂而玩者爻之辭也。是故君子居則觀其象而玩其辭，動則觀其變而玩其占，是以自天祐之，吉无不利。

這一段話講人們應當怎樣學《易》的問題。它指示人們學

《易》宜注意做到兩點，一是居而安《易》之序，樂而玩爻之辭；一是居則觀象而玩辭，動則觀變而玩占。前後兩個"居"字含義不同，前"居"字不是起居的居，是"居仁由義"的居，總言身之所處；後"居"字是對動而言静，有素常的意思。《易》之序，即六十四卦之序；序是時序。六十四卦的排列次序不是偶然的，是有意義的。一卦代表一個時代，一個時代有一個時代的特點。如否卦是天地隔絶，否塞不通的時代，君子處在否的時代，就要儉德辟難，順時而行，居而安之。"君子所居而安者《易》之序也"一語實際上是説君子學《易》首先應該深刻理解並正確對待一卦之時義，然後是如何對待卦中每一爻的問題。"所樂而玩者爻之辭也"，玩，玩味，玩索，反復思索，尋繹不已。爲什麽祇言爻辭不提卦辭？一則上文"所居而安者《易》之序也"所言其實包括卦辭在内，因爲"《易》之序"就是講卦之序，講卦之序就是講卦，講卦當然不能離開卦辭。二則卦與爻相比，是相對穩定的，因而卦辭比較單純，易於把握，爻與卦相比是變動不居的，因而爻辭取象往往複雜，意義不是一個，不反復思索玩味，不能真正理解。安於《易》之序，玩爻之辭，這是學《易》應注意的一方面。另一方面還要居則觀象玩辭，動則觀變玩占。上文已言及玩其爻辭，此又講玩辭，兩言"玩辭"，意義實有不同。上言玩爻辭，重在指明對卦與爻應不同對待，對卦宜安，對爻宜玩。此言玩辭，重在指明如何不同對待象與辭的問題。"居則觀其象而玩其辭"，素常無事，不行占卜，即觀象而玩辭。象包括卦象爻象，辭包括卦辭爻辭。象與辭看來二事，其實一也，二者都是表達卦爻之義的。王弼説："言者，明象者也。"又説："夫象者，出意者也。"象表義，辭表象，象不能自明，須要仔細觀察；辭亦多幽隱，務必反復玩索。觀象與玩辭全爲理會卦爻之義，故二者實相貫通，未可隔閡。平素無事可以觀象玩辭，有事須占卜時就要"觀其變而玩其占"了。

變包括化，變就是變化。變化就是進退，進退就是剛化爲柔，柔變爲剛的過程。《周易》占變爻即占九和六，不占不變爻即不占七和八。九與六是變爻，九可以變爲八，剛化爲柔；六可以變爲七，柔變爲剛。平素“居則觀其象而玩其辭”，這是隨便觀玩什麽卦什麽爻的象與辭，不必確指，如果要做事，要行動了，就要“動則觀其變而玩其占”，即通過六爻剛柔的變化，找出自己應當如何行事的答案，也就是要確定一條卦辭或爻辭作爲行動的指南而加以玩索體味。“玩其占”的“占”字，古人常常理解爲卦爻辭中的吉凶悔吝，其實不然，“占”指的是通過觀變而確定爲自己行動指南的那一條卦辭或爻辭。無論那條辭中有没有吉凶悔吝字樣出現，都是占。道理很明顯，衹有這樣才説得通，否則的話，遇到没有吉凶悔吝字樣的辭該當如何理解！

“是以自天祐之，吉无不利”，此兩句帶有總結全段的意義。人們占卜的目的是趨吉避凶，因爲他能够按照上述兩方面的要求辦事，在客觀條件允許的情況下，盡最大的主觀努力，該做的必做，該避免的都避免，結果絶不會不吉不利。古人從卜筮的角度來看，叫做“天祐”，其實全由自致。

彖者言乎象者也，爻者言乎變者也。吉凶者言乎其失得也，悔吝者言乎其小疵也，无咎者善補過也。

自此至“各指其所之”，爲第三章。第三章繼續講卦講爻。講吉凶講悔吝。“彖者言乎象者也，爻者言乎變者也”，“彖”是彖辭，彖辭即卦辭。卦辭斷一卦之象，是一卦的總説明。“爻”是爻辭，爻辭説明一爻之象。一卦反映一個時代，一個時代的特點由一卦的卦象來表達，一卦的卦象由一卦的卦辭來説明。一爻反映一個時代中的一個發展階段，一卦六爻反映六個發展階段。一個發展階段的特點由一爻的爻象來表達，一爻的爻象由一爻的爻辭來説明。王弼説：“卦者時也，爻者適時之變者也。”把卦與爻的區别講的很清楚，卦重在表現時代，爻重在表現一個時代内各個階段的變化。就一卦内部説，卦相對地穩定不變，而爻是變的。但是就全易六十四卦説，六十四卦是一個更大的發展過程，每一個卦都是這個大的發展過程中的一個環節，所以卦也是言變的。卦有象，爻也有象。應當説，爻也是言象的。如此説來，可以把“卦者言乎象”的“象”與“爻者言乎變”的“變”看成是互文。不過這裏是就一卦説，所以在卦强調象，在爻强調變。我們還應當知道，象裏包含着變，變也是一種象。

“吉凶者言乎其失得也，悔吝者言乎其小疵也，无咎者善補過也”。這幾句話意在指示玩辭的方法，告訴人們在玩辭時如何掌握吉凶悔吝无咎這些卦爻辭的通例。吉凶悔吝无咎，從根本上説不外乎失得兩個方面，衹是程度不同罷了。吉凶是大得大失。悔吝是小疵，小疵即小問題，小毛病；小疵畢竟是小過，小的失誤。悔，是悔改的意思，悔改向善是好事，爲什麽説是小疵？因爲它之所以悔改，是由於它有過錯；有過錯而知向好的方面糾正，故曰小疵。有過錯而知改，可以漸至於无咎，故无咎好於悔。无咎實在本有咎，由於善補過而至於无咎。无咎與悔緊相連，卦辭不言悔而言无咎，无咎包含有悔義，言无咎則其悔可知。《周易》中有言“又誰咎”的，有言“不可咎”的。前者意謂咎實自取，後果由它自己承擔，别人無須過咎它也不替它負責；後者是説過錯乃由於才智不足造成，可以諒解，雖有咎卻不必過咎。吝與凶相連結。吝，當悔而不悔，發展下去必至於凶而眼下尚未至於凶，故曰小疵。卦辭言凶而不言吝，吝者小疵不足言。

是故列貴賤者存乎位，齊小大者存乎卦，辯吉凶者存乎辭，憂悔吝者存乎介，震无咎者存乎悔。是故卦有小大，辭有險易，辭也者，各指其所之。

《周易》是講究貴賤的。“列貴賤者存乎位”，貴賤的區分從“位”上表現出來。“位”是六爻之位，六爻自下而上，在上者貴，在下者賤。具體地説，爻位的問題很複雜，除上貴下賤的一般性原則外，剛柔往來，上下内外，得位失位，應與不應等等都可以表現出貴賤來。“齊小大者存乎卦”，這句話的要害是“小大”。小大指什麽而言？古人説法不一。韓康伯注説“其道光明曰大，君子道消曰小”，以爲在《周易》裏君子之道君子之德曰大，小人之道小人之德曰小，是正確可從的。齊，韓注：“猶言辯也”。“齊小大”，分辯小大，分辯君子之道與小人之道。“齊小大者存乎卦”，區分小大，區分君子之道與小人之道，要從卦裏面看。卦亦即卦辭，卦辭通過陰陽來表達小大的不同。一般説，陰之道代表小人，陽之道代表君子。“辯吉凶者乎辭”，這個辭是爻辭。上文説“齊小大”的問題是從卦辭看，這裏説“辯吉凶”的問題是從爻辭看。吉凶的問題比貴賤小大爲複雜，貴有吉賤亦有吉，小有凶大也有凶，不通過爻辭，則吉凶不能辯别清楚。“憂悔吝者存乎介”，悔吝處在吉凶之間，小於吉凶而將變爲吉凶。要想讓事情最終不發展到凶的地步，必須早在“介”的狀態時就發現問題，解決問題。即所謂“存乎介”。介，纖介，細微。悔吝是吉凶的細微，此處説的“介”又是悔吝的細微，在悔吝還處在萌動的時候，就察於幾微，憂慮預防，使不至於悔吝。“震无咎者存乎悔”，震，震懼。震懼而得无咎，是由於能知悔。无咎本是有咎，欲使有咎變爲无咎，唯一的辦法是知悔，知悔則可无咎，知悔即追悔前失而不憚改。“是故卦有小大，辭有險易。辭也者，各指其所之”，卦之小大可從君子小人的角度劃分，也可從陰陽的角度劃分，二者是一致的。其實凡是好的卦，反映君子之道的卦，以陽爲主的卦，如泰如復如大有，就是大；凡是不好的卦，反映小人之道，以陰爲主的卦，如剥如否如困，就是小。“辭有險易”的辭包括卦辭和爻辭。卦辭與爻辭明白淺顯易曉的叫易,奇奧艱深難懂的叫險。一般説,卦大辭易,卦小辭險。如復六二"休復吉"辭就平易明白,困上六"困于葛藟,于臲卼"辭就艱險難曉。不過,無論卦大卦小,辭易辭險,都是既告誡慰勉君子亦儆勸安撫小人。"辭也者,各指其所之","所之"實際上是趨與避兩方面;辭險辭易,"各指其所之",就是説,易的辭"之"之於常,即告人趨吉,險的辭"之"之於變,即告人避凶。避凶,歸根結底還是指示人們歸於吉。既然卦有小大之分,那末君子觀卦之象,所居就不可同;既然辭有險易之别,那末君子玩卦爻之辭,所樂也就不可一樣。

《易》與天地準,故能彌綸天地之道。仰以觀于天文,俯以察于地理,是故知幽明之故。

自此以下至"故神无方而易无體"爲第四章。這一章從宏觀的角度論述《周易》這部偉大著作的思想廣度和深度以及哲學意義。"《易》與天地準",準字朱熹釋作齊,那末"《易》與天地準"的意思就是《周易》這部書與天地一齊。換言之,《周易》這部書是依照天地的法則作成,是天地的摹本,"故能彌綸天地之道"。"仰以觀于天文,俯以察于地理,是故知幽明之故"。"以"是什麽?"以"是用。用什麽?用《易》。因爲《易》"彌綸天地之道"。古人所謂"天文"指日月星辰,所謂"地理"指山川原隰。由於日月星辰的運行而生陰晴寒暑,由於山川原隰的養育而有飛潛動植。幽是幽隱,意謂看不見。明是明顯,意謂看得見。幽明總的是指萬物在生成變化中所表現出的兩種情況。"故"是原因。"知幽明之故",是説知道萬物在生成變化中表現出的兩種情況,其根本原因在於天地兩大資始、資生所發生的變化。

原始反終,故知死生之説。精氣爲物,遊魂爲變,是故知鬼神之情狀。

“原始反終”據《經典釋文》説有的本子作“原始及終”，作“原始及終”可能是對的，從道理上説得通，從字形相近容易錯訛上也説得通。事物有始則有終，人有生必有死。人有生與死與事物有始與終，道理是一樣的。推原出“始”爲何物，也就“及終”，知道“終”爲何物了。同樣道理，知生則知死，推原出“生”爲何物，即知死爲何物。故《論語》記孔子説：“未知生，焉知死。”事有始終，人有生死，這個問題孔子看得極明白，對待也極理智。“故知死生之説”，生亦愉悦，死亦愉悦；既樂生又不畏死。孔子雖知死生之説，但與道家主張的齊生死、泯生死、輕生死、任生死卻根本不同，孔子在人生觀上是積極進取的現實主義者，對死看得寬，對生看得更重，所以他説：“朝聞道夕死可矣”。“精氣爲物”，言物之成形成體，是可見的，也就是物之聚。“遊魂爲變”，言物之有變有化，是不可見的，也就是物之散。天地之間之萬物處在永遠不停息的聚散存亡的運動變化之中。這運動變化是人難以把握難以測知的，故《易》稱之爲鬼神。依常人的觀點，鬼神没有情狀，而《易》以爲鬼神有情狀，因爲《易》所説的鬼神没有什麽神秘，不過是天地間萬事萬物的聚散存亡的過程而已，亦即古人所謂的造化之迹，陰陽二氣之良能。以上言幽明，言死生，言鬼神，都是唯物論的命題；幽明、死生、鬼神，是包括人的生命過程在内的萬事萬物自然變化的現象，而《易》正是反映並説明這些現象的。

與天地相似，故不違。知周乎萬物而道濟天下，故不過。旁行而不流，樂天知命，故不憂。安土敦乎仁，故能愛。

“與天地相似，故不違”，此與上文“《易》與天地準”義同，《易》是天地的摹本，天地是什麽樣子，《易》就是什麽樣子，所以《易》與天地不違。不違亦即相似相同。《易》與天地合其德，合其明，合其吉凶。宇宙間有天地，《易》則有乾坤；天地生萬物，乾坤則生六十四卦；天地有幽明、死生、鬼神，《易》則也有幽明、死生、鬼神。《易》的發展變化反映天地的發展變化。孔子認爲，天地是自然的，《易》也是自然的。天地没有人爲，《易》也没有人爲。“知周乎萬物而道濟天下，故不過”，天地彷彿有“智慧”，它的“智慧”遍及於萬物，它的規律含在天下一切事物之中，没有絲毫的遺漏和差忒。《易》與天地完全一樣，《易》的智慧普遍存在於六十四卦之中而又普遍反映自然界萬事萬物的問題。《易》之道普遍反映着萬事萬物的規律，能够解決全天下的所有問題。可以説，天下的一切事物，一切問題都在《易》的作用範圍之内。對於造化來説，它全面、周到，一切事物都逃不過它的作用，絶對没有遺漏和差忒；對於《易》來説也一樣，《易》也全面、周到，包容廣大，作用完備，不存在過或不及的問題。“旁行而不流”，“旁行”是普遍的意思，“流”有的本子作“留”，“不流”其實與“不違”、“不過”義近似。“旁行而不流”這句話是前一句“知周乎萬物而道濟天下”的加强。“樂天知命故不憂”，這句話的主語應當是《易》，同時也是學《易》的人。總的意思是回答知的問題，與下一句“安土敦乎仁”回答仁的問題相對照。《易》的知是深刻的，高層次的，已達到“樂天知命而不憂”的程度。天是自然界，“樂天”就是順應自然。命是不以人的意志爲轉移的客觀規律。“知命”就是承認並順應客觀的規律。孟子講的“莫之爲而爲者天也，莫之致而至者命也”，也以天爲自然，以命爲規律，與《易》的思想完全相合。它們理解的天與命，都是自然而然，不爲而爲，没有意志，不是主宰。總之，都不是人格化的上帝和上帝的旨意。《易》中没有上帝的位置。《易》的思想與作《易大傳》的孔子的思想一致。孔子的思想可能受《易》的影響很大，而《易》的思想也由於孔子的《易大傳》而得到闡發。孔子曾講“五十而知天命”，“五十以學《易》，可以無大過矣”，與此處“樂天知命”的意義實爲相通,因爲認識天地自然及其規律是不易的,所以須至五十歲方能知曉,又因爲《易》是講天地自然乃至人事及其規律的,所以學《易》可以不犯大錯誤。倘《易》講的天命是上帝及其旨意,何須五十乃知!有上帝保祐,又何須學《易》方可无咎!《易》中"天命"一詞的含義無疑是客觀規律,是必然性。《易》把自然與社會,天與人,主體與客體放在一起加以考察。世界是什麽樣,《易》也是什麽樣,所以"不違","不過","不流"。世界在生生不息地運動變化,《易》也在生生不息地運動變化。一切的自然和社會的規律都藴藏在《易》之中,所以《易》是"樂天知命故不憂",學《易》的人也是"樂天知命故不憂"。"樂天知命故不憂"表現《易》的理智、理性的一面,下句"安土敦乎仁,故能愛"表現《易》的情感、人性的一面。這一點與《老子》根本不同。《老子》説"天地不仁以萬物爲刍狗",《易》則講智也講仁,在《易》之中,仁無所不在。《易》中有仁,故能道濟天下;學《易》的人安土敦仁,故能愛人濟物。

範圍天地之化而不過,曲成萬物而不遺,通乎晝夜之道而知,故神无方而易无體。

整個這第四章實際上都是通過陰陽這一對概念論述《易》的哲學意義。這一段文字更是明顯地講陰陽,《莊子·天下》"《易》以道陰陽"一語的正確性在此得到證明。《易》中所謂神,所謂道,所謂易,名雖不同,其實一物,都是陰陽。語其陰陽不測則謂神,語其一陰一陽則謂道,語其陰陽生生則謂易。這裏講的"天地之化",實是陰陽之氣,這裏講的萬物實是陰陽之體,這裏講的晝夜實是陰陽之理。範圍,該括,制約。不過實亦無不及:即是中,即易與天地之化的一致。此自大處説,若自微觀處講,它又能委曲成就萬殊不同的事物而無有遺漏。"通乎晝夜之道而知",這一句話古人以爲最難理解,其實晝夜之道即陰陽之道。世間萬事萬物莫不有陰陽兩面。陰陽兩面也可以説成是幽明兩面或晝夜兩面。引伸開來則爲剛柔、死生、動静、大小、闊狹、長短、方圜以及人事之盛衰、治亂、進退、存亡、失得，都是陰陽，也都是晝夜。"神无方"，神之所以無方，是因爲神是陰陽不測，忽然爲陰又忽然爲陽；方是四方上下，神或在此又或在彼，全無一定，故云"神无方"。"易无體"，易當然无體，因爲易是陰陽生生不息，或自陰而陽，或自陽而陰，永遠處在變動不居之中，毫無確定之形體，猶如爲春又爲夏，爲秋又爲冬，交錯更代，没有辦法説它究竟是什麽，所以説它是"易"。易的特點是無體。程頤説"易，變易也，隨時變易以從道也"，是説得對的。"通乎晝夜之道而知"，神才能無方，易才能無體。通乎晝夜之道就是通乎陰陽之道。所謂"通"，是兼通陰陽晝夜兩面，假使通陰不通陽，通晝不通夜，通生不通死，通明不通幽，便是不知，便是神有定方，易有定體了。

一陰一陽之謂道。繼之者善也，成之者性也。仁者見之謂之仁，知者見之謂之知，百姓日用而不知，故君子之道鮮矣。

自此至"陰陽不測之謂神"爲第五章。這一章重點在解釋道的意義。"一陰一陽之謂道"，説"一陰一陽"與説"陰陽"不同。説"陰陽"，指的是氣，氣是形而下的，實在可見的。古人認爲萬物莫非氣，氣總是分爲陰陽兩面，如晝夜、寒暑、陰晴、動静、屈伸、語默、上下、前後、左右、盈虧、隱顯以及君子與小人等等都是一個事物的陰陽兩個方面。陰陽兩個方面總是兩相爲用而不能相無。這其實就是關於事物對立統一的觀念，不過用"陰陽"這一古老的概念表達罷了。説"一陰一陽"，指的是氣之流動的那個規律，它是形而上的，虚無不可見的。祇説"陰陽"，不是道，説"一陰一陽"才是道。説"陰陽"，不過是説事物總是分爲陰陽兩方面，没有説事物的運動發展變化，而説"一陰一陽"，則是説事物總是處在運動發展變化的狀態中，而事物的運動發展變化必按照一定的規律進行，"一陰一陽"

就是這規律。“一陰一陽”，陰轉爲陽，陽轉爲陰；陰又轉爲陽，陽又轉爲陰。陰陽交迭着運動，事物才嚮前發展。猶如行路，非左足右足交錯前進不可，又如時間的流駛，總是表現爲晝與夜，午前與午後，春夏與秋冬。如果走路左足動右足不動，時間有晝無夜，那末人便不能動，時間也將停止。可見“一陰一陽”是氣的流動。戴震説“道者行也，氣化流行，生生不已也”，是説得很恰當的。“繼之者善也”，繼，繼續不斷。一陰一陽之道，繼續不斷，生生不已，没有盡頭，這就是善。善是“元者善之長”的善。依戴震《原善》的説法，善包括仁、禮、義三方面。生生不已是仁，生生而有條理是禮，有條理而截然不可亂是義。氣化流行，生生不已的道處在一種完美無缺的理想狀態，就是善。“成之者性也”，氣化流行，生生不已的善一旦落實而成爲某一具體事物時，便是性。《大戴禮記・本命》説“分於道謂之命，形於一謂之性”。這是對“繼之者善”與“成之者性”二者關係的極好説明。“仁者見之謂之仁，知者見之謂之知”，是因爲一陰一陽之謂道，這道衹有一個，存在於天地及天地之間萬事萬物之中，它無處不在，也無所不包，但是人們對於它或者認識不全面或者全不認識。道有一陰一陽兩方面。“繼之者善也”謂化育之功，是陽之事，“成之者性也”謂生物之事，是陰之事，陰與陽相對應，陰是知，陽是仁。人們看見道之一面就以爲是道的全體了，看見陽一面的人以爲道就是仁，看見陰一面的人以爲道就是知。説道是仁是知都不全面，衹有仁知合觀，陰陽兼體，才能把握道的全貌。至於尋常百姓，則天天與道打交道卻根本不知道道爲何物。他們習焉而不察，行之而不著，所以“日用而不知”。“故君子之道鮮矣”，君子是仁知具全的人，君子之道是仁知具全的道，亦即一陰一陽之道，由於人們或者見仁見知，或者仁知均不見，這君子之道很少被人真正認識。“君子之道鮮”，説的是人對於道鮮有全面的正確的認識,並非説“一陰一陽之謂道”的自然之道少。自然之道永遠存在,無所不在,是無所謂多與少的。

顯諸仁,藏諸用。鼓萬物而不與聖人同憂。

這段話古人的解釋衆説紛紜,莫衷一是。其實這段話講的是《易》的效用。顯指《易》的應用,藏是《易》的不用。當人們應用蓍草行筮的時候,《易》的“仁”就顯現出來了,它指導人們的行動,告之以吉凶悔吝无咎,讓人們努力趨吉避凶,這就是“顯諸仁”。當人們不用它的時候,它便藏到筮與卦裏面去了,這就是“藏諸用”。朱熹曾經用一個形象的比喻説明“顯諸仁,藏諸用”的含義。他説,比如一棵樹,一條根生出許多枝葉花果,這是“顯諸仁”;及至結實,一個核長成一棵種子,這是“藏諸用”。這個比喻對於理解“顯諸仁,藏諸用”二語頗有啓發意義。鼓是動詞,“鼓萬物”,《易》的六十四卦應用起來,可以解決人們遇到的任何問題,然而《易》没有思想没有意識,無思無爲,它與同樣能够解決人們問題,指導人們行動的聖人不同,聖人無論怎樣聰明睿知,畢竟是有思有爲的人,它能憂天下,爲天下勞神焦思,而《易》不能。然而這並不能説明《易》之有功於天下小於聖人。

盛德大業至矣哉,富有之謂大業,日新之謂盛德。生生之謂易,成象之謂乾,效法之謂坤,極數知來之謂占,通變之謂事,陰陽不測之謂神。

《易》之有功於天下並不比“聖人”爲小,所以説“盛德大業至矣哉”! 盛德與大業是讚嘆上文的“顯諸仁,藏諸用”的。盛德言“顯諸仁”,大業言“藏諸用”。自“富有之謂大業”以下,是對《易》常用的八個概念所作的簡明精確的解釋。“富有之謂大業”,大業是什麼? 大業的特點是“富有”。“富有”是大而無外,無所不包的意思,此乃就空間説,謂《易》包容宇宙天地萬物。“日新之謂盛德”,盛德是什麽？盛德的特點是“日新”。“日新”是久而無窮,變通不止的意思,此乃就時間説,謂《易》包括宇宙天地萬物的變化發展。總之,《易》是廣大悉備的,整個宇宙都在它的含蓋之内,它窮則變,變則通,通則久,所以永遠無窮。《易》無思無爲,不與“聖人”同憂,但是在有盛德與大業這一點上卻與“聖人”同。“生生之謂易”,進一步説到易的性質上來。這個“易”首先是説客觀世界存在的那個“易”,而不是《易》書。這個“易”是什麽？“生生”就叫“易”。“易”是講陰陽的,陰陽並不神秘,陰陽就是事物自身的對立統一的兩個方面,通俗的叫法是一分爲二。“易”講陰陽,但陰陽並不就是“易”,陰陽生生才是“易”。陰陽生生,即陽生陰,陰生陽,陽又生陰,陰又生陽,生生無窮,無有止息。“生”字在這裏也是轉换的意思。“大極生兩儀,兩儀生四象,四象生八卦”正是“生生”的内容。易卦就是這樣陰陽生生而形成的。先是畫一個陽,一個陰;又各與一個陽和一個陰重合,就生成四象;四象的每一象又與一個陽和一個陰重合,便生成八卦;八卦的每一卦分别與八卦重合,最後生成六十四卦。易是自然界的摹本,是陰陽兩儀生生不息的過程,自然界也是陰陽二氣生生不息的過程。“生生之謂易”,孔子給易下的這個定義,再明確一點説,易就是變化。孔穎達説“易者變化之總號,改换之殊稱”和程頤説“易,變易也,隨時變易以從道也”,都是不可移易的定詁。“成象之謂乾,效法之謂坤”,這是解釋乾與坤兩個重要概念,乾與坤兩個概念在易中至關重要,所以《繫辭傳》開始就講“在天成象,在地成形,變化見矣”,“乾道成男,坤道成女”,後面又講“乾坤毁則无以見《易》”,“《易》不可見,則乾坤或幾乎息矣”。乾與坤在這裏指的既是六十四卦爲首的乾坤二卦本身,也是其餘六十二卦由之生成的乾坤,即“乾坤其《易》之門邪”的乾坤。這後一種意義的乾坤也就是陰陽兩儀。乾象天天爲陽，坤象地地爲陰，乾天坤地是古人心目中最大的陰陽兩儀。問題是“成象之謂乾”的“成象”與“效法之謂坤”的“效法”該如何理解。首先我們知道“成象”與“效法”是兩種不同的作用，而且可以説二者是一個過程的兩個階段，兩個階段中又是先乾後坤，先天後地，先陽後陰，“成象”在先，“效法”在後。其次我們還知道，凡屬陽的東西，衹是有個“象”而已，模模糊糊，輪廓並不甚清楚，最後必須有陰來起作用。陰的作用是“效法”，“效法”的講法古人有不少，其實根據《繫辭傳》的另外一句“在天成象，在地成形”，“效法”亦即“成形”。“成形”也就是依照陽已確立的簡略粗糙的輪廓，加細加詳，使之具有一定的可見形狀。還是前文説過的老話，乾（即陽）是始物的，所謂“萬物資始”；坤（即陰）是成物的，所謂“萬物資生”。“極數知來之謂占”，占即筮。根據《繫辭傳》下邊所記的筮法，天數五，合而爲二十有五，地數五，合而爲三十，極天地之數合爲五十有五。五十有五其用四十有九，經過三次進行分二、掛一、揲四、歸奇等四個步驟，得出或七或八或九或六，得七、九畫陽爻，得六、八畫陰爻。如此反復六次便成一卦。得出一卦，就可以知道未來應該如何努力争取避凶趨吉，求得事業的成功。這就是“極數知來”，也就是占。“通變之謂事”，講的是人揲蓍求卦的問題。占是易之占，事是人之事。“陰陽不測之謂神”，這一句我們可以與上文提到的“一陰一陽之謂道”和“生生之謂易”兩句對照起來看。三句話講出二個概念的定義。三個概念即易、道、神，其實是一個事物的三面觀。這一個事物就是陰陽，如果陰陽在那裏不動不變，那末它衹能叫做氣。氣動起來變起來，名稱就不同了。促使時而陰時而陽，陰陽交替變動的那個東西叫做道；陰生陽，陽生陰，陰陽生生不已，叫做易。陰陽不測叫做神。什麼叫不測？張載説：“兩在故不測。”在揲蓍求卦的過程中，得七得八，得九得六，無法預測。爲什麼無法預測？因爲占的結果是陰是陽兩種可能性都存在。六十四卦三百八十四爻，剛柔迭用，上下無常，周流六虚，它無處不在。易的萬千變化全由陰陽不測造成。

夫易廣矣大矣，以言乎遠則不禦，以言乎邇則静而正，以言乎天地之間則備矣。

自此至“易簡之善配至德”爲第六章。此章講《易》書内涵廣大與天地相似。

“夫易廣矣大矣”，極贊《易》道之廣大。廣指坤言，大指乾言。“以言乎遠則不禦”，往遠處説，它彌綸天地。有形無形它都能進入，没有什麽東西能够抵制它。“以言乎邇則静而正”，往近處説，《易》之道觸處皆見，雖然至小至近至卑至陋之事之物，不待安排措置，都有它的存在。“以言乎天地之間則備矣”，從整個宇宙説，或天或地，或道或事，或人或物，都該括在《易》理之中，《易》可謂無所不包，無所不備。又廣又大又備，此亦即前文所説的“富有之謂大業”之“富有”。

夫乾其静也專，其動也直，是以大生焉。夫坤其静也翕，其動也闢，是以廣生焉。

因爲乾坤是易之門，易之藴，所以《易》的特點與乾坤二卦有密切的關係。易之大是從乾那裏産生的，易之廣是從坤那裏産生的，或者説，易之大表現在乾上，易之廣表現在坤上。乾之大與坤之廣表現在它們動與静的不同上。乾主動，但也有静；坤主静，但也有動。從它們的静態可以看出它們的體之不同，從它們的動態可以看出它們的相互依賴的關係。乾的静是“專”的。因爲乾實而一，所以“專”。乾的動是“直”的。因爲乾是自然而然地自己在動，動起來直遂無前，全無窒礙，所以“直”。乾静專動直，就它所形成的質説，它是無所不包的，所以説它大。坤的静是翕。因爲坤虚而二，象一個東西的兩半，兩半合起來就是翕，所以坤之静翕。坤的動是辟。因爲兩個一半合起來爲翕，那末兩個一半張開就是動。坤的静與動，表現在它的合與開上。坤静翕動辟，就它所容納的量説，它是無比寬闊的，所以説它廣。總之，乾坤的廣大就是易的廣大，易的廣大生自乾坤的廣大。

廣大配天地，變通配四時，陰陽之義配日月，易簡之善配至德。

上邊幾句講易之廣大是就虚處説，這裏幾句講易的廣大是就實處説，講的比較具體。配，相似，相當。易之廣大與天地相似。易包括乾與坤兩個方面，乾是實而且主動，代表易的大，坤是虚而且主静，度量廣闊，容得萬物，代表易的廣。易的廣大與天地相似相當。易之變通如老陽變陰，老陰變陽，往來變化，與四時相似。易之陰陽變化與日月相推相似。易之道是一陰一陽地變化，正象日升爲晝，月出爲夜，日月晝夜交替不斷一樣。以上三句以易與自然相比。“易簡之善配至德”，這一句是以易與人相比。“易簡”是易的“至德”，是易之最爲抽象，層次最高的特點。“易簡”的“易”是易而不難，屬於乾；“易簡”的“簡”是簡而不繁，屬於坤。“易簡”從根本上説乃不爲而爲，自然而然，本來如此，並無造作的意思。易之“易簡”與世間聖人的至德相似相當。聖人的至德，依儒家的主張，是中庸。中庸的實質是無過無不及，做事依時而行，恰到好處，是極難能的修養。欲明白易之易簡，觀看聖人的至德就是了。

子曰，《易》其至矣乎！夫《易》聖人所以崇德而廣業也。知崇禮卑，崇效天，卑法地，天地設位而《易》行乎其中矣。成性存存，道義之門。

這一段是第七章。此章講聖人應如何學《易》以致用的問題。子，孔子。我們説《易大傳》是孔子作，意謂《易大傳》的思想屬於孔子，不是説全是孔子親筆寫出。古人的所謂“作”與今日不同,今日說某書某氏作,其書必爲某氏親筆寫就,古人所謂"作"則往往不必如此。《易大傳》的情況尤爲複雜,其間有的出自孔子手筆,有的是孔子生時言論,弟子追記,有的則可能是孔子采取前人之成説。此處言"子曰",顯然屬於第二種情況。"《易》其至矣乎",是孔子對《易》書的讚嘆,句式與《中庸》所記的孔子的另一句話"中庸其至矣乎"同。意謂高至於極點,無以復加的程度。"夫《易》,聖人所以崇德而廣業也",《易》有什麽價值呢?《易》是聖人用來"崇德而廣業"的。"崇德",崇高其德,是從加强人的修養方面説。"廣業",廣大其業,是從成就事功方面説。"聖人"指品德至高的聖明君王,是孔子理想中的最高統治者。孔子强調聖人應從德與業兩方面學《易》用《易》,或者説,《易》從德與業兩方面給聖人以指導。作爲最高的統治者説來,最爲重要的問題其實也就是道德與事業兩方面。而《易》恰好能够回答這兩方面的問題。以下言"知崇禮卑",是講知與行的問題。知與德相關,行與業相關,又與禮相關。"知崇禮卑",知是講識見的問題,所以越高明越好;禮是講行的問題,所以越謙虚退讓越好。知越高越好,所以聖人獲取知識或者説在明智這一點上要象天那樣超邁高明,故云"崇效天"。禮越卑越好,所以聖人在行爲和事業上要象地那樣謙虚退讓,故云"卑法地"。《易》中乾象天,坤象地,所謂效天法地,豈不就是效法乾坤,效法乾坤豈不就是效法《易》,接受《易》的指導!"天地設位而《易》行乎其中矣",這是説"天尊地卑,乾坤定矣",《周易》的根本問題是乾尊坤卑,乾坤的位置一旦確立,接着便産生其餘六十二卦。"《易》行乎其中"與後邊要講到的"乾坤其《易》之緼邪,乾坤成列,而《易》立乎其中矣"含義相同。這句話的用意在於總結上文,指明聖人崇德應崇知,崇知則效天,廣業須禮卑,禮卑則法地。效天法地不是别的,恰是學《易》並用《易》,因爲《易》是講天尊地卑的。“成性存存,道義之門”。“成性”與第五章“成之者性也”一句語意相近卻義不同。“成之者性也”,是接前句“繼之者善也”而來,此“成性”是接前句“天地設位而易行乎其中矣”而來,意謂經常用《易》以崇德廣業,結果使它變成本性。“存存”,存之又存,唯恐失之。如能“成性存存,就是“道義之門”,也就是道義所從出。全段大意謂人若能象天與地那樣做到“知崇禮卑”,便能“成性存存”而爲“道義之門”。

聖人有以見天下之賾,而擬諸其形容,象其物宜,是故謂之象。聖人有以見天下之動,而觀其會通,以行其典禮,繫辭焉以斷其吉凶,是故謂之爻。

自此以下至“盜之招也”爲第八章。此章講作《易》者如何建立卦爻之象和如何繫爻辭的問題。這一段話前半截講卦爻之象如何立,後半截講爻辭如何繫。《易》中之象不外乎三類,一爲卦畫即象陽之奇畫與象陰之偶畫,二爲八經卦之象如天地風雷水火山澤之類;三是六十四別卦因事因理隨時自取之象,如“牝馬之貞”,“白馬翰如”,“載鬼一車”等等。賾,幽深。擬,模擬。作《易》者看見天下萬事萬物中深深隱藏着各種各樣的道理,想要分門别類地表達出來,用奇畫與偶畫表達事物的陰陽對立兩大方面,用天地風雷水火山澤等表達事物不相同的八種性質,用“乾元亨利貞”、“未濟亨,小狐汔濟,濡其尾”等表達六十四種不同的時代,用“潛龍勿用”、“白馬翰如”、“東鄰殺牛不如西鄰之禴祭”等表達六十四卦中爻三百八十四的變化。象具有抽象性與靈活性。一個象可以代表許多同類的事與理,用時任你自己依據情況去體會,如果用言語直説,則祇能將事與理説死,將事與理説死説定的書是《書》,是《禮》,絶不是《易》。《詩》也用象,如《詩》之比與興即是象,但《詩》的象是具體的,確定的,一象祇説一事一理,《易》之象則一象可反映多事多義。作《易》者如何立卦之象與爻之象呢?就是

"擬諸其形容",也就是模擬各類事物的不同形容,並"象其物宜",使卦之象或爻之象,能做到恰如其分。例如乾卦,作《易》者取天之象來象乾,乾是健,天也是健,用天象乾,十分貼切適宜。乾卦六爻表示乾健的發展變化,這時還取天爲爻象就不適宜了,所以乾六爻取龍象,龍是健而多變的,用以反映乾健的變化,最適合。因爲卦是擬諸物之形容並象其物宜的,所以稱之爲象。"聖人有以見天下之動"及其以下數句是講爻辭的,其中"會通","典禮"二詞最是關鍵。什麼是爻? 爻與卦比較,意義有所不同,卦之義相對穩定,而"爻也者,效天下之動者也",爻是反映天下事物的運動、變化的,事物的動態最難把握,所以爻辭不易擬定。作《易》的人首先觀察天下事物的運動變化,然後重點觀察運動變化的"會通"。"會通"是什麼? "會"是會聚,一爻是一個變化的"點",這個"點"可能有許多個意義會聚在一起,顯得曲直錯雜難以分辨。這就需要"通","通"即通達,從曲直錯雜的諸多意義中選擇一個最恰當,最能代表這一變化"點"的特徵的意義作爲這一爻的辭。舉例說,如屯初九這一爻至少會聚了三種意義,第一,在卦之下,未可以進,此有屯之義;第二,乾坤在此始交而遇險陷,亦有屯之義;第三,似草穿地而未伸,亦有屯之義。諸義會聚於此,怎麼辦? 這就要尋找一個合理的,行得通的義出來。找出這樣一個義來就通了。"磐桓利居貞,利建侯"正是這樣的一義。它既反映上述三點屯初的意義,又指出了人的行動方向。"以行其典禮",典有常義,禮在此指行爲、行動,"典禮"就是行爲的準則規範。擬定一爻之爻辭,除"見天下之動以觀其會通"以外,還要表現於行動,使之符合行爲規範。"繫辭焉以斷其吉凶",根據上述辦法,加上文字說明,以判斷吉凶。"是故謂之爻",因此叫做爻。

言天下之至賾而不可惡也,言天下之至動而不可亂也。

前一句是講卦。《易》中之卦能説明天下事物最爲奥秘的道理,而不應以否定的態度去看它。後一句是講爻。《易》中所擬定的爻辭能表達天下事物最紛繁的運動形態,而不應把它看成是亂糟糟的。

擬之而後言,議之而後動,擬議以成其變化。

這是對學《易》者説的。學《易》者也應如作《易》者之於象,擬之而後言;也應如作《易》者之於爻,議之而後動。用擬議把握事物的變化,亦即謹言慎行,掌握時變,力求在任何情況下都能争取到盡可能好的結果。

鳴鶴在陰,其子和之,我有好爵,吾與爾靡之。子曰,君子居其室,出其言善,則千里之外應之,況其邇者乎!居其室,出其言不善,則千里之外違之,況其邇者乎!言出乎身,加乎民,行發乎邇,見乎遠。言行,君子之樞機,樞機之發,榮辱之主也。言行,君子之所以動天地也,可不慎乎!同人先號咷而後笑,子曰,君子之道或出或處,或默或語,二人同心,其利斷金,同心之言,其臭如蘭。

自此以下隨意舉出七卦中的爻辭,計七條,它是孔子舉例以説明擬之而後言,議之而後動的深遠意義的。"鳴鶴在陰,其子和之"是中孚九二爻辭,它本是説誠信可以感通的,孔子卻從中看出謹言慎行的道理來。"同人先號咷而後笑"是同人九五爻辭,它並未提及出處語默的問題,孔子經過擬議,從中見到君子之交開始好象不同,而後競親密無間,其利可以斷金,其臭有如蘭香。出處語默是"先號咷而後笑"應有之義。"斷金"、"如蘭"是"大師克相遇"應有之義。

初六藉用白茅无咎。子曰,苟錯諸地而可矣,藉之用茅,何咎之有!慎之至也。夫茅之爲物薄而用可重也,慎斯術也以往,其无所失矣。勞謙君子有終吉。子曰,勞而不伐,有功而不德,厚之至也。語以其功下人者也。德言盛,禮言恭。謙也者,致恭以存其位者也。亢龍有悔。子曰,貴而无位,高而无民,賢人在下位而无輔,是以動而有悔也。不出户庭,无咎。子曰,亂之所生也,則言語以爲階。君不密則失臣,臣不密則失身,幾事不密則害成,是以君子慎密而不出也。子曰,作《易》者其知盗乎?《易》曰,負且乘,致寇至。負也者,小人之事也;乘也者,君子之器也。小人而乘君子之器,盗思奪之矣。上慢下暴,盗思伐之矣。慢藏誨盗,冶容誨淫。《易》曰,"負且乘,致寇至",盗之招也。

以上五條所述,其意義與上文"鳴鶴在陰"及"同人先號咷而後笑"相同。"藉用白茅无咎"是大過初六爻辭,孔子讀此爻而瞭解到,做事至慎可以一無所失。"勞謙君子有終吉"是謙九三爻辭,孔子讀此爻而瞭解到,致恭以存其位。"亢龍有悔"是乾上九爻辭,孔子讀此爻而瞭解到,貴而无位,高而无民,賢人在下位而无輔,所以動而有悔。"不出户庭无咎"是節初九爻辭,孔子讀此爻而瞭解到,言語不可以不慎密。"負且乘,致寇至"是解九三爻辭,孔子讀此爻而瞭解到,乘非所當乘則招盜。

天一,地二,天三,地四,天五,地六,天七,地八,天九,地十。天數五,地數五,五位相得而各有合。天數二十有五,地數三十,凡天地之數五十有五。此所以成變化而行鬼神也。

自此至"其知神之所爲乎"爲第九章。此章講筮法。筮法很重要,是《周易》的一項重要內容,從哲學的意義上説,它的重要性至少不亞於卦。古代不止一種筮法,《周禮·春官·筮人》提到古有九筮。可惜後來九筮大多數失傳了,現在我們能見到的筮法衹有保存在《繫辭傳》中的這一種。這一點我們要感謝孔子,不是他寫進《易大傳》裏,我們就連這一種筮法也無法看到了。

"天一地二……天九地十"這段話是什麽意思,天地是什麽意思,注疏没講清楚,很多書都没講清楚,朱熹《周易本義》

用河圖、洛書解釋，是不對的。其實天地並不神秘，天地就是陰陽。“天一地二”等等也就是把自然數劃分爲兩類，單數叫天數也叫陽數，偶數叫地數也叫陰數。天地、陰陽與奇偶是一樣的，天代表奇數，地代表偶數。一三五七九是奇數，稱作天數。二四六八十是偶數，稱作地數。天數地數，奇數偶數，叫法不同，實際是一回事，都是對立統一的意思。這裏從一講到十爲止，十是一個很重要的數字。據民族學認爲，人類早期衹認識二，之後認識三認識五，然後終於認識十。每認識一個數，都是一個艱難的進步，不是容易的事情。前蘇聯學者柯斯文著的《原始文化史綱》説：“落後部落的語言中，二僅僅意味着一件整個東西的兩半”，發展到十，那就不簡單了。我們的祖先把十視作盈數。數字發展到十，好象滿了似的。古人把萬也視作盈數。《左傳》莊公十六年説：“不可使共叔無後於鄭，使以十月入。曰：良月也，就盈數焉。”把十視作良數、盈數。杜預注説：“數滿於十。”孔穎達疏説：“《繫辭傳》云，天一地二天三地四天五地六天七地八天九地十，至十而止，是數滿於十也。”又《左傳》閔公元年説：“畢萬之後必大，萬盈數也。”古人認爲數至十已滿，至萬爲最大，所以把十叫做小盈，把萬叫做大盈。“萬物”的“萬”表示最多的意思。《左傳》僖公四年孔穎達疏説：“十是數之小成。”因爲古人特別看重十這個小盈、小成之數，所以《繫辭傳》所講的筮法從十説起。

“天數五，地數五，五位相得而各有合”。“天數五”，就是一三五七九這五個天數。“地數五”，就是二四六八十這五個地數。亦即十以内的五個奇數和五個偶數。“五位相得”，是一與二相得，三與四相得，五與六相得，七與八相得，九與十相得。“各有合”，是五個天數合在一起等於二十五，五個地數合在一起等於三十。二十五與三十相加，等於五十五。這就是“凡天地之數五十有五”。《周易》的千變萬化，神秘莫測，正是由五個天數與五個地數合成的五十有五的變化産生的。"五十有五"的變化産生七八九六這四個數字。由七八九六的變化産生爻,由爻組成卦。所謂"成變化而行鬼神"即指此而言。

大衍之數五十,其用四十有九,分而爲二以象兩,挂一以象三,揲之以四以象四時,歸奇于扐以象閏,五歲再閏,故再扐而後挂。

《周易》筮法開始於天地之數。所謂大衍之數,就是由一至十這十個天地之數的總和。《繫辭傳》講"大衍之數五十",其實應該是"五十有五",古書上脱掉"有五"二字,後人不察,竟做出種種解釋。《十三經注疏》的解釋,奇奇怪怪,通通錯誤。朱熹的解釋也是錯誤的。總之,歷代人們都當"五十"來解釋。實際上不是"五十"而是"五十有五"。《易緯・乾鑿度》已經説是"五十有五"。"大衍之數五十有五,其用四十有九",筮的時候用四十九根蓍草而不用五十五根。這是爲什麽呢?這個問題過去京房、馬融、荀爽、鄭玄、姚信、董遇、王弼,通通都没講對。朱熹説:"皆出於理勢之自然,而非人之智力所能損益",也不對。筮法用四十九根蓍草而不用五十五根,本來没什麽奥妙。大衍之數五十有五,是自然數,筮法是人爲的。用四十九根蓍草,是因爲四十九根經過四營三易的結果能得出七、八、九、六,得出七、八、九、六才能形成卦。不用五十五根蓍草,因爲五十五經過四營三易的結果不能得出七、八、九、六,得不出七、八、九、六便形成不了卦。所謂蓍或策在這裏不過是一個籌碼。蓍、籌、碼、策是一回事,是古代的計算工具。筮不用蓍草用筷子、火柴棍兒,也可以。

"分而爲二以象兩"。筮法共分四個步驟,"分而爲二"是第一個步驟。把四十九根蓍草信手一分,分爲兩部分,兩隻手各分得多少根不一定。最後得七八九六四個數中的哪一個數,全在這信手一分上。也就是説,得出個陰爻還是陽爻,在信手一分的時候已經定下來了。"以象兩",四十九根蓍草在未分之前是一個整體,是整體的一,它象大一、大極。古人有的説五十減去四十九餘一的一象大一、大極,是不對的。説五十已經不對,因爲大衍之數是五十五,不是五十;又説五十減去四十九剩下不用的四十九象大一、大極,就更加不對。因爲用的(四十九)才有象,不用的(是六不是一)没有象。不用的我們無須研究它。用四十九,四十九才有象。在筮法中,四十九未分時,它是一個整體,它象大一即太極。《周易》是用象表達思想的。卦有象,筮也有象,這是《周易》的一個基本特點。古人把筮法的每一步驟都看成是有意義,代表一定事理的。古人爲什麽一定要説筮法的某環節象什麽呢?是爲了强調筮的神秘性,讓人們相信它是靈驗的。這當然是不科學的。但這一點我們可以不去管它,因爲我們不想算卦。我們應該研究的是它提及的"象"所反映的思想。古人認爲"分而爲二"有意義,它是"象兩"的。"象兩"即象天地,天地是由大一、大極分出的兩儀。世界上的一切事物都可以"分而爲二",天地是大一、大極分而爲二的兩儀。天地是最大的"分而爲二",最大的兩儀。兩儀實際上就是對立的統一。

"挂一以象三,這是筮法的第二個步驟。從分爲兩部分的蓍草中拿出一根,放在一邊,於是四十九根蓍草形成爲三部分。古人認爲這三部分也有意義,象天地人三才。先前分爲兩部分蓍草象天地兩儀,拿出一根兒來,就是天地之間産生了人。人在天地之間而與天地參。這一點極重要,説明古人這時已充分認識了人的作用,看得人與天地一樣重要。在古人的概念裏,所謂天地是指自然界,人則是指人類社會。

"揲之以四以象四時"。揲,動詞,數數的意思。"揲之以四",就是四個四個地數。先前共四十九根蓍草,"分而爲二",分爲兩部分。"挂一"從一部分裏拿出去一根,兩部分剩下來的還有四十八根。已完成兩個步驟,現在進行的是第三個步驟。四個四個地數,實質上就是將兩隻手中的蓍草各除以四。因爲總數是四十八,一隻手的蓍草除以四,可能餘一,則另一隻手必餘三了;一隻手餘二,則另一隻手必亦餘二。若一隻手除盡無餘,則另一隻手必亦除盡無餘。無餘則視作餘四。總之,每隻手揲四後的餘數不外乎一、二、三、四這幾種情況,而兩隻手餘數的和不是四就是八。“以象四時”的四時是春夏秋冬四季。筮法四個四個地數,本與四時無關,古人一定要與四時聯繫起來,是爲了表明筮法的每一個步驟都有客觀的依據,不是人們任意決定的。但是古人説“揲之以四”是反映一年四時變化的這一點很不簡單,它説明古人當時已有了自然界四時變化的觀念,再加上下文將要提及的關於閏月的思想,説明作《易》的人已懂得曆法。曆法與筮法有關係,没有曆法就不會産生筮法。人們認識天即自然界的規律是從曆法開始的。《書·堯典》説:“欽若昊天,曆象日月星辰。”講的就是曆法。“曆”是計數,“星”是二十八宿恒星,“辰”是日月相會。這句話證明堯的時候人們已經知道觀象授時。堯以前的曆法是火曆。火是大火即心宿二。後來發展爲太陽曆。人們以前没有關於天的概念,到了堯的時代才有。人們學會“曆象日月星辰,敬授人時”,才開始認識天,認識自然界。古人認識天認識自然界,是從這兒開始的。《繫辭傳》筮法中講到四時,講到閏月,表明當時有了曆法。更重要的是,表明《周易》把自然界視作獨立於人類主觀世界以外的客體。《周易》的世界觀是唯物論的。

“歸奇于扐以象閏,五歲再閏,故再扐而後挂”。這是筮法的最後一個步驟。奇是每次過揲即除以四之後的餘數。扐也是零餘的意思。“歸奇于扐”,把一隻手過揲之後的餘數作爲“扐”,放在一邊。這本是極簡單的事,但古人把這種作法同曆法上的置閏聯繫起來,以爲“歸奇于扐”如同置閏一樣。接着將另一隻手的蓍草過揲之後的餘數也作爲"扐",放到前一隻手過揲之後餘數一起。"再扐"即兩個餘數。兩隻手中的蓍草,各經過除以四以後,各有一個餘數。因爲是兩個餘數,不是一個餘數,所以叫"再閏"。"而後挂"是説至"再扐",一易宣告完成。"再閏"就是將兩隻手剩餘的蓍草合到一處,也是極簡單的事,但古人説是因爲"五歲再閏"才這樣做的。五年裏置二閏,叫"五歲再閏",是古代曆法的實際情況。這樣經過分二、挂一、揲四、歸奇四個步驟,算做一個回合,叫做一易。接着還須依同樣的方法進行兩個回合,即一共進行"三易"才能得出一個爻來。

筮的直接目的是得出爻來,而得爻的實質性意義不是别的,衹是確定陰爻和陽爻。筮不能直接得出陰爻或陽爻的符號,筮是要先得出一個數字來,這個數字有四種可能性,即七、八、九、六。七、八、九、六四個數字有兩個陰數和兩個陽數,在行筮時每進行三個回合,一定得出四個數中的一個數來。這個數或七或八或九或六不一定。七叫少陽,八叫少陰,九叫老陽,六叫老陰。得七或九,就畫陽爻,得八或六,就畫陰爻。因爲七、九是奇數,奇數是陽數,六、八是偶數,偶數是陰數。

在筮時每進行三個回合即三變以後是怎樣得出或七或八或九或六這四個數之一的呢?它是這樣得出的:四十八根蓍草減去三變餘數的總和,除以四。得數必是七、八、九、六四個數中的一個。四十八這個數是一定的,四這個數也是一定的。不一定的是三變的餘數的總和。三變的餘數的總和有四種可能,即二十四、十二、十六、二十。四十八減去二十四,除以四,得六,是爲陰爻。四十八減去十二,除以四,得九,是爲陽爻。四十八減去十六,除以四,得八,是爲陰爻。四十八減去二十,除以四,得七是爲陽爻。那末,二十四、十二、十六、二十這四個數又是怎樣得出的呢?它們是三變餘數的總和。每進行一變時,四十九根草信手分作兩部分,"挂一",抽出去一根,還有四十八根。四十八根已經分作兩部分,每部分"揲之以四"即除以四,餘數可能是多少呢?前面説過,每部分的餘數有一,二、三、四這四種可能(除盡可視作餘四)。若一部分餘四,則另一部分必也餘四,四加四等於八。若一部分餘一,則另一部分必餘三,一加三等於四。若一部分餘二,則另一部分必也餘二,二加二等於四。若一部分餘三,則另一部分必餘一,三加一等於四。這就是説,一變的餘數非八即四,絶對不可能得出其他别的任何數字。接着進行第二變。第二變與第一變不同之處是,第一變是用四十九根蓍草,第二變由於第一變時已經"歸奇"出四根或八根,還剩下四十根或四十四根蓍草。第二變的方法與第一變一樣,依然是分二、挂一、揲四、歸奇這四個步驟。第二變所餘之數,右手若一,則左手必二;左手若一,則右手必二,右手若三,則左手必四;左手若四,則右手必三,加上挂一的一根(第一變是不加挂一的那一根的),餘數還是非四即八。接着進行第三變,第三變與第二變不同的是,開始時的蓍草可能是四十根、三十六根或者三十二根,不可能是四十四根,更不可能是四十九根。因爲經過前兩變的過揲,已經去掉餘數或八加八爲十六根,或八加四爲十二根,或四加四爲八根。第三變的方法與第二變同,餘數也是非四則八。三變之餘數的總和衹有四種可能即三個八、三個四、二個八和一個四、二個四和一個八。亦即二十四、十二、二十、十六。四十八減去二十四,爲二十四;四十八減去十二,爲三十六;四十八減去二十,爲二十八;四十八減去十六,爲三十二。二十四、三十六、二十八、三十二這四個數分别除以四,即得八、六、九、七。如果得八或六便畫陰爻,如果得九或七便畫陽爻。經過三變衹能得出一爻,一卦六爻,故需十八變而成一卦。

乾之策二百一十有六,坤之策百四十有四,凡三百有六十,當期之日。

策即蓍,一策即一根蓍草。《周易》的陽爻都是老陽即九,陰爻都是老陰即六。乾卦六個陽爻,每個老陽的過揲之策數是三十六。六個老陽,共有三十六乘以六,二百十六根蓍草。坤卦六個陰爻,每個老陰的過揲之策數是二四。六個老陰,共有二十四乘以六,一百四十四根蓍草。乾坤二卦的策數加起來恰好是三百六十整。而三百六十正是當時曆法一年的日數。期,年。"當期之日",與一年的日數相當。這裏又把筮法與曆法聯繫起來,其意義上文已經説過。

二篇之策萬有一千五百二十,當萬物之數也。

"二篇"指《周易》的上經與下經。全《周易》六十四卦凡三百八十四爻,陽爻與陰爻各一百九十二。陽是老陽,陰是老陰。所以一百九十二乘以三十六,得六千九百十二策;一百九十二乘以二十四,得四千六百另八策。六千九百十二與四千六百另三二數相加,得一萬一千五百二十策,約當萬物之數。它表明這個"萬物"是乾坤兩卦變化發展的結果。"萬物"的"萬"字是概指不是實指。它有取於萬是盈數之意。相對於十來説,則十是小盈,萬是大盈。

是故四營而成易,十有八變而成卦。八卦而小成,引而伸之,觸類而長之,天下之能事畢矣。

營,經營。"四營"即上面講的"分二","挂一"、"揲四"、"歸奇"等四個步驟。完成這四個步驟即爲一易,一易就是一變。三變成一爻,十八變成一卦。這是對上面所講筮法做的概括性説明。以下幾句是説八卦又怎樣變爲六十四卦的。"八卦而小成",小成,不能包括天下的全部事物。八卦代表八種性質,雖可以從八個方面反映世界,但它不可能從更深更廣的層次上反映世界的複雜性,尤其不能反映世界的運動和變化。於是八卦變爲六十四卦。八卦怎樣變爲六十四卦的,宋人以爲是用加一倍法變的,即八卦加一倍爲十六卦,十六卦加一倍爲三十二卦,三十二卦加一倍爲六十四卦。這是不對的。這裏説的“引而伸之”與《繫辭傳下》“因而重之”義同,即八卦的每一卦上面又重以八卦,遂成六十四卦。“觸類而長之”與上句“引而伸之”當是同步的,同義的。不過,“引而伸之”是講六十四卦的形成,“觸類而長之”是講三百八十四爻的展開。有了六十四卦三百八十四爻,天下之能事完全包括在内了。

顯道神德行,是故可與酬酢,可與祐神矣。

上文講四營成易以至天下之能事畢,是説六十四卦産生,《易》書完成,天下之道無不備於此。這三句則進一步講《易》書的功用。顯是動詞,神也是動詞。顯,自隱而之顯,將隱晦的東西顯現出來使之易見。“神”字在《易》裏本是陰陽不測之謂,即是陰是陽不能前知,不能一定。酬酢是古代飲酒禮之用語,飲酒時主人先獻賓,然後賓酢主人,最後主人酬賓。故酬酢是應對的意思。祐,贊,助。道,在《易》裏指人的意志不能左右的陰陽之變化,相當於我們今日講的自然界與人類社會的客觀規律。顯道,道是隱藏在萬事萬物之中的那個不可見的規律,不容易顯現出來,可是《易》卻能够用它自身的陰陽變化顯示客觀規律。德行,指人的德行,人的修養和行爲。人往往不知道自己應當怎樣做,不能確定自己的行動方向,而《易》卻能够“神德行”,通過筮數的變化不定,指導人們什麽當做,什麽不當做,怎樣做獲吉,怎樣做致凶。因爲《易》有這般妙用,所以它對人類所能有的無論什麽問題都能應對,甚乃對於大自然的造物化育之功也起贊助的作用。

子曰,知變化之道者,其知神之所爲乎!

“子曰”,表明是弟子記的孔子語。前面我們説過,《易大傳》的思想屬於孔子，可以説《易大傳》是孔子作，但不全出於孔子親筆，有的是承襲前人舊説，有的是後世竄入，有的是孔子説過的話弟子記録的。寫明“子曰”的，顯然是後一種情況。這兩句話朱熹《周易本義》歸入第九章，四部叢刊本歸於第十章。看來朱熹歸入第九章是有道理的。孔子這兩句話對於我們瞭解《周易》很重要。它把“變化之道”與“神之所爲”視作一事，明確地説神就是變化之道。一般人以爲《周易》所講的神是有意志的神，這是根本性的錯誤。《易》是講變化的書，它所使用的三個重要概念易、道、神，都是談變化的。例如易，説“生生之謂易”，就是説，易是不斷變化的。例如道，説“一陰一陽之謂道”就是説，一陰一陽不斷地變化，推嚮前進，就是道。所以説這個道不是别的，實際上就是變化的規律。例如神，説“陰陽不測之謂神”，這個神祇是指用筮變化的結果是陰是陽無有一定，不可前知，没有别的意義。神與道的關係，如果説道是變化的規律，而規律就是必然性的話，那末神就是必然性藉以表現出來的偶然性。《易》中變化之道總是要通過“神”表現出來。“神之所爲”就是表現變化之道。

《易》有聖人之道四焉，以言者尚其辭，以動者尚其變，以制器者尚其象，以卜筮者尚其占。

自此至“易有聖人之道四焉者，此之謂也”爲第十章。此章繼續講《易》的功用。這段文字與下文不連貫，疑是錯簡。“《易》有聖人之道四焉”，“聖人之道”實際上是《易》之道。《易》之道有四，即下文講的辭、變、象、占。《易》的這四方面内容相互聯繫而難以分開，其中辭與占，變與象更各屬一類，但是它們畢竟各有自己的特點，辭即卦辭與爻辭，是用語言表達出來的。象是《易》用以表達思想的基本手段，没有象也就没有《易》。象用卦畫、爻、位等表達，還有不少包含在辭裏面。變是“窮則變，變則通”的變，變主要表現在爻裏，也表現在卦裹,變的本身是無形的,它要靠象來反映。占即吉凶悔吝无咎,是指導人們未來行動方向的。占有時吉凶悔吝无咎直接明確地説出來,有時不説出來,藴含在卦辭和爻辭裹面,須用《易》者自己體會。學《易》用《易》的人由於需要和興趣不同,對於《易》的四方面内容可以各有側重,各取所需。"以言者尚其辭",是説用《易》來豐富言語的人則取《易》之卦爻辭。如《論語·子路》孔子講到"人而無恒"問題便引用了《周易》恒九三"不恒其德,或承之羞"一句爻辭來説明他要説的道理。"以動者尚其變",是説用《易》來考慮自己如何行動的人,則取《易》之變,通過《易》之變來調整自己的變,使之因應得宜而無有差錯。"以制器者尚其象",這一句與《繫辭傳下》的"作結繩以爲網罟,以佃以漁,蓋取諸離"云云,疑出自一人之手,很可能是後世竄入的。道理很明顯,《易》之象來自於實際器物,不是實際器物仿《易》象而作。先有井而後作井卦,絶不是先有井卦而後作井。"以卜筮者尚其占",是説用《易》進行卜筮決疑的人則重視《易》之占,以求知道自己主觀努力的方向。《周易》衹用筮不用卜,這裹筮字前頭加一卜字,是爲了補足一個音節,使詞語完整。詞語音節不完,添字加以補足,是古人行文的通例。如"潤之以風雨"的"風雨",明明是雨來潤,風不能潤,卻在"雨"前加一"風"字,衹是爲了凑足音節,加上的這個"風"字在此没有實際意義。我們認識了古代漢語的這一特點,讀古書時就不要以爲每一個字、詞、語都有實在的意義。

是以君子將有爲也,將有行也,問焉而以言。其受命也如嚮,无有遠近幽深,遂知來物。非天下之至精,其孰能與于此。

說"是以",顯然是接上文講下來的口氣,而内容竟與上文不連貫,可見上面幾句可能是錯簡。"君子將有爲"謂有所作爲,"有行"謂有所行動。"問焉"是問筮以決疑。問筮時有辭,如某官姓名,今以某事問筮,未知吉凶得失悔吝憂虞,尚明告之之類。這個問筮之辭，從問筮者自身説，就是"言"，對於蓍來説就是"命"。"其受命也如響"，言筮受命猶如聲音之回響，那邊發出聲音，這邊立刻回響，形容筮對問筮者的"命"反應極其迅速。"无有遠近幽深，遂知來物"，言問筮者所提的問題在時間和空間上無論怎樣遠或怎樣近，也無論怎樣幽隱深邃，它都能"遂知來物"，即都能回答，能前知未來的吉凶得失。"非天下之至精，其孰能與于此"，是極力稱贊易道之精微。

參伍以變，錯綜其數。通其變，遂成天地之文。極其數，遂定天下之象。非天下之至變，其孰能與于此。

這幾句話是贊美筮的。"參伍以變，錯綜其數"二語的"參伍"、"錯綜"兩個詞不好理解，宋人朱熹已經説"參伍錯綜皆古語，而參伍尤難曉"。但是從古人使用"參伍"一詞的情況看，它們的含義我們大致可以瞭解。《荀子》説："窺敵制變，欲伍以參。"《韓非子》説："省同異之名，以知朋黨之分；偶參伍之驗，以責陳言之實。"《史記》説："必參而伍之"、"參伍不失"。《漢書》説："參伍其賈，以類相準"。綜觀古人對"參伍"的這些用法可見，"參伍"的意思是，將多種因素聯繫起來，交互參考，以求得出符合實際的結論。"參伍以變"在此處肯定是講揲蓍求卦的問題。揲蓍就是擺弄四十九根蓍草以求七、八、九、六。這個通過"分二"、"挂一"、"揲四"、"歸奇"四個步驟擺弄四十九根蓍草的過程就是"參伍以變"。"錯綜其數"，所説的也是揲蓍求卦的問題，衹是着重在數上。"錯綜"一詞古人有分作兩個詞理解，説"錯"是雜而互之，"綜"是條而理之，其實這完全可以看作是一個詞，其義爲上下往來，左右交錯，十分複雜。"錯綜其數"，是説四十九這個數，經過上下反復，左右交錯地擺弄，最終得出七、八、九、六來。總之，"參伍以變，錯綜其數"這兩句話所講的衹是揲蓍求卦一件事，一個着重在筮之變，一個着重在筮之數，這兩句話應看作是互文。"通其變，遂成天地之文;極甚數,遂定天下之象”兩句話也是互文。“通其變”與“極其數”是一回事,都是講已經完成揲蓍求卦的過程的。“通其變”是從成卦一方面説的,“極其數”是從揲蓍一方面説的。“成天地之文”是説揲蓍能得出一切的卦。“定天下之象”,是説揲蓍能確定一切的象。“文”指卦爻説,“象”指卦爻所取的象説。“非天下之至變,其孰能與于此”,從上下文看,這稱贊“至變”,其實是稱贊筮法,也是稱贊易。

《易》,无思也,无爲也,寂然不動,感而遂通天下之故,非天下之至神,其孰能與于此。

上文贊“至精”,是就筮的妙用説的,贊“至變”,是就由筮而生成卦爻的過程説的。總之,説的是筮的動態。現在是從静態説的,筮在不用的時候,放在那裏,寂然不動,静悄悄的无思无爲,一旦問筮而使用它,感動它,它就能“通天下之故”,天下没有什麽問題它解決不了。因此,孔子稱贊之爲“至神”。《易》的這個特點極似今時之電腦。電腦關閉時不是寂然不動,无思无爲嗎,一旦有人使用它,它也要“通天下之故”,將它貯存的任何信息隨時告訴你。我們未嘗不可贊電腦爲“至神”,可是我們誰也不會認爲電腦真的是什麽神靈。孔子當年贊美《易》爲“至神”,其意義當亦同此。

夫《易》,聖人之所以極深而研幾也。惟深也,故能通天下之志;惟幾也,故能成天下之務;惟神也,故不疾而速,不行而至。

上文講《易》“至精”,“至變”,“至神”,這裏講“聖人”如何利用《易》以解決問題。“聖人”怎樣利用《易》來解決問題呢?“聖人”利用《易》的“至精”而極深,和用《易》的“至變”而研幾。深,言事理深奥難測;幾,言事理細微未著。但是“聖人”可以利用《易》之“至精”以窮極事理中那難測的“深”,可以利用《易》之“至變”以研究事理不易見的幾微。“惟深也,故能通天下之志”,這是承上文所説的“至精”,意思是説,惟有極深,方能通曉天下的道理。“惟幾也,故能成天下之務”,這是承上文所説的“至變”,意思是説,惟有研幾,方能成就天下之事業。“惟神也,故不疾而速,不行而至”,這也是承上文説的。由於《易》“寂然不動,感而遂通天下之故”,所以能“不疾而速,不行而至”。爲什麽這樣呢?因爲在“寂然不動”與“感而遂通天下之故”的中間,没有容納“疾”與“行”的餘地。

子曰,《易》有聖人之道四焉者,此之謂也。

這句話與上文不接,可視爲衍文。

子曰,夫《易》何爲者也?夫《易》開物成務,冒天下之道,如斯而已者也。是故聖人以通天下之志,以定天下之業,以斷天下之疑。

自此至“定之以吉凶,所以斷也”爲第十一章。這一章是《繫辭傳》裹最爲重要的部分,它準確、明白、深刻地回答了諸如《易》的性質、内容、特點、作用、六十四卦的産生以及某些概念的定義等至關重要的問題。這些言論表明,孔子把《易》作爲一部偉大的哲學著作來研究,不把它看作單純的卜筮之書。

“夫《易》何爲者也?”孔子自己提出問題,以下回答問題。“開物成務”,“開物”是創始,過去没有,現在有了;“成務”是完成,對事務做出總結。孟子説:“孔子之謂集大成。集大成也者,金聲而玉振之也。”“成務”與“集大成”是一個意思。“開物成務”,是説《易》包括事物的創始與完成,即事物發生發展乃至終結的全過程都在《易》的範圍之中。“冒”字有覆蓋、籠罩、該括的意思。冒天下之道,是説《易》該括天下一切事物發生發展以及終結的全過程。“冒天下之道”與上文之“彌綸天地之道”意義略同。所不同者,“彌綸天地之道”側重“天之道”即自然規律,所以下面緊接着講“幽明”、“死生”、“鬼神”;而“冒天下之道”則側重“民之故”即社會規律,所以下面緊接着講

“通志”、“定業”、“斷疑”。“如斯而已者也”，是説《易》祇是“開物成務，冒天下之道”罷了，没有别的什麽東西。實際上孔子是説，《易》是講哲學的。因爲哲學正是包括自然和社會知識更進一步作高度的抽象和概括。“是故聖人以通天下之志，以定天下之業，以斷天下之疑”，這裏的“志”是思想，“業”是事業，“疑”是問題。整個意思就是説聖人用《易》以統一天下人的思想，成就天下人的事業，解決天下人的問題。

是故蓍之德圓而神，卦之德方以知，六爻之義易以貢。聖人以此洗心退藏于密，吉凶與民同患。神以知來，知以藏往，其孰能與于此哉！古之聰明睿知神武而不殺者夫！

總的看，《易》有四個要素即蓍、卦、爻、辭。“蓍之德圓而神，卦之德方以知，六爻之義易以貢”三句是對蓍、卦、爻三者不同性質的説明。德即性質。蓍的性質是圓而神，圓是運轉不定，神是陰陽不測。因爲行筮經過四營、一十八變，以後得出什麽卦不一定，所以説圓而神。“卦之德方以知”，“方”韓康伯注説：“止而有分”。就是説，卦的性質與蓍的性質是不同的。“卦之德方以知”，方是有定，因爲揲蓍得卦，這一卦的内容是一定的。知則是指卦中所包含的豐富的哲學、社會及政治的思想内容。爻與卦義有不同，卦從宏觀的角度反映一個事物，一個時代的總體，相對地説，它是静態的。爻則反映一個事物的各個部分，或一個時代的各個發展階段，這些部分或發展階段是動態的。“六爻之義易以貢”，“易”是變，“貢”是告。韓康伯注説“貢，告也。六爻變易，以告吉凶”，是對的。

“聖人以此洗心退藏于密，吉凶與民同患，神以知來，知以藏往”，這幾句話進而講蓍與卦的作用。“以此”，以蓍與卦。“洗”字據《經典釋文》説，京房、荀爽、虞翻、董遇、蜀才等人均作先。阮元《十三經注疏校勘記》説有的本作先，有的本作洗。其實先、洗二字古通用。此處“洗心”應作“先心”理解。以此

"先心退藏于密",是説在行筮之先已經將"天之道"與"民之故"秘密地藏在蓍與卦裏面了,占的時候衹是把在蓍與卦裏貯存着的思想又輸出來。"吉凶與民同患",蓍與卦的作用在判斷吉凶,以使人趨吉避凶亦即利用卜筮以指導人們的行動。"與民同患"是説趨吉避凶乃聖人作蓍卦的本意。這些東西能爲百姓所利用,也就是"與民同患"了。"神以知來,知以藏往"。"神以知來"是説蓍之用在於知來。"知以藏往"是説卦之用在於藏往。事之吉凶不可知,行筮以後才知吉凶,所以蓍是知來;卦的内容都是行筮以後得出的,所以卦是藏往。"其孰能與于此哉"以下兩句是孔子讀《易》"韋編三絶"之後得出的總結性認識,也是對《易》的美妙發出的感嘆。孔子覺得《易》太偉大,太巧妙了。作《易》的人真不簡單,他衹用蓍與卦這種辦法,而不用刑殺就能使人民順利地接受統治,絶不是一般人所能做到的,衹有聰明睿智神武而不殺的人才能做到。

是以明于天之道,而察于民之故,是興神物,以前民用,聖人以此齋戒,以神明其德夫。

"是以明于天之道而察于民之故,是興神物,以前民用",這幾句話實際上是説創造蓍卦以爲人民遇事時應用,是以"明于天之道而察于民之故"爲前提條件。"明于天之道",是瞭解自然規律;"察于民之故",是瞭解社會規律。"神物"即蓍與卦。這幾句話與上文"夫《易》何爲者也?夫《易》開物成務,冒天下之道,如斯而已者也"前後呼應,着重説明《易》是哲學著作,而不應很膚淺地衹看成是卜筮之書。"聖人以此齋戒以神明其德夫",是説聖人專誠學《易》,是爲了提高思想認識水平。"齋戒"是古人祭祀用語。所謂"致齋三日,散齋七日","致齋"亦稱"齋","散齋"亦稱"戒",都是爲了表示祭祀時專誠之意。"德"是德性,亦即人的思想認識水平。"神明其德"意思是説提高思想認識水平能達到最高的程度,用古人的語言來説,則是達到神明的程度。

是故闔户謂之坤，闢户謂之乾，一闔一闢謂之變，往來不窮謂之通。見乃謂之象，形乃謂之器，制而用之謂之法，利用出入，民咸用之謂之神。

孔子在《繫辭傳》裏三次提到變通的問題，可見變通在《易》中是至關重要的。變通是用，乾坤是體。變通不是别的，變通就是乾與坤之變通。乾坤變通之中又出現象、器、法、神四事。乾坤之變通，人們不容易理解，乃舉人最習見的户之闔闢運動作比喻。乾坤之變通就象户之闔闢。户闔，静而密，象坤。户闢，動而達，象乾。户之一闔一闢就是變。必須是一闔一闢，如果老是闔，或老是闢，那就没有乾坤，也没有變了。户不停地關上打開，就是變。往來無窮地變，就是通。那末有没有窮的時候呢？有。變到一定的程度，達到極點，就是窮。例如"亢龍有悔"就是乾卦之窮。窮就要變，這是質變，變則通，通又將開始量變。以下象、器、法、神四事都是由户之闔闢即乾坤之變通而來的。自户的可見角度説，就是象。自户的有形角度説，就是器。根據象與器而有所制作，有所應用，就是法，亦即效法乾坤變通之道以設禮立教，統御天下國家。百姓生活日用時刻離不開《易》，隨取隨用而不自知，《易》也周遍普及於百姓生活日用之中，無有窮盡。這就是神。這個神顯然不是鬼神的神。

是故易有大極，是生兩儀，兩儀生四象，四象生八卦，八卦定吉凶，吉凶生大業。

"大極"應讀作太極。大極是什麽？大極就是大一。大一是整體的一，絶對的一。《説文》第一個字就是一，許慎解釋説："惟初太極，道立於一，造分天地，化成萬物。"許慎的説法符合《易》的思想。儀是什麽？《詩·鄘風·柏舟》："實維我儀。”毛傳：“儀，匹也。”儀有匹配的意思。“兩儀”就是一對兒，就是事物對立統一着的兩個方面。“大極生兩儀”就是一分爲二，就是矛盾，它具有普遍意義，可以象天地、夫婦、君臣、幽明、晝夜、進退等等，而在這裏則是象渾沌未分的大一剖判爲天地兩個方面。“易有大極，是生兩儀；兩儀生四象，四象生八卦；八卦定吉凶，吉凶生大業”這段話既是講八卦産生的原理，也是講天地造分，化成萬物的過程。作《易》者認爲二者是一致的。

在《易》中，“兩儀”就是陰陽。陰用“⚋”表示，陽用“⚊”表示。這兩個符號與物理學中表示陰電與陽電的符號“－”與“＋”是一樣的，並無神秘可言。“兩儀生四象”，生的辦法也是一分爲二，即在⚋、⚊兩個符號上面再重以⚋、⚊兩個符號便生出叫做太陰⚏、少陽⚎，少陰⚍、太陽⚌的四象。“四象生八卦”，生的辦法還是一分爲二，即在四象的上面分别加上一個⚋符號和一個⚊符號，就生成八卦。八卦也是八種符號：☰、☷、☳、☴、☵、☲、☶、☱，取名爲乾、坤、震、巽、坎、離、艮、兑。八卦代表萬物的八種不同性質。天地間一切事物都被包括在這八種性質之中。據《説卦傳》，八種性質是：“乾，健也；坤，順也；震，動也；巽，入也；坎，陷也；離，麗也；艮，止也，兑，説也。”八卦代表的事物的八種性質是高度抽象的，因此是普遍適用，穩定不變的。“八卦定吉凶，吉凶生大業”，這個“八卦”實際上已包括六十四卦。因爲如果衹有八卦不可能定吉凶，不能生大業。《繫辭傳》裏所稱的“八卦”往往包括六十四卦在内。六十四卦能够給人們指出行動的未來結果是吉是凶，並指導人們如何趨吉避凶，所以它能够成就天下人的事業。

應當指出，《繫辭傳》的這幾句話道出了《易》的宇宙觀。它認爲大極、大一是宇宙的本體，大極、大一之前是什麽它不講，它不追求宇宙的本源問題，意謂大極、大一没有開始，從來就是存在的。這當然是唯物主義的宇宙觀。在宇宙觀問題上《易》與《老子》根本對立。宋人張載説:“大易不言有無,言有無,諸子之陋也。”張氏道出了《易》與《老子》分歧之所在。《老子》説:“天下萬物生於有,有生於無。”又説:“道生一,一生二,二生三,三生萬物。”《老子》所説的“有”即是一,所説的“道”即是“無”。在“有”即“大一”之前加上個“無”即“道”,認爲宇宙是有本源的,宇宙本無有,後來由無産生有。《老子》的宇宙觀顯然是唯心論的。

是故法象莫大乎天地,變通莫大乎四時,懸象著明莫大乎日月,崇高莫大乎富貴;備物致用,立成器以爲天下利,莫大乎聖人;探賾索隱,鈎深致遠,以定天下之吉凶,成天下之亹亹者,莫大乎蓍龜。

“法象莫大乎天地”,世界上可以法象的東西非一,但天地最大。《易》法象天地而確定了首乾次坤以及君尊臣卑,父尊子卑,夫尊妻卑的關係。“變通莫大乎四時”,世界上能反映“變通”的東西非一,但四時最大。四時交替是古人所能見到的最大的變通,故《易》之筮、卦、爻講變通皆以四時爲根據。“懸象著明莫大乎日月”,世界上能表現天地四時的東西非一,但日月最大。此三句講天道即自然界,以下三句講人事即社會。重點在後三句。“崇高莫大乎富貴”,世界上崇高的事物非一,而以富貴爲大。富貴指人君的勢位,人君的勢位最崇高,一切大問題都要通過它解決。《易》講天地人三才,重視天地自然但更重視人,人得與天地參。《易》所謂的人是階級社會的人,是天子諸侯公卿大夫,不是人民大衆。“備物致用,立成器以爲天下利,莫大乎聖人”,立字下疑有闕文,聖人指作《易》的人。“備物致用”,“立成器”,指蓍卦。“聖人”也是人,但“聖人”能作《易》,“聖人”把“天之道”,“民之故”的信息輸入到卦爻中去,供人們隨時使用,解決天下人的問題。“探賾索隱,鈎深致遠,以定天下之吉凶,成天下之亹亹者,莫大乎蓍龜”。賾，雜亂。隱，隱僻。探，抽出。索，尋求。深謂不可測，遠謂不易至，鈎謂曲而取之，致謂推而求之。亹亹猶勉勉。蓍龜指筮，龜在此無意義，《易》用筮不用卜，言“蓍龜”，衹是爲了湊足音節。全句講筮最能解決天下人的疑難問題，無論怎樣雜亂深遠，幽隱難明的問題，它都能探取之，搜索之，鈎出之，從而定天下之吉凶，指出人們趨吉避凶的方向，鼓舞人們堅定信心，勉勉前進。

是故天生神物，聖人則之。天地變化，聖人效之。天垂象，見吉凶，聖人象之。河出圖，洛出書，聖人則之。

“聖人”指作《易》的人。“聖人”作《易》不是依自我私心隨意而作，而是有所則，有所效的。天生蓍這個神物，聖人則之，因蓍倚數，從而生爻立卦。天地萬物變化無窮，聖人效之，從而“乾坤定矣”，“萬物生焉”。“天地變化，聖人效之”與“《易》與天地準”意義相同。《易》六十四卦，乾坤兩卦象天地，其餘六十二卦象萬物。“有天地然後萬物生焉”，有乾坤兩卦然後産生其餘諸卦。

“天垂象，見吉凶，聖人象之。河出圖，洛出書，聖人則之”，此數語疑是後人所竄入，非《繫辭傳》原文。因爲《易》所言吉凶乃設卦觀象所生，與“天垂象”没有關係。况且全《易》六十四卦三百八十四爻之辭從無語及吉凶是由天象斷定的，何得云“聖人象之”！至於“河出圖，洛出書”，尤與《易》風馬牛不相及，何得言“聖人則之”！而且上文已經説過“天生神物，聖人則之”，此處不應又言“河出圖，洛出書，聖人則之”。語既無新意，又明顯累贅，與《繫辭傳》之文不類，分明是漢時占候家語。

《易》有四象，所以示也。繫辭焉，所以告也。定之以吉凶，所以斷也。

這三句話與上文不相屬，疑是錯簡。四象謂陰陽老少。

世間萬事萬物離不開陰陽兩面。一動一静,一進一退,一上一下,一明一晦,莫不是陰陽。作《易》者用陰陽畫卦示人以吉凶。開始衹有卦爻,後來又有人在卦爻之下繫之以辭,把吉凶得失直接用文字表達出來告知人們。示人以吉凶,告人以吉凶,無非讓人們根據情況自我判斷吉凶,然而《易》於吉凶的標準不一,有以利言吉凶,有以情遷言吉凶,有以義命言吉凶,故吉凶非"聖人"不能斷定。卦爻辭中明確指出吉凶,如征吉、征凶、大吉、終吉、有凶、終凶之類,用《易》者易知。

《易》曰,自天祐之,吉无不利。子曰,祐者助也。天之所助者順也。人之所助者信也。履信思乎順,又以尚賢也。是以自天祐之,吉无不利也。

自此至"不言而信,存乎德行",爲第十二章亦即《繫辭傳上》最後一章。第十二章的這第一段話是孔子釋大有上九爻辭的。朱熹疑是錯簡,應在第八章連續講中孚、同人、大過、謙、乾、節、解等七卦的七條爻辭那一大段文字之後。

這一段話是解釋大有上九爻辭的。依孔子的理解,大有上九曰"自天祐之,吉无不利",實際上説的是六五。六五"厥孚交如威如吉"的意義,通過上九完全表現出來。而六五又是大有的成卦之主,六五之吉就是大有之吉;上九是大有之終了,大有之吉於上九完成。所以,上九之吉非止上九之吉,實乃大有全卦之吉。以上爻終五爻之義的這種情況,在六十四卦中甚多,幾乎可以認爲是《易》之通例。六五爲什麽會獲天之祐助而吉无不利呢?六五厥孚交如,能够履信;居中用柔,能够思順;以一柔有五剛,上九獨在其上,五能尚之,能够尚賢。既履信思順又尚賢,故人助之天也助之。天人皆助之,宜吉无不利。

子曰,書不盡言,言不盡意。然則聖人之意其不可見乎?子曰,聖人立象以盡意，設卦以盡情僞，繫辭焉以盡其言，變而通之以盡利，鼓之舞之以盡神。

這段話的中心思想是强調《易》立象設卦繫辭的必要性和重要性。書是書册，言是言語，意是思想。書册是記録言語的，但不可能把言語全部記録下來。言語是表達思想的，但不可能把思想完滿地表達出來。人們有思想要靠言語表達，靠書册記載，然而言語與書册都有局限性，那末"聖人"作《易》如何打破這種局限性呢？打破書與言的局限性的辦法是"立象以盡意，設卦以盡情僞，繫辭焉以盡其言，變而通之以盡利，鼓之舞之以盡神"。作《易》者表達思想的這些方法，最重要的是"立象"。《易》中陰爻陽爻是象；乾象天象馬，坤象地象牛是象；輿説輻，履虎尾，七日得，三年克之，都是象。象的特點是靈活，具有普遍性，很象代數學中的文字符號 a、b、c、x、y、z，可以代表任何數。《易》通過"立象"表達衆多的事物，反映複雜的思想，它能打破語言的局限性。"設卦"其實也是"立象"，"盡情僞"也是"盡意"。言"設卦"比言"立象"更進一步，一卦是一個更複雜更完整的集合的象，它能在更高的層次上"盡意"，即能表達包括有真有僞的情況在内的複雜思想。"繫辭焉以盡其言"，卦下繫卦辭，爻下繫爻辭，卦辭與爻辭不是别的，實質就是卦象與爻象的文字表述。上文言"書不盡言"，此言"繫辭焉以盡其言"，看似語有牴牾，實則一致。意謂書不能盡言，從而不能盡意，而辭卻能盡言，從而也能盡意。這個"辭"是《易》之卦辭爻辭，是表象的，與一般的所謂書不同。"變而通之以盡利"，這個"變"是説爻本不吉，可以變而爲吉；爻本吉，可以變而爲凶。不吉就是窮，變而爲吉就是通。《易》的用意是指導人們趨吉避凶，趨利避害，故云"變而通之以盡利"。王弼《周易略例》説"夫卦者時也，爻者適時之變者也"，"故卦以反對，而爻亦皆變，是故用無常道，事無軌度，動静屈伸，唯變所適”，可視作此“變而通之以盡利”的注解。“鼓之舞之以盡神”，“鼓之舞之”指行筮求卦時擺弄那四十九根蓍草的動作。《莊子·人間世》有“鼓筴”一語，崔譔釋爲“揲蓍”，揲蓍即行筮求卦。“以盡神”的神，當是“陰陽不測之謂神”的神。行筮即“鼓之舞之”，其目的是求卦，求卦的實質是確定六爻自初至上孰爲陰孰爲陽。究竟孰爲陰孰爲陽，完全不能預測，帶有極大的偶然性。這偶然性即爲“神”。“鼓之舞之”的目的和作用就是把“神”的精義充分表現出來。

乾坤其《易》之緼邪？乾坤成列而《易》立乎其中矣。乾坤毁則无以見《易》。《易》不可見，則乾坤或幾乎息矣。

緼通藴，藴藏。“乾坤其《易》之緼”，乾坤兩卦是《易》的淵奥，《易》藴藏在乾坤兩卦之中。《易緯·乾鑿度》説：“乾坤者陰陽之根本，萬物之祖宗也。”意與此同。《易》六十四卦是乾坤二卦發展變化的結果，所以可以説，《易》藴藏在乾坤兩卦之中。“乾坤成列，而《易》立乎其中矣”，是對上句話的申釋。作《易》者仿傚天尊地卑的原則，將乾坤兩卦列在六十四卦之首，而且首乾次坤，乾坤兩卦這樣的地位和序列確定下來，《易》之道從而也就確定下來了。“乾坤毁則无以見《易》”，這是進一步闡釋《易》與乾坤的關係。《易》與乾坤雖稱謂不同，實質上是一回事。《易》之道藴藏在乾坤之中，故乾坤有體而易之道無體。乾坤既有體，便有成與毁的問題。上言“成列”，此言“毁”，是成與毁對照説的。《易》之道無體，它要托諸乾坤之中，所以乾坤成列，它就立乎其中；乾坤之體若毁，則無以見《易》，也就是説，乾坤兩卦發展變化的過程一旦完成，易的生命即告停止。反過來説，“《易》不可見，乾坤或幾乎息矣”。《易》發展到既濟未濟的時候，就不可見了，《易》的發展過程將要結束，乾坤兩卦的變化也將止息。但是，是“幾乎息”，接近於息，實際並没有息，也不可能息。六十四卦的最後一卦是未濟,表明乾坤的變化過程似乎要結束、止息,實際上没有結束,没有止息。所以《序卦傳》説:"物不可窮也,故受之以未濟終焉"。

是故形而上者謂之道,形而下者謂之器,化而裁之謂之變,推而行之謂之通,舉而錯之天下之民,謂之事業。

物皆有形質,形質以上是道,形質以下是器;器與道不可相離,實質上是一個東西,器亦是道,道亦是器,二者衹是在形質上下之間劃一個界限。一個物事,其形迹是器,裏邊存在着的道理即是道。就《易》來説,卦爻陰陽是有形迹的,是器。陰陽迭用,變動不居,一會兒是陰,一會兒又變爲陽,陰陽不斷地變化,就是道。以下講變,講通,講事業,都是從人爲的角度説,"聖人"如何因循並制約易之道應用到人的事業上來。"化而裁之謂之變",化是自然而化,漸次慢慢的化,亦即今日所謂的量變。裁是人爲,當自然漸次進行的量變達到一定的程度時,加之以人爲的裁定,使之完成質變,舊質變爲新質。舊質變爲新質的質變就是這裏所説的變。舉例説,六十四卦自乾坤至既濟未濟,一卦變爲另一卦,都是化而裁之的由化到變的過程。一卦由初至上可謂化即量變,由此一卦終於變爲另一卦就是變即質變。《序卦傳》説:"震者動也。物不可以終動,止之故受之以艮。"震是動的,動到必須止的時候爲止,這就是"化"。"止之"就是"裁"。終於由震而至於艮,就是"變"。"變"包括化與裁兩個方面。"推而行之謂之通","推"字是推移的意思,"通"字是了無凝滯,運用無窮的意思。事物發生質變之後,繼續發展變化,就是通。晝夜相推爲一日,寒暑相推爲一歲,剛柔相推爲一卦,正是"窮則變,變則通"的過程。晝夜、寒暑、剛柔等等相推,變即在其中,變與通緊相連繫,不能分割。"舉而錯之天下之民,謂之事業","聖人"把《易》中變通的道理應用到天下國家的人事上來,就是事業。

是故夫象，聖人有以見天下之賾，而擬諸其形容，象其物宜，是故謂之象；聖人有以見天下之動，而觀其會通，以行其典禮，繫辭焉以斷其吉凶，是故謂之爻。

這段文字上面已有，這裏重出，大概是爲了引起下文。

極天下之賾者存乎卦，鼓天下之動者存乎辭，化而裁之存乎變，推而行之存乎通，神而明之存乎其人。默而成之，不言而信，存乎德行。

前兩句講卦與爻的作用窮極天下奧秘的是卦，鼓動和闡發天下之變動的是爻。以下四個“存”字句講人與《易》的關係，强調用《易》者自身如何非常重要，説明人的主觀能動性起着决定性的作用。上文説“化而裁之謂之變”，“推而行之謂之通”，是針對作《易》者言，此言“化而裁之存乎變，推而行之存乎通”，是針對用《易》者言。“存乎變”和“存乎通”，是説用《易》時要注意變注意通，不是説《易》本身有變有通。“神而明之存乎其人”，人們在用《易》時對《易》的分析不一，見仁見智，怎樣才能做到“神而明之”，這就在人而不在《易》了。“默而成之，不言而信，存乎德行”。默，默默不語。成，成就事業。這樣的人“不言而信”，對《易》理解深透，其思想與《易》理暗合。《荀子·大略》説的“善《易》者不占”，大概就是這個意思。用《易》者所以能達到這種程度，端在他的德行崇高，平時的修養好。這樣的人用《易》能够真正做到“得意忘象”。

繫辭傳　下

八卦成列，象在其中矣。因而重之，爻在其中矣。剛柔相推，變在其中矣。繫辭焉而命之，動在其中矣。

自此至"理財正辭禁民爲非曰義"爲《繫辭傳下》第一章。"八卦成列，象在其中矣"，"八卦"就是按照"《易》有大極，是生兩儀，兩儀生四象，四象生八卦"的一分爲二的辦法生成的乾、坤、震、巽、坎、離、艮、兑八個三畫卦。"成列"，成爲一列，實際上是説八卦産生了。八卦産生了，象也就在其中了。《易》通過象表達思想，説明問題。這是《易》與别的書的根本區别。象在八卦中有，在六十四卦中也有，在《易》中的方方面面都有。説"八卦成列，象在其中"，不是説象僅僅八卦中有，六十四卦中没有，而是説象在八卦生成的時候就已經有了。需要説明的是，根據《説卦傳》，八卦代表世間萬事萬物的八種性質，即"乾健也，坤順也，震動也，巽入也，坎陷也，離麗也，艮止也，兑説也。"這八種性質是不變的，萬事萬物都可以歸入到這八種性質中來。而八卦的取象卻靈活多變，祇要能恰當地表達它的性質，取象什麽物事都行，不能一定。"因而重之，爻在其中矣"，因是因八卦，"因而重之"就是因由八卦而重爲六十四卦。"因而重之"是在八卦的每一卦上面分别重之以八卦成爲六十四卦。"因而重之"的辦法與"《易》有大極，是生兩儀，兩儀生四象，四象生八卦"不一樣。宋人邵雍説六十四卦的形成是出於加一倍法，這是不對的。六十四卦的形成用的是"因而重之”的辦法，即八卦分别重以八卦，八乘八而得六十四，六十四卦一次性完成，其間根本没有八卦生十六卦，十六卦生三十二卦，三十二卦生六十四卦的過程。“爻在其中矣”，八卦還談不到有爻，至六十四卦才有爻的問題，六十四卦的每一卦都由六爻組成，即所謂“六位時成”是也。而八卦的每一卦我們卻無須説它有三爻。這是因爲八卦與六十四卦就其作用説來有着根本性的區别。八卦衹是初步將萬事萬物劃分爲性質不同的八大類，每一類事物的性質可以取許許多多的象來表達，因而是静態地表現客觀世界，其中没有發展變化的意義，没有時間性。六十四卦則大不一樣，六十四卦從動態的角度反映世界，世界在六十四卦中被描述爲生生不息，不斷變化而又無有窮盡的過程。六十四卦實質上是把客觀的世界尤其是人類社會劃分爲六十四個接連有序的時代；時代是發展變化的，發展變化由爻來反映。所以説六十四卦一旦形成，爻也就在其中了。簡言之，三畫卦不言爻，因爲三畫卦不反映事物的變化。六畫卦言爻，因爲六畫反映事物的變化。“剛柔相推，變在其中矣”，爻既是表現變化的，其本身必然也是變化的。爻的變化根源在“剛柔相推”上。《易》有三百八十四爻，不外乎剛爻柔爻兩種。“相推”一語《易》中數次提及，意謂你推我，我推你，你變我，我變你，變化就在這“相推”的過程中産生。《繫辭傳上》第二章所言“剛柔相推而生變化”，意亦同此。“繫辭焉而命之，動在其中矣”，《繫辭傳》總是將辭與動聯繫起來，《繫辭傳上》第十二章言“鼓天下之動者存乎辭”，此言“繫辭焉而命之，動在其中矣”，一自動言及辭，一自辭言及動，而意義略同。辭係指爻辭。“命之”，作《易》者用爻辭指明一爻之吉凶悔吝。動，與變不同，變係指剛柔相推而生變化，既是卦爻的變化，也是客觀世界變化的反映。此動字與下文“生乎動”與“天下之動”的三個動字義同，皆指人們采取的行動而言。

"繫辭焉而命之，動在其中矣"，作《易》者在爻下繫之以辭，指明一爻的吉凶悔吝，用《易》者的行動方向就包含在其中了。

吉凶悔吝者，生乎動者也。剛柔者，立本者也。變通者，趣時者也。吉凶者，貞勝者也。

卦辭言吉凶而已，爻辭言吉凶悔吝。此言吉凶悔吝，故知是爻辭。爻辭所命的吉凶悔吝，"生乎動者也"，是作《易》者觀察人們的行動的結果而得出的。作《易》者給爻繫辭以指明吉凶悔吝，乃是根據人們的實踐經驗做出的總結。並非憑空杜撰。而用《易》者占得這一爻，或吉或凶或悔或吝，祇是得到一個行動的方向，究竟是吉是凶是悔是吝，還要看他的實際行動到底如何。一爻之吉凶悔吝，從作《易》的角度說，是源自人們的行動，從用《易》的角度說，是取決於人們的行動。《易》所云吉凶悔吝都是可變的。吉可變凶，凶可變吉，關鍵在於人的行動。後世算卦先生預言吉凶的宿命論觀點在《易》裏是找不到的。"剛柔者，立本者也"，這句話有兩個層次的含義。天文地理人事物類，世間萬事萬物，說到根本處不外乎剛與柔兩方面。反映到《易》裏亦然，乾坤而八卦，八卦而六十四卦，唯剛柔二者而已，更無其他，此其一。第二，爻有剛柔，剛柔兩相對待，不可偏一；唯其有剛才有柔，唯其有柔才有剛，有剛有柔斯可以立本。"變通者，趣時者也"，這句話與上一句相對應。從《易》構成的角度說，剛柔是本，是不可移易的定體，從《易》性質的角度說，變通是趣時，是最基本的特點。變通是剛柔之變通。變是一剛一柔，剛柔相推，往來交錯。通是剛柔迭用，相推而不窮。變通的意義在於趣時，趣時是說剛柔之變通反映時之變通，亦即說，剛柔之變通所追求的是時中。"吉凶者，貞勝者也"，這句話的主要意思是說，吉凶不兩立，非吉勝凶，則凶勝吉，吉凶常相勝。貞字於此宜訓作常。吉凶既常相勝，在一卦一爻裏雖指示出一個吉，便有一個凶跟在後面；指示出一個凶,便有一個吉跟在後面。知道這個道理,用《易》者便應在主觀上努力趨吉避凶。有吉不能坐等,有凶不能坐失。

天地之道,貞觀者也。日月之道,貞明者也。天下之動,貞夫一者也。

此三貞字亦宜訓常。觀,示。天地之道常久自若地展示給人們看。天常示人以它的“易”,地常示人以它的“簡”,縱然偶有變異,也改變不了天地之道常久自若地展示給人看的這個總特點。日月之道常久自若地以光明照耀人間。日明在白晝,月明在夜晚,縱然偶有戾缺,也改變不了日月之道常久自若地以光明照耀人間的這個總特點。天下之動,紛紛籍籍,萬千不齊,然而常有一個規律在裏面,順應規律則吉,拂逆規律則凶,故曰“貞夫一”。

夫乾確然示人易矣,夫坤隤然示人簡矣。爻也者,效此者也,象也者,像此者也。爻象動乎内,吉凶見乎外,功業見乎變,聖人之情見乎辭。

確然是剛健的意思,隤然是柔順的意思。“夫乾確然示人以易”,乾象天,天在上,其日月星辰風雷雲霧以及晝夜有常而可準,寒暑有數而可推,都是示人以易,然而並非人人能够法天之易,倒是有很多人將天之易反而視作難。“夫坤隤然示人簡矣”,坤象地,地在下,其山川草木蟲魚鳥獸以及人勤勞則所獲豐厚,荒疏則不能有秋,都是示人以簡,然而並非人人都能法地之簡,倒是有不少的人將地之簡反而視作繁。這是因爲一般的百姓生活在天地之間,行而不著,習而不察的緣故。這些人往往終身不能與天地相似,其德達不到易簡的程度。作《易》的“聖人”發現這個問題,乃見天下之動而立爻,象乾坤之易簡以示人。“爻也者,效此者也。象也者,像此者也”。從乾坤示人以易簡這一點看來,“效此”指的是效乾坤,乾坤是剛柔之宗，乾坤定位而變化無窮，乾坤之易簡代表天下之動，所以“爻也者，效此者也”實際上説的還是天下之動。這句話對於上文“吉凶悔吝生乎動”和“天下之動貞夫一者也”兩句話是一個結束。“像此”指的也是乾坤，乾坤既是剛柔之宗，像乾坤便是象剛柔之相推。這句話對於上文之言剛柔變通，乾坤易簡是一個結束。“爻象動乎内，吉凶見乎外”，這是説《易》之爻象是判斷吉凶的根據，爻象動在蓍卦之内，微而不顯，吉凶雖也含在爻象之中，卻必然落實在蓍卦之外的人的行動上，故顯而有迹。“功業見乎變，聖人之情見乎辭”，變是“剛柔相推，變在其中”的變，功業其實就是“變而通之以盡利”，隨着爻象之變，以通其利，人的功業就表示出來了。辭即“繫辭焉而命之”的辭，也就是卦爻辭。“聖人之情”是作《易》的“聖人”愛人之情，亦即“吉凶與民同患”之情。作《易》的人總是希望人們趨於吉而不陷於凶咎。作《易》者這“吉凶與民同患”之情表現在《易》的方方面面，尤其在辭裏最爲顯著。

天地之大德曰生，聖人之大寶曰位。何以守位曰仁，何以聚人曰財，理財正辭，禁民爲非，曰義。

“天地之大德曰生”，生即仁。天地無心而生養萬物，故其大德曰生不曰仁。聖人有心而仁民愛物，故其大德曰仁不曰生。聖人參天地法天地，全由於他能仁。在天地曰生，在聖人曰仁，生與仁是一回事。“聖人”既是作《易》者也是居最高地位的統治者。“聖人之大寶曰位”即“崇高莫大乎富貴”的意思，聖人之最可寶貴也是最爲重要的東西是他的統治地位。“聖人”靠他的統治地位統治人民，治理天下。“聖人”鞏固其統治地位的基本辦法是仁，聚攏人民的重要途徑是財。財是百物之總稱，天下人非財不聚，故天地生物，聖人則要備物盡利養民。財物乃人所貪愛，不以義調理之則必生紛争，所以“聖人”還要“理財正辭，禁民爲非”。“理財”謂發展生産以利民生，是謂養民；“正辭”是進行禮教以化民俗，是謂教民。“禁民爲非”是施之禁令，致之刑罰，以齊其不可教者，是謂齊民。“禁民爲非”其實也就是所谓“義”了。總之，“聖人”治民的辦法不外乎仁與義兩方面，而以仁爲主，輔之以義，用後世儒家的話説，就是寬猛相濟，恩威並用。所不同者唯在這裏更强調仁。從這一段話我們知道，作《易》者的目的歸根結底是爲統治者治國治民尋求最佳方案。《易》中仁義並言，衹見此章及《説卦傳》“立天之道”章。

此章與《繫辭傳上》第二章相應，復釋象爻剛柔吉凶悔吝之事而更加詳細。《繫辭傳上》自第三章以後皆申第二章之意。《繫辭傳下》則自第二章之後皆申説此章之意。“八卦成列”，“因而重之”就是《繫辭傳上》第二章之所謂“設卦觀象”。根據爻象中剛柔相推之變而繫之吉凶悔吝之辭，就是《繫辭傳上》第二章之所謂“繫辭焉而明吉凶”。

古者包犧氏之王天下也，仰則觀象于天，俯則觀法于地，觀鳥獸之文，與地之宜，近取諸身，遠取諸物，于是始作八卦，以通神明之德，以類萬物之情。

自此至“百官以治，萬民以察，蓋取諸夬”，爲第二章。包犧氏王天下而作八卦這一段話值得懷疑，很可能出於後人竄入，不是《繫辭傳》原文。關於包犧氏，不見於儒家經典而衹見於《莊子》、《管子》和《淮南子》。説包犧氏作八卦，實難徵信。因爲第一，説仰觀俯察，近取遠取，於是始作八卦，與《繫辭傳上》“《易》有大極，是生兩儀，兩儀生四象，四象生八卦”之説相抵觸。第二，下面第六章有“以體天地之撰，以通神明之德”的説法，所指是《易》書已經産生，八卦已重爲六十四卦並以乾坤兩卦居首的時候。這裏所言是“始作八卦”之時，不應當就能够通神明之德，類萬物之情。

作結繩而爲網罟，以佃以漁，蓋取諸離。包犧氏没，神農氏作，斲木爲耜，揉木爲耒，耒耨之利以教天下，蓋取諸益。日中爲市，致天下之民，聚天下之貨，交易而退，各得其所，蓋取諸噬嗑。神農氏没，黄帝堯舜氏作，通其變，使民不倦，神而化之，使民宜之。易窮則變，變則通，通則久，是以自天祐之，吉无不利。黄帝堯舜垂衣裳而天下治，蓋取諸乾坤。刳木爲舟，剡木爲楫。舟楫之利，以濟不通，致遠以利天下，蓋取諸渙。服牛乘馬，引重致遠以利天下，蓋取諸隨。重門擊柝以待暴客，蓋取諸豫。斷木爲杵，掘地爲臼，臼杵之利，萬民以濟，蓋取諸小過。弦木爲弧，剡木爲矢，弧矢之利，以威天下，蓋取諸睽。上古穴居而野處，後世聖人易之以宫室，上棟下宇，以待風雨，蓋取諸大壯。古之葬者，厚衣之以薪，葬之中野，不封不樹，喪期无數，後世聖人易之以棺槨，蓋取諸大過。上古結繩而治，後世聖人易之以書契，百官以治，萬民以察，蓋取諸夬。

這一段文字自離至夬講了十三卦的卦義與製器的關係，以爲古人製出的器物都根據卦象卦義得來，這種説法，顯然顛例了本與末的關係。事實上不是卦先於器，而是器先於卦，古人在歷史上先後發明的網罟、耒耜、日中爲市、舟楫、臼杵、弧矢、宫室、棺槨、書契等等，全是生産發展和社會需要的結果，與卦没有什麽關係；倒是制定六十四卦卦名和卦義時受過器物的啓發和影響。例如井、鼎二卦，肯定産生於井與鼎這兩種東西出現之後，而絶對不會先有井鼎二卦後有井鼎二物。總之，這一段文字不可信據，故無須解釋。

是故易者，象也；象也者，像也。彖者，材也。爻也者，效天下之動者也。是故吉凶生而悔吝著也。

這一段文字爲第三章。“易者象也”，易是什麽？易是象。象是易的本質特點，易用象表達思想。離開象，易便不成其爲易了。“易者象也”一句總論易的實質是象。以下三句言“像也”，“材也”，“天下之動也”，都是釋上面那個象字。“象也者像也”，象是什麽？象就是像。像是事物之形像。《易》中諸如天地馬牛首足、白馬翰如、載鬼一車、鳴鶴在陰、卦畫、筮數等等凡有形可見者，皆謂之像，像就是象。“彖者材也”，彖是卦下之辭，是斷一卦之義的。一卦之義寓於一卦之象中，卦辭就是一卦之象的文字表述。表述一卦之象的卦辭（即彖）與材相似。材是構屋之木，屋須聚衆材而成，卦亦須聚一卦之衆義而立象繫辭。“爻也者效天下之動者也”。爻，爻之象及爻之辭。效，仿傚。爻之象的特點與彖不同。彖之象似構屋之材，是由静態的角度看。爻之象仿傚天下之動，是由動態的角度看。從整個六十四卦的宏觀方面看，每一卦代表一個時代，由此一時代發展到彼一時代，當然也是動的；但是從一卦的微觀方面看，代表一個時代的卦就是相對静止的了，而卦中各代表一個發展階段的六個爻則是反映趨時之變的。反映趨時之變的最終結果是效天下之動。效天下人的行動，便有成敗得失，吉凶悔吝的問題。所以下文接着講“是故吉凶生而悔吝著也”。吉凶就是得失，吉是成功，凶是失敗。吉凶已經在人的行動上反映出來，由無而有，故曰“生”。悔是改過，改過可以獲吉；吝是文過，文過可以致凶。悔吝主要表現在人的心中，尚未成爲行動，由微而顯，故曰“著”。“吉凶生”與“晦吝著”都是動的結果。

陽卦多陰，陰卦多陽，其故何也？陽卦奇，陰卦偶。其德行何也？陽一君而二民，君子之道也。陰二君而一民，小人之道也。

這一段文字是第四章。震坎艮爲陽卦，皆一陽二陰。巽離兑爲陰卦，皆一陰二陽。陽卦應該多陽，陰卦應該多陰，然而實際上卻是陽卦多陰，陰卦多陽。這是爲什麽呢？這是因爲“陽卦奇，陰卦偶”。陽卦以奇爲主，即一陽二陰，如☳震、☶艮、☵坎。陰卦以偶爲主，即一陰二陽，如☴巽、離☲、☱兑。凡陽卦皆五畫，陰卦皆四畫。“其德行何也”？陽卦與陰卦的德行有何不同呢？“陽一君而二民，君子之道也”。陽代表君，陰代表民，陽卦一君統二民，二民共事一君，是君子之道。“陰二君而一民，小人之道也”，陰卦二君，二君一民，一民事二君，是小人之道。由三畫卦例而推之看六畫卦，情況略同。如䷗復、䷆師、䷎謙、䷏豫、䷇比、䷖剝諸卦皆以一陽爲主、都是君子之道。䷪夬、䷍大有、䷈小畜、䷉履、䷌同人、䷫姤諸卦皆一陰五陽，姤、履、夬以一陰爲主，是小人之道，唯同人之六二、大有之六五，以其居中能同乎陽，有乎陽，不爲小人。小畜之六四因其得位能畜乎陽，亦不爲小人。除一陽之卦陽爲主，一陰之卦陰爲主之外，凡陽居内而得時者，皆爲主，如䷊泰、䷒臨，泰以九二爲主，臨以初九爲主。凡陰居内而得時者，皆爲主，如䷠遯、䷋否，遯以六二爲主，否以六二爲主。凡陽卦居内而爲主者治，如䷊泰，䷩益；凡陰卦居内而爲主者亂，如䷋否、䷨損。總之，易卦尊陽抑陰，在一卦之中，若陰爲臣道，以能順陽爲善；若陰爲君道，以能應陽爲美。這一章從八卦講起，使人例推 64 卦之義，知道這就是象所取的一卦之材。一卦之材包括許多内容，而最根本的一點是卦中陽道不能有二，衹可有一。

《易》曰，憧憧往來，朋從爾思。子曰，天下何思何慮，天下同歸而殊塗，一致而百慮。天下何思何慮。

自此至“立心勿恒凶”爲第五章。這一章釋“爻也者，效天下之動者也”之義，而强調“天下之動貞夫一”。共舉十一爻爲例發明此意，雖然各爲一段，但意義實相連貫，而此爻之義尤爲親切。“憧憧往來，朋從爾思”，乃咸卦九四爻辭，引此以説明天下感應之理本衹有一個，聽其自然是了，無須人爲安排。世間事有往必有來，有來必有往，人亦不可没有往來，但是加上“憧憧”二字，“憧憧往來”，往來而憧憧有私就不好了。思慮也是人不能没有的，但是營營思慮，思以求朋，局於朋從，則未免狹窄。天下此感彼應之理全出於自然而然，儘管事事物物，千差萬别，所行的路途不一樣，而所歸則同在於此；儘管人們所應接的事物不一，所發之慮也各種各樣，而所達到的結果則衹有一個。知乎此，則人之應事接物，唯順其自然之理而已，何必營營思慮。

日往則月來，月往則日來，日月相推而明生焉。寒往則暑來，暑往則寒來，寒暑相推而歲成焉。往者屈也，來者信也，屈信相感而利生焉。

信，今通作伸，舉日月寒暑往來屈伸的自然感應之理進一步闡釋上文殊塗同歸，百慮一致，往來不可無，而憧憧不可有的思想。日月往來相推而必歸於生明，寒暑往來相推而必歸於成歲。就是説，從自然界的現象看，如日月寒暑，無不一屈一伸，一往一來，屈伸相須，往來相感；通過相須相感而産生了利，即解決了實際的問題。日月相須相感産生光明，寒暑相須相感形成年歲。往就是屈，來就是伸，一屈一伸，屈伸相感，生命的運動就實現了。

尺蠖之屈，以求信也，龍蛇之蟄，以存身也。精義入神，以致用也。利用安身，以崇德也。

由自然界的屈伸相須現象言及人類亦有伸必有屈，有動必有静。伸與動是必要的，屈與静也是必要的。尺蠖這個蟲豸是靠一屈一伸而前行，它在屈與静的時候，正是爲了求伸求動。没有它的屈，就没有它的伸，屈與伸對於它來説是同等重要。龍蛇冬天蟄伏不動，也是爲了保存自己的生命，以待春天重新出來活動。與尺蠖一樣，龍蛇的蟄、屈，正是爲了未來的動、伸。龍蛇而無蟄無屈，生命將不能延續。更概括一點説，事物有動必有静，有静方能有動，動静相須才有生生不息的世界。自然界如此，人類社會亦是如此。“精義入神”，便是人類的屈與静的功夫，當然這是更高級的屈與静。“精義入神”是説人的修養達到最高的境界。人在進行這種修養的時候，可謂屈之至矣，然而它正是爲了出而致用。唯其如此，然後始可以利其用而安其身，無論幹什麽事無不順利成功而且可以在在皆安而泰然處之了。此又可謂伸之至矣。“以崇德也”，外邊事事都解决得好，則胸中所得益深，自然可以增崇其德。“精義入神以致用”，是由静而動，由屈而伸。“利用安身以崇德”是由動而静，由伸而屈。人人皆知伸之利，而不知屈之所以利，故孔子在這裏並言屈伸動静，而更强調屈與静的重要。

過此以往，未之或知也。窮神知化，德之盛也。

尺蠖之屈伸，龍蛇之蟄存，乃自然感應，完全没有思慮；人的學問修養也當如此。“精義入神”是屈，是嚮内用功夫，而必然致用於外，達到伸的結果。“利用安身”是伸，是嚮外用功夫，而結果必然崇其德於内，歸結於屈。人祇是如此自然地作將去，除此而外，“未之或知也”，不容於另有所思，另有所爲。縱然達到“窮神知化”的程度，也祇是崇德的結果，乃是德盛仁熟所致。“窮神知化”比“精義入神”和“利用安身”爲更高的修養層次。“精義入神”和“利用安身”尚不免有思用力，待漸進漸熟而至於德盛，德盛而至於窮神知化，便無有所思無有所爲了。“窮神”自“入神”而來而高於“入神”。一個物事既可能在陰又可能在陽，在陰在陽不可測，這就是神。“入神”是所知精深，陰陽兩在，疑不可測的事物，也能知曉。“窮神”則不止於知曉，其聰明睿知幾與神明相契，兩在難測的事物已被它窮盡，在它的面前神不成爲其神了。“知化”自“利用”而來而高於“利用”。一個物事總有陰陽兩方面，陰陽推行有漸，日積月累，節節變化，這也是人難以把握的。由於“精義入神”而能“利用安身”的人卻能够利用得恰當適宜，在在皆安，但還未至於“知化”。至於“知化”，便不是主觀的行爲與客觀的變化合宜不合宜的問題了，而是行爲與造化幾乎爲伍，主體與客體臻於統一。達於“窮神知化”的人,往來自然而絶不憧憧,屈伸隨時而無由思慮。

《易》曰,困于石,據于蒺藜,入于其宫,不見其妻,凶。子曰,非所困而困焉,名必辱;非所據而據焉,身必危。既辱且危,死期將至,妻其可得見邪!

這一章的主旨在於解釋“爻也者,效天下之動者也”的意義。自上文咸卦九四爻辭以下共舉爻效動之例十一條,而以發揮咸九四爻辭之義爲主,其餘都是進一步發明個中道理。這一段話講的是困卦六三爻辭,六三處在進退之際,前面有九四象石頭擋住它的去路,故云“困于石”。後面又有九二,六三乘九二之剛,象坐在帶刺的蒺藜上面一樣,故云“據于蒺藜”。六三受困於進不得,退亦不得的境地,上六是六三的應爻,好象六三的宫,似乎可以入,但是六三與上六是以柔遇柔,不是匹配關係,故云入于其宫,不見其妻。妻乃至近易見之人,妻且不得見,更何況朋從。困六三的問題在於爲所不宜爲,做所不當做,走到了“利用安身”的反面,以至於名辱身危,無可挽救。

《易》曰,公用射隼于高墉之上,獲之无不利。子曰,隼者禽也。弓矢者器也。射之者人也。君子藏器于身,待時而動,何不利之有,動而不括,是以出而有獲,語成器而動者也。

這一段話解釋解卦上六爻辭。此爻辭的意思是講如何除去居高位的小人的問題。“隼于高墉之上”,是陰鷙的小人居於高位,又處在當去而未去的時候,這時君子如有韜略在胸,動而鋤之,必一舉成功。孔子引用這條爻辭,要説明屈伸往來的道理,當屈必屈,當伸必伸。君子欲解決問題,須有解決問題的辦法,而且要抓準時機,時候不到不動,時候一到必動,所謂“藏器于身,待時而動”是也,此即屈。一旦時機成熟,就毫無遲疑，毫無阻礙地付諸行動，這是不能不成功的，所謂“動而不括，是以出而有獲”是也，此即伸。欲伸必先屈，屈而後得伸，關鍵的一點是藏器而待時，動而不括。這也是“利用安身”的功夫。

子曰，小人不耻不仁，不畏不義，不見利不勸，不威不懲，小懲而大誡，此小人之福也。《易》曰，屨校滅趾，无咎，此之謂也。

這段話解釋噬嗑初九爻義。君子講仁義，所以用仁義責君子。小人不講仁義，所以不能用仁義責小人。小人不以不仁爲耻，不以不義爲畏，行動無所忌憚。小人非利不勸，非畏不懲。對待小人衹有兩個辦法，一是曉之以利，一是施之以威，而主要是施之以威。當小人的罪惡還很微小的時候，就當威以制之，使之及早收斂而有所忌憚，不至釀成大惡大禍，這就是“小懲而大誡”。這樣對待小人，乃是小人之福。噬嗑初九講的，“屨校滅趾无咎”正是這個道理。

善不積不足以成名，惡不積不足以滅身。小人以小善爲无益而弗爲也，以小惡爲无傷而弗去也。故惡積而不可掩，罪大而不可解。《易》曰，何校滅耳凶。

這段話釋噬嗑上九爻義。噬嗑上九爻義與初九相反。初九“屨校滅趾”，小懲而大誡，“无咎”，上九“何校滅耳”，惡積而不可掩，“凶”。善惡都不是一朝一夕之故，乃長期積累而成。君子精義入神，知大善積之於小善，故積小善而至於大善，能屈故能伸，能往故能來，小人則反是。

子曰，危者，安其位者也。亡者，保其存者也。亂者，有其治者也。是故君子安而不忘危，存而不忘亡，治而不忘亂，是以身安而國家可保也。《易》曰，其亡，其亡，繫于苞桑。

這段話釋否卦九五爻義。孔子從否卦九五爻辭“其亡，其亡，繫于苞桑”之中悟出了一個道理，即安與危、存與亡、治與亂,都是相互依存,相互轉化的。危自安來,亡自存來,亂自治來,亦猶屈自伸來。君子知此理,則當居安思危,存而不忘亡,心中恒畏懼"其將滅亡,其將滅亡",就能象"繫于苞桑"一樣鞏固。

子曰,德薄而位尊,知小而謀大,力小而任重,鮮不及矣。《易》曰,鼎折足覆公餗,其形渥凶,言不勝其任也。

這段話釋鼎卦九四爻義。君子位當其德,謀量其知,任稱其力,位、謀、任三者各當其實,故能"利用安身"。小人則反是,德薄而居高位,知小而用大謀,力微而當重任,很少有不及禍的,猶如"鼎折足,覆公餗",必致形渥之凶。非所勝任而任,不當伸而伸,心欲"利用安身"而結果相反。

子曰,知幾其神乎,君子上交不諂,下交不瀆,其知幾乎。幾者動之微,吉之先見者也。君子見幾而作,不俟終日。《易》曰,介于石,不終日,貞吉。介如石焉,寧用終日,斷可識矣。君子知微知彰,知柔知剛,萬夫之望。

此段釋豫卦六二爻義。"知幾其神乎",幾是什麽?"幾者動之微,吉之先見者也"。幾是事之方萌,有象無形,欲動未動的狀態,未來發展的趨勢是吉是凶,於此已可見端倪。事未至而空論道理易見,事已至而道理顯然尤易見,唯事剛剛萌動就看出它的未來結果,最難。事情尚處在似動未動,吉凶兩可的時候,就能見其究竟,預先采取相應措施,這不是神嗎!"幾者動之微",爲什麽用上交下交的問題加以説明?因爲上交下交是人人都會遇到的普遍性問題,而且上交下交的分寸極難把握,最能説明"知幾其神"的道理。上交貴於恭,然而恭則近於諂;在恭到露出諂的苗頭的時候就戛然止住,使之不至於諂。下交貴於和,然而和則近於瀆;在和到出現瀆的端倪的時候就斷然而止,使之不至於瀆。"見幾而作,不俟終日",發現了問題立即行動，絶不等到明天。唯君子能如此，小人則不能。因爲君子“介于石，不終日，貞吉”。君子確然守正，不轉如石；其心定則其智明，其智明則默識而善斷，故“不俟終日貞吉”。小人長着算珠的腦袋，隨利而轉，凶至尚且不知，更何談“見幾而作”！“君子知微知彰，知柔知剛，萬夫之望”，微與彰，柔與剛，各是相互依存的一對，君子見微則知彰，見柔則知剛，能知幾如是，必得天下萬民的仰望。

子曰，顔氏之子，其殆庶幾乎，有不善，未嘗不知，知之未嘗復行也。《易》曰，不遠復，无祇悔，元吉。

此釋復卦初九爻義。“顔氏之子”，孔子弟子顔回，後世奉爲復聖者。“其殆庶幾乎”，接上文而言，言顔回幾乎達到了“見幾而作，不俟終日”的水平。顔回雖然不免有過錯，但是因爲能够“有不善未嘗不知，知之未嘗復行也”，故不貳過。顔回天資甚高，聞一而知十，有了過錯能及早發覺，發覺了就改，改了就不再犯。復卦初九不遠復，无祇悔，元吉”，顔回的表現恰與此同。這一段文字强調的是知，人皆知有不善未嘗復行爲難能，殊不知有不善未嘗不知尤爲可貴。

天地絪緼，萬物化醇。男女構精，萬物化生。《易》曰，三人則損一人，一人行則得其友，言致一也。

此釋損卦六三爻義。三人行，必須損去一人，變成二人；一人行，必須增加一人，也變成二人。這説明宇宙間一個根本的道理，即一切事物都是“致一”的。“致一”也就是專一。專一是説凡物一必爲二，二必爲一。一個東西必分爲兩方面，兩方面必統一爲一個東西。這個道理是普遍存在的，不過在天地關係與男女關係上表現得最爲明顯。“天地絪緼，萬物化醇”，蓋言天地之陰陽二氣密相交感而致於一，氣化凝結爲萬物。“男女構精，萬物化生”，男女包括在萬物之内，前言“萬物化醇”,有生物與無生物全在内,此言“萬物化生”,單指有生物。男女謂飛潛動植之雌雄牝牡,非單指人類。天地既生萬物,萬物之有生命者各有陰陽精氣,陰陽精氣相交構,則化生無窮。天地男女,化醇化生,都反映着萬物一必爲二,二必爲一的道理,亦即所謂“天下之動,貞夫一者也”。人們有見於此,無論外界事物如何千殊萬變,自己都要專一守常,照着本章開首所言“精義入神以致用”,“利用安身以崇德”的要求去做。

子曰,君子安其身而後動,易其心而後語,定其交而後求。君子修此三者,故全也。危以動,則民不與也;懼以語,則民不應也;无交而求,則民不與也。莫之與,則傷之者至矣。《易》曰,莫益之,或擊之,立心勿恒,凶。

此釋益卦上九爻義。主旨是講君子如何處理好己與人的關係問題。處理好己與人的關係的標誌是看是否與人爲一。與人爲一好,爲二則不好。與人爲一當如何?“安其身而後動”,首先將自身的問題解決好,然後行動。“易其心而後語”,易是懼的反面。易直的人心懷坦蕩,是非毁譽全不在意,講起話來心平氣和,無所顧慮。“定其交而後求”,要先有恩於人,有信於人,與人愛惡同尚,情誼相通,而後有求於人。“故全也”,君子做到以上這三條,就是與人爲一了。如果相反,“危以動則民不與”,人民不參與你的行動。“懼以語則民不應”,你居心不正,已自惶恐,講出的話,人民不會響應。“无交而求則民不與”,你對人民無恩無信無情而有求於民,則人民什麽也不會給你。做事無人參與,講話無人響應,有所索求無人給與,這種人莫之與的孤家寡人,必然有人來傷害它。益卦上九“莫益之,或擊之,立心勿恒,凶”,講的正是這種人。“莫益之”,没有人支持它,幫助它。“或擊之”,必有人來攻擊它。“立心勿恒凶”,“勿恒”謂不一,謂無常。損極必益,益極必損。

益卦上九,益已至極,故無人益它,衹有人傷它,這本是常理,何況它立心無常,立心不一,豈能無凶!

以上第三第四第五三章總言吉凶效動而歸於貞一的道理。第三章統論卦與爻。第四章舉例説明"象者材也"。第五章舉例言"爻也者效天下之動者也"的意義,而以咸卦九四爻辭"憧憧往來,朋從爾思"爲綱,接着列舉十條爻辭,一以貫之,通論"天下之動貞夫一",往來屈伸無二致的道理。君子要想應付天下之動而屈伸往來自如,最根本的辦法是"精義入神以致用"和"利用安身以崇德",進而達到"窮神知化"的程度。

子曰,乾坤其《易》之門邪? 乾,陽物也。坤,陰物也。陰陽合德而剛柔有體,以體天地之撰,以通神明之德。

自此至"以明失得之報",爲第六章。這一段話同上文説過的"乾坤其《易》之緼邪","闔户謂之坤,闢户謂之乾,一闔一闢謂之變,往來不窮謂之通"以及"乾坤成列,而《易》立乎其中矣",意義近似,都是説六十四卦之義已藴藏在乾坤二卦之中,六十四卦是乾坤二卦變化發展的結果。同樣意思的話反復地講,可見乾坤二卦在《易》中的地位和作用有多麽重要。"乾坤其《易》之門邪",用門比喻乾坤同《易》的關係,這是極恰當的。《易》好象門之體,乾坤好象門之用,有門而不用,門也就不成其爲門,没有門之體當然門之用更無從談起。門打開就是乾,門關上就是坤。門不斷地運動才有乾坤,倘門或關或開停在那裏不動,乾坤也就不見,《易》也就息了。"乾坤其《易》之門",不能理解爲門有兩扇,一扇爲乾一扇爲坤,因爲乾坤本來是一個東西而不是兩個東西,是一個東西的兩個方面。説乾坤是門,是説門的一開一關象乾坤,至於門是一扇是兩扇並不重要。一扇也罷,兩扇也罷。它一開一關地運動起來才象乾坤,它不開不關地停在那裏,便不象乾坤。"乾坤其《易》之門",也不可理解爲《易》是房室,乾坤是門。因爲《易》與乾坤實際上是一個東西,不可能分開。乾坤是門,《易》也是門。乾坤是門的運動變化,《易》是運動變化中的門。假如門停止運動變化,則乾坤不見,《易》也不見。“乾,陽物也;坤,陰物也”。乾是陽物,坤是陰物。乾坤是陰陽卻與陰陽不盡相同。乾坤是六畫奇的純陽和六畫偶的純陰,用以代表事物的健順兩種性質,六十四卦是由它們發展變化而來。乾坤可以説是陰陽,陰陽卻不可以説就是乾坤。因爲陰陽比乾坤更具有普遍意義。陰陽不代表事物的某種性質,陰陽代表一切事物的對立統一着的兩個方面,陰陽就是矛盾,陰陽具有更大的抽象性。陰陽存在於八卦和六十四卦之中,八卦和六十四卦無不由陰陽構成。“陰陽合德而剛柔有體,以體天地之撰,以通神明之德。”這幾句話講六十四卦的産生及作用、功能。六十四卦的産生,簡括説來就是“陰陽合德而剛柔有體”。這個陰陽概指乾坤言。乾元,萬物資之以始。坤元,萬物資之以生。萬物即六十四卦。乾坤共同生成六十四卦。有乾無坤,有坤無乾,都不能生成六十四卦,“陰陽合德”才能生成六十四卦。“陰陽合德”,於是“剛柔有體”。體是有形可擬。六十四卦生成於乾坤之合德,而落實在“剛柔有體”上。有剛有柔,剛柔交錯,六十四卦才最後生成,具體可見地擺在那裏。换言之,六十四卦的産生,是陰陽合德而後,通過“剛柔有體”完成的。體是體現,撰是做事。“天地之撰”,天地造生萬物。“以體天地之撰”,六十四卦的生成恰是天地生成萬物的體現。“神明”不是别的,就是“知變化之道者,其知神之所爲乎”的神,神是變化之道,亦即客觀的規律。“以通神明之德”,乾坤陰陽剛柔,相推相蕩,一動一静,往來不窮,反映了客觀世界的變化之道。

其稱名也雜而不越,于稽其類,其衰世之意邪!

“其稱名也雜而不越”,緊接上文講下來,言六十四卦之卦名稱屯稱蒙,稱井稱鼎,稱蠱稱涣,稱損稱益,看上去雜亂無章,但是實際上極有規律。它們不論叫什麽名稱,都不越出乾坤剛柔變化的範圍。“于稽其類,其衰世之意邪”,于,語辭,無義。稽,考。大意是説,考察六十四卦表達的事類即歷史内容,看得出《易》的卦爻辭可能是衰世之作。

夫《易》彰往而察來,而微顯闡幽,開而當名辨物,正言斷辭,則備矣。

“彰往而察來”,即《繫辭傳上》所説“神以知來,知以藏往”的意思。彰往即藏往,察來即知來。彰往或藏往是卦的功用,察來或知來是蓍的功用。卦與蓍是構成《易》的兩大方面,彰往與察來是《易》的兩大功用。“而微顯闡幽”,據朱熹説,當作“微顯而闡幽”。微顯,是使微變而爲顯。闡幽,是使幽隱的東西闡發出來。“微顯而闡幽”。意與“探賾索隱”近似。“開而當名辯物,正言斷辭,則備矣”,這兩句話難曉,“開而”一詞尤不知所云者何。郭雍説:“當名,卦也。辨物,象也。正言,彖辭也。斷辭,繫之以吉凶者也。”依郭氏之説,這一段話連貫起來理解,當是先給卦命名,然後辨别亦即認識卦中之象,根據象繫之以卦辭,卦辭中包括判斷吉凶的内容。

其稱名也小,其取類也大。其旨遠,其辭文,其言曲而中,其事肆而隱,因貳以濟民行,以明失得之報。

“其稱名也小,其取類也大”,是説六十四卦雖卦名所含的意義很小,很具體,如井卦鼎卦等,但是它們各自的取類卻很大,每卦都代表着一類事物,一定的時代。自然界和人類社會,天之道與民之故,一切事物的變化發展及其規律都包含在六十四卦之中,每卦所含蓋的内容當然是很寬的。簡言之,稱名小而取類大,就是説卦的名很具體,看來含蓋面很小,而卦反映的思想内容卻含蓋面很大,有較大的普遍性。“其旨遠,其辭文”,是説六十四卦的卦辭有旨遠辭文的特點。旨遠,謂卦所反映的事物旨意深遠，不易參透。辭文，謂卦所用的言辭有文彩，令人尋繹不盡。“其言曲而中，其事肆而隱”，這是又申言旨遠辭文二語之意。“其言曲而中”是申“辭文”。唯其辭文，所以不直説；雖不直説，然而恰中事理。“其事肆而隱”是申“旨遠”。《易》中所舉的事實，從表面上看是肆，很明顯，很具體，然而寓意卻是隱而難於測度。《易》之所以具備這些特點，説穿了，在於它原是卜筮之書。貳，疑也，吉凶失得不定。“因貳以濟民行”，即通過吉凶得失以指導人們的行動。“以明失得之報”，承上句講來，謂經過人的努力能够成功，卦辭報之以吉；弄得不好，則可能失敗，卦辭報之以凶。《易》用吉凶報告人的失得。

《易》之興也，其于中古乎？作《易》者其有憂患乎？

自此至“井以辨義，巽以行權”，爲第七章。《易》即《周易》，絶不是《連山》和《歸藏》。看這兩句話的疑問口氣，可知給《周易》作傳的孔子，雖生在春秋晚期，也已經不能準確地指明《周易》成書的時代。他以爲可能産生在中古。中古是什麽時代？孔子在春秋晚期講中古，中古極可能是殷周之際。他的根據是，《周易》的卦辭爻辭有着一種明顯的憂患意識，《周易》的作者大概是那有憂患意識的人。那人可能是與殷紂王作鬥争的文王，但是孔子謹慎得很，他衹是指出時代而不認定作者究竟是誰。

是故履，德之基也。謙，德之柄也。復，德之本也。恒，德之固也。損，德之修也。益，德之裕也。困，德之辨也，井，德之地也。巽，德之制也。履和而至，謙尊而光，復小而辨于物，恒雜而不厭，損先難而後易，益長裕而不設，困窮而通，井居其所而遷，巽稱而隱。

上文言及“作《易》者其有憂患乎”，何以見得作《易》者有憂患呢？這裏舉出講如何反躬修己以處憂患的履、謙、復、恒、損、益、困、井、巽等九卦以爲例證。六十四卦中反映反躬修己以處憂患的卦必不止此九卦，爲什麽不少舉幾卦或多舉幾卦，偏偏舉九卦？這不會有什麽深意，不過偶然拈來而已。《周易》是講變通的書，處處都不可爲典要，讀它自然不宜拘泥。“履，德之基也”修德的第一步要在踐履即實際行爲上下功夫。“謙，德之柄也”，修德的關鍵是要謙退，倘處患難而矯亢自大，則必取禍。“復，德之本也”，德的根本在於不斷地擺脱外物的影響，自反吾固有的善性。“恒，德之固也”，修德必須守常不變，終則有始，無論如何絶不動摇。恒卦正是解决這個問題的。“損，德之修也”，修德要日損於德有害的東西，從而日進於德有益的東西。“益，德之裕也”，日益以增進其德，使綽綽然有餘裕。“困，德之辨也”，歲寒然後知松柏之後凋，臨患難，處困境，德之淺深自然可辨。“井，德之地也”，井的特點是養人利物，居而不改。人之修德亦當如此，有德施以及人，又能保持自己德性不改移，不見損。“巽，德之制也”，巽義爲順爲入而貴斷，君子做事欲行權而不拘泥，務必將心深入其中，仔細裁度，既順時制宜，又不隨流合污。以下再分析九卦的特點。“履和而至”，履是禮，禮貴和，和宜中。“至”是至於中，不及於中或過於中都不是“至”。“和而至”，“和”應恰到好處，過或不及皆不可。“謙尊而光”，人能謙則自卑自晦。自卑則人反而尊之，自晦則德更加光顯。“復小而辨于物”，對天下國家而言，一身爲小，故小謂一身。辨讀曰徧，古字辨徧通。復初九“小象”曰：“不遠之復，以修身也。”這裏言“小而辨于物”，意謂先修一身之小，而後徧及齊家治國平天下之大。“恒雜而不厭”，雜當讀如匝，匝是周的意思。事情經過自始至終的一個過程叫做周。恒卦之義是終始相循而無已，故曰“雜而不厭”。恒卦《彖傳》曰：“利有攸往，終則有始也”。有同義。事已至終就算匝了，終而又始，豈不是匝而不厭！“損先難而後易”，損是懲忿窒欲而逆於情之事，損之初，在己必有所勉强，在人更有所難堪，故先難。損之日久，事理乃順，人心乃順，故後易。“益長裕而不設”，設，人爲造設。人之益己益人，人君之益天下國家，如同天地之益萬物，貴在誠正自然而不侈張造作。“困窮而通”，君子處於困境，身困而志不困。困卦《彖傳》説：“險以説，因而不失其所亨，其唯君子乎！”君子處困而能悦，無所怨天，無所尤人。“井居其所而遷”，改邑不改井，井居其所，故井能保存自己。往來井井，故井又能遷而及人，博施濟衆。通常情況，凡有及於人必失諸己，凡爲己必不能及於人，唯獨井既能及人又能存己，物我兩存。“巽稱而隱”，稱，得宜；隱，不露。巽能順能入，遇事善於權衡利弊，把握分寸，處之或文或質，或寬或猛，皆得其宜，卻又不露聲色形迹，全在默默之中做到。

履以和行，謙以制禮，復以自知，恒以一德，損以遠害，益以興利，困以寡怨，井以辨義，巽以行權。

此第三次解析九卦之義，進一步闡明君子處憂患之道。“履以和行”，君子運用履卦之和來指導行動。和即恰當適中，做事無過無不及。“謙以制禮”，君子運用謙卦之謙遜以制禮，謙遜是行禮的前提，自尊自大的人行不能由禮，謙遜的人才能用禮節制自己。“復以自知”，君子運用復卦之義以自反自己本有的善性，使有不善未嘗不知，知之未嘗不改。“恒以一德”，君子運用恒卦之義守其德不變，始終如一。一德是二三其德的反面，君子守常故一德，小人無常故二三其德。“損以遠害”，君子運用損卦之義以損去有害自己的東西。“益以興利”，君子運用益卦之義以改過遷善，天下有利於己者，莫如遷善，故曰興利。“困以寡怨”，君子運用困卦之義以寡怨。處困何以能寡怨？君子處在困厄之時，唯自反而已，雖困而通，雖窮而樂，何怨尤之有！“井以辨義”，君子之義在於濟物，井卦之義在於養人；君子觀井卦之象，可以明瞭存己濟物，各得其宜之義。“巽以行權”，巽有順入之義，順能順於理，入能入於理；能順於理，入於理，故能行權。權是秤砣，物之輕重由它衡量。權的特點是隨物之輕重而應之，其動静隨時推移，泯然無際，人祇能看見它適平而已。君子運用巽卦之義，做事就要如行權那樣，隨時順理應變又隱然做過，令人不知不覺。

《易》之爲書也，不可遠，爲道也屢遷。變動不居，周流六虚，上下无常，剛柔相易，不可爲典要，唯變所適。

自此至“苟非其人，道不虚行”爲第八章。這一章專論爻辭。這一段着重説明《易》的特點在於變易。“《易》之爲書也，不可遠”，《易》作爲一部書，它對於人非常重要，誰都不可遠離它，甚乃不可須臾離開它。“爲道也屢遷”，易作爲道來説，它是屢遷的，變動不止的。以下各句更進一步闡發“爲道也屢遷”的道理。不居，不止。六虚即六位，也就是一卦之初二三四五上六位。六位不曰六位而曰六虚，表示六個位現在正空虚着，等待變動。“變動不居，周流六虚”，剛與柔在六虚之中陞降往來，循環流轉，變動不止。“上下无常，剛柔相易”，它們或自上而降下，或自下而陞上，是上是下並無一定。剛來則柔往，柔來則剛往，剛易柔，柔易剛，剛柔相易不窮。“不可爲典要”，韓康伯説“不可立定準也”，是説得很對的，《易》是不可拿什麼東西做定準的，因爲它“唯變所適”，没有確定不變的規定，一切都看變化而定。正所謂“變通者，趣時者也”，亦即程頤《易傳》説的“《易》變易也，隨時變易以從道也。”吉凶悔吝無一定的標準，全要在一卦一爻中作具體分析。例如陽居陽，陰居陰，爲正，一般説來吉，然而有時卻凶。有應是吉的，但有時有應是凶的。不能確定一個不變的標準，這就是“不可爲典要”。如果象揚雄《太玄》那樣，死死排定三百五十四贊當晝，晝吉，吉中又分輕重；三百五十四贊當夜，夜凶，凶中又分輕重，就是可爲典要了。

其出入以度，外内使知懼，又明于憂患與故，无有師保，如臨父母。初率其辭而揆其方。既有典常，苟非其人，道不虚行。

這一段話不好理解，我們衹能大概瞭解它的意思。“其出入以度，外内使知懼”，一個須臾不離《易》的人，他的出入行藏必然謹慎有度，做事總是心存戒懼，不敢妄作妄爲。外懼自己的舉動行爲有差失，内懼自己的道德修養有不足。“又明于憂患與故”，人不遠《易》，不僅能使他内外知懼，又能使他認識自己的憂患所在和自己在天下國家的事務中應承擔的責任和義務。“无有師保，如臨父母”，一個不遠離《易》的人，雖然没有師與保的教訓輔導，其對待《易》的感情也會象對待父母那樣崇敬、欽愛。“初率其辭而揆其方”，這是講怎樣用《易》。首先瞭解、駕御《易》之某卦卦辭爻辭的意思，然後把握那辭所指示的方向。“既有典常”，易雖不可爲典要，剛柔變化及其反映的吉凶悔吝没有定準，但是它的變化並非雜亂無章，而是有規律可循的。從這個角度説，《易》又是有典常的。“苟非其人，道不虚行”，易之道是存在的，《易》之書也作成擺在那裏，關鍵的問題是看有没有真正懂得它的人去學它用它。人能弘道，道不能弘人。《易》必須有理解它的人學它用它，才能發揮作用。假設學《易》用《易》的都是不懂《易》的人，那末《易》之道怎能行之於世呢！

《易》之爲書也，原始要終以爲質也。六爻相雜，唯其時物也。其初難知，其上易知，本末也。初辭擬之，卒成之終。

自此至“其柔危，其剛勝邪”爲第九章。這一章重點講爻的地位和作用。但是總論六十四卦的爻，不是講某一卦的爻，所以先從全《易》的特點講起。“《易》之爲書也，原始要終以爲質也”，《易》作爲一部書，它有一個重要特點，就是它講究“原始要終”，無論是整個六十四卦的排列還是一卦的構成，都以原始要終作爲它的質。質字在此可以理解爲體。“原始要終以爲質”，六十四卦的整體是根據“原始要終”的原則構成的，一卦的體也是根據“原始要終”的原則構成的。“原始要終”就是推原其始，要約其終。從它的始看它的終，又從它的終看它的始。總之，重視終始的問題。《易》之所以特别講究始與終的問題，根本的原因在於《易》是講變的書，講變就必然講時。“卦者時也，爻者適時之變者也”，講時也就必然把變看作過程，講過程則必不能不言始終。在《易》書中無處不貫穿着“原始要終”的精神。古人大多認爲這裏的“原始要終”僅僅指一卦而言，其實不然。既然講“《易》之爲書也”如何如何，所指必是全《易》。全《易》六十四卦是一個大的發展過程，由乾坤兩卦開始，一卦作爲一個時代，依次有序地一直發展到既濟，未濟兩卦終結，然後開始新的過程。乾坤就是始，既濟未濟就是終。始以乾坤而終以既濟未濟，意義十分深刻，反映作《易》者有發展即過程的明確觀念。一卦裏的從初到上，也是按照“原始要終”的思想排列起來的。初即始，上即終，初與上有着密切的關係。“原始要終以爲質也”，雖然講的是全《易》的特點，但是從下文的内容看，這裏要説的確實是一卦的始與終。“六爻相雜，唯其時物也”，既表明六十四卦是“六爻相雜”，也表明每一卦是“六爻相雜”。“六爻相雜”是説六爻剛柔動静吉凶悔吝不同。六爻剛柔動静吉凶悔吝不同，不顯示别的，唯顯示它們反映不同的時與物而已。時是“卦者時也”的時，即一個時代，整個六十四卦發展鏈條中的一個環節。物是“物以群分”的物，亦即陰物陽物的物。六爻陰陽剛柔動静交錯在一起，形成一卦，代表一個時代，而交錯在一起的六爻中的每一爻則代表一個時代中的一個發展階段，亦即“爻者適時之變者也”的意思。“其初難知，其上易知，本末也”。一卦之中初爻的象最難觀察把握，因而初爻的辭也最難繫，而上爻的象較易觀察把握，因而上爻的辭也容易繫，這是因爲初與上是本末的關係，亦即終始的關係。“初辭擬之，卒成之終”，初爻的辭一旦擬定，取什麼象，談什麼問題，已經確定，上爻就是如何完成、結束的問題，自然容易知道。例如乾初九爻辭擬定爲“潛龍勿用”，那末上九擬爲“亢龍有悔”就不難了。又如屯初九“磐桓，利居貞，利建侯”，講磐桓難進，但是初九是陽在下，又是成卦之主，故利於居貞、建侯。不利之中尚有有利的一面。至於上六，“乘馬班如，泣血漣如”，不僅僅是磐桓難進，因爲是處屯之終，簡直是進無可進，看不見出路。可見初與上的爻辭是緊密相聯繫的，相照應的。

若夫雜物撰德，辨是與非，則非其中爻不備。噫亦要存亡吉凶，則居可知矣。知者觀其彖辭，則思過半矣。

“雜物撰德，辨是與非，則非其中爻不備”，一卦六爻從大處劃分可以分爲初上與中爻兩部分。上文講過，初上是一卦之始終，在一卦之中占很重要的地位。但是如果没有中間的二、三、四、五這四爻，則“不備”，不能完全的解決問題，不能“雜物撰德”，不能“辨是與非”。“雜物撰德”的“雜”和“撰”，同下文的“辨是與非”的“辨”字，都應當是謂詞。“雜物”，反映尊卑貴賤善惡不同的複雜的人事情況；“撰德”，表現出事物的不同的性質和特點。“辨是與非”，分辨它們的是與非。而要做到這些，光有初上没有中爻，就遠遠不够了。“噫亦要存亡吉凶，則居可知矣”，噫亦作意，並與抑同。“噫亦”即“抑亦”，語辭，没有實在意義。初與上有了，二、三、四、五中間四爻也有了，六爻具備而成一卦，那末存亡吉凶的問題就居然可知了。“知者觀其彖辭，則思過半矣”。彖辭極重要，因爲“凡彖者統論一卦之體者也，象者各辨一爻之義者也”。彖是彖辭，即卦辭，象是爻辭。卦辭是一卦的總説明，爻辭是一卦六爻的個别說明。知者,聰明睿知的人一看卦辭,對全卦的意思就知道一半了。這一章從卦談起而後論及六爻,至此又重歸於卦,做爲結語。

二與四同功而異位,其善不同。二多譽,四多懼,近也。柔之爲道不利遠者,其要无咎,其用柔中也。三與五同功而異位,三多凶,五多功,貴賤之等也。其柔危,其剛勝邪。

此總論六十四卦中二與四、三與五這四個中爻的地位和功能。"二與四同功而異位,其善不同","二與四",一卦中的第二爻、第四爻。"同功",二與四都是偶數,都是陰位。"異位",對五而言,二距五遠,四距五近。五象君位,距離五遠近不同,"其善不同"。怎麽不同?"二多譽,四多懼"。在六十四卦中二多半是譽,好。四多半是懼,不好。四爲什麽多懼,因爲四距君位"近也",接近君位必有所戒懼。"柔之爲道不利遠者,其要无咎,其用柔中也",這是講二爲什麽多譽。二距五遠,本來是不利的,然而二還是大多數无咎,這是由於它"柔中",既是柔位又是内卦之中。柔而中,所以"其要无咎"。這裏講二柔而中,"其要无咎",實際上是給《易》六十四卦找出的通例。"三與五同功而異位",三與五都是奇數,都是陽位,故曰"同功",但是五是君位,三是臣位,貴賤不同,故曰"異位"。"三多凶,五多功,貴賤之等也",六十四卦之小,三大多數凶,五大多數有功,這是由於三與五貴賤地位不一樣的緣故。"其柔危,其剛勝邪",這是説,三與五是陽位,如果柔爻來居之,便有危難,如果剛爻來居之,以剛爻居陽位,則可勝任而無危。

《易》之爲書也,廣大悉備,有天道焉,有人道焉,有地道焉,兼三才而兩之,故六,六者非它也,三才之道也。

自此至"故吉凶生焉"爲第十章。"《易》之爲書也,廣大悉備",《易》作爲一部書,它的内容極廣大極完全,可謂無所不包。意思與《繫辭傳上》説的“彌綸天地之道”“冒天下之道”是一樣的。“有天道焉，有人道焉，有地道焉”，説《易》之爲書廣大悉備是有根據的，它裏面有天道有人道有地道，關於自然界的知識和思想，關於人類社會的知識和思想，它全有。這與《繫辭傳上》關於《易》“明于天之道，而察于民之故”的提法實質上是一回事，不同的是這裏明確提出了“人道”這個概念來。“兼三才而兩之，故六”，這裏講《易》書廣大悉備，無所不包，與前面講的“冒天下之道”還有所不同，這裏講《易》有天道有人道有地道，落實到六爻上面，就是説，從一卦六爻的角度講《易》的廣大悉備的内容。天地人謂三才，每一才由卦中兩爻代表，五與上兩爻在上爲天，初與二兩爻在下爲地，三與四兩爻在卦之中間爲人。天地人三才各代表兩爻，所以一卦有六爻。“六者非它也，三才之道也”，反過來説，六爻不是别的，就是天地人這三才之道。

道有變動，故曰爻。爻有等，故曰物。物相雜，故曰文。文不當，故吉凶生焉。

“道有變動，故曰爻”，從《易》之外的客觀世界説，三才之道是有動有變的。天道有晝夜四時之變，地道有剛柔燥濕之變，人道有動静行止善惡吉凶之變。《易》内的三才之道是兼而兩之而爲六爻，故也是有動有變的。“爻也者效天下之動者也”，卦中六爻的變動是《易》外天道地道人道變動的仿傚。爻的特點是以自身的三才之道的變動反映客觀世界三才之道的變動。爻之所以曰爻，以此。爻之所以有變動，是因爲它“兼三才而兩之”，六爻成卦。六爻成卦才有變動，也才能效天下之動，孤單的一爻或未曾兼而兩之的三爻，自身没有變動，也無從效天下之動，不成其爲爻，也就不能稱爻。“爻有等，故曰物”，物是“物以群分”的物。六爻自初至上排列有尊卑貴賤上下遠近之分，即劃分爲不同的類，所以卦中六爻可以視作物。

“物相雜,故曰文”。爻有剛柔,位有陰陽,剛爻柔爻雜居陰陽之位,形成複雜交錯的狀態,所以叫做文。“文不當,故吉凶生焉”。物相雜,所以叫做文,文的特點有當有“不當”。“不當”是剛爻居陰位,柔爻居陽位的位不當。有位不當便有位當,位當是剛爻居陽位,柔爻居陰位。一般説,位當吉,位不當凶。假如位皆當或位皆不當,那末便不成其爲文,吉凶也就無從產生。不過這個問題不宜拘泥,《易》除講究位當與不當之外更重視時的問題以及德的問題。位不當而時當亦可吉,位當而時不當亦可凶。總之,“文不當”應做廣泛的理解,把位、時、德三方面問題都考慮在内。

《易》之興也,其當殷之末世,周之盛德邪?當文王與紂之事邪?是故其辭危,危者使平,易者使傾。其道甚大,百物不廢,懼以終始,其要无咎,此之謂易之道也。

這一段是第十一章。“《易》之興也,其當殷之末世,周之盛德邪?當文王與紂之事邪”?這是推測不定之辭。孔子生當春秋晚期,去古未遠,對於《易》之卦爻辭的作者是誰的問題連提也不肯提了,因爲他已經無法知道。他祇能根據《易》之卦爻辭反映出來的特點,推測它產生的時代可能是殷周之際,文王與紂王鬥爭的時候。這個推測,在今日看來很可能是符合實際的。我們没有必要也没有可能確定《易》的作者究竟是誰。《史記》與《漢書》都説文王囚羑里而演《周易》,恐怕不是事實,不足信據。孔子尚且不知道,漢人怎麽可能知道!“是故其辭危”,因爲《易》可能產生於殷周之際,文王同紂王鬥争的時候,所以《易》的辭有一個特點:危。《易》之辭中體現着一種如履薄冰,戰戰兢兢的臨危心態。“危者使平,易者使傾”,《易》之辭處處反映這樣一個道理:心存危懼,戰戰兢兢,必然得平安,例如“其亡其亡,繫于苞桑”,越是怕亡,越是牢固如“繫于苞桑”。相反,以危爲微,慢易不經心,則必傾覆敗亡。

例如"何校滅耳凶",以爲小惡不足慮,天長日久地積累起來便會無可挽救。"其道甚大,百物不廢",上述這個道理是個大道理,絶非小問題,而且存在於萬事萬物之中,没有什麼事情能够排除在這個大道理之外。"懼以始終,其要无咎,此之謂《易》之道也",一部《易》書從始至終,歸根結底就是告誡人們兩件事,一是敬懼,一是求得无咎。兩件事是相聯繫的。《易》之道如此而已。无咎就是善補過,无咎必須敬懼。所以孔子説:"假我數年,五十以學《易》,可以無大過矣。"清人焦循説《易》是"寡過之書",是説得極對的。

夫乾天下之至健也,德行恒易以知險。夫坤天下之至順也,德行恒簡以知阻。

自此開始至篇末是第十二章亦即最後一章。這段話承接上一章强調敬懼无咎的意思下來,繼續講恐懼危險,不敢輕進的道理。乾是天下之至健,它元亨利貞,猶如春夏秋冬四時運行,總是毫無險難,所以它的德行恒易。易與險相反,人們可能認爲乾既然恒易,便不能知險。其實不然,恰恰因爲乾是天下之至健,其德行恒易,才最知險而必不陷於險。坤是天下之至順,它有安貞之吉,應地無疆,猶之牝馬之順於牡馬,總是順利無阻,所以它的德行恒簡。簡與阻相反,人們可能認爲坤既然恒簡,便不能知阻。其實不然,恰恰因爲坤是天下之至順,其德行恒簡,才最知阻而必不陷於阻。

能説諸心,能研諸侯之慮,定天下之吉凶,成天下之亹亹者。

説同悦。"侯之"二字衍。研,研磨。亹亹猶勉勉。這裏是講乾坤兩卦的作用,也可以理解爲是講全《易》六十四卦的作用。《易》要由人來應用,所以也可以説是"聖人"處在憂患之際如何用《易》解決天下的問題。兩個"能"字與下文"成能"之"能"相照應,表明唯"聖人"能如此,一般百姓不能如此。

“能説諸心”，乾坤至健至順，恒易恒簡，知險知阻，將天下事理會得極透極準，自然歡悦。“能研諸慮”，既知險知阻，又能對事情反復研磨，審之又審。因爲對事理看得清楚，能説諸心，所以吉凶成敗得失便分辨得明白。因爲對事情能反復研磨，審之又審，所以能够勉勉於事功，成就天下之事業。

是故變化云爲，吉事有祥；象事知器，占事知來。

云，言語；爲，行動。變化是陰陽之變化，云爲是人事之云爲。無論天道陰陽之變化還是人事之言動，都會事先有徵兆表現出來。雖説“吉事有祥”，其實凶事也包含在内。天道也好，人事也好，是吉是凶總會有個預兆，不會突然發生。這前兩句是講客觀的道理如此，後兩句是講“聖人”如何依據這個道理知往知來的問題。“象事”就是取象作卦。“器”字在《易》裏除指器物外還指有形可見的實事。“知器”就是知道已發生的事情並掌握其中一般的道理。“象事知器”，因爲萬物有陰陽的變化，人事有言動的變化，“聖人”便從這些變化中取象知器，亦即作卦，把道理藏在卦裏。其實這與“知以藏往”，“卦之德方以知”的説法意義相類。“占事”就是筮，“知來”就是前知吉凶得失成敗存亡，“占事知來”，因爲事情的吉凶得失必先有徵兆出現，所以“聖人”才可以通過卜筮前知吉凶。假若事情根本没有一個由微至著的漸進過程，全是突然發生偶然造成，那末筮卦將無從告人以吉凶，告人以吉凶也將失去指導意義。“占事知來”同“神以知來”，“蓍之德圓而神”的説法意義相類。

天地設位，聖人成能，人謀鬼謀，百姓與能。八卦以象告，爻彖以情言。剛柔雜居而吉凶可見矣。

前四句講在作《易》和用《易》的問題上，天地自然與聖人及聖人與百姓的關係。“天地設位”，與《繫辭傳上》開始第一句話講的“天尊地卑”的意思一樣，天在上居尊位，地在下處卑位，自然界的這個最普通、最常見的事實，決定了乾坤兩卦在《易》中的重要地位。乾坤的地位定了，然後八卦成列，然後因而重之，生成六十四卦三百八十四爻，於是天下之能事盡在其中。“天地設位”這句話實際上概括了天地日月星辰四時晝夜以及飛潛動植等等整個自然界的運動變化，自然界的運動變化也是一種“能”，但是這種“能”完全是自然的，無思無爲的；同人類的“能”相比，它衹能是性，算不上“能”。它衹能給人類作《易》用《易》提供藍本，提供模式，作《易》用《易》，盡天下之能事，則要由“聖人”完成。“聖人成能”一句就是這個意思。自然界的運動變化無思無爲，自然而然，“聖人”模擬自然界的運動變化，加入自己的主觀精神，有思有爲以作《易》用《易》，盡天下之能事。這兩句話共述一個思想：天人一致卻又有別。“人謀鬼謀，百姓與能”，這兩句話進一步闡發對待《易》的態度，“聖人”與百姓不同。不同就表現人謀鬼謀的問題上。《易》有人謀又有鬼謀。“聖人”觀象設卦繫辭，把“天之道”與“人之故”納入其中，即“知以藏往”，這就是人謀，人謀是明的。“聖人”“是興神物”，利用卜筮，以神道設教，指導百姓的行動，使百姓信服，這就是鬼謀，鬼謀是幽的。“人謀鬼謀”是統治者即聰明睿知的“聖人”依據天地自然的模式自覺地設計出的，這就是所謂的“成能”。而百姓則是“與能”。“與能”是被動地相信並參與“聖人”已經設計完成的“人謀鬼謀”。百姓無知，以爲卜筮真的通鬼神，對鬼謀堅信不疑。百姓之所以“與能”，是因爲《易》不僅有人謀，而且還有鬼謀。“八卦以象告，爻彖以情言”，象謂卦畫。八卦是《易》的初始狀態，衹表示事物的性質，不反映事物的變化，故曰“以象告”。爻彖是重爲六十四卦三百八十四爻後的卦和爻。卦和爻用辭表達事物的運動變化，故曰“以情言”。情與性相對應，情變性不變。說“以情言”，意謂卦爻辭是靈活的，可變的。“剛柔雜居而吉凶可見矣”，一卦六位有陰有陽，一卦六爻有剛有柔；剛爻非必居陽位，柔爻非必居陰位；剛柔相推而雜居，必有失有得，得則吉，失則凶。

變動以利言，吉凶以情遷。是故愛惡相攻而吉凶生，遠近相取而悔吝生，情僞相感而利害生。凡《易》之情，近而不相得，則凶，或害之，悔且吝。

“變動以利言”，此“變動”即上文“道有變動故曰爻”的變動，即一卦六爻的變動。爻而不變動，爻也就不復存在了。此“利”是上文“變而通之以盡利”的利，意思是趨時順理而從之，不使陷於凶悔吝。此利與正對言而不與害對言。利是正的反面。如果六爻皆各居正或皆各不居正，則無變動可言，六爻的變動通過“利”表現出來。趨時順理而從之，有利則做，無利則不做，這就是變動。如屯初九處屯難之初，當磐桓難進之時，本該無所作爲，而爻辭卻言“利建侯”，指出這時“建侯”是有利的。這就是趨時順理，也就是變動。“吉凶以情遷”，“吉凶”包括下文所言“悔吝”與“利害”在内。“情”指下文相攻、相取、相感之情，其實就是六爻的相互關係的具體情況。“以情遷”，吉凶悔吝利害要根據六爻相互關係的具體情況來確定、分辨。擬議爻辭和理解爻辭都要根據這個原則。“是故愛惡相攻而吉凶主，遠近相取而悔吝生，情僞相感而利害生”，愛惡、遠近、情僞，看似講人與人之間的關係，其實是講爻與爻之間的關係。爻辭指示給人的不外乎吉凶，悔吝、利害三方面，而根本的用意是教人知險知阻。吉凶由愛惡相攻產生，此爻與彼爻以惡相攻就凶，如同人九三之“敵剛”，與上九相敵相攻，結果是“三歲不興”。悔吝由遠近相取產生。此爻與彼爻遠相取或近相取，則不免悔吝。如豫之六三近比九四，但因非同類而相取，故爻辭曰“盱豫悔，遲有悔”。利害由情僞相感而產生。此爻與彼爻以僞相感，則害由此起。如兑之九五以剛陽中正近比上六，而上六是消陽之剥，是爲以僞相感，故爻辭云："孚于剥，有厲"。"凡《易》之情，近而不相得，則凶，或害之，悔且吝"，這一句話是對前面三句話的概括説明。吉凶、悔吝、利害之根是此爻與彼爻近而相得還是不相得。近而相得則吉、利、悔亡、无悔、无咎。近而不相得則凶、害、悔、吝。"近而不相得"的"近"很關鍵。兩爻相親比固然是近，兩爻正應也是近。相比相應就是近，不相比不相應就是遠。一卦之主爻與其他各爻的關係也是近。在兩爻近的情況下才有相得不相得的問題，此爻若既非卦之主爻，又與彼爻不比不應，則相得不相得全無所謂。"相得"是此爻與彼爻愛相親而不惡相攻，相濟而不相取，以情相感而不以僞相感。"不相得"則反是。

將叛者其辭慙，中心疑者其辭枝，吉人之辭寡，躁人之辭多，誣善之人其辭游，失其守者其辭屈。

這六句話講得極有道理，但是與《易》之辭不相幹，很可能是後世人竄入，不是《易傳》原文。慙同慚。"將叛者其辭慙"，違背事實和良心的人，心中有愧，其辭必慚。枝，分歧。"中心疑者其辭枝"，心中猶豫而無定見的人，心存惑亂，蔓衍不根，其辭必枝，往往自相矛盾。"吉人之辭寡"，有吉德之人自知爲善不足，非不得已不講話，故其辭寡。"躁人之辭多"，躁競好勝之人，急於自售，故其辭多。"誣善之人其辭游"，誣謗人善之人，講人家壞話又不敢明言直説，總想在謗言外面加一層掩飾，故其辭游。"失其守者其辭屈"，進據久守，不知所措的人，内無所主，外不明義，故其辭屈。

説卦傳

昔者聖人之作《易》也，幽贊于神明而生蓍，參天兩地而倚數，觀變于陰陽而立卦，發揮于剛柔而生爻，和順于道德而理于義，窮理盡性以至于命。

此爲《説卦傳》第一章。這一章很重要，它正確地闡述了蓍、卦、爻和辭在《易》裏産生先後的過程。由此可見，後世認爲先有卦而後有蓍的説法是不對的。孔子祇説"昔者聖人之作《易》也"而不確指何人，證明後世所説的包犧氏、文王和周公等等都是不足信的。"幽贊于神明而生蓍"是説蓍本來是一種草，它並不知吉凶。它之所以知吉凶，稱爲"神物"、"神明"，是由於聖人在"幽贊"即在暗地裏贊助。怎樣"幽贊"呢？就是下面所説的"參天兩地而倚數"。"參天兩地而倚數"，"參天兩地"舊解不甚明瞭，朱熹的《易本義》説"天圜地方。圜者一而圍三，三各一奇，故參天而爲三。方者一而圍四，四合二偶，故兩地而爲二"，尤誤。其實，參兩是古語。《周禮·天官·疾醫》説"兩之以九竅之變，參之以九藏之動"和《逸周書·常訓》説"疑意以兩，平兩以參"，參兩有參互的意思。天地謂一、三、五、七、九五個天數和二、四、六、八、十五個地數。"參天兩地而倚數"就是把天數地數參合到一起，形成大衍之數五十有五，用以分二、挂一、揲四、歸奇等等以得出七、八、九、六。"觀變于陰陽而立卦"，是説卦是由於觀察筮法變化的結果爲陰爲陽而成立的。

"發揮于剛柔而生爻"。剛柔與陰陽本是一回事。在蓍中

八、六稱陰，七、九稱陽。一旦一卦確立，卦有六爻，爻便稱剛柔了。《繫辭傳上》説"彖者言乎象者也，爻者言乎變者也"。又説"聖人有以見天下之賾而擬諸其形容，象其物宜，是故謂之象。聖人有以見天下之動而觀其會通以行其典禮，繫辭焉以斷其吉凶，是故謂之爻"。這説明卦和爻雖是一個東西，然而一個是總體一個是部分，它們在《易》裏所起的作用不同，即一個是言象，一個是言變；一個是聖人有以見天下之賾，一個是聖人有以見天下之動。也就是説，一卦之賾，是要依賴這個卦六爻的剛柔相推而生變化來發揮的。卦與爻本是同步産生，難分先後，衹是在邏輯上可以認爲先立卦而後生爻，因爲六畫卦之外無爻，六畫卦確立了，爻才成其爲爻。

"和順於道德而理于義，窮理盡性以至于命"。這是就《易》之蓍、卦、爻、辭的全部内容來説的。在這兩句話裏使用了道德義理性命六個概念。道與命爲一類，都説的是天。德與性爲一類，都説的是人。義與理爲一類，都説的是事。這兩句話是説一個問題，衹是反復地説。上句是所謂自源而流，下句是所謂自末而本。上句説"和順于道德而理于義"，道，所謂"道者行也，氣化流行，生生不已也"，是説自然規律。德，所謂"德者得也，行道而有得于心也"，是説人遵照自然規律行事，久而久之，變成了人的本性。"和順于道德"，是説《易》所闡述的全部内容，既和于道德，也順于道德。"而理于義"，義是事之宜，萬事萬物有高下大小種種差異，而能處理的合理就是義。"而理于義"就是説《易》所講的又都合于事理。下句説"窮理盡性以至于命"，"窮理"是窮盡事之理。"盡性"是窮盡人之性。"以至于命"，命是天命。孟子所謂"莫之爲而爲者，天也；莫之致而至者，命也"。古人所謂天命，其實是指自然規律。"以至于命"，是説窮理盡性最後能達到與自然規律相一致，即達到"與天地合其德，與日月合其明，與四時合其序，與鬼神合其吉凶，先天而天弗違，後天而奉天時”那種程度。

昔者聖人之作《易》也，將以順性命之理，是以立天之道曰陰與陽，立地之道曰柔與剛，立仁之道曰仁與義。兼三才而兩之，故《易》六畫而成卦。分陰分陽，迭用柔剛，故《易》六位而成章。

這一段爲第二章。第一章論述《易》總的内容，自此章以下專講卦的問題。第一章講《易》“和順于道德而理于義，窮理盡性以至于命”，此章則將此落實到卦畫上並以一言蔽之曰：“順性命之理”。“順性命之理”的“性”是人性，命是天命。“順性命之理”，包括“天之道”與“民之故”。不過“明于天之道而察于民之故”是在作《易》以前之事，而“順性命之理”則是作成《易》以後，在卦畫上表現出來的，因爲“卦之德方以知”嘛。

“是以立天之道曰陰與陽，立地之道曰柔與剛，立人之道曰仁與義”，這三句話是講易卦以天地人三才之道爲基本内容。天之所以爲天，主要是陰晴寒暑。從陰晴寒暑這些現象總結出基本規律來，則爲陰陽。所以《易》在卦畫上立天之道曰陰與陽。地之所以爲地，主要是山川原隰。從山川原隰這些現象總結出基本規律來，則爲柔與剛。所以《易》在卦畫上立地之道曰柔與剛。天地雖然是一體，然而“在天成象，在地成形”，所以“立天之道曰陰與陽，立地之道曰柔與剛”。人則是指人類社會來説的。人類社會的動作云爲十分繁複，然而作爲行動準則來看，衹有仁義。“仁者人也”，就是説，一切人與人之間的關係都應當相親相愛。衹有相親相愛，人類才能生存和發展。“義者宜也”，宜就是合理，恰如其分。比如有好心腸的人，搞平均主義，主張廢除死刑，結果行不通，就因爲它不合理。又如階級可以消滅而等級不能廢除，爲什麽呢？孟子説過，“物之不齊，物之情也。比而同之，是亂天下也”。問題不在於有没有等級，而在於處理的合理不合理。處理的合理就是宜，也就是義。所以説“立人之道曰仁與義”。

“兼三才而兩之,故《易》六畫而成卦,分陰分陽,迭用柔剛,故《易》六位而成章”。這是説易卦之所以都是六畫,其用意在於“兼三才而兩之”。“分陰分陽”指位言,一卦之中初、三、五爲陽位,二、四、上爲陰位。“迭用柔剛”指爻言,是説一卦六位中剛爻九與陰爻六迭用交錯,所居無定。“分陰分陽”與“迭用柔剛”合起來遂使卦之六位六爻經緯錯綜,粲然有文,故曰“六位而成章”。

天地定位,山澤通氣,雷風相薄,水火不相射,八卦相錯。數往者順,知來者逆,是故《易》逆數也。

此爲第三章。自此以下至篇末,語多不可解,疑是雜録前世《易》學遺説,非孔子所作。宋人以先天後天説之,衹見其誣妄,絲毫没有解決問題。今於其不可解者暫不作解,以俟知者。

雷以動之,風以散之,雨以潤之,日以烜之,艮以止之,兑以説之,乾以君之,坤以藏之。

此爲第四章。

帝出乎震,齊乎巽,相見乎離,致役乎坤,説言乎兑,戰乎乾,勞乎坎,成言乎艮。萬物出乎震,震東方也。齊乎巽,巽東南也。齊也者,言萬物之潔齊也。離也者,明也,萬物皆相見,南方之卦也。聖人南面而聽天下,向明而治,蓋取諸此也。坤也者,地也,萬物皆致養焉,故曰致役乎坤。兑,正秋也,萬物之所説也,故曰説言乎兑。戰乎乾,乾西北之卦也,言陰陽相薄也。坎者,水也,正北方之卦也,勞卦也,萬物之所歸也,故曰勞乎坎,艮,東北之卦也,萬物之所成終而所成始也,故曰成言乎艮。

此爲第五章。

神也者,妙萬物而爲言者也。動萬物者莫疾乎雷,撓萬物者莫疾乎風,燥萬物者莫熯乎火,説萬物者莫説乎澤,潤萬物者莫潤乎水,終萬物始萬物者莫盛乎艮,故水火相逮,雷風不相悖,山澤通氣,然後能變化,既成萬物也。

此爲第六章。

乾健也,坤順也,震動也,巽入也,坎陷也,離麗也,艮止也,兑説也。

此爲第七章。這一章非常重要,是學《易》的基礎知識。乾、坤、震、巽、坎、離、艮、兑這八個卦的得名,是由於這八個卦的每一卦所包含的陰陽兩種符號的多寡及安排的次序不同,而形成八種不同的性質。“乾健也”,意思是説乾就是健。“坤順也”,意思是説坤就是順。其餘“震動也”,“巽入也”,“坎陷也”,“離麗也”,“艮止也”“兑説也”,亦同此。八卦所具有的這八種性質,無論什麽時候都是不能改變的。

乾爲馬,坤爲牛,震爲龍,巽爲鷄,坎爲豕,離爲雉,艮爲狗,兑爲羊。

此爲第八章。這一章講八卦的取象。八卦的取象與八卦的性質有聯繫,但它是可變的。

乾爲首,坤爲腹,震爲足,巽爲股,坎爲耳,離爲目,艮爲手,兑爲口。

此爲第九章。上章説“乾爲馬”等等,這一章又説“乾爲首”等等,就表明八卦之取象是靈活多變,没有一定的。而或者定馬於乾,案文責卦,就不對了。

乾天也,故稱乎父;坤地也,故稱乎母。震一索而得男,故謂之長男。巽一索而得女,故謂之長女。坎再索而得男,故謂之中男。離再索而得女,故謂之中女。艮三索而得男,故謂之少男。兑三索而得女,故謂之少女。

此爲第十章。這一章是講八卦中乾坤兩卦與其他六卦的關係。乾坤好象父母,其他六卦好象六子。其他六卦是由於乾坤兩卦這個父母的相互求索而生出來的。這是八卦生成之後從八卦之間的關係上所看出的意義,與八卦生成問題不是一回事。這種認識同《繫辭》説"乾坤其易之緼邪","乾坤其易之門邪",即把全《易》六十四卦看成是由乾坤兩卦的相互交錯而產生出來的思想是一致的。這種思想很可貴。蘇軾、程頤二人曾引用這段文字來説明卦變(詳見本書賁卦解),實發前人所未發。

乾爲天,爲圜,爲君,爲父,爲玉,爲金,爲寒,爲冰,爲大赤,爲良馬,爲老馬,爲瘠馬,爲駁馬,爲木果。坤爲地,爲母,爲布,爲釜,爲吝嗇,爲均,爲子母牛,爲大輿,爲文,爲衆,爲柄,其于地也爲黑。震爲雷,爲龍,爲玄黄,爲旉,爲大塗,爲長子,爲決躁,爲蒼筤竹,爲萑葦。其于馬也爲善鳴,爲馵足,爲作足,爲的顙。其于稼也爲反生,其究爲健,爲蕃鮮。巽爲木,爲風,爲長女,爲繩直,爲工,爲白,爲長,爲高,爲進退,爲不果,爲臭。其于人也爲寡發,爲廣顙,爲多白眼,爲近利市三倍,其究爲躁卦。坎爲水,爲溝瀆,爲隱伏,爲矯輮,爲弓輪。其于人也爲加憂,爲心病,爲耳痛,爲血卦,爲赤。其于馬也爲美脊,爲亟心,爲下首,爲薄蹄,爲曳。其于輿也爲多眚,爲通,爲月,爲盜。其于木也爲堅多心。離爲火,爲日,爲電,爲中女,爲甲胄,爲戈兵。其于人也爲大腹,爲乾卦,爲鼈,爲蟹,爲蠃,爲蚌,爲龜。其于木也爲科上槁。艮爲山,爲徑路,爲小石,爲門闕,爲果蓏,爲閽寺,爲指,爲狗,爲鼠,爲黔喙之屬。其于木也爲堅多節。兑爲澤,爲少女,爲巫,爲口舌,爲毁折,爲附決。其于地也爲剛鹵,爲妾,爲羊。

此爲第十章。此章推廣八卦之取象多達一百零二種,意欲使八卦之象臻於完備,其實反而更不完備。上文第八章第九章已經言及乾爲馬爲首,坤爲牛爲腹,等等足够説明問題,如果以爲不够用,還要補充,則越補充越顯得不完全,因爲世間萬事萬物都可以作八卦的象,舉出的象無論怎樣多,也不會全的。因此這一章可斷言不是《易傳》原有的東西,而是後人雜記的前世遺説。

序卦傳

有天地然後萬物生焉。盈天地之間者唯萬物，故受之以屯。屯者盈也，屯者物之始生也。物生必蒙，故受之以蒙。蒙者蒙也，物之稚也，物稚不可不養也，故受之以需。需者飲食之道也，飲食必有訟，故受之以訟。訟必有衆起，故受之以師。師者衆也，衆必有所比，故受之以比。比者比也，比必有所畜，故受之以小畜。物畜然後有禮，故受之以履。履而泰然後安，故受之以泰。泰者通也，物不可以終通，故受之以否。物不可以終否，故受之以同人。與人同者物必歸焉，故受之以大有。有大者不可以盈，故受之以謙。有大而能謙必豫，故受之以豫。豫必有隨，故受之以隨。以喜隨人者必有事，故受之以蠱。蠱者事也，有事而後可大，故受之以臨。臨者大也，物大然後可觀，故受之以觀。可觀而後有所合，故受之以噬嗑。嗑者合也，物不可以苟合而已，故受之以賁。賁者飾也，致飾然後亨則盡矣，故受之以剥。剥者剥也，物不可以終盡，剥窮上反下，故受之以復。復則不妄矣，故受之以无妄。有无妄然後可畜，故受之以大畜。物畜然後可養，故受之以頤。頤者養也，不養則不可動，故受之以大過。物不可以終過，故受之以坎。坎者陷也，陷必有所麗，故受之以離，離者麗也。

有天地然後有萬物，有萬物然後有男女，有男女然後有夫婦，有夫婦然後有父子，有父子然後有君臣，有君臣然後有上下，有上下然後禮義有所錯。夫婦之道不可以不久也，故受之以恒。恒者久也，物不可以久居其所，故受之以遯。遯者退也，物不可以終遯，故受之以大壯。物不可以終壯，故受之以晉。晉者進也，進必有所傷，故受之以明夷。夷者傷也,傷于外者必反其家,故受之以家人。家道窮必乖,故受之以睽。睽者乖也,乖必有難,故受之以蹇。蹇者難也,物不可以終難,故受之以解。解者緩也,緩必有所失,故受之以損。損而不已必益,故受之以益。益而不已必決,故受之以夬。夬者決也,決必有所遇,故受之以姤。姤者遇也,物相遇而後聚,故受之以萃。萃者聚也,聚而上者謂之升,故受之以升。升而不已必困,故受之以困,困乎上者必反下,故受之以井。井道不可不革,故受之以革。革物者莫若鼎,故受之以鼎。主器者莫若長子,故受之以震。震者動也,物不可以終動,止之,故受之以艮。艮者止也,物不可以終止,故受之以漸。漸者進也,進必有所歸,故受之以歸妹。得其所歸者必大,故受之以豐。豐者大也,窮大者必失其居,故受之以旅。旅而无所容,故受之以巽。巽者入也,入而後説之,故受之以兑。兑者説也,説而後散之,故受之以涣。涣者離也,物不可以終離,故受之以節。節而信之,故受之以中孚。有其信者必行之,故受之以小過。有過物者必濟,故受之以既濟。物不可窮也,故受之以未濟終焉。

《序卦傳》的精義,前人多不瞭解。例如韓康伯説:"《序卦》之所明,非《易》之緼也。"其後葉適詆爲"淺鄙",康有爲詆爲"膚淺",都足證明。其實《序卦傳》具體地説明了《周易》六十四卦結構的完整的思想體系,非常珍貴。這一點祇有結合《繫辭傳》的"乾坤其《易》之緼邪","乾坤其《易》之門邪"兩段文字以及《序卦傳》本身的"有天地然後萬物生焉"等語,才能看得出來。因爲其詳已見六十四卦各該卦的解説中,這裏就不再重複了。

雜卦傳

乾剛坤柔，比樂師憂。臨觀之義，或與或求。屯見而不失其居，蒙雜而著。震起也；艮止也。損益，盛衰之始也。大畜，時也；无妄，災也。萃聚，而升不來也。謙輕，而豫怠也。噬嗑，食也；賁，无色也。兑見而巽伏也。隨，无故也；蠱則飭也。剥，爛也；復，反也。晉，晝也；明夷誅也。井通，而困相遇也。咸，速也；恒，久也。涣，離也；節，止也。解，緩也；蹇，難也。睽，外也；家人，内也。否泰，反其類也。大壯則止，遯則退也。大有，衆也；同人，親也。革，去故也；鼎，取新也。小過，過也；中孚，信也。豐，多故也；親寡，旅也。離上而坎下也。小畜，寡也；履，不處也。需，不進也；訟，不親也。大過，顛也。遘，遇也，柔遇剛也。漸，女歸待男行也。頤，養正也。既濟，定也。歸妹，女之終也。未濟，男之窮也。夬，決也，剛決柔也，君子道長小人道憂也。

《雜卦傳》從文字表面上看，未嘗不可以理解，其中亦頗多精義。但是爲什麽《雜卦傳》也論述了六十四卦，而其先後次序與《序卦傳》不一樣？又爲什麽自“乾剛坤柔，比樂師憂”以下五十六卦皆以反對爲序，而自“大過顛也”以下八卦則否呢？這些問題實難索解。因此我們本着“知之爲知之，不知爲不知”原則，就不加以解説了。